U0556878

重新认识中国法律史

杨一凡 著

New Understanding of Chinese Legal History

SSAP
社会科学文献出版社
SOCIAL SCIENCES ACADEMIC PRESS (CHINA)

为了推动中国法律史学的创新

——代前言

本书收入的11篇论文和23篇著作、论文集、法律古籍整理成果的序、跋，除《明初重典考·后记》外，都是我在主持“珍稀法律文献整理”、“法史考证”、“重述中国法律史”① 三大学术工程过程中撰写或与其他学者合写的。撰写这些文字的本意：一是重新审视以往法史研究的成果，吸收其学术精华，厘正某些传统成说认识上的误区；二是挖掘新资料，拓宽法史研究新领域；三是推动法史研究创新，力求全面和实事求是地阐述中国法律发展史。这些文字从一个侧面反映了以创新法律史学为宗旨的“三大学术工程”的实施情况，记述了我和与本人合作撰写有关论文的学者关于开拓法史研究、重述法史的一些新的见解，故本文集题名《重新认识中国法律史》。

创新中国法律史学的想法，是1978～1981年我在中国社会科学院研究生院攻读中国法律史专业期间形成的。三年中，我认真研读了前辈学者撰写的多种法制通史著作，还有一些当时学者发表的、为数有限的法律史专业论文，同时又在北京的几家图书馆阅读了不少古代法律文献。这段学习的感受是复杂的：一方面，我为前辈们能写出像《历代刑法考》、《九朝律考》、《中国法律与中国社会》这样的力作敬佩不已；另一方面，又感到有些法制通史类著作和当时学界发表的一些论文对于

① “三大学术工程”规划中，该学术工程原称“学科科学体系创建”工程，2007年后改名为“重述中国法律史”工程。

中国法律史的阐述，与我接触到的文献记载存在很大差异。除考证或论证某些具体问题的著述外，大多是把传统法律视为“统治阶级专政的工具”，基本上是按照“诸法合体”、“民刑不分”、“以刑为主”的模式描绘中国古代法律发展史的。而大量的文献表明，在中国历史上，律、令、例等多种法律形式并存，行政、经济、刑事、民事、军政、文化教育等诸方面的法律并存，刑事法律仅是古代法律的一部分，行政类法律远比刑事法律要多。这引起了我对如何看待古代法制的思考。我感到，传统法律和法律文化中，精华与糟粕并存，但精华大于糟粕；古今法律是相通的，有着密切的传承关系，历史上法文化的精华有古为今用的价值，应当以实事求是的态度阐述和评价中国法律发展史。基于这种看法，20 世纪 80 年代初，我在硕士学位论文《明初重典考·后记》中提出了法律史研究“要从传统的模式或框框中解放出来”、“创建这门学科的科学体系”的观点。从那时起，我把创新法律史学确定为本人治学的目标。

“三大学术工程”课题列入中国社会科学院法学研究所科研规划并被确定为法制史研究室科研工作的重点，这是我到法学所工作半年之后，即 1988 年 3 月。在此之前 6 年多时间里，我和课题组成员已开始实施珍稀法律文献整理工程。1981 年下半年，我们在确定“三大学术工程”总体设想后，着手实施首个选题即“洪武法律典籍”的整理。为了推动明代稀见法律古籍的搜集和整理，1983 年 2 月，在李光灿教授支持下，我们向学界和全国一些大图书馆发出了关于《搜集整理明代法律文献的倡议书》，并制定了“珍稀法律文献整理与法史考证”的科研规划。两年后，我们初步完成了对国内图书馆藏明代法律文献及其版本的调查。1981～1985 年间，我完成了四编《大诰》的点校和《明大诰研究》一书的写作。其后，1985 年初到 1987 年年中，我与王天增、曲英杰、田禾完成了从 1600 余万字的《明实录》中辑录法律资料的工作。1986 年 4 月，我同北京政法学院（即今中国政法大学）、华东政法学院（即今华东政法大学）的有关学者一道，倡议和组织召开了全国法律古籍整理会议。按照这次会议部署，拟于 1989 年前初步完成对海外现存中国法律古籍的调研，并重点完成代表性的明代法律文献的复制，为《中国珍稀法律典籍集成》（14 册）的整理做了比较充分的准备。

“三大学术工程”的总体科研规划是：计划用 30 多年或更长一些时间，完成 20 多个重大科研课题，力求达到下述学术目标：（1）在对海内外散藏的法律文献进行全面调研的基础上，完成数百个有代表性的珍稀法律文献的整理，抢救中华法律文化遗产，为开拓法史研究提供必要的基础资料；（2）撰写、出版 3 部大型法史系列考证丛书，对上千个法史研究的疑义或争议性问题进行考辨，厘正史籍错误或前人不实之论，为法史研究提供基础性科研成果；（3）坚持实事求是的治学原则，较为全面和正确地阐述中国法律发展史，创新法律史学理论、构建科学的中国法律史学的基本框架和学科体系。

如果说 1988 年前，我们对于如何实施这一科研工程还处于探索阶段的话，1988 年以后，则是按照科研规划自觉进行的。在具体实施“三大学术工程”过程中，对课题的设计选择、实施步骤乃至先后次序，也进行过一些调整和增补，大致是按照下述原则进行的：一是在顺序安排上，先集中做好珍稀法律文献的整理，在取得一定成果的基础上开始交叉进行法史考证，“重述中国法律史”的工作则在前两个学术工程接近结束时启动。二是根据教学和科研的需要，以及获得资金支持情况，确定优先实施哪些课题。三是在法律文献整理方面，先重点抓好具有代表性且版本珍贵的立法方面的文献整理，再逐步进行司法文献的整理。从实际进展情况看，1981 ~ 1998 年间，我们以主要精力完成了《中国珍稀法律典籍集成》、《中国珍稀法律典籍续编》这两部总字数为 1400 余万字的大型项目。1998 年以后，在继续进行多个法律古籍整理项目的同时，《中国法制史考证》、《中国法制史考证续编》两个重大课题着手实施。2007 年，在前两个学术工程的 20 多部丛书基本完成后，科研的重心转移到“重述中国法律史”的探讨阶段。

经参加各课题组成员的共同努力，到 2012 年年底，“三大学术工程”规划的80%以上的重要课题已经完成，有15个大型科研成果（200余册，8000余万字）已经出版。

“珍稀法律文献整理”学术工程：除“散见法律资料辑佚和法律孤本整理”子项目正在进行外，其他16个子项目已基本完成。已出版的有：《中国珍稀法律典籍集成》（14册）、《中国珍稀法律典籍续编》（10册）、《中国古代地方法律文献》（甲、乙、丙编，40册）、《古代榜文告示汇存》（10册）、《中国律学文献》（4辑，19册）、《历代珍稀司法文献》（15册）、《历代判例判牍》（12册）、《古代判牍案例新编》（20册）、《刑案汇览全编》（15册）、《中国监察制度文献辑要》（6册）、《古代乡约与乡治法律文献》（3册），这些法律文献共6000余万字，收入文献540余种。《皇明制书》（4册）和《清代成案选编》（50册）即将在2013年年内出版。

“法史考证”学术工程：除《古代法律辑考》正在进行外，《中国法制史考证》（甲、乙、丙编，15册）、《中国法制史考证续编》（13册）两部考证丛书已经出版，计1170余万字。《中国法制史考证》是近百年来国内外学者考证中国古代法制史学术精华的结集，《中国法制史考证续编》收入了当代中国15名学者撰写的考证专著。这两部考证丛书的内容均系作者的独立创见：或是对史籍记载错误和前人不确之论的厘正，或是对历史疑义和争论问题的考辨，或是对稀见法律史料的考释，代表了学界考证法史的最高水平。

“重述中国法律史”学术工程：该工程自2007年实施以来，已形成了一些阶段性成果，主要有《历代例考》、《中国古代法律形式研究》、《中国古代地方法制研究》、《明代立法研究》等专著和论文集。估计再用六七年时间，这一学术工程的最终成果就有望完成。

我主持和参与主持的“三大学术工程”课题中，有多项成果是邀请国外法学界和我国法学界、历史学界、考古学界的学者共同完成的，因此，这些成果是学界同仁共同劳动的结晶。

已出版的“三大学术工程”成果中，有3部被列为国家重点课题或资助出版项目，有12部被列为中国社会科学院重点课题或出版资助项目。国家和中国社会科学院的大力支持，保障了这些项目的顺利进行。

在实施“三大学术工程”过程中，我撰写或与其他学者合写了50余篇论文和科研成果的序、跋。我研究明代法律史的代表性论文，已收入中国社会科学院学部委员专题文集丛书。本书主要收入与开拓法史研究领域和重述中国法律史相关的论文或序、跋，其中除4篇尚未发表外，其他均是从已发表的论文、已出版的著作和法律古籍整理成果中选编而来。这些文章收入本书时，对一些文字做了修订，并按照本书统一的编辑体例，做了学术规范方面的处理。创新法律史学是需要学界同仁长期探索才能完成的浩大科研工程，我写的这些文字，仅是对其中一些问题的探讨，有些见解还不够成熟，期待读者多加指正。

以现代法学观点研究中国法律史已有一百多年的历史。经几代学者的辛勤耕耘，中国法律史学已成为一门独立的学科，老一辈学者为此做出了历史性的贡献。改革开放30多年来，法律史学出现了前所未有的繁荣，出版了两千多部著作、论文集、教材和法律古籍整理成果，发表了近三万篇论文，法史的研究领域和深度都有重大开拓。但是我们应清醒地看到，到目前为止，绝大多数法律文献还没有进行整理和研究；人们对于中国古代的法律形式、法律体系的认识仍若明若暗，一些新的研究领域还刚刚开始探索；对于古代民事、礼仪、经济、军政、文化教育诸方面的法律制度和地方法制的研究还处于起始阶段，对于律学、法律思想史以及司法制度还缺乏系统、深入的阐述，对于传统法律文化中的优秀成分还有待挖掘。总之，我们还不能说已经比较全面和科学地揭示了中国古代法制和法律文化的面貌。因此，创新中国法律史学，推动这门学科走向科学，是当代学者肩负的历史责任。

令人高兴的是，近十多年来，法史研究逐步走出以往认识上的误区，创新法律史学已成为广大学者的共识。一大批中青年学者加入法史研究队伍，成为创新法律史学的中坚力量。人们有充分理由相信，在今后数十年中，只要学界同仁坚持实事求是的认识论，勇于探索，扎实治学，就一定能够创建中国法律史学的科学学科体系；法律史学作为法学的基础学科，也必定能够在当代法治现代化建设中充分发挥其“古为今用”的作用。

杨一凡

2013 年 2 月于北京

目录

论文

科研成果序跋

附　录

论　　文

重新认识中国法律史*

任何一门学科的发展和完善，都经历了长期不断探索的过程。回顾百年来法史研究走过的道路，我们既应充分肯定前人和当代学者为繁荣法律史学做出的贡献，也应清醒地看到，由于绝大多数法律文献还未来得及整理和研究，历朝的不少法律形式及立法成果尚未进行探讨，许多研究领域还未涉及或刚刚探索，总体来说法史研究还处于开拓阶段，我们还不能说已经比较全面、正确地阐述了中国法律发展史。

从我们现在能够达到的认识高度看，法史研究中存在的下述缺陷有待继续克服：一是忽视了中国传统法制和法律文化“精华与糟粕并存，但毕竟精华大于糟粕”这一基本史实，自觉不自觉地把法史研究变成了对古代法制的批判。有些法史著述把古代法制描绘得漆黑一团，似乎传统法律和法律文化只有消极意义，而无积极因素可言，这就无形中把一部中华法制文明发展史演变成封建糟粕史。二是混淆古今法制的概念、内容及产生的历史条件的差别，不加分析地用现代法律术语套用古代法制，得出了一些与历史实际不相符合的、似是而非的结论；或是以现代西方法治理念为坐标评析古代法制，贬低中国传统法制及法律文化在世界文明发展史中的地位和作用。三是忽视了中华法系“多种法律形式并存，朝廷立法与地方立法并存”的客观史实，局限于国家立法研究而不及地方法制研究，按照“以刑为主”的模式描绘古代法制，在许多方

* 本文原载《纪念中国社会科学院建院三十周年学术论文集·法学所研究卷》，方志出版社，2007。

面用刑律编纂史替代了中国法律史。四是把丰富多彩的中国法律史简单化，比较注重法在维护君主政权方面的职能，忽视法的经济和社会管理职能，这就把具有多种功能法律的发展史演化成了统治阶级的工具史。五是法律思想与法律制度、立法与司法割裂研究，未能全面地揭示中国古代法制实施的真相；对于一些多代相承的基本法律制度和被历代统治者奉为立法、司法指导原则的法律思想在不同历史时期发生的变化，尚未通过深入的剖析予以揭示，以静态的法律史替代了动态的法律史。

法律史学的研究正处在一个重要的转折时期。在充分肯定学界多年来在法史方面取得的重要进展的同时，承认缺陷、改进研究方法，以实事求是的态度，科学地认识和阐述中国法律发展史，是当代法史学者肩负的重要的历史使命。

一　全面认识中国古代法律体系

要科学地阐述中国法律发展史，全面地揭示古代法制的面貌，必须对中国古代法律体系有一个全面认识。在中国古代法律体系中，典、律、令、例等各种形式的法律并存，行政、经济、刑事、民事、军政、文化教育诸方面法律并存，具有相对稳定性的国家“大法”、“常法”与各类“权制”之法并存，中央立法与地方立法并存，共同组成完整的法律体系。就律的性质、功能而论，秦汉时期，律是表述诸法的国家主干法律。从魏晋到唐宋，律典是国家的刑法典。明清时期，律是《会典》的组成部分和刑事基本法。魏晋至明清的律，属于刑事法律的范畴，只是诸多法律中的一种。从古代法律的立法形式看，不仅名目繁多，各代法律形式的称谓、内涵和功能也不尽一样。如秦有律、令、程、式、课、法律答问等；汉有律、令、比、诏等；魏晋及南北朝有典、律、令、诏、科、式、故事、律注等；唐有律、令、格、式、格后敕等；宋于律、令、格、式之外，重视编敕，又有断例和各种形式的例；元有诏制、条格、断例等；明、清两代注重制例、编例，于会典、律、诏令之外，以条例、则例、事例等法律形式颁布了许多单行法规和大量的定例，例成为国家法律的主要法律形式。每一种法律形式都有其独特的功能。以唐代为例，“律”是有关犯罪与刑罚的规定，“令”是有关国家基本制度方面的规定，“格”是皇帝临时颁布的各种单行敕令的汇编，“式”是“令”的实施细则，是一些国家基本制度的具体化的规定。各种法律形式共同组成唐朝的法律体系。我们在了解中国古代法制的面貌时，不能只偏重刑事法律，而忽视其他形式的法律。

中国古代法律如按内容分类，是由行政、经济、刑事、民事、军事、文化教育、对外关系等方面的法律共同构成的法律体系，其中行政法律是大量的。各种形式的法律，其体例结构既有综合性编纂方式，也有各类单行法律法规，还有大量的因事、因时立法的单个事例、法令、政令等。以明、清两代为例。明王朝除以《会典》为国家的“大经大法”外，精心修订了一些重要的“常经之法”作为国家的基本法律，有关刑事方面的基本法律有《大明律》和《问刑条例》，有关行政方面的常法有《诸司职掌》、《吏部条例》、《宪纲事类》、《宗藩条例》等，有关军政、学校管理和民间事务管理方面的常法分别有《军政条例》、《学校格式》、《教民榜文》等。此外，还以事例、则例、榜例等形式颁行了数量浩瀚的权制之法，以补充《会典》和各种“常法”之不足。清代在沿袭明制的基础上又多有创新，特别是在以则例为主要形式的行政例制定方面成绩斐然。清王朝在“以《会典》为纲，则例为目”的法律框架下，制定和颁布了数百种单行行政法规，全面地完善了国家的行政法制。明清两代制例数量之多，为历代所不及，仅现存的这两代制定的单行条例、则例和例的汇编性文献就有上千种。因此，要全面地认识中国古代法制或某一代法制的全貌，必须对各种形式的法律有一个全面的了解。虽然我们不可能对每一种法律都进行深入研究，但起码应做到不能把中国古代法律仅仅理解为刑事法律，不能把古代法制仅仅理解为是打击犯罪。

古代各级地方政府和长官颁布的法规和政令，也是国家法律的有机组成部分。地方立法在中国古代出现较早，《睡虎地秦墓竹简》中的《语书》，是秦统一中国前秦国南郡太守腾给县道啬夫的告谕文书，就属于地方政令性质。这说明由地方长官发布政令的做法，至迟在战国时期就已存在。从汉代至明清，为了把朝廷法律贯彻到基层，历代地方官府和长官在不与朝廷法律相抵触的前提下，从其管辖地区的实际出发，运用条教、书、记、约束、条约、告示、檄文、禁约等各种形式，颁布了大量的富有因地制宜特色的法规、政令和其他规范性文件。古代地方立法在治国实践中，发挥着补充和辅助国家法律实施的功能，只有把朝廷立法与地方立法结合研究，才能全面地揭示中国古代法律体系的全貌。

中国古代法律体系在不断完善的过程中，大体经历了五个不同的历史发展阶段。战国是法律体系的生成时期，秦汉是以律令为主的法律体系的初建时期，魏晋至唐宋是以律令为主的法律体系进一步发展和完善时期，元代是以律令为主的法律体系到以律例为主的法律体系的过渡时期，明清是以律例为主的法律体系的发展和高度完善时期。法律形式及其表述的立法成果是法律体系的基本构成要素，以不同法律形式表述的国家大法、常法和权制之法体现立法成果在法律体系中的效力层次。在法律体系发展的各个历史阶段，基于国情实际和完善法制的需要，法律形式的称谓、内涵和功能也发生变化，其表述的立法成果多种多样。因此，要正确阐述不同历史时期法制发展和法律体系演变的情况，必须重视法律形式的研究。

要正确地阐述古代法律的形式和法律体系，既要有开拓精神，又必须尊重历史，不可毫无根据地标新立异。比如，古代地方法律体系是由朝廷就某一地区特定事务管理制定的特别法、县以上各级地方官府或长官发布的各种形式的地方法律构成的。民间规约、习惯是地方法律秩序的组成要素。若是套用西方“习惯法”的概念表述地方法律体系，就会无限扩张“习惯法”的内涵，造成认识上的混乱。法是由国家制定的，是以强制力为后盾的。以自治、自律为特色的民间规约是基层社会组织自行制定的，不具有法律效力。若是不加分析地采用“民间法”的概念表述古代地方法律体系，既难以涵盖古代民事法律的形式和内容，也与古今法律的含义不相吻合。因此，在研究中国法律体系的过程中，必须坚持实事求是的治学原则。在以现代法学观点分析、论证古代法制时，所使用的概念的内涵和阐述的事实必须忠实于历史，正确反映古代法制的本来面目。

二　客观地阐述古代法律的功能和法制发展的规律

历史上的各种类型的法律，因其内容不同，发挥着不同的功能。如西晋的《晋令》，南北朝时期的《梁令》，隋朝的《开皇令》、《大业令》，唐代的《贞观令》，宋代的《天圣令》等，其内容都是非刑事的积极性规范，详细规定了国家的各种基本制度，属于令典性质，是与律典并重的国家大法。宋代的《吏部条法》、明代的《诸司职掌》、清代的《钦定吏部则例》，其内容是有关国家官制及其职掌的规定，是职制方面的国家常法。至于规范国家经济管理活动方面的法律，内容也十分丰富。如明代为保障国家的财政收入，运用则例这一法律形式，针对不同地区、不同时期经济发展变化的情况，制定了大量的有因地制宜特色的钱粮管理方面的法规，如赋役则例、商税则例、开中则例及钱法、钞法、漕运等方面的则例，保障了国家的经济、财政管理制度在千变万化的情况下得以实施。唐代的两税法、均田法，明代的一条鞭法，也都是为了简化税制、减轻人民负担，确保国家财政收入而制定的。各代还运用令、例等各种法律形式和榜文、告示等载体，颁行了不少有关加强经济管理的法令、政令，其内容涉及农业、矿业、手工业、商业、对外贸易等各个方面。至于明清两代颁行的“里甲法”、“保甲法”，其功能是为了加强基层政权建设，及时处理民间纠纷，维护社会治安。可以说，历朝颁行的数量众多的法律，每一种法律都有特定的内容和功能，这些法律共同发挥着维护统治集团的权益、维护社会秩序、实行社会经济生活管理、协调社会各阶层人们的相互关系和权益等各种功能，因而具有阶级性、社会性两种属性。只有正确地认识和区分法律的属性和功能，才能正确地评价不同形式、不同内容法律的历史作用。

中国历史上任何一种法律和法律制度，都是为了解决某些社会矛盾，适应社会发展的需要而制定的。因此，要准确地阐述和评价古代法律的功能，必须正确地分析社会矛盾。传统观点在阐述法律思想和法律制度形成的历史条件时，往往只从解析阶级矛盾的角度进行考察。然而，无论是古代还是近、现代社会，并非只存在阶级矛盾，还有大量的并不属于阶级斗争范畴的各类社会矛盾，有生产力与生产关系的矛盾，统治集团内部的矛盾，社会各阶层人们之间利益的矛盾，个人与群体利益的矛盾等。由少数民族建立的王朝，还存在严重的民族矛盾。在社会矛盾之外，还存在着人与自然的矛盾。不同历史时期、不同的朝代进行的各种立法活动，所面临和需要解决的社会矛盾并不完全相同，每次立法的针对性也是很具体的。在分析古代社会矛盾时，应当采取实事求是的态度，对那些用于解决阶级矛盾、强化对劳动人民统治的法律，自然可以运用阶级分析的观点予以评判。但对于那些用于行政、经济、文化和其他社会生活管理以及处理民族矛盾和一些对外关系方面的法律，就应当按照历史实际客观地阐述当时的社会矛盾和立法的背景。只有科学地认识社会矛盾，才能正确地阐述法律的作用。

传统研究模式由于只注重古代法律的阶级分析而忽视法律的社会性，所导致的后果不仅是许多著述忽视了对大量的刑事以外的其他形式法律的研究，还在评价刑律与其他形式的刑事法令、法规的相互关系和历史作用时，把两者对立了起来。如在对明清的刑事条例、事例等论述和评价方面，多是不加分析地对其采取贬低或否定态度。历史上的实际情况是：《大明律》、《大清律》颁行后，因在较长时间内保持相对稳定，为解决司法实践中出现的新的问题，因时立法，颁行了大量的刑事条例、事例，以补充律的不足。如不适时立法，律在司法实践的许多方面也很难操作。虽然这一时期在制例中也曾出现过“条例浩繁”的弊端，但从现存的这两代颁布的刑事条例、事例看，基本上是按照“例以补律”的立法原则制定的，与律文和律义冲突的条例并不多见，这就要求我们应当重新审视以前的研究结论是否正确。

在中国古代社会里，法律作为历朝治理国家和管理经济、社会生活的工具，是随着社会的发展不断变革和完善的。由于历史的发展是曲折复杂的，法律在其发展的进程中因受到各种因素的影响，也呈现出极其纷杂的现象。但纵观两千多年的中国法律发展史，从总体上说，“因时变革，不断发展、完善”是法律制度演进的主旋律；“盛世修法”是健全法制的重要特点。法律条文从表面上看是静态的，而法律的制定过程和实施历来都是动态的。即便是在国家政局比较稳定的时期，法律也是随着社会经济的发展和司法活动的实践，在逐步发展和完善，并未处于停顿状态。因此，我们应当用发展的、动态变化的观点去论证和阐述中国法律史。

关于中国法律史的发展进程，学界通常是按照不同的历史分期阐述它的发展线索。然而对于中国法律史的发展阶段的断限，因对我国古代的社会性质、法律的属性、中华法系的断限认识不同，存在着不同的意见。一种见解是从阶级和社会形态分析的角度上阐述的，认为法是阶级和国家出现后才产生的，中华法系是指中国古代的法律，是奴隶制和封建制法律的泛称，至20世纪初期，随着封建社会的解体，中华法系也就寿终正寝了。另一种观点是从中华文化与法律相互关系发展史的角度阐述的，认为近、现代法律与古代法律比较，从外貌到内容都发生了重大变化，但仍存在着密不可分的传承关系，中国自有法以来，直到新中国的社会主义法律，均属中华法系。还有一种观点主张突破各种思想禁锢，一切从法制文明发展的实际出发，客观地阐述古代法制的历史分期、发展线索，实事求是地阐述中华法系。对于这些不同的见解，包括中国有没有经历过奴隶社会、是否存在奴隶制法制、哪些时期属于封建社会、封建法制有哪些特点等各方面的问题，应继续予以探讨。

对于中国法律史的基本线索和规律，学界也存在一些不同看法。其中需要商榷的一个重要问题是，有些著述认为唐代以后法律制度没有大的发展。事实上，宋元至明清是中国古代法制走向更加成熟的时期，也是中华法系进一步完善的时期。这一时期，随着生产力的发展和明代中后期资本主义萌芽的出现，颁行了大量的经济类法律，其涉及内容之广泛，为前代所不及。随着中央集权制的强化，行政方面的立法多方位完善。在民族立法方面，清代颁行了许多重要的法律，达到了中国历代王朝民族立法的高峰。即使刑事法律，无论从内容上还是编纂体例上，也都有创新和发展。在地方法制建设方面，从明代中叶至清末，地方立法出现了前所未有的繁荣，其法律形式之健全，发布的法规、政令数量之多，都是前朝无法比拟的。这一历史时期的西夏、辽、金、元、清诸朝的法律，因融入了契丹、蒙古、女真文化及其民族习惯，更体现出了中华各民族共创中华法系的特色。因此，不能只依据几部刑律而贬低唐以后法律制度的发展。

法律思想是中国法律史的重要组成部分，研究中国法制史必须与研究中国法律思想史相结合，这样才能深刻揭示法律形成的深层原因，揭示法律思想对立法、司法的影响。中国历朝的立法和司法活动，都是在一定的法律思想指导下制定和实施的。一些著述认为自西汉中叶“德主刑辅”成为立法、司法的指导原则之后近两千多年中，法律思想基本处于停滞乃至僵化、衰退的状态。这种观点显然是与历史实际相悖的。在古代社会中后期法律不断完善、历朝颁行了上千部法律的情况下，法律思想反而一成不变，这是令人难以理解的。固然，古代社会中后期历朝奉行的是经官方改造了的儒家法律主张，其发展变化是在儒家学说的总框架内进行的。但随着社会政治、经济、文化状况的不断变化和治国实践的需要，儒家的法律思想也在调整和发生变化。比如，形成于两宋、盛行于明清的宋明理学，就对中国法律制度产生了重大影响；行政、经济、民事、军事诸方面的法律思想得到了进一步的发展；“明刑弼教”思想经过朱熹新的阐发，强调先刑后教，成为明初重典之治的理论支柱；明清两代不断开拓了律学的领域，在应用律学、比较律学、律学史、古律辑佚和考证方面，取得了令人瞩目的成就，如明人何广的《律解辩疑》，张楷的《律条疏议》，王肯堂的《律例笺释》，雷梦麟的《读律琐言》；清人王明德的《读律佩觿》，吴坛等的《大清律例通考》等一大批著述，都不同程度地对律学有所建树。现存大量的司法指南性文献、判牍及题本奏本，也包含了极其丰富的司法思想。明清两代在法律思想领域最重大的建树，是确立了律例关系理论，这一理论曾长期指导了立法和司法活动。我们应当开阔视野，以发展变化的观点研究中国法律思想与法律制度的互动关系，科学地阐述中国法律史。

三　实事求是地评析中国古代司法制度

中国古代的司法制度经过漫长的历史发展，积累了丰富的经验，形成了“德主刑辅”、“明德慎刑”、便民诉讼等司法指导思想，建立起诸如起诉与管辖制度、上诉与直诉制度、听诉回避制度、会审制度、录囚制度、死刑复奏制度、审判监督制度、司法官员责任制度、民事纠纷调解制度等相当完善的司法制度，在审判中确立了区分公私罪、首犯与从犯、过失罪从轻、自首免罪或从轻、二罪俱发以重论、刑事年龄责任等一系列详细的刑罚原则，这些司法制度和刑罚原则与现代司法有不可分割的传承关系，其中许多值得我们继承和发扬。

长期以来，司法制度研究一直是法史研究的薄弱环节。近年来，一些学者注意了这方面的研究，发表了一些有价值的著述，但与古代立法研究相比较，司法研究仍显得滞后。加强对古代司法制度的研究，仍然是我们面临的重要课题。

研究中国古代司法制度，必须区分其精华与糟粕。古代司法审判中的刑讯制度，刑罚中的酷刑、肉刑、身体刑和耻辱刑，权贵和官吏犯罪者享有的“议”、“请”、“减”、“免”刑罚的特权，以及皇帝凌驾于司法之上，行政干涉司法等，都属于糟粕，应当予以批判和摒弃。然而，我们也应当看到，古代司法制度是在当时的历史条件下形成的，这种制度总体上是同那个时期的社会经济、文化状况和历史进程相适应的。对它的分析和评价，同样需要坚持实事求是的原则。

我国古代的一些司法制度不符合现代法治的精神，但在当时的条件下却有其存在的合理性，是若干代人的智慧的产物。我们在研究这类制度时，必须结合时代条件做出有分析的、恰当的评价。比如，人们通常把“司法与行政合一”概括为古代法制的特征，认为这是导致司法腐败的重要根源。诚然，在现代法治建设中，必须坚持司法独立，反对行政干涉司法，清除历史上“司法与行政合一”的消极影响。但在评价古代这一制度时，采取简单否定的做法却是不公允的。其一，这种概括并不完全符合事实，古代地方府、州、县的司法与行政机构是合一的，但府以上到中央的司法机构却不一定都是这样，如隋、唐设有大理寺，明、清设有刑部、大理寺，专主司法审判和复核；明清两代各布政司和军中还设有专门的司法机构，称其为司法行政合一就欠妥当。其二，对地方官府的司法与行政合一，应就这种机制形成的原因和作用做出正确分析。就县级机构而言，当时各县管辖的人口有限，商品经济很不发达，县官的主要职责是理讼和征收钱粮，每县只设数额有限的官员和吏员，在这种情况下，无论是从国家的财力还是从老百姓的承受力来看，都不可能设立行政与司法、立法分立的庞大机构。其三，就多数朝代知县的审判权限而论，主要受理人命重事、诈伪和奸、盗等重大案件，对刑事案件只有判处笞、杖刑的权力；对于徒罪以上案件，则只能拟出审判意见，供上级官府复审。至于流罪以上案件，决定权在中央司法机构，死刑案件还需经中央司法机构复审乃至皇帝批准。因此，我们在阐述古代“司法与行政合一”这一历史现象时，应客观地阐述史实，正确评价它的历史作用及局限性，只有这样才能正确地说明这一制度的来龙去脉，以及为什么在现代社会中不能继续沿用。

一些著述以“一任刑罚”概括古代司法审判的状况，不加区分地把历代司法都描绘为君主专断、官吏任意用法、冤狱泛滥。这种结论缺乏历史根据。在中国历史上，确实存在着司法腐败的现象，也存在着某一君主在一定时期内因政治斗争的需要滥杀官吏和臣民的问题。但纵观一部中国司法制度史，几乎所有的王朝都反对“一任刑罚”。从现存的历代司法指南性文献、判牍、案例看，司法审判程序是很严格的，绝大多数案件的审理是依法进行的。因此，对各个历史时期的司法审判情况，应依据史料作出具体的有分析的判断，而不能笼统地概括为“一任刑罚”，全面否定。

还有一些著述对古代司法制度的阐发，望文生义的问题比较突出。如有些著述对于秦汉的“廷行事”、唐代的“法例”、宋元的“断例”、清代的“成案”等性质和功能的论断，系主观推测而来，缺乏充分的理据，值得商榷。望文生义的结论，不仅曲解了古代的司法制度，还误导了读者。比如，传统观点把成案解读为“以往发生的司法案例”，认为清代成案具有判例性质，在司法审判中可比照援引，并由此得出这是清代司法产生“以案破法”、“官吏因缘为奸”弊端的重要原因。现见的大量文献资料证明，这种对历史上“成案”内涵的解读及对清代成案性质的论述有偏颇之处。在中国古代，成案是在处理行政、社会事务或司法审判过程中产生的，它的内涵十分丰富，在司法成案之外，还存在着行政、经济管理和礼仪制度等方面的成案。成案的表述方式，有案例和抽象的条文两种。一些研究成果中阐述的成案，实际上只是指司法成案而言。司法成案通常是指已经办理终结的案件，其性质又有以下的区分：一类是经过审判已经完成了案卷整理、等待最后批准和结案的案件；另一类是定例成案，即经过一定的立法程序，经皇帝批准把案例确认为“定例”，允许在办案中援引。定例是“例”的一种称谓，属于成文法范畴，故古代法律中没有“判例”这一法定用语。“判例”不是中国古代独立的法律形式。今人法史著述中所说的“判例”，是对古代司法审判中可援引作为判决依据的这类案例的现代表述。司法成案与判例之间有着密切的关系，它是判例产生的基础，但成案并不一定都是判例。司法成案是否会成为判例，取决于统治者是否赋予成案以法律效力，即它能否在司法审判活动中比附适用。学术界有关成案是否具有判例的法律效力的争论，主要是基于对清代成案性质的认识不同引起的。关于这个问题，需要注意的是以乾隆三年（1738 年）颁布禁止援引成案为界限，统治者对司法审判中适用成案的态度发生了很大变化。在此之后，地方上报的案件，有时也出现把成案作为判决依据的情况，但一概被刑部批驳。刑部在复核案件过程中，在所写的说帖中，有时也会拿成案作例证，证明自己论断的正确，但都是从参考、研究的角度使用成案的。清代中后期，司法成案只具有参考价值，它本身并非判例，不具有法律效力，也不能作为审判的依据，把清代成案说成具有判例性质的观点是不能成立的。

要科学地认识和阐述中国司法制度，必须把立法与司法结合研究，把司法指南性文献、判牍、案例三者结合研究，把民事诉讼与刑事诉讼结合研究。民事诉讼是司法研究中最为薄弱的领域，存在的争议也较多。现存的民事诉讼资料相对较少，且散存在历史档案、地方法律文献、古人文集、野史笔记和民事判牍中，应当加强这方面资料的搜集和整理。另外，关于古代社会中讼师、书吏、刑名幕友的作用等，学界也存在不同看法，都应当按照实事求是的原则进行探讨。

四　正确地表述中国传统法制的基本特征

中华法系是世界五大法系之一，在人类文明发展史上占有重要的地位。正确地表述中国传统法制的基本特征，有助于揭示中华法系区别于世界其他法系的特色，也有助于人们从整体上认识古代法制。不少法史教材都在其《前言》、《序》或《总论》中论述古代法制的特征，而对中国古代法制特征的表述是否得当，直接影响着后学者对中国法律史的认识。

传统观点对古代法制特征的论述各种各样，概括起来无非是“德主刑辅，礼法结合”、“家族主义”、“义务本位”、“以刑为主，民刑不分”、“司法行政合一”这几点。全面审视中国法律发展史，我认为传统观点对于古代法律制度特征的概括，尚有不全面乃至偏颇之处，应当重新进行探讨。

譬如，“以刑为主，民刑不分”、“司法行政合一”这类表述，并不完全符合中国古代法制的实际情况，[①] 似应予摒弃。传统观点认为“德主刑辅，礼法结合”、“家族主义”是中国古代法制的特征，这种提法应当说是成立的，问题是在论述这些特征时，没有对当时形成这种特色的原因及其历史作用给予恰如其分的分析，往往是对古代法律充满浓厚

① 详见拙文《中华法系研究中的一个重大误区——“诸法合体、民刑不分”说质疑》，《中国社会科学》2002 年第 6 期。

的伦理色彩、维护“三纲五常”这些方面阐述得比较深刻和生动具体，而对古代立法、司法中贯彻了仁道、恕道和慎刑、恤刑精神，则缺乏必要的论述。“仁”是儒家哲学思想的核心，也是伦理道德的重要内容和要求。受仁、恕之道的影响，古代法律规定对老人、儿童、孕妇这几种人犯罪予以减轻刑罚或免刑，称之为“三纵”。对不识、遗忘、过失犯罪减轻刑罚，称之为“三宥”。对已知悔悟自首者，对官吏因公务失错“自觉举”者，亦予减刑或免刑。历代法律还规定了许多悯恤囚犯的措施，如法官不得违法拷讯，违者反坐。在狱政管理方面，规定不得虐待囚犯，家人送来饭食要为之传递，衣服不够的发给衣服，有病要给以医治，病重者要脱去枷锁，对虐待致死罪囚的法官要追究责任，如此等等。古代法制在维护礼教纲常、等级制度的同时，也体现了一些人道主义的积极精神。

又如，不少著述认为“义务本位”是中国传统法制的一大特征，并把这一特征视为“民主”、“权利本位”的对立物加以批判。与古代希腊、罗马及中世纪西欧国家的法律制度比较，不难看出，无论是古代希腊的雅典“宪法”、古代罗马的罗马法，还是中世纪西欧的罗马法、城市法、商法和英吉利王国的普通法等，都渗透着一定的民主气息，法律上规定了社会成员的“权利”、“义务”或“自由”等。而中国传统法律只规定义务，不书权利，说它具有浓厚的“义务本位”的色彩，这是有一定道理的。然而，用“义务本位”表述中国传统法制的特征似不够全面，也不能明确地界定它与其他法系中“义务本位”的区别。中国古代法律中的“义务”同古代埃及、印度法律中的“义务”有所不同，后者系个人对君主、奴隶对奴隶主的单方面义务，是一种片面的义务。中国古代法制则不同，法律规定的义务是社会各阶层相互之间的义务，体现了为社会、国家和他人尽义务的精神。中国古代把人际关系概括为“五伦”，即君臣、父子、夫妇、兄弟、朋友，其相互的义务关系是君礼臣忠、父慈子孝、夫良妇顺、兄友弟恭、朋友有信。法律中凡与五伦相涉者，均体现了相互的义务关系。按照法律规定，官吏必须恪守职责，忠君报国；朝廷给予官吏一定的俸禄和礼遇。平民必须按时缴纳税粮，承担差役；国家有“爱民”、“教民”、“保民”之职责。在家族内部，尊长有抚养、教育、保护卑幼之责任，卑幼有服从、赡养尊长之义务。家庭以家长为中心，但同时对于出现脱漏户口、欺隐田粮、税粮违期、逃避差役等承担法律责任。在朋友之间，彼此承担互信的义务。在无服制的社会成员之间，彼此对侵犯他人人身、财产承担法律责任。在长官和下属之间，彼此因公务失错承担连带责任。历朝法律对各阶层人士违背法定义务的行为如何惩处，都做了详细的规定。所有这些都说明，中国古代法律中的义务，在许多方面包含着属于社会义务、国家义务的内容。社会成员在对他人、社会、国家履行义务的同时，也接受他人、社会、国家对自己的义务，具有“义务互负”的性质。因此，在研究中国传统法制的这一特征及进行中外法律比较时，一定要坚持全面而不是片面的、辩证而不是形而上学的思想方法论。不能因为古代法律中未有“民主”、“权利”的字样，就不加分析地全面否定。

这里需要指出的是，在表述中国古代法制的特征时，应当对中华法系区别于世界其他法系的、具有积极意义的重要特征，也给予实事求是的表述。

“以民为本”、“抑强扶弱”，就是我国古代法制的最本质特征之一。与世界上延续时间较长的其他法系相比，中华古代法律的一个突出特点就是把法律视为人为的规范体系，奉行民本主义，而不像其他法系那样把法律视为神的直接或间接旨意。中国传统文化中有丰富的民本思想。汉朝以后各代，几乎所有的王朝都把“以民为本”作为治国的指导思想和法制建设必须贯彻的原则。民本思想贯穿于古代法制的许多方面，主要表现为：一是严法治吏，打击官吏迫害和盘剥百姓的行为。官吏是社会上有权势的强者，历来民之害者，莫甚于贪官污吏。历朝法律中相当部分的内容，都是用以治吏的。法律严厉打击官吏贪赃枉法、赋役不均、丁夫差遣不平、私役部民夫匠、上下勾结盘剥平民等不法行为，其目的是为了肃整吏治，防止“官逼民反”。二是法律严厉打击地主强豪兼并土地、盗耕种官民田、强占良家妻女、欺行罢市、哄抬物价、违禁取利等不法行为。三是法律对契约关系、商业贸易、度量衡器、器物制造、物价评估、买卖自由等做了详细规定，维护市场交易秩序，为平民百姓提供安定的生产和生活环境。四是法律上对老小、废疾、妇女等弱势群体给予适当优待。如规定老少废疾犯罪，审判时不予拷讯；犯流罪以下可以收赎；犯杀人应死者，议拟奏闻，取自上裁。规定妇人犯罪应决杖者，除奸罪外，均不去衣受刑，并免除刺字。犯徒流罪，决杖一百，余罪收赎。女性死囚犯怀孕者，暂不行刑，待产后方执行。五是救济灾民，对官吏坑害百姓和隐报灾情的行为予以严厉制裁。六是制定了不少便民诉讼的法律措施。实行了匭函、登闻鼓等制度，以方便百姓申冤和减少冤狱。

“追求和谐”、“注重调解”，是中国古代法制的又一突出特征。中国古代和谐观念十分突出，主张法须与天道相和谐，与社会相和谐。《中庸》说：“和也者，天下之达道也。”《文子·上仁》：“夫万民不和，国家不安。”基于这一理念，“刑期于无刑”被视为刑罚的根本目的，“以德去刑”、“先教后刑”、预防犯罪成为法制的重要指导思想，“贵存中道”成为必须遵循的立法原则。从现存的历朝发布的劝民息讼的告示看，息争化讼成为评价官吏德化、政绩大小的标准，也是各级官吏特别是地方官吏的重要职责。注重调解是中国传统法制的一大创造。为了尽量减少社会纷争，实现社会和谐，历代都建立了调解制度。就民事纠纷的审理或处理而言，汉代乡为初理，唐代由里正初理，元代由社长初理，明代由里甲老人初理。这些所谓初理，实际上属于民事调解。清代民事纠纷由族正房长、村正及村之贤德者调解，不果，再由巨绅里保评之，然后上达官府。不少朝代为了防止大量户婚田土纠纷矛盾上交官府，也为了更好地息讼宁人，对民事纠纷案件上诉官府的范围作了严格限制。如通行于有明一代的《教民榜文》规定：“民间户婚、田土、斗殴相争一切小事，不许辄便告官，务要经由本管里甲老人理断”；“乡里中，凡有奸、盗、诈伪、人命重事，许赴本管官司陈告”。[①]也就是说，除涉及刑律的案件外，其他均先由里甲老人调解审理，不服者方

① 《教民榜文》，明太祖朱元璋钦定，中国国家图书馆藏明嘉靖刊《皇明制书》14卷本。

可上诉官府。其他朝代处理民事案件的办法亦大多如此。中国古代实行的由乡里组织调解解决民事纠纷的制度，使民间发生的绝大多数纠纷得以解决，既有利于正确处理乡里发生的矛盾，息事宁人，也极大地减少了官府的负担，应当说是一种值得肯定的法律措施。

我在《新编中国法制史》一书中，把中国古代法制的特征概括为五点，即“礼法结合，德主刑辅”、“以民为本，抑强扶弱”、“家族主义，家国一体”、“天下本位，义务互负”、“追求和谐，注重调解”。[①] 这种表述是否妥当，恳请学界同仁不吝指正。

① 杨一凡主编《新编中国法制史》，社会科学文献出版社，2005，第 7 ~ 14 页。

中国古代法律形式和法律体系*

法律形式亦称法的形式。本文所说的中国古代法律形式，是指历代制定和实施的各种法律规范的外在表现形式。中国古代法律没有现代意义上的部门法分类，不能生搬硬套现代法律体系的概念去描述古代法律体系。本文所说的中国古代法律体系，是指古代中国各个朝代的全部法律规范按不同法律形式及其表述的立法成果组合形成的体系化的、有机联系的统一整体。

在中国古代，典、律、令、例等多种法律形式并存，行政、经济、刑事、民事、军政、文化教育诸方面法律并存，具有相对稳定性的国家“大法”、“常法”与各类“权制”之法并存，朝廷立法与地方立法并存，共同组成完整的法律体系。在中国古代法律体系中，每一法律形式都有其特定的内涵和功能，各种法律的产生方式、适用范围、效力等级和法律地位是用一定的法律形式表述的，法律形式及其表述的立法成果是法律体系的基本组成要素。

中国古代用以表述法律体系中效力层次的法律用语，与现代法学中相关概念的称谓、内涵也不尽一致。在古代文献中，通常把规定国家根本制度、在法律体系中居于最高层次的综合汇编性法典，称为“大法”或“大经大法”；把经常施行的规定某一领域或某一特定事务具体制度的法律，称为“常经之法”或“常法”；把因事因时临时颁布的具有补充法性质的法律，称为“权制”或“权宜”之法。今人法史著述中所

* 本文系我给研究生授课的讲稿之一。初稿写于2005年，2008年增补定稿。

说的古代“补充法”，实质上是对历史上“权制”之法的现代表述。从法律效力层次意义上讲，也可以说中国古代法律体系是以国家大法、常法和权制之法构成的法律规范体系。

历代运用多种法律形式，颁布了大量的法律、法规、法令，用以完善国家的法律制度。要全面揭示古代法制的面貌，必须重视法律形式和法律体系的研究。

一　历代法律形式与法律体系概述

（一）各代法律形式和法律体系简述

中国古代法律形式和法律体系的形成、发展与逐步完善，经历了漫长而复杂的演变过程。西周以前的誓、诰等已具备规范性、强制性等法的部分特征，处于法律形式发展的初级阶段，但我们还不能断定那个时期的国家已形成了法律体系。传说夏朝和商朝已有法典存在，即所谓的“禹刑”、“汤刑”，但这在甲骨、金文资料中得不到印证。有关西周的法律资料要相对多一些，出土文献中也常有这一时期“作刑”、“作明刑”的记载。西周最重要的法律形式是“刑书”，其中最著名的当推《吕刑》。传统观点认为《吕刑》编纂于周穆王时期，然而传世本《尚书·吕刑》成书较晚，其主要内容是“赎刑”和“五刑”，其中包含多少西周信息，有待探讨。《逸周书·尝麦》中记载了“刑书”制定、颁布的程序，上古文献中还有“九刑”、“誓命”、“典”、“宪”等法律用语的记述，对于这些词语的性质，学界尚有争议。

春秋时期，一些诸侯国制定了新的成文法，这些成文法多被冠以“刑书”的旧名。战国时期的法律出现了新的名称，这就是沿用至今的“法”和“律”。古书中说战国前期魏国的李悝撰写了《法经》6篇，重点突出而体系俨然。《法经》早已散失，相关信息辗转记载于《新论》、《七国考》等书中。学界对其资料的可靠性多有怀疑。据说商鞅以《法经》为蓝本，并且“改法为律”，在秦国制定颁布了秦律6篇。

不过从湖北云梦睡虎地出土秦简中的资料来看，战国时代的秦律体系庞杂，远非6篇可以概括。目前已出土文物中的法律资料表明，春秋战国时期各诸侯国颁布的法令，已具备了国家制定、普遍适用等法的基本特征；“律”作为法律的名称，是从战国后期开始的。战国时期是古代中国法律体系的酝酿生成时期，还不能证明这一时期已形成了比较完善的法律体系。

秦始皇统一中国后，秦朝立法创制，成为中国历史上第一个形成法律体系的王朝。在此之后，历代王朝都建立了本朝的独立法律体系。

（1）秦代法律形式和法律体系。秦代的法律形式有律、令、程、式、课、法律答问等。律是秦朝成文法最主要、最基本的法律形式，具有稳定性和适用范围的广泛性，秦律至少有30余种，用以表述行政、经济、刑事、民事、军政等方面的重要立法。令是仅次于律的重要法律形式。秦令的形式包括单行令和皇帝诏令两类，单行令通行全国，皇帝诏令是国家的权制之法，但其法律效力往往在律之上。在律令之外，秦代还有程（规章细则）、式（程式、格式）、课（检验、考核、督课工作人员的数量或质量标准）、法律答问（具有法律效力的法律解释）等法律形式，作为实施细则和执法标准，用以处理国家基本法律适用中出现的问题。

（2）汉代法律形式和法律体系。汉代的法律形式有律、令、比、诏等，其中律、令是主要的法律形式，其功能与秦代基本相同。汉代立法的一个重大成就，就是令的制定和编纂较之秦朝更为发达，有大量的令的汇编性法律出现，形成一系列重要的基本法律。汉代的比属于补充法。比即“决事比”，是指司法官吏比附律令、援引已生效的法律判决断罪量刑，也包括比照行政先例处理各种事务的含义。两汉时期，曾有多名律家以儒家经典中的大义解释法律，时称“律章句”，对司法审判发挥了重要影响。此外，对于汉代是否存在“科”这一法律形式，学界尚存有争议。

（3）魏晋的法律形式和法律体系。魏晋法律形式主要有律、令、诏、科、式以及故事、律注等，律、令仍是国家的主要法律形式。这一时期，律、令功能及其编纂的重大变化是，律成为刑事法律的专称。魏令表面上由州郡令、尚书官令、军中令三大体系组成，但其一统汉令之杂，实际上已经有了令典化的趋向；在此基础上形成的晋令，则进一步体现了令典的编纂技术和综合汇编性。律典、令典是魏晋时期并存的国家大法。科、式、律注是这一时期的国家常法，诏令、故事、决事比是权制之法。科的本意是“规定、法则”之意，用以表述针对特定事类制定的单行法规。式为西晋时出现的综合性法规，如《户调式》。魏明帝时下诏，以郑玄章句作为唯一的合法注释，允许在司法实践中援用，这样郑氏章句便被赋予了法律效力，成为当时的法律形式，直到晋王司马昭执政后才废止使用。

（4）南北朝时期的法律形式和法律体系。其法律体系有律、令、科、诏、格、式、故事及律注等。律、令的功能基本同魏晋时期。科是律的辅助性规定，梁取故事制科凡 30 卷，陈仍其旧。格是南朝时出现的新的法律形式，多依诏令随事制定，调整范围包括礼仪、行政、经济等领域。如宋有官员车服制度的《九条之格》、《二十四条之格》，齐有《鴮格》、《策秀才考格》等。北魏时以格代科，东魏时制《麟趾格》。西魏制《大统式》，式以独立之法规形式，成为当时主要的法律形式。北周律、令师法《周礼》，以“刑书”、“诏”为名，有《刑书要制》、《九条之诏》等。

（5）隋唐的法律形式和法律体系。隋代以律、令、格、式为主要法律形式。唐承隋制，主要法律形式有律、令、格、式，中唐以后有“格后敕”。“律”是有关犯罪与刑罚的规定，“令”是有关国家基本制度方面的规定，“格”是皇帝临时颁布的各种单行敕令的汇编，“式”是从令分化而来，是唐代一些具体制度或基本制度具体化的规定，是令的实施细则。令、式是以行政法规范为主，兼有民事、诉讼、军事等多种部门法规范的综合性法律，格和“格后敕”是包括行政、刑事、民事、诉讼和军事等各种法律规范在内的综合性法律。唐代于律、令、格、式之外，还以条例、则例、格例等补充法的形式，制定了不少行政、经济管理方面的法规。唐高宗永徽三年（652 年）命长孙无忌等对

《永徽律》的条文及其原有注解逐句进行解说，并对司法过程中可能出现的疑难情况，以问答形式加以规定，称为《律疏》，于永徽四年（653年）颁布，共30卷。唐玄宗开元年间，曾对《律疏》加以修订。《律疏》与律典正文具有同等效力，成为重要的法律形式。

（6）宋代的法律形式和法律体系。宋初的法律形式与唐朝及五代相同，主要有律、令、格、式、编敕、断例等。神宗元丰二年（1079年）对（编）敕、令、格、式作了新的界定，（编）敕成为刑事法律规范，令、格、式则为非刑事、制度性法律规范，其中格成为令的实施细则，式成为执行令过程中须填写的各种公文程式。宋代法律形式虽比唐代种类多，但除制、敕、御笔、申明为综合性规范外，其余法律形式可分为两大系统：由律、（编）敕、断例组成之刑事法律系统和由令、格、式组成的非刑事、制度性法律系统，且在各系统内部有较强的对应性。

（7）元代的法律形式和法律体系。元朝是中国古代从律令为主的法律体系向律例为主的法律体系过渡的时期，其法律形式十分杂乱。元代以诏制、条格、断例为基本法律形式。但从法律的内容看，还有律、制、格、例、令等多种属于补充法性质的法律形式。“诏制”是君主发布的具有最高法律效力的诏书，学界多认为是宋代“敕”的沿袭。“格”在元朝有“条格”与“格例”两种，“格例”仅是“例”的一种变种。“条格”在诸法律形式中效力最高、最稳定，调整对象是某一基本问题，调整方式有制度创制与设定刑名罪名等。“例”是元朝使用最多的法律术语，多达20余种，但能够称得上是法律形式并具有补充法性质的主要是条例、分例、则例、事例、禀例。“断例”是从条格衍生而来，是司法适用过程中通过比类适用和解释相关法律产生的法律形式。“条格”与“断例”在表述方式上有案例和条文两种。以“律”表述的法律很少，在《元典章》、《通制条格》“名例”部分中包括有律的内容，《至正条格》中存在以“杂律”为名的法律门。元代“令”的内涵与前代相同，《通制条格》、《至正条格》中都有以“令”为称谓的法律形式。律、令在元朝现存法律中，被分入“条格”与“断例”中。

《至正条格》中“令”列入“条格”内，“杂律”列入“断例”内，可见二者都是条格与断例的补充法。

(8) 明代法律形式和法律体系。明代前期法律形式比较杂乱，有律、令、诰、例、制书、格、式、榜文等。后经过变革，到明弘治时，形成了以《会典》为纲，律例并用，以典、律、例为基本法律形式的法律体系。例的法律形式由条例、则例、榜例、事例组成，各种例的内容分为吏、户、礼、兵、刑、工6种，以例表述的立法成果占全部法律总数的绝大多数。在明代中后期法律体系中，《会典》为国家的“大经大法”，《大明律》和《问刑条例》是刑律方面的常法，各种重要的行政条例是行政法律制度方面的常法。则例、榜例、事例属于补充法。在制令方面，除明初颁行《大明令》外，明代各朝君主还发布了大量的各种形式的诏令。由于明代诏令的内容主要限于宣布国家重大决策、皇帝即位、册封、赏罚、赠予、优恤、大赦天下等方面，且大量的令的功能为事例、榜例所代替，这就出现了以令为名的法律称谓并不多见的情况。一些著述认为“明代无令”，这是不妥当的。另外，明代在法律体系建设上的一个重大发展，是加强了地方立法，形成了以条约为重要法律形式的地方法律体系。

(9) 清代法律形式和法律体系。清承明制，法律形式没有多少新创。清代与明代法律形式功能的变化主要有三点：一是明代则例主要用于表述与钱物和朝廷财政收入、支给、运作相关的法规，清代则例的法律地位有了较大提升，主要用于规范国家机关活动和重大事务的管理，则例是清代行政法律的主体，其立法数量占国家立法总数的70%以上；二是明代的条例是经朝廷精心修订的单行法规，除《问刑条例》外，其他条例都属于行政类条例，清代条例功能较明代发生了较大变化，特别是清代中期后的条例，基本上都用于表述刑事立法，实际上是刑例的代称；三是清代的地方法律体系更加完善，特别是清代中后期，省例的编纂，标志着中国古代地方立法进入了成熟阶段。

综合以上所述可知，中国古代法律体系从形成到不断完善，经历了五个历史发展阶段，即：战国是法律体系的生成时期，秦汉是以律令为主的法律体系的初建时期，魏晋至唐宋是以律令为主的法律体系进一步发展和完善时期，元代是以律令为主的法律体系向以律例为主的法律体系的过渡时期，明清是以律例为主的法律体系的发展和高度完善时期。

（二）中国古代法律体系的特征和法律形式演变的规律

1. 中国古代法律体系的基本特征

综合考察各代的法律形式和法律体系，可知中国古代法律体系具有下述基本特征：

（1）多种不同功能的法律形式及其表述的立法成果是法律体系的基本组成要素。

中国古代的法律体系与现代中国的法律体系的基本组成要素不同，它不是以诸如宪法、行政法、民法、商法、经济法、刑法、诉讼法等法律部门为基本组成要素构成法律体系，而是以不同内涵和功能的法律形式表述法律的产生方式、适用范围、效力等级和法律地位。虽然各代因法律体系的完善程度存在差异，法律形式的称谓、功能和表述的立法成果多有变化，但以法律形式及其表述的立法成果为法律体系的基本组成要素这一点未曾改变。历代统治者为了适应不断发展变化的政治、经济环境，全面加强对社会生活各方面的管理，陆续使用了至少数十种法律形式，包括典、律、令、比、科、品、格、式、故事、编敕、制书、断例、条例、则例、榜例、事例和各类皇帝诏令等，颁布了大量的法律、法规、法令，用以完善国家的法律体系，其中典、律、令、例是最基本和最重要的 4 种法律形式，其表述的立法成果成为古代法律体系内容的核心。

（2）以国家“大法”、“常法”和“权制”之法体现效力层次和法律地位。

秦汉是中国古代法律体系的初建时期，在以法律形式体现法律体系中效力层次方面不如魏晋以后那样完善。这两代以律为国家的主干法律，多律并用。令是仅次于律的重要法律形式，秦代诏令、单行令并用，汉代诏令、单行令、令集并存，其中皇帝诏令是具有变通作用的权制之法。秦律、汉代的律和适用全国的令集虽然也是当时国家最高层次的法律，但其编纂水平、完备程度和适用的范围，还不能和后代的律典、令典、会典这类综合汇编的国家大法相提并论。

自魏晋始，无论法律形式的称谓如何纷杂，总是分别扮演着国家“大法”、“常法”和“权制”之法这三种不同的角色，并发挥着相应的功能。国家大法全面规定了国家和社会生活管理的基本制度，魏晋至宋代的“律典”和“令典”，南宋的《庆元条法事类》，西夏的《天盛改旧新定律令》，元代的《大元通制》，明清的《会典》，就分别是各代的国家大法。常法规定国家某一领域和某一特定事务方面的具体法律制度，它与国家大法是纲和目的关系。常法是经过精心修订而成的，具有较高的稳定性。在各代经常施行的法律中，有些常法比较全面地规定了某一领域或某一方面的具体制度，法律适用的对象和调整的范围较之规定某一特定事务方面的一般常法更为广泛，其法律效力次于国家大法而高于一般常法，古人通常又把这类常法称为“常经”之法。唐代以编式、编格形成的立法成果，宋代以编敕形成的法律汇编，明代以制书形式发布的《大明律》、《诸司职掌》、《宪纲》、《洪武礼制》、《礼仪定式》、《学校格式》等重要法律，明代以条例形式颁布的《问刑条例》、《吏部条例》、《军政条例》等重要法律，清代颁布的《大清律》和各部院则例等，就属于“常经”之法。权制之法是君主基于治国的急需，以诏令或其他特别法的形式针对特定的人和事随时发布的，这类立法不允许在全国通用，它只有经过一定的立法程序上升为国家常法，才有普遍适用的法律效力。国家的常法通常是以主要法律形式表述的，各种补充法通常是以表述权制之法的法律形式表述的，君主诏令是诸多法律形式和立法成果的法律之源，具有变通和修订国家常法的功能。这种由国家大法、常法和权制之法构成的体现效力层次的法律体系，既有利于维护国家法制的统一性、权威性和稳定性，又能满足适时立法的需要。

（3）法律体系中诸法的内容以行政法律为主体。

以现代法学观点分析古代法律的内容，可知在中国古代法律体系中，行政、经济、刑事、民事、军政、文化教育诸方面的法律并存，其中行政类立法占立法总数的绝大多数。在各代诸多的法律形式中，多数法律形式是用于表述行政类立法。以清代为例，《大清会典》及会典则例、会典事例中，除收入《大清律例》外，90%以上的内容都属于行政类法律。现存的上千种清代各部院寺监则例和各种规定特种事务方面的则例，除个别几种外，基本上都是行政类则例。因此，就法律内容而言，古代法律是以行政类法律为主，所谓中国古代法律“以刑为主”的观点是缺乏根据的。

（4）各代法律体系建设是围绕着完善成文法体系进行的。

历代进行的包括变革法律形式在内的立法活动，都是围绕着完善成文法体系进行的。古代中国不存在英美法系国家实行的那种判例法制度。各代统治者为了严密法网，力求做到法律规范结构严谨，表述准确，防止官吏曲法为奸，把不断完善成文法体系作为健全国家法制的基本目标，并采取各种立法措施，把国家机构活动和社会生活管理方面能够用法律规范的行为，都从法律上确认下来，纳入国家的法律体系。中国古代在审判活动中，对于法无明文规定的案件，允许比附成文法判决，不允许随意援引案例。案例只有经过一定的立法程序，经君主批准被确认为国家成文法体系中的“定法”，才能在司法实践中援用。汉代的“决事比”、宋元的“断例”、明清的“定例”或“定例成案”，都是成文法的组成部分。至于各代对待民事习惯的态度，明代以前这方面的资料已不多见，尚难做出全面确切的判断。就明清两代而论，只要是中央政权能够实际控制和管理的区域，特别是广大汉族居住地区，统治者把一切能够规范的民族习俗、民事习惯，通过地方立法或中央制定地方特别法的途径，纳入国家的法律体系。对于不能上升为法律的习惯，则通过制定民间规约加以规范，在相当的程度上实现了民俗习惯的规约化。因此，中国古代的法律形式是成文法的法律形式，其法律体系也是以成文法体系为基本特征的。

2. 中国古代法律形式发展演变的规律

在中国历史上，各代无论国祚长短，都很重视采取多种法律形式完善法律体系，并根据国情的变化变革法律形式。历代因所处的历史条件和法律的发达程度存在差异，法律形式及其称谓也多有变化。适应完善国家法律体系的需要，不断变革法律形式，是中国古代法律形式发展演变的基本规律。

法律体系是否健全，是衡量国家法制建设水平的重要标志。而法律形式是否简约、功能分明、相互关系和谐统一，则决定着立法成果的质量和法律体系的科学性程度。考察中国古代法律形式从不够成熟到逐步完善的发展轨迹，其演变的规律可归纳为以下四点：

（1）法律形式的名目经历了由简到繁、再由繁到简的变革过程。

宋元是法律形式名目最为繁杂的朝代，法律形式称谓达数十种。从先秦到宋元，随着社会的发展和立法数量的增大，法律形式的名目由简到繁。从宋元到明清，法律形式又经历了由繁到简的变革。明清以例为主要法律形式，把典、律、诏令之外的所有法律规范都纳入例的体系，在各种法律规范的内容空前增多的情况下，实现了法律形式高度简约，便于在执法、司法中行用。

（2）国家大法和法律体系中最高层次的法律的编纂，从多头、并举走向单一。

秦汉以律为最高层次的法律，多律并行。魏晋至宋代以律典、令典为国家大法，两典并举。南宋至元代，采用综合汇编的体例编纂国家大法，虽无“会典”之名，实开编纂会典之先河。明清两代以《会典》为大经大法，以典为纲，以例为目，律为常经之法列入会典。从秦汉到明清，以元代为分界线，中国古代法律体系经历了从以律令为主要法律形式的法律体系到以律例为主要法律形式的法律体系的演变，与这一发展轨迹相适应，居于国家法律体系中最高层次的法律，也经历了由多律并行、两典并举到一典为纲的发展历程。

（3）法律形式的功能，从混杂走向明确、清晰。

从战国到明清，律、令两种法律形式存续于始终。秦汉时期的律，用以表述诸法功能广泛。魏晋至唐宋，律是国家的刑法典，用以表述作为律的补充法的其他刑事法律的法律形式有科、格、敕、断例、例等。这些法律形式内涵有别，且有的法律形式既用以表述刑事法律，又用以表述非刑事法律，功能混杂。明清以律为刑事基本法，刑例为律的补充法，法律形式功能分明，律例关系简要而清晰。

令的功能也经历了从混杂走向明确、清晰的变革过程。皇帝诏令是历代令的重要形式，诏令称谓、形式繁多，功能各异。诏令之外，秦有单行令，汉有单行令和令集，内容、功能多样。魏晋至唐宋有令典和各种单行令，还有诸如编式、编格、编敕等多种汇编皇帝诏令或单行令的独立法律形式。明以前各代统治者虽然赋予各种令及与令相关的法律形式以确定的内涵和功能，但除非熟习法律者，一般人很难分辨清楚。明代通过法律形式的变革，于洪武朝之后，仅把诏令作为令的形式，而不再进行令典、令集和其他以令为称谓的法律的编纂。诏令的功能仅限于表述国家重大决策、皇帝即位、封赏、优恤、大赦等事宜，前代令的其他功能均纳入例的体系，从而使令的功能清晰明确，并厘清了令与其他法律形式功能的区别和相互关系，这种做法为清代所承袭。

（4）表述行政、经济及地方立法成果的法律形式与时俱进，逐渐增多，且在法律体系中的比重和地位逐步提升。

唐代以前，尚未见有专门表述经济和地方立法的独立法律形式。唐代以后，随着经济的发展和社会的进步，行政、经济立法日趋发达，用以表述这些领域的法律形式逐渐增多，法律地位也不断提升。地方立法作为朝廷立法的实施细则，也进一步受到朝廷和各地长官的重视。明代时，条例成为表述重要行政法律的法律形式，重要的行政法律与刑律具有同等的法律地位，则例成为经济立法的主要形式，条约成为地方立法的重要形式。清代时，则例成为行政立法、经济立法的主要法律形式，行政法律在国家法律体系中的比重不断增大，地方立法体系更加成熟。从唐宋到明清，伴随着法律形式的变革，法律体系的框架也变得更加合理和符合国情实际。

二　律的功能、法律地位及编纂体例的变化

在中国古代诸多的法律形式中，律和令的历史最为悠久。从战国后

期到明清，律的功能、法律地位和编纂体例的演变，大体经过了三个重要的发展阶段。

（一）秦汉时期：律是表述诸法的国家主干法律

律作为法律形式是何时出现的，学界存在不同的观点。一种观点以《唐律疏议》、《唐六典》等史籍的记载为据，认为公元前四世纪中叶，商鞅在推动秦国的变法活动中“改法为律”；另一种观点则对此说提出质疑，理由是有关商鞅“改法为律”的记载出现在商鞅变法后超过千年的唐代，尚无出土文物或可靠的史料加以确证，当存而不论。

现有的资料能够确切证明，律作为法律形式的出现不晚于战国时期的秦武王二年（前309年），当时秦武王命丞相甘茂等人“更修《田律》”，距商鞅去世不足30年。1975年12月在湖北省云梦县睡虎地秦8号墓出土的秦代竹简中，记载了商鞅变法到统一六国一百多年间的部分秦律，内容涉及秦律30余种。秦简中的法律文书主要制定于战国末期，对此学界似无异议。据此可以肯定地说，作为法律形式意义上的“律”至迟在战国后期已经出现。律是秦国法律的主干，并在秦统一中国后继续沿用。汉承秦制，律仍然被作为最重要的法律形式在立法中广泛使用。

战国至秦汉时期，律的内容、功能与魏晋以后的律典最显著的不同之处，就是其内容纷杂、功能广泛、律外有律，不仅用以表述刑事法律，而且用以表述行政、经济、民事、军政、文化教育诸方面的重要立法。诸律同存，诸法共表，是这一时期律的重要特征。从睡虎地秦墓竹简和出土的其他秦简看，秦律中除刑事法律外，还有大量的有关行政、经济和军事管理方面的法律。比如，涉及职官管理方面的法律有《置吏律》、《除吏律》、《除弟子律》、《效律》、《内史杂律》、《传食律》、《行书律》、《游士律》等，关于经济管理方面的法律有《田律》、《厩苑律》、《仓律》、《藏律》、《傅律》、《金布律》、《关市律》、《徭律》、《公车司马猎律》等，关于军事方面的法律有《军爵律》、《中劳律》、《戍律》、《敦表律》等，关于手工业管理方面的法律有《工律》、《均工律》等。在岳麓秦简中，也有诸如《田律》、《置吏律》、《关市律》等非刑事方面的法律。

汉律的内容除刑事法律外，也有大量的非刑事法律。汉律律目见于张家山 247 号墓的《二年律令》，共有 27 种律，内有 13 种律目与睡虎地秦简、岳麓秦简所载律目相同。从张家山汉简看，汉律涉及行政、经济等诸方面管理的法律有《田律》、《金布律》、《徭律》、《置吏律》、《传食律》、《效律》、《傅律》等，其中有一些律目为秦简所未见，如《钱律》、《均输律》、《户律》、《史律》、《朝律》等。另外，张家山 336 号汉墓出土竹简中有汉律 15 种，尚未公布。由此可见，秦汉时期律的内涵和功能，与魏晋以后的律并不完全相同，不可笼统地把中国古代的律都说成是刑事法律。

（二）魏晋至唐宋时期：律典作为刑法典与令典并重

曹魏以降，律的内容和功能发生了重大变化，成为刑事法律的专称。各代尊奉儒家正统法律思想，不断丰富律典的内容，逐步实现了礼刑结合，并根据“都总事类”、“法贵简当”、“刑罚轻重适宜”的原则，进行了律典编纂体例的变革。律典在编纂方面，以“刑名”或“名例”冠于律首，罪名以事目为经，分门别类编纂，内容完整和谐。在国家法律体系中，这一时期的律典，是与令典并行的一代大法。

魏明帝即位后，为改变汉律庞杂的弊端，令陈群、刘邵等人主持编纂新的律典，称为《新律》。《新律》除以汉律为基础，将《具律》改称《刑名》、将《厩律》改为《邮驿令》单行于律典之外，把其他篇目的内容与原属《令》、《诏书》的部分内容，按“都总事类，多其篇条”的原则重新分解组合，形成《盗》、《贼》、《捕》、《杂》、《户》、《兴擅》、《劫略》、《诈》、《毁亡》、《告劾》、《系讯》、《断狱》、《请赇》、《乏留》、《惊事》、《偿赃》、《免坐》等共 18 篇。把具有总则性质的《刑名》冠于诸篇之首，这种做法为后代律典所仿效。

曹魏末年，曾对魏律再行删改，新的律典至西晋泰始三年（267 年）完成，次年正式颁行，史称《泰始律》。《泰始律》远宗汉律，将

《具律》改为《刑名》、《法例》两篇，对沿用的律条重新进行篇目调整，比《新律》少《劫略》、《乏留》、《惊事》、《偿赃》、《免坐》5篇，多《法例》、《卫宫》、《违制》、《厩律》、《水火》、《关市》、《诸侯》7篇，共计20篇，620条。《泰始律》把“峻礼教之防，准五服以制罪”作为立法宗旨，进一步体现了“礼法合一”的精神。[①]《泰始律》于西晋统一后通行全国。东晋和南朝前期，在立法上全面沿袭晋律。虽然南梁武帝时编纂了《梁律》，南陈武帝时颁行过《陈律》，但在法律形式方面都没有多少新创。

南北朝时期，北方各朝进行了频繁的修律活动，北魏制定有《北魏律》20篇，北齐制定有《齐律》12篇，北周制定有《大律》25篇。其中以北齐律创新颇多，把《泰始律》以来作为律典总则部分的《刑名》、《法例》两篇合为《名例》，将《泰始律》中《盗》、《贼》合为《贼盗》，《捕》、《断狱》合为《捕断》，又将《户律》、《厩律》、《卫宫》、《毁亡》分别改为《户婚》、《厩牧》、《禁卫》、《毁损》，并删去《请赇》、《告劾》、《系讯》、《水火》、《关市》等篇，使篇目名称整齐明了，对隋唐律产生了直接的影响。其冠《名例》于篇首的做法，一直为后世所宗。

隋朝建立后，隋文帝命高颎、郑译、杨素等更定新律，“多采后齐之制，而颇有损益”。开皇元年（581年）颁行《开皇律》，确立了五刑、十恶、八议、赎等后代一直沿用的重要规定。开皇三年（583年），又以法律仍太严密为由，又命苏威、牛弘等更定新律，“定留唯五百条”，共12篇：《名例》、《卫禁》、《职制》、《户婚》、《厩库》、《擅兴》、《贼盗》、《斗讼》、《诈伪》、《杂》、《捕亡》、《断狱》。[②] 开皇元年、三年所定律，在中国古代刑律编纂史上具有重要地位。

唐律是中国历代律典的楷模，它是在总结和吸收前代律典编纂经验的基础上精心修订而成的。据《唐律疏议》，唐律共12篇，502条，以

① 《晋书》卷三〇《刑法》，中华书局，1974，第924~927页。

② 《隋书》卷二五《刑法》，中华书局，1973，第710~712页。

《名例》阐明刑法总则，下设《卫禁》、《职制》、《户婚》、《厩库》、《擅兴》、《贼盗》、《斗讼》、《诈伪》、《杂》、《捕亡》、《断狱》11篇，分述罪名、刑罚。唐律实现了礼法的高度结合，体现了很高的立法水平，其编纂体例、律目和主要内容为《宋刑统》所沿袭。

（三）明清时期：律是《会典》的组成部分和国家的“常经”之法

在中国法律史上，以元代为分界线，法律体系发生了重要变化。秦汉至宋代是以律、令为主要法律形式的法律体系。明清则是以律、例为主要法律形式的法律体系。就法律形式而言，从秦汉到宋代，随着经济的发展和社会生活的变化，原来的法律体系越来越难以适应调整社会关系的需要，统治者于律、令之外，创制和使用多种新的法律形式，颁布各色各样的补充法，以完善法律制度，致使法律形式逐渐纷杂。到元代时，蒙元统治者因不完全适应传统的儒家法律文化，加之立法水平落后，在法律形式的使用上显得随意、纷乱。朱元璋建立明王朝后，为了改变法律繁琐无序的状况，率群臣立法创制，建立了以《会典》为纲，以律、例为主要法律形式的法律体系。例由“条例”、“则例”、“事例”、“榜例”组成，把律、诏令以外的一切法律规范都纳入例的体系。

《大明律》是明代刑事法律的代表。明太祖朱元璋为了制定一部“贵存中道”、传之后世的《大明律》，于洪武年间曾命朝臣几次修律。洪武三十年（1397年），“日久而虑精”的《大明律》最后定型，颁行天下，除在万历十三年（1585年）合刻颁行《大明律附律》时改动55字外，未作更改。

《大明律》在沿袭唐律的基础上多有新创。除根据治国需要增加了新的条款、调整了罪名、刑罚及法律条文表述更加规范外，它较之唐律最大的变化是进行了体例的革新。明律以六部分目，使古来律式为之一变。实行律例合编、律例并用，使统治集团得以保证律典在长期稳定的情况下，更能灵活地适时立法。洪武三十年所颁《大明律》，把《律诰》条例附于律后，开始了律与刑例合编的新体例。明代中后期，明廷按照“以例补律”、“以例辅律”的立法原则，于弘治十三年（1500 年）颁行《问刑条例》，又于嘉靖二十九年（1550 年）、万历十三年两次修订《问刑条例》。《问刑条例》是明代中后期最重要的刑事立法，与《大明律》并行，前后施行达 150 年之久。万历十三年，明廷把《大明律》与万历《问刑条例》合刻为《大明律附例》一书颁行天下，刑例成为《大明律》的有机组成部分。明代采取的律与刑例合编的律典编纂体例，以及律例并用的司法原则，进一步完善了刑事法律制度。

清代在仿效明制律例合编的基础上，重视刑例的修订。特别是在乾隆五年（1740 年）《大清律例》作为一代大法颁行后，各朝坚持律文一定不易的原则，多次修订刑例以补律之未备。《大清律》后所附例条数之多，变异之繁，远远超过了明代。在司法实践中，刑例具有与律相同的法律效力，使古代刑事法律制度达到了前所未有的完善程度。

在明清法律体系中，《大明律》、《大清律》分别是《大明会典》、《大清会典》的组成部分。《大明会典》共 228 卷，《大明律》收入第 160 至 172 卷。康熙《大清会典》共 162 卷，《大清律例》被收入第 110 至 117 卷，[①] 续修乾隆会典时收入《大清会典则例》，续修嘉庆会典、光绪会典时收入《大清会典事例》。与魏晋至宋代时期律典、令典同为国家大法的情况比较，《大明律》、《大清律》作为国家的“常经”之法，虽然是国家最重要的基本法律之一，但其作为国家大经大法《会典》的组成部分或作为会典之目，其法律地位处于《会典》之下。从这个意义上讲，明、清律在国家法律体系中的地位较之魏晋、唐宋时期有所降低。明清两代以《会典》为国家大法，以律为刑事方面的基本法律，律与表述行政诸方面法律制度的常法并用，形成了以国家大法、各种常法、各类补充法为框架的法律体系，反映了这两代的立法技术更加成熟，法律体系变得更加严密、合理。

① （明）申时行等修《明会典》，中华书局，1989，影印本，第 823～881 页。（清）伊桑阿等纂修《大清会典（康熙朝）》，文海出版社，1992，第 5419～6260 页。

三　令典、会典的沿革

今人著述中所说的中国古代的律典、令典、会典，会典是指《大明会典》和《大清会典》，律典、令典并非古代律、令典籍的原称，而是今人对于古代具有国家大法性质的律、令立法成果的现代表述。关于律和律典的功能、法律地位、编纂体例的变化，前文已述，这里仅就令典、会典的沿革情况作一简介。

（一）令典

令作为中国古代的法律形式，其内涵包括令典、诏令和单行令。令典是令的形式之一。秦汉时期，多种单行律、单行令并用，汉代还有多种汇编性的令集并行。秦代有《焚书令》、《谥法令》、《田令》、《垦草令》等，大多为因事颁制的单行令。汉令内容更为繁杂，有《乐浪挈令》、《北边挈令》，有《光禄挈令》、《廷尉挈令》，有《秩禄令》、《宫卫令》，还有《令甲》、《令乙》等令集。这一时期颁行的单行令和令集，都属于国家的常法，但还不能说某一令集是国家最高层次的法律。

魏晋以降，各代在编纂律典的同时，也很重视编纂通行全国的，在国家法律体系中居于最高法律地位的令典。秦汉时代诸令、令集并存的局面被改变，各种令也被按照篇目汇编起来，形成与律典并行的令典。律典是刑事法典，是绳奸制顽、打击犯罪的法律规范。令典是以行政法律规范为主体、同时包含军事法律规范、民事法律规范、诉讼法律规范等各种部门法律规范的综合性法律，其内容是积极性法律规范。

历代制定的令典大多失传。下面主要就史籍中记载有篇目的令典作一介绍：

1. 两晋南北朝时期的令典

晋于制定《泰始律》的同时，把有关国家行政、经济、民事、军政、学校管理和诉讼制度方面非“正罪名”的法令编纂为专门法典，史称晋令。晋令共40篇：《户》、《学》、《贡士》、《官品》、《吏员》、

《俸廪》、《服制》、《祠》、《户调》、《佃》、《复除》、《关市》、《捕亡》、《狱官》、《鞭杖》、《医药疾病》、《丧葬》、《杂》（3 篇）、《门下散骑中书》、《尚书》、《三台秘书》、《王公侯》、《军吏员》、《选吏》、《选将》、《选杂士》、《宫卫》、《赎》、《军战》、《军水战》、《军法》（6 篇）、《杂法》（2 篇）。[①]《晋书·刑法志》云：晋改魏法，"蠲其苛秽，存其清约，事从中典，归于益时。其余未宜除者，若军事、田农、酤酒，未得皆从人心，权设其法，太平当除，故不入律，悉以为令。施行制度，以此设教。违令有罪则入律"。[②] 晋杜预《律序》说："律以正罪名，令以存事制。"[③] 晋律以"正罪名"为基本功能，晋令则是以"存事制"为基本功能，以积极性规范为内容的法典。

南北朝时期，南梁制定有《梁令》30 篇：《户》、《学》、《贡士赐官》、《官品》、《吏员》、《服制》、《祠》、《户调》、《公田公用、仪迎》、《医药疾病》、《复除》、《关市》、《劫贼、水火》、《捕亡》、《狱官》、《鞭杖》、《丧葬》、《杂上》、《杂中》、《杂下》、《宫卫》、《门下散骑中书》、《尚书》、《三台秘书》、《王公侯》、《选吏》、《选将》、《选杂士》、《军吏》、《军赏》。从《梁令》的篇目看，其内容涉及国家和社会生活各个方面。南陈时范泉主持编定《陈令》30 篇，但其篇目已不可知。

北朝各代也很重视编纂令典。北齐河清三年（564 年），由高叡等人编纂令典40 卷，[④] 按尚书二十八曹为各篇名称。这是中国历史上首次以官府的部门名称为令典篇目。北周时也曾由赵肃、拓跋迪等人制定令典，然其篇目史籍未有记载。

---

① 参见程树德著《九朝会典》"晋律考"部分（中华书局，1963）。（清）张鹏一著、徐清廉校补《晋令辑存》（三秦出版社，1989）对晋令有详细考述。

② 《晋书》卷三〇《刑法》，中华书局，1974，第 927 页。

③ （宋）李昉等撰《太平御览》卷六三八《刑法部四·律令下》引西晋杜预"律序"语，中华书局，1960，影印本，第 2859 页。

④ 据《隋书·刑法志》。《隋书·经籍志》、《旧唐书·经籍志》作 8 卷，《新唐书·艺文志》、《通典》作 30 卷，《唐六典》注则作 50 卷；参见程树德著《九朝律考》，中华书局，1963，第 406 页。

2. 隋唐的令典

隋唐时期的令典，是与律典并重的国家大法。隋开皇二年（582年）颁行的《开皇令》，共30卷，即：《官品上》、《官品下》、《诸省台职员》、《诸寺职员》、《诸卫职员》、《东宫职员》、《行台诸监职员》、《诸州郡县镇戍职员》、《命妇品员》、《祠》、《户》、《学》、《选举》、《封爵俸廪》、《考课》、《宫卫军防》、《衣服》、《卤簿上》、《卤簿下》、《仪制》、《公式上》、《公式下》、《田》、《赋役》、《仓库厩牧》、《关市》、《假宁》、《狱官》、《丧葬》、《杂》。隋炀帝时，又制定《大业令》30卷（一说18卷），其篇目已失传。

唐初高祖武德年间，以隋《开皇令》为蓝本编纂本朝令典，于武德七年（624年）颁布天下，这是唐朝的第一部令典。唐太宗贞观年间，对令典进行修订，于贞观十一年（637年）颁行，共30卷，1590条，史称《贞观令》。《贞观令》的篇目是：《官品上》、《官品下》、《三师三公台省职员》、《寺监职员》、《卫府职员》、《东宫王府职员》、《州县镇戍狱渎关津职员》、《内外命妇职员》、《祠》、《户》、《选举》、《考课》、《宫卫》、《军防》、《衣服》、《仪制》、《卤簿上》、《卤簿下》、《公式上》、《公式下》、《田》、《赋役》、《仓库》、《厩牧》、《关市》、《医疾》、《狱官》、《营缮》、《丧葬》、《杂》。

自贞观颁布新令典后，唐高宗、中宗和睿宗等朝也对令典作过修订。至唐玄宗开元年间，又进行过三次修订。自开元二十五年（737年）修订后，唐令基本上没有再作大的修订。唐开元年间修订的令典共30卷，27篇，1546条，其篇目几乎与隋《开皇令》无异。由此可见，唐令与隋令的内容虽然会有差别，但两者之间有着密切的渊源关系。

《唐六典》云："令以设范立制。"① 《新唐书·刑法志》说："令者，尊卑贵贱之等数，国家之制度也。"② 可见唐代令典是规范国家各种制度的法典，基本条款属于积极性规范。令典中的禁止性规范，并未

① （唐）李隆基撰、（唐）李林甫等注《大唐六典》卷六《尚书刑部·刑部尚书》，三秦出版社，1991，影印本，第139页。

② 《新唐书》卷五六《刑法》，中华书局，1975，第1047页。

直接规定相应的刑罚，而是在律典的有关条款中予以规定。令典与律典同是国家的最高层次的法律，前者存事制，后者正罪名，二者相互配合，构成了国家的基本法律制度。

3. 宋代令典

五代时期及北宋初年颁行的令典，内容基本沿用唐令。宋代于太宗淳化三年（992 年）编定的令典，只是对《唐令》做了简单的文字校勘，没有多少新的建树。宋仁宗天圣七年（1029 年）颁行的《天圣令》，是宋代首次系统编纂的令典。该令典 30 卷、21 篇：《官品令》、《户令》、《祠令》、《选举令》、《考课令》、《军防令》、《衣服令》、《仪制令》、《卤簿令》、《公式令》、《田令》、《赋役令》、《仓库令》、《厩牧令》、《关市令》、《捕亡令》、《医疾令》、《狱官令》、《营缮令》、《丧葬令》、《杂令》，约 1500 条。现存的《天圣令》残本，有《田令》、《赋役令》等 10 卷，令文 289 条，附录唐令 222 条。虽然《天圣令》篇目仍承袭唐代的名称，但内容有较多调整。此后，北宋的元丰、元祐、元符、政和及南宋的绍兴、乾道、淳熙、庆元、淳祐年间，都进行过令典的编纂。其中《庆元令》50 卷，其部分篇目可从《庆元条法事类》等法规汇编中予以复原。从《庆元令》的卷数、篇目看，它较之《天圣令》的内容有大幅度的增加。

宋代以后，随着中国古代法律体系由律令制向律例制转化，各代都没有再进行诸如《晋令》、《贞观令》等这样内容完善的令典的编纂，然而，明初颁行的《大明令》似带有令典的性质。《大明令》是明开国之初与《大明律》同时颁布、并行于世的重要法律。该令制定于朱元璋登基前一月的吴元年（1367 年）十月，洪武元年（1368 年）正月颁行天下。《大明令》革新体例，以六部分目，凡为令 145 条。其中《吏令》20 条，《户令》24 条，《礼令》17 条，《兵令》11 条，《刑令》71 条，《工令》2 条。它简明扼要地对明朝的基本制度、诸司职掌和司法原则等作了规定。在新朝初建、法律未遑详定的情况下，它实际上起到了临时治国总章程的作用。其确认的基本法律制度后成定制，为明代各朝所遵行。

（二）会典

自南宋后期起，各代在法典编纂方面一个重大的变革，就是改变了魏晋至唐宋律典、令典分编的办法，停止了内容系统的大型令典的编纂，改为编修综合性的“大经大法”，以行政法律为主体，囊括刑事法律在内。历代法典以“会典”命名者，仅有《大明会典》和《大清会典》，其汇编方法可追溯到《周礼》。学界对《周礼》有较大争议，认为其中的设官分职之制并非周代原貌，但就以汇编方式编纂国家典章制度的做法而言，其始源地位毋庸多疑。唐玄宗时，有仿照《周官》而编纂的《唐六典》。宋、西夏、元三代，吸取前代汇编典章制度的经验，以诸法合编的方式编修国家大经大法。南宋的《庆元条法事类》、西夏法典《天盛改旧新定律令》和元代法典《大元通制》，虽未以“会典”命名，实际上都是综合性的法律汇编。明清《会典》吸收了中国历史上汇编典章制度的经验，并逐步形成定期修典的制度。

关于明清《会典》的性质，学界尚有争议，有“典制体史书”、“行政法典”、“官制法”等不同观点。本书采用“国家大经大法”的提法，主要理由是：（1）关于《会典》编纂的宗旨，明正德《会典·御制明会典序》云：“俾内而诸司，外而群服，考古者有所依据，建事者有所师法。”清乾隆《会典·凡例》云：“兹编于国家之大经大法，官司所守，朝野所遵，皆总括纲领勒为完书。”明清统治者编纂《会典》有双重意图，一是明法度令官民共守，二是诏示一代典籍备后世查考。（2）《会典》是一代典章和法律的汇编，它不同于一般典制体史书的编纂，自始至终都是国家的立法活动。编纂《会典》时，以“不得与《会典》之制有违”为原则，现行法律须经严格清理、选择可通行于世者呈报皇帝定夺后方可入典。《会典》要由皇帝明令公布，命天下遵行。（3）从《会典》的内容看，除现行法律外，收入的前朝颁行的法律，基本上是两种情况，或是长期通行的基本法律制度，或是可作为百司参阅的法律经典。（4）查阅《明实录》、《清实录》等明清史籍，有许多立法与执法实践中“照依会典”、“查照会典”、“按会典开载”的记载，说明《会典》在治国实践中是作为一代大法被遵行的。

1. 南宋、西夏、元代法典体例的革新

魏晋至北宋时期，律典、令典同为国家最高层次的法律，采取两典分编的形式。南宋嘉泰元年（1201 年），宋宁宗下诏编修《庆元条法事类》，翌年书成。该书以事目为经，把 122 卷《庆元敕令格式》、12 卷《申明》分门别类，加以重新组合而成。宋时流行的《庆元条法事类》，有 437 卷和 80 卷两种版本。现存残本《庆元条法事类》敕 887 条，令 1781 条，格 96 条，式 142 条，申明 260 条，共计 3166 条。该书的内容包括刑事、民事、行政、经济等方面的立法，是一部综合性汇编法典。该书采用的诸法合编方法，为西夏、元代编纂法典所效法。

西夏是党项人在中国西北地区建立的一个王朝。《天盛改旧新定律令》是西夏仁宗天盛年间（1149 ~ 1169 年）颁布的一部法典，简称《天盛律令》，这是一部用西夏文刊印的法典，全书 20 卷，分为 150 门，共计 1461 条。其内容全部是有关行政、经济、刑事、民事、军事、诉讼等方面的律令条文。

《大元通制》是元代制定的一部内容比较系统的成文法典。编纂于元成宗大德年间（1297 ~ 1307 年）和仁宗皇庆、延祐年间（1312 ~ 1320 年），后经反复修订，于英宗至治三年（1323 年）颁行。《元史·刑法志》对该书的形成过程作了这样的记述："元兴，其初未有法守，百司断理狱讼，循用金律，颇伤严刻。及世祖平宋，疆理混一，由是简除繁苛，始定新律，颁之有司，号曰《至元新格》。仁宗之时，又以格例条画有关于风纪者，类集成书，号曰《风宪宏纲》。至英宗时，复命宰执儒臣取前书而加损益焉，书成，号曰《大元通制》。"① 该书内容所涵为 4 个部分，一曰诏制，计 94 条；二曰条格，计 1151 条；三曰断例，计 717 条；四曰别类，计 577 条。若把各类法律的内容和性质与唐宋法律比较，《大元通制》中的"诏制"相当于"敕"，"条格"相当于"令"，"断例"相当于"律"。该书的诏制、断例、别类 3 部分均已

① 《元史》卷一〇二《刑法一》，中华书局，1976，第 2603 ~ 2604 页。

失传，条格部分共30卷，现存户令3卷，杂令2卷，学令、选举、军防、仪制、衣服、禄令、仓库、厩牧、田令、赋役、关市、捕亡、赏令、医药、假宁、僧道、营缮各一卷，失缺祭祀、宫卫、公式、狱官、河防、服制、站赤和榷货8卷。从《大元通制》的构成和条格的篇目看，它是包括刑事和非刑事法律在内的综合性法典，作为一代“大法”在元代实行40年之久。

《庆元条法事类》、《天盛律令》、《大元通制》虽然在编纂体例上与明清《会典》有别，后者是“以官统事，以事隶官”，即以国家机构为序，每一官署下按其职掌编列相关典制及事例；而前者是“以事目为经”或分门别类编纂，但它们都是把包括刑事法律在内的各类法律综合编纂为一代大法。从这个意义上讲，《庆元条法事类》、《天盛律令》、《大元通制》也属于会典性质，只是名称不同而已。

2. 大明会典

《大明会典》的编纂始于弘治十年（1497年）三月。其时，孝宗以累朝典制散见于简册卷牍之间，百司难以查询，民间无法悉知，于弘治十年三月敕大学士徐溥、刘健等编修《大明会典》，十五年（1502年）十二月成书，凡180卷。但未及颁行，明孝宗去世。明武宗继位后，于正德四年（1509年）五月，命大学士李东阳等重校，六年（1511年）颁行，世称《正德会典》。《正德会典》弁以宗人府一卷，自1~163卷为六部掌故，164~178卷为诸文职，末二卷为诸武职，详记明初至弘治之行政法规和典章制度。其书开创了《明会典》的基本体例，今有明刻本传世。

嘉靖年间，会典两次续修。嘉靖八年（1529年），将弘治十五年至嘉靖七年（1528年）续定事例，照前例查出纂集，以类附入。嘉靖二十四年（1545年）至二十八年（1549年），又诏阁臣续修新例。嘉靖间前后续修达53卷，世称“嘉靖续纂会典”，然未颁行。

神宗万历四年（1576年）六月，重修《大明会典》，十三年（1585年）书成，十五年（1587年）二月刊行，世称“万历重修会典”，题为申时行等修，共228卷，增补了嘉靖二十八年至万历十三年事例。今存《大明会典》有内容简繁不同的两种版本，一般称引的《大明会典》，多指万历本而言。以下简介以万历本为据。

《大明会典》采取“以官统事，以事隶官”的编纂体例，即以六部和其他中央机构官制为纲，以事则为目，分述明代开国至万历十三年二百余年间各行政机构的建置沿革及所掌职事。全典分文职衙门与武职衙门两大部分。文职衙门共226卷，宗人府1卷、吏部12卷、户部29卷、礼部75卷、兵部41卷、刑部22卷、工部28卷、都察院3卷、通政使司和中书舍人、六科、大理寺、太常寺、詹事府等、光禄寺、太仆寺、鸿胪寺、国子监、翰林院、尚宝司、钦天监、太医院、上林苑监等、僧录司等各1卷。最后为武职衙门2卷：五军都督府和锦衣卫等22卫。南京衙门事例附于各相关衙门之后。

《大明会典》是一部记载明代基本法律制度，特别是行政法规的珍贵文献。其依据的资料以洪武二十六年（1393年）刊布的《诸司职掌》为主，参以《皇明祖训》、《大诰》、《大明令》、《大明集礼》、《洪武礼制》、《礼仪定式》、《稽古定制》、《孝慈录》、《教民榜文》、《大明律》、《问刑条例》、《军法定律》和《宪纲》等10余种法律典籍以及百司之册籍和历年有关之事例汇辑而成。《会典》详细记述了各国家机构的设置、有关制度和活动原则、冠服仪礼，并附有插图。在各官职下多列有详细统计数字，如田土、户口、驻军和粮饷等。正如序文所说，“辑累朝之法令，定一代之章程，鸿纲纤目，灿然具备”，[①] 是明朝典章之大全，其《会典》之名和体例均为清代所继承。

3. 大清会典

《大清会典》于康熙、雍正、乾隆、嘉庆、光绪五朝凡五修。康熙《会典》是清代编纂的首部会典，自康熙二十三年（1684年）开修，二十九年（1690年）成书，共162卷，载清开国至康熙二十五年（1686年）中央50个文武衙门现行的典章制度。雍正《会典》续修始于雍正

① （明）申时行等重修《明会典》书首万历十五年《御制重修明会典序》，中华书局，1989，影印本，第2页。

二年（1724年），十年（1732年）完成，所载由康熙二十六年（1687年）至雍正五年（1727年），共250卷。这两部会典仿效《明会典》体例，以官统事，以事隶官，典例合一。

乾隆十二年（1747年）续修《会典》时，清高宗"以典例无辨，始命区会典则例各为之部"①，二十九年（1764年）成书。乾隆《会典》采用"以典为经，例为纬"、"以官统事，以事隶官"② 的编纂体例，把原来附在会典之后的例同《会典》分编，计有《会典》100卷，《会典》则例180卷，所载自雍正六年（1728年）至乾隆二十三年（1758年）。会典记载现行的典章制度条文及必要的解释文字。会典则例专辑会典中所载各项典籍的沿革损益的谕旨、奏章及具体事例，采取"因事分类，因类分年，每一事例，略叙数语，以见大竟"③ 的编写原则。乾隆《会典》典、例分编的做法，为嘉庆、光绪年间修典所效法。

嘉庆《会典》始修于嘉庆六年（1801年），二十三年（1818年）完成，分为三部编辑，即会典80卷，事例920卷，图132卷，所载由乾隆二十四年（1759年）至嘉庆十七年（1812年），开创了清代会典有典、有例、有图系列性套书之先河。光绪《会典》始修于光绪二十二年（1896年），二十五年（1899年）成书，其中会典100卷，事例1220卷，图270卷，所载由嘉庆十八年（1813年）至光绪十三年（1887年）。

《清会典》的资料来源主要有4大类：一是朝廷颁布的重要法律；二是各衙门的法律文书；三是《清实录》中有关典制的资料；四是其他记载清代典制的书籍。就事例的来源讲，主要是选自皇帝的谕旨、中央各衙门和督抚等的条陈、历年的成例。

《清会典》经过历朝的续修，体例和内容更加完备。乾隆《大清会

① （清）崑岗等修、吴树海等纂《大清会典（光绪朝）》书首《凡例》，《续修四库全书》（史部）第794册，上海古籍出版社，2002，影印本，第8页。

② （清）崑岗等修、吴树海等纂《大清会典（光绪朝）》书首《凡例》，《续修四库全书》（史部）第794册，上海古籍出版社，2002，影印本，第8页。

③ （清）伊桑阿等纂修《大清会典（康熙朝）》书首《凡例》，清康熙内府刻本。

典·凡例》云："会典以典章会要为义，所载必经久常行之制。兹编于国家大经大法，官司所守，朝野所遵，皆总括纲领勒为完书。"[①] 清代通过定期修订《会典》，把增补、删除或修正的典章制度以会典的形式确定下来。《会典》汇集了历年颁布的有关国家机构组织活动的各种法律规范，是国家机构活动的准则和依据。

四　君主诏令和格、式、敕、制书等的编纂

令是君主或以君主名义发布的各类命令的统称。它作为中国古代最重要的基本法律形式之一，其称谓、形式纷杂。检阅现存古代法律文献，令的存在状态大体可分为以下三种类型：一是君主根据治国需要随时发布的各种诏令；二是"著为令"的单行法令和以令形式表述的重要法律法规；三是令典。此外，历代之令还存在于以令为法源，通过编修敕令形成的具有独立法律形式的立法成果中，如唐代的格是编修君主敕令而成，唐式是从令分化而来，宋代的编敕是删集君主的敕令而成。

（一）诏令、单行令

在中国古代，律、令典和其他国家常法具有长期的稳定性，不便于频繁修改。但法有尽而情无穷，国家的基本法律法规随着时势的变迁和新问题的不断出现，需要及时变通和补充，诏令就是适应这种需要而出现的法律形式。

诏令是古代君主或以君主名义随时制定、发布的下行命令文书的通称。因发布的对象、方式和内容范围不同，其称谓又分为多种。各代对诏令种类的区分也不完全一样。

西周以前的最高统治者，曾以誓、诰等形式，发布具有规范性、强制性的命令。如夏启伐有扈氏前曾发布《甘誓》、商汤伐夏桀前曾发布《汤誓》、武王伐纣前曾发布《牧誓》、伯禽伐淮夷前曾发布《费誓》。

---

① （清）允裪等纂修《大清会典（乾隆朝）》书首《凡例》，文渊阁四库全书本。

这些誓都是针对军旅发布的，内容是出征前的动员令及对军队的纪律约束，无论是否真实，其法律特征的完备性尚待进一步考察。而周公东征平叛发布的《大诰》、康叔为诫谕禁酒发布的《酒诰》、分封康叔时发布的《康诰》、洛邑建成后周公告诫成王发布的《洛诰》等，则是针对普通臣民所发，有鲜明的“王言”性质，其国家制定性、普遍适用性等法的特征已基本完备，与后代诏令的性质、功能大体相同，只是名称相异而已。

秦统一中国后，确定国家最高统治者称号为“皇帝”，同时确立文书行文体制，将皇帝发布“命”的文书称为《制》，发布“令”的文书称为《诏》。《制》主要涉及人事，数量虽多，适用面却比较窄，上升为法律规范的可能性较小。《诏》涉及其他政治、经济、社会事务，通常有普遍的适用性，因而成为法律规范的重要来源。《诏》是令的载体，表明出于王言；令是《诏》的内容，表明皇帝的意旨、执行方式和责任、违反后果等，两者关系密切，因此后世常合称“诏令”。秦代发布的令，既有与民生经济有关的《田令》、《垦草令》，也有与礼制和社会生活管理有关的《谥法令》、《津关令》，还有包含刑罚内容的《焚书令》、《吏见知不举令》、《以古非今偶语诗书令》等。史籍记载虽非全貌，秦令以单行令为主、各种规范内容并包的特点，仍然显而易见。

两汉时期，令是仅次于律的重要法律形式。汉代统治者重视令的制定和颁行。《汉书·杜周传》云：“前主所是著为律，后主所是疏为令。”① 又据后人对汉代令性质的解释：“天子诏所增损，不在律上者为令。”② 按照前句话的意思，律是前代君主所定，令是后嗣君主所定，律、令之间的区别仅在于制定者不同。而按照后句话的解释，令是君主对律所作的增改且未被纳入律的法律规范。这说明两汉时期律、令二者的性质和功能还缺乏严格的区分，表述令的各种立法成果的形式也远没

① 《汉书》卷六〇《杜周传》，中华书局，1962，第2659页。
② 《汉书》卷八《宣帝纪》文颖注，中华书局，1962，第253页。

有后代那样详细和清晰。从史籍和出土文物的记载看，汉代的诏令多是针对特定的人或事单独发布的，不一定具有长期的法律效力。单行令也多是以皇帝诏书的形式发布的，其内容主要是有关新的制度或新的行为规范，或者是对旧令和旧例的补充、追加，因而具有法律规范性和一定稳定性。

两汉诏令大多散佚。关于汉代诏令的史料，《四库全书》中现存《两汉诏令》23 卷，其中，宋代人林虑编《西汉诏令》11 卷，宋代人楼昉编《东汉诏令》12 卷，收入诏令 600 余件。诏令的形式有册文、制、敕、诏、诰、策命、玺书、教、谕等。

汉代时，每当新皇帝即位后，就对前朝皇帝以制诏形式颁布的令进行清理，把适合治国需要的令编入律或汇集成令集。从文献和出土的汉简中有关令的记载看，汉令的编纂大体有 3 种情况：一是将单行令按干支顺序以甲、乙、丙为名编纂，如《令甲》、《令乙》、《令丙》。二是挈令，以地区和官署的名称编纂，是地区或官署汇编的法令集。如《乐浪挈令》、《北边挈令》是以地区名为法令称谓的，《光禄挈令》、《太尉挈令》、《大鸿胪挈令》、《御史挈令》是以官署名为称谓的。三是以内容为名编纂的令集，其中职官管理类的令集有《秩禄令》、《宫卫令》、《品令》、《任子令》、《予告令》、《功令》、《受所监临令》，经济管理类有《田令》、《水令》、《马复令》、《金布令》、《缗钱令》，礼仪类有《祠令》、《祀令》、《斋令》，军事类有《戍卒令》、《公令》、《卖爵令》，司法类有《狱令》、《箠令》、《谳狱令》，胎养、养老类有《胎养令》、《养老令》。在上述令集中，《令甲》、《令乙》、《令丙》和挈令属于综合编纂类令集，以内容为名的令集属于单行法令集。由于令集的内容多是限于某一时期、某一地区或某一领域法令的汇编，而且多种令集同时行用，还不能说某一令像后世的《晋令》、《贞观令》那样，在国家法律体系中居于最高法律地位。

魏晋至唐宋，律、令的功能发生了重大变化。律成为刑事法律的专称，令典成为表述行政、经济、民事、军政、文化教育及诉讼方面非刑事的综合类法律规范的法律形式。诏令作为君主随时发布的法令，其内容既有刑令，也有众多的非刑事法令。诏令的功能主要用于补充和修正律、令、格、式等形式的国家“常法”之不足，其效力也往往在“常法”之上。君主因事因时发布的各类不同形式的诏令，一般不允许在执法和司法中广泛使用。诏令只有“著为令”或编修入典、律、令、格、式等“常法”之后，才有普遍适用的效力。

唐代时，君主诏令的制定和发布十分频繁。北宋宋敏求编《唐大诏令集》130卷，成书于北宋熙宁三年（1070年），是唐代290年间各朝帝王诏令的汇编。现存该书的各种版本，都非全帙，缺第23卷。《唐大诏令集》内分帝王、妃嫔、追谥、册谥文、哀册文、皇太子、诸王、公主、郡县主、大臣、典礼、政事、蕃夷等13类，共收诏令1460多件，其于政治、经济、文化、法律、军事、外交等有关国家大事，无不毕载。该书所收诏令，绝大多数是以诏、制、敕、册文形式发布的，少量是用诰、赦、德音、策问、令、批答等形式发布的。[①]

宋代诏令的形式较之唐代又有发展。《宋大诏令集》是北宋九朝皇帝诏令的汇编，撰者不详，相传为宋绶后代子孙于南宋绍兴年间编成。全书240卷，另有目录2卷，现缺失44卷和目录上卷，现存诏令3800余条。该书按诏令内容分类，现存有帝统、太皇太后、皇太后、皇太妃、皇后、妃嫔、皇太子、皇子、亲王、皇女、宗室、宰相、将帅、军职、武臣、典礼、政事共17门，各门下又设若干类、目，其中政事门最为庞杂，占近全书现存篇幅的一半左右。《宋大诏令集》所收诏令范围广泛，大多是以诏、敕、制、册文、书、令、赦、表、德音、御札、手书、状、议、批答、策问等形式发布的。[②]

元代，中国古代法律体系的主要法律形式由律令向律例转变。关于元代的诏令，泛称圣旨、制诏，没有像唐宋那样按照发布对象和适用范围的不同，把其严格区分为各类规范的形式。《大元通制》中有“制诏”，是皇帝颁布的敕令，共94条。

---

① （宋）宋敏求编《唐大诏令集》，洪丕谟、张伯元、沈敖大点校，学林出版社，1992。

② 司义祖点校《宋大诏令集》，中华书局，1962。

明清两代，采用以典、律、例为主要法律形式的法律体系，诏令的称谓和编纂形式有了新的变化，以往的一些著述认为“明清无令”，其实不然。检阅《明实录》，有关皇帝诏令和“著为令”的单行令的记载比比皆是。弘治《大明会典·凡例》云：“事例出朝廷所降，则书曰诏，曰敕。臣下所奏，则书曰奏准，曰议准，曰奏定，曰议定。或总书曰令。”[①]《明史·职官志》云：“凡上之达下，曰诏，曰诰，曰制，曰册文，曰谕，曰书，曰符，曰令，曰檄，皆起草进画，以下之诸司。”[②]《会典》所记明代君主发布之令也比比皆是。按明人的立法观念，皇帝诏敕“著为令”者，也称为事例。明代的事例多是由皇帝诏敕而来。明代诏令散见于诸多史籍和法律文献中。明人编纂的有关明代诏令的有《皇明诏令》和《皇明诏制》等书，其中《皇明诏令》篇幅较大。《皇明诏令》系明傅凤翔于嘉靖十八年（1539 年）任巡按浙江监察御史、福建按察使副使期间辑成刊行，此后浙江布政使司又于嘉靖二十七年（1548 年）校补重刊。收录自小明王韩林儿龙凤十二年（1366 年）至明嘉靖二十六年（1547 年）共 182 年间明代十位皇帝的诏令 507 篇。其中：太祖 72 篇，成祖 73 篇，仁宗 15 篇，宣宗 71 篇，英宗 95 篇，景帝 20 篇，宪宗 62 篇，孝宗 24 篇，武宗 22 篇，世宗 53 篇。这些诏令均系明代十朝有关重大朝政要事和法律制度的决策性文献，[③] 诏令的形式主要有令、旨、檄、诏、敕、谕、书等。

清代皇帝颁布的诏令，数量远远超过前代，诏令的形式与明代大同小异，有诏、制、册书、诰、敕、朱谕、谕旨等多种。较之明代而言，以谕旨形式发布的诏令数量大大增多。清廷定期修典修律，适时把重要的皇帝谕旨纳入国家常法。清人编纂的君主谕旨汇编性文献甚多，《清实录》和《四库全书》中都收入了大量的清代皇帝上谕，国家图书馆

① （明）申时行等重修《明会典》书首《弘治间凡例》，中华书局，1989，影印本，第 5 页。

② 《明史》卷七二《职官一》，中华书局，1974，第 1732 页。

③ （明）傅凤翔辑《皇明诏令》，杨一凡、田禾点校，收入《中国珍稀法律典籍集成》乙编第 3 册，科学出版社，1994。

藏有《大清诏令》清抄本。

自魏晋至明清，各代君主在发布诏令的同时，还颁行了大量的各种单行令，其内容涉及行政、经济、民事、军政、学校管理和社会生活的各个方面。因本文篇幅所限，难以详述，仅以有重大影响的田令为例，三国时期曹魏颁布有屯田令，西晋武帝太康元年（280 年）发布有占田令，北魏孝文帝太和九年（485 年）颁布有均田令，北齐武成帝河清三年（564 年）颁布有均田令。隋唐至明清各代也颁布有类似的法令，如明初朱元璋颁布有核田令、垦田令、屯田令，清初颁布有圈地令、垦田令，清朝康熙、雍正、乾隆时期颁布有禁止夺田换佃令等。单行令通行全国，是国家的重要法规。

中国历史上各代君主发布的诏令和各种单行令，不仅具有较高的法律效力，也是律典、令典、会典和其他国家常法的法律渊源，对于完善国家的法律制度发挥了巨大作用。

（二）格

据《晋书·陈頵列传》记载："赵王伦篡位，三王起义，制《己亥格》，其后论功虽小，亦皆依用。"① 这说明"格"作为法律形式在晋代已经出现。南北朝时期，格在立法中被较多地使用。南朝的格多是依诏令随事制定，调整范围包括礼仪、行政、经济等领域。如宋有官员车服制度的《九条之格》、《二十四条之格》，齐有《鸺格》、《策秀才考格》等。《隋书·经籍志》录有"《梁勋选格》一卷"、"《梁官品格》一卷"。北朝各国也重视格的制定。《唐六典》卷 6《尚书刑部》注文中记："后魏以格代科。"北魏宣武帝时，曾制《正始别格》。东魏孝静帝兴和三年（541 年），颁行《麟趾格》15 篇，是东魏"省府以之决狱，州郡用为治本"的基本法律。北齐文宣帝时重新刊定《麟趾格》。隋朝以律、令、格、式为基本法律形式，制定有《开皇格》。因史籍所记北朝、隋代制格的资料甚少，我们还无法对其内容、功能做出准确的

① 《晋书》卷七一《陈頵列传》，中华书局，1974，第 1893 页。

阐述。

唐高祖武德元年（618 年），命刘文静等制定新法。因政权初创，百废待兴，来不及全面修法，刘文静等在对隋开皇律令删改、补充的基础上，制定出临时法规《武德新格》53 条，同年颁行天下。至武德七年（624 年）颁布武德律、令时，53 条新格被纳入新律。由此看来，《武德新格》内容偏重于刑律。

唐太宗即位后，国家立法活动全面展开，在编纂律、令、式的同时，也进行了频繁的编格。从贞观元年（627 年）起，历时十年撰成《贞观格》18 卷，于贞观十一年（637 年）正月实施。《贞观格》以尚书省二十四司为篇名，共 24 篇，是在删选武德、贞观以来发布的 3000 余条制敕的基础上，定留 700 条而成。《贞观格》留本司行用，未颁行全国。这种以“编录当时制敕”为格的做法为后嗣君主所遵循。唐高宗永徽二年（651 年）颁行《永徽留本司刑格》18 卷，《永徽散颁格》7 卷。此次编格中，把格区分为“留司”和“散颁”两种，前者适用尚书各司，后者颁行全国。唐代的格源于制敕，内容涉及行政、刑事、民事、军政和社会生活的各个方面，能够及时体现君主的意志，顺应时势的发展变化，具有适应性、灵活性、变通性的特点，能够对律、令、式发挥补充、修改的作用。中唐之前，各朝基本上是进行定期的、全面的编格。如武后在位时编有《垂拱留司格》6 卷、《垂拱散颁格》2 卷，中宗时编有《神龙散颁格》7 卷。睿宗年间修格时，把留司格和散颁格合编为《太极格》10 卷，此种编格体例为玄宗、文宗两朝所仿效。至玄宗朝，先后编有《开元前格》、《开元后格》、《开元新格》各 10 卷。文宗时又编纂《开成详定格》10 卷。

唐代中期以后，在政局动荡的情况下，唐代统治者停止了律、令、格、式的编修，编纂“格后敕”成为朝廷主要的立法活动。“格后敕”虽然与格都是编录当时的制敕，但编入格的制敕是经过精心删辑、加工足以长期行用者，而“格后敕”是制敕的汇编，除删除掉少数内容前后矛盾者外，其他均予收入，分类编辑。与唐前期行用的格比较，“格后敕”的适用范围比较狭窄，内容偏重于刑狱。“格后敕”的功能是既能修改、补充律、令、式，也能修改补充格，其法律效力比律、令、格、式更高。“格后敕”的编纂始于唐玄宗开元十九年（731 年）的《格后长行敕》。之后，德宗、宪宗、文宗、宣宗几朝都进行过“格后敕”的编纂。如德宗贞元元年（785 年）尚书省奏进《贞元定格后敕》30 卷，宪宗元和二年（807 年）许孟容等奉敕删定《元和格敕》30 卷，宪宗元和十三年（818 年）郑余庆等奉敕详定《元和格后敕》30 卷，文宗大和元年（827 年）颁行《大和格后敕》40 卷，文宗大和七年（833 年）颁行《大和新编格后敕》50 卷，文宗开成元年（836 年）颁行《开成详定刑法格》10 卷，宣宗大中五年（851 年）颁行《大中刑法总要格后敕》60 卷。

北宋前中期，主要沿用唐代的格，本朝编修的格较少，且基本是单行格，计有《长定格》、《循资格》、《编敕格》、《考试进士新格》、《以阶易官寄禄新格》、《铨曹格敕》、《刑部格》等。宋神宗元丰二年（1079 年）改制后，神宗给格下的定义是“设于此以待彼之谓格”。据《宋史·刑法志》，此后在编纂格时，“命官之等十有七，吏、庶人之赏等七十有七，又有倍、全、分、厘之级凡五等，有等级高下者，皆为格”。[①] 这样，格的内容和功能发生了重大变化，由原来的综合性法律规范变为非刑事的制度性法律规范，成为令的量化性、细则性规定。元丰改制之后的宋格，是令的实施细则，其中《赏格》占很大比重。

（三）式

式作为独立的法律形式，广泛运用于隋唐、五代、两宋的立法。关于式的源头，学界认识不尽一致。《老子道德经河上公章句》云：“是以圣人抱一为天下式。（章句）抱，守也。式，法也。圣人守一，乃知万事，故能为天下法式也。”[②] 老子曰：“是以圣人抱一为天下式。”注曰“式是法式也”。有的学者以此为据，认为式作为法律用语和法律形

① 《宋史》卷一九九《刑法一》，中华书局，1985，第 4964 页。

② 参见王卡点校《老子道德经河上公章句》卷二，中华书局，1993，第 90 页。

式在西周时已经出现。更多的学者把云梦秦简中的《封诊式》视为中国古代最早的式，认为式作为法律形式形成于战国时期。《封诊式》的简册出土时已散乱，只有前两节《治狱》、《讯狱》有关审理案件时的注意事项，与隋唐之式稍类似，其余20余节包括了大量地方文书和案例，如亦属《封诊式》，则难以与隋唐之式相提并论。

晋太康元年（280年）制定有《户调式》。南北朝时期西魏文帝大统十年（544年），“魏帝以太祖（宇文泰）前后所上二十四条及十二条新制，方为中兴永式，乃命尚书苏绰更损益之，总为五卷，班于天下”,[①] 后世称为《大统式》。《大统式》的内容，已难详考。据学者考证，认为它是类似隋唐令式的行政类法律。[②]

隋代以律、令、格、式为基本法律形式。隋代之式，源于南北朝之式。隋式已失传，但史籍中有关于隋式的明确记载，如《隋书》卷3《炀帝纪上》：“（大业）四年……颁新式于天下。”

唐承隋制，式是国家最稳定的四种基本法律形式之一。有唐一代，制定有《武德式》、《贞观式》、《永徽式》、《麟德式（乾封式）》、《仪凤式》、《垂拱式》、《神龙式（删垂拱式）》、《太极式》、《开元三年式》、《开元七年式》、《开元二十五年式》等。[③]《唐六典》卷6《尚书刑部》载：“式以轨物程式。”唐式是以行政法律为主，兼有军事、民事及诉讼规范掺杂其间的综合性法律，属于非刑事法律规范。唐式系从唐令中分化而来，是以行政类法律为主的非刑事综合类法律，与唐令的性质极为相似，往往是一些具体制度或有可操作性的实施细则。

五代时期，式的编纂和功能沿袭唐旧，后梁制定有《梁式》20卷，后唐制定有律令格式286卷，后周制定有式20卷。

宋代初期沿用唐式，《宋刑统》所附9条式篇目，一准于唐。宋太

---

① 《周书》卷二《文帝纪下》，中华书局，1974，第28页。

② 霍存福：《唐式辑佚》，《中国法制史考证续编》第8册，社会科学文献出版社，2009，第5～6页。

③ 霍存福：《唐式辑佚》，《中国法制史考证续编》第8册，社会科学文献出版社，2009，第10～32页。

宗时颁布的《淳化式》，无异于唐《开元式》的翻版。英宗至神宗熙宁年间颁布的《在京诸司库务条式》、《诸司敕式》、《熙宁贡举敕式》、《熙宁编三司式》、《将作监式》、《熙宁新定孝赠式》等，其性质功能与唐式相同。宋神宗元丰改制后，式的内容发生了重大变化。宋神宗把式定义为“使彼效之之谓式”，在编纂时，“表奏、帐籍、关牒、符檄之类凡五卷，有体制楷模者，皆为式”。[①] 这样，式的内容仅为公文程式，在国家法律体系中的功能和地位较之隋唐和北宋前中期已大大下降。

宋代以后，式已不是国家基本的法律形式，但在立法中也偶有使用，如明代前期曾颁行有《礼仪定式》、《学校格式》等。清代时，国家各级衙门的活动规范及其细则，都以则例的形式予以规定，式不再作为一种独立的法律形式在立法中使用。

（四）编敕

敕是皇帝诏令的一种形式。敕者，自上命下之词。由于敕一般是针对特定的人和事而发，为一时权制，最初并未成为具有稳定性和普遍性的法律规范，称为“散敕”。要把这些散敕上升为一般法律，就要通过“编敕”这一立法程序。在中国法律编纂史上，编敕始于唐初，当时称为“编格”。唐代规定，皇帝在刑事方面发布的散敕，在司法实践中不得随意援用，只有经过编修成为“永格”，才能广泛使用，以补充律的不足。唐玄宗开元十九年（731 年），把这类法律文件开始改称“格后敕”。“格后敕”是唐代中后期重要的法律形式。据《旧唐书·刑法志》载，开元十九年，曾删撰《格后常行敕》6 卷，颁于天下，此后又编修有《元和删定制敕》30 卷、《元和格后敕》30 卷、《太和格后敕》50 卷以及《大中刑法总要格后敕》60 卷等，内容以刑事法律为主。

自五代时期后唐起，编修当朝皇帝敕形成的法规不必与朝廷已定的格相对应，格后敕改称为“编敕”。这一时期，编敕仍以刑事法律为基本内容。后唐编修有《清泰编敕》30 卷，后晋编修有《天福编敕》31

---

① 《宋史》卷一九九《刑法一》，中华书局，1985，第 4964 页。

卷，后周编修有《大周续编敕》。

有系统地编敕始于宋代。宋代编敕以神宗元丰年间改制为分界，前后情况有所不同。宋太祖在位期间的《建隆编敕》，是北宋的首次编敕，共4卷106条，内容由《周显德刑统》内削出的格、令、宣、敕及北宋初期的散敕编集而成，是一种包括刑事和非刑事诏敕的综合性质的法规，与《宋刑统》同时颁布施行，此后直到神宗年间的《熙宁编敕》，均是采取以年代为序的编纂体例，不分门类。从宋真宗年间的《咸平编敕》起，改为按唐律12门分类编纂体例。神宗元丰改制后，把以往编敕中诸种法律规范合而为一的编纂体例，改为按敕、令、格、式4种法律形式分类编纂。《元丰敕令格式》是以《熙宁编敕》为基础，充分吸收了编敕以外的宋代所行用的敕、令、格、式的内容，经过融合、调整、提炼等立法活动，成为新制定成的法规，至南宋末年均采取此种体例。就其法规内容而言，元丰改制后，敕成为纯粹的专门补充律典的刑事法规，令、格、式则替代了单行的令、格、式。此外，南宋还于律、令、格、式之外，编纂“条法事类”。

编敕是宋代经常性的立法活动，据《宋史·艺文志》不完全记载，宋代编敕有80余部。有全国通行的具有普通法性质的编敕（宋人称之为“海行编敕”、“海行法”），还有适用地方的“一州一县编敕”，以及适用于朝廷各部、司、监的具有特别法性质的“一司一务编敕”、“农田编敕”。其中宋代最重要的属于全国范围内统一行用的编敕，有《建隆编敕》4卷、《太平兴国编敕》15卷、《淳化编敕》30卷、《咸平编敕》11卷、《大中祥符编敕》30卷、《天圣编敕》13卷、《庆历编敕》16卷、《嘉祐编敕》24卷、《熙宁编敕》17卷、《元丰敕令格式》72卷、《元祐敕令式》54卷、《元符敕令格式》134卷、《政和敕令格式》138卷、《绍兴敕令格式》138卷、《乾道敕令格式》244卷、《淳熙敕令格式》248卷、《庆元敕令格式》244卷等。[①]

① 戴建国著《宋代法制初探》，黑龙江人民出版社，2000，第13页。

（五）制书

中国古代的皇帝命令，是法律规范最重要的来源之一。秦代的皇帝命令主要有制、诏两种，确定于秦始皇元年（前221年），《史记·秦始皇本纪》云："命为制，令为诏。"[①] 汉代皇帝命令的种类有所增多，《后汉书·光武帝纪上》李贤注引建武元年九月注引《汉制度》："帝之下书有四：一曰策书，二曰制书，三曰诏书，四曰诫敕。……制书者，帝者制度之命，其文曰制诏三公，皆玺封，尚书令印重封，露布州郡也。"[②] 汉代制书与诏书的功能很难区分，但"帝者制度之命"的特色比较突出。

隋唐时期，皇帝命令的种类进一步增多，不过诏、敕仍是主要形式。载初元年（689年），武后"自以'曌'为名，遂改诏书为制书"。[③]《唐六典》对唐玄宗时期的王言制度作了记载：凡王言之制有七，一曰册书，二曰制书，三曰慰劳制书，四曰发日敕，五曰敕旨，六曰论事敕书，七曰敕牒。其中制书主要用于"行大赏罚，授大官爵，厘革旧政，赦宥降虏"，慰劳制书则用于"褒赞贤能，劝勉勤劳"。[④]

从现存文献看，明代君主制书的内涵较前代扩大，有广义和狭义两种。狭义的制书是指皇帝随时发布的单个制书，其适用对象和功能与唐代相同，此有明人编纂的《皇明诏制》为证。广义上的制书，则是指以君主名义颁布的各类法律典籍，《大明律》、《大明令》、《诸司职掌》、《宪纲》、《军政条例》等均属于制书范围，此有明人编纂的《皇明制书》为证。

朱元璋建立明朝后，面对乱世，无暇详定各类基本法律。开国伊始，在颁布洪武元年律的同时，先以文字简明扼要的《大明令》确认国家的基本法律制度，然后采取逐步颁行制书的方式完善国家法制。洪武朝颁布重要制书的情况是：其一，洪武初至二十九年（1396年）间，

① 《史记》卷六《秦始皇本纪》，中华书局，1959，第236页。
② 《后汉书》卷一上《光武帝纪上》，中华书局，1965，第24页。
③ 《旧唐书》卷六《则天皇后本纪》，中华书局，1975，第120页。
④ （唐）李隆基撰、（唐）李林甫等注《大唐六典》卷九《中书省·集贤院·史院·匦使院》，中华书局，1991，影印本，第199页。

先后编纂了《洪武礼制》、《孝慈录》、《礼仪定式》、《稽古定制》等，用以规范礼仪制度。其二，洪武十八年（1385年）到洪武二十年（1387年）间，先后颁布了名为《大诰》的文告四编，其中《御制大诰》74条，《御制大诰续编》87条，《御制大诰三编》43条，《大诰武臣》32条，共4编236条。4编《大诰》内容由"官民过犯"案例、峻令和明太祖对臣民的"训导"组成，用以警醒和惩治奸顽。其三，洪武二十六年（1393年）三月颁行了《诸司职掌》，该典籍以职官制度为纲，下分十门，分别详细地规定了吏、户、礼、兵、刑、工六部及都察院、通政司、大理寺、五军都督府的官制及其职掌。《诸司职掌》是明初最重要的行政立法，也为明一代职官制度奠定了基础。明正德《会典》就是以《诸司职掌》为蓝本编纂的，正如万历《明会典》书首《弘治间凡例》所说："《会典》本《诸司职掌》而作。"其四，洪武年间，明太祖还以制书形式颁布了《皇明祖训》，作为子孙、宗室和后代恪守的"家法"；编纂了《宪纲》40条，用以规范监察制度；编纂了国子监和州府县学规，用以规范各类学校制度；编纂了《教民榜文》，用以规范民间事务管理制度。这些以制书形式颁布的非刑事类"常法"，与《大明令》、《大明律》构成明初的基本法律，并以例为补充法，组成比较完整的法律体系。

洪武朝颁行的制书，称谓、法律形式比较杂乱。从明初到弘治年间始修《会典》的一百多年中，明代君臣经过长期的实践，立法指导思想逐渐成熟，实现了从洪武朝的以律、令、制书、例为基本形式的法律体系，到以会典、律、例为基本形式的法律体系的转变。自宣德朝始，例的地位逐渐提高，原来以"制书"形式颁布的国家"常法"，改为以"条例"命名。如宣宗宣德四年（1429年）六月颁布了《军政条例》，英宗正统四年（1439年）十月颁布了《宪纲》条例，弘治十一年（1498年）七月颁布了《吏部条例》。以"条例"为朝廷精心修订的"常法"的称谓，虽然其制书的性质未变，但把所有的法律规范都纳入了以典、律、例为基本立法形式，以例为主的法律体系，使法律形式更加简约，法律体系的构成更加科学。

五　例的法律形式及功能的演变

在中国古代法律体系中，例作为重要的法律形式，曾经为许多朝代所采用。例的前身是秦汉的比和故事。魏晋至唐、五代时期，例从成为法律用语到被统治者确认为国家的一种法律形式，经历了漫长、曲折的演变过程。唐、五代以条例、则例、格例的形式，制定了不少行政、经济管理方面的法规。宋、元两朝，例作为国家的补充法，名目繁多，其中“断例”的制定和适用影响尤深。明代注重制例、编例，于会典、律、诏令之外，形成了以条例、则例、事例、榜例为内容的完整的例的体系，例的法律地位得到了新的提升。这一时期，刑例进一步完善，以例补律，以例辅律，律例并行；在刑例之外，又制定了吏、户、礼、兵、工诸例。清代在沿袭明制的基础上又多有新创，特别是在以则例为主体的行政例的制定方面成绩斐然。清王朝在“以《会典》为纲，则例为目”的法律框架下，制定和颁布了大量的单行行政法规，全面地完善了国家的行政法制。明清两代制例数量之多，为历代所不及，仅现存的这两代制定的单行条例、则例和例的汇编性文献就达上千种。在中华法制文明发展史上，例具有其他法律形式不可替代的独立存在的价值，在国家社会生活中发挥了极其重要的作用。

历史上例的称谓名目繁多，其中在立法中运用最多的是条例、则例、格例、事例、榜例、断例等，与例的内涵、功能相同的法律形式还有决事比、故事等。

1. 决事比

以已经生效的法律判决为以后判决案件的比照，这就是决事比。“决事比”主要应用于秦汉时期。这一时期，“决事比”除主要是指司法判例外，还包括比照行政先例处理各种事务的含义。由于秦汉两代作为行政先例的决事比极少使用，故决事比也可以说是司法判例的专称。汉代的死罪决事比是审判过程中比照已判决的死刑案例的选择适用，因当时的死罪案件一般要经过最高统治者批准，所以死罪决事比的判例性质及合法性是不言而喻的。决事比通常是一个个的具体案件，但为了方便各级官吏阅读、利用方便，决事比也会被编纂集合，这类决事比在结构上就成了一个复合体。

2. 故事

故事就其本义而言，是指从前发生的某一件或某一类事情。但作为古代法律体系中一种法律形式的故事，则有其特定的含义，它是指历史上对人们的行为具有重要影响的各种先例。故事不是前人有意识的创制，而是后人反复选择适用的结果。历代的君主、大臣和著名人物在其治国实践及社会活动中，都有其行为、行动，并为处理实际事务和解决各类问题作出决定，其中有极少数的行事具有示范效用，存在供人们效仿的价值，被后人征引，作为提出建议、进行论证以及作出决策或者决定的根据。故事包括礼仪、行政、军政、司法等先例。其产生途径以仿效、征引等作为形式。它通常是以一个先例构成一个故事，其结构方式是单数，存在形态是具体的。但也有一些经过汇编、加工而成的故事，其结构方式是复数，存在形态是概括性的。

故事作为行政先例在汉代时已广泛使用，《汉书》、《后汉书》引述的故事出现次数为178次。魏晋时期故事应用的频率多于汉代，《晋书》引述的故事出现次数为151次，这一时期及南北朝的一些王朝，很重视故事的整理，部分故事被吸收入令典或科、令。隋唐及以后的各朝，随着例逐渐成为国家法律的重要形式，一些故事被例所代替，但故事并没有彻底退出历史舞台，仍在一定的范围内继续发挥作用，如明代的《孝慈录》，这部关于丧服制度的立法中就收入了先秦至宋代36人的故事。从历史上各代应用故事的情况看，故事主要应用于礼仪和职官选举活动领域。

3. 事例

事例的本义是“以前事为例”。它是在行政或审判活动中，通过处理某一事件或某一案例形成的并被统治者确认为具有法律效力的定例。魏晋时期，事例是以单数之例的形式出现的，如曹魏的钟毓事例、东晋的蔡谟事例等，并可以与故事相互替代，是从故事、旧事向旧例过渡中的一种称呼。元代事例的使用很不规范，有的指行政先例，有的则是指规范性文件的名称。这一时期也开始对事例进行系统编纂，《元史·刑法志》说到《大元通制》的编纂时指出："大概纂集世祖以来法制事例而已。"这里的事例已具有个案的意义。明朝时，统治者针对国家社会生活中出现的新问题，因事适时立法，颁布了大量的各类事例。明代的事例大多是以事为例，属于单数结构。但也有少数诸如《节行事例》等以"事例"命名的单行法规，是由若干事例汇编而成，是以概括的法律条文表述的。明代还把各类因事立法而形成的行政事例附于会典之后，称之为"会典事例"。会典事例的形态是概括性的，它的编纂体例是以官统事，以事隶官，即把事例按其性质分类编于吏、户、礼、兵、刑、工六部以及都察院、通政使司、大理寺等门之下。清代事例的制定和编纂沿袭明制，特别是在会典事例的编纂方面又有新的进展。清王朝为使各级衙门和官吏的活动有典有则，知所遵守，康熙、雍正、乾隆、嘉庆、光绪五朝曾纂修《清会典》。康熙、雍正两朝《会典》一依《明会典》体例，乾隆朝实行典、例分编。嘉庆、光绪两朝在纂修《清会典》的同时，按年编载行政实例，一事一例，编定嘉庆《会典事例》920 卷、光绪《会典事例》1220 卷。会典事例的大规模编纂，全面地完善了清代的行政法制。

4. 断例

《晋书·刑法志》曰："法者，盖绳墨之断例。"晋代时，断例一词乃法之通称。断例在两宋时期成为刑事法律汇编的名称，有刑名断例、法寺断例、特旨断例之别。从字面上理解，这三种断例可能分别是指刑名案例、司法机关判决的案例、皇帝裁决的案例的汇编，因文献阙失，对它们各自的内容及相互区别，尚难论定。元朝编纂的《大元通制》由三部分组成：一曰诏制，二曰条格，三曰断例。其中断例由 717 个条目组成。从《大元通制》和《元典章》所载断例看，许多条目的内容是概括性法律规定，也有一些断例是具体案例。

5. 条例

条例是通过一定的立法程序制定的规范性文件。它一般情况下由多个条文构成，其形态上表现为概括的方式，不是针对某个具体的人或事。“条例”一词在汉代已经出现，其含义是分条列举的意思，主要运用于经学研究。条例作为法律用语最初出现在南北朝时期，是被作为刑事律条的代称，如北魏廷尉少卿杨钧在上书中就把魏律的条文称为“条例”[①]。在唐代，仍有把律典条文称为条例的情况，《唐律疏议》中就有“诸篇罪名，各有条例”[②]之语。不过，唐代的条例作为国家法律体系中的补充法，已被广泛使用于举士任官、赏功酬勤、刑罚赦免、国计民务等诸多方面，具有法律实施细则的性质。宋代王安石变法时期，条例被赋予特殊的使命，设条例司为变法机关，条例成为推行变法的暂行立法，乃至在某些特定场合成为条与例的合称、法律的代称。在执法实践中，“有条以条决之，有例以例决之，无条例者酌情裁决”[③]。条例被确认为国家法律体系中的基本法律形式始于明代。明代在法制建设中注重编例，不仅在刑事法律领域实行律例合编、律例并用，而且于刑事条例之外制定了不少吏、户、礼、兵、工类条例。由朝廷编修的“条例”，其含义是指“分条”编纂、列举“奏定之例”，是“条”与“例”两事合称意义上的法律用语。

明代的例是由条例、事例、则例、榜例组成的一个完整的例的体系，在这一体系中条例作为经朝廷精心修订、具有稳定性的法律形式，处于核心的地位。清代沿袭明制，又有所变革。如果说明代颁行的单行条例大多属于行政类法律、法规的话，清代的条例则主要用以表示刑事法规，除《钦定科场条例》等极少数单行行政法规仍沿用了“条例”的称谓外，条例这一法律形式通常用于刑事立法，当时人们把《大清律例》中的附例和续纂的刑例称为条例。条例在明清时期的治国实践中，发挥了特别重要的作用。

中国古代条例的概念有狭义和广义两种。上述所说的条例，是立法

---

① 《魏书》卷一一一《刑罚志》，中华书局，1974，第2881页。

② （唐）长孙无忌等撰《唐律疏议》卷二六《杂律》篇首，刘俊文点校，中华书局，1983，第479页。

③ 《宋史》卷三七一《徐处仁传》，中华书局，1985，第11520页。

中对这类规范性和稳定性较强的法律文件的称谓，即严格意义上的、狭义性质的条例。由于古人往往把各种形式具有“条举事例”特征的例都泛称为条例，从广义上讲，事例、则例、格例、榜例也都属于条例的范畴。

6. 格例

格例最初出现于唐代，这与格是当时重要的法律形式之一有关。它是复数的结构，概括的形态。在唐、五代时期，格例是在行政过程中产生的，主要用于官吏的选举和管理方面。宋代史籍中，也有格例的零星记载，其内涵和作用与唐代相同。元代的许多文献都提到格例，不过这一时期的格例的概念是格与例的合称，格是指条格，例是指断例。条格和断例是元代法律的主要形式，格例在绝大多数场合下是元代法律的总称，在特殊的场合是某种规范性文件的专称。

7. 则例

“则”是标准、等差或法则、准则、规则之意，“例”是指先例、成例或定例。清人文璧在论及“则例”的含义时说：“聚已成之事，删定编次之也。”[①] 则例是通过立法程序制定出来的，是通过删定编次先例、成例和定例并经统治者确认的行为规则。则例属于复数结构，具有概括性形态。则例之名起于唐、五代时期，当时还只是偶尔用之，其内容大多是有关官吏俸禄、礼仪及钱粮等方面的规定。宋代有驿券则例、锄田客户则例、推恩则例、中书则例、商税则例、苗税则例等。元朝《至元杂令》中有笞杖则例、诸杖大小则例。[②] 明以前各代，则例不是主要的法律形式，它只是一些国家机关或地方政府在实施某些行政和经济法律制度的过程中，因实际需要而制定的标准或规则，在国家社会生活中的作用是有限的。明代时，则例作为规范钱物管理、收支的标准、等差和有关事项具体运作规则的定例，被广泛适用于行政、经济、军政管理等领域。当时朝廷颁行的则例种类甚多，有赋役则例、商税则例、

① （清）文璧等纂修《钦定总管内务府现行则例》书首文璧等题本，北京故宫博物院藏清咸丰内府抄本。

② 黄时鉴辑《元代法律资料辑存》，浙江古籍出版社，1988，第43～45页。

开中则例、捐纳则例、赎罪则例、宗藩则例、军政则例、官吏考核则例及钱法、钞法、漕运、救荒等方面的则例。就这些则例的性质、功能和法律地位而言，它们是诸如赋役法、税法、开中盐法、钞法、钱法等重要法律和各种与钱物相关的管理制度的实施细则。清代时，则例的法律地位有了新的提升。清代的则例是在以《会典》为纲、例为实施细则的法律体系框架下制定的，它是国家机关活动和重大事务管理的规则，其内容以行政立法为主，涉及的领域十分广泛。这一时期，朝廷不仅制定了《六部则例》、各部院则例，中央机构各司制定的各类细则也多以则例为名，则例成为规范清代行政机构组织和活动规则的主要法律形式。

8. 榜例

中国古代在信息传播技术不够发达的情况下，榜文成为君主向民众公布政令、法律和上情下达的重要载体。榜文是兼有告谕、法律和教化多重功能的官方文书，就其内容功能而言，大体可分为两类：一是以告谕、教化为宗旨，内容是告谕事项或指陈时弊，申明纲常礼教和治国之道，意在使人知所警诫，趋善避恶。二是公布国家法律和地方官府制定的政令、法令，要求臣民一体遵守。后一类榜文具有法律的规范性和强制性，其作为有法律效力的文书，是国家法律体系的有机组成部分，也是古代法律形式之一。制定和发布榜文在中国有悠久的历史，然“榜例”作为法律用语和朝廷的重要法律形式始于明初。明王朝把以榜文形式发布的定例称为榜例。《军政备例》所载 73 条榜例，就是明宣宗宣德三年（1428 年）至孝宗弘治三年（1490 年）间发布的有关军政事宜的部分榜例。[①] 榜例是针对时弊和某种具体事项，向百姓和特定的社会群体公开发布的。榜例发布时大多为单数结构，也大多是具体的事例，其内容是概括性法律条文的榜例甚少。然经过删定汇编成单行法规的榜例，则表现为复合形态，也被称为条例。榜例与其他形式的例，既关系密切又有区别。用以公布某一事例或某一则例、条例的榜例，它与所公

① （明）赵堂撰《军政备例》，天津图书馆藏清抄本。

布的“例”的内容是重合的，是同一种法令、法规的不同称谓，也可以把其称为某一事例或某一则例、条例。榜例与其他形式例的不同之处，仅在于它是采用榜文这一特定形式颁布的，具有直接面对公众的特色。

在中国古代法律体系中，例是实施国家的基本法律制度不可缺少的、有效的法律形式。一部中国立法史表明，随着时间的推移和社会的进步，例在国家社会生活中发挥的作用就愈突出。特别是明清两代，制定了大量的事例、条例和则例等，不仅刑事法律需要通过以例补律、以例辅律的途径实施，国家社会生活的各个方面都需要以例规范。现存的中国古代法律法规中，有关例的文献占全部法律总数的一半以上，也可证明它在历史上法律中的地位是何等重要。

六　地方立法及其载体

中国自古以来就是一个幅员辽阔的多民族国家。因各地自然和人文地理状况各异，统一的全国性立法往往不能有针对性地切实解决各地方的具体问题。为此，制定地方法规和民族性法规，就成为完善法制的有效方式。

（一）地方立法概况

从现存的史料看，有关地方立法的大体情况是：

其一，自秦汉以来，历朝都重视强化君主专制的中央集权制度，强调法的统一性，因而从总体上说，地方立法不够发达。

其二，就加强地方法制建设而言，有关治理地方的重要法律、法令基本上是由朝廷制定的。除少数属于单行法规外，多数法律规范包括在朝廷颁行的各种国家制定法中，而由各级地方政府制定的法规相对较少。地方法律体系主要由中央政府制定的地方特别法、地方长官和官府颁布的各种地方法规、法令构成，以自治自律为特色的民间规约虽然不属于地方法律性质，但对于完善地方法制有重要的作用，是地方法制秩序的重要组成部分。

其三，地方法令、法规的制定者是县以上各级地方官府的长官以及朝廷派遣巡视、管理地方事务的朝臣。地方立法有一定的批准程序，立法内容不得与朝廷法律相抵触。

其四，就历朝由地方政府颁行的法规而言，宋代以前的有关记载很少。现见的地方法令、法规文献，大多是明代中叶之后制定的。从明代中后期到清末，随着社会变革和经济的发展，地方立法也愈发达，在清代后期达到高潮。

其五，地方法令、法规是朝廷法律的实施细则，各种官方文书是地方立法的载体，明代以前，地方立法尚未形成独立的法律形式。明清两代，条约成为地方立法的重要形式。

（二）地方立法的沿革及法律载体

地方立法在中国古代出现较早，并经历了漫长的发展过程。《睡虎地秦墓竹简》中的《语书》，是秦统一中国前秦国的南郡太守腾发布的一道政令，其内容既有立法，又有执法，是地方长官为贯彻国家政令发布的新的实施细则。《语书》是现见的我国最早的地方性法令，这说明由地方长官发布政令的做法，至迟在战国时期就已存在。

汉代时，太守专郡，综理庶绩，权力甚重。郡守往往被赋予“便宜从事”的权力，可以根据本地的实际需要发布政令，必要时可便宜行事，也就是说，郡守有一定的立法权。条教、书、记等是地方法令、政令的发布形式。条教是“条”和“教”的结合，既有教化含义，又有教令的意思，是发布地方法规的一种形式。“书”、“记”、“檄”是汉代地方官府文书的名称，“书记”是汉代地方管理事务中官方文书的总称。当时衙门下发公文，或称为“移书”，或称为“下记”。“书记”被当时的人们“如律、令”一样看待，可见其具有法律效力。虽然不能把“书记”都看作是地方法规类文件，但可以肯定许多“书记”的内容是地方性法规。汉代地方法制文书的内容以贯彻执行诏书、律令者为多，有的还引用了诏书的文字。很多府书中结尾处有“如律令”字样，这是汉代公文常用语，表示文件具有法律效力，要求下属衙门和官吏遵照文件执行。

唐代的地方法律由四部分构成：一是中央为某些地区制定的特别法；二是地方长官以条教、条约与科约等形式制定的地方性法规；三是随着实行羁縻州制，民族区域法转化成为地方法；四是乡法，即民间通行并为官方认可的风俗习惯规则。唐代的地方立法水平较前代有了较大的提高。敦煌出土的《沙州敦煌县行用水细则》（亦称《唐沙州敦煌地区灌溉用水章程》），就是在民间习惯和前代地方法规基础上形成的地方性水利管理规范，可以说是唐代中央法规《水部式》在敦煌地区的实施细则。

宋代的地方法律由中央制定的特别法和各级地方长官发布的法令、法规组成。中央特别法是适用于某一行政区域的敕，其制定程序分为起请、看详与批准。起请除了陈述立法的理由外，在大多数情况下还写明拟议的法条。看详是对拟议的法案进行审查，提出同意（或者否定）的理由及修改意见，特别法由皇帝批准颁布。地方特别法的形式有诏令、敕（敕榜）和例。条教、条约及约束是地方官府颁布的法令、法规的主要形式。

元代统治者为蒙古民族，与汉民族以及其他民族的生产方式、生活方式、风俗习惯有较大差异。行省制的确立是中国古代地方行政体制的重要演变。元代的行省不仅是朝廷控制和指挥地方的重要机构，也是各级地方政府权力汇聚的枢纽。行省权力的加强，为中央制定地方特别法提供了保障。

《通制条格》是元代法典《大元通制》的重要构成部分，其条格部分有关地方事项的法条可以看作是中央特别法。省级建制是元代的最高地方建制，其下有路府州县各个层级。层次的增加，使得行省客观上取得了较大的行政审批权力，可以利用审核下级地方政府请示的机缘，制定适合本地区的法规。

唐宋元时期，各级地方官府和长官除以条教、约束等形式颁布地方法规、政令外，发布榜文、告示、禁约也是地方长官施政经常采用的形式。《古代榜文告示汇存》收录的《朱子文集大全类编》所载朱熹榜文、《勉斋先生黄文肃公文集》所载黄榦榜文、《紫山大全集》所载胡祗遹榜文、《秋涧集》所载王恽告示等，就是这类文献的代表。[①]

明代地方立法出现了繁荣的局面，法律形式更加多样化，立法数量也远远超过前朝。特别是明代中后期，地方立法活动空前活跃。当时，除各级地方长官发布了大量的政令和制定了不少地方法规外，朝廷派出巡按各地的官员也针对地方的时弊，以条约、告示、檄文、禁令等形式，颁布地方性法规。

条约是明代地方立法的主要形式，其内容比较广泛，涉及吏治、安民、钱粮、学政、约束兵丁、监禁、救荒、庶务、关防、狱政、词讼、乡约、保甲、风俗等社会生活的各个方面，在明代地方法律体系中居于最高层次的地位。条约的制定或发布者，有总督、巡抚、巡按、提督学政官员和省府州县长官、通判、教谕等。就条约涉及的范围而言，大体可分为两类：一类是有关全省或某一地区多项事务治理的综合性条约，另一类是只涉及学政或军政、盐政、漕运等管理的专门性条约。《中国古代地方法律文献》甲编[②]中收入的20多种明代地方性条约中，属于综合性的地方条约有：姚镆的《督抚事宜》，王廷相的《巡按陕西告示条约》，陈儒的《莅任条约》和《总宪事宜》，海瑞的《督抚条约》，郭应聘的《巡抚条约》和《总督条约》，吕坤的《风宪约》等。这类条约大多是地方长官或朝廷派出巡视地方事务的官员于上任之初或实施重大的政务之前，基于加强地方综合治理的需要而制定的，内容比较宽泛，其中一些条约具有施政纲领的性质。而收入该书的地方性条约中，姚镆的《广西学政》、王廷相的《督学四川条约》、陈儒的《学政条约》、海瑞的《教约》、薛应旂的《行各属教条》和《出巡事宜》，是学政管理方面的条约；姚镆的《巡抚事宜》、郭应聘的《考选军政禁约》、吕维祺的《南枢巡军条约》，是军政管理方面的条约；张珩、戴

① 杨一凡、王旭编《古代榜文告示汇存》，社会科学文献出版社，2006。

② 杨一凡、刘笃才编《中国古代地方法律文献》甲编（10册），世界图书出版公司，2006。

金、雷应龙、李佶、朱廷立发布的《禁约》，是盐政管理方面的条约；王宗沐的《漕政禁约规条》、吕坤的《粜谷条约》、吕维祺的《约法十事》，是漕运和钱粮管理方面的条约。专门性条约往往是由主管或巡查某项具体事务的长官，针对某一专项事宜发布的。

清代地方立法较之明代有了重大的进展。当时，地方政府和长官以条约、章程、规条等法律形式，颁布了大量的各种地方法规和政令，形成了比较完备的地方法律体系。清代州县官为在具体行政中有法可依，进行了更为细致的立法活动，发布了大量的告示、条约、章程、堂规、署规、示谕等，州县立法在清代地方立法中占有重要地位。在清代中后期地方立法成果编纂中，“省例”的纂辑、刊印标志着我国历史上的地方法制建设已进入比较成熟的阶段。“省例”的含义既是指用以发布地方法规、政令的法律文书或这类文书的汇编，也是指刊入这些文书或汇编中的每一种法规、法令或具有法律效力的规范性文件。省例汇编类文献，其内容是以地方行政法规为主体，兼含少量朝廷颁布的地区性特别法。被称为省例的各种形式的地方法规、政令或具有法律效力的规范性文件，适用于当时省级政府管辖的地域，在本省范围内具有普遍的、相对稳定的法律约束力。现见的代表性省例汇编类文献有《湖南省例成案》、《治浙成规》、《粤东省例新纂》、《江苏省例》、《福建省例》等。

地方立法在清末达到高潮。面对西方列强的侵入、社会动荡和国家政局的变化，各地出于救亡图强、维护基层政权和社会治安的需要，积极推进法制变革，制定了一系列的专门性的单行地方法规。如旨在推进地方政治改革的谘议局章程、试办地方自治章程，加强财政和税务管理的厘金章程、清赋章程和各种税则，健全司法制度和提高办案水平的地方审判厅章程、监狱管理章程、清理讼狱章程，加强社会治安管理的各类城市管理章程、警务章程，以规范地方教育为内容的各种学堂章程，以社会救济为内容的赈捐章程、义仓章程等。清末的地方立法与清前期中期比较，具有立法数量多、专门性法规多、内容更加近代化的特点。

（三）边疆部族立法

由中央政府管辖或归附朝廷的藩属地区的少数民族立法，是古代地方立法的有机组成部分。一般来说，历代王朝对这类地区实行什么样的法律法规通常采取两种态度：

一是归附的藩属地区或中央政权还不能完全控制的少数民族地区，采取由少数民族首领根据民族习惯和自行制定的法规进行管理。唐、宋、明各代在边疆民族地区，设置府、州、县等地方行政单位，任命归附的当地统治者为官吏，这种行政单位唐叫羁縻府州，宋称羁縻州县，明谓羁縻卫所。这些地区通行的规则，基本上都是经过中央政府确认的本民族原有的习俗或法规。据《旧唐书·南蛮西南蛮传》载，唐代时，黔州之西的东谢地区的少数民族，长期实行的部族管理制度是："皆自营生业，无赋税之事。谒见贵人，皆执鞭而拜。有功劳者，以牛马铜鼓赏之。有犯罪者，小事杖罚之，大事杀之，盗物倍还其赃。婚姻之礼，以牛酒为聘。"① 贞观三年（629 年），其首领谢元申归附唐朝后，被封为刺史，隶黔州都督府。东谢原来实行的部族规则如旧，这样，其部族规则的性质发生变化，成为唐代地方法制的一部分。

二是中央政权能够控制的少数民族地区，由朝廷制定适合于该地区行政、经济状况和宗教、风俗习惯等诸方面的法律法规。比如，清代时，在蒙古地区制定了《蒙古律例》，在青海地区制定了《禁约青海十二事》、《西宁青海番夷成例》，在新疆地区制定了《钦定回疆则例》，在西藏地区制定了《钦定西藏章程》，于嘉庆二十二年（1817 年）颁布了《理藩院则例》，这些法律都属于国家制定法性质。

---

① 《旧唐书》卷一九七《南蛮西南蛮传》，中华书局，1975，第 5274 页。

中华法系研究中的一个重大误区*

——“诸法合体、民刑不分”说质疑

近百年来，学界对于中华法系的探讨一直没有间断，发表了大量有学术价值的成果。然而，在这一研究领域也出现了一些认识上的误区，其中影响最大的是把“诸法合体、民刑不分”说成是中华法系或律典的基本特征。从这一认识模式出发，不少著述以现见的几部律典为依据描绘中华法系，贬低或否定刑律之外其他法律形式的作用；从“君主专制工具”而不是全面、科学的视角阐述中华法系的基本精神，往往由此导致一系列不实之论。

鉴于法史研究中存在的一些重大缺陷多是与如何认识中华法系有关，也鉴于“诸法合体、民刑不分”是否中华法系或律典的特征这一问题仍存在争论，并直接影响着法史研究能否朝着科学的方向开拓，为此，本文就“诸法合体、民刑不分”说能否成立发表一点意见。

一　围绕“诸法合体、民刑不分”说的探讨

认为“诸法合体、民刑不分”是中华法系特征的观点由来已久。《政法论坛》2001年第3期发表的《中国古代的法律体系与法典体例》一文说：“20世纪30年代以来，法律史学者在总结传统的中华法系的

* 本文原载《中国社会科学》2002年第6期。

特点时，提出了‘诸法合体、民刑不分’的观点，影响了半个世纪。”据我看到的资料，此说提出的时间恐怕还要早。1907年5月清政府民政部奏文云：“中国律例，民刑不分……历代律文户婚诸条，实近民法。”[①] 李祖荫为介绍《古代法》一书所作的《小引》云：日本有的法学家把《古代法》作者梅因的“大凡半开化的国家，民法少而刑法多”的观点，奉为至理名言，“据此对我国大肆诬蔑，说中国古代只有刑法而没有民法，是一个半开化的、文化低落的国家。就在中国，也有一些资产阶级法学家像鹦鹉学舌一样，把自己的祖先辱骂一顿。事实上，古代法律大抵都是诸法合体，并没有什么民法、刑法的分别，中国古代是这样，外国古代也是这样”。[②] 由此又可推知，提出此说者，是外国人先于中国学者。究竟此说最早是由谁人提出，有待详考。但20世纪30年代中国学者著述中的“诸法合体、民刑不分”说，实际上是对在此之前类似看法的沿袭或概括而已。

20世纪三四十年代，中国学界曾围绕中华法系进行过热烈的学术探讨。著名法史学者陈顾远、丁元普、程树德等均有长篇论文。其中陈顾远先后发表了《天道观念与中国固有法系之关系》、《儒家思想与中国固有法系之关系》、《家族制度与中国固有法系之关系》等论文。他在《中国过去无“民法法典”之内在原因》[③] 一文中，分别从程序法和实体法的角度，对中华法系“民刑不分”说提出质疑。20世纪60年代末，他在《中国文化与中国法系》[④] 这本专著中，对中华法系进行了较为系统的阐发，提出了不少卓识灼见，并再次对“民刑不分”说予以批驳。

然而近数十年间，上述研究成果在中国大陆法史学界未受到应有的重视，而“诸法合体、民刑不分”是中华法系基本特征的观点却被广

---

① （清）蒋良骐撰《东华录》三十三年五月辛丑，清光绪十年长沙王府刻本。

② 〔英〕亨利·梅因（Sir Henry Maine，1822～1888）著《古代法》书首《小引》。该书发表于1861年，中文译本由商务印书馆（北京）1959年2月出版。

③ 《陈顾远法律文集》，台湾联经出版事业公司，1982，第424～429页。

④ 陈顾远著《中国文化与中国法系》，台湾三民书局，1969。

泛沿用。从 1982 年出版的高等学校法学试用教材《中国法制史》[1]，到 1998 年出版的高等政法院校规划教材《中国法制史》[2]，都基于这一看法而做了理论阐发。中国人民大学出版社 1981 年出版的《中国法制史》是新中国成立以后较早沿用这一论断的法史著作，该书《绪论》写道："从战国时李悝著《法经》起，直到封建末世的《大清律》，历代具有代表性的法典基本上都是刑法典，同时也包含着民法、行政法、诉讼法等各方面的内容，这种混合编纂的结构形式，就是通常所说'民刑不分'，'诸法合体'。"

在当代中国大陆学者中，较早对此说提出质疑和修正的是张晋藩先生。1988 年，他在《再论中华法系的若干问题》[3] 一文中论述中华法系的特点时，把"民刑不分，诸法合体与民刑有分，诸法并用"概括为中华法系的重要特征之一，并对这一认识进行了论证："民刑不分，诸法合体就主要法典的编纂形式而言，是一个特点，也有它的客观根据"；"但就封建法律体系而言，却是由刑法、民法、诉讼法、行政法、经济法等各种法律部门所构成的，是诸法并用，民刑有分的。"在 1997 年出版的《中国法律的传统与近代的转型》一书中，他又进一步阐述了这一观点，指出"法典的体例与法律体系是完全不同的概念，二者不能混淆，也不容混淆，否则便会产生以此代彼、以此为彼的误解。那种从中国古代代表性的法典的体例与结构出发，断言中国古代只有刑法，没有民法，无疑是混淆了法律体系与法典体例两个不同概念所致"。[4]

近年来，随着有关中华法文化探讨的日趋热烈，围绕"诸法合体、民刑不分"是否中华法系特征的命题展开了新的学术争鸣，其观点也多歧义，概括起来是以下两种：

一种仍认为"诸法合体、民刑不分"是中华法系的基本特征。如

---

① 法学教材编辑部《中国法制史》编写组《中国法制史》，群众出版社，1982，第 4 页。

② 司法部法学教材编辑部编审《中国法制史》，中国政法大学出版社，1998，第 9 页。

③ 张晋藩著《法史鉴略》，群众出版社，1988，第 45～62 页。

④ 张晋藩著《中国法律的传统与近代的转型》，法律出版社，1997，第 311 页。

《社会公共安全研究》2000 年第 2 期刊载的《关于中华法系之刑法文化移植的探索》一文的“内容提要”中说：“中华法系，从源流上考察，它是‘诸法合体、以刑为主’的法文化体系。”《光明日报》网站发表的《中西传统法律文化的审视》[①] 一文，认为中国传统法律是“‘诸法合体，民刑不分’、刑律为主的法规体系”。还有多篇论文持这一观点，不再赘述。

另一种观点认为，“诸法合体、民刑不分”只是律典的特征，而不是中华法系的特征，如《中国古代的法律体系与法典体例》[②] 一文指出，把中华法系的特征表述为“诸法并用、民刑有分”是正确的，但同时又说：“中国古代从战国时期李悝作《法经》到清代颁《大清律例》，保持诸法合体的法典体例长达 2300 多年，直到 20 世纪初沈家本修律，仿照大陆法系分别制定了刑律、民律、商律、民刑事诉讼法和法院编制法等部门法，才最终打破了传统的法典编纂体例。”

在这两种观点之外，还有更多的著述在论述中华法系特征时，有意或无意地回避这一提法，反映了相当一部分学者对“诸法合体、民刑不分”说持质疑态度或尚未形成本人的成熟意见。也有一些学者就如何认识中华法系的特征写了商榷性文字，如范忠信《中华法系法家化驳议——〈中华法系研究〉之商榷》[③] 一文，就是针对能否把“法典法家化，法官儒家化，民众法律意识鬼神化”概括为中华法系特征而写的一篇专论。

我个人的意见是，要比较科学地界定中华法系的特征，至少应考虑到两点。其一，这一特征应是中华法系较之世界其他法系所独有的，可以作为中华法系标志性的显著特点独树一帜，并曾对世界的一些国家和地区发生过重要影响。其二，这一特征的表述，应全面符合中华法系的本来面貌。至于是否使用“诸法”一词并不重要，重要的是这种表述对于中华法系的法律形式、法律制度、法律思想和基本精

---

① 刘纯：《中西传统法律文化的审视》，载《光明日报》网站 http：//www. gmd. com. cn。
② 《政法论坛》2001 年第 3 期，第 146 页。
③ 《比较法研究》1998 年第 3 期，第 317 ~ 330 页。

神诸方面都是适用的，而不能把法系的部分内容的特点说成是整个法系的特征。

二 “诸法合体、民刑不分”不是中华法系的特征

对于不能把“诸法合体、民刑不分”概括为中华法系基本特征的问题，张晋藩已在几篇文章中，从宏观研究和理论阐发的角度做过论述。最近，王立民撰写的《也论中华法系》一文①，对古代西亚的楔形文字法、北亚的俄罗斯法和古希腊、罗马制定的有关法典的体例结构进行了分析，认为“诸法合体在世界古代社会中不为鲜见，绝非仅为中华法系所特有，因此这不能成为中华法系的特点”。王立民文否定“诸法合体”是中华法系的特征的观点是正确的，但可惜没有从中华法系和律典自身的内容做进一步剖析。史料是法史研究的基础。鉴于尚无较为系统地从剖析法律形式的角度去探索“诸法合体”是否中华法系特征的论著，本文着重从这一侧面进行考察，同时对“民刑不分”说何以不能成立做些补充论述。

（一）“诸法合体”不是中华法系的特征

我不反对从现代法学的观点去评判中国古代法律，但我们在研究法史时，应当尊重历史，实事求是地对各个历史时期的法制状况进行具体和恰如其分的分析，不能机械地用现代部门法的概念套用或衡量古代的法律。只要认真研读各类法律文献资料，就会清楚，无论是从历朝的法律形式还是从法律的内容看，都不能得出“诸法合体”是中华法系特征的结论。

中国古代存在着多种法律形式，各代的法律形式也不尽一样。从先秦至明清，就法律形式而言，秦为律、命、令、制、诏、程、式、课、

---

① 《华东政法学院学报》2001 年第 5 期，第 3～11 页。

法律答问等；汉为律、令、科、品、比；晋为律、令、故事；隋唐为律、令、格、式；宋于律、令、格、式外，重视编敕，并有申明和断例等；元代重视条格和断例；明清于律之外，注重编例，并有典、令、谕旨、诰、条约等法律形式。

历朝于律典之外之所以采用了其他法律形式，是因为它们具有律典所不能代替的功能。这里仅以唐代为例。唐代的基本法律形式为律、令、格、式。《唐六典》卷六云："凡律以正刑定罪，令以设范立制，格以禁违正邪，式以轨物程事。"[①]《新唐书》卷五六《刑法》云："唐之刑书有四，曰：律、令、格、式。令者，尊卑贵贱之等数，国家之制度也；格者，百官有司之所常行之事也；式者，其所常守之法也。凡邦国之政，必从事于此三者。其有所违及人之为恶而入于罪戾者，一断以律。"考之于唐代史籍可知，律、令、格、式四者之中，律是定罪科刑的法律，只有违法犯罪，方一断以律；令规定国家的基本制度和社会生活规范；式是从令分化而来，是唐代一些具体制度或基本制度具体化的规定；格的渊源是皇帝因人因事之需临时颁布的"制、敕"。因制、敕内容庞杂，执行中难免前后矛盾，或失时效，故唐朝定期由省部把增删后的格汇编成相对固定、普遍适用的成制，谓之"永格"。格以适用范围分为"散颁格"、"留司格"两种，散颁格颁行天下，留司格留在官府，不公开颁布。又据《唐六典》、新旧唐书《刑法志》载，唐一代编纂的律典有武德律、贞观律、永徽律等；令有武德令、贞观令、永徽令、开元令等；格有贞观初格 7 卷、贞观后格 18 卷、永徽留司格 18 卷、永徽散颁格 7 卷、垂拱留司格 6 卷、垂拱散颁格 3 卷、神龙散颁格 7 卷、太极格 10 卷、开元前格 10 卷、开元新格 10 卷、开元后格 10 卷等；式有武德式 14 卷、贞观式 33 卷、永徽式 14 卷、垂拱式 20 卷、神龙式 20 卷、开元式 20 卷等。"律令格式，天下通规"[②]，它们在唐代法律体系中是既分工又统一的关系。令、式是从正面规定的各种规章制

---

① （唐）李隆基撰、（唐）李林甫等注《大唐六典》卷六《刑部》，三秦出版社，1991，影印本，第 139 页。

② 《旧唐书》卷五〇《刑法》，中华书局，1997。

度，式是为贯彻令而制定的细则性法规，格实际上是对律、令、式等法律进行修正补充的措施。律用以惩罚犯罪，与令、格、式协调应用，共同筑构起国家的法律体系。律典只是诸法中的一种，把它的特征概括为“诸法合体”本身就很成问题，如果再以律典为据，把“诸法合体”演绎为中华法系的特征，那就甚为不妥了。

唐代处于我国古代法律制度的成熟时期，其法律形式以及唐律的编纂体例都比较规范。在此之前，中国的法律制度经过了一个漫长的发展过程。仅就律这一法律形式而言，其名称、内容、编纂体例也经历了一个由不规范到逐步规范的过程。律作为国家制定颁布的成文法，出现在战国时期。秦国商鞅变法时，以李悝的《法经》为蓝本，改《法经》的《盗》、《贼》、《囚》、《捕》、《杂》、《具》六法为六律，并根据治国的需要增加了一些新的内容而编纂为秦律。据《睡虎地秦墓竹简》，当时秦的律名近 30 种。秦统一中国后，未见有废除旧有律令的记载，这些秦律当继续沿用。汉承秦制，在正律之外，又有《傍章》、《朝律》、《越宫律》等，还颁行有杂律多种，内容涉及行政、经济、礼仪、司法等各个方面。从秦汉两朝法律的编纂体例看，律与其他形式的法律，既有综合编纂的，也有单行法，且单行法的数量为多。

表 1　秦汉主要法律形式及代表性法律举要

朝代	法律形式	法律名称举例	文献出处
秦	律	秦律除《盗》、《贼》、《囚》、《捕》、《杂》、《具》六律外，尚有下述单行律 置吏律　效律　传食律 行书律　内史杂律　属邦律 除吏律　除弟子律　游士律 田律　厩苑律　仓律 金布律　关市律　徭律 赍律　公车司马猎律 藏律　傅律　军爵律 中劳律　戍律　屯表律 尉杂律　工律　均工律 司空律等	《睡虎地秦墓竹简》

续表

朝代	法律形式	法律名称举例	文献出处
秦	令	焚书令	《史记·秦始皇本纪》
		田令	《睡虎地秦墓竹简》
		有罪者相坐诛、收族令	《史记·李斯列传》
	程	工人程	《睡虎地秦墓竹简》
	式	封诊式	同上
	课	牛羊课	同上
	法律答问	法律答问	同上
	文告	语书	同上
汉	律	1. 正律	
		“九章”律 （9篇，综合编纂类）	《汉书·刑法志》
		傍章 （18篇）	《晋书·刑法志》
		朝律 （6篇）	《晋书·刑法志》
		越宫律 （27篇）	《晋书·刑法志》
		（吕后）二年律令	江陵张家山汉简
		（律令名28种，综合编纂类）	
		2. 杂律（单行律）	
		大乐律	《周礼·春官·大胥》注
		尉律	《汉书·昭帝纪》注
		上计律	《周礼·春官·典路》注
		酎金律	《续汉书·礼仪志》注
		钱律	《史记·将相名臣表》
		田律	《周礼·秋官·士师》注
		田租税律	《史记·将相名臣表》
		左官律	《汉书·诸侯王表》
		挟书律	《汉书·惠帝纪》
	令	1. 以甲乙丙为名（综合编纂类）	
		令甲	《汉书·宣帝纪》
		令乙	《晋书·刑法志》
		令丙	《晋书·刑法志》
		2. 以地区为名（综合编纂类）	
		乐浪挈令	《说文·系部》
		北边挈令	《居延汉简释文合校》10·28
		3. 以官署为名（综合编纂类）	
		光禄挈令	《汉书·燕王刘旦传》
		太尉挈令	《敦煌汉简释文》982
		廷尉挈令	《汉书·张汤传》
		廷尉板令	《晋书·刑法志》

续表

朝代	法律形式	法律名称举例	文献出处
汉	令	大鸿胪挈令	《疏勒河流域出土汉简》496
		御史挈令	《武威旱滩坡出土汉简》8
		4. 以内容为名（多为单行法）	
		秩禄令	《汉书·文帝纪》注
		宫卫令	《汉书·张释之传》注
		品令	《汉书·百官公卿表》注
		任子令	《汉书·哀帝纪》
		予告令	《汉书·冯野王传》
		功令	《史记·儒林列传》
		受所监临令（以上为职官管理类）	《汉书·景帝纪》
		田令	《后汉书·黄香传》
		水令	《汉书·儿宽传》
		马复令	《汉书·食货志》
		金布令	《汉书·高帝纪》注
		缗钱令（以上为经济管理类）	《汉书·食货志》
		祠令	《汉书·文帝纪》注
		祀令	《汉书·郊祠志》注
		斋令 （以上为礼仪类）	《汉书·祭祀志》注
		戍卒令	《史记·将相名臣表》
		公令	《汉书·何并传》
		卖爵令 （以上为军事类）	《史记·平准书》
		狱令	《汉书·百官公卿表》注
		箠令	《汉书·刑法志》
		谳狱令 （以上为司法类）	《汉书·平帝纪》
		胎养令	《后汉书·章帝纪》
		养老令 （以上为养老、胎养类）	《汉书·文帝纪》
	科	谳法科	《后汉书·郭躬传》
		首匿科	《后汉书·梁统传》
		宁告科	《后汉书·陈忠传》
		钻钻科	《后汉书·陈宠传》
		亡逃科	《后汉书·陈忠传》
		异子科	《晋书·刑法志》
		投书弃市科	《晋书·刑法志》
	品	仪品	《汉书·梅福传》
		守御器品	《散见简牍合辑》203
		复作品	《居延新简》EPT56·280-281
		就品	《敦煌汉简》1262
		赎品	《居延新简》EPT56·35-37
		烽火品约	《居延新简》EPF16·1-17

续表

朝代	法律形式	法律名称举例	文献出处
汉	比	决事比	《周礼·秋官·大司寇》注
		死罪决事比	《汉书·刑法志》
		辞讼比	《东观汉记·鲍昱传》
		法比都目	《汉书·鲍昱传》
		嫁娶辞讼决	《晋书·刑法志》
		决事比例	《晋书·刑法志》
		司徒都目	《晋书·刑法志》
		廷尉决事	《新唐书·艺文志》

表中列举并非秦、汉的全部法律。为节省篇幅，法律文献出处也只标出一种。

从秦汉两代的法律看，其法律形式、体例结构和内容十分纷杂。以汉代为例，律分正律、杂律，杂律多是单行法规，内容也相对单一。如《大乐律》是关于宗庙祭祀与任官仪式的法律，《田律》是关于农事、田赋管理的法律等。令是仅次于律的重要法律载体，其体例结构依内容之不同，既有综合编纂的方式，也有大量的单行法。而综合类的令，有以甲、乙、丙为名者，如《令甲》、《令乙》、《令丙》等；有以地区为名者，如《北边挈令》、《乐浪挈令》等；有以官署为名者，如《廷尉挈令》、《太尉挈令》、《大鸿胪挈令》等。面对如此众多的、体例结构多样的法律，简单地用"诸法合体"概括其特征是不合适的。

中国早在夏商周时期，就出现了行政、民事、经济、军事、礼仪等方面的法律规范，秦汉以后各朝也颁行了大量的律典和刑事法律之外的各种形式的法律。然由于年代久远，明代以前的法律大多失传。检现见的明清两代法律典籍，占法律总量绝大多数的是有关行政、经济、军事、礼仪方面的法律，仅单行法就数百种，且编纂体例和内容大多并非是"诸法合体"的。这里仅把明代颁行的部分单行法规文献列表：

表 2 现见明代的行政、经济、军事等单行法规文献举例

类别	法律名称	版本及藏馆
职制宗藩	诸司职掌	大连市图书馆、日本东洋文库和尊经阁文库藏明万历七年保定巡抚张卤校刊《皇明制书》20卷本；北京图书馆、清华大学图书馆、日本名古屋的蓬左文库和京都的阳明文库藏南直隶镇江府丹徒县官刊《皇明制书》14卷嘉靖刻本；日本日比谷图书馆市村文库藏丹徒县官刊《皇明制书》14卷明万历四十一年补刻本
	南京工部职掌条例	北京图书馆藏清抄本
	责任条例	万历《明会典》卷一二
	吏部条例	北京图书馆、日本蓬左文库和阳明文库藏南直隶镇江府丹徒县官刊《皇明制书》14卷嘉靖刻本；日本日比谷图书馆市村文库、东京大学东洋文化研究所藏《皇明制书》丹徒县刊本明万历四十一年补刻本
	吏部四司条例	天一阁藏明抄本
	考功验封条例	天一阁藏明抄本
	朝觐事宜	辽宁省图书馆藏明嘉靖刻本
	宪纲事类	同《诸司职掌》注 另，上海图书馆藏嘉靖三十一年曾佩刻本；南京图书馆藏明刻本
	风宪事宜	北京图书馆藏明万历四十年刻本
	台规	北京图书馆藏明刻本
	都察院巡方总约	上海图书馆藏明末刻本
	出巡条例	重庆市图书馆藏明万历刻蓝印本
	皇明藩府政令	南京图书馆藏明刻本
	宗藩条例	北京图书馆藏明嘉靖礼部刻本
	礼部奏议宗藩事宜	天一阁藏明刻本
经济	两院发刻司道酌议钱粮征解事宜	北京图书馆藏明万历四十四年刻本
	重订赋役成规	北京大学图书馆藏明万历刻本
	催征钱粮降罚事例	天一阁藏明万历五年福建布政司刻本
	盐法条例	上海图书馆藏明嘉靖刻本，大连市图书馆藏清抄本
	工部为建殿堂修都城劝民捐款章程	天一阁藏明嘉靖刻本
	工部厂库须知	北京图书馆、南京图书馆藏明万历刻本
	漕运议单	天一阁藏明抄本
	天津卫屯垦条款	北京图书馆藏明天启刻本
	工部新刊事例	中国科学院图书馆藏明弘光元年刻本

续表

类别	法律名称	版本及藏馆
礼仪	洪武礼制	同《诸司职掌》注 另，北京图书馆藏《皇明制书》七卷明刻本、天一阁藏明刻本
	礼仪定式	同《洪武礼制》注 另，天一阁藏明嘉靖二十四年徽藩重刻本
	稽古定制	同《洪武礼制》注
	孝慈录	同《洪武礼制》注
	节行事例	同《诸司职掌》注
军政军事	军政条例	同《吏部条例》注
	军政	天一阁藏明嘉靖二十六年刻本
	军政事宜	北京图书馆藏明万历五年庞尚鹏刻本
	兵部武选司条例	天一阁藏明嘉靖抄本
	军令	天一阁藏明嘉靖二十六年刻本
	营规	天一阁藏明嘉靖刻本
	守城事宜	天一阁藏明万历刻本
	哨守条约	天一阁藏明刻本
	楚边条约	北京图书馆藏明万历四十五年吴国仕刻本
	御倭条款	上海图书馆藏明万历四十五年刻本
	御倭军事条款	北京图书馆藏明嘉靖刻蓝印本
学校教育	国子监监规	天一阁藏明万历刻本
	学校格式	日本东洋文库、尊经阁文库藏明万历七年保定巡抚张卤校刊《皇明制书》20卷本
民事	教民榜文	同《洪武礼制》注
地方法规	十家牌法	中国人民大学图书馆藏清康熙二十八年致和堂刊《王阳明先生文钞》本
	乡甲约	北京图书馆藏明万历二十六年赵文炳刊《实政录》本
	宁波府通判谕保甲条约	天一阁藏明嘉靖三十四年刻本

明王朝之所以颁行如此众多的各类单行法，除颁行刑事法律用以“辅律”外，更重要的是用多种形式的法律进一步完善国家的行政、经济、民事、军政、文化教育诸方面的法律制度，其中经朝廷精心修订的非刑事类法律和条例，如《诸司职掌》、《吏部条例》、《宪纲事类》、

《军政条例》、《宗藩条例》、《教民榜文》等，也是国家的“常法”。因此，不能把这些法律简单地说成是律的“补充法”，也不能用“诸法合体”概括明代的法律体系。

同秦、汉、唐、明四朝一样，中国古代其他朝代的法律，虽名称和法律形式有所差异，法律的体例结构也有综合与以类单编之分，但刑事法律与民事、行政等非刑事类法律是明显区分的。各代于综合性法律外，也都颁布了大量的单行法。清代颁行的单行法数量之多，为历朝之最，仅用以表述各种行政类法规的则例就有数百部。只要我们花费些精力，查阅一下史籍中有关颁行法律的记载，并搜集和查阅现见的中国古代法律文献，就会得知真相。

（二）“民刑不分”也不是中华法系的特征

半个世纪以前，陈顾远在《中国过去无“民法法典”之内在原因》一文中，曾对“民刑不分”说进行了有力的反驳。他指出：中国数千年间，有刑法法典而无民法法典，“论其原因，由于绝对无民事法概念而致此乎？抑由于学者所称‘民刑不分’而始然乎？此皆皮相观察，非属探本之言”。他先从程序法的角度进行辩驳：

> 所谓程序法上之民刑不分，即否认讼狱有其划分之论。谓小曰“讼”，婚姻田土之事属之；大曰“狱”，贼盗请赇之事属之，非因争财争罪而别，乃由罪名大小而殊。但无论如何，两事在历代每有管辖或审级不同，各有诉讼上之相异。例如汉代，刑事审则由乡而县令而郡守而廷尉，乃四级审也。民事审则由乡而县令而郡守（或国相）而州刺史，虽亦为四级，其最后审则为州刺史，非廷尉也。又如唐代，刑事审，例由发生之县推断之，再上而州而刑部、大理寺也；民事审，例由里正等审讯之，不服者申详于县令，再不服者申详于州刺史，不及于刑部、大理寺也。且里正等以仲裁调解为主，而人民不敢告官，实际上仅兴讼于县而止。虽曰婚姻田土之事，如经有司审理，依然在刑事范围之内，得为刑讯而判罪焉。惟

管辖既不尽同，审级又非一致，纵非如今日民诉刑诉之截然划分，亦不能谓无或然之区别。其在程序法上不能有民诉、刑诉之并立者，当然由于实体法上无民事、刑事划分之观念所致。此观念之所以无之者，与程序法上民刑不分无关，乃另有其内在原因，遂不能进而有民法法典或民事实体法之产生也。①

该文还从实体法的角度，反驳了“民刑不分”说：

所谓实体法上之民刑不分，则非事实问题，乃学者之错觉问题。……若谓由于实体法之民刑不分，尤以清末变法删改清律例为现行刑律，而为民事实体法之准据，北政府大理院更奉现行律为断民事案件之准绳为据，认其为无民法法典或民事实体法之原因是在。实亦不然。今日刑法法典中同有牵涉民事者在，例如由重婚罪而知偶婚制之承认也，由遗弃罪而知扶养制之存在也，由侵占罪、窃盗罪、毁损罪而知物权保护之重要性也，由诈欺背信罪、妨害农工商罪而知债的关系之必然性也。苟舍民法法典于不论，何尝非“民刑不分”？所以不然者，因另有民法法典与之并存，遂不能以刑事法典中牵涉民事关系在内，即认为民事实体法合并于刑法法典内也。中国过去固无民法法典或民事实体法，仍有另一形态之礼，其中一部分实相当于民事实体法者在，即不能因“律”或“刑统”、“条格”之内容牵涉民事实体法，竟谓中国过去“民刑不分”。②

陈顾远的论证虽然还欠充分，没有运用大量的、翔实的民事法律规范以及民事习惯资料阐述中国古代的民事法律制度，但他关于不能

① 《陈顾远法律文集》，台湾联经出版事业公司，1982，第425～426页；又见陈顾远《中国文化与中国法系》，台湾三民书局，1969，第53～54页。

② 《陈顾远法律文集》，台湾联经出版事业公司，1982，第426页；又见陈顾远《中国文化与中国法系》，台湾三民书局，1969，第52～53页。

把包括律典在内的中国古代法律说成是“民刑不分”的论断是有道理的。

地下出土的铜器铭文表明，至少在西周时期，就出现了调整所有权、债权、婚姻家庭关系的民事规范。在审判制度中，已明确将刑事、民事案件予以区分，提出了“争罪曰狱，争财曰讼”[①] 的诉讼原则。各诸侯国民事案件由乡官处理，涉及要处以刑罚的案件，则提交给士或士师审理。从秦汉到明清，随着经济的发展和社会的进步，民事法律规范也在不断地增加，不仅刑律之外的其他形式的法律中包含着大量的民事法律规范，而且也颁行了一些单行民事法规。例如，明代洪武三十年颁行的《教民榜文》，对老人、里甲理断民讼和管理其他乡村事务的方方面面，如里老制度的组织设置、职责、人员选任和理讼的范围、原则、程序及对违背榜文行为的惩处等，都作了详尽的规定，堪称中国历史上一部极有特色的民事和民事诉讼法规。中国古代的民事案件，大多是由地方法律、乡规民约、家族法、民事习惯和儒家礼的规范来调处的，现存大量的这一方面的法律文献就充分证明了这一点。据我所知，仅浙江、江苏、上海等省市一些图书馆收藏的这类文献就达数万件。

近10年来，已有数十部研究中国古代行政法史、民事法史、经济法史、军事法史等专著问世。当代中国学者研究中国部门法的丰硕成果充分表明，所谓中华法系“民刑不分”的观点是错误的。

三 律典“诸法合体、民刑不分”说值得商榷

认为“诸法合体、民刑不分”是律典特征的理由，通常的解释是：“中国封建时代颁行的法典，基本上都是刑法典，但它包含了有关民法、

① 《周礼·地官·大司徒》郑玄注；《十三经注疏》，中华书局，1980，影印本，第708页。

诉讼法以及行政法等各个方面的法律内容，形成了民刑不分，诸法合体的结构”；“中国古代在诸法合体的结构形式中，始终以刑法为主，并以统一的刑法手段调整各种法律关系。”

我赞同中华法系是“民刑有分”、“历代主要律典是刑法典”的论断，但以为律典的特征是“民刑不分、诸法合体”的观点值得商榷。

其一，律典是刑法典，大量的行政、民事诸方面的法律并未包括在其内。律典“诸法合体、民刑不分”说承认中华法系是由诸部门法构成的、民刑有分的，承认律典是刑法典，但同时又说律典是“诸法合体、民刑不分”，这种说法在逻辑上是自相矛盾的。刑法典属于刑事法律的范畴，是否以刑调整法律关系是刑法同民法、行政法等诸部门法的根本区别。倘若律典是“诸法合体”，包括民法、行政法等部门法的内容在内的话，怎么能把它仅归于刑事法律的范畴呢？倘若历朝代表性的律典都是“民刑不分”的话，又怎么能把中华法系的特征概括为“民刑有分”呢？显然，这一观点混淆了律典的性质，不恰当地扩大了律典所包括的法律内容的范围。

在中国古代的多种法律形式中，律典作为刑事法律只是其中的一种。历朝的民事、行政、经济、军事等法律，大多包含在朝廷以令、敕、条例、则例、事例等形式颁行的法律和各地官府制定的地方法律中。除此之外，还有大量的单行法，内容极其丰富。从前文表1、表2可知，汉代、明代的行政、经济、军事诸方面的法律数量巨大，且未包括在律典之内。其他朝代的情况也大体如此。律典之外的其他形式的法律，设置了国家社会生活各方面的行为规范，以“简当、稳定”为编纂要求的律典不可能也无法把其他形式的法律都包括进去。

其二，律典调整的是刑事而不是全部法律关系。律典“诸法合体、民刑不分”说认为中国古代始终是以统一的刑罚手段调整各种法律关系，这种论点并不符合史实。从先秦到明清，刑事与民事、行政、经济、军事等法律调整的法律关系范围是不同的。西周时期，周公制礼，吕侯制刑，礼与刑有其不同的功能。礼仪制度是调整行政、经济、军事、民事各方面的规范，刑是定罪量刑的法律。“礼之所去，刑之所取，失礼则入刑，（刑、礼）相为表里者也。”[①] 魏晋以降，“律”成为中国古代刑法的专用名称，其中律典成为各朝的刑事法典。在中国古代，“令”是重要的法律形式之一，“令，教也，命也”。[②] 令一般是采取“应为”、“不应为”的方式，从正面规定了国家的基本制度和社会生活规范。历朝都曾大量制令，统治者新制定的包括民事、行政等规范在内的法律法规，大多归于“令”和“令典”。令与规定如何处刑的律典不同，一般不直接规定具体的刑罚。正如《晋书》卷三十《刑法志》云：“军事、田农、酤酒……不入律，悉以为令，违令有罪则入律。”明清两代注重制例，例分吏例、户例、礼例、兵例、刑例、工例六类，仅以律和刑例表述刑事法律。魏晋以后历朝的法律形式虽然名称有所变化，但律所调整的始终是当时社会中的各类刑事关系。

在中国古代法律中，虽然没有出现专门的民事诉讼法典，但在诉讼中也注意把民事、刑事加以划分。《周礼・秋官・大司寇》云：“以两造禁民讼，入束矢于朝，然后听之；以两剂禁民狱，入钧金三日乃致于朝，然后听之。”郑注“讼谓以财货相告者”，即为民事诉讼；“狱谓相告以罪名者”，即为刑事诉讼也。民事、刑事诉讼自古有别，历朝也都注意把二者予以区分。叶孝信主编《中国民法史》[③] 以及其他此类著作，对中国古代民事法律规范、民事诉讼制度进行了比较系统的论证。张晋藩主编的《中国法制通史》[④] 在阐述历代法制时，也是把刑事、行政、经济、军事、民事、诉讼等法律制度列为专章进行研究的，该书对包括民事诉讼在内的民事法规做了比较全面的叙述。因此，不能仅以刑

① 《后汉书》卷四六《陈宠传》，中华书局，1982，第1554页。

② （唐）李隆基撰、（唐）李林甫等注《大唐六典》卷六《刑部》，三秦出版社，1991，影印本，第137页。

③ 叶孝信主编《中国民法史》，上海人民出版社，1993。

④ 张晋藩主编《中国法制通史》，法律出版社，1999。

事法典为据，就断定中国古代是以统一的刑法手段调整各类法律关系的。

民、刑有分，刑、政有别，这些立法原则古今皆同。固然，在古代律典中也有一些按照现代法学理念看来，应以民事、行政法等调整的社会关系却用刑法处理的问题。出现这种现象有其深刻的社会和思想根源，与在封闭的自然经济条件下，儒家礼教、家族观念对立法的影响有关，也与古人对违法犯罪行为的认识有关。历朝律典中那些涉及民事内容的刑罚规定，在当时的立法者看来，都是属于“出礼而入刑”的范围，与所谓的“民刑不分”无关。正如《中华人民共和国刑法》中规定了侵犯财产罪，我们不能因此说它是“诸法合体、民刑不分”。

其三，综合性的编纂形式是中国古代成文法典普遍采用的，并非为律典所独有。古代中国除律典外，令典等非刑事类法典的编纂也很发达。制令典以存事制，始盛行于魏晋；以会典形式记载典章和法律制度，始于唐而继于明清。魏晋以后的大多数朝代都曾制定令典，“设范立制”，与律典并行。令典是以行政类法律为主，包括有经济、民事、军事、司法行政等法律规范在内的综合性法典，在国家的法律制度中占有非常重要的地位。据《唐六典》和历代《刑法志》记载，魏修律18篇时，曾制定《州郡令》45篇，《尚书官令》、《军中令》180余篇。晋令为2306条。南北朝时期，南宋、南齐沿用晋令。梁、陈各制令30卷；北齐有《新令》40卷，又有《权令》2卷。隋朝制定有《开皇令》、《大业令》各30卷。唐代令典修订频繁，其中《贞观令》为30卷，1590余条，其他令典仅存其名称难以详考。宋代的《天圣令》和《庆元令》等，明代的《大明令》，亦是令典性质。

就历朝令典的编纂体例而言，也是与律一样，采取综合编纂的方式。这里仅将晋、梁、隋、唐四种有代表性的令典与同期颁行的律典的篇名列表比较于后：

表3　晋、梁、隋、唐律典与令典篇目比较

朝代	律　典	令　典
晋	晋律20篇 1. 刑名　2. 法例 3. 盗律　4. 贼律 5. 诈伪　6. 请赇 7. 告劾　8. 捕律 9. 系讯　10. 断狱 11. 杂律　12. 户律 13. 擅兴　14. 毁亡 15. 卫宫　16. 水火 17. 厩律　18. 关市 19. 违制　20. 诸侯	晋令　40篇　2306条 1. 户　2. 学　3. 贡士 4. 官品　5. 吏员　6. 俸廪 7. 服制　8. 祠　9. 户调 10. 佃　11. 复除　12. 关市 13. 捕亡　14. 狱官　15. 鞭杖 16. 医药疾病　17. 丧葬　18. 杂上 19. 杂中　20. 杂下　21. 门下散骑中书 22. 尚书　23. 三台秘书　24. 王公侯 25. 军吏员　26. 选吏　27. 选将 28. 选杂士　29. 宫卫　30. 赎 31. 军战　32. 军水战　33～38. 军法 39～40. 杂法
梁	梁律20篇 1. 刑名　2. 法例 3. 盗劫　4. 贼叛 5. 诈伪　6. 受赇 7. 告劾　8. 讨捕 9. 系讯　10. 断狱 11. 杂律　12. 户律 13. 擅兴　14. 毁亡 15. 卫宫　16. 水火 17. 仓库　18. 厩律 19. 关市　20. 违制	梁令　30篇 1. 户　2. 学　3. 贡士赐官 4. 官品　5. 吏员　6. 服制 7. 祠　8. 户调　9. 公田公用、仪迎 10. 医药疾病　11. 复除　12. 关市 13. 劫贼、水火　14. 捕亡　15. 狱官 16. 鞭杖　17. 丧葬　18. 杂上 19. 杂中　20. 杂下　21. 宫卫 22. 门下散骑中书　23. 尚书　24. 三台秘书 25. 王公侯　26. 选吏　27. 选将 28. 选杂士　29. 军吏　30. 军赏
隋	开皇律12篇 1. 名例　2. 卫禁 3. 职制　4. 户婚 5. 厩库　6. 擅兴 7. 贼盗　8. 斗讼 9. 诈伪　10. 杂律 11. 捕亡　12. 断狱	开皇令30卷 1. 官品上　2. 官品下　3. 诸省台职员 4. 诸寺职员　5. 诸卫职员　6. 东宫职员 7. 行台诸监职员　8. 诸州郡县镇戍职员 9. 命妇品员　10. 祠　11. 户 12. 学　13. 选举　14. 封爵俸廪 15. 考课　16. 宫卫军防　17. 衣服 18. 卤簿上　19. 卤簿下　20. 仪制 21. 公式上　22. 公式下　23. 田 24. 赋役　25. 仓库厩牧　26. 关市 27. 假宁　28. 狱官　29. 丧葬 30. 杂

续表

朝代	律　典		令　典	
唐	贞观律 12 篇		贞观令　1546 条	
	1. 名例	2. 卫禁	1. 官品（上下）	2. 三师三公台省职员
	3. 职制	4. 户婚	3. 寺监职员	4. 卫府职员
	5. 厩库	6. 擅兴	5. 东宫王府职员	6. 州县镇戍狱渎关津职员
	7. 贼盗	8. 斗讼	7. 内外命妇职员	8. 祠
	9. 诈伪	10. 杂律	9. 户	10. 选举
	11. 捕亡	12. 断狱	11. 考课	12. 宫卫
			13. 军防	14. 衣服
			15. 仪制	16. 卤簿（上下）
			17. 公式（上下）	18. 田
			19. 赋役	20. 仓库
			21. 厩牧	22. 关市
			23. 医疾	24. 狱官
			25. 营缮	26. 丧葬
			27. 杂令	

律典与令典篇目比较的结果表明，其相异之处主要是法典的性质和功能不同，律典是刑法典，有明确的刑罚规定；令典是以行政类法律为主的非刑事综合性法典，一般没有具体的刑罚规定。二者相同之处是，律典和令典调整的法律关系范围都很广泛，国家和社会生活中各个方面几乎都有所涉及。律典与令典的一些篇名也有相同或相似之处，这反映了律典从“正罪名”，令典从“应为”和“不应为”两个不同的方面调整着各类法律关系。律典与令典的关系，是分工协调、诸法并用、相辅相成的关系。那种认为中国古代国家以刑法统一调整各类法律关系，进而得出“诸法合体”是律典特征的观点，是对中国古代法典编纂状况缺乏全面的分析而得出的偏颇结论。

其四，律典的编纂体例为多种形式的法律和法律文献所采用，将其表述为“特征”似为不妥。现存的法律和法律文献，有些是朝廷颁行的，也有不少是大臣、执法法司或官吏、文人辑录编辑的，无论是刑事法律，还是其他形式的法律，都是既有综合性的编纂体例，也有分类编纂的。这里仅以人们所熟悉的唐至明清的一些代表性法律或法律文献的编纂情况为例：

表4　现见唐、宋、西夏、元、明、清代表性法律和法律文献编纂体例一览表

法律名称	文献内容纲目
唐律疏议	名例　卫禁　职制　户婚　厩库　擅兴 贼盗　斗讼　诈伪　杂律　捕亡　断狱
大唐六典	三师　三公　尚书都省　吏部　户部　礼部 兵部　刑部　工部　门下省等（下略）
宋刑统	同唐律
天圣令	（前20卷缺） 田令（卷二一）　赋令（卷二二）　仓库令（卷二三） 厩牧令（卷二四）　关市令（卷二五）　医疾令（卷二六） 狱官令（卷二七）　营缮令（卷二八）　丧葬令（卷二九） 杂令（卷三〇）
吏部条法	差注门　奏辟门　考任门　宫观岳庙门　印纸门 荐举门　关升门　改官门　磨勘门
庆元条法事类	［缺］　职制门　选举门　文书门　［缺］　榷禁门 财用门　［缺］　库务门　［缺］　赋役门　农桑门 道释门　公吏门　［缺］　刑狱门　当赎门　服制门 蛮夷门　畜产门　杂门
西夏天盛律令	卷一谋逆门等10门　卷二八议门等9门 卷三盗亲门等15门　卷四弃守大城门等7门 卷五季校门等2门　卷六官披甲马门等7门 卷七番人叛逃门等7门　卷八烧伤杀门等7门 卷九诸司判罪门等7门　卷十续转赏门等5门 卷十一矫误门等13门　卷十二无理注销诈言门等3门 卷十三许举不许举门等7门　卷十四误殴打争斗门 卷十五取闲地门等11门　卷十六农人利限门等8门 卷十七斗尺秤换卖门等7门　卷十八缴买卖税门等9门 卷十九分畜门等13门　卷二十罪则不同门等2门
通制条格	户令　学令　选举　军防　仪制　衣服　禄令　仓库　厩牧 田令　赋役　关市　捕亡　赏令　医药　假宁　杂令　僧道 营缮
元典章	诏令　圣政　朝纲　台纲　吏部 户部　礼部　兵部　刑部　工部
大明律	名例律　吏律　户律　礼律　兵律　刑律　工律
大明令	吏令　户令　礼令　兵令　刑令　工令
诸司职掌	吏部职掌　户部职掌　礼部职掌　兵部职掌　刑部职掌 工部、都察院、大理寺等职掌

续表

法律名称	文献内容纲目
御制大诰	共236条（篇名略）
弘治问刑条例	同《大明律》，未列篇名
嘉靖问刑条例	同上
万历问刑条例	同上
大明会典	宗人府　吏部　户部　礼部　兵部　刑部　工部　都察院等（下略）
大清律例	同《大明律》
六部则例	吏部　户部　礼部　兵部　刑部　工部　督捕衙门
大清会典	宗人府　内阁　吏部　户部　礼部　兵部　刑部　工部　理藩院等（下略）

唐、宋、元、明、清几朝关于法律和法律文献的编纂体例不外乎两种，一是以官职为纲分类，如《大明律》、《大明令》、《诸司职掌》、万历《问刑条例》、《大清律例》、《六部则例》以及明清《会典》等。二是以事则为名分门，如《唐律疏议》、《天圣令》、《吏部条法》、《庆元条法事类》、《西夏天盛律令》、《通制条格》等。采取这两种编纂形式的目的，是为了内容条理清晰，便于官吏和法司检阅。如果把律典与同一朝制定的这类法律进行比较，就可知综合性的体例结构不是律典所独有的。

首先，以律典与刑事法律比较。以《大明律》与《问刑条例》为例。《问刑条例》是明代中后期最重要的刑事立法，其中弘治《问刑条例》、嘉靖《问刑条例》颁行之初，曾是独立编纂的刑事法规，万历《问刑条例》则与《大明律》合编，这三部条例的内容是补律之不足，涉及的罪名与明律也没有明显差异。《大明律》与万历《问刑条例》相比较，除了法律形式不同外，法律性质、体例结构并无不同。

其次，以律典与同一朝颁行的综合性法典、法律比较。表4中列举的《天圣令》、《吏部条法》、《诸司职掌》、《大明令》等均属于刑典以外的其他法律，其中《天圣令》、《大明令》系令典，《诸司职掌》是行政类法律。如用同一朝代颁行的律典与这些法律比较，可知它们都采用了综合性的体例结构，相互之间的区别主要是内容和功能上是否以刑罚调整法律关系。

再次，律典与官修典籍类法律文献相比较。《大唐六典》、《元典章》、《大明会典》等官修典籍，虽然其内容以行政类法律为主，但也与律典一样，体例结构采取综合性编纂方式。以《大明律》与《大明会典》为例。《大明会典》所依据的材料是以洪武二十六年（1393年）校修的《诸司职掌》为主，参以《大明律》、《大诰》、《大明令》、《礼仪定式》、《教民榜文》、《军法定律》、《宪纲》等12种法律、法规和百司之法律籍册编成，并附以历年有关事例。其中，《大明律》被全文收录，而其他法律多是摘选或概括，属于法律文献汇编性典籍，把其称为行政法典似欠妥当。以《大明律》与《大明会典》相比较，前者属于刑法典，而后者则是律、令、例、诰、式等多种法律的文献汇编，采用的是综合性的编纂体例。

总之，用“诸法合体”表述律典的特征，对中国古代律和律典编纂的极其复杂的状况，不能做出清晰和科学的解释。

中国在战国至隋唐以前，律的体例结构和内容甚为纷杂。如秦代于刑律之外又有许多职官、经济、军事方面的单行律，汉代于正律之外，《傍章》的内容是“礼仪与律令同录”①，《越宫律》是有关警卫宫禁的法律规定，《朝律》是诸侯百官朝会制度的法律规定。另外，历史上也有一些朝代并未颁律或其法典不采用律名。如南朝宋、齐两代未曾定律，宋代沿袭唐法，然《宋刑统》书名、体例却仿效后周《显德刑统》，不用律名，内容又多附敕令格式。元代重视条格，其法典、法律也未使用律名。纵观两千余年律和律典名称、编纂体例、内容之变化，并不能简单地以“诸法合体”表述其演进过程和特点。倘若用“诸法合体”表述律典的特征，那么对于未制定律典的朝代或没有采取律名的法典，又如何进行解释。我认为，既然律典的体例结构较之其他形式的法律并无特别之处，尤其是律典的内容并没有包括行政、民事等部门法

① 参见《晋书》卷三〇《刑法》、《汉书》卷二二《礼乐志》。又参见程树德《九朝律考》，中华书局，1963，第16页。

在内，为了在表述其特征时更加全面和准确，防止产生不必要的误解，应当彻底摒弃“诸法合体”这一提法。

四 重新认识中华法系

“诸法合体、民刑不分”说实际上把律典之外大量的各种形式的法律排除在中华法系之外，其消极后果是不言而喻的。它既影响了对部门法史的开拓研究，又导致中华法系研究的一系列重大偏颇。因此，我们应以实事求是的科学态度，重新、全面审视和科学地阐述中华法系，大到法系的起源、发展阶段和断限，法的性质和功能，法系的特征和基本精神，小到对某一具体问题的认识，逐一进行探讨。这里在前文驳论的基础上，仅就与中华法系特征相关的两个问题做些简要的论述。

（一）中华法系的特征和基本精神

对于中华法系的特征和基本精神，具有代表性的意见有这样几种：

日本学者浅井虎夫认为中华法系有 3 个特点：（1）私法规定少而公法规定多；（2）法典所规定者，非必现行法也；（3）中国法多含道德的分子也。[①]

陈顾远把中华法系归纳为 8 个方面：（1）礼教中心；（2）义务本位；（3）家族观点；（4）保育设施；（5）崇尚仁恕；（6）减轻讼累；（7）灵活其法；（8）审断有责。

近年来的一些著述关于中华法系的主要特征，可以归纳为以下内容：（1）以儒家学说为基本的指导思想和理论基础，但也融合了道、释的某种教义；（2）“出礼入刑”，礼刑结合；（3）家族本位的伦理法占有重要地位；（4）立法与司法始终集权于中央，司法与行政的合一；（5）民刑不分，诸法合体与民刑有分，诸法并用；（6）融合了以汉民族为主体的各民族的法律意识和法律原则。

---

① 〔日〕浅井虎夫著《中国法典编纂沿革史》，陈重民译，内务部编译处，1915。

对中华法系特征的论述，可谓各色各样，但礼法结合、家族本位这两点是多数学者的共识。我认为，对中华法系特征的表述，要注意它与世界其他法系相比较所具有的特色，更要注意它是否反映中华法系的基本精神。

中华法系为世界五大法系之一，是代表中华文明的灿烂瑰宝，在世界法制文明史上占有重要地位。中华法系的精华对于当代法制建设仍具有借鉴作用。有的专著和论文力图从积极的方面挖掘和阐述中华法系的精神，但由于讲消极一面生动具体，讲积极一面空洞无物，内容阐述的大多还是君主专制、法自君出、维护皇权、重刑轻民、司法行政合一、法有等差、重农抑商、取义舍利、以政率法等，给人留下中华法系从整体上说是“糟粕大于精华”的印象。中华法系果真没有积极意义的内容吗？不是，只是由于作者仅注重从刑典法律条文的表象去研究，对中华法系的深邃内涵和孕育其形成的文化基础缺乏了解。

博大精深的中华文化是中华法系形成的思想文化基础，离开对中华文化的全面研究，就无法揭示中华法系的基本精神。陈顾远在研究法系文化以及阐述中华法系的基本精神方面，做出了重要贡献，他在《中国固有法系之简要造像》一文中，将中华法系的特质简述为六点：一是中国固有法系之神采为人文主义，并具有自然法像之意念；二是中国固有法系之资质为义务本位，并具有社会本位之色彩；三是中国固有法系之容貌为礼教中心，并具有仁道恕道之光芒；四是中国固有法系之筋脉为家庭观念，并具有尊卑歧视之情景；五是中国固有法系之胸襟为弭讼至上，并具有扶弱抑强之设想；六是中国固有法系之心愿为审断负责，并具有灵活运用之倾向。[①] 他又在《从中国法制史上看中国文化的四大精神》一文中将其缩约为四：即“天下为公的人文主义”、“互负义务的伦理基础”、“亲亲仁民的家庭观念”、“扶弱抑强的民本思想”，指出中华法系“因民本思想而无民权制度之产生”，“因家族制度而

① 陈顾远：《中国固有法系之简要造像》，载《中国法律与中华法系》，台湾三民书局，1969，第138～151页。

无个人地位之尊重”。[①] 陈顾远关于中华法系的本质及其基本精神的论述，也可能有需要探讨之处，但他提出的见解无疑较之那些贬低中华法系的论述，要全面和中肯得多，值得我们认真思考。他把中华法系与中华文化结合起来研究，为开拓中华法系的积极精神所做的努力应该予以肯定。

（二）正确评估律典以外其他形式法律的作用

“诸法合体、民刑不分”说把律典作为描绘中华法系的主要依据，因而在评估律典与其他法律形式的关系上，往往把二者对立起来，不加分析地否定或贬低其他形式法律的作用。这种情况在许多著述中屡见不鲜，尤其是对宋代的编敕、明清例的作用的评价方面，表现得尤为突出。

传统的观点忽视和否定宋代编敕的作用主要表现在两个方面，一是无视附于《宋刑统》中的敕令格式的作用，认为“《宋刑统》照抄唐律”，“是唐律的翻版”；二是未对宋代编敕的历史背景、内容、沿革变化及《宋刑统》与编敕的关系做深入的研究，便断言宋代“因敕代律”，造成“律遂存于敕之外，无所用矣！”[②]

对于前一种观点，薛梅卿在《宋刑统·点校说明》中曾力陈见解予以反驳，指出：“《宋刑统》的刑事法律制度、户婚民事律条、诉讼法律规定都对《唐律疏议》有所变改、更新或完善。名例、户婚、贼盗、断狱等篇增入不少新条款，合全书所附敕令格式、起请及议等，多达230余条，近于全书条文的二分之一……尤其是新增户婚民事律条令敕，对于行为能力、所有权、继承、债负的确认、调节或保障已非唐律所及，而女子继承、户绝资产、死商钱物、典卖倚当、负债出举、不当

① 陈顾远：《中国固有法系之简要造像》，载《中国法律与中华法系》，台湾三民书局，1969，第120～137页。

② 如陈顾远便持这一观点，见《中国法制史概要》，台湾三民书局，1997，第77页。陈顾远还认为：《宋刑统》“实亦全部为唐律也”；见陈顾远《中国法制史》，中国书店，1988，第39页。

得利的详尽规定，更可谓对唐律的重大发展。”可见所谓“《宋刑统》照抄唐律”的观点，主要是因忽视了附于《宋刑统》中的敕令格式而造成的。

认为宋代编敕是“以敕破律”、“以敕代律”、“《刑统》的实际法律地位已是名存实亡”的观点，也不符合史实。

纂修编敕，是宋代300多年历史中最主要的立法活动。据《宋史·艺文志》不完全记载，宋代的各种编敕就有80余部，北宋前中期的编敕与北宋后期、南宋的编敕的内容，也有很大的不同。如宋太祖时的《建隆编敕》，太宗时的《太平兴国编敕》、《淳化编敕》，真宗时的《咸平编敕》、《大中祥符编敕》，仁宗时的《天圣编敕》、《庆历编敕》、《嘉祐编敕》，神宗年间的《熙宁编敕》，均是把不同种类的法律规范混合编纂，其中行政、经济、民事、军事等法律规范占很大的比重。自宋神宗元丰七年（1084年）后至南宋末年，则采取敕令格式分类编纂，其中的敕是刑事法律。故研究宋代的编敕时，首先应弄清各种编敕的内容，不可把敕一律说成是刑事法律，进而得出“以敕代律”的结论。

对于《宋刑统》与编敕的关系以及宋代是否存在“以敕代律”问题，戴建国在《宋代编敕初探》、《〈宋刑统〉制定后的变化》两文中进行了扎实的考证，认为宋代“敕与律都是在行的法律形式。两者并行不悖，敕从未取代过律，仅在法律效力上，敕享有优于律首先适用的权力”。并指出：“敕优于律而首先适用的司法原则，自《宋刑统》颁布实施起，就成为宋代的定制。”① 据《宋刑统》卷三〇《断狱律·断罪引律令格式》：“今后凡有刑狱，宜据所犯罪名，须具引律、令、格、式，逐色有无正文，然后检详后敕，须是名目条件同，即以后敕定罪。后敕内无正条，即以格文定罪。格内又无正条，即以律文定罪。”考之宋代诸法律文献，可知戴建国的观点是言之有据的。

宋代在长期保留北宋初年制定的《宋刑统》的情况下，为了适时调节新的社会矛盾，采取具有因时制宜、灵活变通特点的编敕方式，对

① 戴建国著《宋代法制初探》，黑龙江人民出版社，2000，第40页。

常法和成制进行修正和补充。其编敕的宗旨是：以敕补律之未备，以敕补律之未详，以敕纠律之偏颇，以敕变律之僵化。所以，虽然宋代存在编敕过于庞杂的弊端，在司法实践中也出现过各种不能正确处理敕、律关系的问题，但编敕的主导作用是不断完善当时的法律制度。

传统观点对于律外法律形式所做的不公正评价，就发表的著述的数量而言，莫过于对明清两代例的作用的贬低或否定。现在的不少法史著述和教材，或是照搬前人著述中的不确之论，或者引用《明史·刑法志》中“由于人不知律，妄意律举大纲，不足以尽情伪之变，于是因律起例，因例生例，例愈纷而弊愈无穷”[①] 这句话，便断定明代是“以例破律，以例坏律”。然这句话中的“人不知律”，指的是司法实践中少数人的问题，并非是指整个朝廷的立法而言。何况《明史·刑法志》也有“其法外遗奸，列圣因时推广之而有例，例以辅律，非以破律也”的记述，不可断章取义。我曾对 37 种明代条例和法律文献进行过校勘或审阅过点校的书稿，[②] 并未发现例与律文有多少明显相冲突之处。明代的例的内容相当广泛，除刑例外，多数是行政、经济、民事、军事诸方面的法律规范，其内容多为律典不备或不详，且无具体刑罚规定，一般不存在“以例破律”的问题。持“例以破律”观点的学者，基本上都是把明代的例局限于刑例，这一认识上的偏差，难以得出正确的结论。那么，就与律典关系密切的刑事条例而言，是否是“例以破律”呢？对此，我在《明代〈问刑条例〉的修订》[③] 一文中曾进行过考证，结论是：“经过精心修订、整齐划一的明代三大《问刑条例》，其主导方面是以例补律，以例辅律。”赵姗黎在《〈问刑条例〉与〈大明律〉比较分析》一文中，对明律和明代三部《问刑条例》的条款逐一进行了比较，其结论同拙文的观点一致。如弘治《问刑条例》的 279 条例文

---

① 《明史》卷九三《刑法》，中华书局，1974，第 2279 页。

② 见刘海年、杨一凡主编《中国珍稀法律典籍集成》乙编第 1 ~ 6 册，科学出版社，1994。又见杨一凡、田涛主编《中国珍稀法律典籍续编》第 3、4 册，黑龙江人民出版社，2002。

③ 杨一凡主编《中国法律史国际学术讨论会论文集》，陕西人民出版社，1990，第 341 ~ 358 页。

中，有 114 条属新增条款，131 条属补充条款，18 条属修正条款，只有 4 条是与律文相冲突的条款。另外还有 4 条与律文完全一致，大概是为了强调而重复。[①] 至于万历《问刑条例》则附于律后，其立法精神也完全符合律义。可见，就立法而言，明代刑例作用的基本方面是补律、辅律而不是破律、代律。

对于清代例的评价也存在类似的偏颇，即认为清例是“以例破律”，“以例代律”。事实上，清代的例的内容涉及国家社会生活的各个方面，包括各种性质的法律规范和行政规章，其法律名称有“条例”、“事例”、“则例”等多种，以刑例为依据评估律例关系，是以偏代全。清代刑例与律关系的主导方面也是以例补律、辅律。以代表性的刑事法典《大清律例》为例，与律文“‘绝对排斥’的条例，在《大清律例》全部近 2000 条条例中所占的比重微乎其微，至多不过百分之二三，远不能代表律例关系的主流”。[②]

明清两代的制例在当时的立法和司法实践中发挥了积极的作用，这与当时统治集团已形成比较成熟的律例关系理论有极大关系。律例关系理论是明清两代最重要的立法和司法的指导思想，也是律典与条例相互关系的基本理论。明代永乐初至弘治年间，曾围绕律例关系问题进行了长达近百年的争论，最后形成一套有时代特色的律例关系理论。它的基本观点是：既重律，又重例，律例并行；律与刑例的关系是：“盖立例以辅律，贵依律以定例。”[③] 所谓“贵依律以定例”，就是在编纂条例时，要以“辅律”为出发点，以明律为立法基础，按照律的基本精神和立法原则去进行。清王朝继承和发展了明代的律例关系理论，并把其作为立法和司法的指导思想。清代制定刑例的基本要求是，例当“与律义相合”、例以补“律所不备”。清末薛允升把清代律例的关系概括为：“凡律所不备，必藉有例，以权其小大轻重之衡。使之纤悉

① 赵姗黎：《〈问刑条例〉与〈大明律〉比较分析》，载韩延龙主编《法律史论集》第 2 卷，法律出版社，1999，第 644 页。

② 苏亦工著《明清律典与条例》，中国政法大学出版社，2000，第 242 页。

③ （明）舒化撰《重修问刑条例题稿》，明万历十三年刊《大明律附例》本。

比附，归于至当。”① 由于明清两朝基本上坚持按照这一立法原则制例，进一步完善了当时的法律制度。

在明清两代的法律体系中，律、例是最基本的法律形式。以律与刑例的相互关系而言，律为“常经”，长期稳定不变。适时制例、编例以补律之不足，是国家基本的和经常性的立法活动。通过制例对少数过时的律文进行修正，也是国家完善法制的重要措置。在司法实践中，律、例并行，例在国家法制中发挥着极其重要的作用。评价例的作用和功过是非，不能以是否“以例破律”、“以例代律”为尺度，而应当以它在司法实践中发挥的是积极还是消极的作用为标准。由于明清两代的编例内容浩瀚，刑例与吏例、户例、礼例、兵例、工例并存并行，对例的作用的评价，应当区别不同情况具体分析，不可把经过朝廷精心修订的各种条例、则例、事例等，同某一时期某位君主随心所欲颁行的事例一概而论，也不可因为在司法实践中存在着奸吏曲法、蓄意以例破律的问题，就断定明清两代是以例坏法，进而全盘否定例的作用。明清两代虽然也出现过“因事起例”、“驯致条例浩瀚”、“得失混杂”的弊端，但一般说来，在司法实践中造成不良后果的，多是那些属于君主个人随心所欲、临时颁行的事例，或是不法官吏曲法、坏法造成的，且在法律实施中是局部发生的问题。

重新研究和正确认识中华法系，是关系到法史研究走向的重大命题。为此，应当坚持实事求是的治学基本原则，认真总结近百年来中华法系研究中的经验教训。只有这样，我们才能使中国的法律史学真正成为科学。

---

① （清）薛允升撰《读例存疑》书首《总论》，胡星桥、邓又天等点注，中国人民公安大学出版社，1994，第 1 页。

古代例的发展演变及其历史作用*

在中国古代法律体系中，律、令、例始终是贯穿中国古代法系的最基本的三种法律形式。随着社会文明的发展，愈是到古代社会后期，例在国家社会生活中的作用就愈突出。鉴于长期以来人们围绕例的评价问题存疑和争论甚多，为了更加清晰地阐明古代例的发展脉络，正确地评价例的历史地位，本文从总体上对例的演变过程及其作用作一概述。

一　例的形成、发展和法律地位的变迁

古今中外任何一种法律形式有没有生命力，关键在于它是否具有其他法律形式不可替代的功能。一种法律形式能否被广泛使用，关键在于它在国家法律体系中是否能够发挥重要的作用，并被统治者认同。法律形式的形成、发达程度及其在法律体系中的地位、历史命运，归根结底是由国家法制建设的实际需要决定的。只有把例的功能、制例的历史背景和统治者对例的认识三者结合研究，才能正确地揭示古代例的演变和发展规律。

例作为古代法律的重要形式，就其内容而言，既包括刑例，也包括行政、经济、民事、军政诸例。行政例历来是例的主体。就其形态而言，它可以是具体的案例，也可以是抽象的条文。抽象形态的条例是例

---

* 本文系我与刘笃才先生合写，收入杨一凡、刘笃才著《历代例考》（杨一凡主编《中国法制史考证续编》第1册，社会科学文献出版社，2009）。收入本文集时，做了一些文字的修订。

的主体。这是我们考察例的演变问题必须明了的前提。

从秦汉到明清，例的形成和发展经历了一个漫长的过程。从统治者对例的态度看，前后经历了三个不同的时期，即秦汉为司法例广泛适用的时期，两晋至隋唐为限制司法例适用的时期，宋至明清是注重多种形式例的制定和编纂的时期。如果从例的法律地位变迁的层面分析，明代以前，例在国家法律体系中处于补充法的地位；进入明代以后，例的法律地位逐渐提高，制例成为国家主要的立法活动；特别是明代中叶到清末，朝廷建立的律与刑例并重、会典与行政例并重的法律机制，使例实际上成为国家法律体系的主体。

为什么具有司法例性质的"决事比"在汉代曾得以广泛应用，而魏晋至隋唐时期包括司法例在内的例的发展十分缓慢并往往被加以排斥？为什么宋、元两代曾重视编例而例终究未成为与律并重的国家的基本法律？出现这种情况的原因是多方面的，但最主要的是与中国古代实行成文法制度和统治者对完善成文法体系的认识及其做法有关。

中国古代的成文法制度产生于先秦。秦在统一中国的过程中，出于富国强兵的需要，强调法制一统、严明法纪，初步建立了以律、令为核心的成文法体系。律、令之所以能够成为成文法体系的核心，这是由它们的法律功能决定的。律、令的功能主要是两个方面：一是从积极方面规范国家的基本制度和社会经济生活中的各种行为，二是从消极方面防范、打击各种犯罪行为。以律、令为核心的成文法制度是与君主高度集权的政治体制相适应的，有利于实现国家法制划一，防止官吏任意用法，因而为汉代及汉以后各朝所沿袭。成文法制度是一把双刃剑。为了完善国家法律制度，统治者力图把国家的法律规范尽可能地都纳入律、令，其他法律形式只有在律、令未备的情况下才允许存在，并始终处于辅助律、令而行的低层次的法律地位，而且还必须纳入成文法体系，这就极大地缩小了例生存的空间。中国古代之所以未能形成西方那样的判例法制度，这是实行君主集权体制的必然结果。

秦汉时期，成文法体系处于发育阶段，立法技术亦不成熟，法律形式比较纷杂。当时律是最基本的立法形式，令是仅次于律的重要的法律载体，律的内涵，既包括刑事法律，也包括行政、经济、民事、军事诸方面的法律，与后代刑律的功能不完全相同。《汉书·宣帝纪》注引文颖曰："天子诏所增损，不在律上者为令。"[①]《汉书·杜周传》亦云："三尺（法）安在哉？前主所是著为律，后主所是疏为令。"[②] 说明当时令与律同存，令是比律更为灵活的法律形式。凡律未备者，可随时制令予以补充。由于秦汉时期成文法体系尚不健全，审判、行政活动中需要处理的许多案件或事项仍无法可依，这就为司法例和行政活动中运用故事提供了舞台。譬如，汉代曾大量适用"决事比"，死罪"决事比"最多时达 13472 条。"故事"也是"奇请它比，日以益滋"。在这种情况下，统治者对于司法例的运用采取的是比较宽松的态度。有的学者说秦汉是成文法和判例法混合的时期，这一论断是否成立，可以继续讨论。但是可以肯定的是，这一时期法律虽无"例"之名，但例的前身"决事比"、"故事"已经出现。

魏晋是成文法走向成熟的时期。曹魏制定的《新律》和《郡令》、《尚书官令》、《军中令》，晋朝制定的《泰始律》、《晋令》，分别是这两代的主要法律，且律、令的功能已被明确区分，即："律以定罪名，令以存事制。"魏晋时期法制的一个重要发展，是立法中贯彻了"法贵简约"的精神。中国古代法律在秦汉时期走过了一段由简趋繁的路程，到制定魏律、晋律时，又开始了由繁至简的转折。魏晋法律的删繁就简，意味着面对无限广阔和极其复杂的社会现实，势必增加法律条文的不确定性和自由裁量的弹性空间，客观上存在例发挥作用的天地。但是，因这一时期已制定了相对完备的律典和令典，于律令之外，又有科、式、故事等法律形式作为法典的辅助立法，这些法律形式大体可以适应治理国家的需要，加之当时的统治者推崇的是以传统的法律形式完善成文法制度，凡是与这一制度相悖的法律形式都被视为法制的对立物，从而对例的出现采取了排斥的态度。

① 《汉书》卷八《宣帝纪》，中华书局，1983，第 253 页。

② 《汉书》卷六〇《杜周传》，中华书局，1983，第 2659 页。

唐代时，统治者以律、令、格、式为基本法律形式，建立了中国历史上空前完善的成文法制度。《唐六典》云：“凡律以正刑定罪，令以设范立制，格以禁违止邪，式以轨物程事。”[①] 宋人进一步解释说：“令者，尊卑贵贱之等数，国家之制度也；格者，百官有司之所常行之事也；式者，其所常守之法也。”[②] 这四种法律形式是互相分工与协作的关系。律是正刑定罪之法；令是关于国家基本制度的规定；格是皇帝临时颁布的各种单行敕令的汇编；式是从令分化而来，是唐代一些具体制度或基本制度具体化的规定。其中，令、式是以行政法律规范为主，兼有民事、诉讼、军事等多种部门法规范的综合性法律。对于律无明文规定如何处理的案情，唐朝法律规定依律比附，要求按照“举重以明轻”、“举轻以明重”的类举制度验证判决是否轻重失宜。《唐律疏议》疏文曰：“金科虽无节制，亦须比附论刑。”[③] 并规定：“诸断罪而无正条，其应出罪者，则举重以明轻；其应入罪者，则举轻以明重。”[④] 比附一般是作为有罪的类比适用，是依据唐律中相近的罪名和刑罚的规定进行处罚。所谓“举重以明轻”、“举轻以明重”，是要求比照律文有关更重一些的罪例或更轻一些的罪例的规定，判断对案件性质的认定及量刑的幅度有无原则性错误。从实质上讲，唐律的比附制度、类举以明轻重的制度，都是要求严格依律定罪，不允许司法官员比照成案判决和随意行使刑罚权。唐代时，朝廷为防止官吏擅权用法，把所有的行为规范都纳入律、令、格、式这四种法律形式的范畴，对于其他法律形式采取排斥的态度。详刑少卿赵仁本曾编纂《法例》三卷，以期作为断狱的依据，“时议亦为折衷”。唐高宗认为，唐代的法律已经“条章备举，轨躅昭然”，将现实生活概括无余，“临事遵行，自不能尽”，没有必要

---

① （唐）李隆基撰、（唐）李林甫等注《大唐六典》卷六《刑部郎中员外郎》，三秦出版社，1991，影印本，第 139 页。

② 《新唐书》卷五六《刑法》，中华书局，1997，第 1407 页。

③ （唐）长孙无忌等撰、刘俊文点校《唐律疏议》卷一七《亲属为人杀私和》，中华书局，1983，第 334 页。

④ （唐）长孙无忌等撰、刘俊文点校《唐律疏议》卷六《断罪无正条》，中华书局，1983，第 134 页。

“更须作例”，《法例》的存在只能是增加“烦文”，带来的只是“不便”，故明令废止《法例》。[①] 这里应该指出，唐代以令、格、式颁布的许多法律，实际上与明清时期的条例、则例、事例的功能并无多少区别，只是名称不同而已。

中国自古以来就是一个疆土辽阔、人口众多的大国，各地的地理和人文环境千差万别，社会矛盾极其纷杂。成文法的优点是以抽象概括的方法，明确人们的行为规范，有助于实现全国法制一统，防范官吏曲法为奸。然而，法律面对的是“事有无穷之变”的社会现实，有限的法律条文无法解决层出不断的新的问题，“法有限而情无穷”是法律发展始终面临的矛盾。

宋代时，随着土地私有制的发展，租佃制的普遍确立、手工业和商业的繁荣，生产关系发生了新的变化，各阶层的利益冲突日益增多，各种经济和民事纠纷大量涌现，原有的法律体系很难适应变化的社会状况。于是，在法制变革思潮的推动下，例这一法律形式逐渐得到统治者的青睐。朝廷除制定了若干条例、则例以完善国家的行政法律制度外，还制定了大量的断例，用以处理律无明文规定的疑难案件。

例在宋代的发展经历了成案—成例—成册—成法的演化过程。其演变的趋势是：由法之外的自在形态进入到法律体系内部，从边缘地带逐步走向中心区域。起初，统治者没有自觉意识到所做的判决或裁定的行政事例对后来的影响，但下属官员或后人却认为其有一定的妥当性和典范意义，能够适用于类似的案件或事项的处理。这样，其判决或处理的行政事例就被视为先例进入行政或司法领域。后来，先例被挑选出来著录于法律文件，或被“著为例”，或明令以后“不得为例”。著为例者，具备了法律效力，可以在以后处理类似事项或案件时援用。例册的编修，使例的存在形式发生了从零碎到系统的变化。为了使前例与后例不自相矛盾，这就需要对现行法律进行清理和编纂，于是例册的编辑过程就成为对以往行政和司法的个例进行编选和重新修订的过程，例的编修

① 《旧唐书》卷五〇《刑法》，中华书局，1997，第2142页。

方法、方式也在变化和不断进步。如果说汉代的辞讼比和决事比多是由私人编纂，目的是为了方便法司和官员参考的话，宋代例的编纂和例册的修订则是逐步成为官方的行为，通常是把例与律法编辑在一起，篇章结构上与律典保持一致。

宋代在条例和断例的编纂方面取得了显著的立法成果。这一时期，颁布了《中书条例》、《吏部四选逐曹条例》、《国子监条例》、《提举保甲条例》、《都水条例》等多个条例，它们是国家机关活动的规则和行政、经济管理方面的法律规范，具有国家行政法律实施细则的性质。朝廷还编修了《庆历断例》、《嘉祐中书刑房断例》、《熙宁法寺断例》、《元丰断例》、《元祐法寺断例》《绍圣断例》、《元符刑名断例》、《崇宁申明断例》、《崇宁刑名例》、《宣和断例》、《绍兴编修刑名疑难断例》、《乾道新编特旨断例》、《淳熙新编特旨断例》、《开禧刑名断例》等，这些断例是为解决法无正条可举的疑难案件而制定的。宋代突破了两晋、隋唐限制用例的格局，例在法律实践中的广泛运用，标志着例的发展进入了一个新的阶段。

宋代在适用例的过程中，对于如何处理例与法的冲突、旧例与现行例的矛盾还缺乏经验，加之官吏恃权弄法，“以例破法”的问题时有发生，统治集团内部对于例的运用也存在争议。对使用例持反对态度者认为：“三省六曹，所守者法，法所不载然后用例。今顾引例而破法，此何理哉？且既用例矣，则当编类条目与法并行，今或藏之有司，吏得并缘引用任其私意，或至烦渎听聪，甚无谓也。”① 与此同时，也有人提出了采取引例入法的方式解决例与法冲突的思想。认为例虽然有其弊端，但又不可尽废：“然终于不能革者，盖以法有所不及，则例也有不可得而废者。但欲尽去欲行之例，只守见行之法，未免拘滞而有碍。”②这种观点实际上肯定了例对法的实施具有补充、辅助的作用。基于这一

① （清）徐松辑《宋会要辑稿》第164册《刑法一》之二一，中华书局，1997，影印本，第6472页。

② （清）徐松辑《宋会要辑稿》第164册《刑法一》之五五，中华书局，1997，影印本，第6489页。

认识，他们认为解决问题的正确办法是："收可行之例归于通行之法，庶几公共而不胶"，即将处于法律体系之外的例吸收纳入法律体系之中。有宋一代，统治集团已初步形成协调律例关系的思想，但没有制定出行之有效的处理例与律、例与其他法律形式相互关系的法律措施，因此，宋朝虽然注重编例，但最终未能建立起系统的例的体系。

蒙古人入主中原，建立了元朝。元代在司法实践中广泛用例，刑事和民事案件的审理往往以例作为审判的依据，例在很大程度上取代了成文法。在立法方面，元代仿效南宋，把断例作为重要的法律形式，在《大元通制》、《至正条格》中就收有大量的断例。然而，蒙元统治者对于成文法制度的性质、功能和作用缺乏深入认识，没有继续就如何协调例与法关系的问题进行探索，对于例的运用采取了放任的态度。按照中国古代的成文法制度，司法判例须经皇帝批准，成文法的适用优先于判例，在没有成文法条适用时才允许援引司法例。只有元代是例外，没有严格限制司法例的适用，一般是由"都省准拟"，判例即可成立。在汉法律文化影响较深的一些大臣的推动下，元代也制定有成文法典，但统治者对制定法典态度并不很积极，他们没有意识到例与法的区别及冲突，更不用说探索解决冲突的途径了。这样，宋人没有完成的处理法与例相互关系的任务，只能留待明、清两代去解决。

进入明代以后，以条例、则例、事例、榜例为内容的例的体系逐渐形成，制例、编例成为国家经常的、基本的立法活动。例这一法律形式之所以能够走上明代法律舞台的中心，是国家法制建设的实际需要和制例经验日趋成熟的必然产物。一方面，社会经济发展带来的无穷无尽的新的问题，迫切需要用一种形式相对简单但内涵极其丰富的法律形式，规范国家事务管理的细则和人们行为的准则，例的功能的多样性使它能够满足统治者的这一需求。另一方面，统治者在寻求建立更完善的法律体系的过程中逐步形成了比较成熟的律例关系思想，为明清以例为主体的法律体系的建立提供了明确的指导原则。

例的体系创立于明初。明太祖朱元璋在率领群臣立法定制的过程中，注重总结和吸收前代法制建设的经验，又根据明初的国情实际有所创新。为了建立起既“酌中制以垂后世”又“当适时宜”的法律机制，他提出了“当计远患”、“当适时宜”、“法贵简当”等一系列立法指导原则，并提出了律与刑例相互关系的思想。他说：“法令者，防民之具，辅治之术耳，有经有权。律者，常经也；条例者，一时之权宜也。”[①] 从“常经”与“权宜之法”并用的思想出发，洪武年间在刑事法律制度方面，曾几次修订《大明律》，颁行了大量的作为“权宜之法”的刑例。为了健全国家的行政和各种法律制度，于刑事法律之外，颁行了《大明令》、《诸司职掌》、《宪纲》、《洪武礼制》等重要的“常经”之法及各类条例、则例、事例和榜例。洪武朝把例确认为重要的立法形式，在治国实践中广泛使用。

洪武朝是明代法制的开创时期，当时的法律形式和名称尚很杂乱，除律、令、例外，还以诰、式、榜文等形式，颁布了《御制大诰》、《学校格式》、《礼仪定式》、《教民榜文》等重要法律。如果按照明代中后期的法律形式分类，《学校格式》、《礼仪定式》属于条例性质，《教民榜文》后来被称为《教民榜例》，《御制大诰》则是峻令、事例、判例的合编。由此可见，明开国之初在立法实践中，虽然注重制例，并把条例、则例、事例、榜例确认为例的基本形式，但主要是用它们表示和区分各类权宜之法，还没有像明代中后期那样，把律典之外的包括“常经”之法在内的一切法律都纳入例的体系。这表明洪武朝君臣对于如何处理条例与其他法律形式的关系、对于如何构建简明而内涵丰富的法律形式，还处在探索阶段。

从明初到弘治《问刑条例》颁行前，明代君臣经过一百余年的立法和司法实践，进一步完善了制例和律例相互关系的理论。这一理论的主要内容是：在刑事立法方面，刑例的制定必须遵循“盖立例以辅律，贵依律定例”[②] 的原则，即立例的宗旨是“以例补律”，制例务须符合律意，不得与律文的规定相冲突；在司法领域内，实行刑例与律典并

① 《明太祖宝训》卷三，中国国家图书馆藏明刻本。

② （明）舒化等：《重修问刑条例题稿》，《中国律学文献》第3辑第2册，黑龙江人民出版社，影印本，第120页。

行、“以例辅律”的原则；在对待刑律与各类非刑事例的关系上，实行诸法并重、诸法并行的方针。为了完善国家的行政法律制度，明代统治者确立了以《会典》为纲、行政例为目的法律编纂原则。在修订《会典》的同时，发布了作为《会典》补充法的各类行政例。在上述立法思想的指导下，明代中后期先后三次修订《问刑条例》，两次颁布《会典》，颁行了《吏部条例》、《宗藩条例》，修订了《宪纲》和《军政条例》等，制定了大量的各类有关行政、经济、军事、民事、教育方面的例，又根据例的功能，把其区分为条例、事例、则例、榜例。这一时期朝廷制定的所有法律，除律典和皇帝发布的诏令外，其他法律全部纳入了例的体系。由于朝廷的基本法律制度和绝大多数法律都是以例的形式规定的，例成为法律体系的主体。明代的法律体系较之前代而言，法律形式更加简明和规范，其涵盖的领域更加宽广，法律规范的内容则更加丰富，从而把国家的法制建设提升到了一个新的高度。

明代建立的例的体系，为清代所继承，并较前代有所创新和发展。清朝在仿效明制、实行律例合编的基础上，从乾隆朝起，各朝坚持定期修订刑例，以补律之未备。为了完善行政法律制度，清代自康熙朝起，先后五次纂修《大清会典》。乾隆时，又将典、例分立，编纂了《乾隆会典》和《乾隆会典则例》。此体例为嘉庆、光绪两朝所沿袭，只是把“会典则例”改为“会典事例”。这两朝颁行的《嘉庆会典事例》、《光绪会典事例》，极大地完善了当时的行政法律制度。为了强化对国家行政、经济、民事、军事、教育的全面管理，清代以则例的形式颁行了数以百计的各种单行法规。则例作为规范国家机关的活动规则及一些重大事项的实施细则被广泛采用，成为行政立法的主体。与此同时，清代进一步健全了以则例、事例、条例为基本形式的例的体系，以例的形式颁行了许多旨在完善经济法律制度、民事法律制度、少数民族法律制度、秋审制度方面的单行法规，颁布了大量旨在规范地方行政和民间事务管理的地方法规，从各个方面空前完善了国家的法律制度。

二 如何看待前人对例的批评

学界对于明、清例持否定评价者，大多是引用《明史·刑法志》和《清史稿·刑法志》为据。《明史·刑法志》云：

> 始，太祖惩元纵弛之后，刑用重典，然特取决一时，非以为则。后屡诏厘正，至三十年始申画一之制，所以斟酌损益之者，至纤至悉，令子孙守之。群臣有稍议更改，即坐以变乱祖制之罪。而后乃滋弊者，由于人不知律，妄意律举大纲，不足以尽情伪之变，于是因律起例，因例生例，例愈纷而弊愈无穷。……①

《清史稿·刑法志》对于清代例的评论，与《明史·刑法志》的说法颇为近似。其文曰：

> 盖清代定例，一如宋时之编敕，有例不用律，律既多成虚文，而例遂愈滋繁碎。其间前后抵触，或律外加重，或因例破律，或一事设一例，或一省一地方专一例，甚且因此例而生彼例，不惟与他部则例参差，即一例分载各门者，亦不无歧异。辗转纠纷，易滋高下。……②

正是根据这些议论，一些著述把明、清例的作用概述为“以例破律”、“以例坏法”，给予负面的评价；也有些著述承认制例、用例有其必要性，但认为其产生的社会效果是“弊大于利”。我们认为，如不对有关记述明清例的制定、实施的文献进行全面考察，仅凭这两段论述去评价例的作用，这种治史的方法是不严谨的，也很难得出实事求是的

---

① 《明史》卷九三《刑法一》，中华书局，1974，第2279页。

② 《清史稿》卷一四二《刑法一》，中华书局，1996，第4186页。

结论。

长期以来，主张中华法系“以刑为主”的观点，在法史学界颇为流行。把《刑法志》的记述作为法史研究的基本依据，就是在这一观点支配下形成的研究方式。这一研究方式又进一步强化了“以刑为主”的观念，两者互为因果，形成了路径依赖，自然无法摆脱“以刑为主”的窠臼。例的研究也是如此。本来，例作为古代法律的重要形式之一，既包括刑例，也包括行政、经济、民事、军政诸例。行政例历来是例的主体。但是，受“以刑为主”思维模式的影响，在法史研究中，刑例受到重视，行政诸例则被忽视。这样造成的后果必然是以对刑例的评价代替对各类例的全面评价。

《刑法志》记一代刑法之概要，其对例的评论也仅限于刑例。一些著述把明、清《刑法志》作者对刑例的批评，扩大到了对所有例的评价是欠妥当的。以《明史·刑法志》为例。其所谓“因律起例，因例生例”，意思是因刑律而生刑例、因刑例又生刑例，记述的只是明代刑例的产生和演变，并不包括占明例绝大多数的行政诸例在内。刑例与行政例彼此的内容和功能不同，即使《刑法志》作者对刑例的批评完全正确，也无法得出明、清制定的行政诸例发挥的是消极作用的结论。

史籍作者的思想观点和专业水准如何，决定了他记述的历史是否客观，也决定了其发表的见解有无价值和价值大小。因此，要正确地揭示古代法制的真相，必须在大量阅读文献的基础上进行综合考察。对于一些重要的史料，还应当考证文献的真伪及作者所述是否客观地反映了历史的真实。我们在援引明、清《刑法志》作者批评例的有关文字时，也应当坚持这种态度。

《明史》为清明史馆纂修，题张廷玉等撰，雍正十三年（1735 年）成书。据清初人王士祯记，《刑法志》的作者是姜宸英。姜宸英，清浙江慈溪人，字西溟，人称湛园先生。康熙三十六年（1697 年）中进士时，年已七十，两年后充顺天乡试副考官，以科场案牵连下狱，病死狱中。王士祯说：“西溟先以诸生入史局，分修《明史·刑法志》，极言廷杖、诏狱、东厂、缇骑之害，淋漓痛切，不减司马子长。”① 姜宸英的特长是古文、书画艺术而不是法律，加之清初修《明史》时，不少明代法律史料作者未曾得见，故姜氏记《刑法志》不确处甚多。关于《明史·刑法志》记述《大明律》、《大诰》、《问刑条例》等法律典籍方面的失误，笔者曾有所考述。② 在记述明例方面，《刑法志》同样存在重大缺失。以《明史·刑法志》作者批评明代刑例的那段议论而言，就有两点令人费解。其一，作者先是简述洪武法制，接着以“而后”二字转折，叙述“因律起例，因例生例，例愈纷而弊无穷”，说这种弊端发生在太祖洪武朝之后，却未清楚说明是存在于某一段时间内，还是明一代制例都存在此类问题。其二，《刑法志》作者批评明例的这段文字置于《刑法一》的篇首，似乎是对明一代法制弊端的概括。在此段之后，作者详述了明代律、例的制定过程，其中记述和评价《问刑条例》、充军例、赎例的文字占很大篇幅。作者对于《问刑条例》和赎例，基本上给予正面的评价；对于充军例也多是直述其事，兼有对其刑法苛重的批评。阅读《刑法志》论述明代制定律、例概况的全文，使人感到作者所说的“例愈纷而弊愈无穷”，又与其后的记述不相协调，似乎那段批评明例的文字又不是对刑例的总体评价。因此，研究者不可断章摘句，仅以这段话为据否定整个明代例的作用。

全面考察明人批评例的弊端的史料不难看出，这类批评基本上是针对因一时一事制定的事例而言。在明代例的体系中，通行全国的《问刑条例》、《会典》中收入的事例是经统治者精心修订而成，人们对此鲜有异议。而各朝颁行的事例中，不少是“因一事之宜，或因一己之见”临时而就，日益积累，一事二三其例者有之，随事更张每年再变其例者有之，常常出现前例与后例矛盾。造成“以例破律”不良后果的，多是那些临时而就的事例。也应看到，明代颁行事例方面存在的弊端，主要发生在弘治《问刑条例》颁行以前。当时，许多朝臣纷纷上书陈述

---

① （清）王士祯撰《分甘馀话》卷四，清康熙四十八年刻本。

② 详见杨一凡著《明初重典考》（湖南人民出版社，1984）、《明大诰研究》（社会科学文献出版社，2009）、《洪武法律典籍考证》（法律出版社，1992）。

例的弊端，要求斟酌取舍，制定《问刑条例》。如成化十年（1474年）六月兵部给事中祝澜的奏疏、弘治元年（1488年）九月十四日刑部尚书何乔新等的奏疏、弘治五年（1492年）七月刑部尚书彭韶的奏议、弘治十三年（1500年）三月刑部尚书白昂撰《问刑条例题稿》等，都明确说到“近来条例太多，人难遵守”、“故事同而援引或异，罪易而议拟各殊”的情况。朝臣们在力陈例的弊端的同时，也充分肯定了例的作用，并就如何完善刑例的问题提出建议。如祝澜奏疏中云：“然民生日繁，庶事百出，制书有未备载者，或朝廷有所施行，臣下有所建请，遂因之以为条例。”① 何乔新在奏议中说：“一应条例虽出于臣下之所建明，实本于先帝之所裁处，其间亦有深意焉。………一概革去，虑恐百弊重生。异时法不足以惩奸，言律者又复申明旧例，未免烦渎圣听，不可不详加斟酌也。”② 弘治五年（1492年），刑部尚书彭韶在上书中指出，司法审判中出现援例审案不当的原因是：“盖比例行于在京法司者多，而行于在外者少，故在外问刑多致轻重失宜。”他认为解决问题的办法不是废弃例不用，而是“宜选属官汇萃前后奏准事例，分类编集，会官裁定成编，通行内外，与《大明律》兼用。庶事例有定，情罪无遗”③。显然，他们力陈例的弊端的目的，并不是否定例的作用，而是为了修订新的《问刑条例》，更好地发挥例的作用。

弘治《问刑条例》颁行后，由于明代君臣已确立了一整套制例的指导原则和措施，制例中出现的前例与后例冲突的情况，能够较快地得到处理。史籍中有关明代中后期朝臣建言制定某一事例、变更或终止实施某一事例的记载较多，很少见到有否定例的作用的言论。

有明一代，各朝君臣对例的制定和实施都是很重视的。在《明实

① 《明宪宗实录》卷一二九，台湾“中研院”史语所校印本。

② 《皇明条法事类纂》附编《奏革幼军在逃等件重复不便事件》，见《中国珍稀法律典籍集成》乙编第6册，科学出版社，1994，第110页。

③ 《明孝宗实录》卷六五。又，本段中所引几位朝臣的奏议中对例的作用及其弊端的陈述，详见杨一凡、刘笃才著《历代例考》第四部分《明代例考》中的《明代律例关系的演变与〈问刑条例〉的修订》一节，社会科学文献出版社，2012，第152～155页。

录》、《明史》、《皇明条法事类纂》、《条例备考》、《增修条例备考》诸书中，有关明代朝臣建言制例记载有数千处。如《明史·食货四》载："仁宗立，以钞法不通，议所以敛之之道。户部尚书夏元吉请令有钞之家中盐，遂定各盐司中盐则例。"[①] 弘治十六年（1503年），御史杨一清曾建议"召商买茶"，被皇帝采纳。"正德元年，一清又建议，商人不愿领价者，以半与商，令自卖。遂著为例永行焉。"[②] 通观明一代的立法活动，除明太祖洪武朝几次修律外，基本上都是围绕制例、编例进行的。明中后期两次颁布《大明会典》，实际上修典的工作重点是编例。可以说一部明代立法史，主要是以完善例的体系为内容的制例史。

《清史稿·刑法志》中那段批评清例的文字也值得分析。人所共知，《清史稿》的编纂无论是组织工作还是修史方法都难称成熟，故题为"史稿"，未能厕身于"二十四史"之列。《刑法志》更是如此。《清史稿》主修者赵尔巽说，《清史稿》为"急就之章"，"未臻完整"。[③] 金梁撰《清史稿校勘记》云："刑法为王君式通等分辑，后用许君受衡稿。"[④] 许受衡，赣州府龙南人，字玑楼。光绪二十一年（1895年）进士，历官刑部主事、大理院少卿。按理说他对清律基本上沿袭明律、刑法之变主要是修订刑例这一点应当是清楚的，然作者仍沿用历代修《刑法志》的传统做法，以记述修律为主，对包括批评例的这段文字在内的刑例的修订情况的记述，行文不到2000字，内容简略，且语焉不详。撇开《清史稿》对刑法记载的缺陷不谈，就作者对例的批评而言，有三点可以肯定：一是他对于清例的批评，只发表了议论，却没有用扎实的史料进行论证；二是他的观点源于清末主张变法者批判律例的观点。对此，我们将在后面论述；三是他对清例的批评，也是针对刑例而言。行政例是清例的主体。即使许受衡的观点无可挑剔，也无法得

---

① 《明史》卷八〇《食货四》，中华书局，1974，第1936页。

② 《明史》卷八〇《食货四》，中华书局，1974，第1951页。

③ 赵尔巽撰《清史稿发刊缀言》，该文附于《清史稿》书末，中华书局，1996，第14731页。

④ 金梁撰《清史稿校勘记》，该文附于《清史稿》书末，中华书局，1996，第14738～14739页。

出他全面否定清例的结论。

除明、清史《刑法志》外，两代史籍中还记载了不少批评例的言论。对于这类记述，都应该进行全面解读和具体分析，弄清楚是何人在什么背景下出于何种动机提出批评的，这些批评有无事实根据，从而得出恰如其分的结论。

笔者把搜集到的清人批评例的有关记载和言论做了初步梳理，发现这一历史时期人们对于例的批评，归纳起来主要是三种情况。

其一，清代前期和中期，清人批评例文繁杂弊端的言论，基本上是在肯定例的作用的前提下，为了健全国家法制和更好地制例，针对某一时期或某一地区实施例的过程中出现的问题，或针对例文本身存在的缺陷提出的。批评者在力陈例的弊端的同时，也不遗余力地推动朝廷定例的实施。

清初人徐旭龄说：

> 古者乐律曰律，法律亦曰律。其义一也。律差累黍，则声音即变。故立法者取之，言一定而不可移易也。后世法网益密，律不足以尽之，间增条例。夫例者，不得已而佐律之穷者也。律有一定，依以断罪，无可异同也。例则用比，比则可重可轻。事有近似者引而合之。酷吏贪胥，因以舞文弄法，致莫可诘矣。①

徐旭龄是顺治十二年（1655 年）进士，后任刑部主事，康熙年间任湖广道御史，累官漕运总督，卒于康熙二十六年（1687 年）。阅读徐氏撰《引用律例疏》全文可知，他承认用例的必要性，说例是出于“佐律之穷”不得已而用之，只是认为“例则用比，比则可重可轻。事有近似者引而合之”，使官吏得以“舞文弄法”。他对例的批评是针对“近日刑官决狱拟罪，所引律例或未详明”的现象提出的，欲解决的是司法审判活

① （清）徐旭龄撰《引用律例疏》，见（清）贺长龄辑《皇朝经世文编》卷九一。清光绪二十二年扫叶山房刻本。

动中例的正确适用问题。如果引用清初徐旭龄说的这段话，否定连徐旭龄也不清楚的后世各朝例的发展实际，无疑是缺乏说服力的。

顺治朝任刑部主事和左副都御史、康熙朝任兵部尚书和礼部尚书的李之芳批评例的言论，也为世人瞩目。他说："则例纷纭，权总归于胥吏。欲轻则有轻条，欲重则有重拟。"① 李之芳的这段话，是他于康熙九年（1670 年）针对当时例的实施中存在的时弊有感而发的。清初法制草创，例的形式、体系尚未定型，统治集团内部对于如何处理律例关系、如何构建清王朝法律体系还未达成共识。李之芳是清初朝廷制例的积极参与者，曾上书为制定《吏部处分则例》建言，他在康熙十二年（1673 年）后任兵部侍郎总督浙江事务和任兵部尚书期间，除主持制定《条例禁约》外，还发布了多篇告示，强调军民必须讲读律例、依例行事，处处要求下属遇事照例参处。② 因此，不能因为李之芳有过批评例的言论，就得出他否定例的作用和反对用例的结论。

曾在雍正、乾隆年间任布政使和巡抚达 30 余年的陈弘谋，也发表过批评例的言论，但他任官期间，很重视例的制定和实施。其著作《培远堂偶存稿》48 卷，辑录了他在云南、天津、江苏、江西、陕西、湖北、河南、福建、甘肃、湖南、两广任上发布的大量文檄。这些文檄充分体现了他竭力维护朝廷定例的权威，要求下属依例行事的精神。

类似徐旭龄、李之芳、陈弘谋这样既注重发挥例的作用又发表过批评例的言论的例子还很多。这些批评例的言论，都是有其特定的历史背景和针对性的。批评者的动机，一般也是为了维护国家法制的权威和更好地推动例的实施。我们在研读清人批评例的史料时，只有把其言论与发表这一言论的背景及相关文献结合研究，才能正确地阐述其对待例的态度和基本观点。

其二，许多批评例文繁杂者，其阐发问题的侧重点，是抨击官员在例文繁多的情况下不习吏事，致使胥吏得以曲法为奸。

---

① （清）李之芳撰《请除无益条例疏》，见（清）贺长龄编《皇朝经世文编》卷一五。

② 杨一凡、王旭编《古代榜文告示汇存》第 4 册，社会科学文献出版社，2006，影印本，第 1～206 页。

清代时，不少官府在例文繁多的情况下，司法审判活动中权归吏胥、舍例使用成案的问题十分突出。对此，一些关注国家法制建设的朝臣和文人痛加抨击，其中有些言辞相当激烈。道光年间，汤鹏写道："天下之政曷弊乎？曰弊于因意而用法。因法而用例，因例而用案。天下之权曷归乎？曰不归于君，不归于相，不归于有司执事，而归于吏胥。曷为而权是归乎？曰用法则吏胥擅周内，用例则吏胥擅苛比，用案则吏胥擅强记。于是君臣上下逊谢弗如，不得不挈大权以予之。"①

然而，认真阅读一下这些批评文字就会发现，批评的重点是针对官场的腐败和官员的无能。《清稗类钞》中收入的《各部书吏主案牍》一文，对定例繁杂情况下官员不习吏事、胥吏借机售其奸的情况做了如此描述："各部司官，不习吏事，堂官无论已，一切案牍皆书吏主之。故每办一案，堂官委之司官，司官委之书吏，书吏检阅成案比照律，呈之司官，司官略加润色，呈之堂官，堂官若不驳斥，则此案定矣。……司官欲检一案，每以属书吏，必援例，必检例案。而例案之堆积，高与屋齐，非熟手，末从得一纸。书吏皆世业，窟穴其中，牢不可拔，辄执例以制司官，司官末如之何，乃遂藉以售其奸，而皆得致富。"② 在该文作者看来，官府出现的事权落于吏手、法律被吏玩弄于股掌之间的弊端，这是因官吏"不习吏事"、不屑于学习律例而又逐级推诿造成的。

曾在嘉庆、道光、咸丰三朝为官的包世臣，对于造成官吏借例文繁多、曲法坏法的原因做了深入的分析，他指出，"各部各司皆有则例，永为法守。司员果能悉心推究，何难通习？况遵例不遵案，叠奉大行皇帝明谕，尤为简约易循"，由于堂司各官"不欲剔除书吏之弊"，胥吏才得以"上下其手"。包世臣认为，要革除这一流弊，必须采取严明的奖罚措施，激励官僚认真学习则例，并把那些饱食终日无所用心的官员撤职查办。具体办法是："应请饬部院大臣，转饬实缺及行走各司员，限三个月内，将本司则例详细讲求。三月之后，集而考校之。其能约记

① （清）汤鹏撰《训吏上》，见（清）盛康辑《皇朝经世文续编》卷二八。

② 徐珂编撰《清稗类钞》第11册《胥役类·各部书吏主案牍》，中华书局，2003。

例文及通晓例意者，定为优等，酌量鼓励。其全不谙晓又不上紧学习者，分别撤任降俸，以观后效。如此一二年间，迭经数考，部中司员皆明例案，书吏自然无权，不能舞弊矣。外官知部书无权，一挂吏议，无可挽回，自必饬其廉隅。”① 旧的官僚体制是产生官场腐败、胥吏曲法为奸的土壤。受历史条件的局限，包世臣不可能认识到这一点。虽然他提出的办法治标不治本，在当时仍是难能可贵的。

历朝统治者为了治世、防奸不断严密法网，法网过密又使贪官污吏得以曲法为奸。这是中国古代历史上各代都始终无法走出的怪圈。同历代一样，清代官场中存在的官吏不习吏事、胥吏曲法为奸的恶疾之所以屡禁不止，从根本上讲，是由于缺乏民主监督机制的官僚体制造成的，例文繁杂只是形成这种弊端的外部条件。把官场腐败的症结仅归结为例文繁杂，无疑是没有击中问题的要害。

其三，认为律与例处于两极对立状态，从律例关系角度对制例提出批评。这类言论虽不多见，但它出于对清代法制不满的有关人士之口，很值得关注。

清代注重制例、编例，特别是乾隆五年（1740 年）《大清律例》作为一代大法颁行后，各朝坚持律文恒存，制例成为国家立法的基本活动，这种做法与唐宋以来“律为常经，例为权宜之法”的立法原则和重律轻例的法律传统大相径庭。一些对于清代朝政不满的人士，把法律实践中出现的弊端归结为“重例轻律”四字，他们从论述律例关系的角度，采取扬律抑例的方式，表达自己的政见。

持扬律抑例观点者，以清代著名文学家袁枚最具代表性。袁枚，清浙江钱塘县人，乾隆四年（1739 年）进士，曾任溧水、江宁等县知县，40 岁辞官告归，一生喜好诗文，性通达不羁。他在《答金震方先生问律例书》中说：

> 盖律者，万世之法也；例者，一时之事也。万世之法，有伦有要，

① （清）包世臣撰《齐民四术》卷七上《刑一上》。

无所喜怒于其间；一时之事，则人君有宽严之不同，卿相有仁刻之互异，而且狃于爱憎，发于仓卒，难据为准。譬之律者衡也，度也，其取而拟之，则物至而权之度之也。部居别白，若网在纲。若夫例者，引彼物以肖此物，援甲事以配乙事也，其能无牵合影射之虞乎？律虽繁，一童子可诵而习。至于例，则朝例未刊，暮例复下，千条万端，藏诸故府，聪强之官，不能省记。一旦援引，惟吏是循。或同一事也，而轻重殊；或均一罪也，而先后异。或转语以抑扬之，或深文以周内之。往往引律者多公，引例者多私。引律者直举其词，引例者曲为之证。公卿大夫，张目拱手，受其指挥。岂不可叹！①

从袁枚的论述可知，其批评的对象是刑例，故把刑例与律对比，扬此抑彼。袁枚认为，用例的弊端有二：一是律为万世之法，刑罚尺度不会因君主和长官的好恶而改变；例因一时之事而立，立法、执法的尺度易以个人的爱憎和主观意志所左右。二是律条文有限，人可诵习熟记；例则繁而无度，官员无法掌握和融会贯通，致使胥吏得以专权，倚法为奸。袁枚的批评，淋漓尽致地揭露了清代法制的弊病，应该说是有其道理的。但是，袁枚把例视为律的对立物，忽视了清律基本上是抄袭明律而成，数百年不改的459条律文无法适应变化了的国情这一现实。他指责清例“千条万端，藏诸故府”，也不完全符合清代刑例的制定和实施的史实。所以，尽管袁枚批评例的言词激烈，却存在知其一不知其二的缺陷，也没有为克服当时法制的弊端提出良方。

清末法学家薛允升对袁枚的见解表示赞赏，并将其引用于《读例存疑》卷首。薛氏主张改良清末现行的法律制度，对于当时行用的大清律、例多有不满，他通过撰写《唐明律合编》褒唐律、贬明律，表达对清律的批评，借用袁枚的言论表达对清例的批评，其著述多有创见，但在评价古代律例方面存在故意抬高唐律，贬低明清律例的偏颇。与袁枚不同的是，薛允升撰《读例存疑》，对清代二百余年间的定例进行了

① （清）袁枚撰《答金震方先生问律例书》，载《小仓山房文集》卷一五。

系统的编纂整理，考证了每一定例产生的年代、背景和原意，探讨了它与正律之间的实质联系、差异及演变过程，论证了各个定例的合理性、必要性或其不足与弊端，就定例的存废、修补、适用与正律之间的协调衔接等提出了很有见地的建议。从一定意义上讲，《读例存疑》就是为刑例的修订进行的材料准备。书中陈述的种种修改建议表明，薛允升并不是想否定刑例的作用，而是为进一步完善刑例而批评例的。

清代末期，朝政日趋腐败，经济濒于崩溃，列强乘机入侵和瓜分中国。为救国图强，要求进行国家政治体制和法律改革的呼声日益高涨。这一时期，一些仁人志士展开了对旧法制的批判，其矛头所向是包括律、例在内的整个清王朝的政治法律制度。当时批判旧法制的代表人物，因政治立场不同，观点也不尽一致。主张废除旧法统和司法改革者，对于清例持否定的态度；持对旧法制采取适当修正态度者，则往往是既揭露问题又主张修例。应当说，前一种主张具有革命的意义，后一种主张属于改良的性质。社会大变革时期对旧法制的批判，毕竟不是学术研究，也不是准确无误地评价历史，其目的是服务于法制变革。尤其是力主革古鼎新者对例的批判，难免出现“矫枉过正”和言辞激烈之处。因此，今人在阐述清代例的作用的时候，应当结合当时的历史条件对有关言论进行具体分析，既要正确地阐述当时批判清例的进步意义，又不能把前人对一个时期例的评价，扩大为对清一代例的评价，更不能把一些批判中的过激言辞作为评价例的作用的依据。

如果说清人对例的批评主要是上述三种情况的话，近人持否定例的观点者，除一些是未认真和全面阅读文献、人云亦云者外，还有一些则是未弄清成案与例的区别，因而误读文本的结果。清代的例、案有时并称。所谓“省例案”的主张，就是把例与案相提并论。其实，清代中期以后，例与案是有明确区分的。例是指定例，案是指成案。关于司法中成案的性质与法律地位，我们在《历代例考·清代例考》中的《清代成案的性质》一节已有专门论述，兹不具论。行政中的成案，则是一些已经处理的事项或案例，以相对独立的形态存在，被后人在无例可循时作为处理事务的依据。因成案数量甚多，成为胥吏营私舞弊的渊薮。

诚如曾在清道光、咸丰年间为官的王庆云所说："夫案者何也？偶办一事而与例不符非斟酌尽善而奏明立案者也。故不特堂官不能周知，即司官亦何尝记忆？吏胥得以窟穴其中高下其手。夫外省胥吏舞文，犹有部臣驳正，各部胥吏舞文更谁复驳正者！此所谓城狐社鼠者也。"[①]

针对这种情况，清代人提出"省例案"的主张。"省例案"一词虽然例、案并称，其实有所偏重，侧重点是减省成案。具体办法是以案编入例，以例去案。

王庆云就提出了这样的改进办法：

> 窃计六部之案，散在各司。若由各堂官通饬司员将案卷尽数查明，凡为例之所无，而将来可以比照援引之案悉行检出，去其重复歧误者，则为数谅亦无多。每件盖用堂印，编册摘由，临用之时验对，不许吏胥以册外稿件率行援引，由是以一司之员，习一司之例，即管一司之案，庶几堂官易于责成，而胥吏无从黠法。[②]

清代时，不少朝臣向朝廷建言，力陈成案的弊端，反对舍例用案。曾在乾隆、嘉庆、道光间为官的乔远煐云：

> 其已经登垂则例者，自系可以通行之案。若已经续纂不登则例者，即系不通行之案。显而易见，岂有舍定例、近例不遵，而远摭十数年成案，转足依据之理！况例外求案，部中或援成案议驳，而外间亦可援成案邀准。往返究诘，究致部驳无辞。违例议准，殊属不成事体。此则无论准驳，皆中猾吏舞文之弊，不可不大为之防。臣愚以为，欲绝弊源，不如明申例禁。各部既有钦颁则例，无论准驳事件，皆宜援例遵行。除无例可援者，自应由部臣随时条议请旨

① （清）王庆云撰《正本清源疏》。见（清）盛康辑《皇朝经世文续编》卷一〇《治体三·政本上》，清光绪二十三年刻本。

② （清）王庆云撰《正本清源疏》。见（清）盛康辑《皇朝经世文续编》卷一〇《治体三·政本上》，清光绪二十三年刻本。

遵办外，其一切远年成案，凡系原刊则例及续纂则例不行采入者，不许附会摭引，以杜书吏朦混之弊。[①]

道光年间，御史朱鸿指出：

夫各衙门政治，载在则例。原为办事之准绳，所当悉心研究，熟习而遵行之。则职在司官乃平时视为具文，遇事茫无依据，反以例当若何问之书吏。书吏专倚例、案为弊端，畸轻畸重，惟利是图。明知司官不能指驳，则更无所顾忌。甚至舍例言案，匿现在当行之例，而自变量十年前与例不符之案，巧为蒙蔽。其尤甚者，于续修则例时，即代司官纂辑。因而故为纠纷，故为含混，预留作弊地步。使则例愈修愈晦，司官理会不明，不得不凭书吏检查，益倚之为左右得力之人。殊不思若辈从中取利，无所不至。[②]

持“以例破法”、“以例坏法”观点者，在其著述中把成案界定为例，又以清人否定成案的言论作为否定例的证据，显然是张冠李戴，也是导致其得出错误结论的原因。

应当指出的是：明清时代不仅有批评例的言论，还有大量的肯定例的作用的言论。在现存的清代上百种法律文献的序、跋中，凡是言律、例者，基本上都是对例持正面评价的态度。《大清律集解附例》之《凡例》云：“律后附例所以推广律意而尽其类，亦变通律文而适于宜者也。故律一定而不可易，例则世轻世重，随时酌中之道焉。”[③] 认为例的因时制宜，随时变通，符合“世轻世重，随时酌中之道”。还有的指出：“律有一定，例则随时损益。有于律本重者，例或权其情节量为宽

---

① （清）乔远煐撰《请杜书吏舞文疏》，见（清）贺长龄辑《皇朝经世文编》卷二四《吏政吏胥》，清光绪二十二年扫叶山房刻本。

② （清）朱鸿撰《筹杜书吏舞弊之源疏》，见（清）饶玉成《皇朝经世文续编》卷二四，清光绪八年刻本。

③ （清）常鼎、朱轼等纂修《大清律集解附例》书首《凡例》，清雍正三年刻本。

减；有于律本轻者，例特重其科。皆体会律意，参酌变通。断罪者当以改定之例为准，不必拘泥律文。"① 例对律"随时损益"的功能，及其"参酌变通"的特点，恰恰是例的长处，成为清代司法审判中"有例不用律"的理由。

清代不少律学家认为律与例具有各自的特点和功能，形成互相配合的关系，从而对刑例的特点和功能给予了积极评价。

《大清律讲义》的作者徐象先说："惟律、例二者有体用之关系，律为体而例为用，凡鞫案决狱皆可依以为断。是其成立虽异而效力则同，不能秦越相视。惟条例概指一人一事而言，不若律文所包者广。"② 他将律例关系概括为体与用的关系，反对把两者对立起来。在承认例有其"不若律文所包者广"局限性的同时，肯定例有"可依以为断"的积极作用。

曾担任广东署韶州府知府的陆向荣在《瘦石山房笔记》中说："律本无多，易于讲习，若例则随时变通，熟于律而参酌时事，例之精妙出矣。"③ 文柱在《大清律例刑案汇纂集成·序》中指出："夫律者垂一定之法，例者准无定之情。原情而不依于律，无以尽情中之理；执法而不参诸例，无以通法外之变也。"④ 他们均是从律例相辅相成的角度，指出两者在立法中相互补充、在执法中相互依存的关系。这些关于律例关系的论述，不能不说具有一定的说服力。

吴廷琛在为《大清律例增修统纂集成》所作《序》中说："律尚简而例独尚繁，非简不足以统宗，非繁不足以征引。其条分缕析，秩然井然，乃能极万物之情伪，一皆有所附丽，而不容毫厘之差，盖若是其至纤至悉也。"⑤

① 光绪《大清会典》卷五四，清光绪二十五年刻本。

② （清）徐象先撰《大清律讲义》序，清光绪三十三年京华书局刻本。

③ （清）陆向荣撰《瘦石山房笔记》，引自（清）徐栋撰《牧令书》卷一七《刑名上》，清道光二十八年刻本。

④ 《大清律例刑案汇纂集成》书首文柱《序》。

⑤ （清）吴廷琛撰《大清律例增修统纂集成》序，见《大清律例增修统纂集成》卷首，国图藏清光绪三十三年刻本。

《大清律例根源》的编者张澧中说："故律简而例不得不繁，势也。要惟明其根源，自无虞枝叶之丛生。"① 这里所说的"势"是指事物发展的趋势。在张澧中看来，清代法律编纂中形成律文简要、例文繁杂的格局，这是与社会发展的趋势相适应的。社会生活的多元化和社会事务的多样化，是出现例文繁多的根源。只有懂得这一点，才能够客观地看待清代例繁这一历史现象，并对其做出公正的评价。

综合考察史籍中有关明清人论述例的记载可知，当时人们对待例的态度的基本情况是：其一，明、清人对于例的评价，总体来说是肯定者甚多，批评者较少，且对例的批评基本上是限于刑事事例方面。批评者的出发点多是为了革除制例中出现的弊端以求更好地制例，很少有人否定例这一法律形式，也没有任何君主否定例的作用。其二，尽管明清时期围绕着如何制例曾经有这样那样的争论，由于例在健全国家法制中的作用已普遍为人们认同，从明初到清末，朝廷从未中断过制例和编例，随着时间的推移，统治者愈来愈重视例的制定。其三，在现存的清代法律典籍中，有关例的文献占总数的70%以上。明清两代制例数量之多，为历朝所无法比拟。因此，后人在评价历史上例的作用时，必须坚持实事求是的态度，要对不同历史时期制例、例的实施的积极和消极方面做出具体的、恰如其分的分析。只有这样，才能科学地阐述中国法律发展史。

三　例的历史作用

关于例在历史上的积极作用，概括而言是：在法律不健全的时候，是对法律的补充。当法律相对健全的时候，着眼于情理，照顾到特殊，力求实现"情法适中"。例对于古代法律体系的形成、完善和推动法律的发展，都曾发挥了其他法律形式不可替代的作用。具体地讲，例在下述三个方面对于古代法制建设产生了重大影响。

---

① （清）张澧中撰《律例根源序》，见张澧中续辑《大清律例根源》卷首，清道光二十七年木活字刻本。

1. 例的产生及其体系的形成，使古代的法律功能和法律形式更加规范和完善

任何国家的法制建设，都必须构建法律体系，以不同的法律形式区分不同的法律功能，并密切结合国情实际，确定内涵各异且名实相符的名称及其规范。法律形式的区分是否科学和法律体系是否完善，是衡量一个国家法制建设水平的重要标准。

中国古代的法律形式和法律体系的建立及完善，经历了长达二千余年的历史进程。在明代之前的相当长的历史时期内，例虽然未被确认为国家法律体系中的主要法律形式，但在当时成文法体系尚存在缺陷的情况下，例的形成不仅弥补了法律体系的不足，并对法律的实施发挥了应有的作用。比如，事例的形成，解决了因事适时立法的问题；则例作为法律的实施细则，使法律的实施能够更为准确和便于操作；条例的编纂，有利于克服同一类法律规定前后冲突的弊端，使得法律得以整齐划一，在较长的时间内实施；断例的使用，填补了宋、元两代法律的空缺，使国家的法网更加严密。在明清时期，古代法制经历了法律形式由繁杂到简明、法律体系从纷乱到规范的变革，例作为法律形式为推进这一进程有其不可磨灭的贡献。

明代以前，历朝的法律形式繁杂。以宋、元两代为例。宋代是一个法律形式名目繁多且多变的王朝。北宋中叶之前，除《刑统》外，又有各类不同效力的编敕、编令、编格、编式、敕式、令式、格式及条贯、条例、条制、条式、条约、断例等。自宋神宗朝始，采用以事为经、敕令格式为纬的统类合编的立法体例，于“申明刑统”外，尚有各类敕令格式、敕令格、敕令式、敕令、敕式、令式、令格、格式及诏令、条令、条制、条贯、条例、断例等。南宋孝宗朝时，又把现行敕令格式及申明以事分门编纂为条法事类。宋人夏竦论及宋朝法律形式的繁杂及其弊端时说：“律、令、格、式之科，《刑统》、《编敕》之条，分类相杂，矛盾不同。奸吏有市法之门，丹笔有误书之罪。”[①] 元代的法

① （明）黄淮、杨士奇辑《历代名臣奏议》卷二一〇《法令》，上海古籍出版社，1989，影印本。

律形式也很冗杂，《元史·刑法志》把元代的法律形式概括为诏制、条格、断例三类。[①] 其实，元代的法律形式远非这三种所能概括。如《元典章》中的条目，仅“例”的称谓形式就有通例、总例、格例、条例、断例、禁例、罪例、定例、则例、分例、杂例等。各种形式法律的功能，彼此交叉，含混不清。官吏用法之际，非周查各篇不能知其内容，给法律的行用带来很大不便。明朝按照“法贵简当”的原则，为使民知所遵守，大刀阔斧地进行了法律形式编纂体例的改革，坚持律例并重，以修刑例补充律典之不足，以修行政例补充《会典》之未备。于律典、会典之外，把律外的各种法律规范纳入例的体系，以事例表述因时因事的临时立法，以则例表述朝廷基本法律的实施细则，以条例表述经统治者精心修订的法规，以榜例表述用榜文公布的诸例，从而使法律形式由繁变简，内容更具包容性。明代创立的以条例、则例、事例、榜例为基本内容的例的体系，使古代法律形式为之大变，进一步走向规范化、科学化。清代在沿袭明制的基础上，进一步扩大了则例的功能，把中央机构的行事规则和重大事项的单行法规以则例定名。明清两代建立的例的体系，使法律的分类更加科学，法律的功能更加明确，法律的内容更加完善。

2. 刑例的制定和修订，使律典在保持长期稳定的情况下，刑事法律能够适应司法实践的需要

律典是刑法典，是古代司法审判活动的法律依据。律典具有相对的稳定性，在较长时间内保持不变，随着时间的推移和新的问题不断出现，案情也千变万化，审判活动中常常发生律无正文援引的情况。刑例的制定和修订，成为解决立法与司法不相适应的问题的有效法律措施。秦汉时期，律是各种法律的总称，刑律尚未从法中明确分离出来，刑事法律也很不完善。这一时期，作为例的前身决事比的形成和运用，使得许多因法无明文规定难以审理的案件特别是死刑案件，能够运用决事比进行判决。宋代制定的断例，为当时处理疑难案件提供了法律依据。明

---

① 《元史》卷一〇二《刑法一》，中华书局，1983，第2603页。

清时期，《大明律》自洪武三十年（1397 年）颁布后，直至明末未改；《大清律例》自乾隆五年（1740 年）颁行后，直至清末一直沿用。明、清律之所以能够长期保持稳定不变，是这两朝统治者采取修例不修律方针的结果。明代于弘治、嘉靖、万历年间，通过三次修订《问刑条例》，适时补充了大量的新的刑事条款，修订了《大明律》不适应案情变化的条款，使刑事法律能够适应司法审判活动的需要。清代仿效明制，曾多次修刑例以补律之未备，使刑事法律更加严密。明代中后期和清代由于实行了律例并重、修例不修律的立法原则，这就既保持了律典的稳定性，又使刑例在司法审判中发挥了突出的作用。

3. 行政类例的制定和编纂，不断完善了行政法制，使行政、经济、民事、军政、文化教育等法律制度的实施有章可循

在中国古代，国家行政、经济、民事、军政、文化教育等方面的管理及其制度，主要是通过行政类法律确认和规范的。与刑事法律相比较，行政类法律涉及的领域更加广泛，立法数量也大得多。中国古代在建立和完善行政法律制度的过程中，例发挥了重要的功能。早在秦汉时期，作为行政事例的比就已出现，用之于论功行赏。汉代时，具有先例意义的故事，在礼仪活动、职官管理、赏功罚过等领域成为对行为的正当性论证的依据。魏晋至宋元时期，各种用于规范行政事务的例逐渐进入国家的法律体系。如唐、五代时期制定了不少规范官吏的选任、升迁、考核方面的格例，宋代颁行了许多用于规范经济事务的则例，唐、宋、元各代还制定了很多有关吏治和国计民务管理方面的条例等，弥补了当时行政、经济和社会管理法律制度不够健全的缺陷。明代时，朝廷制定了《军政条例》、《宪纲事类》、《吏部条例》等多种法律法规，并采用纂修《大明会典》和以例入会典的办法，规范国家的典章制度。清代颁行的则例类单行法规有数百种，其中最具代表性的有《六部则例》、《六部处分则例》、《宗人府则例》、《宫中现行则例》、《王公处分则例》、《内务府现行则例》、《理藩院则例》、《都察院则例》、《台规》、《国子监则例》、《中枢政考》、《军需则例》、《军器则例》等。这些则例对于清代的行政、军政、民事、教育诸方面的法律制度作了详尽的规定，是国家各级衙门和臣民必须遵守的行为规范。同时，清代还注重各类行政例的编纂，以方便官吏阅读，提高行政效率。在地方法制建设方面，清代后期，《湖南省例成案》、《江苏省例》、《福建省例》、《广东省例》等省例汇编相继问世。《省例》以地方性事务为规范对象，以地方行政法规为主体，在一省范围内具有普遍的法律约束力。省例的制定和实施，标志着中国古代地方立法已进入成熟阶段。

例在完善古代法制中的一个突出作用，就是面对社会经济千变万化，能够为推行国家的基本经济法律制度提供保障。古代中国各地的自然条件存在很大差异，土地瘠肥不一，丰年与凶年收入相殊，加之不同时期粮食和各类物产价格多变，钱法和税法等也随之累更，这就给统治者制定相对长期稳定的经济法规造成困难。在中国历史上，许多朝代都制定和颁行有通行全国的行政、刑事、军政、学校管理方面的法律，但未颁行称得上国家大法的、系统规范各项社会经济事务的经济法律。之所以出现这种情况，是因为社会经济发展过程中的多样性和多变性，无法由一部或几部内容长期稳定不变的法律进行调整。正是在这种情况下，则例作为国家法律的实施细则，发挥了它能够及时规范经济活动行为、调整各阶层经济利益冲突的功能。比如，为了严密朝廷的财政管理，宋代颁行了《役钱则例》、《税钱则例》、《锄田客户则例》、《收纳则例》等，元代颁行了《工粮则例》、《抽分则例》、《祗应酒面则例》、《盐法则例》等。明代时，则例作为国家各项事务管理中与钱物和财政收入、支给、运作相关的法律实施细则，在经济管理领域内也被广泛适用。明代的则例种类甚多，有赋役则例、商税则例、开中则例、捐纳则例及钱法、钞法、漕运、救荒等方面的则例。清代时，则例在经济管理中的作用进一步提高，朝廷除适时制定和颁发了大量的经济类则例外，还很重视则例的汇编，《漕运则例纂》、清代匠作则例就是这方面立法的代表性成果。中国古代历朝的经济法律制度之所以能够得到推行，则例发挥了重要作用。

我们在研究和阐述古代例的时候，既要看到它在历史上法制建设中的积极作用，也要正确认识它的局限性及产生的弊端。由于事例、具有判例性质的决事比和部分断例是因事或为处理某一案件制定的，日积月累，有些前例与后例的内容相互矛盾，就会影响法律体系的内部和谐，这是宋、元、明、清各代都曾遇到过的问题。特别是那些由君主“因人而异”发布的特例和恩例，是为了一时彰显皇恩作出的决定，有很大的随意性。尽管立法者申明“下不为例”，不允许比附援引，但这类例往往被一些奸吏援例攀比，使法制受到干扰和破坏。中国古代在制例和实施例的过程中，始终存在着如何处理刑例与律典的矛盾，存在着如何解决因例文浩瀚、贪官污吏乘机营私舞弊的问题。一般地说，在吏治比较严明的时期，这类弊端相对较少，而在吏治松弛的时期，这类弊端比较严重。从根本上讲，这种现象是官僚体制弊端的反映，不应不加分析地完全归罪于例。

在中华法律文明发展史上，任何有生命力的法律形式都是适应当时法制建设的需要产生的，又是伴随着社会的发展和法制的变革不断有所完善。古代的例也是沿着这一历史轨迹发展变化的。虽然在某一历史时期，在某些例的制定和实施过程中出现过这样那样的弊端，但总体而言，例作为国家的重要法律形式，对于推动中国古代的法制变革、完善法律体系和法律制度发挥了巨大的影响和积极作用。

关于中国古代地方法制的几点认识*

如何正确认识中国古代地方法制，是摆在我们面前的新课题。法史学界对这一领域的系统研究才刚刚开始，人们对于中国古代地方法制的概念、时空框架、发展阶段、演变局势及其在中央集权制度下存在的根据等一系列重要问题尚不清晰，故有必要首先就一些基本问题做出论述。

一　中国古代是否存在地方法制

关于“法制”的内涵，古今中外著作表述不一。在中国古书中，“法制”一词较为常见。《礼记·月令》云：“命有司，修法制。”① 《商君书·君臣》云：“民众而奸邪生，故立法制，为度量以禁之。”② 其所说的“法制”，是指设范立制，使民众有所遵循。历代法律文献中有关“法制”的阐述，基本上是从法律制度这个意义上使用的。这就是说，古人所说“法制”的含义，实是对“法律制度”的总称而已。

现代法学特别是法律史著述中，“法制”一词通常是在两种意义上使用：一是泛指国家的法律制度。“法律”是指包括以规范性文件确认的成文法和国家机关认可的不成文法；“制度”是指依照法律建立起来

---

* 本文系我和刘笃才先生合写。

① 《礼记·正义》卷一六《月令》，（清）阮元校刻《十三经注疏》，中华书局，1996，第1373页。

② 《商君书注释》：《君臣第二十三》，高亨注释，中华书局，1974，第169页。

的政治、经济、文化诸方面的各种制度。这种对“法制”内涵的界定，与古人的论述是相吻合的。二是指国家按照民主原则把国家事务制度化、法律化，并严格依法治理。这种同民主政治联系在一起的法制，与现代“法治”的内涵是一致的。另外，还有一些对“法制”的论述，其内涵是指动态意义上的法制，包括立法、执法、司法、守法、法律监督、法律教育等，这是今人从现代“法治”理念出发对法制做的又一表述。这种表述认为只有实现立法、执法、司法等的高度结合和一致，才能称得上是真正的法制，主张以“法律的制定与实施相结合”的方法研究中国法制史。

毫无疑义，中国古代人治重于法治，不存在以民主政治为基础的现代意义上的“法治”或“法制”，当然也不存在现代意义上的地方法制。但是，历史上存续时间较长的王朝都制定了比较健全的法律制度，并从中央到地方程度不等地实施了这些法律制度，古代中国法制的存在是不争的、并为学界公认的事实。从目前我国学界发表的研究中国法制史的著述看，很可能是因为全面研究包括立法、执法、司法等在内的动态意义上的法制存在各种困难，绝大多数著述特别是法制通史和法史教材，实际上论述的是上述第一种含义的法制。也有一些学者在“把立法、行政执法、司法结合研究”方面做了可喜的努力，取得了一定的学术突破。

古今的法律术语多有不同。正像中国清末以前的历史上没有“行政法”、“经济法”、“习惯法”、“判例”这些法律术语一样，也没有“地方法制”的称谓。上述这些法律术语都是今人对古代法律或法律现象所做的现代表述。为了让现代人读懂、理解古代法律，正确评判和阐述历史上的法制，以现代法学观点研究中国法制史是完全必要的，但研究中使用的用以表述古代法律、法律现象的术语，其内涵应当符合古人的原意或符合历史实际。从这一观点出发，我们按照古人阐述的“法制”的本义，把历代朝廷制定的在全国统一行使的法律制度，简称为“国家法制”；把地方各级官府、长官在实施国家法律过程中制定的仅适用于本地区的地方性法规法令和各种具体制度，以及中央和中央派出巡视地方的官员制定的仅适用于某一地区的特定法律制度，统称为“地方法制”。

现代中国存在地方法制，在中国近现代法制史研究中也经常使用“地方法制”这一术语，无人对此提出异议，但对中国古代是否存在地方法制的问题，学界却不无疑虑。有学者认为，我国古代实行的是君主专制的中央集权制度，在君主专制和实行“法制一统”的历史条件下，很难有地方法制存在的空间。

我们认为，对于古代中国是否也像近现代中国一样存在地方法制的问题，首先是一个事实认定的问题，然后，才可能从理论上进行解释。

一个事实是清代存在着省例。省是清代地方建制的最高一级，作为一级地方政府的规范性文件，省例的性质是什么？它有没有法律效力？我们认为对此应该给予肯定的回答。① 现存于世的清代省例有十多种，达数百万字。

再往上追溯是明代地方性条约，它们有些出自总督、巡抚之手，有些是由各级地方长官和其他中央巡视地方事务的官员发布的，数量较多，仅我们搜集到的就达数百万字，明清地方法制的存在是客观的事实。

同世界上任何一种法律制度都有一个形成和逐步完善的历程一样，明清地方法制不是突然出现的，它在历史上也必定有其沿革、发展的过程。为了理清其来龙去脉，多年来我们通过对地方法律文献的搜集和整理，发现秦汉到宋元的地方法律文献虽然大多失传，但也有一定数量的同类文献存世，其中包括敦煌出土的汉唐简牍等。大量的文献资料表明，从秦汉到明清，地方法制建设从未间断过，各代于国家法律制度之外，还颁行了数量巨大的地方性法规法令和政令，仅我们辑佚到的历代地方法规、法令、政令就有数千种。有多种地方法律文献中记述的地方法规、具体制度的条款多达数百条，有的达上千条。

再就是宋代的一路一州一县敕。它们虽然出自中央政府，却是关系

① 关于清代省例的编纂及其性质，详见杨一凡、刘笃才著《历代例考》第4部分《清代的省例》，收入杨一凡主编《中国法制史考证续编》第1册，社会科学文献出版社，2009，第415～453页。

到某地事务管理的特殊立法，只在特定地区具有法律效力。这与具有普遍法律效力的一般国家法律不同，其性质和历史定位也值得研究。宋以前的唐朝，其后的元明清各代，类似的特殊立法也不少见，且有与时俱增之势。

确凿的历史事实表明，中国古代存在地方法制，那种认为中央集权制度下没有地方法制存在空间的观点不能成立。然而，这又向人们提出了如何认识中央集权与地方法制互动机制的问题，需要学界继续深入探讨。

应该指出，尽管与国家法制研究比较，古代地方法制研究是中国法制史研究的薄弱环节，但应看到近年来已经有一些学者开始关注古代地方法制的探讨，发表了不少研究成果。这方面的研究专著有方慧教授的《云南法制史》① 一书。已发表的论文主要有：闫晓君的《略论秦汉时期地方性立法》②，王志强的《论清代条例中的地区性特别法》③ 和《论清代的地方法规——以清代省例为中心》④，才媛的《试论海瑞的地方立法活动及立法成就》⑤，卞利的《明清徽州地方性行政法规文书初探》⑥，胡震的《清代地方法规研究——以省例为中心》⑦，关志国的《清代地方法律形式探析》⑧。此外还有一些涉及古代地方法制的论文发表，主要集中在某一地区的乡规民约、民俗习惯、民事调解制度、地方司法活动以及明清的里甲法、保甲法等方面。这些研究也表明，古代中国存在着与国家法制相对应的地方法制。

---

① 方慧著《云南法制史》，中国社会科学出版社，2005。

② 闫晓君：《略论秦汉时期地方性立法》，《江西师范大学学报》2000 年第 2 期。

③ 王志强：《论清代条例中的地区性特别法》，《复旦学报》2000 年第 2 期。

④ 王志强：《论清代的地方法规——以清代省例为中心》，《中国学术》2001 年第 3 期。

⑤ 才媛：《试论海瑞的地方立法活动及立法成就》，载曾宪义主编《法律文化研究》第 3 辑，中国人民大学出版社，2007。

⑥ 卞利：《明清徽州地方性行政法规文书初探》，《安徽大学学报》2009 年第 4 期。

⑦ 胡震：《清代地方法规研究——以省例为中心》，收入陈煜主编《青蓝集续编——张晋藩教授指导的法律史学博士论文粹编》，法律出版社，2010。

⑧ 关志国：《清代地方法律形式探析》，收入杨一凡主编《中国古代法律形式研究》，社会科学文献出版社，2011。

二 几个基本概念

关于地方法制的概念，如上所述，动态意义上的法制包括立法、执法、司法等多个方面，古代地方法制也应该包括地方立法、执法与司法。鉴于立法领域最能够体现地方法制的特点，也鉴于揭示各代地方法制的实施状况是一个需要长期研究才能解决的难题，故我们撰写的《中国古代地方法制研究》[①] 一书在阐述地方法制发展史时，以地方立法及法规法令作为中心。

中国古代不存在立法与行政分立的观念，立法与行政没有明确的职能分工，国家法律没有明确授予地方官府和长官立法权限的规定，更谈不上关于“国家立法”、“地方立法”、“地方性法规”等概念的明确界定。在古代中国没有设置专门立法机构的情况下，就适用于特定地区的法律规范而言，有国家颁行的法律法令，有各级地方长官发布的行政命令，有朝廷派出巡察地方事务的官员颁布的条规条令，也有朝廷针对某一特殊问题颁行的特别指令。从古代中国用于治理地方的法规法令的立法主体多元化这一点出发，我们在中国古代地方法制研究中，根据不同情况，分别使用了“地方立法”、“地方性法规”、“地方特别法”这些概念。这里有必要先就它们的概念和内涵加以界定。

所谓“地方立法”，是指各级地方官府和长官为治理地方事务制定或变动各种不同规范性文件的活动。中国古代国家法律没有明确规定地方官府和长官立法的权限，不等于说古代不存在地方立法。古代法律文献虽然没有在严格的意义上使用“地方立法”这一术语，但承认地方长官制定的法规法令是“立法”行为的大有人在。比如，万历末年庄起元任浙江兰溪县知县上任之初发布的告示，就题名为《初立法征收田

---

① 《中国古代地方法制研究》系国家社科基金重点项目，杨一凡、刘笃才、关志国撰写，该课题已于2012年8月结项。

粮告示》，该告示首句为“金华府兰溪县为立法简要征收田粮事”①。类似的记载还有不少。因此，把古代地方官府和长官制定适合于本地区情况的法规法令的活动，用“地方立法”这一现代法律术语表述，未必就与古人的原意相悖。

所谓“地方性法规”，是指各级地方官府、长官或中央派出巡察地方事务的官员制定的适用于特定地区事务管理的各种规范性文件。我国学界较早发表阐述古代地方法规的专文，是20世纪80年代初刘海年先生写的《云梦秦简〈语书〉探析——秦始皇时期颁行的一个地方性法规》。他在该文中论述了地方性法规这一概念，指出：云梦秦简中的《语书》，是秦始皇统一全国过程中南郡守腾颁布的一篇法律文告，属于地方性法规，并且进一步指出：“地方性法规，虽然往往只反映当时某一地区的某一类问题，但对于更具体地了解情况却是不可缺少的。”②

地方性法规这一概念虽然比较宽泛，但还是有明确的内涵，它包含了以下要素：

其一，地方性法规具有规范性。规范性是指法律为人们的行为提供模式、标准和方向。法律是一种概括、普遍、严谨的行为规范，法律规范的行为模式是人们从大量实际、具体的行为中抽象出来的，其适用对象是一般的社会个体，其行为标准可以反复适用。

其二，地方性法规具有国家性。它们虽然往往是以地方官府或长官个人的名义颁布的，但这些法规实际上是依据国家法律和政策制定的，体现的是国家的意志，而不是官员个人的意志。

其三，地方性法规具有强制性。它们是以国家强制力作为保障推行的，具有法律约束力。

① （明）庄起元撰《初立法征收田粮告示》，明万历刊漆园卮言本，收入杨一凡、王旭编《古代榜文告示汇存》第1册，社会科学文献出版社，2006，第685~687页。

② 刘海年：《云梦秦简〈语书〉探析——秦始皇时期颁行的一个地方性法规》，《学习与探索》1984年第6期。他在这篇论文中说：“《语书》的颁行及其内容说明，秦的法律体系既包括国君（皇帝）颁行的各种律令，朝廷制定的各种式、例，也包括像《语书》这样由郡守颁布的地方性法规”；“由于它是南郡守腾发布的，针对的是南郡地区的具体情况，其法律效力也只限于南郡辖区，所以它是一篇地方性的法规。”

其四，地方性法规具有地方性。它们以地方行政区内具体事务为规范对象，只在本行政区域内有约束力，不能直接适用于其他地域，其立法的内容和法律效力有鲜明的地方性。

在中国古代地方法制研究中，提出“地方性法规”这一概念，是为了与中央颁行的法律相区别。然而，用于治理特定地区事务的法律，除地方性法规外，还有皇帝和中央机构颁行的法律，我们称其为“地方特别法”。

所谓“地方特别法”是由皇帝批准或者中央机构奉旨制定、颁布的关于特定地区事务管理的各种规范性文件。由于古代中国幅员辽阔、人口众多，各地自然和人文地理状况各异，统一的全国性立法往往不能有针对性地切实解决各地方具体问题，这就使得地区性的立法成为必然。王志强在《论清代条例中的地区性特别法》一文中指出：“一方面客观上有地区性立法的需要，另一方面地方政府权力、特别是立法权又相当有限，只能由中央以地区性特别法的形式来进行。这一现代政治体制下并不多见的法律类型在当时数量庞大、作用突出，正是中央高度集权政治体制下特有的现象。”①

中国古代长期实行的是高度集权的君主专制制度，实行的是大一统的国家法律制度，地方性法规法令是为了更好地实施国家法律而制定的，地方法制与国家法制的关系是从属和主导的关系，这就决定了它在国家法制建设中处于依附地位。具体地说，古代地方法制具有从属性、务实性、差异性三个基本特征。所谓“从属性”，就是法规、法令的制定从属于国家法制建设，是在维护国家法律制度的基本框架下进行的。在中央集权制度下，国家法律对地方事务的许多方面都做了规定，特别是刑事立法，不允许地方染指。地方法制建设同国家法制建设在内容方面高度重合，许多地方法规法令的内容只是重申国家法律；制定实施细则和各种保障措施，是为更好地贯彻落实国家的基本法律制度，而不能与之相冲突。所谓“务实性”，就是官府和长官发布的地方法规法令和

① 王志强：《论清代条例中的地区性特别法》，《复旦学报》2000 年第 2 期。

制定的各种具体制度，是在实施国家基本法律制度的实践中形成的，大多带有立法与执法二者相兼的性质，操作性、技术性较强，具有务实的特色。所谓“差异性”，就是不同地区法制建设有自己的特点，其制定的法规法令只适用于本地区，即使同一历史时期各地的法制建设，也存在一定的差异。在研究中国古代地方法制过程中，正确认识和把握这些基本特征非常必要。研究古代地方法制的着重点，就是揭示地方官府和长官在实施国家法律过程中，如何结合本地特点，制定适合本地情况、具有地方特色的法律规范和具体制度。

研究地方法规涉及很多方面，譬如，地方法规的载体，制定的背景和原因，以何种形态存在并发挥作用，在国家法律体系中的地位及功能，经历了怎样的演变过程，其发展有何规律等，这都是需要探讨的问题。

三　古代地方法制的时空框架

按照传统的说法，中国古代包括了原始社会、奴隶制社会与封建社会，第一次鸦片战争开始了中国的近代时期，从此中国进入了半殖民地半封建社会。近年来，很多历史学者指出，关于人类社会分为五个历史阶段的提法值得商榷，特别是所谓“封建社会”一说，原本是指称西周实行的封邦建国制度，所谓中国存在二千年封建社会的说法，更容易产生误解。史学界对于中国的历史分期以及如何表述各个历史社会形态的性质，至今尚未达成新的共识。

有的历史学家将夏、商、西周称为王权时代，春秋战国称为霸权时代，把秦之后直至中华民国成立称为帝制时代，应当说是比较符合历史实际的。本文在论述中国古代地方法制过程中涉及历史分期时，采用这一观点。

本文中所说的中国古代法制，是指中华民国建立（1911 年）以前的历代法制。我们之所以不采取以第一次鸦片战争（1840 年）为古代法制史的断限，是考虑到从制度层面看，中国近代法律变革是从 20 世纪初开始的。1840年前后中国的法律制度并没有发生根本性的变化。硬要采取一刀切的方式，设立一个不可逾越的时间断限，似乎没有充分的理由。有鉴于此，本书以中华民国的建立、帝制时代与民国时期相交替，作为中国古代法制的下限。

至于古代法制的上限，虽然有文字记载的历史由夏朝开始，但依据目前已出土的文物资料和近年来学界新的研究成果，我们以为把春秋战国这个大变革时代的后期作为中国古代地方法制的起点比较合适。

首先，春秋战国之前，包括中央与地方关系在内的国家制度尚未定型，在观念上还相当模糊。从民初社会迈进文明社会，到国家的出现，经由了部落联盟阶段。传说中的尧舜禹就是部落联盟首领，如果说禹位启继的传子制标志着中国古代国家的形成，那么夏国家只能是一种自下而上的联合。即使到了商代，国家仍然主要是自下而上的联合，只是联合程度更进了一步。只有到了周代，才形成了自上而下的分封。西周的分封制分为两种情况：一是承认在孟津誓师参与武王伐纣的旧诸侯的地位；二是分封以姬姓子弟为主体的新贵族。只有后者，才具有国家自上而下授权以建构地方政府的意义。在自下而上的部落联合的国家形态中，部落或部落联盟是否具备地方政府的构成要件和功能，是一个需要继续探讨的问题。

其次，春秋战国之前，整个社会的法律秩序还没有建立起来。传说夏朝和商朝已有法典存在，即所谓的“禹刑”、“汤刑”，但这在甲骨、金文资料中得不到印证。上古文献中有夏、商、西周时期存在“九刑”、“誓命”、“典”、“宪”等法律形式的记述，对于这些词语的性质，学界尚有争议。有关西周的法律资料要相对多一些，但尚无充分的证据表明，这一时期已形成初步的法律体系和比较完整的法制。夏、商、西周时期占统治地位的是礼制秩序。西周初期礼制得到较大发展，成为调整各方面社会关系，包括天子与诸侯、中央与地方之间关系的准则。从广义上讲，礼制秩序也可以说是一种法律秩序。但严格地说，两者还是有很大的不同。从严格的法律秩序这个意义上分析，当时国家的法制还处于孕育过程，不能说已形成了地方法制。

再次，由于文献的缺乏，使我们难以对夏、商、西周的地方制度进行深入的考察。以《周礼》一书为例，虽然依据王国维提出的两重证据法，人们已经通过金文与《周礼》的互证，说明《周礼》一书反映的职官与周代大体相符，但是也仅限于官制而已。《周礼》一书毕竟不是周公制作，其作者可能是春秋战国时代的人，对于有关制度的记载浸透着作者的理想成分，在多大程度上能够反映周代的实际，很难判断，对此不能不持谨慎的态度。[①] 同样，古文《尚书》一直被看做是魏晋人的伪作，在郭店楚简出土后，一些学者对此看法有所改变，然而新近的消息又告诉我们，“清华简”的研究成果证明了古文《尚书》确系伪作。[②] 前后两说孰是孰非，尚无定论。近年地下出土文物的增加，对于古史研究来说是个好消息，遗憾的是与夏、商、周三代的地方法制研究相关的材料尚付阙如，而任何没有确凿材料作为依据的论断都是不慎重的。

基于以上理由，我们认为阐述古代中国地方法制，应以春秋战国为开端，以帝制国家与民国交替作为终点。

再说古代中国地方法制空间的适用范围。

中国之所以称为“中国”，在一定意义上是说，它在历史上不是一个由固定边界圈定的国家，而是由不同行政单位构成的多元一体的国家；从政治中心向外辐射到其影响所及之处，就是中国的疆域。从全国范围看，根据距离政治中心的远近，可以将各个地区划分为几类不同的类型。

（1）正式行政区。这是古代中国疆土的基本部分，由正式的、自上而下层级性的行政机构进行管理。各个朝代所辖的行政区的多少、大小及建制并不完全相同。秦汉的郡县制，隋唐的州县制，宋代的路府州

---

① 陈顾远先生早就提出，古代法制研究必须坚持“推测之辞不可为信，设法之辞不可为据，传说之辞不可为确”的治学原则和方法（见氏著《中国法制史》第 1 编总论第 1 章，商务印书馆，1935，第 4 页以下）。

② 李学勤：《清华简九篇综述》，《文物》2010 年第 5 期，第 51 页；廖名春：《清华简与〈尚书〉研究》，《文史哲》2010 年第 6 期，第 120 页。

县制，元代及其以后的行省制，都属于正式行政区建制。各行政区有固定、明确的管辖区，对辖区内的人户、田土、赋税、社会治安和其他各项事务进行管理，实行全国统一的法律，最高统治者拥有对内对外的全部权力。

（2）特殊行政区。此是指在边疆地区或者非汉族（或非本民族）聚居区设置的行政区，如秦汉时期的属国，隋唐时期的羁縻州，明清时期土司统治的地区。其行政体制没有严格的层级系统，地方长官或族群首领按照当地的习惯产生，实行世袭制，但要得到中央或上级官府的确认。在户口、土地及社会事务方面，实行比较松散的管理，当地的统治者享有减免赋税的特权。这些地区在条件成熟后会被转变为正式行政区。在特殊行政区内，民族风俗习惯占主导地位，实行的是特殊的法律制度，国家统一的法律对其影响甚微。朝廷对于这些地区实行的、不影响国家安危的制度和法律措施，一般采取默认的态度。

（3）藩国。中国古代的一些王朝，除管辖上述两种行政区外，还有藩国的存在。藩国必须承认自己的臣属地位，定期不定期地向朝廷纳贡。朝廷承认其原有的封号，允许其拥有自己的军队，享有管辖本地区的自治权，中央政府不向其派驻官员，或者只派顾问或起监督作用的官员。藩国有自己的一套习俗或法律制度，其与朝廷的法律制度往往存在很大差异。

对于非汉族居住的特殊行政区是否属于地方法制研究的对象，是一个值得探讨的问题。因这些地区居住着少数民族，法律史学界一般将之列入少数民族法制研究领域，然而不能忽视的事实是，在历史的发展过程中，汉民族向这些地区迁徙的人口逐渐增加，在少数民族积聚地区出现了民族杂居的现象，尤其是在两类不同行政区域接壤的地方，民族杂居情况越来越突出，以致形成法律适用方面的冲突，需要中央或者地方当局做出特殊规定。再者，在历史上还存在中央政府将特殊行政区强行改变为正式行政区的情况，譬如清代实行的“改土归流”，但这种转变并不是一蹴而就的事情，往往需要一个长期的过程，在此期间该地区的法律状态会呈现出复杂的态势。

以明清时期湖南省道县侗族集聚区为例。该县当时通行的侗款，属于民族法规，但据《通道县志》记载，明万历三年（1575 年），该县长官曾发布《赏民册示》规定："一要紧把隘口，不许蛮苗入境；二要乡村互相守望，不许挨闪躲避；三要四峒各村不许汉人住坐苗疆，百计盘剥扰害；四要听从款令调唤，不许挨闪犯规；五要大小事件听峒长乡约公道排解，大事化小，小事化无，不许二二比，诬行争斗，倘有不服者，峒长乡约即行禀究；六要安分，男耕女织，不许争占欺弊。"清康熙年间，地方官府又增加了下列禁革条款："一禁汉人不许入峒勾通作祟；二禁峒民不许勾通外界生苗入境为非；三禁巡回陋规，马蹄银两永行革除；四禁十三隘口务宜把守，严谨盘诘。如有汉奸盗贼匪类，协力擒拿解究；五禁各寨汉民共同相激勸，从此和睦，毋得以大寨欺压小寨，借故执横抄抢，互相仇杀，致害生灵；六禁过往假装官兵抬扛四轿，有牌者可送，无牌者许百姓盘诘擒拿。"①这些条款作为地方官府制定的法律措施，具有明显的地方法规性质。也就是说，湖南道县当时实行的法律制度，除民族法制外，还含有地方法制的成分。

在中国历史上，一些边疆地区特别是民族杂居区域，也存在类似明清时期湖南道县这种民族法制与地方法制并存的情况。我们认为，对于当地民族的传统习惯和规则，应该列入民族法制的范围，而对于民族杂居地区适用的由朝廷或官府确认的地方性法规，以及"改土归流"过程中法制的变化，则应该列入地方法制研究的对象。

由此可见，确定地方法制的空间范围也并不像我们原先想象的那样简单，必须具体情况具体对待，具体问题具体分析。

四　古代地方法制的发展阶段

中国古代地方法制是伴随着国家法制的变革、演进逐步完善的，它

① 《通道县志》，民族出版社，1999，第 823 页。

同中华法律体系一样，经历了形成、成长、成熟、转型这样四个历史阶段。[①] 由于地方法制的发展，与国家控制地方的方式和地方官僚体制的变化有密切关系，因此，地方法制的发展阶段较之国家法制的发展阶段相对较长，直到明代中叶督抚制度出现后，才进入了空前活跃和成熟阶段。这里，我们对中国古代地方法制的发展阶段作一概述。

1. 春秋战国：地方法制的形成时期

春秋战国是我国历史上的大变革时期，王权走向式微，霸权争夺激烈，礼制逐渐崩溃，帝制和法律制度开始孕育。春秋时期，一些诸侯国制定了新的成文法。战国时期的法律出现了新的名称，这就是沿用至今的“法”和“律”。已出土文物中的法律资料表明，春秋战国时期各诸侯国颁布的法令，已具备了国家制定、普遍适用等法的全部特征。战国时期是古代中国法律体系的酝酿生成时期，还不能证明这一时期已形成了比较完善的法律体系。这一时期礼制逐步为法制所代替，也为地方法制的生成提供了必要的前提。

战国后期，中央和地方的权力划分形成了新的格局，出现了郡县制，这是中央集权体制下的地方制度。郡的长官称“守”，县的长官称“令”，均由国君任免。郡守县令作为地方官，除了执行中央政府颁布的法律与行政指令外，也有独出心裁发布命令的情况。《韩非子》书中曾讲过一个故事：“李悝为魏文侯上地守，而欲人之善射。乃下令曰：‘人之有狐疑之讼者，令之射的，中之者胜，不中者负。’令下而人皆疾习射，日夜不休。及与秦人战，大败之，以人之善射也。”[②] 这就是一个关于地方长官制定发布法令的记载。故事中的李悝，是人们熟知的《法经》的作者，此时他的身份属于地方官吏。李悝担任的“上地守”就是郡守，不过当时郡县制还没有定型，“上地”有多大，之下是否辖县，皆不可考。他发布的这条命令在形式上无疑具有法的性质。在法令

① 关于中国古代法律体系的四个发展阶段，详见杨一凡主编《中国法制史概要》第3章，中国社会科学出版社，2013。

② （清）王先谦撰、钟哲点校《韩非子集解》卷九《内储说上》，中华书局，1998，第230页。

的内容方面，他把官司的胜负与射箭是否“中的”联系起来处理，给人以“风马牛不相及”的感觉，但熟悉人类早期法制历史的人们也不难从中找到神判的痕迹，其与西方以决斗定争讼胜负具有同样的精神。

这个故事可能是出自韩非的杜撰，也可能是韩非为了说明“法治”对于精兵强国有立竿见影的效果编造出来的，即使它的真实性值得怀疑，这个故事也很有意义。它表明在力主实行君主高度集权专制、主张国君掌握立法权的法家代表人物韩非心目中，地方长官李悝这样做没有什么不妥。看来韩非的“以法治国”思想理论并不排斥地方立法。除上述故事外，《韩非子》还记述了吴起之事。吴起事魏文侯、武侯，在出任西河守时，“秦有小亭临境，起欲攻之，不足以征甲兵，乃倚一车辕於北门之外而令之：‘有能徙此于南门之外者，赐之上田上宅。’”①

《睡虎地秦墓竹简》中的《语书》②，是南郡太守腾给县道啬夫的告谕文书，该文书属于地方政令性质。这表明由地方长官发布政令的做法，至迟在战国时期就已出现。

2. 秦汉至明代中叶：地方法制的成长时期

坚持法制一统，是秦统一后各代治国的既定方针。秦汉到唐宋时期，各代注重不断完善以律令为核心的国家法律体系，地方法制的发展受到了很大限制。从元代到明代中叶，是从律令体系向律例为核心的法律体系过渡和创建阶段，社会经济的发展，法律体系的变革，为地方法制建设逐步开拓了较为广阔的空间。但是直到明代中叶督抚制度形成前，中央控制地方的方式仍未发生较大变化。在明代中叶前的相当长的时间内，地方法制经历了缓慢的、没有重大变革的成长过程。

汉代时，地方法律载体有条教、书、记等。这一时期，“太守专郡，综理庶绩”，权力甚重。根据地方施政需要颁布条教、书、记等，是其职权之一。不过，“条教”的性质介于道德与法律之间，“书记”则是

① （清）王先谦撰、钟哲点校《韩非子集解》卷九《内储说上》，中华书局，1998，第229页。

② 睡虎地秦墓竹简整理小组整理《睡虎地秦墓竹简》，文物出版社，1978，第14～22页。

行政文书的总名。地方长官能够有作为的地方，是朝廷对其执法赋予“便宜行事”的权力，从而可以不完全受到国家法律条文的约束。唐代时，“条教”是地方长官发布政令的形式，“条约”和“科约”是地方性法规法令的重要载体。这一时期，地方长官可以在“兴利除弊”的口号下，结合地方实际情况变通立法。其立法技术也有了较大的提高。敦煌出土的《沙州敦煌县行用水细则》（亦称《唐沙州敦煌地区灌溉用水章程》）[①]，可以说是唐代中央法规《水部式》在敦煌地区的实施细则，同时也是在民间习惯和前代地方性法规基础上形成的地方性水利规范。宋元时期，朝廷为了强化地方事务管理，以诏令、敕（敕榜）和例的形式，颁布了许多由朝廷制定的适用于特定地区的中央特别法。各级地方政府和长官以条教、条约、约束以及榜文、告示的形式，发布了大量的地方性法规法令和政令。元代和明代前期，地方官府和长官在加强地方法制建设方面，基本沿用了前代的做法，没有较大的作为。但是，也有少数地方长官利用条约这一形式制定内容较为系统的地方性法规。

纵观从秦汉至明代中叶的各个朝代，在地方法制建设方面，统治者尚不自觉，立法形式缺乏明确规范，表明地方法制处于缓慢的成长阶段。

3. 明代中叶至清末法制改革前：地方法制走向成熟时期

就现见地方法律的形式和立法的数量而言，明代以前的法律形式比较简单，有关法规法令的记载相对较少。现见的地方性法规，大多是明代中叶之后制定的。从明代中后期到清末，随着社会变革和经济的发展，地方立法活动空前活跃。这一时期，各级地方官府、长官及朝廷派出巡按各地的官员都比较重视地方性法规的制定，除以告示、檄文、详文等官方文书颁行了大量的法规、法令和政令外，条约成为地方立法的基本形式并被广泛使用。《中国古代地方法律文献》甲编[②]收入的《巡

---

① 杨一凡、刘笃才编《中国古代地方法律文献》甲编第1册，世界图书出版公司，2006，第31~40页。

② 杨一凡、刘笃才编《中国古代地方法律文献》甲编（10册），世界图书出版公司，影印本，2005。

按陕西告示条约》、《莅任条约》、《巡抚条约》、《总督条约》、《学政条约》、《风宪约》、《乡甲约》、《漕政禁约》、《籴谷条约》等20多种条约，就是当时地方立法的代表性成果。明代各朝颁行的地方性条约，既有全面规范本地区事务的综合类条约，也有各种用以规范某一行政、经济、军政、学政事务的特定事务管理类条约。这些条约详细地规定了本地区实施国家基本法律制度的各类具体制度，使各地的政务进一步具体化、制度化，地方性法规的编纂也更加规范。

清代地方立法较之明代有了新的重大进展。这一时期，地方官府和长官采用告示、条约、章程、堂规、署规、示谕和各种官方文书的形式，颁布了数以千计的各种地方性法规，其内容涉及地方官吏管理立法、保甲立法、慈善组织立法、赋税立法、漕政立法、盐政立法、荒政立法、仓政立法、商业管理立法、水利工程立法、租佃关系立法等方面。在清代地方立法成果中，“省例”的纂辑、刊印标志着我国古代的地方法制建设已进入比较成熟的阶段，现见的代表性的省例汇编类文献有《湖南省例成案》、《江苏省例》、《福建省例》等。

明清两代的地方执法和司法制度也有了重要发展，表现在：进一步扩展了省、府、州县官府的司法职能，健全了法律文书行移、审转制度；针对执法中存在的问题制定配套性具体制度和措施；进一步完善行政监察制度，加强了执法、司法监督；建立了里甲、保甲制度及里老、乡约理讼制度和乡村调解制度。从明代中叶到清末法制改革前，是我国地方立法空前活跃和繁荣的时期。条约作为地方立法形式被广泛使用，省例的编纂、地方法制的全面发展和完善，标志着这一时期是中国地方法制走向成熟的时期。

4. 清末法制改革时期：地方法制从古代向近代转型

地方立法在清末达到高潮。面对西方列强的侵入、社会动荡和国家政局的变化，各地出于救亡图强、维护基层政权和社会治安的需要，积极推进地方法制变革，制定了一系列的专门性的单行地方法规。如旨在加强实业、财政、商业、税务管理的实业章程、裁减公费章程、清赋章程和各种商税则例，旨在健全司法、执法制度和提高办案水平的地方法院审判厅章程、强制执行章程、清理讼狱章程，旨在加强社会治安管理的城治章程、警察章程，以规范学校教育为内容的大、中、小学和师范学校章程，以社会救济为内容的赈捐章程、义仓章程等。清末的地方立法与清前期中期比较，具有立法数量多、专门性法规多、内容更加近代化的特点。清末的地方法制变革和立法实践，为古代地方法制向近代地方法制转型发挥了承前启后的作用。

五 古代地方法制的演变趋势

在中国历史上，尽管在国家统一稳定时期与动乱分裂时期、每一代的前期中期和后期，乃至各个历史时期的不同发展阶段，地方法制建设存在着这样那样的差异，但从总体分析，它经历了漫长的由不成熟到逐渐成熟的演进过程，其发展趋势可概括为五个方面。

1. 地方法制的规范化程度越来越高

地方事务管理的具体化和规范化，有利于保障国家法律的有效实施，有利于各级官府在行政管理和司法过程中有章可循，有利于百姓遵制守法，有利于社会秩序的稳定。虽然也有统治者对于地方长官立法定制存有疑虑，从权力分配的角度加以限制，但随着时间的推移，更多的统治者认识到，健全地方立法对规范地方官员权力行使有利无害，与其限制不如鼓励地方官员根据地方特点，兴利除弊，制定适合本地情况的法规。从这一认识出发，古代中国许多王朝对地方长官完善地方法律制度的举措采取支持和鼓励态度，这就为地方法规规范化程度的提高奠定了思想基础。

就地方性法规的载体而言，秦汉至元代，地方法制处于初级发展阶段，地方长官在制定地方性法规时还不敢放开手脚，往往以行政执法的姿态掩盖发号施令的行为，如“语书”；将地方性法规饰之以道德教化的外貌，如“条教”；通过公牍文书等载体将法规内容掺杂其间，如“书”、“记”。对此，我们需要进行层层剖析才能剥出那些隐含其间的法律性内核，显然也就很难谈到规范化问题。明清时期，这种情况有了很大改变，地方性法规的规范性水平大大提高。明代中叶以后，大量的条款清晰、内容结构完整的条约的发布和实施，标志地方法制进入了快速发展和日益规范化的新阶段。清代中后期省例的编纂，意味着古代地方法制在克服人亡政息弊端、实现地方法制的稳定性和权威性方面迈出了一大步。清末进行的地方法制变革，在地方立法中广泛采用国外先进的分类方法和立法技术，传统的古代地方法制开始向近代转型。

2. 统治者愈来愈重视地方特别法的制定，朝廷对地方的控制越来越严密

汉代时太守专郡，需要中央批准才被赋予便宜行事之权，唐代规定地方长官可以便宜行事，并且把兴利除弊作为地方官的职责，说明统治者已经认识到，在施政中不能忽视各地的特殊情况而一味强调集中统一。但是，中央集权制是古代中国始终坚持的政治原则，朝廷对地方的控制并没有完全放松，唐代开始出现由中央制定的地方特别法。宋代时一路、一州、一县敕发展成为中央直接控制地方事务管理的特别法形式。古代社会的后期，各朝愈来愈重视制定地方特别法。明清两代为了强化对各地事务的管理，颁布了大量适用于各地区的则例和事例，内容涉及行政、经济、民事、学政管理等各个方面，甚至在制定刑事条例时也增设了若干有地方特色的罪名。中央制定的地方特别法具有两面性，一方面照顾了地方特点，一方面体现了中央集权，它是朝廷高度集权、适当照顾地方的特殊产物。通过分析各类地方特别法，可以看出中央干预与地方自治相互消长的互动关系。

3. 国家法律的适用范围越来越大

中国自古以来就是一个大国，但是在刚刚形成大一统局面的秦汉时期与大一统高度发展的明清时期，中央对地方的控制程度和法律适用的范围是不一样的。秦汉时代，只有中原地区适用统一国家的法律，周边地区、非汉民族聚居或者汉族与非汉族杂居的地区，国家法律的适用受条件的限制，呈现复杂的态势。随着历史的发展，边境地区移民的增多，汉族文化向周边地区的传播，国家的疆土逐渐扩大，中央对地方的控制程度越来越高。唐代羁縻州县的设立将汉代的羁縻政策提升到制度层面；明清土司制度及后来的“改土归流”政策的逐步实施，使内陆地区法律适用范围不断扩大到边疆民族地区，民族风俗习惯在该地区的功能逐步缩小。在中央强化对地方的控制和法制逐步统一的过程中，地方法制发挥了重要作用。

清代中期以前，我国一些少数民族地区颁行了不少地方性民族规范，一些民族法规还用当地少数民族的文字写成。清代中叶以后，统治者加强了对边疆民族地区的行政管理，制定了一些专门适用于少数民族地区的民族法规。如雍正十二年（1734 年）颁行了《西宁青海番夷成例》，乾隆六年（1741 年）颁行了《蒙古律例》，乾隆五十八年（1793 年）制定了《钦定西藏章程》，嘉庆二十年（1815 年）颁行了《钦定回疆则例》等。这些法规的公布和实施，把少数民族地区法制纳入了国家统一法制的框架。虽然这些法规仍充分照顾了少数民族地区的特点，但国家法制成为少数民族地区的基本法律制度。

4. 官府与民间的互动在地方社会秩序形成与维系过程中越来越强

中国古代地方法制的实施，以地方法规法令为国家法律的实施细则，以民间规约为维护法制的辅助手段。民间规约不是国家制定的，不是凭借国家暴力机器强制推行的，但是，由基层乡土组织或家族、行业机构制定的以自治自律为特色的民间规约，仍具有一定的强制力，在维护社会秩序、处理民间纠纷、推行教化诸方面有其独特的功能。民间规约与国家法律之间是一种互动互补关系。在中国这样一个君主高度集权、各级行政机关主导社会事务管理的国家，民间规约只有得到国家的认可，才能成为法律秩序的有机组成部分。为了把民间规约纳入国家法制的轨道，宋、元、明时期，许多地方经地方长官（一般是县的长官）批准，把乡规民约刻于石碑之上公之于众，以表示这些规约长期有效。这样，民间规约借助官府批准而具备了强制力量。进入清代以后，官方与民间在立法过程中的互动关系进一步加强，许多地方的民间规约由地方士绅、商人或家族公议，有的经过州县官的批准、备案，具备了一定的法律效力，官方在处理民间纠纷时可以引用。清代州县的一些法规是州县官与士绅合议制定的，士绅也公议了很多章程、规条，经州县官批准后，作为地方法规实施。民间习惯的规约化和相当一部分民间规约被上升为地方法律，极大地完善了地方法律制度。

5. 地方司法制度不断调整逐步走向完善

从秦汉到明清，地方的司法机构、审判制度、监狱制度、监察制度都经过多次变革和调整，逐渐走向完善。以主管司法的人员和机构的设置而论，秦汉魏晋南北朝时期，案件的审判由州、郡、县长官兼任。唐代时，州府设立判官、支使、推官推鞫狱讼。宋代在路一级设立提点刑狱司掌察狱讼，路虽然不是行政区建制，属于监察行政区的性质，但这一级司法机构的设立，对于提高案件的审判质量和平反冤狱起了很大作用。明清时期，在省一级行政区设立了提刑按察司，专职司法、监察事宜，受理上诉的刑事案件，纠正冤、假、错案，进一步完善了地方司法制度。再以民事案件的审判而论，为了更好地处理民事纠纷，减少诉讼，促进社会和谐，历代都实行了由基层乡里组织和老人理讼的制度。汉代乡为初理，唐代由里正初理，元代由社长初理，明清由里甲老人或乡约初理。明代以前，乡里理讼制度还比较粗糙。明洪武年间，太祖朱元璋颁布了《教民榜文》①，亦称《教民榜例》，其内容共41条，对老人、里甲理断民讼和管理其他乡村事务的方方面面，如里老制度的组织设置、职责、人员选任和理讼的范围、原则、程序、刑罚及对违背榜文行为的惩处等作了详尽的规定。《教民榜文》曾在明代长期通行，堪称是中国历史上一部极有特色的民事管理和民事诉讼法规。明代中后期，各布政司理问所专门主管民事上诉案件的审理，乡约组织理讼制度逐渐形成，民事诉讼、调解制度进一步完善。清代时，各地颁行的许多条约，都进一步完善了民间基层组织理讼和调解制度。乡里基层组织和老人理讼是中国古代民事诉讼的一项重大创举，绝大多数民事案件通过调解解决，不只是大大减轻了县官审理案件的负担，更重要的是对于缓解乡邻矛盾、维护社会和谐产生了良好的效果。

---

① 见刘海年、杨一凡主编《中国珍稀法律典籍集成》乙编第1册，科学出版社，1994，第635～645页。

六　古代地方法制的历史作用和地方性法规的特色

在中华法制文明发展史上，地方法制占有重要的地位。中国古代地方法制是伴随着社会的进步和国家法制变革的进程不断完善的，不同历史时期地方性法规的内容和编纂水平，包括地方行政执法、司法在内的法制建设的状况如何，从一个侧面反映了当时国家法制和社会文明的发达程度。一般来说，各个历史时期地方法制的实施状况，是与当时国家法制的状况相适应的。由于国家政治生活是否正常、法律制度的健全程度、吏治和社会风气状况对法制建设有举足轻重的影响，因而不同历史时期或同一历史时期不同地区的法律实施情况存在很大差异。要比较客观地阐述某一朝代、某一历史时期或某一地区的地方法制，应当分别情况具体研究。若就中国古代地方法制实施的总体情况而论，应当肯定地方法规法令得到了不同程度的实施，其实施效果呈现出这样的特点：随着社会的发展，地方法制逐渐走向健全，法制愈是健全的朝代实施情况愈好；国家政治生活正常和注重法制建设的历史时期，地方法制的实施情况较之处于分割、动乱状态的时期为好；注重整饬吏治的地区较之社会风气腐败的地区为好。虽然中国古代地方法制的发展状况很不平衡，也存在这样那样的弊端，但地方法制建设从未中断，在历史上具有国家法律不能替代的功能。

其一，地方性法规法令的制定，全面完善了国家的法律制度。法有限而情无穷。在中国这样一个大国中，各地情况千差万别。国家法律确认的是基本的法律制度，不可能把调整包罗万象的各种社会问题和社会关系的行为规则涵盖在内。为保障国家法律的有效实施，历史上许多地方官府和长官颁布了配套性法规，作为国家法律的实施细则。以赋役制度的实施为例。国家法律主要是对人户和田亩的登记、民户的赋役、官吏的责任以及对脱漏户口和田土、欺隐钱粮、逃避差役等违反赋役制度行为的惩处等作出原则的规定。但在具体实施赋役制度过程中，情况十分复杂，如土地有瘠肥之分，粮棉有丰年歉年，纳粮和服役路程有远近不同，遭受重大自然灾害应减免赋税，等等。一些地方官府在遇到自然灾害或出现其他意料不到的问题的情况下，及时地制定了减免赋役或变通征收赋税的有关规定，经朝廷或上级长官批准后实施，这就弥补了国家法律的不足。

历代很多地方官府还根据本地实际制定了治理地方的新的法规。譬如，多数王朝的国家法律没有详细规定农业经济管理的具体措施，一些地方官府颁行的有关本地水利、农田、畜牧管理的法规，就解决了这些方面无法可依的问题，加强了对农业生产的指导和管理。许多地方根据本地民俗和社会风气存在的弊端，颁布规范有关礼仪活动的规则和禁止社会陋习、迷信活动的规定，促进了社会风气的好转。不少地方制定的有关维持社会治安、处理民事纠纷以及文化教育、社会救助等方面的法规，填补了国家法律的空白，措施具体，便于施行。许多地方在构建地方法律秩序的过程中，通过变通的形式，暂缓实行某些禁止性的法律条款，默认某些存在现象的合理性，有利于法律的全面实施。一些地方制定的法规还针对特殊形势下的特定问题进行法律调整，如战乱之后经济和社会秩序的恢复，灾荒之后的救济，积弊之后的改革，以及在促进经济按照区域特点健康发展等方面都有所创新，取得了很好的社会效果。

其二，不断完善行政执法和司法制度，保证了国家法律制度得以贯彻、实施到基层。国家法律和地方性法规的实施，是由地方官府和长官通过制定地方性法规规定具体执法制度或措施，并通过执法、司法的实践实现的。在中国历史上，不少地方长官针对当地特殊情况和法律执行中的薄弱环节，制定了具体的地方行政执法和司法制度，这些制度、措施有的放矢，强化重点，具体细致，务实和操作性很强，有利于法律的实施。为保证国家法律和地方性法规及时下达，不少地方建立了严格的法律文书行移制度，运用榜文、告示等形式向民众公布法律，在农村中实行宣讲法律制度。为了提高官吏的执法素质，打击贪赃枉法和科敛百姓的行为，不少地方强化了地方行政监察制度，加强了对官吏执法的监督。

加强地方法制建设，是维护古代乡土社会秩序和社会治安的根本保障。有些学者认为，古代皇权不及于州县以下，乡土社会秩序的维系主要靠乡民自治。这一观点有其道理，但忽略了古代地方性法规和地方法律体系在乡土社会建设中的作用。为什么占国家人口总数95%以上的基层民众，能够主要依赖乡民自治维持相对稳定的社会秩序，这是与地方性法规和民间规约的健全、基层行政组织活动法律化、制度化分不开的。

其三，在维护多民族国家统一方面，地方性法规法令是不可或缺的推进器。中国古代边疆和民族地区，因人文环境、社会习俗、宗教信仰与汉族地区存在较大差异，历代统治者一般是推行怀柔政策，允许这些地区实行与汉族地区不同的法律制度。少数民族地区从以民族习俗治理到融入国家统一法律制度的过程中，地方法规与民族法规一道发挥了极其重要的作用。

在中国古代地方法制建设中，最能体现地方法制与国家法制有所区别的地方是地方立法。在中国古代法律体系中，虽然地方法规法令相对于国家法律始终处于辅助地位，但是由于这些法规法令是结合本地实际情况有针对性地制定的，且各地的法制建设也存在这样那样的差异，因而具有国家法律不可替代的功能，也呈现出与国家法律有所区别的特色。

地方法规法令的优点，可归纳为三点。一是内容针对性强。地方法规法令往往是针对当地亟待解决的突出的社会问题，或者是国家法律未曾涉及的具体问题制定的，有关规定往往切中时弊。二是立法适时。地方官府和长官颁行的法规法令，常常在几天内就能够发布到基层，具有及时立法的优点，就是一些带有施政纲领性质的地方性条约，也有迅速制定、及时颁布的长处。地方性条约与国家颁布的一些单行条例比较，在条款较多、涉及内容广泛这两点上是一样的，但是单行条例的制定，往往经过反复编纂或修订程序，从制定到颁布时间较长，而地方性条约是在较短的时间内制定并及时颁布的。其三，许多地方法规法令融纲常说教与法律规制于一体，甚至有些法规、法令以申明教化为主，以法律措施为辅，具有法律强制和教化等多重功能。

与任何事物都具有两面性一样，地方法规法令虽然有上述优点，但也存在着明显的缺陷，即法律的规范性较差。地方法规法令就其内容而言，有些是重申国家法律，有些是执行国家法律的措施，有些是国家法律未曾涉及的具体问题的补充规定，内容比较庞杂，这就使地方法规法令带有执法与立法混合的特点。地方法规法令是为执行国家法律而制定的，这就使它不可能有超越国家法律制度的重大创新条款。多数地方法规法令是地方长官以个人名义发布的，官方文书为其载体，缺乏国家法律那样明确的法律形式。加之地方法规法令制定的时间比较短促，没有像朝廷法律那样反复进行编纂和修订，立法技术和规范粗糙的问题比较突出。地方立法所承担的法律与教育的双重功能，导致一些地方法规的内容把劝导与命令、教谕与指示混淆在一起，也带来了法律与道德界限不清的问题。此外，行政主导性也是古代地方法制的特色，汉代的“书”、“记”，其后各代的檄文、详文、禀文这些官方文书作为地方法规法令的载体，就是行政主导的产物。

中国古代匦函制度考略*

在中国古代，统治者为使下情上达，曾在相当长的时期内实行过匦函制度。“匦，匣也”；“匣是匮之别名，匮之小者。”[①] 因臣民百姓投入匣内的书状函件，可不受“壅滞”，直达君主和主管衙门，与一般上书和投诉的形式、程序有所不同，故称之为“匦函”。这一制度萌芽于汉，初创于南梁，通行于唐，延续于五代、两宋，在历史上发挥过重要的作用。由于年代久远，史籍失传甚多，现存古籍中记述匦函的史料很有限，加之后人因不明真相，对其性质多有误解，因此，需要对匦函制度的一些疑义予以考辨。

一　匦函的源流及其创制

中国古代匦函制创立于何时，前人著述中未明确提及。为弄清这个问题，有必要将唐以前各代制定的下民直接向朝廷反映意见的措施作简要追述。

据传说，远在原始氏族社会时期，部落联盟大酋长尧、舜，为“通治道而来谏者”，[②] 设“谏鼓谤木，立之于朝”；[③] 且设“有进善

* 本文系我与刘笃才先生合写，原载《法学研究》1998 年第 1 期。

① 《尚书正义》卷六《禹贡》“匦青茅”注疏，（清）阮元校刻《十三经注疏》，中华书局，1980，影印本，第 149 页。

② 《史记》卷一〇《孝文本纪》，中华书局，1999，第 423 页。

③ 《后汉书》卷五四《杨震传》，中华书局，1982，第 1066 页；又见（西汉）刘安等撰《淮南子》卷九《主术》，许匡一译注，贵州人民出版社，1993，第 527 页。

之旌”,[①] 以求治策。对于“谤木”，服虔解释说：“尧作之，桥梁交午柱头。”应劭解释说：“桥梁边板，所以书政治之愆失也，至秦去之。”韦昭解释说：“虑政有阙失，使书于木，此尧时然也。”对于“进善之旌”，应劭解释说：“旗，幡也。”如淳解释说：“欲有进善者，立于旌下言之。”[②] 可见，尧、舜时期，基层氏族成员主要通过立在旌旗下陈诉，在桥梁和交通要道的木板上书写意见和击“谏鼓”的方式，直接向部落联盟大酋长反映情况，就盟内大事发表自己的见解。

西周和汉代，又设“肺石”之制。《周礼·秋官·大司寇》云：

> 以肺石达穷民。凡远近茕独老幼之欲有复于上而长弗达者，立于肺石三日，士听其辞，以告于上而罪其长。

《后汉书·寇荣传》云：

> 臣思入国门，坐于肺石之上，使三槐九棘平臣之罪。

“肺石”，即设于朝廷门外的赤石，因颜色与人肺相似，故而得名。凡百姓有冤枉得不到平反者，或反映的意见长期未转达到朝廷者，可立在肺石上控诉地方官吏，由专门管理肺石者报告朝廷。

自尧、舜至汉代实行的“谏鼓”、“谤木”、“进善之旌”、“肺石”等制度，都是为实现下情上达而设立，同后来设立匦函的目的有某种相通之处。然而，它们均是以公开形式进行的，这又同匦函制相区别。

采用匦函形式审理狱案，听取民诉，在西汉后期宣帝年间便已出现。《汉书·赵广汉传》云：

> （赵广汉）迁颍川太守。……先是，颍川豪杰大姓相与为婚姻，吏

---

① 《史记》卷一〇《孝文本纪》，中华书局，1999，第423页。
② 《史记》卷一〇《孝文本纪》集注，中华书局，1999，第424页。

俗朋党。广汉患之，厉使其中可用者受记，出有案问，既得罪名，行法罚之，广汉故漏泄其语，令相怨咎。又教吏为缿筒，及得投书，削其主名，而托以为豪杰大姓子弟所言。其后强宗大族家家结为仇雠，奸党散落，风俗大改。吏民相告奸，广汉得以为耳目，盗贼以故不发，发又辄得。壹切治理，威名流闻，及匈奴降者言匈奴中皆闻广汉。

此段文字后有以下疏注：

苏林曰："缿音项，如瓶，可受投书。"孟康曰："筒，竹筒也，如今官受密事筒也。"师古曰："缿，若今盛钱臧瓶，为小孔，可入而不可出。或缿或筒，皆为此制，而用受书，令投于其中也。"

赵广汉使用的"缿筒"，具有投进的书状"可入而不可出"、防止泄漏的特点，它无疑是匭函的一种形式。只是"缿筒"的内容和使用的范围相对较窄，它是赵广汉为打击豪强奸党和盗贼采取的"权宜"之策，书状的内容主要局限于"告奸"方面，也只是在颍川一地实行，它还不是朝廷定制，汉代时也未在全国范围内推行。

南北朝时期，梁武帝为克服民情"下不上达"状况日渐严重的弊端，于天监元年（502 年）四月发布诏令，实行具有匭函性质的"谤木函"和"肺石函"制度，其诏书曰：

商俗甫移，遗风尚炽，下不上达，由来远矣。升中驭索，增其懔然。可于公车府谤木、肺石傍各置一函。若肉食莫言，山阿欲有横议，投谤木函。若从我江、汉，功在可策，犀兕徒弊，龙蛇方县；次身才高妙，摈压莫通，怀傅、吕之术，抱屈、贾之叹，其理有皦然，受困包匭；夫大政侵小，豪门凌贱，四民已穷，九重莫达。若欲自申，并可投肺石函。①

① 《梁书》卷二《武帝中》，中华书局，1983，第 37 页。

梁武帝所设“谤木函”、“肺石函”是何形状，用何材料制作，实施情况怎样，史书未有交代，但就其内容而言，已较赵广汉的“缿筒”大大前进了一步，且二函所收投书亦有明确分工，即属于国家政事，如大官权臣未曾言及，百姓有不同意见的，可投之于“谤木函”；凡有功者因坏人作弊未得到应有封赏、有才能者因受压制未得到重用及以大压小、以权势欺凌贫贱小民方面的个人申诉，投之于“肺石函”。这一下情上达制度虽未冠以“匦函”之名，但它的性质和形式同后来的匦函制已大体相似。因此，应该说南梁实际上是我国历史上第一个推行匦函制的王朝。

以“匦函”正式命名且长期推行的此类下情上达制度，始于唐代武则天垂拱年间。对此，《唐六典》、《唐会要》、《资治通鉴》等10余种史籍均有明确记载，其中以《唐会要》记述最详：

> 垂拱二年六月，置匦四枚，共为一室，列于庙堂。东方木位，主春，其色青，配仁。仁者以亭育为本，宜以青匦置之于东。有能告朕以养人及劝农之事者，可投书于青匦，名之曰延恩匦。南方火位，主夏，其色赤，配信。信者风化之本，宜以丹匦置之于南，有能正谏论时政之得失者，可投书于丹匦，名之曰招谏匦。西方金位，主秋，其色白，配义。义者以决断为本，宜以素匦置之于西。有欲自陈屈抑者，可投书于素匦，名之曰申冤匦。北方水位，主冬，其色元，配智。智者谋虑之本，宜以元匦置之于北。有能告朕以谋智者，可投书于元（玄）匦，名之曰通元（玄）匦。①

武则天于垂拱年间诏令设匦事，史家未有争议，然涉及置匦的具体年月、匦的形制和制作人时，史籍记述不尽一致，需予以考察。

---

① （宋）王溥撰《唐会要》卷五五，中华书局，1990，第956页。

（一）关于武则天置匦的具体时间

唐、宋史籍中记载的武则天置匦时间，有四种说法：《唐六典》卷九、《封氏闻见记》卷四记为“垂拱元年”；《旧唐书·则天皇后纪》和《则天实录》记为“垂拱二年三月”；[①]《唐会要》、《通典》记为“垂拱二年六月”；《唐统纪》、《唐历》记为“垂拱二年八月”。[②]

司马光所撰《资治通鉴》一书曾对武则天设匦时间作过考辨。此书引用了垂拱二年（686年）三月和垂拱二年八月两说，并肯定了垂拱二年三月说。至于垂拱元年（685年）和二年六月说，该书未予提及。《资治通鉴》以《则天实录》为据，把设匦时间确认为垂拱二年三月。一般说来，由于《实录》所记较为可靠，故这一确认无疑是有其道理的。这里需要指出的是，对《唐会要》所持垂拱二年六月说也不可漠视。此书虽比其他书晚出，但它所依据的很可能是关于设匦的最原始资料，即武则天的制敕。在前面所引《唐会要》的记述中，两次出现“有能告朕”的提法，这显然是君主颁行制敕时使用的语言。此外，文中尚有几处“宜以某匦置于某”的语句。“宜”字的这一用法是唐代制敕中的惯用语言，尤其以武则天朝为甚。如《诛唐波若制》：“宜颁示天下，咸使知闻。”《禁葬舍利骨制》：“宜令所管州县，即加禁断。”又如“宜令所司，重更申明处分”、“宜加赤族诛”等等，不胜枚举。《唐会要》记载的匦函制度，多为其他史书所不载，这很可能是它引用的武则天制敕未加删简的缘故。

那么，能否说垂拱二年三月说与垂拱二年六月说都可以成立呢？笔者认为是可以的。关于设匦时间两种不同记载的出现，很可能是由于前人编史时，未能把武则天提出设匦的时间与匦铸成、诏令正式启用的时间作严格区分而造成的，很可能是这两种记载各有依据，各有所指，并不矛盾。查历代史籍，此类情况屡见不鲜，如明太祖朱元璋颁行《大

---

① （北宋）司马光撰《资治通鉴》卷二〇三《考异》引，中华书局，1983，第6437页。

② （北宋）司马光撰《资治通鉴》卷二〇三《考异》引，中华书局，1983，第6438页。

诰》初编、续编的时间，《明实录》以朱元璋写序时间为准，分别记为“洪武十八年冬十月”和“洪武十九年三月”，而两书刊成、正式颁行的时间，实际上分别是“洪武十八年十一月”和“洪武十九年中”。至于匦，工艺要求颇精，不可能一蹴而就。据史载：“上欲作匦，召工匠，无人作得者。”① 这一记载说明，从诏令设匦到正式启用经历了一个过程。可以设想，《则天实录》所说垂拱二年三月系武则天提出设匦的时间，《唐会要》所记垂拱二年六月为制匦成功、正式诏令实行的时间，两种记载可以相容并存。所以，对《唐会要》所记垂拱二年六月设匦事，绝不可轻易否定。

尽管各史籍在记述唐代设匦的起始时间上存在差异，但匦函作为唐一代定制，创设于武则天垂拱二年，则是可靠的。自此以后，这一制度在中国大地上施行了二百余年之久。

（二）关于匦的形制

对于匦的形制，《资治通鉴》所记同《唐会要》存有差异，其文曰：

> 其器共为一室，中有四隔，上各有窍，以受表疏，可入而不可出。②

后半句易理解，“上各有窍”，用于投书；“可入而不可出”，便于保密。但前半句颇为费解，“其器共为一室”，说明匦非只一个，如果是一个，何以言“共”？但是否如《唐会要》所记是“置匦四枚”呢？该书未曾明言。“中有四隔”，是所置几匦每个内部各分为四部分，还是一室分隔为四，每四分之一室存一匦呢？或是其室内仅设一匦，内分四隔呢？《资治通鉴》的记述所以令人难解，是由于作者把匦初置时的

① （北宋）司马光撰《资治通鉴》卷二〇三引《朝野佥载》，中华书局，1987，第6438页。

② （北宋）司马光撰《资治通鉴》卷二〇三，中华书局，1987，第6438页。

形制与发展变化后的形制二者混淆所致。

匭的最初形制及它的演变情况，《唐六典》、《新唐书》、《封氏闻见记》等书均有记载。《新唐书》云：

武后垂拱二年，“乃铸铜匭四，涂以方色，列入庙堂。……其后，同为一匭”。①

《唐六典》云：

初置有四门，其制稍大，难于往来。后遂小其制度，同为一匭，依方色辨之。②

《封氏闻见记》所述同《唐六典》。《唐六典》、《封氏闻见记》中的“四门”一词，也易使人产生误解，不过，理解文义，便知所谓“四门”，实乃“四枚”之意。

几书的记载表明，匭的形制前后有所变化，具体表现为：其一，是由“其制稍大”而“小其制度”，即它的规格、尺寸由大变小。其二，由“初置有四枚”变为“同为一匭”，即从四匭分立发展为四匭合一。改制后的匭内分四个部分，每个部分各开一个孔道。

（三）关于匭的工艺设计和铸造人

诸史在记述匭的设计制作者时，也是漏洞百出，各持异说。《资治通鉴》卷二〇三引《御史台记》，确认匭系侍御史鱼承晔之子鱼保家所铸。其文曰：

太后欲周知人间事，保家上书，请铸铜为匭，以受天下密奏。

① 《新唐书》卷四七，中华书局，1997，第1206～1207页。

② （唐）李隆基撰、（唐）李林甫等注《大唐六典》卷九，三秦出版社，1991，影印本，第210～211页。

《朝野佥载》则云：

> 上欲作匭……思咺应制为之，甚合规矩，遂用之。

《封氏闻见记》谓：

> 初，则天欲通知天下之事，有鱼保宗者，颇机巧，上书请置匭以受四方之书，则天悦而从之。①

《唐会要》四库本注：

> 其始，鱼保宗上书，引扬州道士蔡裕制造焉。

四种说法中，似以鱼保家之说较胜。今本《朝野佥史》已非原书，鱼思咺系何人，无从考证。而《封氏闻见记》等书多有错讹，所记“鱼保宗”，可能是将“家”字作为“宗”字之误。故《资治通鉴》从《御史台记》是有道理的。

二　匭函的功能和性质

匭函制度的性质取决于它的功能。《唐会要》卷五五曾对匭函的功能作了记述：“有能告朕以养人及劝农之事者，可投书于青匭，名之曰延恩匭。”“有能正谏论时政之得失者，可投书于丹匭，名之曰招谏匭。”“有欲自陈屈抑者，可投书于素匭，名之曰申冤匭。”“有能告朕以谋智者，可投书于元（玄）匭，名之曰通元（玄）匭。”这就是说，延恩匭是接受有关用人、安民、农事对策等基本国策方面的建议的，招谏匭是接受有关论朝政得失方面的批评意见的，申冤匭是接受臣民平反

① （唐）封演撰《封氏闻见记》卷四，《丛书集成》本。

冤枉方面的申诉的，通玄匦的功能有些含混，但参阅其他史籍可知，它是接受“玄象、灾变及军事对策”[①] 方面的献策的。匦函的上述功能，表明它是君主用以保障下情上达的工具。

可是，千百年来，匦函的性质和基本功能一直受到了曲解，它几乎成了“告密诬陷”的代名词。究其原因，此与《资治通鉴》的记述手法有关。该书作者虽没有明确地对武则天置匦事作否定评价，但本着叙事中寓褒贬的中国史学传统，在表述方式上暗示了他对匦函的批判态度。其一，该书在叙述武则天置匦事之后，紧接着大谈当时“盛开告密之门”、冤狱屡兴的弊端，言外之意，告密之风蜂起与武则天置匦有关。其二，它把设计匦者鱼保家之死，说成是由于仇人投匦所致。鱼保家在铸匦之后，曾受到武则天赞赏。然而，“未几，其怨家投匦，告保家为敬业作兵器，杀伤官军甚众，遂伏诛”。[②] 这样，它实际上是把匦函制度与盛行一时的告密诬陷之风捆在了一起。由于《资治通鉴》系史学名著，备受后人尊崇，流传甚广，于是，匦函是武则天用来鼓励“告密”的传言，也就成为“公认”的历史结论。

匦函同当时的告密诬陷之风究竟是何关系？《资治通鉴》的记述是否真实？检现存史籍，把匦函与告密联系而论的只有两处记载。一是《资治通鉴》记载的鱼保家被告处死事，然《封氏闻见记》的同一记载与《资治通鉴》有微妙的不同，只说“（保家）为人所发，伏诛”，[③] 至于举发是否通过匦函的途径，该书没有明言。另一处是武则天长寿二年（《资治通鉴》误记为长寿一年），右补阙朱敬则在上书中论及告密之风时，有“故置神匦，以开告端”一语。[④] 然参阅《资治通鉴》，朱敬则关于告密之风始于设匦的看法又未必妥当。《资治通鉴》记：武则天光宅元年（684 年），唐中宗被废为庐陵王，时“有飞骑十余人饮于坊曲，一人言：‘向知别无勋赏，不若奉庐陵。’一人起，出诣北门告

① 《旧唐书》卷五〇《刑法志》，中华书局，1997，第 2142 页。

② （北宋）司马光撰《资治通鉴》卷二〇三，中华书局，1987，第 6438 页。

③ （唐）封演撰《封氏闻见记》卷四，《丛书集成》本。

④ （清）董诰等辑《全唐文》卷一七〇《请除滥刑疏》，清嘉庆十九年刻本，下同。

之。座未散，皆捕得，系羽林狱。言者斩，余以知反不告皆绞；告者除五品官”。此系武则天置匦前二年事，《资治通鉴》称：“告密之端自此兴矣。”[1] 再如，《资治通鉴》记述武则天大开告密之门的措施是：“有告密者，臣下不得问，皆给驿马，供五品食，使诣行在。虽农夫樵人，皆得召见。”[2] 这说明，告密尚另有途径，至少并非设匦一途。因此，朱敬则认为告密之风始于匦函的观点是难以成立的。

匦函制度建立于告密者蜂起之时，它会为告密者所利用，成为诬陷他人的手段之一，这是可以想象得到的事。朱敬则所说的不当之处，在于倒因为果。事实是，早在设匦之前，告密之风已经兴起，而不是“置神匦以开告端”。《资治通鉴》记述的偏颇，是它只字不谈匦函四种功能的实施情况而只讲“告密”，这就有意无意歪屈了匦函的性质。

从现见的史料看，匦函制度实施以后，无论是武则天，还是后嗣君主，都未曾允许臣民利用匦函告密诬陷，相反，他们是注意发挥匦函的特定功能的。笔者不排除匦函会被告密者利用诬陷他人的事实，也难以论断这一制度实施后是否收到了统治者期望达到的效果，但可以肯定的是，从武则天垂拱年间到唐末，统治者赋予匦函的主要功能是“通壅滞”，保障下情上达，而不是鼓励告密。

首先，从武则天的实际做法看，她是注意发挥匦函的四种功能的，特别是对臣民中敢于投匦论朝政得失和提出治国方策者，采取了鼓励和积极支持的态度。例如，有位职位低下的参军陈子昂，因多次上书抨击酷吏制造冤狱和进献治国安民之策，备受武则天的赏识和提拔，由参军擢麟台正字，再转任右拾遗之职。《全唐文》载有陈子昂任参军时写的《谏刑书》一文，其文结尾云：“贱臣不胜愚恳忠愤之至，辄投匦函，昧死上闻。”[3] 原来，陈子昂最早谏止滥刑的奏文，是通过投匦上达的。这件事可说明招谏匦并非虚设，它确实为低级官吏参政议政提供了渠道。

---

① （北宋）司马光撰《资治通鉴》卷二〇三，中华书局，1987，第6418页。

② （北宋）司马光撰《资治通鉴》卷二〇三，中华书局，1987，第6438页。

③ 《全唐文》卷二一三《谏刑书》。

又如，武则天大足元年（701 年），即实行匦函制的第 17 年，苏安恒“投匦上书”，认为“太子孝敬是崇，春秋既壮，若使统临宸极，何异陛下之身”，要武则天“禅让东宫，自怡圣体”。上书要求武则天退位，这个举动非同小可，弄不好会招来杀身之祸。但是，“疏奏，则天召见，赐食慰谕而遣之”。[①] 武则天这样做，自然是一种政治姿态，同时也反映了她决意推行匦函制的苦心。武则天以女皇身份初掌政权，在中国史无前例，面临的阻力重重。为了寻找社会各阶层的广泛支持，赢得人们的好感；也为了克服官僚机构壅滞不行、下情难以上达的弊端，及时了解包括低级官吏在内的广大臣民对时政的态度，吸取他们的意见，有针对性地制定治国良策，巩固政权，故采用了匦函这一特别措施。出于充分发挥匦函功能的考虑，她对投匦言事者采取了极度宽容的态度。

其次，唐代各朝为推行匦函制的一系列措施证明，这一制度是被作为“通壅滞”的武器使用的。

武则天死后，匦函制度被后嗣君主尊崇为祖宗定制，长期推行，不断加以完善。唐中宗继位后，于神龙元年（705 年）二月颁布《申冤制》，鼓励臣民投匦言事。其文曰：

> 九重严邃，非叫阍之可闻。万邦遐旷，因表疏而方达。朕尊居黄屋，心念苍生，微物不安，每切纳隍之虑。一人失业，更轸宵旰之怀。思欲下情上通，无令壅隔，所以明目达聪者也。其官人百姓等，有冤滞未申，或狱讼失职，或贤才不举，或进献谋猷，如此之流，任其投匦，凡百士庶，宜识朕怀。[②]

唐玄宗执政期间，于编纂《唐六典》时，对匦函的功能作了更为清晰

① 《旧唐书》卷一八七上《忠义传》，中华书局，1997，第 4879 ~ 4880 页；又见《新唐书 · 苏安恒传》，中华书局，1997，第 4167 页。

② （宋）宋敏求编《唐大诏令集》卷八二，洪丕谟、张伯元等点校，学林出版社，1992，第 429 页。

的表述：

> 东曰延恩，怀才抱器，希于闻达者投之；南曰招谏，匡正补过，裨于政理者投之；西曰申冤，负屈无辜受刑者投之；北曰通元（玄），献赋作颂谕以大道及涉于元（玄）象者投之。①

经过修定，延恩匦突出了招纳贤才的功能，通玄匦增加了“献赋作颂谕以大道”的内容，对四匦功能的表述较前更为明确，更能准确地体现它的“通壅滞”、“达下情”的性质。如果说武则天时期，告密之风（其实，这在武则天执政时期也是一时之事，并非贯穿整个时期）影响了人们对匦函性质作正确判断的话，那么，在武则天死后，匦函的性质是不应再有疑问的了。

需要指出的是，唐代中后期各朝，在重视发挥匦函基本功能的同时，也注意了打击、预防“告密诬陷”的行为。如唐代宗于宝应元年（762 年）六月，曾敕谕臣下：“如有告密人登时进状，分付金吾留身，待进止。”② 也就是说，告密者要受到被暂时扣留的处置。唐穆宗长庆三年（823 年），“理匦使谏议大夫李渤奏，今后有投匦进状者……如无理妄诉，本罪外加一等”。③ 此奏议被皇帝采纳，曾予以实行。李渤在同一上书中还对由匦院处理告密者的做法提出异议，认为此非匦院工作范围的事，应该将告密者“牒送御史台、京兆府”。这些史实说明匦函的基本功能是“通壅滞”、“达下情”，而不是“告密”。

第三，考察当时臣民评价匦函的言论和投匦书状的内容，可知匦函具有的基本功能是人所共知的。

武则天万岁通天元年（696 年）司刑少卿徐有功上书曰：

---

① （唐）李隆基撰、（唐）李林甫等注《大唐六典》卷九，三秦出版社，1991，影印本，第 210 页。

② 《全唐文》卷七一二《处理投匦人奏》。

③ （宋）王溥撰《唐会要》卷五五，中华书局，1990，第 957 页。

陛下所令朝堂受表，设匦投状，空有其名，竟无其实。……岂不由受委任者不副天心，是陛下务欲使申其冤，是有司务在增重其枉。……其三司受表及理匦申冤，使不逮与夺，致令壅滞。有理不为申者，亦望准前弹奏。[①]

显然，徐有功是把匦函视为申理冤抑的措施之一。他上书的用意，是要更好地发挥匦函的这一功能。

中唐时期，著名文学家韩愈在《赠唐衢》一诗中称赞匦函制度说："当今天子急贤良，匦函朝出开明光。"他是把匦函作为招纳人才的良策看待的。

在论及匦函功能的文章中，以白居易所写《达聪明，致理化》一文对匦函制的评价最高，他说：

国家承百王已弊之风，振千古未行之法，于是始立匦使，始加谏员，始命待制官，始设登闻鼓。故遗补之谏入，则朝廷之得失所由知也；匦使之职举，则天下之壅蔽所由通也；待制之官进，则众臣之谋猷所由展也；登闻之鼓鸣，则群下之冤滥所由达也。此皆我列祖所创，累圣所奉，虽尧舜之道，无以出焉。[②]

白居易如此称赞匦函制度，并非取悦于君主，因为他在同一文章中就又提出了对时政的批评："自贞元以来，抗疏而谏者，留而不行；投书于匦者，寝而不报"，请求朝廷"申明旧章"，更好地发挥匦函"通壅蔽"的功能。此文大约写于唐宪宗元和二年至六年（807～811 年）之间，此时距武则天初置匦函制度已有百年之久。他对匦函实施情况所作的评价，反映了此制度在唐代较长的一段时间内得到了较好的推行。

至于当时臣民投匦的书状，现今可查到原书状内容的仅有三件。除

---

① 《全唐文》卷一六三《论天官秋官及理匦愆失表》。

② 《白居易集》卷六四《策林三》。

前面所述陈子昂写的《谏刑书》、苏安恒写的《谏武后退位书》外，尚有武则天时下民张不耀写的《请代父死表》。张不耀在书状中陈述了其父张文成被诬害的情况，为申父冤，故“冒死投匦以闻”。[①] 此三件投书，两件属于论朝政之得失和向朝廷谏言治国之策，一件属于申冤。这说明，当时的臣民不仅了解匦函的基本功能，而且是把它作为“达下情”的途径利用了的。

综上所述，可知匦函主要是受纳臣民对朝政的批评、建议及对冤抑的申诉，又兼有招纳贤才的功能，并不是为鼓励告密而设。匦函制度与鼓励告密不是一回事。后者的目标在于打击仇人和政敌，前者的目标则是减少朝政失误，争取臣民支持，实现政通人和。对于期望永保政权巩固的唐代统治者来说，这两者同样重要。告密制度与匦函制度是相辅相成、平行并立的另一种制度，其内容在唐代法律中有明文规定。因此，绝不可把二者等同而论。

三　匦函的管理

唐代设立匦院专职管理匦函。匦院隶属于中书省，院设知匦使一人，由正谏大夫（即谏议大夫）、拾遗、补阙等充任；理匦使（唐玄宗天宝九年至十四年间曾一度改名为献纳史）一人，由御史中丞或侍御史充任。据《唐六典》卷一三：御史台设侍御史四人，由其中一人分掌“理匦”事。又据《唐会要》卷五五：除御史中丞、侍御史外，谏议大夫李渤、给事中韩赏、中书舍人杨绾也曾担任理匦使，说明其任职官吏身份有时也有变化。知匦使与理匦使的分工是：知匦使“专知受状，以达其事。事或要者，当时处分，余出付中书及理匦使，据状申奏”。[②] 即知匦使负责日常事务的管理，理匦使负责书状的审议奏报。

管理匦函的任务有四，现分述如后：

① 《全唐文》卷二六〇《请代父死表》。

② （唐）李隆基撰、（唐）李林甫等注《大唐六典》卷九，三秦出版社，1991，影印本，第210页。

（一）匦函的押送与安放

匦安放在朝堂之上。[①] 据《唐两京城坊考》卷首附图，朝堂位于丹凤门内含元殿前。其右设登闻鼓，左置肺石。匦函居中、居左还是居右，已难详考。它与登闻鼓、肺石的不同之处，是不固定于其处，“出以辰前，入以未后”，即每天上午八时前，由内廷搬出安放于朝堂之上；每天下午二时后，由朝堂移入内廷。搬出搬入的押送事宜由知匦使担任。由于匦本身具有“可入而不可出”的特性，投入的书状万无一失，故这是一项简单的工作。

（二）监督书状的投入

此就是所谓的“受状”。受状包括审查书状是否符合投诉程序以及内容方面的事宜，它是知匦使的主要职责。

先说投诉程序方面的要求。唐代实行逐级上诉和直诉相结合，以逐级上诉为主的申诉制度。据《唐六典》：“凡有冤滞不申，欲诉理者，先由本司本贯，或路远而踬碍者，随近官司断决之。即不伏，请给‘不理状’，至尚书省左右丞为申详之。又不伏，复给‘不理状’，经三司陈诉。又不伏者，上表。受表者又不达，听挝登闻鼓。若茕独老幼不能自申者，乃立肺石之下。”[②] 武则天在推行匦函制度时，仍强调继续发挥三司理诉的职能，重申：“三司授事，本防枉滞，如有人诉冤屈，抑不得与，投匦之列后方获申明，所由之官，节级科罪。”[③] 这里虽没有明确规定不经三司审理的案件可否直接投匦申诉，但隐含的意思是，只有在向三司申诉“抑不得与”的情况下，才能投匦诉冤。关于这一点，理匦使崔造于唐代宗大历十四年（779 年）的奏章中作了明确说明：

① 关于匦的设置地点，诸史记为“列于朝堂”，而《唐会要》记为“列于庙堂”。据现见史料可证，作为一代定制，匦当列于朝堂无疑。但从武则天时世人称匦为“神器”看，很可能初置匦时，也曾一度将其“列于庙堂”。

② （唐）李隆基撰、（唐）李林甫等注《大唐六典》卷六，三秦出版社，1991，影印本，第 148 页。

③ （宋）王溥撰《唐会要》卷五五，中华书局，1990，第 956 页。

“亡官失职、婚田两竞、追理财物等，并合先本司。本司不理，然后省司。省司不理，然后三司。三司不理，然后合报投匦进状。如进状人未经三处理，及事非冤屈，辄妄来投状者，不在进限。”[①] 这一奏请得到代宗批准。执行这一规定，对不符合投诉程序的书状不予受理，当是知匦使的职责。当然，对投匦书状所作的上述限制，仅是对申冤这一类书状而言，并不包括论朝政之得失、谏奏治国之策的书状在内。这样做，也是保障匦函功能得以正常发挥的必要措置。

对于投匦书状的内容是否要经过审查，史籍记载不一。《隋唐嘉话》（下）说：“武后时，投匦者或不陈事而谩以嘲戏之言，于是乃置使，先阅其书奏，然后投之匦中，有司自此始也。”《旧唐书·刑法志》说：匦函“既出之后，不逞之徒，或至攻讦阴私，谤讪朝政者。后乃令中书、门下官一人，专监其所投之状，仍责识官，然后许进封，行之至今焉”。按照此两书记载，似乎自设知匦使之始，即由其先阅书状，对内容进行检查，然后才允许“进封”，并且这种投匦前检查书状的制度，在唐代相沿未改。据笔者考证，此种说法与史实甚有出入。实际情况是，有唐一代，围绕着是否“先阅其奏方许投匦”的问题，前后几经变化。由于史料缺乏，尚难准确地论述这一制度的详情。但是，借助于下述事例，仍可大体勾画出它变化的基本轮廓。

1. 武则天执政时期，苏安恒投匦上书，要求武则天归政太子。这明显不合“圣意”，然书状能直达御前，表明初建匦函制度时，尚未实行事先检查书状内容的制度。[②]

2. 《隋唐嘉话》的作者刘餗，曾于唐玄宗天宝年间在朝廷任职，他记述说投匦前有“先阅其书奏”制度，想必当时实行过这一制度。

3. 唐肃宗至德元年（756 年）十二月，“右补阙阎式，请先视其事状，然后为投。上责壅塞，贬式为朗州武陵县”。[③] 可见在此之前，检查书状内容的制度业已废止。

---

① （宋）王溥撰《唐会要》卷五五，中华书局，1990，第 957 页。

② 《新唐书》卷一一二《苏安恒传》，中华书局，1997，第 4167 页。

③ （宋）王溥撰《唐会要》卷五五，中华书局，1990，第 957 页。

4. 唐代宗于宝应元年（762 年）秋七月诏："不许匦使阅投匦人文状。"[①] 大历十二年（777 年）十二月，又敕文重申："其理匦使，但以任投匦人移表状于匦中，依常进来，不须勒留副本，并妄有盘问，方便止遏。"[②] 说明检查书状的制度仍未恢复。

5. 谏议大夫、知匦使李中敏于唐文宗开成三年（838 年）奏："臣据旧例，所有投匦进状及书策文章等，皆先具副本呈匦使。其有诡异难行者，不令进入。臣检寻文按，不见本敕所由，但云贞元中奉宣，恐是一时之事。"[③] 贞元是唐德宗年号。据此文可知，唐德宗时实行过检查书状内容制度。

6. 唐宪宗元和六年（811 年）十一月，"左卫上将军知内侍省事吐突、承璀出监淮南军，时刘希昂与承璀皆久居权任。既黜之，有李涉者，托附承璀，邪险求投匦上疏曰：'承璀公忠，才用可辅政化，既承恩宠、不合斥弃。'谏议大夫、知匦使孔戣览其副章大怒，命逐之"。[④] 由知匦使"览其副章"句可知，当时仍实行检查书状制度。

7. 唐文宗开成三年（838 年）八月，谏议大夫、知匦使李中敏奏："请自今以后，所有进状及封章，臣等但为状引进，取舍可否，断自中旨。庶使名实在兹，明置匦之本意。"[⑤] 这一建议得到批准，贞元旧例规定的"先具副本"制度遂被废止。

然未过多久，唐文宗于开成五年（840 年）四月颁布《厘革匦函进状诏》，谓："匦函所设，贵达下情。近者所投文书，颇甚烦碎，或论列祖曾功业，或进献自己文章，无补国经，有紊时政，极言不讳，岂假匿名。今后如知朝廷得失、军国利害，实负冤屈有司不为申明者，任投匦进状，所由量时引进，不得壅滞，余不在投匦之限。宜委

① 《旧唐书》卷一一《代宗纪》，中华书局，1997，第 270 页。

② （宋）宋敏求编《唐大诏令集》卷一〇五《令百官言事诏》，洪丕谟、张伯元等点校，学林出版社，1992，第 490 页。

③ 《全唐文》卷七一六《论投匦进状奏》。

④ （宋）王溥撰《唐会要》卷五五，中华书局，1990，第 951 页。

⑤ （宋）王溥撰《唐会要》卷五五，中华书局，1990，第 958 页。

匦使准此，仍留副本。”① “先具副本” 之制再度复活。

8. 唐武宗于会昌元年（841 年）四月敕：“应投匦进封事人等，宜起今后，并须将所进文书，到匦院验卷轴，入匦函，不得便进。”② 这表明投匦前对书状检查已成惯例。以后的变化，诸史籍未有详载。然由此八事，检查书状制度的变化情况可概略得见。

（三）书状的分拣和处理

据《唐六典》卷九：知匦使 “专知受状，以达其事。事或要者，当时处分，余出付中书及理匦使，据状申奏”。这一程序后来有所变化。唐穆宗长庆三年（823 年），理匦使、谏议大夫李渤奏：“今后有投匦进状者，请事之大者奏闻，次申中书门下，小者各牒诸司处理。理不当，再来投匦者，即见事闻奏。”③ 这是一个重大变化。天子日理万机，凭一人的有限力量能否处理好诸多投状，确实是个实际问题。然而，这种变化无疑会对匦函功能的发挥产生不利影响。

（四）对投状人的审查与监护

《资治通鉴》在记述对投匦者的审查措施时说：“先责识官，乃听投表疏。” 并在这段话后注曰：“识官，犹今之保识。”④ 也就是说，只有在识官对投状人进行审查同意担保后，方许其投书状。此制详情，未见及其他史料，且存疑待考。

对投匦人的监护措施，则于史有征。唐文宗开成三年（838 年）八月一日敕：“仍令本司及金吾所由，须知进状人姓名、住居去处，或要召问。如过旬日无处分，即任东西。” 针对此敕，李中敏上言：“匦院投状，即本司收投使状人名，便差院子审复家第及主人，旋牒报京兆

① （宋）宋敏求编《唐大诏令集》卷九九，洪丕谟、张伯元等点校，学林出版社，1992，第 457 页。

② （宋）王溥撰《唐会要》卷五五，中华书局，1990，第 958 ~ 959 页。

③ （宋）王溥撰《唐会要》卷五五，中华书局，1990，第 959 页。

④ （北宋）司马光撰《资治通鉴》卷二〇三，中华书局，1987，第 6438 页。

府。若又令牒金吾责状，恐进状人劳扰，又虑烦并，今伏请准前准牒京兆府。"[①] 李中敏的意见得到批准。据此可知，对投状者的监护，目的在于"召问"。"旬日"之后，监护解除，投匦人就可不受约束地行动了。监护的方法是，由匦院把进状人的姓名、住址查明后，通知京兆府，由京兆府负责执行。

在管理匦函的四项工作中，以中间两项最为重要。有唐一代，随着时间的推移，匦函的管理制度逐步有所完善，同时也出现了一些同设匦本意不尽符合的变化，如在投匦前检查书状内容，对广开言路带来了消极影响；由主管官员区别事之大小处理书状，而不再由皇帝一一过目，也削弱了匦函的功能。虽然这一制度还存在这样那样的缺陷，但它作为下情上达的一种渠道，对于减少冤狱和维护唐王朝的统治，还是起了一定的历史作用。

四　匦函在五代、两宋的实行情况及其变化

匦函制度在五代时期的实施情况，已难详考，但这一制度仍为各朝采用，则无可置疑。

后唐实行匦函制度事，见《五代史·萧希甫传》：

> 明宗即位，召（萧希甫）为谏议大夫，是时（天成元年四月），复置匦函，以希甫为使。

又据《旧五代史·唐纪》：

> （萧希甫）复为匦函使。其后（卢）革、（韦）说为安重海所恶，希甫希旨，诬奏革纵田客杀人，而说与邻人争井，井有宝货。

---

① （宋）王溥撰《唐会要》卷五五，中华书局，1990，第985页。

有司推勘井中，惟破釜而已。革、说率皆贬死。

后晋高祖石敬瑭于天福三年（938 年）恢复侍御史理匭事，见《旧五代史·职官志》：

天福三年三月壬戌，御史台奏：按《六典》，侍御史掌纠举百僚，推鞫狱讼，居上者判台，知公廨事；次知西推、赃赎，三司受事；次知东推、理匭。敕：宜如旧。

《资治通鉴》卷二八八记，割据于四川一隅的后汉，于高祖刘知远乾祐元年（948 年），也仿效唐制设匭，以开言路：

蜀主以张业、王处回执政，事多壅蔽，己未，始置匭函，后改为献纳函。

《宋史·高锡传》载，后周世宗柴荣执政时期，也曾设匭，故有高锡投匭事：

（高）锡徒步招谏匭上书，请择贤任官，分治从职。

宋王朝统一中国后，效法唐代，继续推行匭函制度。宋太祖赵匡胤于乾德四年（966 年）六月二十三日发布诏书曰：

今后应诸色进策人，并须事关利害、情绝虚浮、益国便民、言直事当者，方可为策。即不得乱引闲词，其所进事条，仍不得过五件以上。如是已经晓示不行者，亦不得再有投进。宜令匭院候有进策人分明晓示，先取知委文状，及通指安下处所，方得投匭。如有违越，并当劾断。如是本管官吏不切晓告，当行朝典。其余申冤论事，不在此限，亦不得腾越。须曾经本处论诉，不与施行；有偏曲者，方得投匦。[1]

从这一诏令看，宋初匦函制度与唐代大体相同。不同之处是，对投匦程序和书状内容的限制趋于严格：规定书状陈诉的问题，不得超过五件；投匦前要写表示了解和遵守投匦要求的保证书，凡是违背投匦制度者，不准进状；如果本管官吏对违犯投匦制度者不及时查处上报，也要被追究责任。

匦函制度在五代、宋初大约实行了80年左右，到宋太宗赵炅太平兴国九年（984年，即雍熙元年）七月十二日，始发生重要变化，即改匦为检。《资治通鉴长编》载：

（太宗雍熙元年七月庚申）改匦院为登闻鼓院，东延恩匦为崇仁检，南招谏匦为思谏检，西申冤匦为申明检，北通元匦为招贤检。[2]

检字从木，隐示了它由木制成。同唐代铜匦一样，检具有“可入而不可出”的特点，但形体较大，要由四人擎抬（南宋时检匣形体改小，由一人擎背）。检函由登闻院管理。太宗淳化三年（992年），曾一度设理检院，然未过多久，于至道三年（997年）废止。宋真宗赵恒景德四年（1007年），改登闻院鼓司为登闻鼓院；改登闻院为登闻检院，受理检函。宋仁宗赵祯天圣七年（1029年）初，为使投检书状未得到正确断理者有继续申诉的机会，又诏令复设理检院：

（天圣七年）时上封者言：“自至道三年废理检院，而朝廷得失，天下冤枉，浸不能自达。”帝读唐史，见匦函故事，与近臣言

① （清）徐松辑《宋会要辑稿》第60册《职官三》之六二，中华书局，1977，影印本，第2428页。

② （宋）李焘撰《资治通鉴长编》卷二五。又见《宋史·太宗本纪》，中华书局，1997，第72页。

之。夏竦因请复置使领，帝从其议。①

同年闰二月二十三日，仁宗为“诞开言路”，使“下情之尽达”，又发布诏书曰：

……其登闻检院依旧外，宜置理检使，匦匣为检匣。应诸色人，除奇巧技术、妄邪、不干正道事件不得上言，及常程公事自依久来体式，令逐处官司、鼓院收接外，如有指陈军国大事、朝政得失、大改冤枉累经诉理未获辨明，或事干机密，并许诣检投进。②

这样，宋代自仁宗朝起，便形成了登闻鼓院、登闻检院、理检院三者并立的体制，这一制度沿之宋末，基本未改。

登闻鼓院的主要职能是受理臣民申诉冤枉，采取的是击鼓投诉的方式，它不属于匦函制度的范畴。登闻检院的职能是接受机密章奏和投诉鼓院未受理或未辨明的臣民申冤书状。理检院由御史中丞兼领，它受理陈诉军国大事、朝政得失、机密问题和鼓院、检院未辨明的臣民的申冤状。登闻检院、理检院均以检匣受状，从广义上讲，它是匦函制度的一种形式，也是宋代对匦函制的新的发展。

由于宋代的检匣的形制和功能与唐代的匦函大体相似，因此，虽朝廷改匦名为检，当时的不少臣民和后代人写的一些著述仍囿于习惯称检为匦。如宋孝宗乾道三年（1167 年）六月，给事中王㘰等在上书中谈到宋仁宗设理检使事时说：“本朝天圣七年，始制匦函，专命御史中丞为理检使。”③ 宋宁宗庆元三年（1197 年）十月，司农卿兼知临安府赵

① （清）毕沅撰《续资治通鉴》卷三七，中国国际出版社，1993，第 502 页。

② （清）徐松辑《宋会要辑稿》第 60 册《职官三》之六六，中华书局，1977，影印本，第 2430 页。

③ （清）徐松辑《宋会要辑稿》第 60 册《职官三》之七〇，中华书局，1977，影印本，第 2432 页。

师夅在上书中谈到制止越诉投检问题时说："检鼓二院，自有明载条令，盖为经从次第所行失当及无所施行，方许投匦。"[①] 宋宁宗开禧三年（1207 年）十二月，朝臣奏言："国朝因唐旧制，置检匦以通下情。"[②] 元代人撰写的《宋史》在渲染宋徽宗即位初臣民投检盛况时，也用"投匦者如织"加以形容。[③] 诸如这类称检为匦的记述，在史籍中不乏其例。这说明在南宋、元初人心目中，匦与检无实质的区别。

当然，宋代的检函制较之唐代的匦函制，也有自己的特色。它不仅名称和制作匣的材料与唐相异，且在一些方面也有重要的变化和发展。

（一）它与登闻鼓制度相联系

宋代的检函制规定，凡是申冤类投状，不仅要按法定程序逐级上诉，而且"未经鼓院进状，检院不得收接"。[④] 这样做的目的，是希望既保障司法机关职能的发挥，同时又给有重大冤屈者提供更多的申诉机会，但这些规定又带来了投诉程序过繁、书状无法及时直达御前的弊端。

（二）受状内容和投状方式也有变化

宋代理检院所设检匣，以收接"招谏"、"申冤"类书状为主要功能，这两方面与唐代匦的受状内容相同，然检匣是否收接"纳贤举才"、"论天象灾变"类书状，史书未曾明确记载。从宋代各朝君主屡颁诏令，禁止收接有"希求身名"、"妄诞文字"内容的投状看，可知检函制起码是淡化了这类功能。至于登闻检院，宋太宗初置检时，仍仿效唐代匦函旧制，收接投状，后来则改为重点受理机密奏章。机密奏章

---

① （清）徐松辑《宋会要辑稿》第 60 册《职官三》之七三，中华书局，1977，影印本，第 2434 页。

② （清）徐松辑《宋会要辑稿》第 60 册《职官三》之七四，中华书局，1977，影印本，第 2434 页。

③ 《宋史》卷三一九《曾巩传》，中华书局，1997，第 10394 页。

④ 本处和以下引文均见《宋会要辑稿》第 60 册《职官三》之七四，中华书局，1977，影印本，第 2434 页。

的内容，具体讲为六项，一曰机密，二曰军国重事，三曰军期，四曰朝政阙失，五曰论诉在京官员，六曰公私利济。检函制突出了军事、机密和对违法官吏的控诉方面的内容，这种变化，同宋王朝长期面临辽、夏、金朝南侵和处于军事对峙的国情实际相关。

宋代的投检方式较之唐代投匦也更为细密。其投检方式分为三种：一曰实封，即将表状封皮折角重封，两端盖印。这类投状，用于陈诉军事、机密和揭发在京官员的不法行为，主管官员不得拆阅，但要求投状人"别写札子节略要切事件，连黏于所进状前"，若实封外面题写与状内所陈不同，按上书不实科罪。二曰通封，即将表状用一般方法封装，适用于非军事、非机密及陈诉在京官员的一般性问题的投诉。此类书状，由主管官员，"先拆开看详定夺：或要原本文字照证，速牒合属司分取索；若事合施行及所进利济可采，便与通进；若显有违碍，即当日内告示本人知委"，拒绝收纳。三曰白纸进状。"如不识文字者，许陈白纸。据所论事件，判院官当面抄札，诣实口词，准此实行。"上述区分，解决了唐代对一切投状需事先审查的问题，有利于对陈诉重大军政要事和控告权臣类书状内容的保密。

（三）对投检书状的限制更为严格

当时，许多投诉者为使书状直达御前，常是"无所忌惮"，"公然腾越"，小有争讼，即具"实封"，致使"有事理情法之不可行者，投进之词源源不已"。为保障检函制度的功能得以正常发挥，宋代各朝先后制定了一系列限制投检的措施，主要有：（1）令检院向投状人"读示榜文"，并"取知委状"，即给投状者宣读皇帝发布的有关投检规定的榜文，要其写出已知晓榜文、承诺依规定要求投检的保证书。（2）投状者需有保人。"如系有官人，即召本色有官人，进士布衣即召现在上庠生，僧道、百姓即召土著有家业居止之人，军人召所属将校各一人作保。"保人要立保状，"保状内明言委保某人陈诉某事，方许收接进入"。（3）越诉书状或不符合其他投检程序要求的书状，不予受理。（4）田宅、婚姻、财产争讼、诗赋、杂文和其他著述及乞求封赏书状、妖妄文字，均不得投检。（5）不得妄称和故意增加情词，违者治罪。（6）针对一些受处分官吏频繁投状问题，规定官吏投状“先取自来有无过犯一本。连于所进状前同进。所述过犯如有隐落，并当除名”。（7）对代人写书状的书铺严加管束，如书铺写状不实，“增添情理”，“其代笔人为首科罪”。

（四）区分缓急对投状进行处理

宋代对投检书状的处理，也不像唐代铜匦“朝出暮入”那样即日进行，而是规定：属于军国大事的急速文字，立即送达；“常程文字依例五日一度于检内通进”。同时，宋代还建立每日报告的制度。“当日内收接到所进文状，都教逐件开具坐行与不行，因而具单状以闻。”对于收接的书状，依内容再行分拣，分送有关部门。至于以“实封”形式投检的书状，究竟是皇帝亲自过目，还是委托身边近侍代为审阅，则难确知。

从以上所述不难看出，宋代检函制度较之唐代匦函制，在许多方面都有新的发展和完善。它更加突出了陈诉军政大事、监督官吏和申诉重大冤屈方面的功能，朝廷制定的一些限制投检的措施，就其本意而言，也是出于保障检函的主要功能得以正常发挥的需要而采取的。然而，在当时吏治比较腐败、“州县之官因循不修职业”、百姓申冤无门的情况下，不大力整饬吏治，只是一味地限制投检范围，就又会偏离“设匦函以达下情”的本来宗旨，其带来的消极后果也是不言而喻的。

关于宋代检函制度的实施效果，因史料缺乏，尚难详述。然据《宋会要辑稿》职官三所记，可初步得出以下论断：一是这一制度在“开通言路”方面虽然也起了一定作用，但远未达到执政者期望的效果。自宋太宗改匦为检起，百姓基于官场黑暗，有冤难明，把投检作为申冤的一线希望大加利用，“小有诉讼，即诣院进状”。对此难题，各朝明令禁止，终无成效。考察各朝君主颁布的诏令和大臣上书中有关投检情况的记述，认为“所进文字多不应得敕命”、“多有以州县寻常细务烦渎朝廷”的评论屡见其中。这说明，当时臣民所投书状，大多是田宅、婚姻、财产争讼和希求封赏类内容，涉及军国重事的相对较少。二是因各位君主对检函制度的态度各异，不同时期的实施效果也不一样。一般来说，北宋时期，太宗、真宗、仁宗对推行这一制度颇为重视，实行情况也好于南宋。南宋时期，检函制度进入衰废阶段。宋孝宗时，“上书进状者日益稀少。权臣畏人议己，沮抑下情不全上达”，加之登闻检院、理检院只满足于“日知投时名件”，“理断之当否，曾不预闻”，故“理检之名虽存，其实已废”。随着南宋王朝的覆灭，检函制度也就不复存在。

明代则例的编纂及其对调整社会经济秩序的作用

明王朝疆土辽阔，人口众多，各地自然条件千差万别，经济发展状况前后多变。其在统治中国的近280年间，在没有制定通行全国的经济法典或比较系统的经济管理方面的基本法律的情况下，运用则例这一法律形式，适时调整各种社会经济关系，保障了国家经济得以正常运转。明代的这一法制建设经验，值得我们认真总结。

则例作为立法形式始于唐、五代时期，当时还是偶尔用之，其内容大多是有关官吏俸禄、礼仪及钱粮等方面的规定。[①]“则”是标准、等差或法则、准则、规则之意，“例”是指先例、成例或定例。则例是通过立法程序制定出来的，是通过删定编次先例、成例和定例并经统治者确认的行为规则。它属于复数结构，一般由多个概括的法律条文按照一定的编纂体例或次序排列组成。宋、元时期，则例已在立法实践中较多地运用，宋代则例的称谓有役钱则例、收纳则例、商税则例、苗税则例、均税则例、锄田客户则例、工值则例、支费则例、请给则例、赏格则例等数十种。元代则例的称谓有工粮则例、衣装则例、抽分则例、盐法则例等多种。明代以前各代，则例不是主要的法律形式，它只是一些国家机关或地方政府在实施某些行政和经济法律制度的过程中，因实际

① 关于唐、五代和宋元时期则例编纂的详细情况，见杨一凡、刘笃才著《历代例考》第2部分《魏晋隋唐例考》、第三部分《宋元例考》中有关则例的论述，社会科学文献出版社，2012，第87~90、117~123页。

需要而制定的标准或规则，属于补充法性质，在国家社会生活中的作用是有限的。

中国古代的法律体系，以元代为分界线，经历了由律令为主的法律体系向律例为主的法律体系转化。明王朝建立后，鉴于宋、元两代法律形式称谓繁杂，功能不够清晰，于典、律、令之外，逐步建立了以条例、则例、事例、榜例为核心的例的体系。① 清代立法在沿袭明代律例体系的基础上，对其中的条例、则例的功能做了较大调整。清代则例是朝廷中央机关活动和国家重大事务管理的规则，通常是以内容比较系统的单行法规的形式编纂和颁行的。与清代则例的内涵、功能和编纂方式有所不同，明代则例是作为规范钱物管理和收支的标准、数额、等差及有关事项具体运作规则的定例，被广泛适用于国家经济、行政、军政、司法管理等领域。

明建国之初，太祖朱元璋就很重视则例的制定。如洪武六年（1373年）制定了有关北平军士给赏等级的《给赏则例》。② 同年，又制订了有关亲王钱粮放支方面的则例，规定："令亲王钱粮就于所封国内府分，照依所定则例期限放支，毋得移文当该衙门，亦不得频奏。若朝廷别有赏赐，不在已定则例之限。"③ 从明初到明末，则例的制定从未间断。虽然明代则例文献的原件已大多失传，但今人从明代史籍和档案中，仍可辑佚到数量众多的这方面的资料。我在阅读《明实录》、《明会典》、《明史》过程中，顺手辑佚的记载有法规内容的代表性则例达200多个。

---

① 在明代例的体系中，事例是统治者因"一时一事"的需要随时颁行的各种定例；则例是国家各项事务管理中规范钱物管理和收支的标准、数额、等差及有关事项具体运作规则的定例；榜例是针对时弊和某种具体事项，以榜文形式向百姓和特定的社会群体公开发布的定例。明代条例的内涵有广义和狭义之分。从广义上讲，人们把各种形式具有"条举事例"特征的例都泛称为条例；狭义的条例是指经朝廷精心修订、具有稳定性的单行法规，如《吏部条例》、《宪纲条例》、《问刑条例》、《军政条例》、《宗藩条例》等。

② （明）申时行等重修《明会典》卷四〇《户部二十七·经费一·赏赐》，中华书局，1989，影印本，第283页。

③ （明）申时行等重修《明会典》卷三八《户部二十五·廪禄一·宗藩禄米》，中华书局，1989，影印本，第272页。

从中可以看出，制定和颁行则例是明代各朝的经常性立法，有些君主每年都颁行多个则例，不仅立法频繁，而且数量相当浩大。

明代制定和颁行的则例名类甚多，主要有赋役则例、开中则例、商税则例、捐纳则例、赎罪则例、宗藩则例、军士供给给赏和优给则例、官吏考核则例、官员俸禄处罚则例、减免则例、钱法则例、钞法则例、漕运则例、救荒则例等。就每一类则例而言，在各个历史时期又大都颁发有各种具体的则例，内容前后多有变化。本文仅就调整明代经济秩序方面的几种主要则例作一概述。

1. 赋役则例

田赋和徭役是明朝财政来源的两大支柱。为了给政府征调赋役提供可靠的依据，明太祖洪武年间，命各府州县在丈量土地的基础上推行登记和管理土地的鱼鳞册制度，在核查户口的基础上推行编制黄册制度，制定了赋役之法。自明初始，各朝根据国情实际制定了不少实施细则性则例，不断完善了赋役制度。

为了确保田赋的征调和防止粮税严重不均，明朝依照土地的所有权和用途的不同，把土地区分为官田、民田两类。官田又有还官田、没官田、断入官田、学田、皇庄、牧马草场、庄田、职田、军屯、民屯、商屯等之别。因官田与民田、不同种类的官田承担的田赋不一，朝廷颁行了“官田则例”和“民田则例”。《明会典》卷一七载：“洪武二十六年定：凡各州县田土，必须开豁各户若干及条段四至。系官田者，照依官田则例起科。系民田者，照依民田则例征敛。务要编入黄册，以凭征收税粮。如有出卖，其买者，听令增收；卖者，即当过割，不许洒派诡寄。犯者，律有常宪。”① 洪武二十六年（1393 年），还重申了“民间桑株征税则例”：“凡民间一应桑株，各照彼处官司原定则例起科丝绵等物。其丝绵每岁照例折绢，俱以十八两为则，折绢一匹。所司差人类解到部，札付承运库收纳，以备赏赐支用。其树株果价等项，并皆照例

① （明）申时行等重修《明会典》卷一七《户部四·田土》，中华书局，1989，影印本，第 112 页。

征收钱钞，除彼处存留支用外，其余钱钞，一体类解户部，行移该库交收。仍将存用数目，出给印信通关，具本入递奏缴。本部查领附卷作数，其进纳绢匹钱钞一节，俱照依后项金科课程条款，一体施行。”[①]同年，又制定了“在京征收刍草则例”，规定：“凡在京征收刍草，俱于田亩内照例科征。当征收之时，户部先行定拟具奏，行移该征有司，限定月日。先取部运官吏姓名开报，候起运至日照数填定，拨各该卫所并典牧千户所等衙门交纳，以备支用。其在外衙门，亦各照依已定则例征收施行。”[②] 世宗嘉靖九年（1530 年），“令直隶苏、松、常、镇，浙江杭、嘉、湖等府田地科则，只照旧行，不必纷扰。其有将原定则例更改生奸作弊，通行禁革”。[③]

由于各地的自然条件差异甚大，土地肥瘠相殊，朝廷又根据不同地区的实际情况，以则例的形式规定了某一或某些地区承担田赋的数量。如景帝景泰七年（1456 年），制定了“浙江嘉、湖、杭官民田则例”，规定这三个地区“官田每亩科米一石至四斗八升八合，民田每亩科米七斗至五斗三升者，俱每石岁征平米一石三斗。官田每亩科米四斗至三斗，民田每亩科米四斗至三斗三升者，俱每石岁征平米一石五斗。官田每亩科米二斗至一斗四合，民田每亩科米二斗七升至一斗者，俱每石岁征平米一石七斗。官田每亩科米八升至二升，民田每亩科米七升至三升者，俱每石岁征平米二石二斗”。[④] 宪宗成化十七年（1481 年）议准：“山东登、莱沿海瘠地，照轻科则例，每亩三升三合。”[⑤]

遇到灾年，朝廷往往根据受灾的严重程度，确定是否减免粮税，并

① （明）申时行等重修《明会典》卷一七《户部四·农桑》，中华书局，1989，影印本，第 116 页。

② （明）申时行等重修《明会典》卷二九《户部十六·征收》，中华书局，1989，影印本，第 219 页。

③ （明）申时行等重修《明会典》卷一七《户部四·田土》，中华书局，1989，影印本，第 112 页。

④ 《明英宗实录》卷二七〇，台湾“中研院”史语所校印本（以下引《明实录》不再标明版本）。

⑤ （明）申时行等重修《明会典》卷一八《户部五·屯田》，中华书局，1989，影印本，第 121 页。

制定或申明有关则例，以便有司遵行。如明英宗正统四年（1439 年）奏准："浙江、江西、福建并直隶苏、松等府，凡官民田地有因水塌涨去处，令所在有司逐一丈量，涨出多余者，给与附近小民承种，照民田则例起科。塌没无田者，悉与开豁税粮。"[①] 宪宗成化十九年（1483 年），凤阳等府受灾，朝廷明令："秋田粮以十分为率，减免三分。其余七分除存留外，起运者照江南'折银则例'，每石征银二钱五分，送太仓银库。另项收贮备边。以后事体相类者，俱照此例。"[②]

有明一代，扩大额田即登入册籍、向国家输租纳粮的田土，始终是朝廷确保田赋收入关注的重大问题。鉴于明初因长期战乱，土地大量荒芜；明中后期又因奸豪兼并、欺隐，额田减半，朝廷在核实田土的同时，实行鼓励农民开荒的政策。明朝制定了一些则例，对于新开垦的荒田、受灾后无人耕种土地负担的赋役及是否豁免、减轻田赋等作了具体规定。以英宗正统朝为例。正统四年（1439 年），浙江、江西、福建和直隶苏、松等府遭遇水灾，朝廷明令："凡官民田地有因水塌涨处，令所在有司逐一丈量。涨出多余者，给与附近小民承种，照'民田则例'起科。塌没无田者，悉与开豁税粮。"[③] 正统十三年（1448 年），"令各处寺观僧道，除洪武年间置买田土，其有续置者，悉令各州县有司查照，散还于民。若废弛寺观遗下田庄，令各该府州县踏勘，悉拨与招还无业及丁多田少之民，每户男子二十亩，三丁以上者三十亩。若系官田，照依减轻则例，每亩改科正粮一斗。俱为官田，如有绝户，仍拨给贫民，不许私自典卖"。[④] 天顺二年（1458 年），"令各处军民有新开无额田地，及愿佃种荒闲地土者，俱照减轻则例起科"。[⑤]

---

① （明）申时行等重修《明会典》卷一七《户部四·田土》，中华书局，1989，影印本，第 113 页。

② （明）申时行等重修《明会典》卷一七《户部四·灾伤》，中华书局，1989，影印本，第 117 页。

③ （明）申时行等重修《明会典》卷一七《户部四·田土》，中华书局，1989，影印本，第 113 页。

④ （明）申时行等重修《明会典》卷一七《户部四·田土》，中华书局，1989，影印本，第 114 页。

⑤ （清）龙文彬撰《明会要》卷五三《食货一》，中华书局，1998，第 984 页。

屯田是官田的一种，屯田制度是明代的重要田制。明建国之初，粮饷匮乏，朝廷命诸将分屯边疆各地，屯田制度由此形成。明代的屯田有军屯、民屯、商屯三种，"其征收则例，或增减殊数，本折互收，皆因时因地而异云"。[①] 成祖永乐三年（1405 年），更定军士"屯田则例"。"令各屯置红牌一面，写刊于上。每百户所管旗军一百一十二名，或一百名、七八十名；千户所管十百户或七百户、五百户、三四百户；指挥所管五千户或三千户、二千户；总以提调屯田都指挥。所收子粒多寡不等，除下年种子外，俱照每军岁用十二石正粮为法比较，将剩余并不敷子粒数目通行计算，定为赏罚，令按察司、都司并本卫隔别委官点闸是实，然后准行。直隶卫所从巡按御史并各府委官及本卫隔别委官点闸。岁收子粒，如有稻、谷、粟、薯、秫、大麦、荞麦等项粗粮，俱依数折算细粮。如各军名下除存种子并正粮及余粮外，又有余剩数，不分多寡，听各该旗军自收。不许管屯官员人等巧立名色，因而分用。"[②] 景帝景泰六年（1455 年），朝廷下令："顺圣地土肥饶，筑立城堡，拨军耕种，定为则例起科。"[③] 穆宗隆庆二年（1568 年），"令宣镇屯种官地，每亩原征粮不及一斗者，照旧征纳；如一斗以上者，亦以一斗为止。其地亩起科新增牧地等项田土，应征粮石酌量定为三等。除本色照旧米豆中半折色，照各城堡月粮则例上纳，该镇屯田地亩等粮，以原额为准。以后虚增粮数，尽行除豁。将来征收务足一十八万四千五百三十五亩之数"。[④]

明代于征收赋税外，还制定有役法。全国除皇室、勋臣、国戚及少数钦赐优免者外，均承担徭役。明太祖洪武十四年（1381 年）至明神

① （明）申时行等重修《明会典》卷一八《户部四·屯田》，中华书局，1989，影印本，第 119 页。

② （明）申时行等重修《明会典》卷一八《户部五·屯田》，中华书局，1989，影印本，第 122 页。

③ （明）申时行等重修《明会典》卷一八《户部五·屯田》，中华书局，1989，影印本，第 120 页。

④ （明）申时行等重修《明会典》卷一八《户部五·屯田》，中华书局，1989，影印本，第 121 页。

宗万历十年（1582 年）张居正实行一条鞭法期间，明朝依黄册制度把人户分为民户、军户、匠户三大类，不同的户类承担不同的差役。民户支应一般的差役，军户支应军役，匠户支应匠役。民户承担的徭役有三种：即里甲正役、均徭和杂役。里甲正役是指以里甲为单位承担的催征、解送钱粮等徭役，每里十甲，十年之内，每甲轮流在一年中的某些日子服役。均徭又分为力役、银差两种。力役即亲身服役，银差即输银代役。杂役主要是指地方各级衙门的差役或在民间非经常性的差役。明代役法前后多变，朝廷根据实施役法过程中的具体情况，通过制定则例对有关事宜进行调整。据《明会典》载："洪武二十六年又定，凡在京垣河道，每岁应合修缮，其用工数多，须于农隙之时，于近京免粮应天、太平、镇江、宁国、广德等五府州预先定夺奏闻，行移各府起取。除役占等项照依钦定则例优免外，其余人户每四丁共辏一夫，著令各备锹杵篮担，委官部领，定限十月初赴京，计定工程分拨做造，满日放回。若有不当夫役，及做工未满逃回者，并行治罪。及各处起到仓脚夫，俱发应天府收籍为民。遇有官差，度量差拨，著令轮流，周而复始。若差使数多，做工日久，照例每名月给工钱五百文，坊长减半，以周养赡。优免则例：优免二丁：水马驿夫，递运船水夫，会同馆夫，轮班人匠，在京见役皂隶，校尉力士，见任官员，廪膳生员训导，马船夫，光禄寺厨役，防送夫，军户，铺兵。免一丁：凡年七十以上及废疾之人。"① "弘治二年，令各场灶丁，离场三十里内者，全数煎办；三十里外者，全准折银。每年十月以里，征送运司解部。其折银则例，每一大引，浙西六钱，浙东四钱。"② 武宗正德十一年（1516 年）议准："长芦运司灶户，照依有司上中下户则例，编审造册。除上中户丁多力壮者，量将二三丁帮贴办盐。此外多余人力，照旧编当别项差役。下户者，止令营办盐课，一切夫役民快边饷马价军器等杂差，俱与优免。"

---

① （明）申时行等重修《明会典》卷二〇六《工部二十六·夫役》，中华书局，1989，影印本，第 1027 页。

② （明）申时行等重修《明会典》卷三二《户部十九·课程一·盐法一》，中华书局，1989，影印本，第 229 页。

同年又下令："令长芦运司每五年一次，选委能干佐贰官一员，亲诣有场分州县，会同各堂印官，将概场人户照依均徭则例，逐一编审。丁力相应者为上户，独当总催一名，次者两户朋当一名，贫下者听其著灶。"①

2. 开中则例

开中制是明代重要的盐政制度。所谓"开中"，是指政府出榜召商，应召商人根据其上纳地点和数量，把政府需要的实物如粮、茶、马、豆、麦、帛、铁等，代为输送到边防卫所或其他地点，由政府酬之以相应的官盐。开中制的实质是商人以力役或实物等方式为政府效力，并向朝廷换取盐的专卖权。开中制源于宋、元时期的"入中"。"商输刍粟塞下而官给之盐"的中盐之法，起于北宋宋太宗赵炅雍熙年间（984～987年），当时是宋朝为解决与西夏政权战争所需军饷和物资供应而设。元代继续实行中盐之法，"募民中粮以饷边"。明开国之初，明太祖即制盐法，令商人贩盐，二十取一，以资军饷。太祖洪武三年（1370年），出于济边需要，"召商输粮而与之盐，谓之开中"。②"四年定中盐例，输米临濠、开封、陈桥、襄阳、安陆、荆州、归州、大同、太原、孟津、北平、河南府、陈州、北通州诸仓，计道里近远，自五石至一石有差。先后增减，则例不一，率视时缓急，米直高下，中纳者利否。"③ 洪武年间，朝廷对制定开中则例十分重视，"凡遇开中盐粮，务要量其彼处米价贵贱及道路远近险易，明白定夺则例，立案具奏，出榜给发各司府州并淮、浙等运司张挂，召商中纳"。④ 如洪武二十六年（1393年）正月，"户部奏定云南乌撒中盐则例。凡输米一斗五升给浙盐一引，输米二斗给川盐，输米一石八斗给安宁井盐，输米一石六斗给

① （明）申时行等重修《明会典》卷三四《户部二十一·课程三·盐法三》，中华书局，1989，影印本，第243页。

② 《明史》卷八〇《食货四》，中华书局，1974，第1935页。

③ 《明史》卷八〇《食货四》，中华书局，1974，第1935页。

④ （明）申时行等重修《明会典》卷三四《户部·课程三·盐法三》，中华书局，1989，影印本，第238页。

黑盐井盐”。[①] “洪武二十八年，定“开中纳米则例”，出榜召商，于缺粮仓分上纳。仍先编置勘合并底簿，发各该布政司并都司卫分及收粮衙门收掌。如遇客商纳粮完，填写所纳粮并该支引盐数目，付客商赍赴各该运司及盐课提举司照数支盐。其底簿发各运司及盐课提举司收掌。候中盐客商纳米完，赍执勘合到，比对朱墨字号相同，照数行场支盐。”[②]

明代的开中之制，因盐运而生，其开中方式和内容又多有变化。初期以纳米中盐为主，后期以纳银中盐居多，期间还有纳钞、纳马、纳豆、纳麦、纳铁、纳帛等形式。明朝在推行开中制的过程中，与开中方式、内容的变化相适应，以则例的形式颁行了许多实施细则。纳钞中盐主要实行于宣宗、仁宗朝。据《明史》载：“仁宗立，以钞法不通，议所以敛之之道。户部尚书夏元吉请令有钞之家中盐，遂定各盐司中盐则例，沧州引三百贯，河东、山东半之，福建、广东百贯。”[③] 纳马中盐在英宗正统朝开始实施。“正统三年，宁夏总兵官史昭以边军缺马，而延庆、平凉官吏军民多养马，乃奏请纳马中盐。上马一匹与盐百引，次马八十引。”[④] 正统十年（1445 年）九月，因“盐商以道路险远，中纳者少”，朝廷采纳总兵官都督黄真的建议，增定“定边中盐纳马则例”：“每上马一匹，盐一百二十引；中马一匹，盐一百引。”[⑤] 纳银中盐在宪宗成化朝已经出现，孝宗弘治五年（1492 年），“商人困守支，户部尚书叶淇请召商纳银运司，类解太仓，分给各边。每引输银三四钱有差，视国初中米直加倍，而商无守支之苦，一时太仓银累至百余万”。[⑥] 自此以后，朝廷颁布了多个则例，就如何实施中盐纳银作了具体规定。弘治六年（1493 年），“令各关照彼中则例，每钞一贯折银三厘，每钱七

---

① 《明太祖实录》卷二二四。

② （明）申时行等重修《明会典》卷三四《户部·课程三·盐法三》，中华书局，1989，影印本，第 238 页。

③ 《明史》卷八〇《食货四》，中华书局，1974，第 1936 页。

④ 《明史》卷八〇《食货四》，中华书局，1974，第 1936 页。

⑤ 《明英宗实录》卷一三三。

⑥ 《明史》卷八〇《食货四》，中华书局，1974，第 1938 页。

文折银一分”。[①] 世宗嘉靖十年（1531 年），令“四川大宁、安云等一十五场额办盐课，俱照弘治十五年则例征银存留本省，以备接济松、茂运粮脚价之费。每年按季征收，与秋种一体起解。其小民边粮本色，止征正米价银，不许重派脚价”。[②]

考明一代开中制实施的情况，因钞法、钱法累更，粮草价格和各类物值多变，上纳的地点远近不一，加之客商与官吏勾结变乱盐法的事件时有发生，各朝针对各地的不同情况及新出现的问题，为推行开中制的实施制定了大量的则例。如明成祖于永乐十六年（1418 年）制定了“开中四川、河东、云南、福建盐粮则例”；[③] 仁宗于永乐二十二年（1424 年）九月制定了“用钞中盐则例”；[④] 宣宗于宣德五年（1430 年）制定了“各处中纳盐粮则例”，[⑤] 于宣德八年（1433 年）六月制定了“松潘中纳盐粮则例”，[⑥] 于宣德九年（1434 年）八月制定了“辽东广宁卫纳粮开中则例”；[⑦] 英宗于宣德十年（1435 年）十二月发布了“中盐运粮则例”，[⑧] 正统三年（1438 年）二月发布了“马营中纳盐粮则例”，[⑨] 正统八年（1443 年）十月发布了“陕西沿边中盐则例”，[⑩] 正统十三年（1448 年）五月发布了“云南腾冲卫指挥司中纳盐粮则例”；[⑪] 景帝于景泰元年（1450 年）六月颁布了新的“中盐则例”，[⑫] 景泰二年（1451 年）十二月颁布了“辽海、三万、铁岭等卫开中盐粮则

① （明）申时行等重修《明会典》卷三五《户部二十二·课程四·钞关》，中华书局，1989，影印本，第 246 页。

② （明）申时行等重修《明会典》卷三三《户部二十·课程二·盐法二》，中华书局，1989，影印本，第 236 页。

③ 《明太宗实录》卷一九六。

④ 《明仁宗实录》卷二上。

⑤ 《明宣宗实录》卷六五。

⑥ 《明宣宗实录》卷一〇三。

⑦ 《明宣宗实录》卷一一二。

⑧ 《明英宗实录》卷一二。

⑨ 《明英宗实录》卷三九。

⑩ 《明英宗实录》卷一〇九。

⑪ 《明英宗实录》卷一六六。

⑫ 《明英宗实录》卷一九三。

例”,[1] 景泰三年（1452 年）闰九月颁布了“遵化县召商中纳粮米则例”,[2] 景泰三年十月颁布了“贵州平越、都匀、普定、毕节四卫中盐则例”[3] 等。

明朝制定的中盐则例繁多，每一则例都对上纳物资的地点、数量和商人取得的盐引数有详细规定。因史料浩瀚，笔者不能一一列举。这里仅把《明宪宗实录》所载成化朝颁行的中盐则例的名称列表述后。

制定时间	则例名称	文献出处
成化元年春正月壬戌	遵化县永盈仓开中淮盐则例	卷一三
成化二年二月丁亥	独石马营各仓中盐纳豆则例	卷二六
成化二年二月癸巳	诏减徐州、淮安仓中盐则例	卷二六
成化二年十二月壬寅	辽东边卫开中盐粮则例	卷三七
成化三年五月辛未	大同开中盐草则例	卷四二
成化三年五月丁亥	辽东诸仓开中淮盐则例	卷四二
成化三年九月丙戌	减四川盐引纳米则例	卷四六
成化三年冬十月甲寅	橐莲台新设万亿仓开中淮浙官盐粮草则例	卷四七
成化六年二月己巳	四川、云南开中引盐则例	卷七六
成化六年十一月戊戌	河东盐运司开中银马则例	卷八五
成化七年十二月辛巳	减中长芦盐则例	卷九九
成化八年春正月乙卯	大同、玉林等草场开中盐草则例	卷一〇〇
成化八年十一月戊戌	辽东开中盐米则例	卷一一〇
成化九年三月壬子	淮、浙、山东、长芦、福建、河东等运司盐课开中则例	卷一一四
成化十年九月癸亥	淮安、徐州、临清、德州诸仓开中盐引随纳米麦则例	卷一三三
成化十一年二月壬午	改定淮安常盈仓并临清广积仓所中盐课则例	卷一三八
成化十三年春正月戊辰	辽东各仓开中成化九年、十年盐引则例	卷一六一
成化十三年十一月壬辰	宣府柴沟、马营、葛峪堡开中河东盐则例	卷一七二
成化十四年十一月壬午	辽东开中淮、浙、河东盐课则例	卷一八四
成化十五年秋七月丁丑	宣府沿边开中成化十三年引盐则例	卷一九二

① 《明英宗实录》卷二一一。

② 《明英宗实录》卷二二一。

③ 《明英宗实录》卷二二二。

续表

制定时间	则例名称	文献出处
成化十五年八月戊申	辽东等仓中盐则例	卷一九三
成化十六年二月甲子	贵州都匀等处中纳粮则例	卷二〇〇
成化十六年壬戌	宁夏、固原开中两淮存积盐纳粮豆则例	卷二〇六
成化十七年二月戊申	开中成化十年以后两淮盐引则例	卷二一二
成化十七年十一月丙子	改长芦运司卖盐纳银则例	卷二二一
成化十八年三月丁丑	山西开中河东盐纳粮则例	卷二二五
成化十九年冬十月丙寅	运赴大同纳米中盐则例	卷二四五
成化二十一年闰四月乙巳	庄浪、西宁二仓中盐纳粮则例	卷二六五
成化二十一年八月甲午	宁夏于陕西庆阳府、灵州、花马池等处盐池中盐则例	卷二六九
成化二十二年秋七月乙未	云南黑、白、安宁、五井提举司盐课召商中纳则例	卷二八〇

明宪宗在位23年，其在成化年间到底颁行了多少中盐则例，有待详考。然从《明宪宗实录》所记可以看出，成化朝几乎每年都颁行了此类则例。这些则例的内容以中盐纳粮为主，兼有纳豆、纳草、纳马、纳银，召商中盐的目的主要是为了解决边防军需或赈灾急用。即使同一上纳地点，或因路程远近不同，或因上纳物资不同，或因前一个则例规定的上纳物与盐引的比价失当，都要颁行新的则例予以调整。成化朝颁行的中盐则例如此繁多，表明朝廷对推行开中制十分重视，也反映了实施中盐过程中的情况是多么复杂。

《明史》云："有明盐法，莫善于开中。"[①] 自太祖洪武三年（1370年）到明末，虽然在实行这一制度的过程中发生过诸多的问题和弊端，但基本没有中断。究其原因，主要是以下三点：其一，盐业生产较为稳定，又由朝廷垄断，这为朝廷与盐商的长期交易提供了保障。其二，利用盐商供应军需或朝廷需要的其他物资，不仅减轻了朝廷和百姓的负担，对边地经济的发展也有促进作用。其三，对于开中商人而言，上纳

① 《明史》卷八〇《食货四》，中华书局，1974，第1935页。

物资的数量、道里远近及相关规定是否有利可图，是商人能否接受盐粮交易的前提。明代各朝从鼓励商人召商积极性出发，适时修正或颁布新的中盐则例，对推行开中制过程中出现的利益冲突适时调整，从而保障了开中制在曲折的实施过程中得以继续。

3. 商税则例

商税则例是商业活动中税法的实施细则。明代各朝为加强市场贸易的管理和保障商税的征收，以则例为立法形式，就应征收的各类商税作出详细规定。由于明代商品经济经历了一个由复苏、发展到繁荣的过程，各朝商税的规定不尽相同，总的趋势是前轻后重，前简后繁。洪武时期，基于恢复民力和社会经济的需要，商税较轻，三十税一。洪熙、宣德以后，市场贸易有了较快发展，政府征收门摊税，对商贾较多的地方提高了征收额度，并制定了一些商税则例。英宗正统七年（1442年），因在京宣课、都税二司收课钞则例不一，颁行了“在京宣课、都税二司税钞则例”，规定：“每季缎子铺纳钞一百二十贯，油磨、糖机、粉、茶食、木植、剪截、绣作等铺三十六贯，余悉量货物取息及工艺受直多寡取税。”[①] 明代中后期，市场贸易日趋繁荣，商品经济在国家经济结构中所占比重增大，各朝进一步完善了商税征收则例。以明景帝景泰初制定的“收税则例”为例。据《明会典》载：

> 景泰二年，令大兴、宛平二县于和远店等塌房，每塌房佥殷实大户二名或四名看管。顺天府及二县俱集各行依时估计物货价直，照旧折收钞贯，仍造册二本，一本发都税司，一本送部查考。巡视塌房御史务禁管店小脚，不得揽纳客商课程，以不堪钞抵数送官，及邀截客货骗害商人。其收税则例：上等罗缎每匹，税钞、牙钱钞、场房钞各二十五贯。中等罗缎每匹，税钞、牙钱钞、塌房钞各一十五贯。下等罗缎每匹，税钞、牙钱钞、塌房钞各一十贯。上等纱绫锦每匹，青红纸每一千张，篦子每一千个，税钞、牙钱钞、塌

① 《明英宗实录》卷八八。

房钞各六贯七百文。中等纱绫锦每匹，细羊羔皮袄每领，黄牛真皮每张，扇骨每一千把，税钞、牙钱钞、塌房钞各五贯。清三梭布每匹，红油纸每八千张，冥衣纸每四千张，铁锅每套四口，藤黄每斤，税钞、牙钱钞、塌房钞各四贯。褐子绵紬每匹，毛皮袄、毡衫每领，干鹿每个，税钞、牙钱钞、塌房钞各三贯四百文。官绢、官三梭布每匹，绒线每斤，五色纸每四千五百张，高头黄纸每四千张，税钞、牙钱钞、塌房钞各三贯。小绢白中布、青匾线夏布每匹，手帕每连三个，手巾每十条，皮裤每件，小靴每套三双，板门每合，响铜每斤，连五纸每千张，连七纸每一百五十张，税钞、牙钱钞、塌房钞各一贯。青大碗每二十五个，青中碗每三十个，青大碟每五十个，税钞、牙钱钞、塌房钞各七百四十文……绵花、香油、紫草、红曲、紫粉、黄丹、定粉、芸香、柿饼、栗子、核桃、林檎、甘橘、雪梨、红枣、杨梅、枇杷、榛子、杏仁、蜜香橙、乌梅、五倍子、咸弹、黑干笋、叶茶、生姜、石花菜、虾米、鲜干鱼、鲜猪、羊肉、黑铅、水胶、黄白麻、钢、熟铁每斤，绵絮每套，芦席每领，绵胭脂每帖，西瓜每十个，税钞、牙钱钞、塌房钞各一百文。干梨皮、荸荠、芋头、鲜菱、乌菱、鲜梨、鲜桃、杏子、李子、鲜柿、柿花、焰、硝、皂白矾、沥青、生铁每斤，干葱、胡萝卜每十斤，冬瓜每十个，萝卜、菠芥等菜四十斤，税钞、牙钱钞、塌房钞各六十五文。其余估计未尽物货，俱照价直相等则例收纳。其进塌房钞，并抽分布匹，及按月该纳房钞，俱为除免。①

这一则例是对各种货物的税钞、牙钱钞、塌房钞所作的规定，其涉及的商品种类之周详，达到了几乎无所不包的地步。

明代中后期，随着市场贸易的活跃，朝廷征收商税的名目愈来愈

① （明）申时行等重修《明会典》卷三五《户部二十二·课程四·商税》，中华书局，1989，影印本，第255～256页。

繁，有京城九门税、各种市易商品税、塌房库房税、门摊税、店舍税、驴车马车运输税等，并制定有相应的收税则例。据《明武宗实录》载，正德五年（1510 年）十月，“监察御史李元言：九门车辆之税，自刘瑾专政，欲如成化初所入钞必五百四十余万贯，钱必六百二十余万文。而监受官于常课之外又多私取，甚为民害。请斟酌议拟，勿拘定数。下户部再议，以为宜斟酌轻重，定为则例，每岁进纳约钞二百万贯，钱四百万文，庶国课易足。至于侵克过取之弊，皆当严禁。上是之。每年进纳定为钞三百三十万八千二百贯，钱四百二十万二千一百四十四文。监受官若侵克或过收及纵容索取以致客商嗟怨，事觉皆罪不宥”。[①] 又据《明会典》：“正德七年，令正阳门等七门门官，凡日收大小车辆、驴、骡、驼、驮钱钞，眼同户部官吏、监生，照依则例收受，即时附簿。钱钞簿籍，俱封贮库。不许纵容门军家人伴当出城罗织客商，阻截车辆，索取小门茶果起筹等项铜钱。”[②]

商税则例的实施，使朝廷的税收大为增加。以京城九门商税为例。据《明世宗实录》载：“弘治十年京城九门岁入税钞六十六万五千八十贯，钱二百八十八万五千一百三十文。至二十年后，岁入钞七十一万五千八百二十贯，钱二百五万四千三百文。及正德七年以迄嘉靖二年，则岁入钞二百五十五万八千九百二十贯，钱三百一十九万三百六十六文。”[③] 神宗万历时期，商税的名目繁多，税率加重，仅万历六年（1578 年）九门商税就征得本色钞 665180 贯，折色钱 2432850 文。明代的商税则例，既发挥了调节和规范市场贸易的作用，但由于制例太繁，苛捐杂税过多，在一定程度上阻碍了商品经济的发展。

4. 钱法、钞法、漕运、救荒诸则例

钱法和钞法管理则例。明建国之初，确定铜钱和宝钞是法定货币，而白银在禁例之中。然钞法行之未久，日渐贬值。永乐至景泰间，凭国

① 《明武宗实录》卷六八。

② （明）申时行等重修《明会典》卷三五《户部二十二·课程四·商税》，中华书局，1989，影印本，第 257 页。

③ 《明世宗实录》卷四一。

家采取的各种措施，使钞法得以维持。在民间力量的推动下，正统至成化朝，白银逐渐成为实际货币。与此相适应，朝廷就维持法定货币和银、钱通融行使颁行了一些则例。据《明会典》载："成化二年，差主事二员于九江、金沙洲监收钱钞，定为则例。候一年满日，该府各委佐贰官一员，照例输收。"① 又据《明宪宗实录》："成化十七年二月戊午，户部以京城内外私钱滥行，旧钱阻滞，是致钱轻物贵，不便于民，虽尝奏请禁约，犯者枷项示众；然愚民贪利，鼓铸私贩者益多，请严加禁治，且定'银钱通融则例'。上曰：今后只许使历代并洪武、永乐、宣德钱，每八十文折银一钱。能告捕私造者，量赏。及私贩者，官校用心缉捕，有知情容隐者咸究问。见今拣钱枷项监问者，姑宥之。"②《明会典》在记述《钞法》时说："国初宝钞，通行民间，与铜钱兼使，立法甚严。其后钞贱不行，而法尚存。今具列于此。其折禄折俸罪赎，及各项则例，轻重不等，详见各部。"③ 又云："弘治六年，令各关照彼中则例，每钞一贯折银三厘，每钱七文折银一分。"④ 由于朝廷对通货不能有效管理，最终以宝钞的贬值和铸钱的混乱而告终。这一结果有利于白银作为国家主币地位的确立，但同时也给明朝的财政金融体系和人民的生活造成了负面的影响。

漕运则例。明朝是中国历史上漕运高度发展时期。这一时期，江南漕粮输往北方，运输方式发生了一系列变革。洪武间采用海运，永乐前期海陆兼运，永乐中期以后运法有三变："初支运，次兑运、支运相参，至支运悉变为长运而制定。"⑤ 所谓"支运"，是江南民户运粮到所指定的各个官仓后，再分遣官军分段递运至京师。因各地官军运粮时先要从

① （明）申时行等重修《明会典》卷三五《户部二十二·课程四·钞关》，中华书局，1989，影印本，第245页。

② 《明宪宗实录》卷二一二。

③ （明）申时行等重修《明会典》卷三一《户部十八·库藏二·钞法》，中华书局，1989，影印本，第224页。

④ （明）申时行等重修《明会典》卷三五《户部二十二·课程四·钞关》，中华书局，1989，影印本，第246页。

⑤ 《明史》卷九七《食货三》，中华书局，1974，第1915页。

各仓支出再运，故称“支运法”。支运法推行后，民运漕粮到各地粮仓，往返时间甚长，经常耽误农时。宣宗宣德六年（1431 年），朝廷决定运粮由官军承担，由民户向官军“加耗”，即量路程远近，给予官军路费和耗米，这种做法称为“兑运”。自宣德朝起至成化十年（1474 年）间，南粮征调多采取兑运或兑运、支运相参的办法，朝廷颁布了不少则例，对兑运加耗的数量作了规定。宣德六年十一月，行在户部定“官军兑运民粮加耗则例”，规定江南各地民人向运军付给每石米“加耗”的数量是：“每石湖广八斗，江西、浙江七斗，南直隶六斗，北直隶五斗。民有运至淮安兑与军运者，止加四斗。”并规定：“如有兑运不尽，令民运赴原定官仓交纳。不愿兑者，听自运官，军补数不及，仍于扬州卫所备倭官军内摘拨。其宣德六年以前军告漂流运纳不足者，不为常例，许将粟米、黄黑豆、小麦抵斗于通州上仓。军兑民粮请限本年终及次年正月完就出通关，不许迁延，妨误农业。其路远卫所，就于本都司填给勘合。”① 宣德十年（1435 年）九月，又对兑运法有关“加耗”的规定作了调整：“湖广、江西、浙江每米一石，加耗六斗，南直隶五斗，江北、直隶四斗，徐州三斗五升，山东、河南二斗五升。”比初行时有所减轻。同时又规定：“耗粮以三分为率，二分与米，一分以物折之。”② 英宗正统元年（1436 年）九月，定“运粮官军兑运各处民粮来京输纳加耗则例”，规定：“湖广、江西、浙江每石六斗五升，南直隶五斗五升，江北扬州、淮安、凤阳四斗五升，徐州四斗，山东、河南三斗。若民人自运至淮安、瓜州等处兑与军运者三斗。正粮尖斛，耗粮平斛。务令军士装载原兑干圆、洁净粮输纳，抵易粗粝者罪之。民不愿兑，令自运至临清仓纳。”③ 宪宗成化以后，朝廷再次改革漕粮运输之法，实行“长运”，即漕粮运输全部改为由官军承担。

救荒则例。明代时，各地遇到重大灾荒，地方官府需把荒情和赈灾措施紧急上报朝廷。经朝廷批准后实施救助。因不同时期、不同地域的

---

① 《明宣宗实录》卷八四。

② 《明英宗实录》卷九。

③ 《明英宗实录》卷二二。

灾情各异，救助对象和受灾程度不同，朝廷往往是在委派官员实地调查的基础上，分别不同地区的情况，以则例的形式规定救灾的措施和应发给受灾人员粮米的斗数，以便在赈灾中遵行。据《明会典》卷一七载："洪武二十七年定灾伤去处'散粮则例'。大口六斗，小口三斗，五岁以下，不与。"[①] "永乐二年，定苏、松等府水淹去处《给米则例》。每大口米一斗，六岁至十四岁六升，五岁以下不与。每户有大口十口以上者，止与一石。其不系全灾，内有缺食者，原定'借米则例'：一口借米一斗，二口至五口二斗，六口至八口三斗，九口至十口以上者四斗。候秋成，抵斗还官。"[②]

明代除颁布上述各类则例外，还制定了不少行政、经济管理中与财政收支有关的其他则例，如"官员俸禄处罚则例"、"给驿和起运物品则例"、"捐纳则例"和适用于官吏考核的"繁简则例"等。则例还适用于地方立法。明代时，有些地方政府和长官为减轻地方经济事务的管理，也制定了则例。如海瑞为使赋役均平，民得安生，嘉靖年间在淳安知县任上，曾制定了"量田则例"[③]；隆庆年间，他在任应天巡抚时期制定了"均徭则例"[④]，在琼山闲居时期还写了"拟丈田则例"[⑤]。有明一代，在调整社会经济关系方面，则例具有其他法律形式不可替代的功能：

其一，它是国家经济立法的重要形式和法律细则性定例，具有因时、因地制宜实施国家基本经济法律制度的功能。明代各地自然条件千差万别，经济发展状况前后多变，无法制定通行全国的经济法典或比较系统的经济管理方面的法律，来统一规范全国的经济活动。在明代法律体系中，律是刑事法律；经统治者精心修订的条例，除《问刑条例》

---

① （明）申时行等重修《明会典》卷一七《户部四·灾伤》，中华书局，1989，影印本，第117页。

② （明）申时行等重修《明会典》卷一七《户部四·灾伤》，中华书局，1989，影印本，第117页。

③ （明）海瑞撰《海瑞集》，中华书局，1981，第190～201页。

④ （明）海瑞撰《海瑞集》，中华书局，1981，第269～272页。

⑤ （明）海瑞撰《海瑞集》，中华书局，1981，第278～287页。

外，基本上都是有关行政、军政管理方面的单行法律，是与刑律并行的国家基本法律；事例、榜例往往是一事一立法，其内容涉及刑事和非刑事的多个方面，但较少涉及经济管理的具体制度和措施。为了健全国家经济法律制度和加强经济活动的管理，明王朝制定了田制、赋役法、盐法、茶法、钱法、钞法、税法和漕运、仓库、马政、俸饷等方面的法律，但这些法律往往不能适应千变万化的各地经济活动的实际状况。在这种情况下，因时因地、有针对性地制定则例，就成为保障国家经济正常运转的重要立法举措，国家经济政策、社会生活中经济关系的调整及相关法律的执行，主要是通过实施各种则例得以实现的。

其二，则例具有法律规范具体、详细和数字化的特点，有利于在执法中准确遵行。则例基本上是根据经济、行政、军政、司法等管理中遇到的与钱物、运作相关的问题制定的，内容多是钱粮、税收、供给、赏赐、财政、俸禄等方面的收支标准。它与条例、事例、榜例内容的表述方式的不同之处，是绝大多数则例的规定都是用具体的数字表示的。譬如，根据不同田土的性质和土地瘠肥的等级，分别规定不同的赋役数量；根据不同的物品，规定不同的价格；等等。这样做，是为了地方官员在执法中有具体的标准可以遵循，可以有效地加强经济管理，也有利于防范官吏曲法为奸。

其三，则例兼有立法适时和具有稳定性的优点。则例的内容针对性很强，有些适用于某一地区，有些适用于某一群体，也有些适用于全国。在明代例的体系中，单行条例是统治者精心制定的，立法的周期相对较长，稳定性也较强，其公布后往往多年或数十年才进行修订。榜例、事例是统治者针对随时发生的问题及时制定的，立法适时，但稳定性相对较差。则例同榜例、事例一样，也是及时制定和颁行的，由于它是遇到经济条件变化时才进行修订，或颁行新的则例，因此，则例的稳定性虽然不及条例，但多数则例较榜例、事例的时效性要长。比如，“救荒则例”在完成赈灾任务后就失去效力，但针对某一地区制定的“赋役则例”则在较长时间内实施。

明王朝在长期的治国实践中，针对不同时期、不同地区、不同行业的社会经济的变化情况，制定了大量的各色各样的则例，用以调整各种错综复杂、不断变动的社会经济关系。虽然由于国家基本政治、经济制度方面存在的重大缺陷，各地经济发展失衡、贫富悬殊和社会矛盾激化的问题始终没有得到有效解决，但是则例的制定和实施，对于调整经济关系和缓和社会矛盾、保障国家经济在绝大多数时间内仍能基本正常运转发挥了重大作用。

由于中国古代历朝基本上没有制定统一的经济法典，有些著述认为，中国古代经济立法不够发达。这种观点的形成，是与作者没有认真考察古代的经济立法形式有关。其实，从先秦到明清，历朝都运用律、令、例等各种法律形式，颁布了大量的经济法规。则例就是明代经济立法的主要形式。长期以来，人们往往从刑律中搜寻资料，作为描述古代行政、经济、民事、军政法律制度的基本依据。实际上，中国古代存在着极其丰富的诸如明代则例这样的各类立法资料。只有走出“以刑为主”的误区，开阔学术视野，加强中国古代基本法律资料的搜集和研究，才能够比较全面和科学地阐述中国法律发展史。

明代地方法制初探

明代是中国历史上地方法制由长期缓慢发展转向发达、成熟的重要时期。明王朝统治中国的近280年间，不断完善国家法律制度，建立起一套完整的以律例为核心、国家立法与地方立法并存的法律体系。为了把国家的法律贯彻到基层，明朝很重视地方法制建设，颁布了很多地方特别法，尤其是明代中叶以后，地方立法活动空前活跃，各级地方长官和朝廷派出巡视各地的官员颁行了大量的地方性法规法令，地方法制建设进入了一个新的发展时期。

一　明代地方立法概述

（一）明代地方立法的繁荣及其缘由

因年代久远，明代的地方法律文献多不存世，但在各种史籍、地方志、历史档案中，仍保存了相当丰富的明代地方法律资料。近年来，为了弄清明代地方立法的概貌，我们查阅了上万部古籍，从中搜集到数百种明代地方法律文献，其中有44种收入《中国古代地方法律文献》甲编，[①] 16种收入《古代榜文告示汇存》。[②] 本部分依据已搜集到的资料，对明代地方立法的概况作一简述。

---

① 杨一凡、刘笃才编《中国古代地方法律文献》甲编（10册），世界图书出版公司，2006。

② 杨一凡、王旭编《古代榜文告示汇存》（10册），社会科学文献出版社，2006。

从现存文献看，明代地方性法规法令和地方特别法的编纂的总体情况是：

其一，自明初到明末，地方性法规法令的制定和颁行从未间断。查阅做过地方长官的明人文集，不少都收有其在任职期间发布的地方法规、法令和政令。如《尹讷庵先生遗稿》载，明初永乐年间，尹昌隆巡按浙江时就发表文告，明令："所在军民人等，但有官吏贪赃坏法，卖富差贫，颠倒是非，使冤不得申，枉不能直，即便指陈实迹，赴院陈告，以凭拿问。"[①] 又据《汪仁峰先生文集》载，明中叶弘治年间，汪循任浙江温州府永嘉县知县时，颁布了《永嘉谕民教条》[②]。明末崇祯年间，祁彪佳出任御史和巡按苏州、松江府期间所写《按吴檄稿》[③] 等书中，就记载了很多地方性法规。

其二，在明代法律体系中，朝廷颁行的地方特别法与地方长官颁行的地方性法规、法令并存。有关治理地方的重要管理制度，如刑事审判、钱粮、税收、茶盐、矿业、漕运管理等，大多是用中央颁行的地方特别法规定的，地方长官颁行的法规、法令，基本是围绕着如何实施朝廷法律制定的，是朝廷法律的实施细则。终明一代，中央颁行的地方特别法与地方长官制定的法规、法令有明显的此消彼长的趋势，即前期以朝廷颁布的地方特别法居多，后期以地方长官颁行的法规、法令为多。

其三，由地方长官颁行的地方性法规、法令，绝大多数是在正德至明末期间制定的。现存的明代地方法规、法令，除《宁波府通判谕保甲条约》等极少数单行本外，基本上存在明人文集和地方志中，且绝大多数是嘉靖以后编纂的。出现这种现象的原因，固然与嘉靖前文献散失较多有关，但在相当程度上反映了明代地方立法的繁荣是在明中叶后出现的这一现实。

---

① （明）尹昌隆撰《尹讷庵先生遗稿》，收入《古代榜文告示汇存》第1册，第415～420页。

② （明）汪循撰《永嘉谕民教条》，清康熙刊《汪仁峰先生文集》本，收入《古代榜文告示汇存》第1册，第441～550页。

③ （明）祁彪佳撰《按吴檄稿》，明末抄本，收入《中国古代地方法律文献》甲编第9册、第10册，世界图书出版公司，2006。

为什么明代的地方立法到明代中叶后才出现繁荣？这是有其历史原因的。

第一，明代中叶以后社会生活中出现的大量的新问题，迫切需要进一步健全地方法制。这一时期，商品经济进一步发展，人口流动加剧，各阶层的利益冲突增多；土地兼并剧烈，赋役制度受到很大破坏，朝廷的财政出现危机；世风日下，民俗散淳离朴，社会治安混乱；官场日渐腐败，司法审判中滥拘、滥禁、滥罚的事件时有发生；里老理讼制度衰落，健讼之风盛行，大量民事纠纷得不到及时解决。面临如此严峻、复杂的社会问题，原有的国家法律在许多方面规定缺失，很不适应各地事务管理的需要。为此，统治集团内部主张适时变法，完善包括地方法制在内的国家法律制度。各级地方官府及官员也意识到，要实现地方事务的有效治理，必须加强地方立法，及时颁布适合于本地区事务管理的法规法令。

第二，各级地方行政衙门的健全，为地方立法提供了机构上的保证。明代地方机关是省、府、县各级官府。明朝为了推动国家法律制度的实施，全面加强对地方事务的管理，很注重健全地方各级机构。明代的地方行政机构为省、府、县三级制，间或有省、州二级和省、府、州、县四级制。省是明代地方最高一级行政机构，设承宣布政使司、提刑按察使司、都指挥使司“三司”，分别统领地方行政、刑名按劾、军政事务，承宣布政使司布政使为一省行政长官，提刑按察使司按察使掌一省司法审判的监察事务，都指挥使司都指挥使为一省最高军事长官。三司又俗称为“藩司”、“臬司”、“都司”，地位平等，互不统属，共同向皇帝负责，使其彼此牵制，便于皇帝操纵。一省内又分为若干道，作为监察区而非一级行政机构，根据需要设置一些没有辖地的专职道员。府直隶于布政司。省辖府的长官为知府，负责辖境内的风化、讼狱、赋役等事务。北京的顺天府和南京的应天府直隶于中央，其长官称府尹。知府之下有同知、通判、推官等属官。宣德三年（1428 年）时，天下共有府 159 个。州分为直隶州和府属州两类，前者直接隶属于省，其地位与府相似，后者地位与县相似，又称为散州。其长官为知州，另有同知、判官等官职。县是明朝第三级行政机构，长官是知县，其下有县丞、主簿、典史各一人，负责一县的养老、祭祀、贡士、宣法、彰善、听讼、治安等事务。与以前各代比较，明代的地方机构更加健全，为地方立法提供了组织上的保障。

第三，督抚制的普遍实施，是地方立法活动空前活跃的重要原因。巡抚与总督之设置，是明清两代地方最高行政长官的滥觞。明代前期，虽然地方各级机构已基本健全，然而，由于省级政权以承宣布政使司、提刑按察使司和都指挥使司这三个互相制约、互不统属的机构组成，分别直接对中央各部负责，然而这一体制存在着事权不一、运转不灵、效率低下的弊端，加之中央对地方颁行法律法规控制较严，这就使地方法制建设长期没有较大作为。

督抚制度就是适应朝廷加强对地方管理的需要逐步形成的。巡抚之名，起于洪武二十四年（1391 年）“命皇太子巡抚陕西”事，[①] 之后，永乐十九年（1421 年）四月、洪熙元年（1425 年）、宣德元年（1426 年）至五年（1430 年），朝廷都曾派大臣到各地巡抚，然为临时性质，未有常设机构。景帝朱祁钰景泰四年（1453 年）以后，改以都御史充任巡抚官，明代巡抚之制正式确定。巡抚制度普遍推行之后，偏重军事以节制地方文武的总督制度也逐渐发展起来。明宪宗成化五年（1469 年），朝廷在梧州设总督衙门，两广总督率先设立。之后，又设置了蓟辽、宣大、陕西三边、两广、川陕河南、湖广、闽浙两江、山陕河南川湘、凤阳、保定、河南湖广、九江、南直隶、豫鲁湘川等总督。总督虽是临时差遣，按照当时钦差部院官的体制，地方一切官员都为其属吏，总督对地方事务有决定权。嘉靖时兵部划分督、抚职权，总督主征集官兵，指授方略；巡抚主督理军政，措置粮饷。总督可以节制巡抚，并可兼任巡抚。虽然朝廷申明巡抚、巡按御史按临之处，据其已行之事，查考得失，纠正奸弊，不必另出己见，多立法例，但由于明中后期督抚的

---

① 《明太祖实录》卷二一一，台湾“中研院”史语所校印本（以下引《明实录》不再标明版本），第 3134 页。

任职已从临时派遣演变为长驻久任，开府置属；从暂设变为定设、专设，且权力甚大，这样，督抚实际上成为主管一方的封疆大吏。督抚为加强地方治理，经常发布政令、法令。省、府、州、县长官遇到的一些重大施政问题，也能够及时向督抚报告批准，得以及时解决，有关政令、法令也得以及时公布。督抚制的确立，为地方立法活动的高涨提供了广阔的平台。

第四，适时立法指导思想的确立，为各级地方长官推进地方立法扫除了障碍。“遵循祖宗成宪”是朱元璋为后嗣君主立下的一条戒规，也是他要求子孙在法律制度问题上必须恪守的基本原则。他把《大明律》确定为“万世不刊之典”，死前留下遗训：“已成立法，一字不可改易。”① “群臣稍有议更改，即坐以变乱祖制之罪。”② 明成祖发动“靖难之变”夺取皇位后，为标榜正统，于永乐年间力倡“遵循祖制”。永乐之后的仁宗、宣宗、英宗等后嗣君主，也都仿效明成祖，打起“遵循祖制”的旗号。在这种情况下，朝廷在立法方面没有重大创举，地方立法也没有突出的进展。然而，随着社会的发展和各种新问题的不断出现，要求修正祖宗成法、适时立法的呼声不断增高。永乐朝之后，明代君臣经过近百年的实践和争论，到弘治十三年（1500 年）《问刑条例》的制定时，逐步形成了一套比较成熟的立法思想，“适时立法”、“情法适中”成为国家立法活动的基本指导原则。在“适时立法”思想的影响下，朝廷上下形成了有利于法制建设的社会环境，以制例为中心的立法活动成为朝廷的日常工作，私家注律渐成风气，书坊刊印法律典籍的数量也空前增加。所有这些，都为地方立法活动日益活跃创造了较好的法律文化氛围。

第五，各级地方长官拥有地方立法权，是明中后期地方立法活动空前活跃的最重要原因。据史载，明代中叶以后，在朝廷对地方官员制定地方性法规法令的做法持积极支持态度的情况下，一些有作为的地方长

---

① 《皇明祖训》序，收入《中国珍稀法律典籍续编》第 3 册，黑龙江人民出版社，2002，第 483 页。

② 《明史》卷九三《刑法一》，中华书局，1974，第 2279 页。

官和巡察地方的朝臣以完善地方立法为己任，积极付诸实践。如正德十一年（1516 年）王守仁巡抚南康、赣州期间，就颁布了著名的《申谕十家牌法》，并把它作为地方立法要求官吏遵行："本院所行十家牌谕，近访各处官吏，类多视为虚文，不肯着实奉行查考，据法即当究治。尚恐未悉本院立法之意，特述所以，再行申谕……今特略述所以立法之意，再行申告。言所不能尽者，其各为我精思熟究而力行之。"[①] 嘉靖皇帝于正德十六年（1521 年）三月登基以后，很重视各地地方性法规的制定，同年九月，他颁布圣旨："命各巡按御史遵律例，著为条约，申谕诸司。"[②] 这一做法为后嗣君主所仿效。明代中后期，不仅总督、巡抚受朝廷重托总领一方事务，有地方性法规立法权，而且各级地方长官经一定审批程序，也可行使地方立法权，出现了朝廷之法与"有司之法"并存的局面。"立法"一词，在地方官府和长官颁行法规法令过程中被广泛使用，乃至有的官员还在法规名称中写上"立法"二字。如万历末庄起元任浙江兰溪县知县上任之初发布的告示，就题名为《初立法征收田粮告示》，该告示首句为"金华府兰溪县为立法简要征收田粮事"[③]。各级地方长官拥有立法权，多元地方立法主体的形成，使这一时期地方性法规的制定出现了前所未有的繁荣。

（二）地方立法的载体和立法原则

明代地方法规、法令的载体有条约、告示、檄文、详文等。条约是朝廷确认的法律形式，是地方立法最主要的形式。除条约外，当时的许多地方法规、政令，是运用告示、檄文、详文等官方文书发布的。告示、檄文、详文作为地方官府通用的文书，其内容并不限于法律、政令。因此，只能说它们是明代地方法规的载体，但不能说是明代的地方法律形式。

---

① （明）王守仁撰《申谕十家牌法》，明崇祯八年陈龙正刊《阳明先生要书》本，收入《中国古代地方法律文献》甲编第 2 册，第 405 ~ 409 页。

② 《明世宗实录》卷六。

③ （明）庄起元撰《初立法征收田粮告示》，明万历刊《漆园卮言》本，收入《古代榜文告示汇存》第 1 册，第 685 ~ 687 页。

1. 条约。条约是指以条文为约束的文件，一般是由多个条文构成。在我国历史上，清代晚期和近现代意义上的条约，从广义讲，是指两个或两个以上国家关于政治、经济、军事、文化、外交等方面相互权利和义务的各种协议，包括条约、公约、协定、换文、宣言等；从狭义讲，是指重要政治性的、以条约为名称的国际协议，如同盟条约、互不侵犯条约、友好合作互助条约、工商航海条约、边界条约等。然而，清以前各代和清代前期，条约作为一种法律载体或形式，虽然也在外交或属国交往中使用过，但其基本功能是作为国家的补充法，用于国内立法实践。

至晚在唐代时，条约已成为国家的立法形式。《新唐书》卷二二二中《南蛮中》载：（懿宗）咸通二年（861 年），“诏殿中监段文楚为经略使，数改条约，众不悦，以胡怀玉代之”。[①] 又据《新唐书》卷五四载：“（宣宗）大中初，盐铁转运使裴休著条约：私鬻三犯皆三百斤，乃论死；长行群旅，茶虽少皆死，雇载三犯至五百斤、居舍侩保四犯至千斤者，皆死；园户私鬻百斤以上，杖背，三犯，加重徭；伐园失业者，刺史、县令以纵私盐论。”[②] 宋代时，条约作为国家法律的补充法的一种形式，被广泛用于财务行政和租赋、盐铁专卖等经济事务管理方面的立法。北宋以三司统掌全国财政，朝廷制定了规范三司活动准则的《三司条约》。[③] 除此之外，朝廷还以条约的形式制定了许多与钱、物及经济管理相关的法律实施细则。如神宗在位期间，制定和颁布了《农田利害条约》、[④]《青苗条约》、[⑤]

① 《新唐书》卷二二二《南蛮中》，中华书局，1997，第 6282 页。

② 《新唐书》卷五四《食货四》，中华书局，1997，第 1382 页。

③ 《宋史》卷二〇四《艺文三》：“《三司条约》一卷（庆历中纂集）。”中华书局，1997，第 5144 页。

④ 《宋史》卷九五《河渠五》：“（神宗熙宁二年）十一月，制置三司条例司具《农田利害条约》，诏颁诸路：‘凡有能知土地所宜种植之法，及修复陂湖河港，或元无陂塘、圩垾、堤堰、沟洫而可以创修……民修水利，许贷常平钱谷给用。’初，条例司奏遣刘彝等八人行天下，相视农田水利，又下诸路转运司各条上利害，又诏诸路各置相度农田水利官。至是，以《条约》颁焉。”

⑤ 《宋史》卷一七六《食货上四》：“（哲宗）绍圣元年，诏除广南东、西路外，并复置义仓，自来岁始，放税二分已上免输，所贮专充振济，辄移用者论如法。二年，户部尚书蔡京首言：‘承诏措置财利，乞检会熙、丰《青苗条约》，参酌增损，立为定制’。”

《马政条约》、[①]《均税条约并式》[②] 和《修城法式条约》,[③] 徽宗崇宁元年（1102 年），颁行了《铸钱条约》等。[④] 辽、金、元三朝仿效宋代，颁布了很多条约，如《钞法条约》、[⑤]《禁外官任所闲杂人条约》[⑥] 等。史书中论述这一时期制定条约的情况时，曾有“条约繁多”之语。

明代时，律、令、例是国家的基本法律形式，例是国家法律体系的主体。条约之所以能够成为地方立法的形式，是因为它在国家法律体系中具有其他法律形式不能替代的功能。在明代法律体系中，每一法律形式都有其特定的功能。律、令、例属于朝廷立法，由君主批准颁布。《大明律》、《大明令》和统治者长期修订而成的《问刑条例》及各种行政条例是“常经”之法，长期保持稳定不变。皇帝的诏令和则例、榜例、事例，系君主因时因事而立法，具有适时立法以补充“常经”之

① 《宋史》卷一九八《兵十二》：“熙宁三年，乃诏泾、原、渭、德顺岁买万匹，三年而会之，以十分为率，及六分七厘者进一官，余分又析为三等，每增一等者更减磨勘年。自是，市马之赏始优矣。时诲上《马政条约》，诏颁行之。”

② （清）嵇璜等撰《续通典》卷一《食货一》：（熙宁）五年，“帝患田赋不均，重修定方田法，诏司农以《均税条约并式》颁之天下。以东西南北各千步，当四十一顷六十六亩一百六十步，为一方。岁以九月，县以令、佐分地计量，随陂原平泽而定其地，因赤淤黑垆而辨其色。方量毕，以地及色参定肥瘠而分五等，以定税”。浙江古籍出版社，2000，影印本，第 1113 页。又见《宋史》卷一七四《食货上二》：“神宗患田赋不均，熙宁五年，重修定方田法，诏司农以《方田均税条约并式》颁之天下。”

③ （元）马端临撰《文献通考》卷二二一《经籍四十八》记：“《修城法式条约》二卷。陈氏曰：判军器监沈括、知监丞吕和卿等所修敌楼马面团敌式样并申明条约，熙宁八年上。”浙江古籍出版社，2000，考 1791 页。

④ 《宋史》卷一八〇《食货下二》：“崇宁元年，前陕西转运判官都贶复请权罢陕西铸铁钱。户部尚书吴居厚言：‘江、池、饶、建钱额不敷，议减铜增铅、锡，岁可省铜五十余万斤，计增铸钱十五万九千余缗。所铸光明坚韧，与见行钱不异。’诏可。然课犹不登。二年，居厚乃请检用前后上供《铸钱条约》，视其登耗之数，别定劝沮之法。”

⑤ （清）嵇璜等撰《续通典》卷一二《食货》：“（金泰和）七年，敕在官：毋得支出大钞，在民者令赴库易小钞及见钱，院务商税及诸名钱三分，须纳大钞一分，惟辽东从便。时货币屡更，民多嗟怨，户部尚书高汝砺等议立《钞法条约》：凡民间交易典质一贯以上，并用交钞，须立契者，三分之一用诸物，六盘山西、辽河东，以五分之一用钞；东鄙屯田户，以六分之一用钞。不须立契者，惟辽东钱钞从便。”浙江古籍出版社，2000，影印本，典 1179 页。

⑥ 《金史》卷一二〇《忽睹传》，中华书局，1983，第 2615 页。

法不足的优点，其中诏令、事例多是一事一立法，榜例以向百姓和特定群体公布、兼有教化与法律双重职能为特色，则例是用于与钱物和朝廷财政收入、支给、运作相关的法律实施细则方面的立法。条约与上述法律形式既有联系，又有区别。它是同时适应于中央和地方立法的一种法律形式，在结构上具有法律规范涉及面广、立法适时、兼有教化与法律双重职能三种优点。条约虽在明代法律体系中处于补充法的地位，但在完善地方法制方面却具有其他法律形式无法替代的独特功能。

条约作为明代国家法的补充法，在朝廷立法和地方立法中被广泛使用。检明代法律文献，由中央制定的条约，主要用于吏治、学政、社会治安、风俗教化等领域，是针对当时官场、学校存在的弊端，为了约束官吏、生儒的行为而制定的。如成化十四年（1478 年）九月，针对祭祀山川时文武官失于陪祀的问题，宪宗皇帝允准礼部尚书邹干等的奏本，制定了“条约”，规定：“自今应陪祀官有故不与者，先期于本部委官处开报。其公侯、驸马、伯、都督及见任指挥故为推托者，听其首领官状闻。凡失仪并来迟者，听纠仪，并礼官劾举。”[①] 景泰七年（1456 年）十一月，天、地坛斋宫什器被盗窃，明英宗针对太常寺官典守不严的问题，诏令礼部制定条约并出榜公示。[②] 万历二十二年（1594 年）七月，都察院题奏要求制定以“奖廉惩贪”为宗旨的条约，神宗皇帝诏“如议申饬”。[③]

在地方法制建设方面，条约是地方立法的主要形式。现见的明代条约，就其内容范围而言，既有事关全省或州府全面治理的综合类条约，也有关于学政、军政、盐政和漕运等特定事务管理类条约，其中不少是地方长官莅任之初或推行某项重大政务之前，基于地方综合治理或某一事项管理的需要制定的。条约与明代其他地方法规载体不同之处是，其内容往往是具有纲领性或指导性的地方法规，法律的稳定性相对较长。现见的明代条约，也有一些是主守地方的军事长官发布的。《四库全书

---

① 《明宪宗实录》卷一八二。

② 《明英宗实录》卷二七二。

③ 《明神宗实录》卷二七五。

总目提要·子部·存目·类辑练兵诸书》条下记载戚继光撰有《哨守条约》，该条约已散失，但在董承诏《重订批点类辑练兵诸书》卷十二《哨守》中，收有部分戚继光撰《哨守条约》佚文。另外，天一阁藏有《哨守条约》明刻本残卷，即今存该书卷五《台墙第五》中《台墙沿革》、《分开》、《台墙军什》、《台墙军数》、《夜战》等篇目。据张金奎考证，此书与戚继光撰《哨守条约》文字有相异之处，它是否为戚继光所撰，尚存疑问。[①]

2. 告示。所谓告示，是指官府针对时弊或某种具体事项，向百姓或特定的社会群体发布的文告。中国古代在信息传播技术不够发达的情况下，榜文、告示成为官府向民众公布政令、法令和上情下达的重要载体。历史上告示的称谓有布告、榜文、文告、公告等多种，不同历史时期的称谓也有变化。明初及以前各代，“榜文”、“告示”、“布告”等名称混相使用。榜文、告示是官府针对时弊或某种具体事项，向百姓或特定的社会群体公开发布的文书，二者虽叫法相异，实际是同一性质的官方布告。

制定和发布榜文、告示在中国有悠久的历史。我国古代一直有重视发布政令、法律的传统。西周的“悬法象魏”之制，就是朝廷宣示法律和对民众进行法制教育的一种方式。春秋末期郑国执政子产“铸刑书”、晋国赵鞅和荀寅“铸刑鼎”，则是诸侯国公布法律的举措。历代为把法律和政令贯彻到基层，使臣民知法守法，都很重视法律和政令的公布。自秦汉到唐代，运用榜文、告示公布政令、法令成为官府经常采用的方式。史籍中有关这类的记载甚多，一些诏令后也有“布告中外，令使知悉”的要求。宋元时期，地方官府和长官运用榜文、告示公布政令、法令的做法已很盛行，《古代榜文告示汇存》[②] 收录的朱熹、黄榦、真德秀、马光祖、黄震、胡祇遹榜文和王恽告示等就是这类文书。

告示在明代地方立法和执法中被广泛使用。《古代榜文告示汇存》

① 《天一阁藏明代政书珍本丛刊》第16册，线装书局，2009，第263～334页。

② 杨一凡、王旭编《古代榜文告示汇存》（10册），社会科学文献出版社，2006。

收入了文林等10多名明朝官员发布的上百种告示，从中可大体了解当时告示的内容和特征。

告示是具有晓示事项、公布法律和教化百姓等功能的官方文书。就其内容和功能而言，大体可分为两类：一是以告谕、教化为宗旨，内容是晓谕某一事项，或指陈时弊，申明纲常礼教和治国之道，意在使百姓周知，趋善避恶。二是重申国家法律和公布地方官府制定的政令、法令，要求臣民一体遵守。后一类告示具有法律的规范性和强制性，其作为有法律效力的文书，是国家法律体系的有机组成部分。

具有公开性，是告示的突出特点。告示是以公开的形式向全体百姓或特殊群体公布的，其内容一般都是针对某一特殊事项，文字相对简洁。以告示公布的法规、政令，针对性很强，但较之条约而言，它的法律时效往往较短。

3. 檄文。宋代以前，官方文书多用木简。如有急事，则插上羽毛，称为羽檄，后来称内容比较紧急的文书为檄文。檄文作为明代官方文书的一种，往往在军事征讨、平息民变或处理紧急公务时使用。檄文是上级对下级的行文方式，通常是由上级衙门或长官下达给下级衙门或长官，明令按檄文中的要求办理。檄文的内容比较广泛，它除了用以下达法令、政令外，还用以下达其他要求下级紧急办理的事务。因此，只有用以下达法令、政令的檄文，才属于地方法律法规的载体。检明代古籍，有关檄文的记载比比皆是。如《按吴檄稿》一书，记载了祁彪佳崇祯四年（1631年）八月至八年（1635年）三月巡按苏州、松江期间发布的檄文700余件，其中大多数属于法令、政令性质。檄文较之条约不同的是，它不属于法定的地方法律形式，只有部分具有法律规范的檄文才属于地方法律的范畴，且这种法令、政令往往是针对具体的事项制定的。檄文较之告示不同之处是，它是作为上级行移下级的官方文书，除少数檄文向百姓公布外，多数檄文不向百姓公布。

4. 详文。详文是明代州县官常用的官方文书形式。凡是州县正官不能决定必须请示上级的事项，需以详文请示报告。由于详文报告的是需得到上级批复、确定可否实行的事项，因此，行文中要标明“伏乞照详施行，须至详者”字样，还需要附上书册。详文是正式公文，需要备案，一经立案便成为定规。相当一部分详文类文件属于制定法令、政令性质，被上宪批准后，在本县或本州实施，这类详文，就成为地方法规的载体。

地方法规是为了实施朝廷法律而制定的，其立法精神和内容不得与朝廷法律相抵触，这是地方立法的基本原则。明代中后期，地方性法规、法令的立法依据主要是以下 3 个方面。

（1）君主敕谕。明代的地方法规、法令许多是总督、巡抚、巡按制定的，巡按属于皇帝临时特派外出处理重大事务的钦差大臣，总督和巡抚也都兼有兵部或都察院官衔，其巡抚地方由皇帝派遣，持有皇帝的敕谕，皇帝往往赋予他们处理地方一应军政事宜大权。以敕谕作为立法依据的条约和法令较为常见，比如：《关中奏议全集》记载杨一清发布的两则告示分别写道：“臣已经遵奉敕谕便宜处置事理，出给告示晓谕。”[①]“已经遵照钦奉敕谕便宜处置事理，劄仰副使高公韶备云出给告示晓谕。”[②] 又如：钦差提督学校浙江等处提刑按察司副使陈儒“因卧碑及敕谕内所载事理，绎其大旨”，[③] 颁行《学政条约》，布诸学宫。

（2）朝廷法律。地方法规、法令是为了保障朝廷法律的实施而制定的。它的内容是根据本地实际，规定实施国家法律的细则，或者重申国家法律，或者补充国家立法的不足。因此，朝廷法律是地方立法的基本依据。譬如，《学校格式》[④] 是明王朝制定的有关学校管理的重要法律，其内容编纂了洪武初年、十五年、十六年、二十年颁行的关于国子监和府州县学学规，这些学规曾在正统、成化、弘治、正德、嘉靖、隆庆间重申颁行。明代各地发布的有关提督学政类条约或告示，其条款多少和文字表述虽各有差别，但基本精神和重要规定都是依照《学校格

① （明）杨一清撰《关中奏议全集》卷一《马政类》，丛书集成续编本。

② （明）杨一清撰《关中奏议全集》卷一三《提督类》，丛书集成续编本。

③ （明）陈儒撰《学政条约》，载《芹山集》卷二四，明隆庆三年陈一龙刻本。

④ 《学校格式》，明万历七年张卤校勘《皇明制书》本，收入《中国珍稀法律典籍续编》第 3 册，黑龙江人民出版社，2002。

式》而来，只是增加了一些地方特色，因而这类条约和告示大同小异。又如，明英宗正统年间颁行的《宪纲事类》，[①] 就风宪官的职守、行事规则、礼仪、纪纲禁令及对违背纪纲者如何处置作了详细的规定，明中后期发布的有关督抚、巡按、御史巡视各地的事宜及发布的有关整饬官员风纪的条约、告示，内容基本上都是以《宪纲事类》为依据，或者是重申宪纲的规条，或者是对规条的实施作出更为具体的规定。再如，明代发布的有关里甲制度、乡约制度及民间户婚田土诉讼的条约和告示等，基本上贯彻了《教民榜文》[②] 规定的原则和精神。详细考察明代条约、告示的具体条款，可知其内容是依据国家法律的规定并结合执法、司法的实际制定的。比如，嘉靖年间陕西等处提刑按察使陈儒制定的《总宪事宜》，就重申了《问刑条例》的规定："在京在外衙门，不许科罚纸札笔墨、银朱器皿、钱谷银两，若指称修理，不分有无罪犯，用强科罚米谷至五十石，银至二十两以上，绢帛贵细之物值银二十两以上者，纵有修理，不作花销，起送吏部，降一级叙用。"并以此为依据，制定"禁科罚"条，规定："非奉上司明文，不许擅自修理科罚，贪赃害人，及窃取赃罚纸价银两。""如省谕之后恣行无忌者，或体访得出，或被人告发，各照律例，定行从重问发施行。"[③] 如此等等，大量资料表明，《大明律》、《大明令》、《问刑条例》、《宪纲事类》等国家法律，是地方立法的重要法律依据。

（3）上宪立法。明代府州县长官颁布的一些告示、禁约等，是为了贯彻和实施督抚或布、按、都三司发布的法令、政令。这部分地方法规，是直接以上宪立法为依据的。嘉靖三十四年（1555 年）四月，浙江宁波府通判吴允裕在刊布《保甲条约》时，在《条约》的开头部分记叙了该条约制定的缘由及批准程序："宁波府通判吴为保甲事。蒙钦

---

① 《宪纲事类》，明嘉靖镇江府丹徒县官刊《皇明制书》本，收入《中国珍稀法律典籍集成》乙编第 2 册，科学出版社，1994。

② 《教民榜文》，明嘉靖镇江府丹徒县官刊《皇明制书》本，收入《中国珍稀法律典籍集成》乙编第 1 册，科学出版社，1994。

③ （明）陈儒撰《总宪事宜》，载《芹山集》卷二六，明隆庆三年陈一龙刻本。

差巡视海道兼理边储浙江等处提刑按察司副使刘宪牌，仰职会本府口推官，督同鄞县夏知县，遵奉总制军门原行亲诣各乡村审编保甲竣事列条晓谕遵依外，但流闻易舛而戒难周缘，拟刊行备呈本道……蒙此合就刊发施行，须至册者。"① 也就是说，《保甲条约》是按照提刑按察司副使和总制军门的指示制定发布的。又据《王阳明集》载，王守仁曾就招抚参与民变者自新发布了两则告示，一则写道："建昌、安义二县贼首虽已擒获，遗漏余党尚多，今既奉有榜例，合与更新。仰布、按二司转行该县出给告示，许各自新，痛改前恶，即为良民。有司照常抚恤，团保粮里不得挟私陷害。如有不悛，仍旧为非者，擒捕施行。"② 另一则写道："即今胁从余党，悉愿携带家口出官投首，听抚安插。本职遵照兵部奏行勘合并巡抚都察院节行案牌事理，出给告示。"③

此外，前任官员所制定的地方性法规、法令也是条约的立法依据之一。如：王廷相督学四川，"相莅之初，用申告谕，是以参酌旧规，旁采群议，以为教戒条约。"④ 成法旧规能否成为地方立法的依据，关键是它的内容是否仍具有现实价值。只有仍然适应社会的发展、变化的某些成法，才可能被现任长官在制定地方法规、法令时参考或吸收。

二 地方性条约的编纂

条约是明代地方立法的重要形式。长期以来，学界对包括明代地方性条约在内的中国古代地方法规基本没有进行探讨。为了推动中国古代地方法制的研究，才媛（我是其博士论文的指导教师）于 2008 年完成了博士论文《明代嘉靖万历年间地方性条约研究》，她就这两朝地方性条约制定的背景、内容特色、立法依据和程序、条约与民间规约的关系

① （明）吴允裕撰《宁波府通判谕保甲条约》，见《天一阁藏明代政书珍本丛刊》第 19 册，第 339～340 页。

② （明）王守仁撰《王阳明集》卷三一《续编六》，中国国家图书馆藏明嘉靖隆庆间刻本。

③ （明）王守仁撰《王阳明集》卷九《别录一》，中国国家图书馆藏明嘉靖隆庆间刻本。

④ （明）王廷相撰《督学四川条约》，载《浚川公移集》卷三，明嘉靖至隆庆间刻本。

及对清代的影响等问题提出了见解。本部分是我近几年来重读有关明代地方条约文献的一些新的收获，也可以说是继才媛博士论文后对明代地方性条约研究的补论或进一步探讨。

自明初起，明廷就鼓励地方官员以条约的形式制定法规，完善地方法制。《明史·夏时传》记，夏时宣德年间任江西佥事时，“进知州柯暹所撰《教民条约》及《均徭册式》，刊为令，人皆便之”。[①]《教民条约》以皇帝命令的形式发布天下，说明朝廷对于以条约这种形式制定法规持肯定的态度。又据《明宣宗实录》载：

> 宣德六年夏四月乙巳，行在户部尚书郭敦卒。郭敦，字仲厚，山东堂邑人。洪武中自太学生擢户部主事，岁余升衢州府知府，咨访民隐，革弊兴利。郡俗贫死不能葬，皆焚尸弃江。敦相郊外，得隙地百余亩，榜曰：义阡令葬贫者。又为条约，教民患难相助。[②]

《明宣宗实录》为英宗正统年间所修。从《实录》对衢州府知府郭敦制定条约的赞许态度看，明廷对制定地方条约持肯定和鼓励的态度。又据《明宣宗实录》卷九四载：

> 宣德七年八月辛亥，置苏州济农仓。苏州田赋素重，其力耕者皆贫民。每岁输纳，粮长、里胥率厚取之，不免贷于富家，富家又数倍取利而农益贫。工部侍郎周忱巡抚直隶诸郡兼督赋运至苏，有旨命以官钞平籴储偫以备岁凶，得米二十九万石分贮于属县。忱令各县于水次置场，别择人总收发运，细民径自输米赴场，粮里长不得预，遂革多取之弊，民所费视旧减三之一。凡粮当运南京仓，以备北京军官月俸者，率每石加费六斗。忱奏请军官月俸就苏州给之，而征其加费米四十万石，悉储于官，通前所籴六十九万石有

---

① 《明史》卷一六一《夏时传》，中华书局，1974，第4385页。

② 《明宣宗实录》卷七八。

> 奇，书诸籍而官掌之。凡粮远运有失及负欠者，悉于此给借陪纳，秋成抵数还官，而民免举贷多偿之害。若民修圩岸浚河道有乏食者，皆于此给之，定为条约以闻。上然之。于是苏州各县皆置仓，名“济农仓”。惟崇明阻海未置，岁歉则于长洲县仓发米一万石往赈之。①

周忱制定的条约，革除了每岁输纳粮长里胥“多取之弊”，“民免举贷多偿之害”。明宣宗朱瞻基对周忱的做法予以支持，条约在苏州各县得到实施。这件事再次表明，明廷对于从地方实际出发制定条约是持鼓励态度的。

笔者曾用几年时间，从诸多的史籍中查阅明代条约。结果表明，从明初到明末，地方性条约的制定和颁布从未间断。但就现存的内容比较完整的条约而言，嘉靖朝前的条约较少，而嘉靖以后的条约较多。之所以出现这种情况，固然与明代前期法律文献失传过多有关，但从根本上讲，这种情况是与统治者对于制定地方性条约的重视程度相适应的。明代中叶后地方立法的空前活跃，是地方性条约兴起的基本原因。

明嘉靖朝以后，各地地方长官和朝廷派出巡视地方的官员，热衷于制定地方性条约，乃至形成了“条约纷更”的局面。万历元年（1573年）三月，御史李栻为克服这一弊端上疏曰：

> 祖宗创制立法，酌古准今，极其尽善。虽法久不无偏弊，止宜随事补救，不当任意纷更。迩来内外法司条陈兴革，靡有定画，以一人之言而遽行，以一人之言而遽罢，远者不过数年，近者仅及数月。如六部、三法司诸条例方新，修会典不必翻阅章奏，以滋多事。至于在外督抚、巡按并各差御史，岁更一官，人各一见，条约纷纭〔条约纷纭：广本抱本“纭”作“更”〕，吏民无所适从。诚如李栻所论，以后但有建议者，各该部院务要上稽祖制，下体人

① 《明宣宗实录》卷九四。

情，遵奉明旨，仔细讲究，必其永终无弊，方许如议覆请，不宜徒事依违，因取变乱之罪。仍通行各该督抚、巡按及各差御史，将历年条约及条陈事件，督同司道参酌停当，具揭本院议覆裁定，分发各差永为遵守，不得炫奇立异，夕易朝更。[①]

由李栻的上疏可知，当时制定的地方性条约数量之多，内容变更之快，已达到了用“纷纭”、“纷更”形容的地步。为加强中国古代地方法制研究，我们把搜集到的代表性地方法律文献，编为《中国古代地方法律文献》甲、乙、丙三编（共40册），由世界图书公司和社会科学文献出版社分别出版，甲编2～10册中收入明代代表性地方条约20余种。

明代的地方条约，其发布人有总督、巡抚、巡按、提督学政和省府州县长官、通判、教谕等。就这些条约的内容和适用对象而言，可分为两大类。一类是有关全省或某一地区治理的综合性条约，另一类是只涉及诸如乡约、保甲、征收钱粮、风宪、学政、军政、盐政等某一特定领域的专门性条约。现把各类条约颁行情况概述于后：

（一）综合性条约

这类条约大多是地方长官或朝廷派出巡察地方事务的官员于上任之初或推行重大的政务之前，基于加强地方的综合治理而制定的，内容比较宽泛，其中一些条约具有施政纲领的性质。在现见的诸多此类明代条约中，以下述8个条约颇有代表性。

1.《巡按陕西告示条约》

此条约系王廷相正德年间以御史身份巡按陕西期间发布，见嘉靖至隆庆间刊《浚川公移集》卷三。王廷相（1474～1544年）是明代反理学最有成就的思想家之一，河南仪封人，字子衡，号平厓、浚川。弘治十五年（1502年）进士，授兵科给事中。正德初，忤中官刘瑾，谪为

① 《明神宗实录》卷一一。

亳州判官。瑾败，复召为御史，出按陕西。之后曾任四川佥事、山东副按察使等职。嘉靖间，先后任山东左右布政使、四川巡抚、兵部左右侍郎、南京兵部尚书、都察院左都御史等职。嘉靖二十三年（1544 年）卒，年 71。

该条约共 13 条，分别列举了有司军职大小官员、守令、各领军管事掌印官、监收钱粮官、各首领佐贰官、省祭官和年老学霸、生员及豪富、义官、积年主文、书手、皂隶、弓兵、门子、马夫、监生、土豪之家等各类人士的不端行为，提出警省，明令严禁。该条约以考察、整顿地方吏治和社会治安为基本内容，规定各级官员须奉公廉洁，恪尽职守，严禁贪滥不法、剥害军士、扰害平民的行为；禁止各衙门积年主文、书手、老人、皂隶、弓兵、门子、马夫久恋衙门，作弊害人；对于“军衙有司选用兵牌、机兵、快手、弓兵及巡捕、巡山、老人等名目”，“务要时加戒饬”，防止其为恶不悛，欺公玩法。条约规定严惩各类“刁民”，禁绝“无籍省祭官及年老学霸、生员、豪富、义官及罢闲吏典、退学生员等”，“出入公门，嘱托事情”；打击土豪之家挟制官府、欺害小民的恶行；对于“回贼、强贼”白昼抢劫的行为，要求各州县掌印、巡捕官兵毋须全力“追袭擒拿，无得坐视贻患，致成大恶”；严禁各处“行脚奸僧”妄传法术，军卫对此类行为“务要善为提防”，防止“积妖成俗，致生他变”。条约规定广开言路，允许都、布、按三司等官、各衙门大小官员及各处军民人等，“若有他方事情，官吏弊病，利所当兴，害所当革，及本院行事过当体察不及者，许其开具条件，明白陈说”。[①] 王廷相除把该条约条目榜示各级官吏、百姓外，还在条约中规定，愿意听取各方面的意见，善加采纳，渐次施行。

2.《莅任条约》

此条约是陈儒于嘉靖二年（1523 年）任山东东昌府知府之初发布，见隆庆三年（1569 年）陈一龙刊《芹山集》卷二二。陈儒（1488～

① （明）王廷相撰《巡按陕西告示条约》，载《浚川公移集》卷三，明嘉靖至隆庆间刻本。

1561年），明锦衣卫人，字懋学，号芹山。嘉靖二年进士，自户曹出为东昌知府。先后任浙江提刑按察使司副使、山东布政使、刑部侍郎、都察院右都御史，年74卒。

该条约仅8条，就守令的职责、约束吏典、处刑依照律例、遵守学规、举办社学、旌善、俭朴办婚丧、禁淹滞罪囚、恤贫民孤老等方面事宜作了规定。其一，守令有地方之责。对于贪酷不悛官员，除将考语注拟及时申呈抚案等衙门参行罢黜外，若被人告发或体访得出，将参提从重问拟，决不姑息。其二，对于吏典是否尽职尽责，长官需一一亲行审处。其若渎职或玩法欺公，许被害之人即时赴府禀告，以凭照例问发充军。其三，提倡孝道。凡犯恶逆、不道、不孝、不睦之罪者，当必照律例或处以极刑，或科以重罪，决不少为姑息。其四，所属州县将本处社学速行修理，选师为教，严明学规。对优秀童生各定等第行赏，仍量免杂泛差役。其五，境内如有忠臣、烈士、孝子顺孙、义夫节妇未曾奏闻旌表，或已经奏准未曾竖立坊牌者，许各开具姓名、实迹缘由，申府以凭议奏区处施行。其六，官民商贾之家，凡一应吉凶燕会等事，俱从俭约，不得恣行侈逾，违者治罪。其七，狱禁人命攸系，将见监罪囚除强盗、人命、贪污官吏、侵盗系官钱粮重犯照旧监候外，其余户婚、田土一应小事并干审人证，或提人未齐等项，俱令召保听候。其应禁之人，亦要作急问断，应发落者发落，应申详者申详，不许一概久禁。其八，将境内一应贫民、孤老详细审查，果有残疾及委无依倚之人，照例收养，米布依时给散，房屋量与修葺，疾病时加医药，毋令失所。如吏典、甲头等人借机侵克，各问罪发落。

3.《督抚事宜》

此条约是姚镆嘉靖四年（1525年）提督两广军务兼巡抚期间发布，见嘉靖刊清修《东泉文集》卷八。姚镆（1465～1538年），明浙江慈溪人，字英之，号东泉。弘治六年（1493年）进士。弘治、正德年间，曾任礼部主事、广西提学佥事、福建副使、贵州按察使、右副都御史。嘉靖元年（1522年），召为工部右侍郎，出督漕运，改兵部左侍郎。四年迁右都御史，提督两广军务兼巡抚，以破岑猛进左都御史。年74卒。

该条约共43条，其条目为：第一，修理城池；第二，滥行科罚；第三，禁约和买；第四，公差需索；第五，抚谕瑶獞；第六，严捕盗贼；第七，制御蛮夷；第八，制压盗贼；第九，禁兴炉冶；第十，戒饬骄纵；第十一，决绝嫌疑；第十二，查表功勤；第十三，开明愚惑；第十四，调兵违限；第十五，私入夷方；第十六，禁约土舍；第十七，稽考钱粮；第十八，均平直钱；第十九，委官部解；第二十，清查解户；第二十一，侵欺钱粮；第二十二，督征税粮；第二十三，收支奸弊；第二十四，寺观田地；第二十五，查理盐课；第二十六，疏通盐法；第二十七，接买私盐；第二十八，私通番夷；第二十九，审编徭役；第三十，假托科敛；第三十一，禁革影射；第三十二，优恤军士；第三十三，悯念劳瘁；第三十四，禁革刁难；第三十五，悯恤军两；第三十六，优恤降达；第三十七，选择精勇；第三十八，保护名节；第三十九，节省民力；第四十，清查吏役；第四十一，严禁赌博；第四十二，诬执平人；第四十三，违例放债。上述各款就相关方面存在的问题或违法犯罪行为、治理或惩处的措施等作了详细规定。

针对嘉靖初年两广经济艰窘、盗贼扰攘、贪墨之风盛行、民生益瘁的问题，姚镆制定了此《事宜》，明令“仰两广按察司抄案回司，着落当该官吏照依案验内事理，即便转行都、布二司，各行守巡清军，提学、兵备、海道、管粮、管屯、盐法、参将、守备、备倭并府、州、县、卫所土官衙门大小官员，一体查照后开条款，遵奉施行”。他还命督抚衙门把《事宜》“刊刻印刷完备，给发所属军卫、有司、驿递、巡司、铺舍，及市镇乡村人烟凑集去处，常川张挂，晓谕官吏军民人等知悉”。①

4.《晓谕齐民》

该条约是薛应旂嘉靖十四年（1535年）任浙江慈溪知县时发布，见嘉靖刊《方山先生全集》卷四八。薛应旂（1500~1575年），明常州

① （明）姚镆撰《东泉文集》卷八《督抚事宜》，明嘉靖刻本。收入《中国古代地方法律文献》甲编第2册，第264~265页。

府武进人，字仲常，号方山。嘉靖十四年进士，授浙江慈溪知县。先后任南京吏部考功郎中、建昌通判、浙江提学副使、陕西提学副使等职。一生笔耕不止，著述甚多。

该禁约32条。就户婚钱粮、礼仪、民俗、社会治安、学校、寺院、市廛、民间诉讼等民间事务管理的各个方面作了具体规定。如：对民间有孝敬父母、友爱兄弟、亲厚宗族、和睦乡里实迹者量加优赏；冠婚丧祭不得用师巫邪术；禁止白莲无念等社及妇人入寺观烧香；章服自有制度，不容僭滥；民间使用升斗秤尺务要较勘相同；伪造假银行使及知情买使之人者照例重治，枷号不恕；乡隅老人不许滥受词讼；里长旧有馈送供办常例，尽行革去；街市乡村诸色牙行人等不许把持行市，欺骗乡民，违者定按喇唬例问拟，军发边卫，民发口外；居民砍伐柴薪，听其依照时价自买自卖，不许仍前恃强抑勒；坡塘沟渠水利供官民田灌溉，不许豪民侵僭自用，或壅或泻；对代人捏写词状者照例重治；责令外里移民或躲避军匠者各归乡里，敢有容隐者究问不贷；严防盗贼，各紧要地方常加巡视，对外来可疑之人严加盘查，客店如遇投宿客人，俱要附写姓名、籍贯、来历明白，每月朔望开报送县，以凭稽考；对于不务生理、成群赌博夜聚晓散者照律例问拟，枷号痛治不宥。

5.《总宪事宜》

该条约是陈儒嘉靖年间任陕西等处提刑按察使期间发布，见隆庆三年（1569年）陈一龙刊《芹山集》卷二六。陈儒在阐述制定《总宪事宜》的宗旨时说："祖宗成法，夫人所当钦遵而不可易者也。奈何承平既久，法令渐堕，官恣于贪残而漫无忌惮。"为此，"特申明宪纲，儆于有位，其有不公不法、贪赃害民，上负朝廷、下负百姓者，许被害人等即行赴司陈告，以凭拿问参究。"①

《总宪事宜》共10条，其核心内容是：其一，励庶官。规定官吏非奉上司明文，不许擅派里甲夫马骡头及置买土宜等项。如有不悛者，

① （明）陈儒撰《总宪事宜》，收入《中国古代地方法律文献》甲编第4册，第107～108页。

六品以下官径自拿问，从重究治。五品以上者，轻则注以“不职”，候考察黜退；重则定行参拿问拟。其二，励冤抑。就勘问重罪囚犯、采证、覆检覆勘、申报查考、逐一听审在监之囚等作了具体规定。其三，禁科罚。规定非奉上司明文，不许擅自科罚贪赃害人，及窝取赃罚纸价银两。如省谕之后恣行无忌者，或体访得出，或被人告发，各照律例定行从重问发施行。其四，禁投献。规定百姓人等仰各世守祖业办纳粮差，不许轻易卖与他人，其家长并管庄人役，亦不许乘机受其投献，减价承种，有误起科。如违，管庄人等通行参究治罪。其五，禁拨置。王府岁支禄米，坐派各该州县，俱有定额，应该有司官依期征解以备供億，不许本府官员及管庄人等拨置多收，及用强兑支及差人催征骚扰。如违，许被害之人赴司指实陈告，以凭拿问，定行枷号照例发遣，干碍内使并辅导官一并参问。其六，禁豪右。国家禁暴保民，如有奸凶之徒仍前倚恃土豪恣行不法者，定行锁拿，照依律例从重问拟发遣。其七，重孝义。要求各府州县掌印官将境内孝子顺孙、义夫节妇、忠臣烈女等项逐一亲行查访，果有卓异志行可以追配古人、可以激励薄俗者，即将平生始末的确缘由具实申呈本司，以凭核实奏闻旌表。其八，禁取受。申明凡告有司官吏人等取受或出受赃私等事，按《宪纲》规定处理；诫谕武职官员不得私役军人、扣除月粮或收受贿赂，索要钱财。违者，依法重罪。其九，禁吏承。规定各府州县办理公务，易完者限十日，难完者限半月或一月，并就禁止和承办吏员有关违法行为作了规定。其十，禁书算。禁止各处司、府、州、县、卫、所等衙门主文、书算、快手、皂隶、总甲、门禁、库子人等说事过钱，飞诡税粮，起灭词讼及卖放强盗、诬执平民。事发，有显迹情重者，按现行事例处理，旗军问发边卫，平民并军丁发附近俱充军；情轻者问罪，枷号一个月。

6.《续行条约册式》

该条约是海瑞隆庆三年（1569 年）至四年（1570 年）总理粮储提督军务兼巡抚应天等处地方期间发布，见文渊阁四库全书载《备忘集》卷五。海瑞（1514 ~ 1587 年），明广东琼山人，字汝贤，号刚峰，回族。嘉靖二十八年（1549 年）举人。初任福建南平县教谕，继迁浙江淳安知县、兴国知县、户部主事等职，后因上疏陈时政之弊，被嘉靖皇帝逮狱论死。未几，帝死，复官。隆庆三年（1569 年）任应天巡抚，因抑制豪强招致论劾，谢病闲居家乡十余年。万历十三年（1585 年），任南京右佥都御史，寻改南京吏部右侍郎、南京右都御史。万历十五年（1587 年）卒于官。

海瑞在《续行条约册式》序中说，他任应天等地巡抚后，曾颁行条约 36 款，近二月稽查应天、苏州各州县一应事体，发现“废弃成法、创立新例似是而非者，其目尚繁”。为便利各地行法，因感到原条约 36 条“开载未尽，随事有感，别为禁约有九。并考语册式、钱粮册式、应付式、均徭官举等式，通皆关系治理，合行各道、各府州县官一如前约遵奉，毋得违错”。[①]

《续行条约册式》中禁约 8 条的主要内容是，强调各州县必须抓紧搞好里老的推选，以健全里老制度；照府县繁简编纸烛银，官事用公银，私事自付；移风移俗，返淳还朴；有告人命，府县官速拘众证审问，诬告必加重刑；卫所官军米银支付事宜；淫祠即行改毁；事关民务治理者，府州县官先立款目，一有闻见，援笔书之，以备研处；囚犯的系亏抑者径申本院。这 9 条均是针对应天等地存在的弊端制定的，有很强的针对性。禁约后附有考语册式、钱粮册式、应付式、均徭官举等式。

7.《巡抚条约》

该条约是郭应聘万历年间巡抚广西时发布，见明万历郭良翰刊《郭襄靖公遗集》卷一四。郭应聘（1520～1586 年）明福建莆田人，字君宾，号华溪。嘉靖二十九年（1550 年）进士。嘉靖间先后任户部主事、南宁知府、广西按察使、广西左右布政使等职。隆庆四年（1570 年）擢右副都御史。万历初先后任兵部右侍郎、户部右侍郎，八年（1580 年）起改兵部兼右佥都御史，巡抚广西，累官至兵部尚

① （明）海瑞撰《续行条约册式》，收入《中国古代地方法律文献》甲编第 4 册，第 543～544 页。

书，年67卒。

该条约共4条。其一，申饬吏治。在阐述整饬吏治系“地方安危、民生攸戚”的基础上，要求守巡各道并各府掌印官以稽察吏治为第一急务，一月内把各所属各官实迹开具简要书册及考语先行呈报，以后按季考察，本院根据官吏表现优劣确定是否破格擢用，或参劾拿问。其二，慎固兵防。认为“粤西之患莫大于瑶獞，但瑶獞之不戢由于兵防之不固，兵防之不固由于功罪之未明”，并就如何整顿边防、严明功罪作了具体规定。其三，清理赋役。针对广西通省赋役不清、奸弊日积的状况，要求各州县会同各掌印官认真清查民屯田土、粮米及一应里甲徭差，分类造册报送，刊刻成赋役成规，永远遵守。其四，修明教化。要求桂林守、巡二道严督所属，将原议训民乡约、训瑶俗谕着实遵行，务臻成效，并就其他地区修明教化事宜作了规定。

8.《总督条约》

该条约是郭应聘万历年间总督两广军务期间发布，见明万历郭良翰刊《郭襄靖公遗集》卷一五。该条约共12条，主要内容是：其一，稽核吏治。加强官吏考核制度，官吏每半年一次具实填造考语，对果有砥节励行卓然者，据实迹不时揭报。其二，申饬将领。规定对于将领优者不时密切开报，每半年备造贤否文册缴查，对于军官有无堪用据实填注考语，以凭施行。其三，清理军伍。清理逃军，勾捕军伍，对编队入操军丁按月加粮，对于隐匿、役占、私替、轮当及脱籍等弊，从重究治。其四，整饬兵防。备查原设营寨及船只，对营修和淘汰者逐一处理。海防、捕盗官各司其职，共靖地方。其五，化导顽民。认为“两广地方向称多盗”，主要是因抚绥化道不力而致。要求各州县对无知之徒痛加劝诫，改行从善。对化道不从恣恶如故者，告官擒捕，以正其罪。其六，抚戢遗党。盗贼经20年来剿平，大则诛夷，小则降附，但降附者虽云革面，未能革心。要求有司官落实各种抚化政策，令其革心从善。其七，时给兵食。督理粮储及各守巡道将各卫所军粮及各路水陆营寨兵食，查照旧规，俱要预期造册，承请批行，该道或府县委官唱名给领。其八，申饬法纪。遇有山海盗贼出没劫掠，有关首领官必督率军兵跟踪追捕，地方要坚持法纪，应究者必照格治罪，应解者必依期提解。其九，严禁接济。内地奸宄勾结澳夷、东洋商贩违法贸易，明令有司官吏设法缉捕，照依律例从重惩究，获功员役从重给赏。其十，清查白役。两广地方兵兴以来，各将领滥收名色，科敛侵克无所不至，各守巡兵备等道严加细查上报，以凭处理。其十一，谨守城池。各守巡等道通行所属府州县卫所掌印正官，逐一阅视城垣垛堞濠池马道，凡不合格者即行修葺。其十二，严防库狱。近来两广所属府县侵盗库狱事件接踵而至，有司官应督令巡守人役昼夜防范，应收放钱粮俱亲自稽点登记，毋容寄顿外库。狱囚务要时加清理，强盗人命重犯牢固监禁。

综合性地方条约是总督、巡抚或地方长官为全面治理地方事务而制定的，这类条约通常有三个特点：一是条约的总体结构大体相同，开头部分阐明立法宗旨和缘由，要求所属贯彻遵守，然后分条列举各项事理和规定。二是大多采用劝诫与法律条文相结合的写法，既陈述时弊，阐明治理之道，又有比较具体的法律措施和要求。三是条约的内容比较广泛，往往涉及严明吏治、征解钱粮、缉捕盗贼、学校管理、风俗教化等多方面的事宜。然而，如把这类条约详细比较，就可以发现，制定条约的背景和针对的时弊不同，采取的法律措施却各具特色。

（二）特定事务管理类条约

特定事务管理类条约大多是由主管或巡察某项事务的长官，针对某一专项事宜而发布的，经常被运用于地方基层社会生活管理的各个方面。明中后期各地颁布的这类地方性条约较多，按其内容可分为基层行政组织管理类条约、学政类条约、经济管理类条约、地方军政管理类条约、风宪条约等。特定事务管理类条约较之综合类条约内容相对狭窄，但法律措施规定得较为具体，条款也比较多。鉴于本文篇幅所限，为了让读者对这一类条约的内容有个大体了解，我们着重就学政类条约、乡约和保甲条约做较为详细的介绍，而对其他类条约的论述，仅选择一些比较典型的条约以列表的形式简要予以介绍。

1. 学政类条约

现存明代条约中，规范地方学政的条约数量较多。明代的学校之盛，为唐、宋、元所不及。明太祖说："治国之要，教化为先；教化之道，学校为本。"① 自明初起，朝廷就很重视学校教育，除在京师设立高等学府国子监以外，又令全国各地设立府州县儒学及坊厢、里甲的社学。府州县学在明代官办教育中处于基础地位，社学是官督民办性质的乡村学校。地方学校是否兴盛及教育质量如何，关系到国家人才的培养、官吏的选拔、风俗教化及政权的巩固，因此，明代各朝都很重视有关地方学校管理的立法，以完善学政制度。洪武十五年（1382 年）明王朝颁布禁例 15 条于天下学校，命刻于"卧碑"，置于明伦堂之左。正统、成化、正德、嘉靖、隆庆诸朝都在卧碑基础上颁布《敕谕》，其中，正统元年（1436 年）《敕谕》15 条，天顺六年（1462 年）《敕谕》18 条，用以完善学政制度。明代前期，地方学政建设相对较好。明代中期以降，朝政日益腐败，地方学政逐渐废弛。为整肃儒学教育秩序，自正统元年（1436 年）始，明王朝设立专门提督学政的官员，南北两京设提学御史，各省则由按察使副使、佥事充任，并建立了一套比较完整的督学制度。嘉靖、万历前期，明廷以考核提学官、考核教官、考汰生员为基本内容，先后对地方学政进行了两次集中整顿。在加强地方学校管理和整顿地方学政过程中，地方长官和学政提调官发布了很多条约。现把 6 个典型的学政类条约的内容简述于后。

（1）《广西学政》

此条约系姚镆于弘治年间任广西提学佥事期间发布，见嘉靖刊清修《东泉文集》卷八。此条约共 5 条。一为严奉祀以崇重名儒事。建立书院，工成之日，行委该府掌印官每岁春秋祭丁日期，督率师生人等以礼致奠；朔、望假日，督令师生人等如期习射。二为隆师道以作兴人才事。从江西、福建等处访请素有闻望举人前来讲学，选取年少力学者二百五六十名，集中授课，日逐分讲，朔望会考以励勤能。三为禁诬构以

① 《明太祖实录》卷四六。

专肄习事。要求生员严守学规，如果犯有不法事情，许令明白开写“生员”二字，前赴各上司及本道投告。如事不干生员，他人不许妄告。四为正衣冠以变风俗事。今后男子妇女俱要穿戴本等服饰，用变夷方之陋，以一华夏之风。违者每名罚米三石，该管里老人等不行呈举者一体治罪议罚。五为申明事例以禁凌辱事。凡监察御史、按察使官所至，下学讲书，教官生员不得行跪礼，不许每日伺候作揖。

（2）《社学教条》

此条约系王守仁于正德十一年（1516年）巡抚南康、赣州时发布。王守仁（1472～1529年），明中叶著名思想家、教育家。浙江余姚人，字伯安。弘治十二年（1499年）进士，授刑部主事。正德元年（1506年）因反对宦官刘瑾，被贬为贵州龙场驿丞。五年（1510年）刘瑾伏诛，起为庐陵知县。后历任考功郎中、南京太仆寺少卿、鸿胪寺卿。十一年（1516年）八月擢都察院右佥都御史，巡抚南、赣等地。嘉靖初，拜南京兵部尚书。嘉靖六年（1527年）总督两广兼巡抚。七年（1528年）十月以疾请归，十一月二十九日卒于南安。

社学之设始于元代，明初经朱元璋倡导在全国普遍建立。明代前期的社学，由民间自行延聘师儒，政府不直接干预。王守仁从官办蒙学的指导思想出发，自制《社学教条》，发给各学校教读，要求置诸左右，永远遵守。《社学教条》包括《训蒙大意》和《教约》，它不仅从理论上阐明了王守仁关于加强儿童道德教育、办好社学的思想观点，而且提出了实施儿童教育的基本措施。其一，王守仁从其“心”学教育思想出发，把“明人伦”即对儿童进行伦理道德教育作为社学的首要任务，明确规定：“今教童子，惟当以孝悌忠信礼义廉耻为专务。”其二，从其“致良知”的教育思想出发，确立了根据儿童心理、兴趣进行启蒙教育的原则，他对传统学塾的教育方式予以批判，主张顺应“童子之情”和儿童“乐嬉游”的特点，以诱导、鼓舞儿童兴趣的方法进行教学，达到“蒙以养正”的目的。其三，坚持“知行合一”，注重道德实践，把学生的教读与道德培养结合起来，使儿童养成自我反省、自觉修养的良好习惯。其四，以陶冶情操为要旨，确定教学科目，规定社学的科目是歌诗、习礼、读书三项，以歌诗陶冶其情感、志向，以习礼培养其待人接物之道，以读书开发其智力。其五，坚持科学的教学制度和方法，对每日的课程、教学顺序、教学方法作了符合学习心理规律的安排。

（3）《督学四川条约》

此条约是王廷相于正德年间提督四川学政时发布，见嘉靖至隆庆间刊《浚川公移集》卷三。嘉靖初年，四川学政与全国其他地区一样，“为之士者，专尚弥文，罔崇实学；求之伦理，昧于躬行；稽诸圣谟，疏于体验，古人之儒术一切尽废，文士之藻翰远迩”。也就是说，崇尚空谈、言行不一的浮躁学风十分严重。为严明学政，改革学风，王廷相“参酌旧规，旁采群议”，制定了《督学四川条约》。[①]

该条约20条，采取“教诫”和“约束”并重的写法，在陈述“列圣御制诸书及刊定礼制等书，皆修治之要”、“读书务期以治事为本”、“文事武艺不可偏废”、“读书贵在闻道”、“学校重廉耻、修德行，以为齐民表率”这些办学的基本方针的同时，就落实学政方针的重要措施作了规定。条约还就春、秋致奠先贤礼仪、生员之家冠婚丧祭礼仪、男女婚姻、修读五经四书、置簿扇填注生员德行文艺以旌贤纪过、教官为人师表、生员课业、生员考试、武生习举课程、社学等方面的事宜作了详细规定。

（4）《学政条约》

此条约是陈儒于嘉靖年间提督浙江学政期间发布，见隆庆三年（1569年）陈一龙刊《芹山集》卷二四。陈儒在《学政条约》前言中说：“当职钦奉敕谕：今特命尔往浙江巡视，提督各府州县儒学。”他“不揣愚陋，敢因卧碑及敕谕内所载事理绎其大旨，布诸学宫，将俾为师者知所以教，为弟子者知所以学”。[②] 所谓“卧碑”，设自洪武初年，当时明太祖朱元璋令天下府州县学均设卧碑，把国学监规刻于卧碑之

① （明）王廷相撰《督学四川条约》，明嘉靖至隆庆间刊《浚川公移集》本。

② （明）陈儒撰《学政条约》，收入《中国古代地方法律文献》甲编第4册，第71～73页。

上，令学生熟读成诵。陈儒所定《学政条约》，其内容是根据明太祖卧碑和嘉靖皇帝圣谕制定的。

该条约共15条，内容是：第一，卧碑之文刊刻成书，令师生熟读；第二，崇正学，重五经四书，不许另立门户；第三，迪正道，以迁善改过为修身之要；第四，革浮靡之习，振笃实之风；第五，崇经术；第六，正文体；第七，考德行；第八，举偏经，令民间俊秀子弟，习诵《春秋》、《礼记》，能背诵者收充附学；第九，立社学，每乡每里俱设社学，教人子弟；第十，抑奔竞，禁营求请托；第十一，求才贵广，考核贵严；第十二，教官务严督诸生；第十三，府州县提调官员将学校一切合行事宜推故不行者，量加决罚惩戒；第十四，各府州县正官有提调之责；第十五，督学之臣的责任。

（5）《行各属教条》

该条约是薛应旂嘉靖三十一年（1552年）至三十三年（1554年）间任浙江提学副使时发布，见明嘉靖刊《方山先生全集》卷四七。薛应旂在条约开头指出，该条约是“恪遵敕谕，博采成规，亦附以平时一得之见”[①] 而成，全文共52条，其中自警9条，谕提调官24条，谕教官10条，谕生员19条。在“自警”条款中，就提督学政官员熟读《卧碑》及皇帝《敕谕》、率先正己、力尽职分、崇正学、迪正道、敬敷五教、与人为善、办事公明、讲廉耻、革浮靡、振笃实、待人以诚等自我修养的要求作了规定。在“谕提调官”条款中，就提调官以学校为首务、秉公俱实填写考语、督集通学生员严加考试、督责生员循礼遵法、督促有司及时维修校舍和支给师生俸粮、办好社学等作了规定。在“谕教官”条款中，就教官以师道为自任、因人施教、考核诸生、督率诸生学习礼仪、饬躬励行优良学风等作了规定。在“谕生员”条款中，就生员立崇高志向、专心治学、知而能行、尊师善友及其他自我修养、学习的事宜作了规定。该教条刊刷成书，官吏师生人手一册，以便遵守

① （明）薛应旂撰《行各属教条》，收入《中国古代地方法律文献》甲编第4册，第310页。

施行。

(6)《教约》

该条约是海瑞嘉靖三十二年（1553 年）十二月任福建南平县教谕时发布，见文渊阁四库全书，载《备忘集》卷七。本条约共 16 条，在论述学问之道、修身之道的同时，就诸生应遵守的学规和其他行为规则作了规定。主要内容有：倡导言忠信行，迁善改过，针对生员中“册报类减年岁甚者冒他方籍、顶他人名”的问题，要求“诸生五日内一一将年甲、籍贯、三代脚色，从实写报”。严禁诸生出入衙门，把持官长，攻讦他人，逞凶图利。按照“教人六法”即“居敬持志，循序渐进，熟读精思，虚心涵咏，切己体察，著紧用力”，制定了有关诸生读书、考核的具体安排。强调学以致用，对于稍通经史者，量将边防、水利等事每月讨论一二，并由教谕另册考试。注重礼仪，言行皆必如例，其有放纵不检者，纠责重治。生员之家值冠婚等事，敢不行禀并不依礼而行者，痛治之。诸生参见教官，除拜揖外，不许更执货物以进。诸生接见上司，按《会典》诸书礼节行使，于明伦堂见官不许行跪，学前迎接亦然。一应祭祀等事，礼生并赍诏书人员俱教谕秉公自行编取，诸生但有言及者必加重责。立稽德、考学两簿，稽德簿记诸生行为得失，学簿记月日背复读书情况，以凭赏罚。学吏职在供写文案，敢有因帮补等事索取生员一钱并为生员改洗文卷，决无轻贷。

以上介绍的 6 个学政条约，仅是明代诸多此类条约中的一小部分。考察明代学政发展的历程，并把这些条约与朝廷颁布的《卧碑》、《敕谕》比较研究，就不难发现，各种学政条约的具体规定，虽然存在这样那样的差异，但都是依据朝廷颁布学规的基本原则和精神制定的，它们是朝廷法律的实施细则。凡是有特色的学政条约，都是在改革或整顿学政的时期问世的。王守仁的《社学教条》，是明代社学由民办向官督民办转变过程中出现的。王廷相的《督学四川条约》、陈儒的《学政条约》等则是在嘉靖初整顿学政过程中形成的，这些条约对于完善当时的地方学政发挥了积极的作用。

2. 保甲、乡约条约

明代前期，以里甲为基层行政组织。明初在社会经历多年战乱、人户和田土大量流失及国家控制有大量土地的情况下，在乡村推行里甲制度。在编制赋役黄册的基础上组成的里甲，是行政和徭役组织的合一，具有催征钱粮、指派徭役、监督和检查农业生产，强化国家对广大农民的控制的功能，对于新生政权的巩固发挥了它的作用。但是，里甲制度一开始就存在重大弊端，它对农民人身的束缚，成为社会经济发展的障碍；里甲正役十年轮当一差的制度，也是建立在生产力停滞不前、劳动方式本身原始性的基础上。到明代中叶时，随着商品经济的发展，里甲正役制度的变革，里甲制度原有的政治、经济职能逐渐失去，里甲、老人理讼制度也日益削弱，其职能为逐渐兴起的乡约、保甲所代替。乡约原是一种民间教化组织，保甲是以维护社会治安为中心任务的基层行政组织。由于这两种组织分别发挥着推行教化和维护社会治安的作用，故受到朝廷和一些地方长官的重视。浙江宁波府通判吴允裕发布的《保甲条约》，是关于保甲制度的规范，吕坤制定的《乡甲约》，则是把乡约制度和保甲制度融为一体的规范。明代后期，不少地方都推行过乡约制度和保甲制度，其中以吴允裕发布的《保甲条约》和吕坤制定的《乡甲约》最为典型。

（1）宁波府通判谕《保甲条约》

线装书局出版的《天一阁藏明代政书珍本丛刊》，收入了明嘉靖刊《宁波府通判谕〈保甲条约〉》[①]。该条约长达13页，是宁波府通判吴允裕发布的。吴允裕，字天和，广东南海县人，嘉靖元年（1522年）举人，历任象山知县、东安知县，嘉靖三十二年（1553年）任宁波府通判。明代通判分掌粮运、督捕、水利等事务，发布《保甲条约》是其职责。从条约末署有“嘉靖三十四年四月十八日刊行”字样来看，该条约是吴允裕任宁波府通判的第三年间发布的。

---

① （明）吴允裕撰《宁波府通判谕保甲条约》，收入《天一阁藏明代政书珍本丛刊》第19册，第339～351页。

明嘉靖年间，宁波府受倭寇骚扰甚繁。吴允裕任该府通判后，按照浙江等处提刑按察司长官和总制军门的指令，为组织乡民抵御盗匪和倭寇的侵扰，制定和发布了《保甲条约》。明代的保甲条约，存世者寥寥无几。该条约12条，内容齐备，不可多见，现将其内容摘要介绍于后。

其一，阐明设立保甲的宗旨和职责范围是："就近团结乡民，同心合力，察奸御盗，保护身家。一乡止守一乡，并不三丁抽一拨守他处，及日后亦不据此佥点大户徭年增役，大造加丁。"为防止官府或官吏借机科敛百姓，规定保甲人员造册"止呈海道衙门存照，绝无分发府县留名在官"，"其一切勾摄词讼催办钱粮等项，自有粮里公差，不许官司人等辄行着落及朔望勒取结状，致生烦扰"。

其二，规定了保长、甲长的遴选制度，即"保长、保副、甲长、甲副皆经慎选有行止为人信服者充之，各宜用心供事，不许规避及私相替代。果有事故通甲呈明，核实更换"。规定乡夫以户为单位参加训练，"每户止报户首一名，户丁自六十岁以下、十六岁以上，悉听户首率领赴团训练"。

其三，保甲实行定期训练制度。"每月初一、初二、十五、十六，保长同甲长、甲副、乡夫各于原定团所演习武艺，诸艺随便，射要兼通。如有恃顽不肯如期赴操，呈来责治。"

其四，为确保训练质量，规定"各甲俱照习定武艺，各兼弓弩，务演精通，期堪御敌"。对于训练有成效者，即行奖赏；如若出现虚应故事者，责究并罪长、副。

其五，器重有用人才。甲内如有谙晓兵法、察知寇情、深谋远计堪备攻守者，"许各开陈，以凭采择"。"如果堪用老成者，礼为上客，优免身役。"

其六，实行邻里互相觉察制度。如有人户无故出外经久不回，及停留面生可疑之人往来通同图为奸利者，即便密报保长查实，呈官究治。如知情故纵，一体治罪。

其七，严防奸细。规定"甲内遇有奸细潜来，假装官吏、生儒、僧道、商旅、星命、医卜并赶唱、乞丐等项名目，在于寺观及牙保、娼优之家探讨事情，查访得实，即便擒拿送官，照例给赏”。但不允许乘机敲诈平人，科敛钱财，违者计赃坐罪。

其八，各保长、甲长不许指称官府使用并各项名色科敛银物，蠹害人户，及不许受词武断，揽权生事，违者重治。

其九，对于接济通番者，治以重罪。对于揭发通番者，照例给赏。

其十，本甲遇有警报鸣锣为号，各甲随即鸣锣传报远近，各统乡兵策应捍御，务期克敌保境。如有自分彼此、逗留观望致失事机者，法不轻饶。

其十一，甲内如有强窃盗，并窝主、掏摸、赌博、放火抢火、打盐卖盐，起灭教唆扛帮词讼、行使假银、投托势要、违禁下海等项有显迹者，各保长俱要会同隅头都头、里老，谕令省改。如稔恶不悛，指实呈治，但不许假此报复私仇，起骗财物，诬陷平民，自招反坐。

其十二，保甲负有移风易俗之责。该条约申明：“创行保甲固以守望相助为急务，仍须出入相友，疾病相扶持，有过相戒，有善相劝，有贫乏便与周济，有争忿便与调和，期于风移俗改，邻里雍睦，乃为尽善。”①

(2)《乡甲约》

此条约是万历年间吕坤以右佥都御史巡抚山西期间发布，见明万历二十六年（1598 年）赵文炳刊《实政录》卷二。吕坤（1536～1618年），明河南宁陵人，字叔简、号心吾，一号新吾，自号抱独居士。万历二年（1574 年）进士，先后任襄垣知县、吏部主事、山东参政、山西按察使、陕西右布政使，以右佥都御史巡抚山西，累官刑部左、右侍郎。晚年家居 20 余年，以著述讲学为务，多有建树。

《乡甲约》是明代有代表性的规范基层行政组织的地方性法规。全书分为 6 卷。卷一为颁行条约申明，阐述了制定该约的必要性，指出“善风俗”、“防奸盗”是实行乡约、保甲制度的宗旨。卷二为《乡甲至

① （明）吴允裕撰《宁波府通判谕保甲条约》，收入《天一阁藏明代政书珍本丛刊》第 19 册，第 337～351 页。

要》和《会规》。《乡甲至要》指出“乡约原为劝民，保甲原为安民，行之而善，则民乐于行”。该部分提出乡约、保甲的建立必须以乡民自愿、不扰民为原则，并规定了“五不扰”的具体要求。《会规》共23条，就乡约活动的场所、仪式、内容、请假制度，约正、约副、约史、约讲的选任和更换，旌善、申明两亭的设立和使用，乡约负责人的礼遇，对遵守规约人员的奖励和对违犯规约人员的惩处，各约纪善、纪恶、纪和、纪改四簿的建立和运用，保正、保副的选任，保甲组织的职责等作了详细规定。《会规》后附《乡甲会图》、《圣谕格叶》及《填格叶法》，用以规范乡约活动。卷三为和处事情以息争讼事。这部分规定了应和条件14条，规定除徒流以上罪名外，乡约可就婚姻、土地、骂詈、斗殴、牲畜事践田禾、债务、取赎房地、买卖货物不公、地界房界不明、走失收留人口牲畜等民事纠纷理断息讼。卷四为纪善以重良民事。这部分计21条，把为善的标准分为善、大善、中善、小善四类，对各类善的标准、纪善簿登记事宜和对行善者的优待与奖励作了具体规定。卷五为纪恶以示惩戒事。这部分计21条，把子妇冲撞父母、卑幼欺凌尊长、丈夫宠妾凌妻、信奉白莲教、结伙闹事、卖婢为娼或包奸娼妇、赌博开场、造言生事、放高利贷、酒后无德打人、使用大小斗秤骗人、纵放牲畜作践他人田禾、骗赖财物、窝藏奸民等不良不法行为列为“恶事”，并就在“纪恶簿”上登记恶事及如何惩处恶行作了规定。卷六为许改过以宥愚民事。这部分计9条，就犯大过人员改过的标准、在“改过簿”上登记及大恶限满保状、大恶除牌保状事宜作了规定。

吕坤制定的《乡甲约》，融教化、理讼、保安功能于一体，全面替代了明初以来实行的里甲制度、老人理讼制度和明中期后兴起的乡约教化制度，是全面规范基层行政组织活动的法规，这一法规为当时很多地方所效法。

3. 地方经济、军政管理及风宪类条约举要

明代中后期制定的规范特定事务管理活动的地方性条约，除上述的学政类条约、乡约和保甲类条约外，不少地方还颁行了有关地方军政、盐政、赋役、钱粮、漕运、风宪等方面的条约。这里仅把我们编的《中

国古代地方法律文献》甲编中收入的15个条约的内容和发布时间简述于后（见表1）。

表1列举的15个特定事务类地方性条约，颁行最早的是正德十五年（1520年），即嘉靖皇帝朱厚熜登基的前一年，最晚的是崇祯年间。其中地方军政类条约3件，盐政管理类条约6件，赋役和钱粮管理类条约2件，商事管理类条约1件，漕运管理类条约1件，风宪类条约2件，内容涉及地方事务管理的各个方面。在这些条约中，除1件是正德末颁布外，其他都是嘉靖至崇祯年间颁行的，这说明地方性条约大多是在正德朝以后制定的，直到明末未曾中断。从颁行条约的长官而论，上述15个条约中，除1件是知县颁布外，其他均是主持地方事务的总督、巡抚和巡察地方事务的御史等颁布的，这说明比较重要的地方性条约，大多是出于负责某一地区事务的最高长官或负责某一专项事务且有决策权力的官员之手。

表1　明代中后期颁行的地方军政、经济、风宪类条约举要

条约名	条约类别	内容概要	发布官及发布时间	文献出处
巡抚事宜	地方军政	该事宜28条。内容是禁约管军头目，不许贪图财利，科克下人及役占军余，私管家产。违者轻则量情责治，重则奏闻区处。对于管军头目的不法行为，允许被害人指实赴院陈告，以凭究治。	姚镆 正德十五年以右副都御史巡抚绥远期间发布	明嘉靖刊清修《东泉文集》卷八，见《地方》甲编第2册，233～260页
考选军政禁约	地方军政	该禁约共6款：一曰禁钻刺以塞弊源，二曰禁诓骗以防奸伪，三曰禁私揭以全善类，四曰禁规避以惩欺罔，五曰禁奸辩以惩刁风，六曰禁科敛以省烦扰。对于考选军政过程中严禁营求嘱托、诓骗、投匿名文书诬告、托病规避、教唆陷害他人的行为及惩处办法作了规定。	郭应聘 万历年间总督两广军务期间发布	明万历郭良翰刊《郭襄靖公遗集》卷一五，见《地方》甲编第5册，147～156页
南枢巡军条约	地方军政	该条约14条，就城内设立更鼓、夜巡军务、海巡事宜、各公宅巡军、缉拿真盗及放火强徒或奸细、不许擅自拨送差占各军、提督官及职方司官点查稽核等作了规定。	吕维祺 崇祯年间巡抚南枢期间发布	清康熙二年吕兆璜等刊《明德先生文集》，见《地方》甲编第9册，327～336页

续表

条约名	条约类别	内容概要	发布官及发布时间	文献出处
张珩禁约	盐政	此为盐政方面禁约，共7目：一曰巡缉私盐；二曰审户均煎；三曰均平赈济；四曰清查草荡；五曰清查灶丁；六曰编审则例；七曰优免则例。	张珩 嘉靖四年任两淮御史时发布	明嘉靖刊《盐政志》卷十，见《地方》甲编第4册，181～190页
戴金禁约	盐政	此为盐政方面禁约，共7目：一曰风励属官；二曰禁革船户；三曰制盐奸弊；四曰秤收盐价；五曰深浚卤池；六曰修理灶房；七曰囚徒加煎。	戴金 嘉靖五年任两淮御史时发布	明嘉靖刊《盐政志》卷十，见《地方》甲编第4册，190～195页
雷应龙禁约	盐政	此为盐政方面禁约，共7目：一曰戒饬司属；二曰申重教养；三曰禁治包纳；四曰体悉团灶；五曰防究掣验；六曰公收余银；七曰清查宿弊。	雷应龙 嘉靖六年任两淮御史时发布	明嘉靖刊《盐政志》卷十，见《地方》甲编第4册，195～206页
李佶禁约	盐政	此为盐政方面禁约，共5目：一曰惩戒牙行；二曰招抚逃灶；三曰究治老引；四曰赈济奸弊；五曰禁革包揽。	李佶 嘉靖七年任两淮御史时发布	明嘉靖刊《盐政志》卷十，见《地方》甲编第4册，206～209页
朱廷立禁约	盐政	此为盐政方面禁约，共15目：一曰慎委任；二曰防勾科；三曰谨给散；四曰均灶课；五曰禁窝隐；六曰勤干理；七曰禁私煎；八曰禁通同；九曰严缉捕；十曰核功过；十一曰除奸恶；十二曰慎查盘；十三曰恤盐商；十四曰谨征收；十五曰禁高价。	朱廷立 嘉靖八年任两淮御史时发布	明嘉靖刊《盐政志》卷十，见《地方》甲编第4册，209～219页
戒商九事	盐政	此为盐政方面禁约，共9目：一曰戒夤缘；二曰戒斗讼；三曰戒华居室；四曰戒美衣服；五曰戒饰器具；六曰戒多仆妾；七曰戒侈婚嫁；八曰戒违葬祭；九曰戒盛宴会。	朱廷立 嘉靖八年任两淮御史时发布	明嘉靖刊《盐政志》，见《地方》甲编第4册，219～221页
余干县造册事宜	赋役	该事宜13项：（1）旧管；（2）改正；（3）收付；（4）绝户；（5）军户；（6）虚丁；（7）诡寄；（8）顶补；（9）分户；（10）减亩；（11）查弊；（12）粮总；（13）甘结。针对版册不清、丁粮不实的问题，就上述各项存在的弊端及清理、重编黄册的各项事宜作了具体规定。要求本县各里甲和编造黄册人员遵奉施行，如有故违，决拟重罪，枷号示众。	冯汝弼 嘉靖间任余干县县官期间发布	明刊《祐山先生文集》，见《地方》甲编第4册，285～296页

续表

条约名	条约类别	内容概要	发布官及发布时间	文献出处
漕政禁约规条	漕运	本规条共13条：(1) 优恤军士；(2) 编立保甲；(3) 考察折干；(4) 议处比较；(5) 稽考迟慢；(6) 把总繁费；(7) 点选旗甲；(8) 严核漂流；(9) 稽核造船；(10) 责成完粮；(11) 查革侵欺；(12) 查催空船；(13) 禁纳吏承。就上述13个方面存在的弊端、健全漕运制度的措施及对违反规条的惩处等作了规定。比如：朝廷加给军士随船耗米，以示优恤；船每五只定为一甲，彼此互助互查，一船盗卖折干，四船旗甲连坐；漕运之船每年过淮，三堂比较；把总运官依规定开支，不许私自役占科敛；各卫所管旗甲严格点选，旗甲有损船粮者，所伍官一体拿究，等等。	王宗沐 隆庆年间任总督漕运兼提督军务巡抚凤阳等处地方都察院右副都御史期间发布	明万历元年刊《敬所王先生文集》卷三〇，见《地方》甲编第5册，507~538页
籴谷条约	钱粮	本条约共12款，就购谷银扣留办法、谷粮质量、收粮办法、小民纳粮折耗补赔、远乡之民在近处纳谷等事宜作了规定。	吕坤 万历年间以右佥都御史巡抚山西期间发布	明万历二十六年赵文炳刊《实政录》卷二，见《地方》甲编第7册，181~192页
督抚条约	风宪	本条约36条，以禁侈靡、严吏治为宗旨，就督抚巡理过程中的一应事宜以及州县官吏的行为准则作了具体规定。如督抚到处，官吏不许出郭迎送，不许用鼓乐，住宿不用铺陈，各官参见手本用廉价草纸；督抚到处即放告，许里老见；府县驿递凡奉有勘合票牌，严加查勘；过客至驿，道府州县官不得出见；府县官侵用里甲纸牍一分一文，皆是赃犯；官府官吏不得私役民壮；禁府不许差人下州县催未完，县不许差人下乡，等等。	海瑞 隆庆三至四年总理粮储提督军务兼巡抚应天等处地方期间发布	《文渊阁四库全书》载《备忘集》，见《地方》甲编第4册，495~540页
风宪约	风宪	本条约由《提刑事宜》、《按察事宜》组成，共73款。《提刑事宜》就人命案的取证和检验，盗情案的侦察、审判、追赃、确认失主和防止诬告，奸情案的慎重处理，囚犯监禁中的囚粮、治病、家人探视和禁止虐囚，以及听讼、用刑事宜等作了规定。《按察事宜》列举了喜事之吏、木痹之吏、昏庸之吏、耗蠹之吏、惰慢之	吕坤 万历年间以右佥都御史巡抚山西期间发布	明万历二十六年赵文炳刊《实政录》卷二，见《地方》甲编第8册，1~198页

续表

条约名	条约类别	内容概要	发布官及发布时间	文献出处
		吏、柔邪之吏、狡伪之吏、谄媚之吏、酷暴之吏、贪鄙之吏这10种吏的恶迹，并就培养和荐举人才、行劝课之法、积贮备荒、优恤鳏寡孤独和笃废之人及依法催科收纳、注重教化、清戢衙门、去盗贼之源、祭祀神祇等作了规定。		
约法十事	商事	内容有：（1）客商货物见今姑照原定九则丈尺起税；（2）搭载货物各关不起税；（3）陆行货物俱不许起税；（4）出口免税不许另立小票；（5）税则丈尺务要公平；（6）客商船到许令自投报单，该关亲验发放；（7）不许秤收税银擅加火耗；（8）大小船只随到随投即与放行，不许勒抑过夜；（9）客船偶尔遇夜许泊湖口内，不许漕船久占；（10）不许关役市棍恣意包揽卖放船只及捏造流言，别生事端。	吕维祺崇祯年间巡抚南枢期间发布	清康熙二年吕兆璜等刊《明德先生文集》，见《地方》甲编第9册，321～324页

（三）地方性条约的法律效力、立法程序及其推行

地方性条约有没有法律效力，这是研究地方立法必须回答的问题。我们说地方性条约具有法律效力，是基于以下理由：

第一，它具有法律的规范性。明代的每一地方性条约都是由多个法律条款构成，无论是综合类条约，还是特定事务管理类条约，都对法规适用地区或领域的行政机构的活动、人们的行为规范作了详细规定，也明确规范了对违犯法规行为的惩处办法。虽然各地颁行的条约立法水平存在差异，但总体上说，所有条约都具有法律的规范性。

笔者曾把一些明代地方性条约与朝廷颁行的重要行政条例进行比较，二者虽然立法主体、适用范围不同，但在注意保持法律规范性这一点上却是一致的。一些经过精心编纂的地方性条约，其体例、结构的严密性和内容的规范性都达到了很高的水准。以万历二十六年（1598年）山西等处提刑按察使吕坤发布的《风宪约》为例。该条约由《提刑事

宜》、《按察事宜》两部分构成，共73款。其中《提刑事宜》53款，《按察事宜》20款。《提刑事宜》内有人命12款、盗情11款、奸情4款、监禁10款、听讼12款、用刑4款。该《事宜》就本地区风宪官的职守、行事规则、礼仪、纪纲和刑事监察、行政监察的各种规则和要求作了详尽规定。《风宪约》是以朝廷颁布的《宪纲》为法律依据结合本地监察工作的实际制定的，篇幅相当于《宪纲》的3倍，内容多是《宪纲》所没有的操作性很强的法律条款。《风宪约》是一部具有较高立法水平且适用于地方监察的著名法规，为后人所称道，先后在明清两代刊刻，是风宪官的必读之书。

第二，地方性条约具有权威性和强制性。这类条约不仅是由地方长官或中央派出主管某一地区特定事务的长官颁行的，而且要求所属机构、官吏及法律适用对象都须严格遵守。如王廷相在发布《督学四川条约》时下令："凡我官属师生人等，尚各协心勉力一体遵守"，并在条约各款中明确规定，如有违者，"定行究治"。[①] 冯汝弼在颁行《余干县造册事宜》时，以告示形式公布《事宜》全文，并下令："所有合行条件开具于后，仰各遵奉施行。如有故违，决拟重罪，枷号示众。"[②] 地方性条约的许多条款都有对违犯规定进行行政处罚乃至刑事惩处的规定，是以国家暴力为后盾强制推行的。

中国古代没有现代这样立法与行政分权的专门立法机构，然而，无论是国家立法还是地方立法，都是按一定的立法程序进行的。明代地方性条约的制定和颁布，有一定的审查和批准程序。一般来说，督抚、巡抚依照朝廷授权，有制定和颁布地方性条约的权力，并接受朝廷的监督。各级地方长官制定的条约，要报请上一级长官乃至督抚、巡抚批准。地方性条约的制定，必须一遵皇帝敕书和国家成法，条约的内容要简明易行，不得与国家法律相冲突。地方性条约中如有违犯国家定制或不符合国情实际的条款，必须明令废止，并对负责立法的长官追究

① （明）王廷相撰《督学四川条约》，明嘉靖至隆庆间刊《浚川公移集》本。

② （明）冯汝弼撰《余干县造册事宜》，明刊《祐山先生文集》本。

责任。

劝谕与法律措施相结合，是条约内容结构的重要特点。与《大明律》、《大明令》、《问刑条例》等这些朝廷重要的法律是用概括抽象的条文表述不同，多数条约不仅在开头部分叙述了立法的宗旨、过程和批准程序，而且在设立的具体条款部分，也往往是分条先阐明制定某一条款的缘由，或针对的社会弊端，然后叙述应遵守的法律制度及对违法行为的惩处措施。为了使条约能够让基层民众读懂，便于执行，地方官府长官和中央派出巡视地方事务的官员在制定条约时，采取了劝谕与法律措施相结合的行文方式。

明代朝廷对地方性条约的制定和推行也很重视。有关朝廷指导、监督、废止地方性条约的制定的情况，在明代史籍中多有记载。仅以学政类条约为例。明太祖洪武年间，制定了国子监和府州县学学规，这些学规为后嗣君主重申颁行。明太宗朱棣在论及洪武所定学规时说："此其条约耳。为师范者，当务正己以先之，讲学渐磨，以养其心，淑其身，此为切要。"① 明代各级地方政府和提调学政的官员，为加强对学校和儒生的管理，制定了各种学政类条约。朝廷对各地学政类条约的制定监督甚严。比如，正统四年（1439 年）八月，湖广按察司副使曾鼎针对风宪官督责学政过程中重学业、轻德行，且"督责太严"，致使生员为免除黜罚而"惟事记诵陈腐，讲习偏僻"的问题，上书要求朝廷一遵正统元年（1436 年）皇帝所制敕书，制定条约，得到了英宗皇帝的批准。② 又如，天顺六年（1462 年）二月，明英宗朱祁镇为了"严条约，公劝惩"，就学政管理提出了 20 条要求，其内容有崇政学、迪正道、学者读书贵乎知而能行、修己惜名节、立师道、惩处不谙文理生员、生员之家优免差役、提调官员职责、禁奔兢、武职子弟操习武艺、岁贡生员和禀膳增广生员事宜等。查阅此后各地提调学政官员颁布的众多学政管理类条约，尽管这类条约文字不尽相同，但核心内容几乎都是英宗提出的

① 《明太宗实录》卷三八。

② 《明英宗实录》卷五八。

20条的翻版。因各地颁发的学政条约五花八门，有些条约内容繁琐、严苛，万历三十九年（1611年）十一月，由礼部制定了《学政条约》，明神宗朱翊钧下令："着颁行遵守，以后提学官不许另撰。"[①] 从此以后，各地制定的《学政条约》被废止，由礼部制定的《学政条约》代替。

对于地方性条约的实施，除地方政府和长官采取了一系列措施外，朝廷对地方性条约的执行情况也很关注。如正统八年（1443年）二月，英宗皇帝谕旨曰："朝廷所需，每令有司买办，不无扰民。尔等即查地产所宜，于岁征存留钱粮内折收完备，差人管解直隶并山东府，分送北京、福建、广东、浙江、湖广、江西；四川府分送南京该司收贮，以备应用。其不奉条约及夤缘作弊者，罪之不宥。"[②] 地方性条约实施的效果，成为考核地方官吏业绩的重要标准。明朝对于中央巡视地方的官员或地方长官推行地方性条约取得明显政绩者，加官晋级，予以奖励。如陕西提学副使王云凤因"条约甚严，再升山东按察使"。[③] 山西按察司副使石玠"提调学校，与士子为条约甚简，期于必行，不为文具，升本省按察使"。[④] 与此同时，一些官吏因不遵守条约而受到惩处。据《明孝宗实录》载：弘治十七年（1504年）十一月辛丑，"总督南京粮储都御史邓庠奏：巡视南京各卫屯田监察御史王钦，不遵条约，所委词讼不肯勘断，屯田文册亦不类缴。今一年已满，乞下南京刑部逮问。从之"。[⑤]

三 以告示为载体的法规法令的发布

（一）法规、法令类告示的编纂

告示作为古代官方文书的一种形式，就其内容和功能而言，既有晓

① 《明神宗实录》卷四八九。
② 《明英宗实录》卷一〇一。
③ 《明武宗实录》卷一四三。
④ 《明武宗实录》卷一九六。
⑤ 《明孝宗实录》卷二一八。

示、劝谕、教化类告示，也有公布法规、法令类告示。后一类告示具有法律效力，是明代地方法规法令的重要载体，本文以这类告示为研究对象。

进入明代以后，不仅君主和朝廷六部以榜文形式公布国家法律法令，各级地方长官和巡视各地的朝廷命官也很重视运用告示公布法规法令，作为治理地方事务的重要措置。明代前期，朝臣和地方长官发布的文告，其名称仍是“榜文”、“告示”混用。如永乐年间，尹昌隆巡按浙江时发布了《巡按浙江晓谕榜文》，要求“所在军民人等，但有官吏贪赃坏法，卖富差贫，颠倒是非，使冤不得伸，枉不能直，即便指陈实迹赴院陈告，以凭拿问”。[①] 据《黄忠宣公文集》载，永乐年间，黄福以工部尚书，掌交趾布政、按察二司事，他上任之初就发布了《招抚交人榜文》，其文云：

> 官民见此榜文，即同面谕。为兵而屯聚者即散还乡，避乱而流离者即回复业。本处官吏、耆里首领官即将还乡复业里分人名，具数呈来，给凭照回，安居乐业。有司不许搜罪，官军不许侵扰。若有执迷稔恶不悛，为兵者不散，避乱者不回，许诸人擒来治以重罪，仍量所擒人数多寡、头目大小，升赏有差。若黎利并头目能自改过率众来归者，一体升赏；若不改过向善，许手下头目擒送军门，擒贼有功之人重加升赏。[②]

又如成化年间，文林任浙江温州知府期间，为解决民间诉讼繁多、奸弊日出的问题，经钦差督理兵备兼管分巡浙东道浙江等处提刑按察司佥事批准，发布了《温州府约束词讼榜文》。[③] 该榜文 19 条，重申了明

① （明）尹昌隆撰《巡按浙江晓谕榜文》，见明万历刊《尹讷菴先生遗稿》，《古代榜文告示汇存》第 1 册，第 415 ~ 420 页。

② （明）黄福撰《黄忠宣公文集》卷八《招抚交人榜文》，《古代榜文告示汇存》第 1 册，第 421 ~ 428 页。

③ （明）文林撰《文温州集》卷七《温州府约束词讼榜文》，《古代榜文告示汇存》第 1 册，第 429 ~ 440 页。

太祖于洪武末颁布的《教民榜文》的有关条款，又针对当时温州民间诉讼存在的问题，就老人里甲剖决民事纠纷的范围、原则以及置立词讼簿、保举推选书状人、书状的规范、民户诉状须正身、里老听讼时限等作了明确规定。

然而，在明代史籍中，明朝前期朝臣和地方长官以榜文形式发布的地方性法规法令寥寥无几。明代中叶以后，很可能是为了体现“上下有别”并区分其适用地域的范围，皇帝和中央机构奉旨发布的文告称“榜文”，地方各级政府和中央派出巡视地方官员发布的文告则称为“告示”。

告示是明代官府发布地方性法规、法令、政令经常使用的形式。从总督、巡抚、巡按到布政司、府、州、县的长官，鲜有不发布告示者。因年代久远，明代告示大都不存于世，但从明人文集和其他史籍、档案、地方志中，仍可看到数量可观的当时发布的告示。我们从搜集到的明代告示中，选择了100余件收入《古代榜文告示汇存》（简称《汇存》）、《中国古代地方法律文献》甲编（简称《地方》甲编），这里把其中14位明代官员发布的代表性告示的内容列表概述于后。

表2　明代14名官员发布的代表性告示内容概要

发布官员	告示名称	告示内容概述	发布时间及发布官员职务	文献出处
张时徹	禁革诈假关牌需索告示	该告示6条。指出驿传积弊主要是：无藉之徒诈假关文求索夫马，各衙门公差人员分外需索，各府掌印、佐贰及守备提督指挥等官滥给牌票，驿站官吏指以常例需索，各处驿递积年惯徒用强包揽等。告示申明禁约，规定今后除京职方面官员外，其余公差一应人员到彼，俱照后开则例应付，不许违例需索及阿谀奉承，违者一体究治。	嘉靖间在四川任官期间发布	明嘉靖刊《芝园别集》卷三，见《地方》甲编第4册，297～306页

续表

发布官员	告示名称	告示内容概述	发布时间及发布官员职务	文献出处
海　瑞	劝赈贷告示	如仍前借贷，略无恻隐，倍称取利，许贫民指告，以凭重治。	嘉靖三十七年至四十一年任浙江淳安知县期间发布	清康熙十八年重刊《邱海二公文集合编》，见《汇存》第1册，453～454页
	保甲告示	重申察院近行保甲法的规定，公布淳安县实施保甲法措施。违者，各治重罪。	同上	《邱海二公文集合编》，见《汇存》第1册，463～467页
	保甲法再示	若前仍不听报申，隐下壮丁，佥兵临危退缩，必以法律从事。劫村杀人，罪不容诛。各保甲要一心防捕，拒捕者，随即杀之。	同上	《邱海二公文集合编》，见《汇存》第1册，467～473页
	招抚逃民告示	今本县丈量田山，必有一亩收成者，方与一亩差税，无则除豁。自此以后无赔貱，无虚钱粮，尔等可回还原籍，赴县告查迷占产业，取赎男女。无业者，本县将荒田给助工力，与尔开垦，区处住屋牛种，与尔安生。不能耕作者，照乡例日给银二分，或用充答应使客夫役，或用充修理夫役，各随所能使用。新回之人，给与执照，待三年之后，生理充足，然后科派尔等本身身役，多方区处。	同上	《邱海二公文集合编》，见《汇存》第1册，473～475页
	示府县状不受理	今后凡民间小讼，州县官俱要一一与之问理。若果无情尽辞，虽小必治。甚则监之枷之，百端苦之。如有仍前宽纵，复为姑念之说，与不受理者一并治罪。	隆庆三年至四年任应天巡抚时期发布	《邱海二公文集合编》，见《汇存》第1册，460～462页
	示禁印书籍	即行各州县官，但有各院道刷印书籍，并取送乡官长夫礼物等项，即抄本院前后禁约，将原取牌面申缴。其有一意阿奉，不恤民艰、不顾国法者，定行究治。	同上	《邱海二公文集合编》，见《汇存》第1册，462～463页
	禁革积弊告示	今后如有部议之外仍前票扰者，虽小费一分一文不及先日万分之一，亦不姑恕。自今以后，俱停止不许收，已收者自五月初一日至今给还。	万历十三年任南京礼部侍郎时发布	《邱海二公文集合编》，见《汇存》第1册，455～458页

续表

发布官员	告示名称	告示内容概述	发布时间及发布官员职务	文献出处
徐学谟	清审里甲告示	该县轮应五甲里役，悉俱限六月初一日，每里着各正身一人赴府亲自面审甲首多寡，分派上中下等则，方令备银赴府上纳。各项杂费俱在征银之内，旧日召保等项悉行痛革。违者，从重追究。	嘉靖年间任荆州知府期间发布	明万历四十年重修《徐氏海隅集》卷七，见《汇存》第1册，479～482页
	分派等则纳银告示	各照原审上中下等则派定银数，依限赴府上纳，发县供应。本府仍给完收执照并立印信，收支文页簿各二扇，以二扇贮府，以二扇发县登记查考，其各里长照依派数，于该甲下通融均派，不许过数多科。甲首、每里长止许一人在县应卯，勾摄公务，仍将连续里分互相保结，以十人为一结，径递该县。如一人不到，连坐九人。不许仍前巧立召保名色，以滋冗费及别生科取。敢有故违，密访得出或被人告发，定拿该吏问遣，职官别议，决不轻贷。	同上	明万历四十年重修《徐氏海隅集》卷七，见《汇存》第1册，482～484页
袁黄	示谕提牢监仓吏卒	该告示8款，就优待改过向善人犯、诸囚在狱习艺、防止越狱、重罪者皆给囚粮、防止瘟疫及罪囚用水和治病等作了具体规定。	明万历十六年至二十一年任顺天府通州宝坻县知县期间发布	明万历刊《宝坻政书》卷六，见《地方》甲编第6册，214～219页
	禁戢地方告示	该管人将本县所定图册呈览，不得混指牧地，科害平民。吾民不得昌名影射，以避差徭。凡可耕植，不拘官私地土，皆听其开垦。马房佃房皆系吾民……倘有奸顽不依者，依律问治。	同上	明万历刊《宝坻政书》卷八，见《地方》甲编第6册，328～329页
支大纶	谕各医生示	今着通县医生赴县关领俸资，置买药材。凡遇病者，计口给药，每早叩门赍送。俟病少愈，即将本县给去白米煎为糜粥，少加蔬盐，计口送食。其家有余丁者，听赴官关米自行煎煮。各医毋得克减，故将贱药搪塞。	明万历间任奉新县知县期间发布	明万历清旦阁刊《支华平先生集》，见《汇存》第1册，491页

续表

发布官员	告示名称	告示内容概述	发布时间及发布官员职务	文献出处
支大纶	丈田示	示仰各乡公正书算业户人等，但有漏报坵号，及报弓报亩敢以多作少，层山复岭未经报丈等弊，听各不时赴县自首，即与照册改正，准免究罪。如怙终不悛，侥幸行险，延至正月十五日以前不行首正者，至次年正月十五日以后，本县亲行田亩，密抽严丈，查出前弊或被人出首，踏勘得实，定依律例从重究罪，仍将田尽数入官，并追四年所得花利。	同上	明万历清旦阁刊《支华平先生集》，见《汇存》第1册，492～493页
江东之	招集流民文告	与诸父老曰：无论市井乡落，十户一保，立保长以司纠察，内有户丁流入苗巢者，招还复业，即为良民。	万历年间巡抚贵州期间发布	清乾隆八年东皋堂刊《瑞阳阿集》，见《汇存》第1册，509～511页
	严禁宿弊文告	示仰各该卫所哨堡掌印官军等官，今后务须改过自新，抚恤军士。敢有仍蹈前弊，或指倚贺仪下程及一应节礼为名，或指称打点本道衙门人役之费，敛派屯军，以一科十，以十科百，及乘机扣克粮饷尽入私囊，访有实迹或被害首告得实者，定计赃从重参提究处，决不姑恕。	同上	清乾隆八年东皋堂刊《瑞阳阿集》，见《汇存》第1册，513～514页
	禁约文告	示仰各卫堡站军知悉：今后凡遇经过官使到彼，止照原来勘合牌票内载定夫数拨给，不得分外阿奉多拨。如有随行从仆仍前挟索凌辱者，各军径赴本官处禀究。若纵容生事，许赴本道陈告，以凭查究不贷。	同上	清乾隆八年东皋堂刊《瑞阳阿集》，见《汇存》第1册，517～518页
方　扬	劝农示	大约一岁之内，有易田百亩、开渠百道、种树千株者为上农，易田五十亩、开渠五十道、种树五十株者为中农，种三抛七、闲田太多不足一岁之用者为下农。上农者复其身，免其门侯火夫之役。中农者半给之，仍各赐门额号曰“力田之家”。其下农则有罚，每荒弃田亩以十分为率，弃九分者罚作公工三月，五分者二月，三分者一月，一分二分者亦减半罚之。	万历年间任陕州等地地方长官时发布	明万历四十年方时化刊《方初菴先生集》卷一六《汇存》第1册，527～532页

续表

发布官员	告示名称	告示内容概述	发布时间及发布官员职务	文献出处
方　扬	迎春示	除已行照例迎春合用春牛、芒神、花鞭、金鼓不禁外，其一切儿戏繁文，尽行革去。仍得示仰在城在乡居民知悉，自今各守尔分，各省尔财，敢有仍前纵肆张乐，携妓搬剧赛神及一应信惑异端烧香布施者，许诸人报官拿究，仍各枷号示众，决不轻贷。须至告示者。	同上	明万历四十年方时化刊《方初菴先生集》卷一六，见《汇存》第1册，532～534页
	乡约示	乡约之设，原以劝善惩恶，助守为理，责至厚也。约正、副业已负厚责……或不遵明示，仍旧虚文抵塞，忝窃衣巾优免排火等役，此非能为约正，乃顽民也。或倚势行凶，武断乡曲，藐视圣谕，不行集讲，此豪民也。果有此等为害非细，许诸人首告，查明定行究革，决不轻贷。	同上	明万历四十年方时化刊《方初菴先生集》卷一六，见《汇存》第1册，540～542页
	词讼示	所有一应词讼，须经大堂准行。纵涉军务、盗贼急情亦须上奉院道批词……今后遇有本厅应管事理，俱要先赴大堂呈告。	万历年间任浙江嘉兴府等地地方长官时发布	明万历四十年方时化刊《方初菴先生集》卷一六，见《汇存》第1册，548～549页
	查水陆门栅示	示仰各总小甲栅夫人等知悉：今后务宜谨守，分地昼夜巡逻，人定戒行，关锁门栅，差出巡兵哨船人等一体用心，互相讥察。未发则多方巡警，已发则极力追踪。倘事主未告而先机计擒，或事发窜逃而阻截拿获者，查实一体重赏，决不食言。若其怠玩因循，恬不加警，或知风故纵，或生事害人，查出及被人告发，一体从重究治，决不轻贳。	同上	明万历四十年方时化刊《方初菴先生集》卷一六，见《汇存》第1册，549～551页
郭子章	赈饥示	详列了贵阳府卫县、黄平及五司地方、兴隆东坡、龙泉司、平越、偏桥卫、镇远府卫、普定安顺州、安南永宁州、普安州卫等应赈银米数目，要求各府卫所掌印官悉照所开数目领取银米，设法赈济。如有颗粒糊涂，分毫侵染及纵容衙门吏役冒领者，依法处置。	万历二十七年于李化龙等平播州杨应龙乱后发布	明万历刊《蠙衣生黔草》，见《汇存》第1册，564～568页

续表

发布官员	告示名称	告示内容概述	发布时间及发布官员职务	文献出处
吴仁度	约束齐民告示	严禁百姓服舍违式。规定：今后再有仍前营构高厦惊骇耳目者，拿究治罪，拆屋归官；严行禁革市人及吏胥等役有方巾者，罚无赦；皂胥之室补饰无忌者，有司即行拿究胥役，重治枷号，并晓村妇庄女，敢有僭越者即坐其夫；四轿皂盖违式者，严行罚治，重则申院拿究不贷。	万历年间以右佥都御史巡抚山西期间发布	清乾隆吴炯刊《吴继疏先生遗集》卷九，见《汇存》第1册，573～582页
刘时俊	桐城到任禁约	该告示主要是3条：一、收政柄以明画一；二、简词讼以息刁风；三、禁越诉以免拖累。	万历二十六年任庐江桐城知县到任之初发布	明万历刊《居官水镜》，见《汇存》第1册，585～588页
	举行乡约示	本告示共18条，就约正约副的推选、讲解乡约、彰善惩恶、讲约仪式、旌善申明亭的设立、民间争讼的处理、大户和客商放债收息合依常例等作了规定。	同上	明万历刊《居官水镜》，见《汇存》第1册，588～607页
	熄盗安民示	本告示4条：一曰开自新，二曰许首发，三曰严巡缉，四曰禁盗源。就如何把盗贼转化为良善事宜作了规定，明令盗窃人者，许自首免罪；为贼行窃者许改过从新，表现好者给赏。仍前不改者，鼓励人们举报。里甲邻右之人知情不举者，一体连坐。	同上	明万历刊《居官水镜》，《汇存》第1册，621～635页
	平兑示	特立定规：每百石一平一尖，如不愿繁琐者，明加起尖米三石八斗，其余一概平量，确守漕规。	同上	明万历刊《居官水镜》，见《汇存》第1册，635～642页
	清理烟门示	督令各圩甲造烟门册一本，以便清查，另编保甲。具体措施共9条，有先开正户、次开副户、又次开佃户及填写烟门册事项等。正户系有田产人家，须写明详细住处及瓦房、草房间数，副户系与家住同居者，佃户为无田租人田种者。	同上	明万历刊《居官水镜》，见《汇存》第1册，642～647页

续表

发布官员	告示名称	告示内容概述	发布时间及发布官员职务	文献出处
庄起元	初立法征收钱粮告示	示仰县总速造概县虎头鼠尾册，田多者在前，自多至少侯次开明，不许紊乱，一样二本。各图总速造十甲人户实在丁田册，亦一样二本。俱限五日内呈县查阅佥点。	万历年间任浙江金华府兰溪县知县期间发布	明万历刊《漆园卮言》，见《汇存》第1册，685～687页
	禁省词讼告示	非重大事情如人命、贼盗等外，其余些微芥蒂，两释猜嫌，永无诟谇，小之融睚眦之怨，大之捐祸败之端，皆自不好讼得来。倘或仍前思逞，必以三尺从事，并将状讼焚于公庭，决不轻贷。	同上	明万历刊《漆园卮言》，见《汇存》第1册，689～690页
	举行乡约保甲法告示	金华府兰溪县为仰遵宪谕，俯维民风，着实举行乡约、保甲二政事，发布乡约4条，保甲4条……以便法守。	同上	明万历刊《漆园卮言》，见《汇存》第1册，699～708页
刘锡玄	运米入城示	示附近军民人等知悉：凡积蓄有米者，速运人城，或之人挑运即刻报数赴道，给与执照。借济兵需，以便差兵搬运。俟事宁之日，执票领价。如不速遵，贼至抢失，后悔何及。特示。	天启二年正月任提学署监军道期间发布。	明末刊《黔牍偶存》，见《地方》甲编第9册，11～12页
	禁抢米示	照得乡民挑米，有渐开场市，正宜抚恤以广其来。访得兵民人等辄敢用强抢买，合行严禁。示仰各门各营兵士并城内军民人等知悉，如遇乡民仲民挑米赴卖，俱要彼此情愿，时价交易，方许籴买。若有仍前用强抢买者，许地方诸人即禀，以凭擒拿，立刻枭示。	天启二年六月任提学署监军道期间发布	明末刊《黔牍偶存》，见《地方》甲编第9册，85～86页
	收养子女示	凡有能收养十三四岁以下子女者，许本家来领印照，永为家属，决不许彼亲识，日后仍来挟索。有收养贫民一人者，许赴本道报名，至贼退日总计，每养一日，照米时价还银，方许原养贫民，仍自营生。如养至多人，仍以功论有差。如亦收为家属，即不还米价，仍给印照。倘有奸民因此义士能养贫民，因而挟索买米者，许立刻来禀，将挟索者捆打一百，重则立斩。	同上	明末刊《黔牍偶存》，见《地方》甲编第9册，89～90页

续表

发布官员	告示名称	告示内容概述	发布时间及发布官员职务	文献出处
卢象升	禁止词讼事	照得郧属地方遭流寇焚伤特甚，本院初莅兹土，惟一意抚恤疮痍，剿除强寇，修养民力，保障地方，所有词讼一节合行停止。为此，示仰督属军民人等知悉：凡户婚田土小事务各捐忿息争，即有重大事情亦姑俟寇患削平，人民乐业之日，方赴各该衙门告理。如违，定以嚣讼刁民论罪。	崇祯七年以右佥都御史抚治郧阳期间发布	清道光九年刊《明大司马卢公奏议》卷二，见《地方》甲编第9册，405页
左懋第	均地法则示	为清丈土地、使地均粮而发布此告示。该告示共11条，就丈量土地人员的选任、丈量工具的核准、丈地方法、精确造鱼鳞册、土地的登记以及对丈地中发生的欺隐行为的惩处等作了具体规定。	任韩城知县期间于崇祯八年十月发布	清乾隆五十八年左彤九刊《左忠贞公剩稿》卷二，见《汇存》第2册，3～15页
	清丈地亩示	韩城县从崇祯八年十月起，由各里按照《均地法则示》丈量土地，这是知县复查前向全县发布的告示。告示共7条，规定了各项复查事宜及对复查中违规行为的惩处措施。规定本县未查之先，允许以前在丈地中有差错、隐漏者自行出首。否则，如核查出差错，定行对有关人员严厉惩处，枷号不贷。	任韩城知县期间于崇祯十年二月发布	清乾隆五十八年左彤九刊《左忠贞公剩稿》卷二，见《汇存》第2册，15～22页
	严禁奢僭以挽风俗以息灾沴事	本告示为严禁韩城奢僭之风而发布，内容分为婚礼、丧礼两部分。婚礼部分规定了聘礼妆奁的多少和规格。丧礼部分3条，明确丧仪俱定为式，严禁妄费。告示还列举了23条有关婚礼丧礼中严禁服舍、柬帖、宴会、乘轿僭越的规定。	任韩城知县期间于崇祯九年七月发布	清乾隆五十八年左彤九刊《左忠贞公剩稿》卷二，见《汇存》第2册，22～46页

从表2可以看出，具有法律效力的告示，以规范地方行政事务、民间事务管理等方面的法规法令为主，其内容涉及吏治、安民、钱粮、学政、约束兵丁、盐禁、救荒、庶务、关防、驿传、狱政、词讼、乡约、保甲、风俗等社会生活的各个领域。告示所及事项，既有诸如防火、防盗、息讼、禁赌、禁杀牛、禁吏胥勒索等普遍性问题，也有因地域、人

文环境、习俗各异和天灾、战乱出现的特殊性问题，如遇凶年赈济灾民，社会动荡时期强化团练，禁止某地的陋习等。这些告示生动具体地记录了地方政府实施法律、法规和乡里治理的情况，也反映了当时的法制环境和各种社会问题。

（二）法规法令类告示的特征、制定程序和发布形式

与其他官文书、法律、法规比较，法规法令类告示有以下特色：

其一，切中时弊，针对性强。告示通常是针对当地的时弊或应对突发性问题发布的，其公告的事项大多单一、具体，规定的法律措施有的放矢。如支大纶于万历年间为处理永春县知县许兼善乱政、导致数千人围城事件时发布的《谕永春县乱民示》①，郭子章于万历二十七年（1599年）发布的《赈饥示》，就是分别针对当地发生的民变和灾荒这类突发问题发布的。明代各地发布的法规法令类告示，大多是根据本地区的重大时弊制定的，这类告示通常是围绕要解决的问题阐明是非、利害，并有相应的处置措施，便于操作。如万历年间浙江金华府兰溪县县令庄起元上任之初，发现本县以前征收钱粮，收银依照旧规“止置三柜轮收，止管一月”，因司柜满一月后无人理事，致使前一年民间之粮未清，收银任务尚有十分之三没有完成。针对这一时弊，他制定和发布了《初立法征收钱粮告示》，规定由县里重新编制田册，一样两本；“各图总速造十甲人户实在丁田册，亦一样二本，俱限五日内呈县查阅”。该县的收银办法，改为“柜头分图收银，每一柜收几图该银若干，收完乃止，不许坐守一月”，并对未全部缴纳税银者，规定了分期、限时缴纳的具体办法。

其二，直接面对民众公开发布，具有快捷地把法规法令贯彻到基层的优点。明代和历代一样，制定的法律种类甚多，条目冗杂。在一般情况下，国家重要法律的制定往往需要较长的时间，法律的公布又要自上而下逐级行移公文，效率较差。明代统治者在治理国家的过程中，主要

① （明）支大纶撰《谕永春县乱民示》，明万历清旦阁刊《支华平先生集》本。

靠各级官府和官吏行使法律，除部分适用于基层社会治理的法律法令外，并不都向百姓公布。明代官府发布的法规法令类告示，其发布的对象基本上是乡村百姓，也有一些告示是面向学校生员、流民、前线士兵等特殊群体发布的，其内容都是亟待解决和必须让民众知晓的事项。在古代地方官府官吏有限、信息传播不便的条件下，以告示形式公布法规法令，能够以最快的速度把官方意志及其有关规定传达到基层，这是加强官民沟通、提高办事效率的有效方式。

其三，内容融劝谕与强制于一体，具有教化和法律的双重功能。

法规法令类告示的内容以地方行政事务、民间事务管理活动为规范对象，以官吏和百姓守法为法律实施的目的，执法和守法者是否理解和通晓法律，是这类法规法令能否得到贯彻的关键。因此，官府和长官颁行的这类告示，内容大多是以“明理导民”为主、法律惩处为辅，向人们反复讲明时弊和立法的必要性，充分陈述立法遵循的指导思想。多数告示规定的法律措施，基本上是正面的积极性规范。对于违背法规法令行为的惩处，除触及刑律和对社会有较大危害的犯罪外，一般都采取行政性处罚的办法。也有许多告示，只笼统地规定“各宜遵守”、“违者从重究治，决不轻贷”、“如律定罪”，没有具体的惩罚规定。

其四，文字比较简洁，往往带有书写人员的语言风格。告示大多篇幅较小，围绕陈述事项条分缕析，申明法之所禁。也有少数告示篇幅较长，条款较多，如前表中列举的刘时俊发布的《举行乡约示》，长达18款。也有一些文字较长的地方性条约，如王廷相发布的《巡按陕西告示条约》，是以告示形式发布的。然而，法规法令类告示都是针对某一特定事项发布的，规定的法律措施简明、具体，读后一目了然。出于不同官员之手的告示，文风各异，讲究修辞者有之，朴实无华者有之，用口语写成者亦有之，但语言一般都较为精练、通俗，易于为基层民众所理解。

其五，规范性较差，适用时效较短。告示一般是应急而发，通常是在短时期内发挥作用，其效力往往不能持久。特别是赈灾、应对突发事件这类告示，事情过后即失掉效力。告示是以长官个人名义发布的，该官员一旦离任，告示规定的法律措施往往是人去政息。

各级地方政府和长官用以公布法令、法规的告示，不是官员随意可以发布的，它的制定和公布有一定的审核、批准程序。其程序以制定权限的不同分为以下几种情况：一种是下级针对某种事项拟定的告示文本，经呈报上级批准后，以下级长官名义发布。另一种是由上级针对某种事项制作告示文本发给下级，以上级长官名义发布，或授权以下级长官名义发布。还有一些属于劝农、观风、丧葬、育婴、禁赌、防盗、风俗等方面的告示，均因有规可循，各级地方官府可依照朝廷授权或上级的指示，或有关国家法律和政策的精神自行制定发布。

从我们搜集到的数百件明代地方官府发布的法规类告示看，相当一部分是地方长官根据上级的要求发布的，比如，嘉靖年间荆州知府徐学谟发布的《清审里甲告示》，是在"近奉院道明文"，根据院道"里甲已经条议二十款，大抵主于搜剔奸蠹，蠲豁繁苛"的精神制定的。[①] 崇祯年间韩城知县左懋第发布的《均地法则示》，是"奉本府帖文，奉陕西布政司劄付，蒙钦差巡抚陕西都察院右佥都御史甘批，据本司呈蒙本院李宪票前事"制定的。[②] 另外，上级长官制定的地方性法规法令，只要在文书结尾写明"须示"、"须至示者"这类字样者，下属官府必须在管辖区内以告示形式将其广泛发布，汪循发布的《永嘉谕民教条》，江东之发布的《严禁宿弊文告》，方扬发布的《迎春示》等就是这一类告示。

告示通常是张贴或悬挂在道路四通八达或人口密集之处，以便及时让更多的百姓知晓。有一些告示是专门针对诸如吏胥、兵丁和书生等特定群体发布的，这类告示一般是在被告知的对象所在地公告或张贴的。少数告示是刊印成册下发给下属官吏和百姓的，如陕西韩城知县左懋第

① （明）徐学谟撰《清审里甲告示》，明万历五年刊四十年重修《徐氏海隅集》本。

② （明）左懋第撰《均地法则示》，清乾隆五十八年左彤九刊《左忠贞公剩稿》本。

于崇祯年间制定的《严禁奢僭以挽风俗以息灾沴示》达3000余字，该告示被刻为一册下发，以《约书》为书名，又名《崇俭书》，告示正文前有左懋第自制序。[①] 还有一些告示是刻于木匾、石碑之上，要求人们永久铭记和恪守。

四　中央制定的地方特别法

本文所说的地方特别法，是指朝廷颁布的专门适用于某一地区的法律、法规、法令。这类法律在地方法律体系中居于最高地位，地方长官颁行法规不得与中央制定的特别法相抵触。

明王朝疆土辽阔，人口众多，各地自然条件千差万别，社会经济发展状况前后多变。为了实现国家法制一统，且能够根据各地不同情况进行治理，朝廷不断完善了国家的法律形式和法律体系。明代前期法律形式比较杂乱，有律、令、制书、格、式、诰、榜文、例等。后经过变革，到明弘治时，形成了以《会典》为纲、律例并用、以典、律、令、例为基本法律形式的法律体系。例的法律形式由条例、则例、榜例、事例组成，各种例的内容分为吏、户、礼、兵、刑、工6种，以例表述的立法成果占全部法律总数的绝大多数。在明代中后期法律体系中，《会典》为国家的“大经大法”，《大明律》和《问刑条例》是刑律方面的常法，《诸司职掌》和《宪纲条例》、《吏部条例》、《军政条例》等重要的行政条例是行政法律制度方面的常法。则例、榜例、事例属于补充法。

在各地法制建设中，《大明会典》是国家的根本大法，《大明令》、《大明律》、《诸司职掌》、《问刑条例》等常法是国家的基本法律，这些法律通行全国，人人必须遵守。与此同时，朝廷还针对各地出现的新情况和新问题，以则例、榜例、事例和敕令的形式，因时因地制宜地颁行

① （明）左懋第撰《严禁奢僭以挽风俗以息灾沴示》，清乾隆五十八年《左彤九刊左忠贞公剩稿》本。

了大量的各种法规法令。这些法规法令在未被确认为是国家常法之前，属于“权制之法”的性质。因此，明代颁布的则例、榜例、事例和皇帝敕令，就适用范围而言，有些适用于全国，有些适用于特定的人和事，有些则是关于规范某一地区特定事务的法律。我们把后一种法律称为地方特别法。

明代统治者以“大一统”为治国理念，为了加强对地方的统治和管理，颁行大量的地方特别法。在本书收入的《明代则例的编纂及其对调整社会经济秩序的作用》一文所论述的则例，很多就是中央政府颁行的地方特别法。这里，仅就明王朝以榜例、事例形式发布地方特别法的情况做一简介。

（一）以榜例形式颁行的地方特别法

“榜例”作为国家确认的法律形式始于明初。在明代法律体系中，榜例始终被赋予“一时权宜”的法律地位，并在国家的立法、司法和地方法律建设中被广泛使用。

中国古代在信息传播技术不够发达的情况下，榜文曾在很长的一段历史时期内，成为朝廷和官府向民众公布法令、政令及上情下达的重要载体。自原始社会末到春秋战国时期，文字载体经历了从甲骨、金石到竹木简、缣帛漫长的演变和发展。战国、秦、汉时期，竹简、木简和缣帛成为文字载体的主要形态。汉、晋时期，官方向民众发布并张贴、张挂的文告，许多是写在木板或简册上，因古人通常把“木片”、“匾额”称为“榜”，榜文也逐渐成为这类文告的称谓。魏晋以降，随着造纸技术的日益成熟，特别是东晋末桓玄颁“以纸代简”令之后，纸逐渐成为官方文告的主要载体，“榜”、“榜文”的称谓被继续沿用。隋、唐、宋、元各代，榜文的含义扩展为泛指官方张贴、张挂的各类官方文书。

自先秦到明代，官方向民众发布的文告的称谓有多种。因不同历史时期文告的载体及发布的方式有别，其称谓也有变化。宋代人朱熹说：“《典》、《谟》之书恐是曾经史官润色来。如周《诰》等篇，恐只似今榜文晓谕俗人者，方言俚语，随地随时各自不同。”[①] 也就是说，《周书》记载的周王发布的“诰”，就是类似明代榜文一样的文告，只是名称不同而已。明以前各代，官方文告的称谓除“诰”、“榜文”外，还有悬书[②]、露布[③]、榜谕[④]、告示、布告等称呼。现存古代文献记载的这类文告，以“榜文”、“告示”为称谓的居多。进入明代以后，大概是出于“上下有别”并区分其适用地域的范围以及榜例在国家法律体系中地位提升的缘故，以君主名义或奉皇帝圣旨发布的文告称榜文，以地方各级政府和长官名义发布的文告称为告示。现见的明代榜文，除明代前期尚有几则是由朝廷大臣或府官在治理地方时出榜且榜文渊源不明外，均是由皇帝颁布或中央各部院及其他衙门、长官奉旨颁发的。

榜文作为以“直接公布于众”为特色的官方文书，具有晓示事项、公布法律、教化百姓等功能。榜文形式多样，涉及的内容也相当广泛。以榜文形式公布的官方文书中，既有法律文书，也有各种非法律文书。

① （宋）朱熹撰《朱子语类》卷七八《尚书一》，清吕留良宝诰堂刻本。

② 悬书，指悬挂或张贴的文书。（汉）郑玄注、（唐）贾公彦疏《周礼注疏》卷三六《秋官·布宪》云：“司寇正月布刑于天下，正岁又县其书于象魏，布宪于司寇，布刑则以旌节。出宣令之于司寇，县书则亦县之于门闾及都鄙邦国。刑者，王政所重，故屡丁宁焉。诘谨也，使四方谨行之。”中华书局，影印（清）阮元校刻《十三经注疏》本，1996，第 884 页。县者，悬也。又据《吕氏春秋》卷一八《审应览·离谓》：“郑国多相县以书者。子产令无县书，邓析致之。”据以上记载可知，先秦时期有官方悬书悬于魏象，也有民间悬书出现，子产明令禁止的是非官方的“悬书”。

③ 露布，亦称“露章”、“露板”，指不缄封的文书。（唐）封演《封氏闻见记》云：“露布者，谓不封检，露而宣布，欲四方之速闻也，然亦谓之露板。”见《说郛》卷四，明抄本。查阅史籍中有关汉代至隋唐时期“露布”的记载，汉代“露布”多用于朝臣的奏章或皇帝发布的赦、赎令，魏晋时期的“露布”更多地用于军事活动，常作为檄文和捷报传递使用。北魏以后，“露布”基本上专用于传递军事捷报。

④ 汉代皇帝的诏敕和官府的政令，常是书写在乡亭墙壁（即粉壁）或录写于木板悬挂其上，公布于众，以使民知晓，故后者又有“扁书”之称，这是后代榜谕的前身。唐宋时期，运用榜文公布皇帝诏敕和官府政令、法令和劝谕成为官府经常采用的形式，人们称这种榜文为“榜谕”。有关研究汉、唐、宋时期“扁书”、“粉壁”、“榜谕”方面的成果，参见〔日〕中村裕一《唐代制敕研究》，（东京）汲古书院，1991，第 859 ~ 909 页；汪桂海：《汉代官文书制度》，广西教育出版社，1999，第 153 ~ 159 页；丁建军：《中国题壁文化的巅峰——宋代题壁文化论略》，《河北大学学报》2004 年第 4 期，第 64 ~ 67 页；高柯立：《宋代的粉壁与榜谕：以州县官府的政令传布为中心》，收入邓小南主编《政绩考察与信息渠道——以宋代为重心》，北京大学出版社，2008，第 411 ~ 460 页。

就以榜文形式公布的法律文书而言，其内容大体可分为两种类型：一是告谕、教化类榜文。内容或是晓谕某一事项，或是指陈时弊，申明纲常礼教和治国之道，意在使人知所警觉，趋善避恶。二是用以公布朝廷的定例和其他法规、法令，要求臣民一体遵守。明人把以榜文形式颁行的定例称为“榜例”，这一类榜文具有法律的规范性和强制性，其作为有法律效力的文书，是国家法律体系的有机组成部分，也是明例的重要载体。

从明初至明末，明朝运用榜例发布了大量的法规法令。其中不少榜例是针对特定的地区发布的，具有地方特别法的性质。

明代前期，各朝都以榜例形式颁行过一些地方特别法。如，洪武二十七年（1394 年）十月三十日明太祖发布的榜例规定：“在京犯奸的奸夫奸妇，俱各处斩。做贼的、掏摸的、骗诈人的，不问所得赃物多少，俱各枭令。”[①] 依照明律，和奸罪罪止杖一百，[②] 这则榜例是针对南京地区犯奸、做贼、掏摸和诈骗行为规定的，比明律同类犯罪量刑要重，是适用于京师的地方特别法。又据《明宣宗实录》记载：宣德八年（1433 年）二月丁未，“禁京城商税之弊。时有言在京权豪贵戚及无籍之徒，停积商货、隐匿官税者。上命行在刑部揭榜禁约，违者罪之。有能首者，赏钞一千贯”；[③] 宣德九年（1434 年）冬十月丁巳，“行在兵部奏：朝廷于广宁、开原等处立马市，置官主之，以便外夷交易，无敢侵扰之者。凡马到市，官买之余，听诸人为市。近闻小人或以酒食衣服等物邀于中途，或诈张事势，巧为诱胁，甚沮远人向化之心。请揭榜禁约。从之”。[④] 这两则榜文分别是针对整顿京城商税和广宁、开元等处的马市而发布的。

明代中后期，各朝都运用榜例的形式颁行了很多地方特别法。如明

① （明）曹栋撰《南京刑部志》卷三《揭榜示以昭大法》，美国国会图书馆藏明嘉靖刻本。

② 〔朝鲜〕金祗等撰《大明律直解》卷二五《刑律·犯奸》“犯奸”条，见《中国珍稀法律典籍集成》乙编第 1 册，科学出版社，1994，第 604 页。

③ 《明宣宗实录》卷九九。

④ 《明宣宗实录》卷一一三。

景帝景泰元年（1450 年）三月，出榜晓谕贵州各处军职土官，有能出米赴普定等卫缺粮仓分纳者，量纳米多少，官员分别加级，土人、民人授予不同官职；[①] 景泰二年（1451 年）七月，命都察院揭榜招谕浙江、福建贼盗遗孽藏山谷者自首；[②] 景泰三年（1452 年）六月，出榜禁约福建沿海居民，毋得与琉球国货物交易。[③]

据《明宪宗实录》，宪宗朱见深在位 23 年间，很重视榜例的制定和颁布。成化五年（1469 年）十二月，禁京城九门并通州等处抽分，命都察院榜示之；[④] 成化十年秋七月，降圣旨榜文，命延绥一路营堡及近边守备官军修葺垣墙墩堡，增筑草场界至，敢有越出塞垣耕种及移徙草场界至者，俱治以法；[⑤] 成化十四年（1478 年）六月，都察院奏请京城内外强夺人财及口称圣号者，并以其事榜示禁约，从之；[⑥] 成化十四年七月，出榜禁止人于西山凿石。[⑦]

据《明世宗实录》，明嘉靖年间，也很重视运用榜例颁行地方特别法。嘉靖二年（1523 年）三月壬子，“固安县民张惠等九百人自宫求用。礼部言其违例奏扰，命笞之百，逐归。仍敕都察院榜示严禁”[⑧]。嘉靖八年（1529 年）正月壬戌，“户部覆：大学士杨一清等所奏恤民穷事，略言：今天下被灾地方，四川、陕西为甚，湖广、山西、南北直隶、河南、江浙、山东、广东、大同次之。自蠲免停征及动支仓库粮银之外，计所发内帑银一百六十三万二千三百有奇，盐一百五十一万八千五百引有奇。圣恩旷荡，莫此为极，但恐有司奉行不谨，民无实惠。宜如一清言，严行督治，毋事弥文。上以为然，命兵部驰谕各抚按官行令所司，具以从前恩诏，出给榜文：其除免分数并赈济救荒事宜，务从实

① 《明英宗实录》卷一九〇。
② 《明英宗实录》卷二〇六。
③ 《明英宗实录》卷二一七。
④ 《明宪宗实录》卷七四。
⑤ 《明宪宗实录》卷一三一。
⑥ 《明宪宗实录》卷一七九。
⑦ 《明宪宗实录》卷一八〇。
⑧ 《明世宗实录》卷二四。

举行；有苟且塞责及干没为奸利者，处以重典；守巡官督察不严者，抚按官以名闻”[①]。嘉靖十五年（1536年）闰十二月癸亥，“上御奉天殿，以初定庙制上两宫徽号，颁诏天下，曰……大同军士先年因被避官兵畏死走入虏中逃移四外者，诏书到日，该地方总督、巡抚官即便出榜晓谕，许令回还出首复业，各与免罪，仍量加存恤……”[②] 嘉靖十七年（1538年）十一月丙子，“昌平州古佛寺僧田园伪造妖言惑众……都给事中朱隆禧上言：迩时妖僧倡为白莲教以惑众，谋不轨者非止一园也。缘禁令不严，人心轻玩。宜榜谕中外，申明保甲之法，庶民不敢保奸为邪。上是其言，命都察院出榜禁谕，嗣后有妖贼潜匿，酿成大患，缉事官校不预侦捕者连坐之”[③]。

榜例不是随意发布的，每一榜例的制定和公布，都要经一定的批准程序。在明代法律体系中，榜例较之确认国家基本法律制度、具有最高法律地位的《会典》而言，较之刑事法律《大明律》和确认国家行政、经济、军政诸方面法制的其他基本法律而言，均属于补充法。在实施榜例的过程中，如何处理它与国家大法和其他基本法律的关系，是关系到能否维护国家法制统一和榜例实施效果的重要问题。榜例通常是针对国家一时发生的紧急问题而发布的，其规定在国家大法和基本法律未备的情况下有完备法制的效应，但当两者的法律规定冲突时，就会发生有损法制统一的弊端。有明一代，因国初与其后各朝君主的治国方略和对待基本法律与榜例相互关系的态度不同，榜例对于国家法制的影响也不尽一样。明太祖洪武年间，“刑亦重，事取上裁，榜文纷纷”，[④] 往往是榜文代律而行，对《大明律》的正常实施造成了很大的冲击。“洪武末年，更定新律，刑官始得据依以为拟议，轻重归一。”[⑤] 明成祖朱棣发动靖难之役取代建文帝后，虽然在即位诏

① 《明世宗实录》卷九七。

② 《明世宗实录》卷一九五。

③ 《明世宗实录》卷二一八。

④ （明）何孟春撰《余冬序录》卷一，明嘉靖七年刻本。

⑤ （明）何孟春撰《余冬序录》卷一，明嘉靖七年刻本。

中宣布“刑名一依《大明律》科断”,[①] 但为力贬建文而崇祖制，仍沿用明太祖发布的一些重刑榜文，且又颁行了不少新的重刑榜文，直到永乐十九年（1421 年）四月，方下诏说：“法司所问囚人，今后一依《大明律》拟罪，不许深文，妄引榜文条例。”[②] 这样，重刑榜例仍对永乐年间《大明律》的实施在不同程度上产生了负面影响。宣德及其以后各朝明令宣布：“诸司所问囚犯，今后一依《大明律》科断，不许深文，违者治罪。”[③] 在处理榜例与国家基本法律方面，各朝遵行的原则是：“凡有殊旨、别敕、诏例、榜例，非经请议著为令甲者，不得引比。”[④] 这就是说，榜例在未经一定的立法程序被确认为通行全国的法令之前，只适用于发布时针对的特定对象、地区和特定事件，不能在司法审判活动中援引使用。榜例只有经请议著为法令，才能够广泛适用。因此，以榜例形式发布的地方特别法，只适用于特定地区，它是本地区地方法律体系的组成部分。

（二）以事例形式颁行的地方特别法

事例是中国古代的法律形式之一，它是在行政或审判活动中，通过处理某一事件或某一案例形成的并被统治者确认为具有法律效力的定例。明代时，统治者针对国家社会生活中出现的新问题，因事适时立法，颁布了大量的各类事例。明代的事例大多是以事为例，属于单数结构。《明实录》等官修史书及《皇明条法事类纂》、《嘉靖事例》、《嘉隆新例》等私家编纂的法律文献记述或辑录的事例，基本上都是这类事例。但也有少数诸如《节行事例》等以“事例”命名的单行法规，是由若干事例汇编而成，属于复数结构，是以概括的法律条文表述的。这

① （明）傅凤翔辑《皇明诏令》卷四，收入《中国珍稀法律典籍集成》乙编第 3 册，第 104 ~ 105 页。

② 《明太祖实录》卷二三六。

③ （明）傅凤翔辑《皇明诏令》卷七至一〇，收入《中国珍稀法律典籍集成》乙编第 3 册，第 193、217、281 页。

④ 《明史》卷七二《职官一》，中华书局，1974，第 1758 页。又见《天府广记》卷二〇《刑部》，北京古籍出版社，1983，第 260 页。

类事例与条例属于同一性质，也称为条例。明代还把各类因事立法而形成的行政事例编于《会典》之中，称之为“会典事例”。会典事例的形态是概括性的，它的编纂体例是以官统事，以事隶官，即把事例按其性质分类编于吏、户、礼、兵、刑、工六部以及都察院、通政使司、大理寺等门之下。明代会典事例的编纂方法已达到了很高的水平。其编纂原则和方法是：“采辑各衙门造报文册及杂考故实，则总名之曰事例，而以年月先后次第书之。”① “事例出朝廷所降，则书曰诏，曰敕。臣下所奏，则书曰奏准，曰议准，曰奏定，曰议定。或总书曰令，或有增革减罢者，则直书之。若常行而无所考据者，则指事分款，以凡字别之。其事系于年或年系于事者，则连书之。繁琐不能悉载者，则略之。”②

在明代例的体系中，以事例制定最多，变革最繁，围绕着事例的立法和执法活动也最为活跃。事例是条例编纂的基础，榜例中有关某一事项的定例或某一时弊的禁例实际上也属于事例的范畴。明代的事例，系统治者针对一时一事的立法，它满足了适时立法以应对各种新的社会问题的需要，但也带来了事例浩繁、前例与后例往往发生矛盾的弊端。为此，各朝都及时对颁行的事例进行清理和编纂。明代文献中记载的事例汗牛充栋，仅《明实录》、《明会典》和《皇明条法事类纂》三书记载的事例达数千件，文字不下三百万字。明代事例汇编性文献《六部事例》、《军政备例》、《嘉靖事例》、《嘉靖新例》、《嘉靖各部新例》、《嘉隆新例》等书中，也记载有各类事例上千件。阅读这类文献，使人有不下多年功力不能穷尽明代事例之感。

明代的事例，就适用范围和法律效力而言，绝大多数是通行于全国性的事例，也有一些事例是针对特定的地区颁行的，后者具有地方特别法性质。从明初到明末，各朝都颁行了一些适用于特定地区的事例。明代制定的地方特别法大多失传，但通过辑佚仍能看到相当数量的这类法

① （明）申时行等重修《明会典》卷首《洪武间凡例》，中华书局，1989，影印本，第5页。

② （明）申时行等重修《明会典》卷首《洪武间凡例》，中华书局，1989，影印本，第5页。

律。以《皇明条法事类纂》[①] 为例。该书明抄本 50 卷，收入天顺八年（1464 年，该年二月宪宗即位）四月至弘治七年（1494 年）十二月 31 年间题准、奏准的事例 1276 件（其中有条名无文者 235 条）。现把该书所载成化、弘治年间颁行的有关地方特别法的事例列表述后（见表 3）。

《皇明条法事类纂》所辑宪宗、孝宗两朝事例，均属于刑事事例，并未把这两朝颁行的行政事例包括在内。该书实辑的 1295 件事例文书中，属于适用于特定地区的事例近百件。明代实行君主高度集权专制制度，强调国家法制统一。成化、弘治两朝制定的通行全国的事例数量远远超过制定适合于特定地区的数量，反映了明清对制定地方特别法持慎重态度。

表 3 《皇明条法事类纂》载成化、弘治朝颁行的适用特定地区事例举要

题奏时间	事例名称	卷数　页码
成化元年十一月七日	云南按察使查究江西等处客人躲住地方生事例	卷一二 493～494
成化元年十二月三十日	通行凤阳淮安等处禁约宰杀耕牛并有司奉行不至降用例	卷三〇 189～190
成化二年五月六日	陕西三司并平阳、河南二府州县卫所问拟官吏人等枉法满贯，该充军者发宁夏，其不满贯并军民人等杂犯死罪并徒罪，各照年限发陕西行都司所属驿站摆站走递例	卷六 258～260
成化三年四月二日	通州直抵仪真差官捕盗例	卷四五 803～806
成化三年十二月二十六日	陕西、山西、河南问该充军囚犯俱发宁夏等五卫例	卷六 260～263
成化四年八月八日	贵州土人、监生令本等出身不许就杂职及揽钱粮例	卷一五 654～655
成化五年闰二月二十六日	顺天府所属仓场揽纳打搅坑陷等项充军例	卷一五 655～657

① 《皇明条法事类纂》，日本东京大学总合图书馆藏明抄本，收入《中国法律典籍集成》乙编第 4、5、6 册，科学出版社，1994。

续表

题奏时间	事例名称	卷数　页码
成化五年四月十九日	四川会川等卫偷挖白铜发落	卷三三 294～296
成化六年二月九日	荆襄抚治流民例	卷一二 496～498
成化六年八月	四川土官词讼发回本管官司勘问，御史年终查究完报，其妄诉不干俱立案不行	卷三八 505
成化六年十二月二十九日	在京并陕西、河南、山西等处问拟充军罪囚暂发延绥等卫差操例	卷六 266～267
成化六年	河南盗矿豪民及哨瞭摆站军民不发远方例	卷三三 300～303
成化七年五月二十一日	四川军民人等奏告词讼，除行都司所属建昌等卫芒部等军民府免问其罪给引照回听理，其余成都等府卫所俱照例问罪递回听理例	卷四〇 626～628
成化八年八月二十三日	山东囚犯杂犯死罪以下纳米赎罪，照时价折收银两籴谷赈济例	卷一四 616～618
成化九年六月二十日	流民进入湖广等处禁山寄籍并捏词具告，问罪枷号充军例	卷一二 499～502
成化九年七月十四日	禁约山东、河南并北直隶粮草不许折收轻赍难运去处，量收轻赍亦不许在京收买例	卷一六 763～764
成化九年九月十八日	荆襄流民潜住禁山充军，正犯枷号家小随住例	卷一二 502～505
成化十年正月	临清镇守官受理词状，分别事情轻重，重者发分巡等官受理	卷三八 529
成化十年五月二十八日	临清镇守官受理词状发分司等官问理	卷三八 524～528
成化十年七月	陕西都司甘肃西宁等处遇有番人买卖，不许势要主使家人包收物货逼令减价，违者问发充军	卷二九 136
成化十年八月九日	江西人不许往四川地方交结夷人讦告私债例	卷二九 136～140
成化十年八月	永平、苏州等处词讼法司免提径行巡按巡关御史提问	卷三八 528
成化十一年三月十三日	修垫通州一带道路	卷五〇 995～1000
成化十一年四月十二日	堂子洼偷寻银石者问拟重刑，其委巡视官员人等禁约不严亦罪外加罪例	卷三三 304～307

续表

题奏时间	事例名称	卷数　页码
成化十二年八月十四日	蓟州、永平府、山海等处并寄住官员军民弟男子侄义男等项情愿投军者，许赴官报名，查审明白，三丁以上家道殷实者，方许收用食粮操差例	附编 9～11
成化十二年	宛平、大兴二县取拨库役稳婆办纳刑杖例	卷四六 851
成化十三年闰二月二日	为事囚犯拨隆庆州复设棒槌峪及红门口巡检司衙门应用	卷二九 132～133
成化十三年七月	通行两广并广州肇庆桂林三府盗卖仓库粮料一百石银五十两布一百匹绵花一百斤以上者充军例	卷三二 272
成化十四年五月十一日	讦告易州山厂官吏赃私隔别衙门委官查勘例	卷四九 948～950
成化十四年七月十八日	荫袭土官例	卷七 298～301
成化十四年十一月	辽东马市外夷交易三日出境，敢有擅放入城透漏边情者充军，遇革不宥	卷二九 142
成化十五年八月八日	通州一带地方拿获窃盗至徒流罪者枷号半月，其喇虎三五成群抢夺财物再犯累犯者枷号一月充军为民例	卷三四 352～354
成化十五年九月四日	凤阳应乐山场地土若有伐木取土开窑烧山及皇城耕种牧放安歇作践者，正犯处死，家下丁口发边远充军例	卷三三 309～310
成化十五年九月十九日	蓟州等仓买头收买官粮五石以上问罪没官例	卷一六 725～726
成化十六年正月二十八日	各处钞关收钞及山东、山西、北直隶纸札要行解京	卷一三 582～583
成化十六年二月二十日	四川地方添设抚民官，上司擅委别事，听巡抚巡按拿问佥书官吏	附编 29～32
成化十六年四月二十九日	禁约山东济宁等处发塚例	附编 415～416
成化十六年五月二十日	河间等府坐派税粮不许兜揽诓骗，并军职家人包揽，参奏先住本官俸粮例	卷一五 672～673
成化十八年四月十四日	易州山厂词讼照旧送厂体勘例	卷四九 950

续表

题奏时间	事例名称	卷数　页码
成化十八年七月一日	通行在京法司并陕西河南山西等处问刑衙门遇有充军罪囚及降调立功应拨榆林者分拨一半与靖虏卫差操例	卷六 272～274
成化十八年十一月二十日	陕西发塚事	附编 418～420
成化十八年十一月二十三日	南海子海户偷盗本海树株牲口等项，于臂刺“盗官物”三字例	卷三二 255～256
成化二十年二月五日	永平等府卫囚犯问发运广宁等仓粮数	卷一 39～41
成化二十一年正月	管庄人等将山东、河南、北直隶空闲及起科田地投献权势者充军，受献者户部并科道官纠奏	卷一三 560
成化二十一年三月十二日	申明禁约西山凿石取煤等项	卷一三 545～547
成化二十二年三月	芦沟河迤东及西山凿石取煤等项枷号一月充军	卷一三 547
成化二十二年七月二十七日	禁约江西大户逼迫故纵佃仆为盗，其窃盗三名以上充军例	附编 421～424
成化二十二年十二月七日	禁革苏、松、常、镇等府粮长大户书手作弊充军为民例	卷一七 795～796
成化二十三年七月五日	禁约云南土吏不许父子兄弟相继营充	卷七 325～326
成化二十三年九月六日	两广云贵川边远处武职人与文书不曾到部，例不袭职者，与冠带舍人收操	卷七 304
成化二十三年	清解陕西军役事	附编 269～270
成化二十六年四月一日	大同宣府边仓揽头作弊，赔粮完日徒罪以上发广西卫充军例	卷一五 675～676
弘治元年正月	禁约陕西府县分派下人办私茶	卷一九 844
弘治元年五月	处置云南夷人赴京奏诉并容人教唆等项	卷四〇 625
弘治元年九月六日	禁革沧州军民堆卖私盐及客船夹带私盐例	附编 83～88

续表

题奏时间	事例名称	卷数　页码
弘治元年九月	禁革山东等处沿海仓分揽头借银不还坑陷官攒并光棍打揽仓场，犯该徒以上并再犯笞杖者俱充军，民发口外为民，职官奏请，及禁革债主转换文约，关支幼弱官军俸粮	卷二〇 885～886
弘治元年十月	江西豪强之徒聚众争田夺财伤人，官司差人勾摄拒捕，犯该徒流罪者俱充军	卷四五 802
弘治元年十一月	禁革两淮军职通同纵容舍余兴贩私盐，违者事发充军，钤束不严革去见任	附编 88
弘治二年五月二十二日	庐扬淮凤官舍为事发去哨瞭，不准发守发高墙	附编 149～151
弘治二年八月十日	禁约通州至天津卫沿河光棍照依在京见行事例枷号充军	卷三四 372～375
弘治三年九月	禁革沧州沿河军民堆卖私盐及经过船只夹带私盐	卷一八 缺文
弘治四年九月	贵州遇有拿获外郡人民纠集凶顽盗采银矿为首及持刀伤人情重人犯，系吏民舍余人等发南方边卫，军发极边卫分充军；为从人犯递发原籍当差，职官有犯奏请定夺	卷一三 550～551
弘治四年十月十日	甘肃地方卫所舍人、总小旗犯笞罪，有力纳米，无力纳钞的决	卷一 44～46
弘治五年六月二十四日	禁约陕西甘肃等处军人官舍人等不许将应禁军器卖与夷人，违者各调边卫充军并差操例	附编 26～28
弘治五年十月七日	两广充军人犯巡抚巡按审问合律，随即发遣着卫申呈兵部照验	卷六 279
弘治六年五月十八日	行移大同宣府巡抚巡按并问刑衙门，凡军职犯该杂犯死罪，大同发宣府极东、宣府发大同极西卫所立功	卷六 282～284
弘治七年七月九日	宣府等处并各沿海监守盗粮二十石、草四百束、银一十两、钱帛值银十两以上，不分官吏人等俱充军；两京各衙门漕运等处监守盗粮草银两钱帛加前一倍者、亦充军；若盗沿边沿海粮四百石、草八千束、银二百两、钱帛二百两以上者，俱斩首示众。四等赃罪遇革不宥	卷四 149～157

注：表内卷数后所列页码，是指《皇明条法事类纂》整理本（中国社会科学出版社，1994）的页码。

表3中仅列举了有关事例的名称、题奏时间，结合研读各事例文书可知：（1）制定地方特别法是成化、弘治两朝经常性的立法活动，除个别年份外，每年都有地方特别法颁布；（2）地方特别法的制定经过了严格的立法程序。每一事例的颁行，都有臣下或中央机关的题本，并经皇帝钦准；（3）有关法律要解决的问题，都是司法、执法实践中遇到的有特色的地方性问题。

明朝以事例形式颁布的地方特别法，仅适用于特定的地区使用，不允许其他地方比附援引。其他地区如遇到类似问题，则可以上报皇帝批准，援引中央制定的地方特别法。查阅《明实录》，有关这类情况不胜枚举。譬如，明宣宗宣德四年（1429年）八月，巡按贵州监察御史吴纳上书："贵州所设各马驿路通云南往来者多，驿丞凡考满赴京，往来动经二年。土官衙门多委土人总甲署事，驿夫被害，马皆瘦损，有妨传递。乞依云南事例：驿丞三年一次赴布政司考核，九年通考，给由赴京为便。"[①] 宣宗皇帝钦准照办。再如明穆宗隆庆五年（1571年）十二月，陕西巡按御史褚铁建议："甘州茶司仿洮河事例：每岁以六月开中，所中之马以八百匹为率，不得用老弱充数。"[②] 得到了穆宗皇帝的批准。再如万历二年（1574年）七月，户部覆巡抚山西都御史朱笈上书："本省系边方，与腹里回绝，商税正课系供折禄折俸折粮之用，余课充赏功。一切等费合准照大同事例，将该省所属商税尽留本省，以备各项支用。"[③] 万历皇帝下诏，按朱笈建议执行。

五　明代地方执法与司法制度的发展

法律法规的实施，包括行政执法和司法两个方面。明代的地方性执法是由省、府、县各级衙门和长官逐级负责实施，最后通过里甲、保甲等基层组织贯彻到基层。为了加强地方司法建设，处理民事纠纷和审理

① 《明宣宗实录》卷五七。
② 《明穆宗实录》卷六四。
③ 《明神宗实录》卷二七。

各类刑事案件，明朝在健全中央司法审判制度的同时，也建立了一套比较完整的地方理讼断狱制度。在中国法制史上，明王朝是地方法制从缓慢发展走向成熟的重要时期，与以前各代比较，其地方行政执法、司法制度多有创新和发展。

（一）地方行政执法制度的发展

1. 健全法律文书行移、公布制度，使人知法守法

各级地方执法官员熟知、掌握法律法规，适用于乡村治理的法律法规为百姓知晓，这是行政执法的必要前提。明朝为了保证国家法律及时下达，制定了严密的法律文书行移、公布制度。

明代法律文书的载体，除以典、律、令、例等形式制定的通行全国的重要法律外，大量的国家法律法令和地方性法规是以官文书的形式由上至下行移的。明代官文书的形式达数十种，分为上行文书和下行文书，各类官文书之间有严格的行移格式和称谓，其中地方性法规下行文书的主要载体有条约、檄文、照会、札付、批付、牌票、告示、禁谕等形式。为保障国家法律和地方性法规法令及时传达到基层，各级地方官府都规定了官文书下达的期限和官吏传递、处理、归档的要求，并按国家法律的规定严厉惩治官文书行移违限的行为。据《大明律》卷三“官文书稽程”条规定，凡耽误官文书行程者，一日，吏典笞一十；三日加一等，罪止笞四十。下级官员耽误官文书行程的，首领官各减一等处罚，主事官员互相推托导致官文书耽误者，杖八十。《大明律》还规定，驿使延误文书送达的，区分情节和后果轻重分别给以笞、杖乃至斩罪的惩处。

总督、巡抚、省级“三司”长官颁行的地方性法规，特别是以条约形式制定的地方性法规，是明代地方的重要立法。为确保这些法规及时下达，各地实行了县以上机构的“抄案”制度，即府和府级州要到制定法规的省级机关抄写法规文本。根据制定主体的级别不同，抄案机关亦不同，但通常为制定机关的直接下级。如：制定者为总督、巡抚，抄案机关大多布政司、按察司，《督抚事宜》中即有“仰两广

按察司，抄案回司”[①] 的规定。制定者为各司、道，抄案机关往往为府，以《提刑事宜》和《浙江学政》为例，前者的制定者为山西按察（司）使，抄案机关为山西各府、州，后者的制定者为浙江提学（道）副使，抄案机关为浙江各府。抄案机关以府或地位相当于府的直隶州为底限。府级机关抄案后，通常是向下逐级转行，并先转行同级行政机关。如：《督抚事宜》即要求两广按察司抄案回司后，首先转行都、布二司，然后由都、布、按三司各行守巡、清军、提学、兵备、海道、管粮、管屯、盐法参将、守备、备倭，并府、州、县、卫所、土官衙门大小官员，“一体查照后开条款，遵奉施行”。[②] 为确保“抄案”及时传达并准确无误，负责“抄案”的官吏仍须“先具转行过日期并不违依准”[③]，呈递上级，即地方性法规的制定机关收缴。

法律文书传达到县级行政机关后，除县级正官、佐贰官应熟知掌握外，要求分管各类事务的属官也须熟悉掌握与所负责事务相关的法律法规，并按照州县的统一部署执法。对于适用于乡村事务管理或特定群体的法律法规，要求采取有效措施，使百姓及相关群体人员知法守法。比如，对于学政管理类法律法规，通常是在各类学校张贴和宣讲，要求教官、生员务必遵行。为了动员社会力量支持学政法规的实施，要求地方官府向相关人士进行宣传。如嘉靖末年宋仪望任福建按察司副使提督学政期间所撰《学政录》这一地方性条约，除以榜示、书册等形式公布，要求“所属州、县儒学，一体遵照”外，还向乡士大夫“各送二册”，以期表率诸士，促进法规的施行。[④] 对于乡村事务管理类法律法规及政令，或以告示形式在人口集聚地和交通要道张贴，或在申明亭公布，或由基层行政组织邀请有关人员向乡民宣讲。

明太祖朱元璋说：“治国之要，教化为先。”[⑤] 他认为只有“教化流

① （明）姚镆撰《督抚事宜》，载《东泉文集》卷八，明嘉靖刊清修本。

② （明）姚镆撰《督抚事宜》，载《东泉文集》卷八，明嘉靖刊清修本。

③ （明）陈儒撰《出巡事宜》，载《芹山集》卷二五，明隆庆三年陈一龙刻本。

④ （明）宋仪望撰《学政录》，清道光二十二年宋氏中和堂刊《华阳馆文集续集》本。

⑤ （清）谷应泰撰《明史纪事本末》卷一四《开国规模》，中华书局，1977，第195页。

行”，才能使人“安分守己”；只有“百姓知法”，才能“知畏而不犯”。自明初起，朝廷就很重视法律的宣传教育，这种做法为后嗣君主所仿效。明代法律对官吏和百姓讲读律令作了详细规定。《大明律》“讲读律令”条规定：“百司官吏务要熟读，讲明律意，剖决事务……若有不能讲解，不晓律意者，初犯罚俸钱一月；再犯笞四十，付过；三犯于人连累致罪，不问轻重，并免一次。”[①] 据《明会典》载：“洪武初，诏中书省详定乡饮酒礼条式，使民岁时燕会，习礼读律，期于申明朝廷之法。”[②] “成化四年奏准：各处有司，每遇朔望诣学行香之时，令师生讲说《大明律》及御制书籍，俾官吏及合属人等通晓法律伦理，违者治罪。”[③] “嘉靖八年题准：每州县村落为会，每月朔日，社首社正率一会之人，捧读圣祖教民榜文申致警戒，有抗拒者，重则告官，轻则罚米入义仓，以备赈济。”[④] 明代前期，各地官府和地方基层行政组织较好地执行了朝廷关于讲读律令的规定。宣德朝以后，这一制度逐渐衰败，史籍中有关明代中后期许多地方讲读律令制度流于形式或废止不用的记载甚多，但从《明会典》的记述看，这一时期，明朝统治者仍然强调实行讲读律令制度，它在一些地区还是程度不等地得到了实施。

2. 针对执法中存在的问题，制定具体实施措施和制度

明代各地官府和长官在实施国家法律和地方法规的过程中，经常遇到两方面的问题。一是不少国家法律或地方长官颁布的治理本地区事务带有纲领性条约，内容往往规定得比较原则，为了便于官吏操作和百姓守法有具体规范可循，需要制定详细的实施细则或措施。二是在吏治腐败和人们法制观念薄弱的情况下，执法过程中经常出现这样那样的弊端。针对上述问题，不少地方官府和长官实施法律、法规过程中，发布

① 《大明律例》卷三《吏律·公式》“讲读律令”条，明万历十三年刻本。

② （明）申时行等重修《明会典》卷七九《礼部三十七·乡饮酒礼》，中华书局，1989，影印本，第456页。

③ （明）申时行等重修《明会典》卷二〇《户部七·户口二·读法》，中华书局，1989，影印本，第135页。

④ （明）申时行等重修《明会典》卷二〇《户部七·户口二·读法》，中华书局，1989，影印本，第135页。

了以具体法律措施和制度为基本内容的配套性法令，规范执法行为，其内容涉及整饬吏治、钱粮赋役管理、社会治安治理、学政管理及各类民间事务管理等方面。比如，万历年间，郭应聘巡抚广西时，颁布了以“申饬吏治，慎固兵防，清理赋役，修明教化”为基本内容的《巡抚条约》，因条约的规定比较笼统，地方官吏不好操作，他又以檄文形式颁布了《操练防守檄》、《惠养穷氓檄》、《禁约僭侈檄》、《清理军伍檄》、《抚谕残獞檄》、《申严保约檄》、《严禁冒滥名色檄》、《清理赋役檄》等实施《巡抚条约》的法令，有力地推动了条约的实施。

徒法不能自行。在古代中国，人治观念根深蒂固，官场腐败现象屡禁不止，法律的制定和实施之间往往存在较大的距离，执法中弊病丛生。明代亦是如此。对于执法中出现的弊端，明代不少地方官府和长官有针对性地制定了一些具体法律措施和具体制度。仅以几位明代官员完善赋役、学政管理执法制度的情况为例。

田土、人户不清，赋役混乱和不公，豪强与官府勾结为奸是明代实施赋役制度过程中常见的弊病。不少地方官府为推动赋役制度的实施，在清丈土地、审编徭役、征解钱粮等方面制定了相应具体的措施。如嘉靖年间，江西省余干县知县冯汝弼针对当地赋役混乱不堪的现象，从重新编造黄册、鱼鳞图册以及均徭册入手，整顿赋役制度，颁布了内容详尽的《余干县造册事宜》，[①] 规定“通县隅、都十年黄册本管，备将本户并本甲大小人户丁口、税粮，各户开列旧管、新收。开除实在，照依刊刻式样，成造甲册，一样二本”，手书“照甲册收付类造图册，一样四本”，均送县核查。册籍送县后，选“无碍、能算之人”，封闭后堂，逐一比对核算，最后区分造册是否如实，分别不同情况予以处置。在明代中后期黄册制度难以推行的情况下，冯汝弼制定的这一地方性法规，使余干县的赋役制度得到了较好的实施。

为防止征解钱粮作弊，不少地方官府和长官制定了具体的执法措

① （明）冯汝弼撰《余干县造册事宜》，载《祐山先生文集》卷八，见《中国古代地方法律文献》甲编第4册，世界图书出版公司，2006，第287～296页。

施。两广总督兼巡抚姚镆认为，“掌印、管粮官员不甚用心，征派逾时”，是造成这种弊端的重要原因，便发布政令：“仰布政司今后分派各属税粮，掌印官会同督粮官，务要查照上年岁计，夏税于三月，秋粮于八月，亲自通融扣算停当，一面具呈本院，一面派行各府州县掌印、管粮等官，查照律限开仓，严督里粮人户，及时输纳，不许逾期……仍前通同作弊，不行依时分派，致误征收者，该吏拿问，职官别议。”①他还就征收钱粮的秩序、钱粮的解运等规定了详细的实施细则。

各地在学政管理方面颁行的地方性法规甚多，制定的具体制度和措施也十分详细。各地制定的完善学政管理的具体制度，概括起来讲，主要集中在两点：一是结合本地实际，细化了有关生员、教官（包括府学教授、州学学正、县学教谕及各级训导）行为的规范；二是进一步严密了学校事务的治理，详细地制定了社学、考试、学田等方面的管理规则。如按照“以经国济世为务，应为有用之学”的办学方针，就道德修养、礼仪、课业设置、读书要求、学习方法、考核和奖惩办法等作了具体规定。许多地方性学政法规法令和政令就生员遵守国家法度、砥砺士节、革浮靡之习、振笃实之风以及抑奔竞、严稽考等作了严格规定。学政类法规对教官的约束，主要集中在顾惜名节、恪尽职守方面，并制定了考核的具体标准和办法。

3. 整饬吏治，提高官吏的执法素质

各级地方官吏是行政执法的主体。吏治是否清明，官吏的素质如何，在很大程度上决定着行政执法的水平和效果。在明代的不同时期、不同地方，因吏治状况优劣有别，执法效果彼此差异甚大。总体来说，国家法律和地方性法规在各地程度不等地得到了执行，但前期好于中后期，长官廉明执政的地区好于庸官、赃官当政的地区，京畿地区好于京外地区，内地省份好于边疆地区。由于官吏渎职和贪赃腐败的问题一直未得到解决，凡是有所作为的地方长官，大多是从整饬吏治入手，推动法律法规的实施。他们结合本地的吏治状况，制定了一系列完善吏治的

① （明）姚镆撰《督抚事宜》，载《东泉文集》卷八，明嘉靖刊清修本。

具体制度，采取了很多有关惩治贪污受贿、严禁滥行科派和公差扰民、提倡节俭和严禁奢侈等方面的措施。嘉靖年间，陕西按察使陈儒针对该地区官吏借公差之名科派扰民的问题，严格了差役制度，规定“非奉上司明文，不许擅派里甲、夫马、骡头及置买土宜事项”。[①] 陈儒还针对地方官吏收取贿赂的问题，在他制定的地方性法规《总宪事宜》中，设立了“禁取受”条款，规定“凡官吏有犯如前者，除本司径行拿问外，许被害之人即时赴司陈告，以凭参究问拟施行”。[②] 嘉靖四年（1525年），两广总督兼巡抚姚镆针对该地区大小衙门借购买公物营私舞弊的问题，建立了购物登记制度，规定：两广大小衙门“凡买一应物货，照依时价，两平收买”，并将文簿分发省城铺户收领，凡遇上司买取，即时填注“某日某衙门某官差某人买过某项物件，该价银若干，已否领价若干”，俱从实开报，按季送院查考，不许亏价损民，致有嗟怨。[③] 嘉靖年间，应天巡抚海瑞为严禁奢靡，提倡厉行节俭，对自身及其下属官员的行为进行严格规范。如：按临各县，“百凡家火，一从朴素”，“止随原有公所”，不许改修，“其摆院、砚池、桌帏等件”不新制；“不用鼓乐”，“不用看伞”；经过并驻扎，“俱不用铺陈”；“下程，止鸡、肉、鱼、小瓶酒等件，不用鹅及金酒。物价贵地方费银不过三钱，物价贱地方费银二钱，烛柴俱在内。”对于下属官员，规定不许出郭迎送；“过客至驿，虽去城去关咫尺，道府州县官亦不得出见”；“本院所至，各属官俱用本等服色见”；“各官参见手本用价廉草纸”等。一些地方官府为澄清吏治，还在实行国家法定的官吏考核制度基础上，制定了本地考核官吏的办法。万历年间，广西巡抚郭应聘针对当地官场秩序混乱、官员缺乏自我约束的问题，制定了严明考核的具体制度，规定：“今后守巡各道并各府掌印官以稽察吏治为第一急务”，文到一月内，先将所属各官贤否实迹，如年力、才识、操守、政事分别明白开具简要书册，仍于考语下另注“极贤”、“极不肖”字样，先行呈报，以

---

① （明）陈儒撰《总宪事宜》，载《芹山集》卷二六，明隆庆三年陈一龙刻本。

② （明）陈儒撰《总宪事宜》，载《芹山集》卷二六，明隆庆三年陈一龙刻本。

③ （明）姚镆撰《督抚事宜》，载《东泉文集》卷八，明嘉靖刊清修本。

后按季填缴。“果有实心实政、始终一节、卓然称循良者，本院定行特荐，以备破格擢用；其贪残不职者，本院不时参劾拿问。”① 其总督两广时，亦要求布、按二司并守、巡各道以半年一次，从实填造考语缴查。

在吏书、杂役管理方面。明代地方官府的大量日常行政事务，是由吏书、杂役完成的，这一群体成分复杂，其中有些人品行不端，成为行政执法的消极因素。为此，不少地方官府制定了有关吏书、杂役管理的具体制度。如两广总督兼巡抚姚镆针对这一地区大小衙门存在跟官门子营充吏役承差的现象，采取了清查吏役、整肃队伍的措施，在其发布的《督抚事宜》中明确规定：“各衙门如有系门子违例参充吏役承差者，即便通行，查出革退为民”；“今后凡有起送农民，务要查勘的确，果系身家无碍之人，方许保送”；“如滥送考选，保勘官吏坐以枉法赃罪。”② 许多地方还制定了有关明确吏役、杂吏职责规范的法规。对衙前站堂司值的皂隶、监狱的狱卒（禁子）、看守衙门和县学的门子，急递铺铺兵，驿馆驿夫和馆夫，以及捕盗守卫的弓兵、快手、民壮、仓库斗级、仓夫、库子、巡拦等各类吏役的职责、行为规范作了规定。一些地方加强了对官吏执法情况的考察，凡有违法律规定者，给予严厉惩处。郭应聘巡抚广西时，要求“今后守巡各道并各府掌印官以稽察吏治为第一急务”，文到一月内，先将所属各官贤否实迹，如年力、才识、操守、政事分别明白开具简要书册，仍于考语下另注“极贤”、“极不肖”字样，先行呈报，以后按季填缴。“果有实心实政、始终一节、卓然称循良者，本院定行特荐，以备破格擢用；其贪残不职者，本院不时参劾拿问。”③ 其总督两广时，亦要求布、按二司并守、巡各道以半年一次，从实填造考语缴查。又如：隆庆三年（1569年），海瑞巡抚应天时也十分重视对官吏进行考核，并为此制定《考语则例》，分为操守、才识、兴利、除害四大类，对于称职的官吏，给予奖赏或晋升；对于失

① （明）郭应聘撰《巡抚条约》，载《郭襄靖公遗集》卷一四，明万历郭良翰刻本。
② （明）姚镆撰《督抚事宜》，载《东泉文集》卷八，明嘉靖刊清修本。
③ （明）郭应聘撰《巡抚条约》，载《郭襄靖公遗集》卷一四，明万历郭良翰刻本。

职和犯罪官吏，分别给予降职、罚俸、除名和交付司法审理等处分。

4. 完善地方行政监察制度

健全地方行政监察制度，是加强行政执法的重要措施。中国古代地方行政监察制度形成于秦汉，中经多代的发展，到唐代时趋于完善，到明代时达到了空前成熟的阶段。秦始皇统一中国后，在中央设御史大夫以副丞相之职掌管监察，在地方以监察御史巡视郡县，副丞相及其属官身兼行政、秘书、监察三职为一身，监察组织机构尚不健全。汉代前期，在中央设御史台作为专掌监察的机构，以监御史分刺郡国。自汉武帝始，全国设 13 州监察区，每一区各派刺史一人，对州内所属郡国进行监督，同时设司隶校尉负责京畿地区 7 个郡县的地方监察，司隶校尉直接受皇帝领导。汉代虽然设立了专掌监察机构，但因御史大夫为丞相的副职，受丞相的统制，这种监察机制还不能独立地行使监察职能。唐代时，在中央行政监察设立御史台和言谏两大系统，除派监察御史分巡地方监察外，另设 10 道（后改为 15 道）巡按御史对地方进行分区监察，形成了完整的监察网络。明代在沿袭唐代监察制度的基础上，多有变革。除在中央设立都察院总领全国监察事宜，建立了六科给事中对中央六部实行行政监察外，还全面完善了地方行政监察制度。

明代较之前代在地方行政监察制度方面的新发展，主要表现在：其一，制定了一套完整的地方监察法规。洪武四年（1371 年）颁布的《宪纲》40 条①、洪武二十六年（1393 年）颁布的《诸司职掌》②、正统四年（1439 年）颁行的《宪纲事类》③ 中，对各级监察官员出巡地方过程中有关相见礼仪、巡历事宜、照刷文卷的要求及对违背纪纲者如何处置作了详细规定。其二，建立了多重监督地方政务的监察体系，行政监察权进一步扩大。明代在省一级设立提刑按察司，按察使总领一省行政监察和司法监察，副使、佥事无定员，“分道巡察，其兵备、提学、

① 《明太祖实录》卷六〇。

② 《诸司职掌》，杨一凡整理，收入《中国珍稀法律典籍续编》第 3 册，黑龙江人民出版社，2002。

③ 《宪纲事类》，收入《中国珍稀法律典籍集成》乙编第 1 册，科学出版社，1994。

抚民、巡海、清军、驿传、水利、屯田、招练、监军，各专事置，并分员寻备京畿”。[1] 下属机构有经历司、照磨所、司狱司，负责各类监察事务。与此同时，明代还派巡按御史巡按州县，巡按御史由皇帝从中央的13道监察御史中选派，或代天子全面考察某一布政司、府州县事宜或进行某项专门监督监察。其监察范围主要是行政监察、照刷文卷、举荐人才、司法监察、经济监察、学政监察和推行教化。明代中后期，在巡抚制度的基础上实行总督制度，巡抚和总督逐步发展为地方大员，且往往是兼有都察院副都御史职衔，巡抚和总督常以中央最高监察官的身份出巡地方，除监察官吏外，还行使抚按军民和军事监察的职责。

实行“照刷文卷”和“磨勘宗卷”制度，是明代监督包括法律法规在内的官文书实施情况的重要措施。“照刷文卷”又简称“刷卷”，其意是“明察曰照，寻究曰刷”。照刷文卷就是在一定期限内对有关机关办理政务公文的情况进行全面检查清理，以检验各衙门的政绩优劣及公事违式。《宪纲事类》对“照刷文卷”的要求作了下述原则规定：

凡监察御史并按察司分司巡历去处，先行立案，令各该军民衙门抄案，从实取勘本衙门并所属有司印信衙门各刷卷宗，分豁已未照刷、已未结绝，印记张缝，依式粘连刷尾，同具点检单目，并官吏不致隐漏结罪文状。责令该吏亲赍赴院，以凭逐宗照刷。如刷出卷内事无违枉，俱已完结，则批以“照过”。若事已施行，别无违枉，未可完结，则批以“通照”。若事已行，可完而不完，则批以“稽迟”。若事已行已完，虽有违枉而无规避，则批以“失错”。若事当行不行，当举不举，有所规避，则批以“违错”。如钱粮不追、人赃不照之类，则批以“埋没”。各卷内有文案不立，月日颠倒，又当推究得失，随情拟罪。其曰“照过”，曰“通照”，曰“稽迟”，曰“埋没”，此皆照驳之总名，而照刷之方，又各有

[1] 《明史》卷七五《职官四》，中华书局，1974，第1840~1841页。

其法。[①]

《宪纲事类》还对照刷州县吏房、户房、礼房、兵房、刑房、工房的具体要求作了详细规定。照刷文卷是事后检查地方衙门行政执法的有效措施，曾在明一代实行。

与此同时，明代还实行了官文书磨勘制度，“复核曰磨，检点曰勘”。这一制度是对政府公文跟踪检查，以及时发现和处理其中的拖延、疏忽、涂改、规避、营私舞弊行为。规定对钱粮不行追征完成者，提调官吏以失职造成的损失多少为依据，分别处以笞五十杖一百的刑罚；对于刑名、造作等事，可以完成而未完成、应改正而不改正者，根据失职造成的后果分别处以笞四十或杖八十的刑罚，枉法受财者计赃以从重论。

5. 建立里甲、乡约、保甲制度，把法律法规贯彻到基层

在明代历史上，里甲、乡约、保甲是明代地方的基层组织，其中前期、中期以推行里甲制度为主，后期乡约、保甲逐步代替了里甲的职能。

里甲制始行于洪武十四年（1381 年），内容是：“以一百十户为一里，推丁粮多者十户为长，余百户为十甲。甲凡十人。岁役里长一人，甲首一人，董一里一甲之事。先后以丁粮多寡为序，凡十年一周，曰排年。”[②] 里甲制的基本职能主要是两个方面：一是征收钱粮；二是维持社会治安，勾摄犯人，审理乡里词讼。里长与老人的职责虽然不尽相同，但都承担着调解和处理民事纠纷与理讼的任务。里甲制在明初曾得到较好的实施，对于国家法律在乡村的实施发挥了积极的作用。

明代中期以后，随着商品经济的发展，民俗、人情散淳离朴，健讼之风日兴，加之官场日益腐败，里甲、老人制度衰败。据《实政录》卷二《乡甲约》载，“老人名色皆归于里甲催科及仆隶顶当。朝捶暮

---

① 《宪纲事类》，收入《中国珍稀法律典籍集成》乙编第 2 册，第 56 页。

② 《明史》卷七七《食货一》，中华书局，1974，第 1878 页。

楚，人皆耻为”。[1] 又据《明宣宗实录》：嘉靖以降，“甚有县分五六百里，老人不及五六十人者”。[2] 于是，乡约制逐渐兴起。

乡约是中国古代的一种基层社会组织，它产生于宋代，发展于明代。检《吕氏乡约》[3]，可知宋代吕大钧、吕大防初创的乡约属于民间教化组织性质，明代前期，乡约已经出现，就其职能而论，既有以教化为单一职能的乡约，也有融教化、治安、调处民间纠纷等综合性职能为一体的乡约。明代中期，在里甲职能削弱的情况下，一些有作为的地方长官和朝廷派出巡察地方的官员探索基层组织建设的新模式。如明正德十三年（1518 年）针对基层盗贼横行和复杂流动的社会状况，南赣巡抚王阳明在其任上就推行集“弥盗”和“教化”于一体的乡约加保甲的治理模式。王阳明下令在十家牌法中增离保长：“于各乡村推选才行为众信服者一人为保长，专一防御盗贼。”[4] 他在巡抚南赣时发布的告示说：“嗣后无分贫富贵贱，一体报名入甲，保长务佥大户，每家各备枪刀，平时务相觉察，遇有盗贼生发，则鸣锣持械奋勇救援，以墩守望相助之义，获功重赏，失事连坐。”[5] 王阳明推行的乡约加保甲的治理模式，在赣州、南康地区曾长期实行。

明代中叶乡约制先是在个别地区实行，后得到官府的重视，各地纷纷仿效。据史载：“嘉靖间，部檄天下举行乡约，大抵增损王文成公之教，有约赞、知约等名，其说甚具，实与申明之意无异，直所行稍殊耳。”[6] 由此可见，明代乡约从嘉靖年间起进入了大规模设立阶段。

明代后期，一些地区为应对盗匪和倭寇的侵扰，实行了保甲制。保甲是半军事管理的基层组织，以维护社会治安为基本职能。

---

① （明）吕坤撰《实政录》之《乡甲约》卷之二《会规》。

② 《明宣宗实录》卷四。

③ （宋）吕大钧撰《吕氏乡约》，民国五年南陵徐乃昌影宋嘉定本重刻本，收入一凡藏书馆文献编委会编《古代乡约及乡治法律文献十种》，黑龙江人民出版社，2005，第 1～84 页。

④ （明）王守仁撰《王阳明全集》卷一七《申谕十家牌法增立保长》，国家图书馆藏明嘉靖隆庆间刻本。

⑤ 《重修虔台志》卷一〇《事纪七》，明天启三年刻本。

⑥ （明）叶春及撰《石洞集》卷七《社学篇》，文渊阁四库全书本。

嘉靖后乡约发展的一个新的趋势，即它具有与保甲、社学、社仓融为一体的特色，构建起以乡约为中心的乡治体系。吕坤于万历二十六年（1598 年）巡抚山西期间所制定的《乡甲约》，对乡约的机构和职能作了明确、详细的规定：

> 本县及寄庄人民，在城在镇以百家为率，孤庄村落以一里为率，各立约正一人，约副一人，选公道正直者充之，以统一约之人。约讲一人，约史一人，选善书能勤者充之，以办一约之事。十家内选九家所推者一人为甲长，每一家又以前后左右所居者为四邻。一人有过，四邻劝化，不从则告于甲长，转告于约正，书之纪恶薄。一人有善，四邻查访的实，则告于甲长，转告于约正，书之纪善薄。其轻事小事许本约和处，以息讼端。大善大恶仍季终闻官，以凭奖戒，如恶有显迹，四邻知而不报者，甲长举之，罪坐四邻；四邻举之而甲长不报者，罪坐甲长；甲长举之而约正副不书，掌印官别有见闻者，罪坐约正副。如此严行，则一人罪犯，九十九家之责也。九十九家耳目一人，善恶之镜也。平居无事则互相丁宁，一有过恶，则彼此诘责……①

明代后期的乡约，兼有教化、治安和理讼相结合的职能，对于国家法律和地方法规在基层的实施，对于处理民事纠纷，维护社会安全与和谐发挥了重要作用。

（二）地方司法制度的发展

明代地方司法制度较之前代的发展，主要表现在：在省级设立了提刑按察司和布政司理问所，在府和府一级州普遍实行推官制度，加强了对下级机构上诉案件的审核和重大案件的审理；县和县一级州在司法审

---

① （明）吕坤撰《实政录》之《乡甲约》卷之一，见《古代乡约及乡治法律文献十种》第 1 册，第 169 ~ 171 页。

判制度方面进行了一些改革，民事诉讼制度有了新的发展；建立了里甲老人和乡约理讼制度，形成了民事纠纷处理以基层调解制度为主、县官和县一级州官审理为辅的机制，在“健讼”之风盛行的情况下，为促进乡村社会的和谐发挥了重要作用。

1. 省、府、州县的司法机构及其职能的扩展

与地方政府机关的组成相适应，明代地方司法机关为州县（州指县级州，下同）、府（含府级州，下同）、省三级。州县、府没有专门的司法机关，由知县、知州、知府兼管司法事务；省级有司法职能的机构是提刑按察使和布政司的理问所。在军队系统，还有五军都督府、都司、卫所等各级的理刑机关。提刑按察司、布政司理问所的设立和在府和府一级的州普遍实行推官制度及职能的扩展，是明代地方司法机构健全的重要标志。

明代的提刑按察司，亦称臬台。按察司的设立始于唐代，其执掌是巡察赴各道考核官吏。宋朝设转运使，起初监管提刑事宜，后又专设提点刑狱。金代改提刑使为按察司，主管一路的刑狱和官吏考核事宜。元承金制。明初在省级设立与布政司、都指挥使司平行的提刑按察司，提刑按察司直接向都察院报告工作，从而大大提升了在国家司法机构中的职权。按察使掌一省刑名按劾之事，《明史・职官志》曰：按察司“纠官邪，戢奸暴，平狱讼，雪冤抑，以振扬风纪，而澄清其吏治。大者暨都、布二司会议，告抚、按，以听于部、院。凡朝覲庆吊之礼，具如布政司。副使、佥事，分道巡察，其兵备、提学、抚民、巡海、清军、驿传、水利、屯田、招练、监军，各专事置，并分员巡备京畿”①。按察使身兼审判、监察两项重任，其职责之一是受理上诉刑事案件，纠正冤、假、错案。对于徒流以上及人命案件，只能提出处理意见，报请刑部裁定。

理问所是设置于布政司之下的专门司法机关，为正四品衙门。理问所设理问一人，从六品；副理问一人，从七品；提控案牍一人；司狱司

① 《明史》卷七五《职官四》，中华书局，1974，第1840～1841页。

司狱一人，从九品。关于理问所这一司法机构，文献记载甚少，前人论述中甚少涉及。从现保存于广州博物馆仲元楼展区的明代弘治五年（1492 年）修立的《理问所重修记》和《重修理问所记》两块碑石的记载看，布政司理问所在明初已经设立。《重修理问所记》云：“广东自行省变而为布政使司，即有理刑之所，名曰理问，与天下藩省设理刑之所等也。”[①] 又据明黄佐撰《嘉靖广东通志》卷二八：广东布政司“理问所旧在景和街，洪武二年理问崔俨开设”。从上述记载看，自明初起，理问所已在全国各布政司设立。其职能除审核各州县、府上呈布政司的民事、经济、行政方面的案件外，还承担部分刑事司法事务。明代中叶，理问所改为专门处理各地上诉的民事案件。正德元年（1506 年）规定：“凡布政司官不许受词自问刑名，抚、按官亦不许批行问理；其分守官受理所属所告户婚、田土等情，许行理问所及各该所属问报。”[②] 在此之后，理问所以受理民事诉讼为主。明代对于重大的民事案件处理，除布政司理问所审理外，通政司有受理或审核此类案件的职能。在省级专设受理民事上诉案件的机构，表明从明中叶起，省级和中央已建立了民刑分理制度，这是中国古代司法制度史上的重大创举，也证明传统观点关于古代司法制度“民刑不分”的观点不能成立。

府和府级州是介于省与县和县级州之间的地方行政机构。府设“知府一人，正四品；同知，正五品；通判无定员，正六品；推官一人，正七品。其属，经历司经历一人，正八品；知事一人，正九品；照磨所，照磨一人，从九品，检校一人；司狱司，司狱一人。”[③] 知府、同知、通判、推官为府的正官。府未设专门的司法机关，由知府兼理司法。府设有推官一人专理司法，并设有负责司法事务的刑房。知府掌一府之政，“平狱讼”是知府的重要职责。一般性的案件由推官审理，知府亲理比较重要的或认为应由自己审理的案件。巡捕由同知或通判负责。尸

① 陈鸿钧：《两方明代广东布政司理问所碑记考》，《史海钩沉》2009 年第 3 期。

② （明）申时行等重修《明会典》卷一七七《刑部十九·问拟刑名》，中华书局，1989，影印本，第 902 页。

③ 《明史》卷七五《职官四》，中华书局，1974，第 1849 页。

伤检验则由通判与推官负责。监狱由司狱管理，并由一名佐贰官提调。府为县级衙门报送案件的复审机关，一般不收受词状，主要是对杖一百以上的案犯进行复审，并接受上诉。县和县级州无法管辖的案件，比如跨州县或作为本管衙门的案件，由府审理。

明代县和县级州也有司法职能。各县的正官是：知县一人，正七品；县丞一人，正八品；主簿一人，正九品。首领官为典史一人。知县掌一县之政，统管全县的行政事务。因未设专门的司法机构，知县亲理缉捕、验尸、审判、监狱管理等一应司法事务。《明史·职官志》曰：知县"严缉捕、听狱讼，皆躬亲厥职而勤慎焉……县丞、主簿分掌粮马、巡捕之事"。[①] 这就是说，知县负责审理本县的大小民刑案件，而巡捕事宜由县丞或主簿分管。因县级衙门未设司狱司，一般由一名佐贰官提调，直接率卒管理监狱。尸伤检验，虽有仵作，但"州县长官亲检，勿委下僚"。所谓"亲检"，是指州县长官应亲临现场，并非是不发挥仵作的作用。

由于明廷对于地方刑事审判的控制十分严格，明代刑事案件的诉讼程序，在京与京外有别。两京军民诉讼直接向通政司起诉，由法司问理，京师地方官不能审理刑事案件。京外各行省的刑事诉讼采取自下而上的方式。地方司法机关的刑事审判分为三级：县、县级州是第一审级，可以判决笞、杖刑案件，徒、流以上案件，经初审后，向上级提出判决意见，称之为"看语"，亦称"拟律"。府、府级州是第二审级，受理所辖县、县级州的上诉案件，审核县级机关的判决是否有误，并有权纠正错案和审判犯罪的官吏。对于徒、流以上案件和人命案件，府级机关只能提出处理意见，报送提刑按察司。提刑按察司是第三审级，对徒流以上案件进行复审，凡认为原拟判决意见不当者，发回府、州重审，凡认为原拟判决得当者，报中央刑部裁定。由于县官只有判决民事案件和笞杖的刑事案件的权力，故在地方刑事审判制度方面没有多少创新，但在"便民诉讼"审判原则的指导下，却对审判制度有一些小的

① 《明史》卷七五《职官四》，中华书局，1974，第1850页。

改革。比如，对需要再审的原州县审判的民事、刑事案件实行“异地重审”制。若当事人对州县官的判决不服提起上诉，府级司法官员认为原审事实不清或裁处不当，则发给其他州县的长官对此案重审，这种做法较之由原审官员重审，有利于克服因人事或主观成见方面的因素带来的弊端，有利于进一步查清案情，使案件得到公正判决。再如，明代地方审判中对诉讼时限的改革，也值得称道。中国古代历朝从“以农为本”的观念出发，为了不因诉讼影响农时，地方官府对受理民事纠纷规定“诉讼时限”。唐代每年只在十月一日起至三月三十日受理民诉案件，诉讼时间累计6个月。宋代规定每年只在十月一日至正月三十一日受理民讼案件，时间约120天。明代各地方官府为了便民诉讼，采取了“分期定日”的办法，即允许当事人随时提起各类诉讼，但只能在规定的“放告日”进行。很多地方把三、六、九日作为放告日。明代州县每年受理民事案件的时间虽然累计不到100天，但每月有9天受理民诉案件，这实际上使民事诉讼常年都能够得到受理，有利于民间纠纷及时得以处理。

2. 里老、乡约理讼制度及乡村调解制度

里老、乡约理讼制度在我国历史上已有较长历史，但把这一制度法律化并在全国大规模推行，则以明代最为突出。

据史载，洪武十五年（1382年），明太祖朱元璋鉴于“州郡小民多因小忿辄兴狱讼，越诉于京，及逮问多不实”，“令天下郡县选民间年高有德行者，里置一人，谓之耆宿，俾质正里中是非”，确立实行由老人剖决村民争讼的制度。洪武二十一年（1388年）八月，曾“罢州县耆宿”[①]。洪武二十七年（1394年）四月，明太祖又恢复了里老理讼制度：

> 命民间高年老人理其乡之词讼。先是州郡小民多因小忿辄兴狱讼，越诉于京，及逮问多不实，上于是严越诉之禁。命有司择民间

① 《明太祖实录》卷一九三。

耆民公正可任事者，俾听其乡诉讼。若户婚田宅斗殴者，则会里老耆决之。事涉重者，始白于官，且给教民榜，使守而行之。[①]

洪武三十一年（1398 年）颁布的《教民榜文》，就民间里老理讼制度的各个方面作了详细的规定。

历代发生的案件中，都是民事案件多于刑事案件。然而，现存明代法律文献中的民事判例判牍却不多见。为什么会出现这种情况？应当说是与明代实行的基层行政组织和老人理讼制度有关。《教民榜文》规定：

今出令昭示天下，民间户婚、田土、斗殴相争一切小事，须要经由本里老人、里甲断决。若系奸、盗、诈伪、人命重事，方许赴官陈告。是令出后，官吏敢有紊乱者，处以极刑。民人敢有紊乱者，家迁化外。[②]

这就是说，民事类诉讼不允许直接告官，须先由里甲老人审理，如有里老不决或当事人不服时，才能向州县起诉。

《教民榜文》对里老理讼制度作了详细规定。主要内容有：一是民间户婚、田土、斗殴相争等一切小事，务经本管里甲、老人理断，若辄便告官者，先将告人杖断六十，仍发回里甲老人理断；二是凡民有陈诉者，老人里甲即须会议，从公剖断。许用竹篦荆条量情决打；老人、里甲剖决民讼，许于各里甲申明亭议决；三是若里老不能决断或徇情决断不公，要受到惩处；四是不才官吏敢有生事妨碍老人、里甲理讼者罪之。老人犯有罪责，许众老人、里甲公同会议，根据所犯轻重依法处理，不许有司擅自拿问；五是民间诉讼经老人、里甲处置停当，其顽民不服，敢转告官捏词诬陷者治以重罪。[③] 终明一代，《教民榜文》的这

① 《明太祖实录》卷二三二。

② 《教民榜文》，见《中国珍稀法律典籍集成》乙编第 1 册，第 635 页。

③ 《教民榜文》，见《中国珍稀法律典籍集成》乙编第 1 册，第 635 ~639 页。

些规定基本得到了实施。这样，绝大多数民事案件，经过老人、里甲的调解得到了处理。这就是现存案牍中民事案例资料甚少的原因。

里老未能调解或当事人不服的民事案件，可告诉由州县审理。这里所说的州，是指县级州而言。州县对于民事诉讼和犯笞、杖刑的轻微的刑事案件有判决权。知县或知州通常采取两种处理办法，一是责惩，即处以笞、杖刑后发落；二是训诫和调解息讼。

明代州县政府审理民事词讼终结后，其判决虽然已具有法律效力，但还须报送上级审核。《大明律》卷二二《诉讼》规定：州县民事案件判决后，“各设立循环簿，于每月底将准告审结事件，填注簿内，开明已未结缘由，其有应行展限及覆审者，亦即于册内注明”，送该管上司查覆。司法审判错案率的高低及遭到上级驳诘案件的多少，是考核和衡量官员素质、政绩的重要标准，也是决定官员升迁的重要依据。因此，州县长官往往把审结案件的多少、调息词讼的效果视为追求的政绩的目标。

明代后期的乡约组织也承担有调解息讼的职责。据《王阳明全集》载，其制定的乡约的职能之一是：“一应斗殴不平之事……约长闻之，即与晓谕解释。”[①] 吕坤在山西颁行的《乡甲约》对于处理婚姻、地土、骂詈、斗殴、牲畜食践田禾、债务、取赎房地、买卖货物不公、地界房界纠纷、和处事情等民事纠纷及理讼方法作了详细规定，实际上是替代了明初以来推行的里老理讼的职能。

明代的里老、乡约理讼，以调解、息讼为基本宗旨，是我国古代调解制度的重大发展。明代的调解制度除里老、乡约调解外，还有宗族调解和亲邻调解，亲邻调解是指纠纷双方当事人共同或是各自邀请街邻、亲友、长辈或在乡里拥有德高望重地位的人出面说和、调停，从而消除纠纷的一种纯民间调解制度。宗族调解是指家族成员之间发生纠纷时，族长凭借家法族规所进行断决处理的一种家族内的解纷方式。由于里老

① （明）王守仁撰《王阳明全集》卷一七《别录》九，中国国家图书馆藏明嘉靖隆庆间刻本。

和乡约调解有国家或地方法规的明确支持，其调解效力往往高于亲邻或宗族调解，但宗族和亲邻调解具有亲和力，因而也被广泛使用。这几种调解方式构成了相互配合、相得益彰的民间调解体系，这就成为明代时健讼之风兴盛但绝大多数纠纷却解决于基层的原因。

3. 州县政府的其他司法职能

明代实行各级地方政府正官全权负责制，直接临民的州县政府更是如此。知州、知县兼行政、司法大权于一身。就州县政府的司法职能而言，除了承担审理民事、刑事案件外，还有维护社会治安、监禁与递解人犯、司法教育等功能。

维护社会治安是州县政府的重要职能。其任务是：一是严密里甲或保甲制度，防止盗贼和奸顽之民不法行为的发生，维护社会的安定。二是率领佐贰杂职、书吏、差役，督促各里乡完成禁盗匪、禁赌博、禁打架、禁讼师等经常性的治安任务。为此，在基层普遍实行了里甲百姓互相监督的制度，一人犯罪，里邻负连带责任。明代法律还规定了缉捕盗贼的期限：“凡捕强盗贼，从事发日为始，不获强盗者两月，捕盗官罚俸两月；不获窃盗者两月，捕盗官罚俸一月。”① 因此，地方政府对于发生的强盗、烧杀等重大案件，大都很重视追捕缉拿凶犯。对于窝藏强盗者，严加惩处。

监禁管理和递解人犯，是州县政府的一项经常任务。州县政府一般由州吏目、县典史提调，直接率狱卒具体管监狱。州县监狱囚禁的对象是：正在审理的被告、证人、原告，已判决的徒、流、死罪尚未执行的罪犯。除监狱外，州县还设有拘留场，临时收押未经政印官初审签发押票的嫌疑人犯及证人等，明代法律规定了严密的监狱管理制度，对于狱具、狱囚衣粮、男女分囚、亲属探视、值宿查夜、提审、不许凌虐罪囚等都有详细的规定。按照明代的审判制度，州县新犯要经府、司道、抚按层层审解，由抚按终审或具题后，人犯仍押回原审州县监狱监禁，等候刑部裁定。于是，递解人犯成为州县一项经常的事宜。此外，州县还

① 《大明律例》卷二七《刑律·捕亡》，明万历十三年刻本。

须把已判决的徒、流刑犯人押至配所。在递解人犯过程中，沿途经过的各州县的驿站都有接递护解的任务。

在明代地方法制建设过程中，很重视司法教育，亦称法制教育。法制教育的目的，是讲解法律、推行纲常礼教，使人知法意而不犯。明代州县在乡村邑里，设有申明亭或讲约处所，由里老或约正、约副、约使讲解法律。在审明亭和旌善亭，设有“善恶簿”、“劝善簿”，民有善恶，则书之上，以示劝惩。在举办的州县儒学和社学中，也规定学生除习读《四书》、《五经》外，还须诵习圣谕广训、《大诰》、律令等，以增强人们的守法意识。

十一种明代判牍版本述略*

明代的判牍大多已经失传，然在现存的明人文集、公牍、历史档案及其他一些史籍中，仍能找到相当数量的这类资料，如海瑞的《海瑞集》、归有光的《震川别集》、范景文的《文忠集》、吴敬辰的《檀雪斋集》、沈应文校正和萧近高校释的《刑台法律》[①]、沈演的《止止斋集》[②]、吴亮的《止园集》[③]、李陈玉的《退思堂焚香日录》[④]、祁彪佳的《祁忠惠公遗集》[⑤] 和明代辽东档案[⑥]等文献中，就收录有一些判牍。现见的明代判牍集有10余种，主要有：《四川地方司法档案》、《云间谳略》、《重刻释音参审批驳四语活套》、《新纂四六谳语》、《新纂四六合律判语》、《詧辞》、《莆阳谳牍》、《按吴亲审檄稿》、《折狱新语》、《盟水斋存牍》[⑦]、

* 笔者撰《十二种明代判例判牍版本述略》，载《中外法律文献研究》第1卷，北京大学出版社，2005。本文是在《十二种明代判例判牍版本述略》基础上修订而成。

① 《刑台法律》，又名《重锓六科奏准御制新颁分类注释刑台法律》，（明）沈应文校正、萧近高注释，日本尊经阁文库藏该书明万历刻本，南京图书馆藏该书明刻本残卷本。

② 《止止斋集》，中国国家图书馆藏明崇祯刻本。

③ 《止园集》，中国国家图书馆藏明天启刻本。

④ 《退思堂焚香日录》，中国国家图书馆、日本内阁文库藏明崇祯刻本。

⑤ 《祁忠惠公遗集》，中国国家图书馆藏明刻本。

⑥ 明代《辽东档案》，原藏辽宁省档案馆，现移交中国第一历史档案馆藏。辽宁省档案馆、辽宁社会科学院历史研究所编《明代辽东档案汇编》，1985年由辽沈书社出版。此外，中国第一历史博物馆藏明代档案、北京大学图书馆藏“状文”原件及徽州法律文书中也辑有一些判牍。

⑦ （明）颜俊彦撰《盟水斋存牍》（14册），中国国家图书馆藏明崇祯刻本，厦门大学图书馆藏该书明钞本9册。中国政法大学出版社2002年1月出版了中国政法大学法律古籍整理研究所整理的该书标点本。

《谳豫勿喜录》[①] 等。

《历代判例判牍》(12 卷本)[②] 收入各朝判例判牍 50 余种，其中明代判牍 11 种。本文仅就这 11 种文献的作者和版本予以概述。

(一) 四川地方司法档案

该档案收录的判牍，以明嘉靖年间发生在四川各地的钱粮案为主。资料来源于以下两个文献：其一是藏于中国社会科学院历史所的《明事档遗存》，又名《明嘉靖年钱粮册》。该书不分卷，不著撰人，白棉纸蓝格，半叶九行，仅抄本一册，计 43 叶。其二是藏于中国国家图书馆的《四川各地勘案及其他事宜档册》。日本学者加藤雄三在其《中国元明法制史特に法源とその援用理论の探求——明朝嘉靖时代を中心として》一文中，附有《四川各地勘案及其他事宜档册》整理表，把《四川各地勘案及其他事宜档册》包含的资料按州县归类，《明事档遗存》的相关内容也嵌入其中。收入《历代判例判牍》的该文献标点本，基本上按照加藤雄三先生整理此文献的线索进行。整理者对加藤先生整理中的页码错乱和遗漏之处作了更正和补足，对照中国国家图书馆所藏该文献 15 册原件，对包括因影印而出现的模糊之处做了校勘。

原件多缺损，整理者对缺损之文字，可以计数者，均加入相应的□数，难以计数者，均以“□……”表示。整理出的案例均以原件片段连接而成。中间有不明显、不能衔接或衔接生硬的，分别以“以上缺文”、“以下缺文”和“以下疑有缺文”标出。另有零散数叶中的官员、吏员之签名，如《四川各地勘案及其他事宜档册》第868 叶下等处，整理者因未能确定相随文件，在此从略。原文中有时出现明显错误，如“一起为科揽吓财等事”末，称刘绪为未到供状人等，标点本仍按原文标点，未加改正。

---

① (明) 李日宣撰《谳豫勿喜录》16 卷，8 册，中国国家图书馆藏明崇祯五年刘宪伯刻本。

② 杨一凡、徐立志主编《历代判例判牍》(12 册)，中国社会科学出版社，2005。

（二）《云间谳略》

明人毛一鹭著《云间谳略》，是作者任松江府推官期间所撰判语及公牍专集。毛一鹭，字孺初，万历三十二年（1604 年）进士，授松江府司理。《明史》无传，仅散记其零星事迹。黄体仁之《四然斋藏稿》与何三畏之《云间志略》对其在松江府期间的政绩多有赞扬。据上述史料，作为松江府推官，毛一鹭廉洁奉公，忠于职守，理狱循法酌情，体恤民意，首创与“热审”并行的“冷审”制度，于寒冬季节宽释罪囚。他还关注教育，培育士人。据称，天启二年（1622 年），松江府中进士者 14 人，均得益于他的教诲。万历末，因其“政治异等，擢居侍御史台。去之日，操明香，注止水，轵车木雍道，且泣且号，以送公于前途”。[①] 天启间（1621～1627 年），毛一鹭巡抚苏州地区，他依附魏忠贤，参与镇压因逮捕周顺昌而引起的民变，并为魏在苏州建有生祠。

《云间谳略》所记录的案件，均发生在万历三十六年（1608 年）以前。何三畏对其评价曰：“公所著《云间谳略》，似于金科玉律之文素所娴习。一人不轻纵，亦一人不轻枉。后先平反凡数百条，无不言爻象而事准绳也。”[②] 该书明刊本 10 卷，五、六两卷缺佚，现仅存 8 卷，藏于中国国家图书馆善本部。其卷一至卷九收录了作者对法律案件的判语（或称“谳语”），并于部分判语后附载了上级官员的批示（详批）。这些判语与批示似乎均为原始法律文件的汇编。卷十记载了作者在任期间的公文，包括告示、报告与参语，该书为理解、阐释明代的法律与社会提供了宝贵的资料。

（三）《重刻释音参审批驳四语活套》、《新纂四六谳语》、《新纂四六合律判语》

这三种文献收录于明代后期刊行的官箴书《官常政要》。现见的

① （明）何三畏撰《云间志略》卷六。

② （明）何三畏撰《云间志略》卷六。

《官常政要》的版本主要有4种：一是明万历十二年（1584年）金陵书坊王慎吾刊本，21卷，收入《初仕录》、《新官轨范》、《新官到任仪注》、《居官格言》、《招拟假如行移体式》、《问刑条例》、《洗冤录》、《无冤录》、《平冤录》、《法家裒集》、《蒋公政训》11种。其完整版本尚未及见，中国国家图书馆藏有部分文献。二是明崇祯金陵书坊唐锦池刊本，收入文献17种。除《洗冤录》、《平冤录》外，其他9种均被收入，并新增了《牧民忠告》、《牧民政要》、《文移选要》、《官员品级考》、《居官必要为政便览》、《四六合律判语》、《四六谳语》、《释音参审批驳四语活套》8种，此书藏中国社会科学院法学所图书馆。三是明崇祯金陵书坊唐锦池、唐惠畴刻本，计22种41卷，前两种刊本中除《洗冤录》、《无冤录》、《平冤录》外，其他文献均被收入此书。此外还新增了《初仕要览》、《为政九要》、《重修问刑条例题稿》、《吕氏官箴》、《书帘绪论》、《律条告示活套》6种。《官常政要》41卷本现藏于北京大学图书馆，中国科学院图书馆藏该刊本6册、11种。四是明崇祯年间金陵书坊刊刻的重刻合并《官常政要全书》，共50卷，收入文献29种，内容包括了前三种刻本中收入的所有文献，并新增了《孔部元法题四六参语》、《庙堂忠告》、《风宪忠告》、《当官日镜》4种，浙江省图书馆和山东省图书馆有此书藏本。收入《历代判例判牍》的三种文献，以中国社会科学院法学研究所图书馆藏本为底本，底本中少数文字不清或脱落之处，以北京大学图书馆、中国科学院图书馆藏本为参校本补齐。

《重刻释音参审批驳四语活套》，4卷，其中《参语》2卷，《审语》1卷，《驳语》、《批语》、《审释语》共1卷。该文献系明人江西萧良泮汇集，瑞金袁应奎同编，泰和康应乾校注。该文献以四六骈体文句兼杂古文，直叙案由，间予释音注解，就书写参、审、批、驳4种法律文书提供范本，意在为司法官吏在审判实务中裁判类似案件提供适用的词句。所谓“活套”，即仿照套用的意思。

《新纂四六谳语》，1卷，著者不详。据其内容，各判语皆出一人之手，且是实际发生的案件，但文体并非骈句，不知何以“四六”为名。

该文献共收录10个案件，其中5个是为已定死罪囚犯平反，推论翔密，说理透彻，颇见功力。文中偶有小注，是对判语中文义、典故的解说，意在方便人们阅读。

《新纂四六合律判语》，2卷。按“四六”者，骈体之谓也。“合律”者，依律目之谓也。“四六合律判语”即以骈体文形式按律目所列罪名拟出判词。此文体的特点是案件属于虚拟而非实有形式，讲求对仗用典。它类似唐代的甲乙判，编纂此书的目的主要是供参加策科考试的官员参用。明、清时代，提供给行政、司法官吏施政参考的官箴书中，如《官常政要》、《律例临民宝镜》、《刑台法律》皆有此类判语收录，不过条目多寡与判词文字不尽相同，有无注释和注释内容也各有差异。《新纂四六合律判语》辑录谳语142则，其中吏律类18则，户律类51则，礼律类16则，兵律类34则，刑律类14则，工律类9则。《大明律》计460条目，就收入该文献的各类判语而言，吏、户、礼、兵、工律下各门大体有一半左右条目附有判语，而刑律仅涉及断狱。收入《历代判例判牍》的该文献标点本，以《官常政要》本为底本，参以《刑台法律》所录判语校定，也参考了郭成伟、田涛先生编的《明清公牍秘本五种》一书。

（四）《新镌官板律例临民宝镜》所载审语

《律例临民宝镜》，10卷，首末各3卷。明人苏茂相辑，郭万春注，明人王振华梓行。书前有明思宗崇祯五年（1632年）大理寺卿潘士良序。中国国家图书馆、中国社会科学院法学所图书馆藏有明书林金阊振业堂刻本。此书存于国外者，有日本内阁文库藏本[①]等。

苏茂相，福建晋江人，明万历二十年（1592年）进士，[②] 天启七年（1627年）八月，明熹宗朱由校卒，思宗朱由检即位。同年十一月至明

① 见黄彰健撰《明代律例汇编·明代律例刊本钞本知见书目》，台湾精华印书馆股份有限公司，1979。又见张伟仁《中国法制史书目》，（台湾）“中研院”史语所，1976，第26页。

② 朱保炯、谢沛霖撰《明清进士题名碑录索引》，上海古籍出版社，1980，第1472页。

思宗崇祯元年（1628 年）二月任刑部尚书，在任不到五月而罢。[①] 据《明史·艺文志三》：其著作有《名臣类编》2 卷。

《律例临民宝镜》辑大明律例及官员临民的各种规范，以为司法实务和治事宝鉴。该书每叶分二栏，下栏载大明律例，加以注释，每条后附有关例令并设拟罪情作成指参、审看、批断、评判、议拟、告示等范式；上栏辑居官临民之要法与程式，内有《新官到任要览》、《吏部示谕新进士》、《谕民各安生理示》、《违禁取利示》、《新奇咨案札付》、《吏部严禁私揭咨》、《丈量不均田地咨》、《清狱牌》、《新奇散体审语》、《新拟招议体式》、《新颁教民榜》、《新编刑统赋》等目。书前有《为政规模论》、《七杀总论》、《六赃总论》、《收赎钞图》、《科赃则例》、《招议须知》等多目。书后有《都察院巡方总约》、《教民榜文》、《新编刑统赋》等多目。

该书卷五至卷九中，载有审语 19 类，234 件。其中有多位主审案件官员的判词，也有府院的批语驳词。案件涉及人命、婚姻、犯奸、盗贼、抢夺、诬告、吓诈、凶杀、匿名、产业、坟山、钱债、赌博、衙蠹、僧道、彝偏、杂犯等诸多方面。在这些案件中，属于产业、坟山、钱债类民事纠纷案件共 31 件；还有一些刑事附带民事案件，二者共计 60 余件，是研究当时的民事法律关系的宝贵资料。

《律例临民宝镜》是明末的一部重要司法文献，潘士良在评论该书的实际价值时说："是书也，字字笺释，句句注解。加以审、参、断、议、判、示，凡临民典则，莫不毕具，一开阅自明。如对镜自见，此书真为镜矣。官宦必镜，以断狱讼。考吏必镜，以定殿最。掾吏必镜，以备考试。书办必镜，以供招拟。业儒必镜，以科命判。检验必镜，以洗无冤。庶民必镜，以知趋避。此镜亦宝矣，其共珍之。因端其额曰'宝镜'。"[②]

---

① 《明史》卷一一二《七卿年表二》，中华书局，1974，第 3495～3496 页。又见《明史》卷二五四《乔允升传》、明史卷二五六《刘之凤传》。

② （明）潘士良撰《临民宝镜序》，中国国家图书馆藏《新镌官板律例临民宝镜》明书林金阊振业堂刻本。

收入《历代判例判牍》的该书所载审语，以中国国家图书馆藏本为底本，底本中的少数脱落文字，以中国社会科学院法学所图书馆藏本为参校本补足。

（五）《畣辞》

《畣辞》，12 卷，明末张肯堂撰。卷首有明思宗崇祯七年（1634年）原光禄大夫、太子太保、礼部尚书兼文渊阁大学士成靖写的《莞尔集叙》，另有内黄门下士司惟标写的《畣辞序》。该书崇祯（1628～1644 年）年间刊印，中国国家图书馆、台北“中央图书馆”藏有崇祯年间原刊本。王重民《中国善本书提要》对该书的版本作过介绍。[1] 1970 年，台湾学生书局将该书列入《明代史籍汇刊》第 20 册影印出版，影印本卷首有刘兆佑所作《叙录》。

作者张肯堂，字载宁，南直隶松江府华亭县人，明熹宗天启五年（1625 年）进士，授北直隶大名府浚县知县。崇祯七年擢御史。十五年（1642 年）迁大理丞，旋擢右佥都御史，巡抚福建。南明唐王（1645 年）立，加太子少保、吏部尚书，后掌都察院。清顺治三年（1646 年）唐王败死，肯堂漂泊海外。清世祖顺治六年（1649 年）至舟山，鲁王用为东阁大学士。顺治八年（1651 年）清兵破城，自刎殉国。其事迹具《明史》卷二七六、《明史稿》卷二五七、《南疆绎史》卷二一等书。

《畣辞》是张肯堂任浚县知县时写的谳词。据《明史》卷九九《艺文四》：张肯堂著有《莞尔集》20 卷，今已失传。从成靖撰《莞尔集叙》可知，《莞尔集》由《保黎》、《畣辞》、《寓农》、《青坛》、《社约》5 个部分组成，是张肯堂治理浚县的公牍。《畣辞》后从中抽出单刊。成氏《叙》曰：“浚故健讼，侯理之平，闻而赴诉移谳者，遂相率麇至，侯一一受训，无小大，必以情。每爰书具，直揭两造之肺腑，而出以爽词，藻彩迸溢。真如垦田，用力深至，而后土膏匀适

① 王重民撰《中国善本书提要》法学类，上海古籍出版社，1983，第 242 页。

者然，故曰畣也。”这段话赞扬张肯堂理讼尽责、公平，并解释了书名的寓意。

《畣辞》收录判牍308则。一则一案，记述案情及断狱经过，而寓劝善惩恶之词，以为世相诫。每则判牍前列有犯人姓名，有些还注明定谳刑名。凡不属浚县人者，则注明县籍，此类与其他县有关的案计35件。该书卷十二末尾附有“审录要囚参语”24则，辑录审理重刑犯的谳词。《畣辞》中的案件，多为刑事、民事诉讼，也有像卷十“宁山卫东屯百户徐缺名下军地丈量一案”这样的行政诉讼案件。

《畣辞》所辑判词常引经据典，词句华丽，文体简洁，这与作者力图追求文学品位有关。与明、清诸多判牍比较，书中对案件的记述过于简略。然此书反映的明末天启、崇祯年间河南、河北交界之地的社会经济和治安、狱讼状况，对于研究明末司法审判活动甚有价值。

收入《历代判例判牍》的该文献标点本，以中国国家图书馆藏《畣辞》明崇祯刻本为底本。原文献书前目录与正文中的标题，有10余处文字有出入，整理时按照下述原则作了改动：一是正文中标题较目录从简者，如目录中卷一“常国臣一”、“常国臣二”二则，正文中简写为“常国臣”、“又”，依据目录改正。二是目录较正文中标题从简者，如卷五正文“邵七雄霍永寿”篇，目录简写为“邵七雄等”，以正文中标题为据改正。三是对于标题中的明显错讹文字，依据正文或其他史料径直改正。

（六）《莆阳谳牍》、《按吴亲审檄稿》

这两种判牍集均为明末祁彪佳所撰，中国国家图书馆藏有此两书明末抄本。

祁彪佳，字虎子、幼文、弘吉，号世培、远山堂主人，浙江山阴县人，生于万历三十年（1602年）。天启二年（1622年）进士，次年任福建省兴化府推官，四年（1624年）二月上任，至崇祯元年（1628年）冬归乡服丧，任推官近五年。崇祯四年（1631年）八月至八年三月任御史，其中崇祯六年（1633年）六月始出任苏、松巡按一年。因辖区内宜兴县民掘宰相周延儒等祖墓，彪佳虽“捕治如法，而于延儒无所徇”，[①] 触怒周延儒受到罚俸。崇祯八年（1635年）四月，以侍养老母为由辞官回乡。居家期间，适逢发生特大饥荒，他不辞劳苦组织救荒，其所撰《救荒全书》18卷对此有详细记载。彪佳家居9年，母服终，崇祯十五年（1642年）九月，召掌河南道事。崇祯十六年（1643年）再出任御史赴京，主管京察，后曾任南直隶乡试主考官。崇祯十七年（1644年）四月任南明大理寺丞，旋擢右佥都御史，当年十二月离职。顺治二年（1645年）闰六月，清军占领绍兴，彪佳绝食，“端坐池中而死”。其著作有《按吴提奏全稿》、《祁忠敏公揭帖》、《督抚奏稿》、《忠敏公安抚江南疏抄》、《莆阳禀牍》、《按吴檄稿》、《莆阳谳牍》、《崇祯奏疏汇集》、《按吴审录词语》、《按吴详语》、《按吴政略》、《祁忠敏公日记》、《按吴尺牍》等数十种，还有戏曲作品多种。其事迹见《明史》卷二七五《本传》、陈鼎《东林列传》卷一一和《祁忠敏公日记》。

《莆阳谳牍》是祁彪佳任福建兴化府推官时写的判语集，这些判语是为知府审理案件事先准备的材料。该书14册，分为2卷，每叶单面8行，每行大多为20或21字。各案之首，标明衙门、内容、刑、人犯。案件按各有关衙门汇总，案首省略了衙门名的，表明该案件与前一案件属于同一衙门。全书共收录案件约1300余起，属于兴化府及所属莆田、仙游两县的案件近半数。书中所载兴化府之外的案件，是受命复审管辖地之外的福建其他府、州、县的案件，这些案件是上级审理后驳回要求重审的案件。《莆阳谳牍》所收录的案件中，不仅有刑事案件，还有大量的各种民事、行政案件，其中以买卖、典当、借贷、租赁纠纷居多。从这些案件的判语可以看出，祁彪佳在民事案件审理中坚持了有约必行、有债必还、讲求执法公平、保护受害人利益等审理的原则。另外，该书还记载了不少家族之间争山、争水的宗族纠纷案件及判语。所有这些，对于我们了解和研究明末民事案件的审理程序、判决以及推官制度

---

① 《明史》卷二七五《祁彪佳传》，中华书局，1974，第7053页。

等都甚有意义。

《按吴亲审檄稿》是祁彪佳任苏、松巡按时复审案件的判语集。此书全一册，不分卷，每叶单面9行，每行20字，无序跋、目次、凡例、注记。据日本学者滨岛敦俊考证：祁彪佳于崇祯六年三月十三日被任命为苏、松巡按，六月四日至苏州，崇祯七年冬天奉敕抵京。[①]《按吴亲审檄稿》所辑判牍是他在这一年多期间复审案件过程中写成的。该书共收录案件148起。内容全部是命令府、县的印官或佐贰官撤销原判，拘提犯人进行复审。每则判牍书写格式大多相同，语言简洁。该文献不仅对于研究明末苏、松诸府的司法审判和社会经济状况有重要价值，而且是了解当时的审判程序、巡按御史活动等难得的资料。

（七）《折狱新语》

《折狱新语》，10卷，明末李清（1602～1683年）撰。李清，字心水，一字映碧，号天一居士，南直隶兴化（今江苏兴化县）人。明熹宗天启元年（1621年）举人。明思宗崇祯四年（1631年）进士，授宁波府推官。以考绩最优，擢升刑科都给事中，不久因上书得罪尚书甄淑，被劾调浙江布政司照磨，未赴任，甄淑败，起吏科给事中。南明福王建号南京，迁工科给事中，寻迁大理寺左寺丞。李清曾事崇祯、弘光两朝，三居谏职，先后上奏章数十次，均被搁置不行。明亡后不仕，隐居家乡枣园，以著书自娱。清康熙间征修《明史》，以年老为由不至。一生著述颇丰，有《南渡录》、《南北史合注》、《南唐书合订》、《澹宁斋史论》、《澹宁斋杂著》、《女世说》、《史略正误》、《三垣笔记》等。其事迹见《明史》卷一九三《李春芳传》、《清史稿》卷五〇〇《李清传》等书。

《折狱新语》是李清在宁波府推官任内审理各类民、刑案件的结案判词，正文计210篇。其中婚姻26篇，承袭16篇，产业24篇，诈伪57篇，淫奸33篇，贼情14篇，钱粮7篇，失误4篇，重犯10篇，冤

① 〔日〕滨岛敦俊：《明代之判牍》，《中国史研究》1996年第1期。

犯19篇。每案前用三个字书为标题，正文以古文兼杂骈文的笔法，自“审得”语领起，开门见山，记叙诉讼当事人、案由，承接夹叙夹议，条分缕析，最后束入断语。书末附“疑狱审语”3篇，“详语”20篇。《折狱新语》所辑判词，体现了明末律法，折案分明，文词精练优美，是具有代表性的明代判牍之一。

我国内地现见的《折狱新语》有两种版本，一是中国国家图书馆藏明崇祯刻本（简称国图本），卷首有当代藏书家黄裳弁题。20世纪30年代，旧中央书店曾将此书铅印。1989年，吉林人民出版社出版了陆有珣、辛子牛、苏经逸、孟国钧《折狱新语注释》。二是吉林大学图书馆藏该书明末刻本（简称吉大本），刊印时间略后于国图本，且个别文字相异。惜国图本已非全帙，不仅序、跋皆佚，且比吉大本少22篇，及书末附“详语”20篇皆阙，所附“疑狱审语”3篇中，中间一篇已残破不全，后一篇全佚。收入《历代判例判牍》的该书标点本，以国图本为底本，以吉大本为参校本，两书文字相异仍依旧刻，唯序、跋及底本所缺篇目按吉大本补齐。

（八）明人文集所载判牍

现存明人文集中，也辑录了一些判牍。《历代判例判牍》辑录了《海瑞集》所载“参语”，《震川别集》所载“审单”，《文忠集》所载“谳牍”和《檀雪斋集》所载“谳牍”。

《海瑞集》所载参语。《海瑞集》原名《备忘集》，又名《海刚峰集》。明海瑞（1514～1587年）撰。瑞字汝贤，号刚峰，回族，广东琼山（今属海南省）人。嘉靖二十八年（1549年）举人，初任福建南平县教谕，继迁浙江淳安知县、兴国知县、户部主事等职，后因上疏陈时政之弊，被嘉靖皇帝逮狱论死。未几，帝死，复官。隆庆三年（1569年）任应天巡抚，因抑制豪强遭致论劾，谢病闲居家乡十余年，至万历十三年（1585年），以荐被任南京右佥都御史，寻改南京吏部右侍郎、南京右都御史。万历十五年卒于官。其集原有自编《淳安稿》、《淳安县政事》、《备忘集》等，又有明万历二十二年阮尚宾刊《海刚峰先生文集》，明天启六年梁子璠刻《海忠介公全集》；清康熙二十七年其六世孙海廷芳汇辑诸本，编定《海忠介先生备忘集》10 卷，《四库全书》据以收录。1962 年中华书局出版陈义钟编校《海瑞集》，系搜集诸本重新编定，颇为完善。收入《历代判例判牍》的该书 8 则参语，除陈舜兴《人命参语》是海瑞任兴国知县时期所撰外，其他均为他任淳安知县时期之作，属于海瑞任官初期的作品。

《震川别集》所载审单。《震川文集》，30 卷，《别集》10 卷，明人归有光（1507～1571 年）撰。有光字熙甫，昆山（今属江苏省）人。嘉靖四十四年（1565 年）进士，官至南京太仆寺丞。是集为其孙归庄所订。归有光是明代著名散文家，时称“震川先生”。著有《孝经叙录》、《三吴水利录》、《读史纂言》等。收入《历代判例判牍》的该书所辑审单，选自《震川别集》卷九。

《文忠集》所载谳牍。《文忠集》系明人范景文文集。范景文（1587～1644 年），字梦章，明吴桥（今属河北省）人，万历四十一年（1613 年）进士，授东昌推官，历吏部稽勋主事、文选员外郎。天启间曾任文选郎中，后谢病返乡。崇祯间起用，累官太常少卿、右佥都御史、兵部添注左侍郎、南京右都御史、兵部尚书、刑部尚书、工部尚书等职，兼东阁大学士。崇祯十七年（1644 年）三月，李自成率军攻取北京，景文投井而死，后赐谥文忠。著有《昭代武功录》、《大臣谱》、《师律》等。收入《历代判例判牍》的该书所辑判牍，选自《文忠集》卷四所附“谳牍”，原书注明该谳牍系东昌存稿，可知这是作者刚入仕途任东昌推官时所撰。

《檀雪斋集》所载谳牍。该书系明人吴敬辰文集。吴敬辰，字直卿，余姚人，天启二年（1622 年）进士，官至江西驿传道。这些谳牍均为其任职期间亲自拟稿，其文“故为涩体，几不可句读”。把此书所载判牍与明代其他判牍相比较，可见不同官员司法判决的不同风格。

清代则例纂修要略*

引　言

清朝统治者为规范各级机关的办事规则和强化对国家各项事务的管理，建立了一整套“以《会典》为纲、则例为目”的相当完善的行政法律制度。清代的制例活动，除了适时颁行事例和定期修订《大清律》后的附例外，主要是进行则例的编纂和修订。清代纂修的则例数量之多，各种则例的篇幅之长，内容之系统，占国家立法总量的比重之大，都是中国历史上其他朝代无法比拟的。

清代纂修的则例大多仍存于世。近年来，笔者对中国国家图书馆、北京故宫博物院图书馆、中国社会科学院法学研究所图书馆等41家图书馆和博物馆①藏清代则例的版本进行了初步调研，先后查阅了有关藏

* 本文原载杨一凡主编《中国古代法律形式研究》，社会科学文献出版社，2011。

① 41家图书馆和博物馆的名称及在本文中的简称分别是：国图（中国国家图书馆）、故宫（北京故宫博物院图书馆）、历博（中国历史博物馆图书馆）、首图（首都图书馆）、科图（中国科学院情报资料中心）、法学所（中国社会科学院法学研究所图书馆）、近代史所（中国社会科学院近代史研究所图书馆）、北大（北京大学图书馆）、清华（清华大学图书馆）、人大（中国人民大学图书馆）、北师大（北京师范大学图书馆）、中央民族（中央民族大学图书馆）、上图（上海图书馆）、南图（南京图书馆）、浙图（浙江省图书馆）、辽图（辽宁省图书馆）、吉图（吉林省图书馆）、山东（山东省图书馆）、湖南（湖南省图书馆）、云南（云南省图书馆）、福建（福建省图书馆）、武大（武汉大学图书馆）、中山（中山大学图书馆）、南大（南京大学图书馆）、复旦（复旦大学图书馆）、吉大（吉林大学图书馆）、安大（安徽大学图书馆）、东北师大（东北师范大学图书馆）、华东师大（华东师范大学图书馆）、山东师大（山东师范大学图书馆）、天一阁（浙江宁波天一阁博物馆）、大连 （转下页注）

书单位的馆藏书目和已出版的图书目录，并对北京一些图书馆藏清代则例代表性文献的版本进行了核查。台湾几家图书馆藏这类文献目录，[①]是据张伟仁主编的《中国法制史书目》[①] 统计的；日本东京大学东洋文化研究所大木文库所藏这类文献，是据田涛编译《日本国大木干一藏中国法学古籍书目》[②] 统计的。这 41 家藏书单位现存的不同版本的清代则例文献共 851 种，现把这些文献的刊刻时间及内容、类别列表述后（见表 1）。

表 1　41 家图书馆和博物馆藏清代则例文献统计表

单位：种

类别 / 刊印年代	综合类	宫廷类	吏部类	户部类	礼部类	兵部类	刑部类	工部类	其他衙门	合计
顺　治				1	1					2
康　熙	33		8	2	2	8	2			55
雍　正	7		27	5	2	2		5		48
乾　隆	30	3	26	33	17	32	2	10	16	169
嘉庆至清末	48	78	106	78	68	45	2	85	67	577
总　计	118	81	167	119	90	87	6	100	83	851

这 41 家藏书单位中，国外藏清代则例文献较多的单位是日本东京大学东洋文化研究所，为 217 种；国内馆藏清代则例文献较多的 3 个单位分别是：北京大学图书馆 155 种，中国科学院情报资料中心 154 种，

（接上页注①）（大连市图书馆）、香港新亚（香港新亚研究所图书馆）、台故图（台北“故宫博物院”图书馆）、台傅（台湾“中研院”史语所傅斯年图书馆）、台近（台湾“中研院”近代史研究所图书室）、台央图（台湾“中央图书馆”）、台分图（台湾“中央图书馆”台湾分馆）、台师大（台湾师范大学图书馆）、台大文（台湾大学文学院联合图书室）、大木（日本东京大学东洋文化研究所大木文库）。

① 张伟仁主编《中国法制史书目》，台湾“中研院”史语所专刊之 67，1976。

② 田涛编译《日本国大木干一藏中国法学古籍书目》，法律出版社，1991。

中国国家图书馆147种。①

这里需要说明的是，由于下述原因，笔者对41家藏书单位藏清代则例版本的统计，还属于不完全的统计。一是不少图书馆只编写了善本书目，有些图书馆尚未对该馆藏这类文献进行全部编目，这样，势必有许多文献特别是清嘉庆以后的则例版本被遗漏。二是清代颁行的则例一般有满、汉两种文本，因笔者不懂满文，加之时间所限，对满文文献未进行调研和统计。三是在统计中，采用了“宁严勿宽”的原则，只统计书名为“则例”者，内容属于则例性质而书名标为“条例”、“条款”、“章程”、“定例”、“新例”、“常例”、“事例”、“事宜”等称谓者，均未统计；许多综合汇编类法律文献中也辑有则例，对于不是专门汇编则例的图书，亦没有统计。实际上，就这41家藏书单位而言，他们实际上馆藏的清代则例文献版本，远比表1中的统计数字要多得多。

王钟翰于1940年写《清代则例及其与政法关系之研究》一文中说：

> 曩者钟翰习明清史，于清代各部署则例，心焉好之；课余之暇，凡为本校（燕京大学）图书馆访购五六百种，欲遍读之，以悉一代因革损益。惟卷帙极繁，几无从措手。有清一代，各部署无虑数十；且开馆重修，大约五年或十年一次，为书尚不知凡几。已购得者，不过五分之一，其余尚待访求。②

王钟翰1937年夏至1941年冬为燕京大学访购的清代则例文献书目，载于他所写《清代则例及其与政法关系之研究》一文后附录的

① 上述统计数字，据这三家藏书单位网站公布的书名标为“则例”的法规及出版的馆藏书目整理而来。则例满文本、汇编类文献及内容实为则例但书名未标明“则例”者，未包括在内。这三家藏书单位馆藏的清代则例中固然有一些复本，然剔除复本后仍不是一个小数目。

② 王钟翰著《王钟翰清史论集》第3册，中华书局，2004，第1697页。

《清代各部署则例经眼录》[①] 中，计有不同版本的清代则例文献 524 种。可惜其中许多文献的版本，我们至今未能从北京大学图书馆或其他图书馆的馆藏目录中找到。国内外现存清代则例文献版本到底有多少，这需要在有组织、认真的普查基础上才能确定。但从笔者对部分图书馆的调研结果看，清代对则例的编纂、修订是很频繁的，官方和私家对各类则例文献的纂辑和刊印也是很发达的。如果说国内外现藏的不同版本的清代则例文献在千种以上，应当是没有夸大成分的。

则例是清代重要的法律形式。清代则例按其规范的对象和性质，可以分为会典则例、六部和各院寺监则例、中央机关下属机构的则例、规范特定事务的则例。

人言“清以例治天下”。[②] 此说虽似有夸大之嫌，但就清代例的发达程度和在国家社会生活中的作用而言，确实达到了登峰造极的地步。清代建立了以例为核心的法律体系，绝大多数法律法规是以例的形式制定的。则例、条例、事例是清例的基本形式，这三种例作为区分不同法规的产生方式、功能和效率等级的立法形式，一般来说，条例主要用以表示补律、辅律的刑事类法规，则例主要用以表示中央部院的规章，事例主要用以表示“因一时一事立法”性质的定例。然而，由于清人还不具有现代这样明确区分各类部门法的认识，他们对法律形式的运用也经过了长期探索的过程，各类条例、则例、事例内容的编纂也存有交叉之处，今人不能简单地仅凭清代法规的立法形式就确定它的性质是属于刑事法规还是行政法规。以则例而言，这一法律形式就有一个演变过程。清开国之初，则例主要用于表示钱粮方面的立法。清嘉庆朝以前，

---

① 王钟翰著《王钟翰清史论集》第 3 册，中华书局，2004，第 1847 ~ 1877 页。王氏辑录的清代则例书目，除题名“则例”者外，也包括大量的“成案”、“条例”、“新例”、“定例”、“章程”、“案例”、“事例”、“图说”、“条约”、“说帖”、“事宜”、“歌诀”等形式的文献在内，均未标明藏馆。他在很多文献的版本后标有（?），表示这些文献的版本有待鉴定。本部分各表中列举的清代文献则例版本，系笔者根据 41 家图书馆现存文献目录整理，其中部分文献的版本可能与王钟翰所辑书目为同一版本。

② 邓之诚著《中华二千年史》卷五，中华书局，1958，第 531 页。

刑事法规亦有以则例命名者，如康熙朝颁布的《刑部新定现行则例》、乾隆时期编纂的《秋审则例》等。自嘉庆朝始，则例成为中央部院规章的专称，从现代法学观点看，这种规章基本上属于行政法规的范畴。显然，那种不加分析地认为清代的"条例"都是刑事法规、"则例"都是行政法规的观点是不够缜密的。但是，则例是行政例的主体这一观点却是符合历史实际的。

清代的行政法律制度，是以制定则例、条例、事例和修定《会典》从法律上确认的。清廷在健全行政法律体系的过程中，以则例的形式制定和颁行了大量的各类单行法规，内容包罗万象，卷帙浩繁，占全部行政立法的2/3以上。国家行政、经济、民事、军政、文化教育等方面的管理及其制度，主要是通过则例确认和规范的，则例在完善清代行政法律方面有举足轻重的作用。要比较全面地阐述清代的法律体系和法制的面貌，正确阐述清代的行政法律制度，必须注重则例的研究。

关于清代则例研究，长期以来未引起学界应有的重视。到目前为止，已发表的研究清代则例30余篇论文中，大多是探讨《理藩院则例》、《回疆则例》等少数民族事务管理法规，仅有10多篇是研究清代其他则例的论文，[①] 王钟翰的《清代则例及其与政法关系之研究》、郑秦的《康熙〈现行则例〉：从判例法到法典法的回归》[②]、沈厚铎的《康熙十九年〈刑部现行则例〉的初步研究》[③]、林乾和张晋藩的《〈户部则例〉与清代民事法律探源》[④] 和《〈户部则例〉的法律适用——兼

① 研究清代非少数民族事务管理法律法规之外的则例的论文，除本自然段列举的5篇外还有：郭松义的《清朝的会典和则例》（《清史研究通讯》1985年第4期）、林乾的《关于〈户部则例〉法律适用的再探讨》（《法律史学研究》第1辑，中国法制出版社，2004）、胡祥雨的《清代京师涉及旗人的户婚、田土案件的审理——兼谈〈户部则例〉的司法应用》（《云梦学刊》2004年第5期）、李留文的《清代则例初探》（《广西社会科学》2005年第9期）、李永贞的《刍议清代则例的性质和分类》（《法学杂志》2010年第10期）等。

② 郑秦：《康熙〈现行则例〉：从判例法到法典法的回归》，《现代法学》1995年第2期。

③ 沈厚铎：《康熙十九年〈刑部现行则例〉的初步研究》，载韩延龙主编《法律史论集》第1卷，法律出版社，1998。

④ 林乾、张晋藩：《〈户部则例〉与清代民事法律探源》，《比较法研究》2001年第1期。

对几个问题的回答》[①] 等论文，都提出了不少好的见解。总体而言，学界对清代则例的研究仍处于起始阶段，对户部则例研究有待深入，对吏、礼、兵、工则例和各院寺监则例、中央机关下属机构则例、特定事务则例、会典则例还甚少涉及，对于清代则例功能的演变及在法律体系中的地位和作用等一系列问题都有待探讨。

清代统治者对于则例的纂修，经历了一个认识不断深化、由不成熟到逐步完善的过程。要准确地阐述清代则例以及由其表述的行政法律制度，实非易事。本文仅就清代则例编纂、修订的三个发展阶段及其成就作一简要的论述。

一　顺治、康熙时期：则例编纂的沿革和创新

清代则例的编纂是在沿袭和总结前代经验的基础上进行的。则例作为法律用语和法律形式，始于唐代。宋朝郑樵撰《通志》卷六五《艺文三》记有《唐中书则例》一卷，[②]《唐会要》也有唐文宗太和四年（830 年）朝廷制定的驿路支给方面则例未被严守、致使“则例常逾，支计失素”的记载。[③]“则”是标准、等差或法则、准则、规则之意，“例”是指先例、成例或定例。则例是通过立法程序制定出来的，是通过删定编次先例、成例和定例并经统治者确认的行为规则。则例属于复数结构，具有概括性形态。五代时期，各朝运用则例立法的情况逐渐增多，其内容大多是有关官吏俸禄、礼仪及钱粮等方面的规定，《全唐

① 林乾、张晋藩：《〈户部则例〉的法律适用——兼对几个问题的回答》，《法学前沿》2003 年第 5 期。

② （宋）郑樵撰《通志》卷六五《艺文三》，浙江古籍出版社，2000，影印本，第 776 页。又，《宋史》卷二〇三《艺文二》载有“杜儒童中书则例一卷”，《宋史》，中华书局，1997，第 5109 页。杜儒童系武后时人。《中书则例》内容已不可考，大约记述的是唐中书省的有关行政规范。

③ （宋）王溥撰《唐会要》卷六一：“太和四年十月御史台奏：近日皆显陈私便，不顾京国，越理劳人，逆行县道，或非传置，创设供承。况每道馆驿有数，使料有条，则例常逾，支计失素。使偏州下吏，何以资陪?”《唐会要》，中华书局，1990，第 1064 页。

文》、《旧五代史》、《五代会要》、《册府元龟》诸书都有这一时期制定则例的记载。如后唐同光三年（925 年）曾重定《料钱则例》;[①] 后周太祖郭威颁布的《均录敕》是有关重定诸州防御使、团练使、刺史料钱则例的敕令;[②]《赐青州敕》则是要求“今后青州所管州县，并依省司则例公输”的敕令。[③] 宋元时期，则例作为补充法，基本上是用于与钱物管理有关的立法。宋代制定有《宗室公使钱则例》、《禄式则例》、《收纳则例》、《役钱则例》、《驿券则例》、《锄田客户则例》、《民间工直则例》、《工食则例》、《推恩则例》、《赏给则例》、《商税则例》、《苗税则例》《收税则例》等。[④] 元朝制定有《工粮则例》、《衣装则例》、《抽分则例》、《祗应酒面则例》、《笞杖则例》等。[⑤] 明以前各代，则例不是主要的法律形式，它只是一些国家机关或地方政府在实施某些行政和经济法律制度的过程中，因实际需要而制定的细则，在国家社会生活中的作用是有限的。明代时，则例作为国家各项事务管理中与钱物和财政收入、支给、运作相关的法律实施细则，被广泛适用于行政、经济、军政管理等领域。当时朝廷颁行的则例种类甚多，有赋役则例、商税则例、开中则例、捐纳则例、赎罪则例、宗藩则例、军政则例、官吏考核则例及钱法、钞法、漕运、救荒等方面的则例。

清入关前和清王朝开国之初的行政立法，基本上是以制定事例和单行条例的方式逐步建立起来的。据史载，太宗皇太极天聪、崇德年间，为了满足后金政权建设需要，就很注重制例。天聪五年（1631 年），“六月癸亥，定功臣袭职例”;[⑥] 天聪五年秋七月甲戌，“更定讦告诸贝勒者准其离主例，其以细事讦诉者禁之”;[⑦] 天聪六年（1632 年）三

---

① 《五代会要》卷二八，中华书局，1998，第 337～339 页。

② （清）董诰等撰《全唐文》卷一二三《周太祖二》，清嘉庆十九年扬州全唐文诗局刻本。

③ （清）董诰等撰《全唐文》卷一二四《周太祖三》，清嘉庆十九年扬州全唐文诗局刻本。

④ 见杨一凡、刘笃才《历代例考》，收入杨一凡主编《中国法制史考证续编》第 1 册，社会科学文献出版社，2009，第 96～99 页。

⑤ 见杨一凡、刘笃才《历代例考》，收入杨一凡主编《中国法制史考证续编》第 1 册，社会科学文献出版社，2009，第 99～100 页。

⑥ 《清史稿》卷二《太宗本纪一》，中华书局，1996，第 34 页。

⑦ 《清史稿》卷二《太宗本纪一》，中华书局，1996，第 35 页。

月，“庚戌，定讦告诸贝勒者轻重虚实坐罪例，禁子弟告父兄、妻告夫者；定贝勒大臣赐祭葬例”；[1] 天聪八年（1634 年）二月壬戌，“定丧祭例，妻殉夫者听，仍予旌表；逼妾殉者，妻坐死”；[2] 崇德三年（1638 年）九月，“丁丑，定优免人丁例”；[3] 崇德七年（1642 年）闰十一月己未，“定围猎误射人马处分例”；[4] 崇德八年（1643 年）三月，“辛酉，更定六部处分例”；[5] 崇德八年七月，“壬寅，定诸王贝勒失误朝会处分例”。[6] 1644 年，即顺治元年，清入关取代明朝建立大清国后，战事不断，政局动荡，朝廷没有足够的精力从事系统的行政法律的编纂活动。清世祖福临顺治四年（1647 年）《大清律》颁行后，由于《大清律》基本上照抄明律，加之国家行政、经济管理方面的基本法律尚未来得及制定，顺治朝对于治理国家中出现的大量社会问题，主要是采取因事制例的立法措施解决的。清开国之初的因事制例，仍是沿袭明代的做法，多是以则例表示钱粮方面的立法，钱粮之外的刑例和其他行政诸例，则主要是采取事例这一法律形式。据史载，清世祖福临顺治年间制定的各类事例的数量是庞大的。比如，顺治八年（1651 年）三月，“辛卯，定王公朝集例。壬辰，定袭爵例。癸卯，定斋戒例”；[7] 顺治九年（1652 年）三月，“庚辰，定官员封赠例”；[8] 顺治十年（1653 年）四月，“丁巳，定满官离任持服三年例”；[9] 顺治十年五月，“丁丑，定旌表宗室节孝贞烈例”，“庚辰，定热审例”；[10] 顺治十年六月，“癸卯，复秋决朝审例”[11]；顺治十年，“九月壬子，复刑部三覆奏例”；[12] 顺治十

① 《清史稿》卷二《太宗本纪一》，中华书局，1996，第 38 页。
② 《清史稿》卷二《太宗本纪一》，中华书局，1996，第 44 页。
③ 《清史稿》卷三《太宗本纪二》，中华书局，1996，第 65 页。
④ 《清史稿》卷三《太宗本纪二》，中华书局，1996，第 79 页。
⑤ 《清史稿》卷三《太宗本纪二》，中华书局，1996，第 79 页。
⑥ 《清史稿》卷三《太宗本纪二》，中华书局，1996，第 80 页。
⑦ 《清史稿》卷五《世祖本纪二》，中华书局，1996，第 124 页。
⑧ 《清史稿》卷五《世祖本纪二》，中华书局，1996，第 128 页。
⑨ 《清史稿》卷五《世祖本纪二》，中华书局，1996，第 133 页。
⑩ 《清史稿》卷五《世祖本纪二》，中华书局，1996，第 133 页。
⑪ 《清史稿》卷五《世祖本纪二》，中华书局，1996，第 134 页。
⑫ 《清史稿》卷五《世祖本纪二》，中华书局，1996，第 135 页。

三年（1656 年）二月，“庚午，定部院满官三年考满、六年京察例”；[①] 顺治十五年（1658 年）九月，“庚戌，更定理藩院大辟条例”；[②] 顺治十六年（1659 年）闰三月，“丁卯，定犯赃例，满十两者流席北，应杖责者不准折赎”；[③] 顺治十六年十二月，“乙巳，定世职承袭例”。[④]

顺治年间，朝廷也制定了不少用以规范钱粮事务方面的则例。比如，顺治五年（1648 年）三月“壬戌，定优免则例”，该则例对各级品官、以礼致仕官员、教官、举贡监生、生员、杂职吏员在免除田粮方面所享受的优待作了详细规定。[⑤] 顺治七年（1650 年）八月“癸卯，户部奏：故明卫所军丁有领运之责，故屯田征派较民地稍轻。今军丁既裁，凡无运粮各卫所屯田地亩，俱应查照州县《民田则例》一体起科征解。从之”。[⑥] 顺治十一年（1654 年）三月“丙申，敕谕赈济直隶大臣马哈纳曰……但系饥民，一体赈济，务使均沾实惠，不许任凭胥吏等人侵克冒支。其应征、应停、应免钱粮，查照该部奏定《则例》，逐一明白开列，示谕小民”。[⑦] 顺治十四年（1657 年）十月，“丙子，谕户部……《钱粮则例》俱照万历年间。其天启、崇祯时加增，尽行蠲免……原额以明万历年刊书为准”。[⑧]

顺治朝在草创清代法制方面的一个重大发展，是突破了明代把则例基本上用于经济管理事务方面立法的模式，扩大了则例的适用范围，把这一法律形式广泛运用于经济活动之外的其他领域的立法，并进行了刑事、行政类单行则例法规的编纂。据《清史稿》载，“其《督捕则例》

① 《清史稿》卷五《世祖本纪二》，中华书局，1996，第 144 ~ 145 页。
② 《清史稿》卷五《世祖本纪二》，中华书局，1996，第 153 页。
③ 《清史稿》卷五《世祖本纪二》，中华书局，1996，第 155 页。
④ 《清史稿》卷五《世祖本纪二》，中华书局，1996，第 157 页。
⑤ （清）王先谦撰《东华录》顺治十，《续修四库全书》史部第 369 册，上海古籍出版社，2002，第 279 页上。
⑥ （清）王先谦撰《东华录》顺治十五，《续修四库全书》史部第 369 册，上海古籍出版社，2002，第 305 页上。
⑦ （清）王先谦撰《东华录》顺治二十二，《续修四库全书》史部第 369 册，上海古籍出版社，2002，第 376 页上。
⑧ （清）王先谦撰《东华录》顺治二十九，《续修四库全书》史部第 369 册，上海古籍出版社，2002，第 425 页下。

一书，顺治朝命臣工纂进，原为旗下逃奴而设。康熙十五年重加酌定”。[①]《国朝宫史》在“书籍”条目中列有“《督捕则例》一部”，该条目下注曰：“世祖章皇帝特命纂成《督捕则例》，圣祖仁皇帝命重修。”[②] 薛允升在《读例存疑》中曾经对《督捕则例》进行了详细考析。指出：“《督捕则例》始于国初，乾隆八年奏明全行修改，以后或增或删，均有按语可查。惟督捕原例及康熙年间改纂之例，历次修例按语均未叙入，是以无从稽考。”[③] 据薛氏考证，乾隆时纂修的《督捕则例》，其内容与顺治时颁布的督捕原例相同或相近的条目，仅有“另户旗人逃走”、“窝逃及邻佑人等分别治罪”、“另户人不刺字”、“十日内拏获不刺字”、“携带同逃”、“外省驻防属下人逃”、“误行刺字”7条，且这些条目的文字分别在康熙、乾隆时有所改动。[④] 由此可知，顺治时制定的《督捕则例》的内容是比较简略的。

顺治年间，还编纂有以考核官吏业绩为基本内容的《考成则例》。《清史稿》曰：“漕粮为天庾正供，司运官吏考成綦严。清顺治十二年，定漕粮二道考成则例。经征州县卫所各官，漕粮逾期未完，分别罚俸、住俸、降级、革职，责令戴罪督催，完日开复。”[⑤] 又据顺治十七年（1660年）吏部尚书孙廷铨《用人四事疏》，其一曰“宽考成”，内称：“自钱粮考成，头绪繁杂，以致降级革职者一岁不可胜纪。人材摧残，催科酷烈”；“今莫若将《考成则例》敕下户部，再详加考订，酌量宽减。”[⑥] 另外，清乾隆《台规》卷六载：“顺治十八年都察院题定，各项钱粮向有《考成则例》。”这些记载表明，顺治年间颁行过《考成则例》。

如果说顺治年间对于编纂则例进行了有益的探索的话，那么，朝廷

---

① 《清史稿》卷一四二《刑法一》，中华书局，1996，第4189页。

② 《国朝宫史》卷二六。

③ （清）薛允升撰《读例存疑》卷五三《督捕则例上》。

④ （清）薛允升撰《读例存疑》卷五三《督捕则例上》。

⑤ 《清史稿》卷一二二《食货三·漕运》，中华书局，1996，第3590页。

⑥ （清）贺长龄辑《皇朝经世文编》卷一三《治体七》，又见于《皇清奏议》卷一五。

有计划地进行则例的编纂，则是从康熙年间开始的。康熙朝是清代法制的奠基时期，在则例的编纂方面同样取得了很大的成绩。据我们对41家图书馆的初步调研，其馆藏的康熙时期编纂和刊印的则例文献有50余种，现把代表性文献列表述后（见表2）。

表2　康熙朝则例文献举要

类别	则例名称	卷数·册数	成书或刊印时间	馆藏单位
六部	六部题定新例（内含则例八卷）	不分卷，25册	康熙九年刻本	法学所
	六部题定新例	6卷	康熙九年增修本	科图
	六部题定新例	11卷，16册	康熙二十四年官撰，宛羽斋刻本	大木
	新增六部题定现行则例	存7卷，7册	康熙官撰，清抄本	大木
	钦定六部则例	不分卷，6册	康熙十五年刻本	法学所
	六部则例	不分卷，4册	康熙十五年抄本	法学所
	六部现行则例（清初至康熙四十一年定例）	11册	清抄本	台傅
	六部考成现行则例	不分卷，10册	康熙八年抄本	北大
	新定六部考成现行则例	17卷，24册	康熙二十九年刻本	法学所
	新增更定六部考成现行则例	16卷，目录2卷，18册	康熙四十一年官撰，清抄本	大木
	新增更定六部考成现行则例	14册	康熙间颁，清抄本	法学所
	钦定处分则例	不分卷，4册	康熙刻本	法学所
	钦定删繁从简处分则例	不分卷，存3册	康熙十四年官撰，十五年宛羽斋李伯龙书房刻本	大木
吏部	满洲品级考1卷，汉军品级考1卷，汉品级考5卷，铨选满洲则例1卷，铨选汉则例1卷		康熙十二年官撰，刻本	大木
	满洲品级考	1卷，1册	康熙刻本	科图
	汉品级考汉军品级考	6卷，5册	康熙刻本	科图
户部	浙海钞关征收税银则例	不分卷，1册	康熙刻本	上图
礼部	礼部题准更定科场条例	1卷，1册	康熙刻本	法学所

续表

类别	则例名称	卷数·册数	成书或刊印时间	馆藏单位
兵部	中枢政考	4卷，4册	康熙十一年官撰，康熙刻本	故宫、辽图
	钦定中枢政考	无卷数，12册	康熙三十九年刻本	法学所
	中枢政考	4卷	康熙刻本	北大
	兵部督捕则例	不分卷，2册	康熙十五年刻本	北大
	督捕则例	1卷，1册	康熙十五年官撰，刻本	大木
	兵部督捕则例	1卷，1册	康熙刻本	国图
刑部	刑部新定现行则例	2卷，4册	康熙二十九年刻本	北大
	刑部新定现行则例2卷，附兵部督捕则例1卷	16册	康熙刻本	科图
其他	六部则例全书	20卷，16册	康熙五十四年刻本	北大、法学所
	六部则例全书	20卷，11册	康熙五十五年青门公署宽恕堂刻本	北大
	六部则例全书	无卷数，6册	康熙刻本	国图
	本朝则例全书	18卷，16册	康熙六十一年刻本	法学所
	本朝则例类编	12卷，续增新例4卷，16册	康熙四十二年庆宜堂刻增修本	科图
	本朝则例类编	12卷，14册	康熙云林书坊重刻本	法学所、北大
	本朝续增则例类编	14册	康熙五十二年刻本	法学所
	本朝则例	12卷	康熙刻本	大连
	定例全编	50卷，34册	康熙五十四年刻本	法学所、辽图
	大清律例朱注广汇全书（内有六部则例）	30卷，10册	康熙四十五年重刻本	法学所
	定例成案合镌（附续增28卷，逃人事例1卷续增1卷）	30卷，8册	康熙四十六年刊增修本	科图
	定例成案合镌（内有六部处分则例、六部续增则例、刑部现行则例、兵部督捕则例等）	30卷，10册	康熙五十二年刻本	法学所
	定例成案合镌	30卷，16册	康熙六十年刻本	法学所
	本朝题驳公案	11卷，10册	康熙五十九年刻本	法学所

康熙年间，在编纂则例方面的代表性立法成果主要有：

1.《钦定处分则例》和《续增处分则例》

《钦定处分则例》是康熙年间则例编纂的重要创举，其内容是关于行政官员违制行为应受行政处分的规定。因主管文职官员行政处分事宜的机关是吏部，故又称《吏部处分则例》；又因其处分对象主要是六部官员，编纂体例以六部分类，也简称为《六部则例》。它始定于康熙九年（1670年），康熙十五年（1676年）再次修订颁行，之后又于康熙二十五年（1686年）续修，增补了康熙十五年后新定的则例，续修本题名为《续增处分则例》。

康熙九年（1670年）四月五日，湖广道御史李之芳上书，建议编纂《处分则例》，他在奏本中说："则例纷纭，权总归于胥吏。欲轻则有轻条，欲重则有重拟。"建议康熙皇帝"特谕部院大臣，将该部现行事例彻底推究，实实厘定，务使永远可行"。[①] 李之芳奏本中所云"则例纷纭"，说明在康熙九年之前，朝廷已颁行过不少有关官吏处分方面的则例，但并未系统编纂。又据《钦定处分则例》卷首载康熙十四年（1675年）四月十二日吏部题本云：

> 吏部题为《处分则例》进呈御览事。康熙十二年九月十八日奉上谕：谕吏部等衙门：国家致治，首在崇尚宽大，爱惜人才。俾事例简明，易于遵守，处分允当，不致烦苛，乃符明作惇大之治。向来各部衙俱定有处分条例，已经颁行。但其中款项太多，过于繁密，以致奉行者或以胶执为守法，或以苛察为详明；或例所未载，援引比附，轻重失宜，徒据成规，罔原情理。大小各官，稍有过误，动触文纲。虽是才能，勿获展布，深为可惜。着该部各衙门将见行处分条例重加订正，斟酌情法，删繁从简，应去应留，逐一分别，详议具奏。特谕。钦此。查臣部处分文职官员条例，有会同各部衙门题定者，亦有臣部题定者，亦有各部衙门题定者。今臣等会

① （清）李之芳撰《请除无益条例疏》，见贺长龄等辑《皇朝经世文编》卷一五。

> 同各部衙门，将康熙九年题定之例，并续经臣部等衙门题定之例内，斟酌情法，删繁从简；处分过重者改轻，应去应留之处逐一分析明白，仍订七册进呈。[①]

康熙十五年（1676年）二月二十一日，康熙皇帝命将《处分则例》“依议册并发”，颁布天下遵行。从吏部题本看，康熙十五年《处分则例》颁行前，朝廷曾制定有“康熙九年题定之例”，说明李之芳关于制定《处分则例》的建议得到了康熙皇帝的采纳。康熙十五年之所以再次修订《处分则例》，目的是为了贯彻“崇尚宽大，爱惜人才”的治吏原则，删繁就简，改重从轻，使处分允当。该则例是在修订“康熙九年题定之例”和康熙九年至十四年四月间各部衙门题定之例的基础上形成的。

现见的《钦定处分则例》的版本，有中国社会科学院法学研究所图书馆藏康熙刻本。该所藏《钦定六部则例》康熙十五年刻本及《六部则例》康熙抄本，内容及编纂体例等均与《钦定处分则例》康熙刻本相同，只是书名有异，很可能《钦定六部则例》为书坊刻本，《六部则例》为私家抄本。康熙朝制定的《钦定六部则例》，由文华殿大学士管吏部尚书事对哈纳等奉敕纂修。该书不分卷，由《吏部则例》、《户部则例》、《礼部则例》、《兵部则例》、《刑部则例》、《工部则例》及《督捕则例》七部分组成，共258条。其中，《吏部则例》有抚绥无术、选官回避、升员离任、丁忧违限、失误朝仪式、失报事故、推诿事件、不报逃官、失火、擅行裁汰、留用贪官、馈送礼物、亲友招摇、误用印信等63条；《户部则例》有地丁钱粮限满、盐课限满、运解漕粮议叙处分、仓库坐粮考核、钱粮未完离任、关税考核、失察私铸、违例起解、报灾逾限、隐匿地亩、那移钱粮、克扣兵饷、违例支给、造册遗漏等78条；《礼部则例》有科场、徇庇劣生、擅放贡舡、禁止邪教、考

① （清）对哈纳等纂修《钦定处分则例》卷首载吏部题稿，中国社会科学院法学研究所图书馆藏康熙刻本。

试迟延等12条；《兵部则例》有盗案、土官处分、捕役为盗、违禁出海、制造军器、私发马匹、违误驿务、克扣驿饷、盗窃处分等23条；《刑部则例》有官员停止监锁、失察衙役犯赃、监毙人命、重犯越狱不报、擅用非刑、承问失出、误行正法、错行折赎、检验不确、擅行发配、错解人犯、错行处决等40条；《工部则例》有解送匠役、不修堤桥、造作迟延、未修营房、城郭等项限内坍塌等11条；《督捕则例》有不实查报逃人、取保释放、隐留窝家产业、文武官员窝逃、拿解良民、谎递逃牌等31条。

《续增处分则例》颁布于康熙二十五年（1686年）。康熙二十三年（1684年）奉上谕："各部院衙门所定之例，有互相参差者，着九卿詹事科道官员将现行例逐件详查，划一议定具奏。"经过吏部"会同九卿詹事科道官员将现行例逐件详查，划一议定，具题遵行在案"。[①] 朝廷对于纂修《续增处分则例》的工作抓得很认真。康熙二十三年八月三十日癸亥，九卿会议定刑部侍郎高尔位被降三级调用，其原因是："高尔位身为侍郎，于本衙门启奏重定则例，如意见与众合，当列名本内；如另出意见，则当两议上请。彼既不列名，又不两议，及九卿会议时，乃复列名。"[②] 从这则记载可知当时修例的程序是：各部由尚书、侍郎议定本部的则例，把议定结果联名上奏；如有人持不同意见，可以单独上奏，然后再经过九卿会议集体讨论，最后报皇帝批准。刑部侍郎高尔位就是由于没有遵照上述程序而遭到降级处分的。

《处分则例》在康熙年间曾三次修订，之后各朝又屡次修订。由此可见，清代统治者对这一则例的制定和实施是何等重视。

2.《六部考成现行则例》的修订

《六部考成现行则例》是清廷考核各级官吏业绩及奖惩办法的规定。该则例始修于顺治年间，康熙初又进行了重修。北京大学图书馆藏《六部考成现行则例》10册，系康熙八年（1669年）残抄本。中国社

① 《续增处分则例》书首吏部等衙门奏疏，日本内阁文库藏本。

② 《康熙起居注》康熙二十三年八月三十日载大学士明珠奏。

会科学院法学研究所图书馆藏康熙二十九年（1690 年）刻《新定六部考成现行则例》17 卷，24 册。北京大学图书馆藏《新定六部考成现行则例》康熙二十九年（1690 年）抄本、康熙抄本各一部。据北京大学图书馆藏本前所记康熙皇帝上谕及吏部等衙门题奏，鉴于康熙元年（1662 年）六月以来，对在外官员三年一次考察的制度停止执行；康熙四年（1665 年）正月以来，六年一次考察京官的制度也未进行，为了健全官吏考核制度，康熙皇帝采纳了朝臣的意见，命吏部、兵部、都察院等衙门纂修《考成则例》。康熙六年（1667 年）三月，该则例修成。吏部等衙门为该书所写的题奏云："应自此考核年分算起，六年一次考察京官，三年一次大计外官，命下通行直隶各省督抚，遵行可也。"[①] 康熙皇帝圣旨："依议。"

《六部现行考成则例》以吏、户、礼、兵、刑、工六部为序，分为六部分编纂，就中央各部及所属衙门的职掌、考核规则、业绩纪录、加级、降罚、录用及违法治罪等作了详细规定。其中，《吏部考成则例》内有朝觐则例、五等考满例、六年考察例、地方失事处分例、离任处分例、军功纪录例、恤刑纪录例、科道究参例、钱粮革职完职例、京外各官推升例和各部院考满加衔加级例等目；《户部考成则例》内有各省职掌定例、正项杂项钱粮各级官府初次处分例、年限已满二次处分例、各省钱粮议叙例、私铸处分例、关税规则等目；《吏部考成则例》内有科场定例、会试例、岁科并考例、举人录用例、祀典例、封赠例、因袭例等目；《兵部考成则例》内有兵部察例、隐匿逃人治罪例、武官收赎例、武官品级例、减报盗贼奖罚例、驿递应付例、军功加级例等目；《刑部考成则例》内有不准折赎例、行贿受贿治罪例、官员犯赃籍没例、收赎徒流例、越狱处分例、恤刑考成例、朝审例、会审例、以重作轻处分例、自首免罪例等目；《工部考成则例》内有芦课钱粮考成例、河工加级例、修理城垣录用例、修理兵马营房录用例、捐造文庙大小官纪录例、捐修城坝堤岸等项纪录例等目。书末还附有续补考成则例

① 《六部考成现行则例》卷首，北京大学图书馆藏清康熙八年抄本。

多条。

该则例的颁行，使清王朝的官吏考核制度进一步规范和完善。康熙年间，朝廷按照《考成则例》的规定，曾多次在全国范围内考核官吏，对严明吏治发挥了较好的作用。该则例的基本内容，为雍正及以后各朝纂修《吏部则例》和《吏部处分则例》时所吸收。

3.《兵部督捕则例》的修订

《督捕则例》始修于顺治年间，康熙年间又进行了重修。中国国家图书馆藏康熙刻本《兵部督捕则例》一卷，题索额图等纂。卷首载索额图等题本云："康熙十五年正月十四日奉上谕：谕兵部督捕衙门：逃人事情关系旗人重大，因恐致百姓株连困苦，故将条例屡行更改减定，期于兵民两益。近见各该地方官奉行疏玩，缉获日少，旗下民生深为未便。兹应遣部院大臣会同尔衙门，将新旧条例逐一详定，务俾永远可行。"[①] 由于康熙皇帝对修订《督捕则例》十分重视，修订工作进度很快，用了不到一个半月的时间，就起草完毕。同年二月二十七日书成，四月初五日康熙皇帝下旨刊行。

《督捕则例》正文收录有关逃人条例113条，内有十日内不刺字例、另户人不刺字例、买人例、窝家地方等治罪例、出首逃人例、店家治罪例、遗漏逃牌例、顺治元年以前逃走例、文武官员功过例等目。书末另附有新续则例3条，卷后之文曰："兵部督捕咨东司案呈，查得本部则例于康熙十五年四月内题定，刊刻通行内外"；"今将题定则例并新续数条通行直隶各省督抚，仍照前刊刻"云云。乾隆八年（1743年）刊行的《督捕则例》书首载律例馆总裁官、大学士徐本等题稿云："自我朝定鼎之初，世祖章皇帝特命臣工纂成《督捕则例》，嗣于康熙十五年，复蒙圣祖仁皇帝钦点大学士臣索额图等重加酌定，刊布遵行，迄今七十余年，未经修辑。"[②] 据上述记载可知，《督捕则例》自康熙十五年（1676年）到乾隆二十九年（1764年）近90年中，没有进行过系统修

① （清）索额图等纂修《兵部督捕则例》，中国国家图书馆藏清康熙刻本。
② （清）徐本、唐绍祖等纂修《督捕则例》，清乾隆八年武英殿刻本。

订。这期间刊印的《督捕则例》，只是增加了一些新续条数，基本上保持了该书的原貌。

4.《中枢政考》

《中枢政考》实际上是清代的兵部则例，始修于康熙十一年（1672年）。时任兵部尚书的明珠曾于康熙十年（1671年）二月充经筵讲官，同年十一月调任兵部尚书。在《中枢政考》编纂前，明珠曾以“经筵讲官兵部尚书”领衔向皇帝进呈奏本《题为则例更正已成恭缮黄册进呈事》，内称：“本年四月内具题，请将现行则例斟酌更正，颁布中外。”行文中提及兵部条规，皆以“则例”称之。明珠把兵部职掌及其性质概括为“职典邦政，事关枢机”，故将兵部则例题名为《中枢政考》。《中枢政考》的称谓是否来源于此，有待进一步考证，然其内容为兵部则例无疑。康熙年间编纂的《中枢政考》，与以后各朝卷帙浩繁的《中枢政考》相比较，内容还相当简略。

5.《浙海钞关征收税银则例》

《浙海钞关征收税银则例》康熙刻本，现藏上海图书馆。中国国家图书馆亦藏有此书，书目“出版项”栏标明刊于清初。其内容是各海关、口岸对各种应上税课的货物征收税银的具体规定，征收税银的货物包括锦缎罗绫纱绸丝绵布葛麻、颜料胶漆、铜铁锡铅、瓷器纸箔瓦缸钵、腌鲜牲畜野味皮张毛角、杂色药材、藤漆什物竹木柴炭、绒氈毯棕竹席、香椒糖蜡干鲜果菜油面茶酒粉、海味鱼鲜等。朝廷制定该则例的目的，既是为了防止商人逃税，确保国家财政收入，也是为了防止官吏额外勒索，保障商业活动正常进行。据《康熙起居注》载，康熙二十八年（1689年），圣祖玄烨巡视浙江时谕臣下曰：“至各处榷关原有则例，朕舟行所至，咨访过关商民，每不难于输纳额税，而以稽留关次不能速过为苦。榷关官员理宜遵奉屡颁谕旨，恤商惠民，岂可反贻商民之累！”① 可知当时浙江所设的榷关是依照则例管理的。

康熙朝编纂的则例，除行政类则例外，还编纂有刑事类则例。康熙

① 《康熙起居注》康熙二十八年二月己巳。

十九年（1680 年）颁行的《刑部新定现行则例》，其编纂体例仿效顺治初颁布的《大清律》，以吏、户、礼、兵、刑、工六部分类，并于康熙二十八年（1689 年）收入《大清律》条例内，是清代统治者创造性地制定本朝刑事法律的尝试。这部刑事法律以“则例”为名，说明在康熙朝君臣的心目中，则例仍是用于完善刑事、行政诸方面立法共同使用的重要法律形式，不像清代中后期那样，用于完善律典的刑例不再以则例为名，则例主要用于规范行政法律制度。康熙朝编纂的则例，虽然内容尚不完善，主要是进行了以“六部一体”为特点的综合性则例的编纂，然而，这一历史时期编纂则例的实践和成就，为清一代实行以则例为主体完善行政法制的立法制度提供了丰富的经验。

在现见的康熙朝刊印的则例文献中，除官刻本外，民间书坊本亦不少，这反映了当时社会对则例一类书籍的需要。对于各级官吏乃至准备进入仕途的人们来说，则例是不可或缺的读物，故这类图书有相当的市场。则例书坊本的编纂方式和刊刻质量，较之官刻本并不逊色。以《本朝则例全书》为例，该书首载康熙五十五年（1716 年）川陕总督鄂海序，故有人将此书题为鄂海辑。按鄂海序，此书是将“凡皇上钦定各案，有关国政有阐律文者，逐为登记，汇成一书”。它属于半官方的印刷品。从鄂序后的朱植仁撰《纂辑则例记言》看，朱植仁应该是实际编者。该书正文分为两部分，一为六部定例，共 12 册；二为六部处分，共 4 册。《纂辑则例记言》曰：“是集分为二编，一曰定例，一曰处分。定例者，兴利除弊，革故图新，行其所不得不行，止其所不得不止，治天下之大经，政也；处分者，彰善瘅恶，激劝臣工，陟黜有定衡，叙罚有定数，治天下之大法，令也。坊钞悉皆合载，以致错杂难稽。今特分而二之：六部定例一十二本；六部处分四本。依类而取阅焉，政令于是乎备矣。”[①] 针对一些坊间刻本把定例与处分混编在一起“以致错杂难稽”的情况，该书把两者明确区分，分别编辑，颇为难得。关于处分则例的内容，据《记言》云，是“以康熙十五年颁发《钦定处分则例》

---

① （清）鄂海辑《本朝则例全书》书首《纂辑则例记言》，康熙六十一年刻本。

为主，继以康熙二十五年颁行《续增则例》，嗣此后各年题定诸条，俱依类附载，其有刊本未备款项，则于从前行过各成案，一并附记，以资考正”。[①] 上述文字也从侧面证实了康熙修订刊发处分则例的情形。

康熙时期的则例坊刊本还有《本朝则例类编》、《本朝续增则例类编》等。坊刻本往往以官方颁布的“则例”为基础，增辑朝廷新定的相关定例，以内容更加完整、系统、实用为标榜。其合法性在于所增辑的定例或者是皇帝的上谕，或者是经皇帝批准的臣工奏疏。鉴于则例系皇帝钦定，必须“一字无讹”，辑者所做的只是对于定例的分类编排。只有在定例前后不一致时，才有选择取舍的问题，取舍的原则也很简单：按照定例颁行时间的先后去旧存新而已。坊刻本不仅有助于推动则例的传播，其编辑方法对于官方编纂则例也有一定的借鉴意义。

二　雍正、乾隆时期：则例纂修逐渐走向系统化、制度化和规范化

世宗胤禛执政时期，一直很重视则例的编纂。据《清史稿》载：“雍正元年，巡视东城御史汤之旭奏：‘律例最关紧要，今《六部现行则例》，或有从重改轻，从轻拟重，有先行而今停，事同而法异者，未经画一。乞简谙练律例大臣，专掌律例馆总裁，将康熙六十一年以前之例并《大清会典》，逐条互订，庶免参差。’世宗允之，命大学士朱轼等为总裁，谕令于应增应减之处，再行详加分析，作速修完。三年书成，五年颁布。”[②] 由于《大清会典》与《六部现行则例》二者是纲与目的关系，内容密切相关，则例是实施会典的细则，故世宗皇帝下旨要求同年同时修订并同于雍正五年（1727 年）颁行。雍正三年（1725 年）七月四日，世宗谕旨曰：“今律例馆纂修律例将竣。著吏、兵二部会同将铨选、处分则例并抄白条例，逐一细查详议，应删者删，应留者

① （清）鄂海辑《本朝则例全书》书首《纂辑则例记言》，清康熙六十一年刻本。

② 《清史稿》卷一四二《刑法一》，中华书局，1996，第 4184 页。

留。务期简明确切，可以永远遵守。仍逐卷缮写，开原书进呈，朕亲加酌量刊刻颁行。”① 胤禛的谕旨要求同时制定《吏部则例》、《吏部处分则例》、《兵部则例》、《兵部处分则例》，足见雍正皇帝对完善行政立法之重视。据日本学者古井阳子考证，《吏部处分则例》颁布于雍正十二年（1734 年）。② 《国朝宫史》卷二六《书籍五》记：“《钦定吏部则例》一部：雍正十二年律例馆修辑《吏部则例》告竣。”然现存于世的清代则例文献中，北京故宫博物院图书馆藏有雍正三年内府刊《钦定吏部则例》58 卷本，中国社会科学院法学研究所图书馆藏有清雍正三年刊《钦定吏部处分则例》47 卷本。有的著述说雍正三年的修例没有结果，这一观点需要进一步考证。

雍正年间则例的编纂取得了很大成绩，治理国家的许多重要则例陆续颁布。其中有：以“六部一体”为特色的综合性法规《六部现行则例》，用于规范中央机关行政活动的《吏部则例》、《吏部处分则例》、《兵部则例》、《兵部处分则例》、《工程做法则例》，旨在加强经济事务管理的《常税则例》、《浙海钞关征收税银则例》等。有些行政事务管理比较繁杂的中央机构，还以则例形式制定了有关事务管理的实施细则，如吏部制定了《钦定吏部铨选满官则例》、《钦定吏部铨选汉官则例》。

为了维护朝廷制定的法律法规的权威性和严肃性，防止出现刊印、传抄之误，世宗皇帝曾于雍正三年下令禁止书坊编印则例：“书肆有刻卖《六部则例》等书，行文五城，并各直省督抚，严行禁止。”③ 现存的雍正时期刊印的则例文献，几乎看不到坊刻本的存在，证明这一禁令起到了作用。这里，把我们所知的雍正朝编纂、刊印的一些代表性则例文献及其版本、藏馆列表述后（见表 3）：

---

① 《清世宗实录》卷三四“雍正三年七月己亥”，《清实录》第 7 册，中华书局，1985，第 513 ~ 514 页。

② 见《中国法制史考证》丙编第 4 册，中国社会科学出版社，2003，第 206 页。

③ 《雍正上谕内阁》卷三四。又见《清世宗实录》卷三四“雍正三年七月己亥”，中华书局，1985，第 514 页。

表3　雍正朝则例文献举要

类别	则例名称	卷数·册数	成书或刊行时间	馆藏单位
六部	六部则例（清初至雍正三年定例）		清抄本	台傅
	六部则例新编	不分卷，4册	雍正八年官撰，雍正京师刻本	大木
	六部则例新编	6卷	雍正八年刻本	北大
	六部则例新编	不分卷，6册	雍正八年刻本	法学所
吏部	钦定吏部则例	58卷	雍正三年内府刻本	故宫
	钦定吏部则例	存11卷	雍正内府刻本	复旦
	钦定吏部铨选则例	58卷	雍正十二年内府刻本	大连
	钦定吏部处分则例	47卷，16册	雍正三年刻本	法学所
	钦定吏部处分则例	47卷，16册	雍正十三年内府刻本	故宫
	钦定吏部铨选满官则例	1卷，1册	雍正内府刻本	国图
	钦定吏部铨选满官则例	1卷，1册	雍正官刻本	北大
	钦定吏部铨选汉官则例	3卷，3册	雍正十三年内府刻本	故宫
	钦定吏部铨选满官则例	1卷，1册	雍正内府刻本	复旦
	钦定吏部铨选汉官则例	1卷，1册	雍正内府刻本	复旦
	钦定吏部满洲品级考	2卷，2册	雍正十三年内府刻本	故宫
	钦定吏部汉官品级考	5卷，4册	雍正十三年内府刻本	故宫
户部	北新关商税则例	不分卷，1册	雍正刻递修本	国图
	常税则例	2卷，2册	雍正五年古香斋刻本	北大
	浙海钞关现行收税则例	不分卷，1册	雍正七年刻本	国图
	浙海钞关现行收税则例	不分卷，1册	雍正刻本	北大
	浙海钞关征收税银则例	不分卷，1册	雍正二年浙江提刑按察使司刻本	故宫
兵部	钦定中枢政考	16卷	雍正刻本	湖南
工部	工程做法（附工部简明做法1卷）	74卷，20册	雍正十二年内府刻本	故宫、国图
	工程做法则例	74卷，20册	雍正十二年官撰，雍正刻本	大木
	题定河工则例	7卷，2册	雍正十二年官刻本	国图、东北师大

乾隆时期，清代行政法制建设进入成熟阶段，行政法律体系臻于完善，则例的纂修实现了制度化和规范化。乾隆朝在制定或修订则例方面采取了一系列重大措施，使则例成为行政立法的主体，并为嘉庆至清末各朝的行政法律建设奠定了基础。乾隆朝在则例纂修方面的重大贡献有以下几个方面。

第一，确立了典、例分立的《大清会典》编纂方针，为则例成为行政立法主体开辟了道路。乾隆皇帝为一统天下法制，则例成为清廷规范各部、院、寺、监行事规程及其实施细则的基本法律形式。清廷在修律的同时，于乾隆十二年（1747 年）编纂《大清会典》。这次修订《会典》时，采取典、例分立的编纂方针，即在修订《会典》的同时，把例从典中分离出来，单独编为一书，称为《会典则例》。“《会典》原本，以则例散附各条下，盖沿历代之旧体。至是乃各为编录，使一具政令之大纲，一备沿革之细目，互相经纬，条理益明。”[①] 乾隆《大清会典》历时 17 年修订，于乾隆二十九年（1764 年）完成，其中《会典》100 卷，《会典则例》180 卷。乾隆朝修订的《会典》，改事例为则例，这种做法存在着使“则例”一名易与单行则例相混淆的弊端，故清廷修嘉庆《会典》时又恢复了事例旧名。乾隆朝在修订《会典》中虽然也存在一些缺陷，但其开创的典、例分立的编纂方针及按例的颁布时间先后分门别类编纂事例的方法，是法律、法规编纂的重大进步，既有利于人们掌握一代典章制度，也有利于人们稽考例的原委始末。乾隆《会典》及其《会典则例》的编纂，极大地丰富了大清行政法典的内容，提高了则例的法律地位，对于推动朝廷各部、院、寺、监办事细则的全面修订发挥了积极作用。

第二，改变统一由专门编纂机构进行法规编纂的方式，由六部分别编纂各部的则例。根据《国朝宫史》卷二六的记载，雍正朝的《吏部则例》是由律例馆修辑的。乾隆《会典则例》的编纂，开始时也是由律例馆统一修订，各部仅负校勘之责，“每修成《会典》一卷，即副以

① 《四库总目提要》卷八一。

则例一卷，先发该衙门校勘，实无遗漏讹错，然后进呈，恭候钦定”。[①]对此，吏部认为本部事务极其复杂，则例的编纂殊非易事，采用由律例馆统一修订各部署则例的办法，操作起来比较困难。指出：“若非臣部堂官时加督率，互参考订，斟酌损益，难免遗漏舛错之愆。其律例馆所委纂修各官，于臣部事宜素非历练，未能周知，若经年累月，咨访采择，则又未易成书。”[②] 吏部请求由本部承担《吏部则例》的编纂，这一请求得到乾隆皇帝批准。在此之后，各部署的则例也改由本衙门编纂，由朝廷审议通过和皇帝批准后颁布。这种做法尽管存在部门自行立法的弊端，还存在就各部之间的则例规定不一致需要进行协调的问题，但是，提高了编纂效率，保证了则例编纂的质量。

第三，建立定期修例制度。“乾隆元年，刑部奏准三年修例一次。”[③] 乾隆十一年（1746 年）七月辛酉，针对御史戴章甫上书奏请续修吏部则例一事，发布上谕，就刑部则例馆原奏明三年一修等问题指出：“从前所定三年，朕意亦谓太速，嗣后刑部似应限以五年。至于吏部等部则例，即限以十年，亦不为迟”，并“著大学士会同九卿将如此分年纂辑之处定议具奏”。[④] 各部、院、寺、监则例“五年一小修、十年一大修”之制自此形成。高宗弘历执政期间，从乾隆十一年到乾隆六十年（1795 年）50 年间，定期修例制度基本得到了执行。乾隆朝以后，这一制度存在的未顾及各部署实际、修例时限过分机械的弊端日渐突出，事务繁多的部署或因例案众多，或因刊印时间较长，无法做到按时修订则例；事务较简的机构则因例案较少，频繁修订既无实际必要，也耗费人力财力。在这种情况下，诸如户部这类事繁的部署往往奏请延长修例期限，而事简的部署又要求改变延长原定的修例期限，实际上一些部署并未严格执行“五年一小修，十年一大修”的制度，常常是在

---

① 《吏部处分则例》卷首张廷玉奏折。

② 《吏部处分则例》卷首张廷玉奏折。

③ 《清史稿》卷一四二《刑法一》，中华书局，1996，第 4186 页。

④ （清）王先谦撰《东华续录》乾隆二十四，《续修四库全书》史部第 372 册，上海古籍出版社，2002，第 178 页下。

奏请皇帝后变通修例时限。如国子监自乾隆六十年（1795 年）纂修则例后，直到道光二年（1822 年）才进行增修，期间间歇 27 年之久；理藩院于乾隆五十四年（1789 年）校订则例后，直到嘉庆十六年（1811 年）才再次增修，期间间歇 22 年之久。据王钟翰考察，乾隆朝制定的“十年一大修”的制度，到道光十年（1830 年）时停止执行，[①] 实行时间达 80 余年。道光十年以后，各部、院、寺、监则例何时续修，由该部、院、寺、监根据实际需要确定。定期修例制度在其实行的过程中，虽然出现过修例时限变通的现象，但多数部署还是遵守了朝廷规定的修例时限，并对道光朝以后的修例产生了影响。如《户部则例》于乾隆四十一年（1776 年）至同治十二年（1873 年）间，曾先后修订过 15 次，各次修订的时间间隔不到 6 年。定期修例制度对于及时完善清代法规的编纂，保证法律制度的有效实施，无疑发挥了积极的作用。

自乾隆朝起进行的则例的修订，主要是在原来颁布的则例的基础上，把其后颁行的定例（包括一些由成案上升的定例）增补进去。由于这些定例是根据社会生活中新发生的问题制定的，为增补新例而修订则例，更能增强则例的适应性，也有利于法律制度的进一步完善。故每次进行则例修订时，必须对旧例与新例之间有无矛盾比较鉴别，决定去留，删除过时的条文，对部分过时的条款予以改定，以保持法律内容的和谐一致。修订则例是一项复杂而严肃的工作，卷帙较繁的则例常常历时多年才能完成。

各部独立编纂则例是在乾隆《会典则例》颁行后才大规模开始的。在此之后，各部可以根据政务的实际需要，修订本部门的则例，经皇帝批准后实施。除非皇帝颁有特旨，朝廷各部、院、寺、监长官在修订则例的时限方面是有一定的自主权的。

---

① 王钟翰著《王钟翰清史论集》第 3 册，中华书局，2004，第 1712 ~ 1714 页。又，龚自珍《在礼曹日与堂上官论书事》云：“定制，各部则例十年一修。”见《龚自珍集》卷五。又，道光三年陶廷杰上《请辑六部稿案以杜吏弊疏》云：“查向例，刑部五年一修例，吏户礼兵工五部十年一修例。”见盛康辑《皇朝经世文续编》卷二八《吏政十一·吏胥》。

乾隆朝制定的则例种类齐全，数量较大，内容覆盖了国家和社会事务的各个方面。为了使读者了解该朝制定则例的情况，现把乾隆年间编纂和刊印的有代表性的则例文献列表于后（见表4）。

表4　乾隆朝则例文献举要

类别	则例名称	卷数·册数	成书或刊印时间	馆藏单位
内务府	总管内务府现行则例	1卷，1册	乾隆内府抄本	上图、国图
	内务府咸安宫官学现行则例	1卷，1册	乾隆内府抄本	科图、国图
六部	乾隆二十四年六部例	不分卷	清抄本	北大
	钦定户兵工三部军需则例	15卷，5册	乾隆五十年刻增修本	法学所 华东师大
吏部	钦定吏部则例	47卷，18册	乾隆四年刻本	法学所
	钦定吏部则例	47卷，18册	乾隆七年刻本	法学所
	钦定吏部则例	66卷，19册	乾隆七年武英殿刻本	故宫、辽图
	钦定吏部则例	66卷	乾隆二十六年武英殿刻本	辽图
	钦定吏部则例	68卷	乾隆四十八年武英殿刻本	故宫、辽图
	钦定吏部则例	68卷，10册	乾隆六十年武英殿活字印本	辽图
	钦定吏部则例	68卷，32册	乾隆六十年官撰，武英殿刻本	大木
	钦定吏部则例	66卷，28册	乾隆武英殿刻本	国图
	钦定吏部处分则例	47卷，18册	乾隆七年刻本	法学所
	钦定礼部处分则例	47卷，24册	乾隆四十四年刻本	法学所、科图
	钦定吏部铨选满洲官员则例（乾隆）	5卷，5册	清刊本	台故图
	钦定吏部铨选满官则例	5卷	乾隆七年武英殿刻本	东北师大
	吏部铨选满官则例	3卷，4册	乾隆四十七年官撰，清抄本	大木
	钦定吏部铨选汉官则例	8卷	乾隆七年武英殿刻本	东北师大

续表

类别	则例名称	卷数·册数	成书或刊印时间	馆藏单位
户部	钦定户部则例	126 卷，40 册	乾隆四十一年官撰，四十八年江苏布政司刻本	大木
	钦定户部则例	126 卷,首 1 卷	乾隆四十六年武英殿刻本	故宫、辽图
	钦定户部则例	134 卷，48 册	乾隆五十六年官撰，刻本	大连、大木
	户部则例	存 20 卷，20 册	乾隆内府抄本	国图
	户部则例	1 册	乾隆间朱丝栏抄本	国图
	钦定户部续纂则例	38 卷	乾隆刻本	北大
	钦定户部军需则例	9 卷，4 册	乾隆五十年户兵工部刻本	台近 台大文
	钦定户部军需则例	9 卷，续纂 1 卷	乾隆五十三年武英殿刻本	故宫、北大
	漕运则例纂	20 卷，11 册	乾隆三十一年刻本	法学所
	漕运则例	20 卷	乾隆内府抄本	故宫
	漕运则例纂	20 卷，20 册	乾隆三十五年刻本	国图、南图
	钦定户部旗务则例	12 卷，4 册	乾隆三十四年武英殿刻本	故宫、国图
	钦定户部铸鼓则例	10 卷	乾隆三十四年武英殿刻本	辽图、故宫
	夔关则例	34 页	乾隆八年桂园香堂刻本	浙图
	九江关征收船税则例	不分卷，2 册	乾隆三十七年刻本	北师大
	崇文门商税则例现行比例增减新例	1 卷，1 册	乾隆户部编，四十五年刻本	国图、北大
	崇文门商税则例	1 卷，1 册	乾隆四十五年刻本	人大、大连
	江海关则例	1 卷，1 册	乾隆五十年刻本	北大
	太平遇仙浛光三关则例	1 卷，1 册	乾隆十三年官撰，刻本	大木
礼部	钦定礼部则例	194 卷,图 1 卷	乾隆三十八年武英殿刻本	国图、辽图
	钦定礼部则例	194 卷，32 册	乾隆四十九年武英殿刻本	法学所 故宫

续表

类别	则例名称	卷数·册数	成书或刊印时间	馆藏单位
礼部	钦定礼部则例	194 卷，24 册	乾隆五十九年官修，刻本	北大、大木
	钦定礼部则例	194 卷，8 册	乾隆六十年礼部刻本	国图
	钦定科场条例	4 卷，2 册	乾隆六年武英殿刻本	辽图
	钦定科场条例	54 卷，12 册	乾隆四十四年刻本	浙图
	钦定科场条例	54 卷，续增 1 卷	乾隆六十年刻本	大连
	钦定科场条例	5 卷，5 册	乾隆刻本	法学所
	钦定缮译考试条例	1 卷，1 册	乾隆六年武英殿刻本	辽图
	钦定学政全书	80 卷，8 册	乾隆三十九年武英殿刻本	辽图、云南
	钦定学政全书	82 卷，8 册	乾隆五十八年内府刻本	东北师大
	钦定学政全书	8 卷，8 册	乾隆刻本	福建、大木
	续增学政全书	4 卷	乾隆刻本	福建
	盛京礼部则例	1 卷，1 册	乾隆内府抄本	国图
兵部	钦定兵部则例	50 卷	乾隆刻本	国图
	钦定中枢政考	31 卷	乾隆七年武英殿刻本	故宫、辽图
	钦定中枢政考	31 卷，18 册	乾隆二十九年武英殿刻本	台故图
	钦定中枢政考	31 卷，18 册	乾隆三十九年武英殿刻本	台故图
	钦定中枢政考	16 卷，10 册	乾隆三十九年武英殿刻本	历博
	钦定中枢政考	15 卷，8 册	乾隆三十九年武英殿刻本	法学所
	钦定中枢政考	31 卷，18 册	乾隆四十九年武英殿刻本	台故图
	钦定中枢政考·绿营	16 卷，10 册	乾隆三十九年官修，刻本	大木
	钦定中枢政考·八旗	15 卷，8 册	乾隆七年刻本	法学所

续表

类别	则例名称	卷数·册数	成书或刊印时间	馆藏单位
兵部	钦定中枢政考·八旗	15 卷，8 册	乾隆官撰，刻本	大木
	钦定八旗则例	12 卷，10 册	乾隆六年武英殿刻本	中央民族 华东师大
	钦定八旗则例	12 卷，4 册	乾隆七年武英殿刻本	法学所、故宫
	钦定八旗则例	12 卷，3 册	乾隆三十九年武英殿刻本	故宫、国图
	钦定八旗则例	12 卷，4 册	乾隆五十年武英殿刻本	故宫、国图
	钦定八旗则例	12 卷，10 册	乾隆武英殿刻本	国图
	钦定兵部军需则例	5 卷	乾隆五十三年武英殿刻本	故宫、北大
	钦定军器则例	20 卷	乾隆二十一年刻本	辽图
	钦定军器则例	不分卷，4 册	乾隆五十六年武英殿刻本	故宫、辽图
	督捕则例	2 卷，2 册	乾隆八年武英殿刻本	故宫、国图
	督捕则例	2 卷，8 册	乾隆武英殿刻本	国图
	盛京兵部则例	1 卷，1 册	乾隆内府抄本	国图
刑部	盛京刑部则例	1 卷，1 册	乾隆内府抄本	国图
	秋审则例	1 卷，1 册	乾隆刻本	法学所
工部	钦定工部则例	50 卷，10 册	乾隆十三年刻本	科图、首图
	钦定工部则例	50 卷，6 册	乾隆十四年刻本	北大、大连
	工部则例	存 32 卷，32 册	乾隆内府抄本	国图
	钦定工部则例	50 卷，10 册	乾隆刻本	科图、国图
	盛京工部则例	1 卷，1 册	乾隆内府抄本	国图
	钦定工部军需则例	1 卷，1 册	乾隆五十三年武英殿刻本	故宫 近代史所
	钦定工部军器则例	不分卷，32 册	乾隆二十一年刻本	北大
	工程做法则例	20 册	乾隆刻本	南图
	九卿议定物料价值	4 卷，8 册	乾隆元年武英殿刻本	故宫、历博

续表

类别	则例名称	卷数·册数	成书或刊印时间	馆藏单位
工部	物料价值则例	24 卷，24 册	乾隆三十三年刻本	历博
	物料价值则例·山东省	6 卷	乾隆三十三年刻本	北大
	物料价值则例·山西省	16 卷，6 册	乾隆三十三年刻本	北大
	物料价值则例·甘肃省	8 卷	乾隆三十三年刻本	北大
	钦定河工杨木椿规则例	2 册	乾隆九年刻本	国图
	钦定硝磺铅斤价值则例	不分卷，1 册	乾隆五十七年刻本	国图、北大
	钦定药铅火绳做法则例	1 卷，1 册	乾隆五十七年官撰，刻本	大木
	钦定水陆运费则例	1 卷，1 册	乾隆五十七年官撰，刻本	大木
	题定河工则例	12 卷	乾隆刻本	国图
理藩院	理藩院则例	存 8 卷，8 册	乾隆内府抄本	国图
	蒙古律例	12 卷	乾隆三十一年武英殿刻本	故宫
	蒙古律例	12 卷，2 册	乾隆五十二年刻本	法学所
都察院	钦定台规	8 卷，8 册	乾隆八年官撰，刻本	法学所
	钦定台规	8 卷，4 册	乾隆都察院刻补修本	科图
	都察院则例	2 卷，2 册	乾隆内府抄本	国图
	都察院则例	存 5 卷，5 册	乾隆内府抄本	国图
通政使司	通政使司则例	1 卷，1 册	乾隆内府抄本	国图
大理寺	大理寺则例	1 卷，1 册	乾隆内府抄本	国图
翰林院	翰林院则例	1 卷，1 册	乾隆内府抄本	国图
	起居注馆则例	1 卷，1 册	乾隆内府抄本	国图
詹事府	詹事府则例	1 卷，1 册	乾隆内府抄本	国图
太常寺	钦定太常寺则例	114 卷，另辑 6 卷，首 1 卷	乾隆四十二年武英殿刻本	故宫、国图
	太常寺则例	1 卷，1 册	乾隆内府抄本	国图

续表

类别	则例名称	卷数·册数	成书或刊印时间	馆藏单位
光禄寺	光禄寺则例	84卷,首1卷	乾隆四十年武英殿刻本	故宫、国图
鸿胪寺	鸿胪寺则例	1卷，1册	乾隆内府抄本	国图
国子监	钦定国子监则例	30卷,首2卷	乾隆三十七年武英殿刻本	辽图、国图
钦天监	钦天监则例	1卷，1册	乾隆内府抄本	国图
其他	钦定大清会典则例	180卷，100册	乾隆十三年刻本	法学所
	钦定大清会典则例	180 卷，100册	乾隆二十九年内府刻本	法学所
	钦定大清会典则例	180卷，108册	乾隆内府刻本	北师大、科图
	则例便览	49卷，12册	乾隆三十九年刻本	北大
	则例便览	49卷，10册	乾隆五十六年刻巾箱本	法学所、科图
	则例便览	49卷，16册	乾隆五十八年刻本	法学所
	则例图要便览	49卷	乾隆五十九年刻本	法学所
	增订则例图要便览	49卷，6册	乾隆五十九年刻本	法学所
	户部则例摘要	16卷	乾隆五十八年杨氏铭新堂刻本	科图
	定例全编		乾隆十年荣锦堂刻本	法学所、北大
	定例续编	12卷，1册	乾隆十年刻本	法学所
	定例续编增补	不分卷，7册	乾隆十三年刻本	法学所
	续增新例全编	18册	乾隆十八年刻本	法学所
	定例汇编	23卷，30册	乾隆三十五年江西布政司刻本	法学所

三　嘉庆至清末：则例纂修的发展和完善

自嘉庆至清末的一百余年间，清王朝经历了由盛至衰的变化过程。为了维护对辽阔疆域的有效统治，对付列强的入侵，解决日渐加剧的财政困难，朝廷通过加强立法，不断严密了法律制度。这一时期，在修订嘉庆、光绪《会典》及《会典事例》的同时，运用则例这一法律形式，制定和颁行了大量的法规。据笔者初步考察，这一时期纂修则例情况大体如下：一是则例编纂的数量大大超过了康熙、雍正和乾隆三朝。嘉庆以后各朝都对前朝制定的则例进行了定期增修，一些重要的则例如《吏部则例》、《吏部处分则例》、《户部则例》、《礼部则例》、《钦定学政全书》、《中枢政考》、《工部则例》及有关院、寺、监则例等，都先后进行过多次增修，适时补充了当朝颁行的新例，使这些重要的法规更加充实和完善。同时，还反复修订了一些规范中央机关下属机构的办事规程及有关重大事项方面的则例，如吏部文选司、考功司、验封司、稽勋司则例，铨选满官、汉官则例，《户部军需则例》和《钦定科场条例》等。二是根据治理国家的需要，制定了一些新的则例，进一步完善了国家的法律制度。如强化了经济和工程管理方面的立法，多次修订了《漕运则例》、《工程做法》、《工程则例》，颁行了一批新的物料价值则例、海关税银则例、进口及通商则例；建立和健全了皇室及宫廷管理法规，制定了《宗人府则例》、《钦定宫中现行则例》、《钦定总管内务府现行则例》、《钦定王公处分则例》、《钦定八旗则例》等；注重有关管理少数民族地区事务方面的则例的制定，颁行了《回疆则例》、《理藩院则例》等。所有这些，都极大地完善了清代的法律制度，特别是有关民族立法、经济立法、宫廷管理立法方面的成果，都颇有新创，在清代乃至中国古代的立法史上，达到了前所未有的高度。

鉴于嘉庆至清末颁行的各类则例数量众多，我们在下述表中，着重介绍41家藏书单位馆藏的清代编纂或刊印的有代表性的宫廷则例、吏部则例、户部则例、工部则例文献，对于有关其他部、院、寺、监的则例文献，则简略地加以介绍。

表 5　嘉庆至清末刊宫廷类则例文献举要

文　献　名	卷数·册数	成书或刊印时间	馆藏单位
钦定宗人府则例	16 卷	嘉庆七年内府抄本	国图、故宫
钦定宗人府则例	23 卷，12 册	嘉庆十七年官修，刻本	大木
钦定宗人府则例	23 卷，首 1 卷，24 册	嘉庆二十五年官修，刻本	北大
钦定宗人府则例	31 卷，首 1 卷，10 册	道光二十九年官修，刻本	法学所、北大
宗人府则例	31 卷，10 册	道光三十年活字印本	南图
宗人府则例	32 卷，8 册	道光间内府朱丝栏精抄巾箱本	台央图
钦定宗人府则例	31 卷，首 1 卷，19 册	同治七年刻本	法学所
钦定宗人府则例	31 卷，首 1 卷，10 册	光绪十四年官刻本	国图、南图
钦定宗人府则例	31 卷，首 1 卷，16 册	光绪二十四年刻本	历博、武大
钦定宗人府则例	31 卷，首 1 卷，16 册	光绪三十四年官刻本	法学所、北大
钦定宗人府则例	31 卷，首 1 卷，16 册	宣统刻本	国图
钦定宫中现行则例	4 卷	嘉庆二十五年武英殿刻本	故宫、国图
钦定宫中现行则例	4 卷	道光二十一年内府抄本	故宫、国图
钦定宫中现行则例	4 卷	咸丰六年武英殿刻本	故宫、国图
钦定宫中现行则例	4 卷	同治九年内府抄本	故宫、国图
钦定宫中现行则例	4 卷	光绪五年内府抄本	故宫、国图
钦定宫中现行则例	4 卷，4 册	光绪六年武英殿刻本	故宫、北师大
钦定宫中现行则例	4 卷，4 册	光绪十年武英殿刻本	故宫、法学所
钦定王公处分则例（乾隆至嘉庆）	4 卷，4 册	清活字本	大连
钦定王公处分则例	4 卷，2 册	清刻本	台傅
钦定王公处分则例	不分卷	咸丰六年官刻本	故宫
钦定总管内务府现行则例	4 卷，4 册	嘉庆二十年官修，刻本	南图、大木
钦定总管内务府现行则例	4 卷，续纂 2 卷	道光二十年武英殿刻本	故宫
钦定总管内务府现行则例	4 卷，4 册	道光二十九年刻本	大木

续表

文 献 名	卷数·册数	成书或刊印时间	馆藏单位
钦定总管内务府现行则例	4卷，4册	咸丰二年刻本	大连
钦定总管内务府现行则例	57卷	咸丰内府抄本	故宫
钦定总管内务府现行则例	4卷，4册	同治内府武英殿刻本	辽图
钦定总管内务府现行则例	4卷，8册	光绪十年刻本	武大
钦定总管内务府现行则例	4卷，4册	宣统三年官修，刻本	大木
钦定总管内务府堂现行则例	4卷，4册	咸丰二年官修，刻本	台傅
钦定总管内务府堂现行则例	4卷，4册	同治九年刻本	历博
钦定总管内务府堂现行则例	4卷，4册	光绪十年刻本	国图
总管内务府现行则例（都虞司）	4卷，4册	清写本	科图
总管内务府现行则例（掌仪司）	4卷，4册	清抄本	法学所、科图
掌仪司现行则例	4卷	清抄本	科图
总管内务府现行则例（宗仪司）	4册	抄本	法学所
总管内务府会计司现行则例	4卷	道光元年内府抄本	故宫
内务府营造司现行则例	3卷，3册	嘉庆抄本	大连
总管内务府现行则例（营造司）	2卷	清抄本	北大
总管内务府现行则例（庆丰司）	1卷，1册	嘉庆抄本	北大
总管内务府现行则例（武备院）	1卷，1册	清抄本	北大
总管内务府现行则例（奉宸苑）	2卷，4册	清写本	科图
总管内务府现行则例（南苑）	2卷，2册	清抄本	法学所
总管内务府续纂南苑现行则例	2卷	道光内府抄本	故宫
内务府现行则例（咸安宫官学）	1卷，1册	清写本	科图
总管内务府现行则例（牺牲所）	1卷，1册	光绪内府抄本	科图
总管内务府圆明园现行则例	2卷	清内府抄本	国图

续表

文　献　名	卷数·册数	成书或刊印时间	馆藏单位
总管内务府畅春园现行则例	3 卷	清内府抄本	国图
总管内务府畅春园现行则例	1 卷，1 册	清内府抄本	国图
总管内务府现行则例静宜园 1 卷、清漪园 1 卷、静明园 1 卷	3 卷，3 册	清写本	科图
总管内务府现行则例静宜园 1 卷、清漪园 1 卷、静明园 1 卷	3 卷	同治内府抄本	国图
热河园庭现行则例	12 卷	清抄本	国图

表 6　嘉庆至清末刊吏部类则例文献举要

文　献　名	卷数·册数	成书或刊印时间	馆藏单位
钦定吏部则例	24 册	道光四年刻本	人大
钦定吏部则例	87 卷，40 册	道光二十三年刻本	国图
钦定吏部则例	87 卷，30 册	道光内府刻本	山东
钦定吏部处分则例	47 卷，16 册	嘉庆十二年内府刻本	台师大
钦定吏部处分则例	48 卷，8 册	道光四年官修，刻本	台分图
钦定吏部处分则例	52 卷，26 册	道光二十三年官修，刻本	台分图
钦定吏部处分则例	52 卷，20 册	咸丰刻本	武大、吉大
钦定吏部处分则例	52 卷，20 册	同治官撰，刻本	大木
钦定吏部处分则例	52 卷，24 册	光绪三年金东书行刻本	北大
钦定吏部处分则例	52 卷，20 册	光绪十一年刻本	福建、吉大
钦定吏部处分则例	52 卷，20 册	光绪十二年官修，刻本	北大
吏部铨选则例	4 卷	嘉庆抄本	大连
吏部铨选则例	35 卷，27 册	道光二十三年官撰，刻本	大木
钦定吏部铨选则例	21 卷，21 册	光绪十一年官撰，刻本	大木
钦定吏部铨选则例	24 卷，18 册	光绪刻本	国图
钦定吏部铨选满洲官员则例	4 卷，2 册	嘉庆十二年内府刻本	台师大
钦定吏部铨选满洲官员则例	4 卷，4 册	道光二十三年官修，刻本	台分图
钦定吏部铨选满洲官员则例	5 卷，5 册	光绪十二年官修，刻本	台傅
钦定吏部铨选汉官则例	8 卷，5 册	嘉庆十二年内府刻本	台师大

续表

文献名	卷数·册数	成书或刊印时间	馆藏单位
钦定吏部铨选汉官则例	8卷，8册	道光二十三年官修，刻本	台分图
钦定吏部铨选汉官则例（附《吏部铨选汉军官员品级考》）	8卷，12册	同治以后刻本	法学所、武大
钦定吏部铨选汉官则例	8卷，10册	光绪十二年官修，刻本	台傅
钦定吏部铨选满洲官员品级考	5卷，2册	嘉庆十二年内府刻本	台师大
钦定吏部铨选满洲官员品级考	4卷，2册	光绪十二年官修，刻本	台傅
钦定吏部铨选汉官品级考	4卷，2册	嘉庆十二年内府刻本	台师大
钦定吏部铨选汉官品级考	4卷，4册	道光二十三年官修，刻本	台分图
钦定吏部铨选汉官品级考	4卷，2册	光绪十二年官修，刻本	台傅
吏部文选司则例稿（附光绪五年八月筹饷八十卯掣签簿1卷，光绪五年十二月筹饷八十一卯掣签簿1卷）	不分卷，4册	稿本	科图
吏部考功司则例（道光间）		清刻本	北大
钦定吏部验封司则例	6卷，2册	嘉庆十二年内府刻本	台师大
钦定吏部验封司则例	6卷，5册	光绪十二年官修，刻本	北大
钦定吏部稽勋司则例	8卷，4册	嘉庆刻本	北大
钦定吏部稽勋司则例	13卷，2册	嘉庆十二年内府刻本	台师大
钦定吏部稽勋司则例	8卷，4册	道光二十三年官修，刻本	国图
钦定吏部稽勋司则例	8卷，4册	咸丰刻本	国图
钦定吏部稽勋司则例	8卷，4册	光绪十二年刻本	北大、山东师大
钦定磨勘则例（后附续增磨勘条例）	4卷，1册	嘉庆刻本	法学所、南图

表7　嘉庆至清末刊户部类则例文献举要

文献名	卷数·册数	成书或刊印时间	馆藏单位
钦定户部则例	134卷，60册	嘉庆七年刻本	中山、北大
钦定户部则例	134卷，62册	嘉庆十七年刻本	法学所
钦定户部则例	99卷，目录1卷，64册	道光二年校刻本	法学所、吉大

续表

文 献 名	卷数·册数	成书或刊印时间	馆藏单位
户部则例	99 卷，23 册	道光十一年户部刻本	大连、台傅
户部则例	99 卷，36 册	道光十一年刻本	大连、北大
户部则例	99 卷，72 册	咸丰元年刻本	法学所
钦定户部则例	99 卷，24 册	咸丰五年江苏布政使司衙门刻本	北大
钦定户部则例	100 卷，60 册	同治四年户部校刻本	台分图
户部则例	100 卷，48 册	同治四年刻本	浙图、北大
钦定户部则例	100 卷，首 1 卷，60 册	同治十三年校刻本	法学所、国图
钦定户部续纂则例	14 卷	嘉庆十一年刻本	吉图
钦定户部续纂则例	13 卷	嘉庆二十二年刻本	大连
钦定户部续纂则例	15 卷	道光十八年内府刻本	辽图、大连
钦定户部军需则例	9 卷，续纂 6 卷，8 册	同治五年皖江臬署刻本	大连
钦定户部旗务则例		写本	北大
户部炉藏则例	1 卷，1 册	光绪十五年抄本	国图
常税则例	2 卷，1 册	同治五年古香斋刻本	台分图
闽海关常税则例	2 卷，2 册	清爱莲书屋抄本	国图
北新钞关商税则例	1 册	清抄本	浙图
崇文门商税则例	1 卷，1 册	清刻本	南图
崇文门税则	1 卷，1 册	光绪十七年官修，蓄石斋排印本	大木
崇文门商税衙门现行税则	1 卷，1 册	光绪二十七年官修，刻本	大木
崇文门商税衙门现行税则	1 卷，1 册	光绪三十四年刻本	历博、台傅
崇文门商税则例现行比例增减新例	1 卷，1 册	光绪十年官修，刻本	大木
崇文门商税则例现行比例增减新例	1 卷，1 册	清刻本	国图
北京商税征收局现行税则		光绪三十四年刻本	国图
太平遇仙浛光三关则例	1 卷，1 册	清文林堂刻本	上图
芜湖关户税则例	1 卷，1 册	清刻本	南图
山海钞关则例	不分卷，2 册	清抄本	国图

续表

文　献　名	卷数・册数	成书或刊印时间	馆藏单位
大粮库则例		清抄本	国图
银行则例	1 卷，1 册	宣统元年群益书局本	北大

表 8　嘉庆至清末刊工部类则例文献举要

文献名	卷数・册数	成书或刊印时间	馆藏单位
钦定工部则例	98 卷，8 册	嘉庆三年刻本	大连、浙图
钦定工部则例	50 卷，12 册	嘉庆十年刻本	大连
钦定工部则例	50 卷，6 册	嘉庆十四年重刻本	国图
钦定工部则例	142 卷，目录 1 卷，12 册	嘉庆二十年刻本	故宫
钦定工部则例	142 卷，20 册	嘉庆济南官署刻本	台近、台大文
工部则例	160 卷，40 册	光绪十年官刻本	台傅
钦定工部则例	116 卷，首 1 卷，40 册	光绪十年刻本	法学所、故宫
钦定工部续增则例	136 卷，20 册	嘉庆二十四年刻本	大连
工部续增则例（附《保固则例》4 卷）	136 卷，28 册	嘉庆二十四年刻本	北大、故宫
钦定工部续增则例	153 卷，32 册	嘉庆武英殿刻本	国图
钦定工部军器则例	60 卷，34 册	嘉庆十七年刻本	国图
钦定工部军器则例	24 卷，24 册	嘉庆二十一年刻本	国图
广储司磁器库铜作则例	1 册	清抄本	国图
广储司锡作则例	1 册	清抄本	国图
工程做法则例	74 卷，20 册	清刻本	国图
物料价值则例	存 19 卷，6 册	清内府写本	科图
各省物料价值则例	存 6 卷，6 册	清抄本	国图
钦定南河物料价值现行则例	存 1～3 卷	嘉庆十二年刻本	南大
杂项价值现行则例	1 册	清抄本	国图
松木价值现行则例	1 册	清抄本	国图
钦定硝磺铅斤价值则例	1 卷，1 册	清刻本	南大
内庭物料斤两尺寸价值则例	不分卷，1 册	清抄本	国图
钦定河工则例章程	7 册	嘉庆刻本	南图

续表

文献名	卷数·册数	成书或刊印时间	馆藏单位
题定河工则例	9 册	清刻本	国图
钦定河工实价则例章程	5 卷，首 1 卷，6 册	清刻本	国图
内庭大木石搭土油裱画现行则例	4 卷	清抄本	国图
圆明园修建工程则例	不分卷	稿本	北大、国图
圆明园工程则例	不分卷，20 册	清抄本	国图
圆明园内工汇成工程则例	不分卷	稿本	国图
圆明园供器把莲则例	1 册	清抄本	国图
圆明园画作现行则例	2 册	清抄本	国图
圆明园佛像背光宝座龛案执事现行则例	1 册	清抄本	国图
圆明园内土石作现行则例	1 册	清抄本	国图
圆明园万寿山内廷汇同则例	不分卷	清抄本	国图
圆明园内工补集则例	1 册	清抄本	国图
万寿山工程则例	19 卷，19 册	清抄本	国图
养心殿镀金则例	1 册	清抄本	国图
大木作现行则例	1 册	清抄本	国图
装修作现行则例	1 册	清抄本	国图
石作现行则例	1 册	清抄本	国图
瓦作现行则例	1 册	清抄本	国图
搭彩作现行则例	1 册	清抄本	国图
土作现行则例	1 册	清抄本	国图
工部土作现行则例	1 册	清抄本	国图
油作现行则例	1 册	清抄本	国图
画作现行则例	2 册	清抄本	国图
裱作现行则例	1 册	清抄本	国图
硬木装修现行则例	1 册	清抄本	国图
漆作现行则例	1 册	清抄本	国图
佛作现行则例	1 册	清抄本	国图
陈设作现行则例	1 册	清抄本	国图
热河工程则例	存 17 卷，17 册	清抄本	国图
热河园庭现行则例	12 卷	清抄本	国图

表 9　嘉庆至清末刊其他各部署则例文献举要

类别	文　献　名	卷数・册数	成书或刊印时间	馆藏单位
六部	六部处分则例	24 册	咸丰九年刻本	南图
	六部处分则例	存 48 卷，23 册	同治十二年刻本	南图
	钦定六部处分则例	24 册	光绪三年金东书行刻本	福建
	六部处分则例	25 册	光绪七年重修本	南图
	钦定六部处分则例	16 册	光绪十一年刻本	福建
	钦定六部处分则例	52 卷，8 册	光绪十八年上海图书集成局铅印本	北大、科图
	钦定六部处分则例	52 卷，8 册	光绪二十一年紫英山房刻本	南图、北大
	钦定续纂六部处分则例	47 卷，首 1 卷	嘉庆十年刻本	吉大
	钦定增修六部处分则例	24 卷，12 册	同治四年沈椒生、孙眉山校勘本	台傅
	钦定增修六部处分则例	52 卷，20 册	同治十年重刊道光二十七年官刻本	大木
	钦定增修六部处分则例	24 卷，12 册	光绪十一年三善堂重刻本	台分图
	钦定重修六部处分则例	52 卷，24 册	咸丰五年刻本	法学所、北大
	钦定重修六部处分则例	24 册	同治八年金东书行刻本	浙图
	钦定重修六部处分则例	52 卷，8 册	光绪十八年上海图书集成局刻本	武大
	钦定重修六部处分则例	52 卷，18 册	光绪二十三年刻本	香港新亚
礼部	钦定礼部则例	202 卷，10 册	嘉庆十一年刻本	国图
	钦定礼部则例	202 卷，24 册	嘉庆二十一年官修，刻本	大木
	钦定礼部则例	202 卷，24 册	嘉庆二十五年刻本	山东师大
	钦定礼部则例	202 卷，24 册	道光内府刻本	山东
	钦定礼部则例	202 卷，24 册	道光二十一年官修，刻本	大木
	钦定礼部则例	202 卷，24 册	道光二十四年官刻本	故宫、国图

续表

类别	文献名	卷数·册数	成书或刊印时间	馆藏单位
礼部	钦定礼部则例	202卷，24册	光绪二十一年官刻本	台分图
	钦定礼部则例	202卷，12册	光绪二十四年官刊本	台分图
	钦定学政全书	86卷,首1卷	嘉庆十七年武英殿刻本	故宫、法学所
	钦定科场条例	58卷，12册	嘉庆九年刻本	法学所
	钦定科场条例	60卷，20册	嘉庆二十三年重刻本	人大
	钦定科场条例	60卷，首1卷，19册	道光十四年刻本	国图
	钦定科场条例	60卷，22册	咸丰二年刻本	故宫、南图
	钦定科场条例	60卷，首1卷，24册	咸丰刻本	国图
	钦定科场条例	60卷，40册	光绪十三年内府刻本	国图
	新颁续增科场条例	16册	光绪十七年浙江书局刻本	南图
	续增科场条例	1卷，1册	光绪二十九年刻本	人大
	科场则例	1卷，1册	道光九年刻本	国图
	科场则例	1卷，1册	道光十九年增刻本	国图
兵部	钦定中枢政考	32卷，32册	嘉庆八年刻本	浙图
	钦定中枢政考	32卷，20册	嘉庆十三年刻本	安大、武大
	钦定中枢政考	40卷，首1卷，44册	嘉庆刻本	人大
	钦定中枢政考	72卷，72册	道光五年兵部刻本	辽图、故宫
	钦定中枢政考（八旗）	32卷，32册	道光五年官刻本	辽图
	钦定中枢政考（绿营）	40卷，15册	道光五年官刻本	辽图
	钦定中枢政考	30卷，30册	清刻本	台师大
	钦定中枢政考续纂	4卷，4册	道光十二年官刻本	法学所、故宫
	钦定兵部处分则例	76卷，8册	道光三年内府刻本	法学所、辽图
	钦定兵部处分则例	76卷，31册	道光兵部刻本	国图、上图
	钦定兵部续纂处分则例	4卷，4册	道光九年兵部刻本	上图、法学所

续表

类别	文　献　名	卷数·册数	成书或刊印时间	馆藏单位
兵部	钦定军器则例	32 卷，12 册	嘉庆十年刻本	历博
	钦定军器则例	24 卷，24 册	嘉庆十九年刻本	武大
	钦定军器则例	24 卷，24 册	嘉庆二十一年兵部刻本	浙图、国图
	钦定军器则例	32 卷	嘉庆二十一年官刻本	故宫
	钦定军器则例	24 卷，12 册	光绪十七年排印本	台傅、南图
	钦定军器则例	32 卷，7 册	清兵部刻本	国图
	督捕则例	2 卷，1 册	光绪十二年刻本	国图
	督捕则例附纂	1 卷，1 册	道光八年刻本	国图
	督捕则例附纂	2 卷，1 册	同治十一年湖北谳局刻本	国图、北大
	鞍库则例	1 卷，1 册	清内府抄本	中央民族
	钦定东省外海战船则例	4 卷，4 册	清末刻本	法学所
理藩院	钦定回疆则例	8 卷，5 册	道光二十二年官刻本	南图
	钦定回疆则例	8 卷，9 册	道光刻本	国图
	理藩院修改回疆则例	4 卷，4 册	咸丰内府抄本	国图
	钦定回疆则例	8 卷，3 册	光绪三十四年铅印本	国图
	钦定理藩院则例	63 卷，通例等 6 卷，16 册	嘉庆二十二年官刻本	故宫
	钦定理藩院则例	64 卷，32 册	道光二十三年刻本	辽图
	钦定理藩院则例	64 卷	光绪十二年刻本	吉大
	钦定理藩院则例	64 卷，32 册	光绪十七年刻本	山东师大、历博
	钦定理藩部则例	64 卷，16 册	光绪三十四年刻本	北大、吉大
都察院	钦定台规	20 卷，8 册	嘉庆九年都察院刻本	法学所
	钦定台规	40 卷，16 册	道光七年官刻本	历博、故宫
	钦定台规	42 卷，首 1 卷	光绪十六年官刻本	故宫、法学所

续表

类别	文献名	卷数·册数	成书或刊印时间	馆藏单位
太常寺	钦定太常寺则例	125卷，另辑6卷，首1卷，32册	嘉庆官刻本	大木
	钦定太常寺则例	133卷，64册	道光朱丝栏抄本	台分图
	钦定太常寺则例	127卷，另辑6卷，49册	道光刻本	国图
	钦定太常寺则例	127卷，另辑6卷，66册	道光太常寺刻本	国图
	钦定太常寺则例	6卷，4册	清刻本	大连
太仆寺	太仆寺则例	1卷，1册	清内府朱丝栏抄本	台故宫
光禄寺	光禄寺则例	104卷	道光内府抄本	故宫、国图
	光禄寺则例	104卷，53册	道光十九年武英殿刻本	辽图
	钦定光禄寺则例	90卷，丧仪14卷	咸丰五年刻本	国图、大连
国子监	钦定国子监则例	44卷,首6卷	嘉庆二年刻本	法学所、北大
	钦定国子监则例	44卷，首6卷，24册	嘉庆内府抄本	国图
	钦定国子监则例	45卷，9册	道光四年国子监刻本	国图、辽图

四　清代则例编纂的成就

清代在以《会典》为纲、则例为目的立法框架下，充分利用则例这一法律形式，建立起了中国古代历史上空前完善的行政法律制度。与明代及其以前各朝比较，清代则例编纂取得的突出成就有以下五个方面。

（一）则例作为经常编修的行政条规，覆盖了所有国家机关，是六部和其他中央机构行政活动必须遵守的规则，从而实现了国家行政运转的规范化和制度化

清代法制较前代的一个重要发展，就是运用则例这一法律形式，制定和确认了中央各部、院、寺、监及其下属机构活动的规则。在这些则例中，既有“六部一体”为特色的《钦定六部则例》，又有单独编纂的《吏部则例》、《户部则例》、《礼部则例》、《兵部则例》、《刑部则例》、《工部则例》、《都察院则例》、《通政使司则例》、《大理寺则例》、《翰林院则例》、《起居注馆则例》、《詹事府则例》、《太常寺则例》、《太仆寺则例》、《光禄寺则例》、《鸿胪寺则例》、《国子监则例》、《钦天监则例》等。还有各中央机构下属单位活动规则的则例，如吏部制定有《文选司则例》、《考功司则例》、《验封司则例》、《稽勋司则例》等。此外还制定有跨部的则例，如《军需则例》就是一部这样的则例，分别颁行有《户部军需则例》、《兵部军需则例》、《工部军需则例》。

这些则例就朝廷各级机构的职掌和办事规程作了详细具体的规定。如乾隆三十五年（1770 年）修订的《礼部则例》，内容是清初至乾隆中期各种礼仪的规定。其编纂体例是以礼部仪制、祭祠、主客、精膳分类。仪制门下有朝贺通例、圣训、颁诏、册封、婚礼、冠服、仪仗、赏赐、学政、科举场规等 92 目；祭祀门下设有祭祀通例、太庙、丧仪、贡使等 85 目；主客门下设有朝贡通例、四译馆事例、边关禁令等 21 目；精膳门下设有太和殿宴、皇后宴、大婚宴、婚礼宴等 22 目。该则例曾于乾隆、嘉庆、道光、同治、光绪朝续修，可谓清代各种礼仪制度之大全。

又如《兵部则例》，名曰《中枢政考》。清代编纂的有关兵部职掌和军政事务方面的则例，初修于康熙十一年（1672 年），题名为《中枢政考》。雍正、乾隆、嘉庆、道光等朝对该法规均有修订。乾隆七年（1742 年）颁行的该书武英殿刻本，分为八旗与绿营两个部分，八旗则例部分内有职制、公式、户役、仓库、田宅、仪制、军政、宫卫、邮驿、马政、关津、盗贼、营造、杂犯等门；绿营则例部分内有职制、公式、户役、仓库、漕运、田宅、仪制、马政、邮驿、关津、军政、土番、盗贼、营造、杂犯等门。各门之下又设有若干目，条举各种军政、军事规定。乾隆及以后各朝曾多次增补《中枢政考》，每次修订主要是增补了该书颁行后所定新例，删减了过时的条款。道光五年（1825年）对该法规的体例做了较大的修改，把八旗、绿营两部分分立编纂。其中八旗32卷、绿营40卷。八旗部分有品级、开列、补放、奏派、封荫、改武、世职、仪制、通例、公式、禁令、仓库、俸饷、户口、田宅、承催、营伍、军政、议功、关津、巡洋、缉捕、杂犯、八旗马、驻防马、训练、兵制、营造等卷。绿营部分有品级、营制、开列、京营、铨政、题调、水师、门卫、边俸、拣选、保举、考拔、封赠、荫袭、程限、开缺、亲老、土番、仪制、通例、公式、禁令、仓库、俸饷、户口、田宅、承催、漕运、营伍、军政、议功、巡洋、关津、缉捕、绿营马、牧马、马禁、驿额、驿费、驿递、给驿、兵制、考试、营造等卷。《钦定中枢政考》经多次修订，内容逐步完善，编纂体例也更加规范。

各部、院、寺、监则例详细规定了行政组织、行政程序和行政准则及办事细则。王钟翰先生指出："有清一代，凡十三朝，历二百六十有七载，不可谓不久者矣；然细推其所以维系之故，除刑律外，厥为则例。大抵每一衙门，皆有则例，有五年一修、十年一修、二十年一修不等。则例所标，为一事，或一部一署，大小曲折，无不该括。其范围愈延愈广，愈广愈变，六部而外，上起宫廷，如《宫中现行则例》；下及一事，如《王公俸禄章程》；不惟《会典》所不及赅，且多有因地因时，斟酌损益者；故不得不纂为则例，俾内外知所适从。"①

① 王钟翰著《王钟翰清史论文集》第3册，中华书局，2004，第1701页。

（二）通过编纂《吏部则例》和《处分则例》，明确了吏部的办事规则，加强了对各级官吏的管理和监督，特别是《处分则例》对于官吏违制惩处的一系列规定，实现了行政责任与刑事责任分立、行政处分法规的相对独立

《吏部则例》是关于吏部办事规范及有关违制处罚的规定。如乾隆七年（1742 年）刊行的《吏部则例》，内容包括满官品级考、汉官品级考、满官铨选、汉官铨选、处分则例五个部分。道光二十三年（1843 年）颁行的《吏部则例》，内容除上述五个部分外，又增加了验封、稽勋等吏部所属清吏司则例。清代各朝增修的吏部铨选和文选、考功、验封、稽勋司则例，是《吏部则例》的实行细则，各朝颁行的方式不一，把其收入《吏部则例》者有之，单独刊行者亦有之。吏部铨选则例分为《吏部铨选满官则例》和《吏部铨选汉官则例》。《吏部铨选满官则例》内分开列、月选、拣选、杂例、笔帖式等门。《吏部铨选汉官则例》内分开列、月选、升补、除授、拣练、拣选、杂例等门。吏部所属文选、考功、验封、稽勋四司则例，内容分别详细地规定了各清吏司办事规则。如《吏部验封司则例》内分世爵、封典、恩荫、难荫、土官、书吏等门。世爵门下有功臣封爵、世爵袭替、世爵犯罪、绿营世职等目；封典门下有请封品秩、封赠妻室、丁忧官给封等目；恩荫门下有承荫次序、荫生考试、荫生录用等目；难荫门下有难荫录用、殁于王事赠衔等目；土官门下有土官承袭、土官降罚、土官请封等目；书吏门下有充补书吏、书吏调缺等目。

《吏部处分则例》始修于康熙年间，雍正朝做过较大增补，乾隆及以后各朝均有增删，它规定了各级各类官吏办事违误应受处分的种类、适用原则和各种具体违法违纪行为的处分标准。清朝行政处分的方式有罚俸、降级、革职三种。罚俸以年月为差分为七等；降级有降级留任和降级调用之分，两者共为八等；革职仅一等。三种处分之法凡十六等。革职是行政处分的最高形式，被革职的人员中如有犯赃等情形，加“永不叙用”字样。革职不足以惩治者，交刑部议处。《吏部处分则例》以吏、户、礼、兵、刑、工六部分门别类，吏部有公式、降罚、举劾、考绩、旷职、营私等目；户部有仓场、漕运、田宅、盐法、钱法、关市、灾赈等目；礼部有科场、学校、仪制、祀典等目；兵部有驿递、马政、军政、海防等目；刑部有盗贼、人命、逃人、杂犯、提解、审断、禁狱、用刑等目；工部有河工、修造等目。该则例对上述这些方面的违制行为，规定了相应的行政处分。

清代还颁行了《钦定六部处分则例》。该则例始纂于康熙初，之后曾多次修订，内容是六部办事章程和违制的规定。另外，对于军职人员违制的惩处，清代在遵循《吏部处分则例·刑部》、《六部处分则例·刑部》的基础上，又根据军职违制犯罪的实际情况，增加了许多有针对性的处分条款，编纂和多次修订过《钦定兵部处分则例》、《续纂兵部处分则例》。《兵部处分则例》在各条下注明公罪、私罪，并要求对犯罪者引律议处。应处笞杖之刑者，公罪罚俸，私罪加倍；应处徒刑以上罪者，则有降级、留用、调用、革职之别；如有因立功表现而形成的加级记录，可以抵消。

在中国古代，历代对于官吏的犯罪行为，主要是依据刑律进行处置。对于官场中经常发生的官吏渎职、违制、违纪行为，各代虽也有行政处分方面的规定，但很不系统和严密。清代编修的各类官吏处分则例，以专门法规的形式，详细、具体地把文武官员各种违制行为及应受的处罚从法律上确定下来，进一步强化了对官员的约束，使得对于违纪官吏的制裁有法可依、有规可循，这是中国古代行政立法的重大发展。

（三）适应社会经济发展的需要，制定了一系列有关加强经济和工程管理的则例

《户部则例》的主要内容是有关户部收支钱粮及办事规则的规定。现见的这一则例有乾隆、嘉庆、道光、咸丰、同治年间修订的多种版本。《户部则例》分别对户口、田赋、库藏、仓庾、漕运、钱法、盐法、茶法、参课、关税、税则、廪禄、兵饷、蠲恤、杂支等方面的管理作了具体规定。属于户类的则例还有《户部续修则例》、《军需则例》、

《漕运则例》、《常税则例》、《闽海关则例》、《江海关则例》、《夔关则例》、《通商进口税则》等。

《工部则例》始修于雍正十二年（1734 年），乾隆、嘉庆、光绪朝进行过续修，内容是有关工部职掌和工程标准的规定。乾隆朝续修的《工部则例》，为以后各朝进一步完善该法规奠定了基础。嘉庆三年（1798 年）内务府刊行的《工部则例》为 98 卷，内分四门：一是营缮，有城垣、仓敖、营房、物料等目；二是虞衡，有钱法、军需、杂料等目；三是都水，有河工、漕河、水利、江防、关税等目；四是屯田，有薪炭、通例等目。嘉庆二十年（1815 年）颁行的《钦定工部则例》，计 142 卷，例文 1027 条。光绪十年（1884 年）颁行的《工部则例》沿袭了该书的体例，内容更加丰富和严密。光绪朝《钦定工部则例》在原四门的基础上，又增加了制造、节慎、通例三门，对有关制造、桥道、船政、恭理事宜等作了规定。除《工部则例》外，清代还颁布有《工部续增则例》、《物料价值则例》、《工程则例》、《工程做法》、《河工则例》、《匠作则例》、《圆明园工部则例》等。

（四）颁布了多个专门规范宫廷事务管理和皇室贵族行为的则例。清代制定的这方面的法规之健全，为历代之冠

清朝立国之初，就很注意通过法律手段限制皇室贵族的特权。当时发布的这类法规法令，散见于各种法律、法规、政令之中。自乾隆朝起，朝廷陆续制定了一些专门规范宫廷内部管理和皇室贵族行为的单行法规。宗人府是清代管理皇室贵族事务的专门机构。清顺治初，仿效明代建立宗人府，主要职责为纂修谱牒，给发宗室人员养赡、恩赏，办理袭封爵位及审理皇族成员犯罪等。清乾隆年间，始制定《宗人府则例》，内容是该府处理皇室宗族的各种事务的规定。该则例于嘉庆间颁行，并拟定每十年修一次。道光以前，所修则例内容较为简略。该则例曾于嘉庆、道光年间几次修订。现见的该书道光间刊本，下设命名、指婚、继嗣、封爵、册封、诰命、追封、封号、仪制、教养、授官、考试、优恤、职制、律例等门，内容较前大为充实。该则例在光绪二十四年（1898年）、三十四年（1908年）又先后修订，增补了许多新的条款，内容更加系统和规范。清廷还制定了用以规范王公行为及违制处罚的《王公处分则例》，内有处分条款、降级兼议罚俸分别抵消、公式、选举、考劾、户口、印信、考试、营伍、禁卫、火禁、缉捕、杂犯、缉逃、旷职、审断、刑狱、犯赃、窃盗等目。

清代制定的管理宫廷事务的单行法规主要有《钦定宫中现行则例》、《庆典则例》、《庆典章程》等，其中《钦定宫中现行则例》是最重要的法规。它是规范宫中事务的法令、章则的汇纂，内容为列朝训谕、名号、礼仪、宴仪、册宝、典故、服色、宫规、宫分、铺宫、安设、谢恩、钱粮、岁修、处分、太监等目。该书初颁于乾隆七年（1742年），后每次纂修，多有增补。

清代对皇室及宫廷的管理由内务府总管，职责是管理皇帝统领的正黄旗、镶黄旗、正白旗的全部军政事务和宫廷内部的人事、经济、礼仪、防卫、营造、庄园、牧放、刑狱及皇帝、皇后、妃、皇子等的日常生活。《内务府则例》对内务府的职掌、办事规则和违制处分进行了规定。为了使内务府所属机构管理的事务有章可循，清代还编纂了《总管内务府堂现行则例》及各司、院、处则例，如《总管内务府广储司现行则例》、《总管内务府都虞司现行则例》、《总管内务府掌仪司现行则例》、《总管内务府营造司现行则例》、《总管内务府总理工程处现行则例》、《总管内务府武备院现行则例》、《总管内务府静明园现行则例》、《总管内务府颐和园现行则例》、《总管内务府管理三旗银两庄头处现行则例》、《总管内务府造办处现行则例》、《总管内务府南苑现行则例》、《总管内务府禁城现行则例》等。

（五）通过制定《蒙古则例》、《回疆则例》及《理藩院则例》等法规，全面加强了对少数民族事务的管理

在蒙古地区，清代制定了《蒙古则例》，又称《蒙古律例》，作为适用于蒙古族居住地区的法律。《蒙古律例》初颁于乾隆六年（1741年），此后屡经修订，乾隆五十四年（1789年）校订为209条；嘉庆十

九年（1814 年）又纂入《增订则例》23 条。它对于巩固北方边疆区域具有特别重要的意义。

清代适用新疆地区的代表性法规是《钦定回疆则例》，又称《回例》。其适用范围主要是新疆南部及东部哈密、吐鲁番等地的维吾尔族、新疆西北部的哈萨克族，以及帕米尔高原以西的布鲁特（塔吉克）人、浩罕（吉尔吉斯）人等。《回疆则例》于嘉庆十九年（1814 年）修成后，因故未公布，直到道光二十二年（1842 年）才正式颁行。《钦定回疆则例》针对维吾尔族的宗教信仰特点，保护教会的正常活动，但又限制其干预政务，充分体现了因地制宜的民族立法特色。

在西藏地区，清代于乾隆五十八年（1793 年）制定了《钦定西藏章程》29 条，又称《西藏通制》。在该法规中，以法律形式确立了中央政府对西藏的国家主权。

为了加强对青海地区民族事务的管理，清政府曾制定《禁约青海十二事》，后又于雍正十二年（1734 年）颁行了《西宁青海番夷成例》，又称《番律》或《番例》。《西宁青海番夷成例》是在摘选清立国后陆续形成的蒙古例的基础上编纂而成的，因而内容与《蒙古律例》有相同之处。这部法规专门适用于青海地区。它对于协调稳定青海的民族关系有很大作用，一直沿用到民国初年。

在清代的各种民族法规中，《理藩院则例》是体系最为庞大、条款最多、适用范围最广泛的民族法规。它集清一代民族立法之大成，是我国古代民族立法的代表性法律。该《则例》于嘉庆二十二年（1817 年）颁行。这部法规是在乾隆朝《蒙古律例》的基础上编纂而成的，并吸收了《钦定西藏章程》的内容，增加了有关蒙古地区行政规划的条款，分为“通例”、“旗分”等 63 门，共 713 条。在此之后，道光、光绪年间又经过 3 次增修。光绪朝增修的《理藩院则例》为 64 门，内有律条 971 条，条例 1605 条。它所适用的民族、地域几乎涵盖了西北、东北地区以及部分西南地区。该法规的内容以行政法为主，并包括刑事、经济、宗教、民事、军事和对外关系方面的法规，对于维护和巩固清王朝多民族国家的统一和稳定发挥了积极作用。

清代的省例*

“省例”一词作为法律用语始于清代。在乾隆时期的法律文书中，已有“省例”的称谓出现。例如，《福建省例》中有一则题为《船只缘事留人不留船》的文书：“前于乾隆三十七年间，福清县经承杨华澳差魏发勒索船户许列辉、陈仲就两照发觉，经本司议拟详明，并列款出示各海口，复刊入‘省例’，永远遵行在案。”[①] 由此可知，至迟在乾隆三十七年（1772年），福建省已刊发省例，省例已成为该省发布地方法规、政令的官方文书的称谓。或许有人会因“复刊入省例”一语中的“复”字而疑其非当时之事，《福建省例》中另一则题为《署理悬缺员应扣修署俟扣完后始可详借》的官文书，内有“窃查各官借廉修理衙署，前于乾隆三十八年间原定省例”云云[②]，确证“省例”称谓在乾隆三十八年已在福建行用。

《福建省例》[③] 一书收入的484件文书中，文书标题有“省例”字样者4件，正文中记载该文书“刊入省例颁行”、“刊入省例颁送”、

* 本文系我于2006年、2007年选编、研读清代省例文献过程中所写，后收入杨一凡、刘笃才著《历代例考》（杨一凡主编《中国法制史考证续编》第1册，社会科学文献出版社，2009），收入本文集时，做了一些文字修订。

① 台湾银行经济研究室辑《福建省例》，见《台湾文献丛书》第199种，台湾大通书局，1964，第637～638页。

② 台湾银行经济研究室辑《福建省例》，见《台湾文献丛书》第199种，台湾大通书局，1964，第370～371页。

③ 据《福建省例》书前百吉撰《弁言》：“这部《福建省例》原只称作《省例》，‘福建’二字是我们加上去的。”该文献清刻本系戴炎辉教授珍藏。见台湾银行经济研究室辑《福建省例》，《台湾文献丛书》第199种，台湾大通书局，1964，第1页。本书中的引文均出于整理本《福建省例》。为行文方便，我们对该省例的称谓也以整理本为准，一律写为《福建省例》。

“刊入省例在册”以及“著为省例”的有138件。

乾隆至光绪年间，随着《湖南省例成案》、《粤东省例新纂》、《江苏省例》、《福建省例》等地方法规、政令汇编文献的刊印，“省例”成为当时一些省区通行的法律用语。

清代省例汇编类文献中辑录的地方法规和法律文书的内容极其丰富，是研究清代法制的珍贵资料。早在20世纪初，日本学者织田万在《清国行政法》第2编《清国行政法之渊源》部分，就专节介绍了清代的省例。近年来，清代省例研究日益受到国内外学界的关注，先后发表了几篇重要的论文，提出了一些新的见解。[①] 然而，省例研究仍是法史研究的薄弱环节。对于清代省例的形成、内容、批准程序、编纂、实施、发展演变以及省例与朝廷立法的关系等一系列问题，还有待深入探讨；对于“省例”的含义、性质及其“是不是一种独立的法律形式”、“是不是一省的综合性法规”等疑义，学界尚存有不同观点。为了使读者了解清代省例的性质，本文着重就清代省例的含义、形成及代表性文献的编纂等发表一些浅见。

关于清代省例的含义，笔者认为，从现存文献看，清人主要是在三层意义上使用“省例”这一称谓的：

一是指清代省级政府制定的以地方性事务为规范对象、以地方行政法规为主体，兼含少量朝廷颁布的地区性特别法的法律文件的汇编。现见的以“省例”命名的这类文献有《湖南省例成案》、《湖南省例》、《广东省例》、《江苏省例》等。

二是指刊入具有省例性质的官方文书和地方法规、政令汇编中的每一种法规、政令或具有法律效力的规范性文件。以“省例”命名的地方法规、政令汇编类文献，“省例”一词既是该书的书名，也同时指收入书中的各个法规、政令及其他规范性文件。这些法规、政令是从该省

① 近年来发表的研究清代省例的论文有：〔日〕谷井阳子撰《清代则例省例考》（该论文日文见载日本《东方学报》第67册，1995。中文本见《中国法制史考证》丙编第4册），〔日〕寺田浩明撰《清代的省例》一文，收入滋贺秀三主编的《中国法制史基本资料的研究》，东京大学出版会，1993。国内学者的研究成果主要是王志强写的《论清代的地方法规——以清代省例为中心》一文。

一定时期内颁行的法律文件中选编而来的，其具体名称有章程、条约、告示、檄示、禁约、通饬等多种。它们在收入被称为省例的汇编性文献后，无论某一法规、政令是何时颁布的，采用的是何种法律形式，人们把它们都统称为省例。所以，省例本身虽不是独立的法律形式，但它可以作为一省地方性法规、政令的称谓或简称使用。

三是特指省级政府刊发地方法规、政令及具有法律效力的规范性文件的一种官方文书形式。《福建省例》中大量有关“刊入省例颁行”、“刊入省例颁送”、“刊入省例在册”以及“著为省例”的记载，就是这方面的典型例证。

在清代，“省例”这一称谓也是基于与“部例”的称谓相对应而出现的。当时，一些省区在行政、司法实践和公文来往中，习惯上把中央部署则例称为“部例”，把地方省级政府颁布的法规称为“省例”。省例和部例是法典的两翼，都是为了更好地实施《会典》、律典规定的国家的基本法律制度而制定的。省例作为地方性法规，也是为更好地实施部例中有关地方事务管理的规定而制定的。清人对于省例与部例的关系作了这样的概述：“举凡通行部章，因时损益，所以辅律例之简严；通饬省章，因地制宜，所以阐部章之意指”；[①]“条例是国家令典，天下通行，一律遵办。省例是外省申详事件酌定章程，各就一省而言。”[②]“省例则尤因地制宜，助部例所不备。”[③]也就是说，省例作为一省范围内的地方立法成果，其功能是补充部例所不备。从典、例关系即“典为经，例为纬”的层面考察，六部则例是“以典为经”规范朝廷六部活动的规则，省例是治理一省地方事务的法律细则。

省例作为地方法规的称谓之所以能够在清代出现，是有其深刻的社会经济背景的，也是中国古代地方立法发展到比较成熟的阶段以及法规

① （清）钟庆熙辑《四川通饬章程》臬司《序》，见杨一凡、刘笃才编《中国古代地方法律文献》丙编第15册，社会科学文献出版社，2012，影印本，第387页。

② （清）王有孚纂《一得偶谈》，见杨一凡编《中国律学文献》第3辑第4册，黑龙江人民出版社，2006，影印本。

③ （清）宁立悌等辑《粤东省例新纂》两广总督耆英《序》，见《中国古代地方法律文献》丙编第10册，社会科学文献出版社，2012，影印本，第5页。

编纂经验积累的必然结果。

在中国古代法律体系中，朝廷立法与地方立法并存。从秦汉到明代中叶，地方立法及其法律形式的形成和发展，经历了缓慢的演变过程。各代运用条教、条约、约束、榜文、告示等形式，颁布了大量地方性法规、政令。明代中后期，随着社会经济的发展和督抚制的普遍实施，地方立法活动空前活跃，法律形式更加多样化，立法数量也远远超过前代，条约成为明代地方立法的基本形式。《中国古代地方法律文献》甲编[①]收入的《巡按陕西告示条约》、《莅任条约》、《续行条约》、《督抚条约》、《总督条约》、《督学四川条约》、《学政条约》、《行各属教条》、《教约》、《乡甲约》、《粜谷条约》、《漕政禁约》、《风宪约》等20多个条约，就是明中后期颁布的代表性地方条约。条约内容严密，条款清晰，规范性强，它在地方立法中的广泛使用，标志着中国古代地方法制建设进入了比较成熟的阶段。

清代前期，地方立法的形式基本沿袭明代，但立法的数量大大超过了前代，许多地方政府和长官颁布了各种形式的地方法规，其内容之广泛，几乎涉及社会生活、行政和经济管理及民间事务管理的各个方面。《中国古代地方法律文献》乙编[②]收录的《到任条约通示》、《禁令百则》、《兴利除弊条约》、《严禁漕弊各款》、《弭盗安民条约》、《督院条约》、《守琼条约》、《抚浙条约》、《抚吴条约》、《总制浙闽文檄》、《刑名章程》、《学政条约》等，就是当时地方立法的重要成果。这一时期，清代地方法制建设较之明代的一个重要发展，就是自康熙四年（1665年）实行巡抚制始，又逐步在一些省区实行总督、巡抚双重领导的体制，巡抚受总督节制，总督权势渐崇。为了有效地加强一省地方事务的管理，通行全省的法规、政令统一由总督或巡抚批准和发布。康熙至乾隆年间，各地总督、巡抚颁行了大量的法规、政令，有些省区还通过编纂、修订法令政令发布了内容比较系统、规范的重要法规。这种做法，

① 杨一凡、刘笃才编《中国古代地方法律文献》甲编（10册），世界图书出版公司，2006，影印本。

② 杨一凡、刘笃才编《中国古代地方法律文献》乙编（15册），世界图书出版公司，2009，影印本。

为以后省例的汇编提供了经验。

清乾隆九年（1744 年）起实行的由各省地方政府汇编、刊印朝廷定例的制度，也对省例的编纂产生了直接影响。是年，湖北省按察使石去浮向乾隆皇帝上疏："向来通行事件，各省接准部咨，有藩、臬并行者，有只行专管衙门者；行司之后，有转移知照者，亦有竟不移会者。于道员府佐，遗漏尤甚，即或得之邸抄，势难全备。"① 为了改变藩、臬及其他衙门之间互不通气，对朝廷下达的例文"见闻疏略"的状况，让各级地方衙门和官吏能够及时了解皇帝发布的谕旨及朝廷发布的定例，石去浮建议，凡中央下达的例文，由专人抄录汇总，作为地方政府处理各类事务的依据。乾隆皇帝对石去浮的建议表示支持，并于乾隆九年四月辛亥发布圣旨曰：

> 嗣后凡有关涉定例之部文，该督抚接到日，一概通行藩、臬。到司后，专管该司于行府外，分移各道。到府后，于行州县外，并分移丞倅等官。如此，则大小臣工，娴习律令，临事不致歧误。至称派拨专书经手，汇总齐全，入于新旧交盘内，亦应如（石去浮）所奏。倘有疏忽，将该管官照遗漏行文例参处，其典吏照"遗失官文书律"治罪。②

自此以后，各省辑录汇编朝廷定例遂成制度，并对各地编纂和刊刻本省地方法规有很大的推动。由于朝廷部院准咨和督抚发布的地方政令、法规愈来愈多，有些省在编纂、刊刻中央部例的同时，也进行本省地方法规的编纂和刊行。据《治浙成规》载：

> 浙江按察司台会同布政使司富呈详……浙省一切详定章程，每有行之日久，官吏吏易，未悉原委，以致不克遵循办理，违误比比皆是。查现在一切部议成案，俱由臬司衙门随时刊发。所有刊费，每年各府

① 《大清律例》卷一，清雍正三年刻本。
② 《大清律例》卷一，清雍正三年刻本。

州县扣存备公银一两，除刊例案外，尚有余剩。应请嗣后一切议详、议禀事件可为永远章程者，即将余剩之银，亦一体刊布流传交代。俾有遵循，似于政务不无裨益，合并声请伏候宪夺等情。于乾隆二十一年九月初三日详。奉巡抚部院杨批：均如详通饬遵行。①

这则记载表明，浙江省于乾隆二十一年（1756 年）九月，已决定全省各府、州、县每年在刊刻朝廷部议成案的同时，刊刻本省的“一切议详、议禀事件可为永远章程者”。

也有一些省在督抚的首肯后，编纂和刊刻本省省例。从《福建省例》和《治浙成规》的记载看，至迟在乾隆朝中期，这两个省已运用“省例”这一法律文书的形式随时发布地方法规。关于福建省于乾隆三十七年（1772 年）刊行省例的记载，在本部分开头已经述及。浙江省运用省例颁布地方法规的情况似乎更早，只是不以“省例”而以“成规”为名称。其中时间最早的是乾隆二十六年（1761 年）经督抚批准刊入《成规》的《航船被失分别赔赃》这则成规：

乾隆二十六年七月十五日，奉巡抚部院庄批，如详饬著叶绳武先赔一半，勒限半月内追给取领送查，毋任宕延羁累。一面速饬勒捕严缉赃贼，务获究报。仍即通饬各县商客，有银钱货物寄交船户。如有疏失，照议分别赔价。出示晓谕，并刊入《成规》。并候督部堂批示缴。又奉部督部堂杨批，如详饬遵。②

在《治浙成规》一书中，辑录了许多浙江省于乾隆、嘉庆、道光年间，把该省制定的地方法规、政令刊入官方文件《治浙成规》发布

① 《治浙成规》卷五《锢婢二十五岁以上照例治罪，并许亲属领回不追身价》，见《中国古代地方法律文献》丙编第 8 册，社会科学文献出版社，2012，影印本，第 442 ~ 443 页。

② 《治浙成规》卷六《航船被失分别赔赃》，见《中国古代地方法律文献》丙编第 8 册，社会科学文献出版社，2012，影印本，第 693 页。

的文书，这种官方文书的称谓虽未以“省例”命名，但就其内容、功能而言，与福建省的《省例》属于同一性质。

福建省的《省例》、浙江省的《治浙成规》这类当时用以刊发法规、政令的官方文书的原件，目前尚未找到。据笔者推测，此类官方文书应是类似现在政府公报的性质，主要用于刊载省级政府制定的法规、政令，随时或定期刊发给下级地方衙门。这一时期，还有哪些省运用省例这类官方文书公布地方法规，因文献阙失，有待详考。

清代中期，除浙江、福建采用官方文书形式发布通行于全省的法规、政令外，也出现了辑录、汇编一省地方法规和其他法律文件的情况。笔者看到的汇编乾隆朝及乾隆以前地方法规、政令较多的文献有《湖南省例成案》和《乾隆朝山东宪规》①。《湖南省例成案》收入的是湖南省于雍正、乾隆年间发布的例文及成规，编纂、刊刻时间不详。《乾隆朝山东宪规》系私人抄录，不是由省级长官首肯或官方组织编纂的省例汇集。鉴于该文献辑录的地方法规、政令对于研究清例的发展有重要的价值，故在这里作一简要介绍。

《乾隆朝山东宪规》2卷，6册，辑者不详，书前无序，田涛先生收藏有该书清抄本。依书中目录宪规为142件，并附录1件，正文中有数十件宪规未编入目录，实际上该书辑录宪规在200件以上。该书内容包括吏治、官员俸银、查造编审人丁、差役、征收钱粮、起解钱粮、官仓、社仓、田房税契、典当、筑城、河工、驿站、儒学、恩赏、军需造报、救济孤贫、灭蝗、救灾、《普济堂收养贫民章程》、《议解穷员回籍路费章程》、《山东人民航海至奉天立法查禁规条》、交代册式等。该《宪规》所收法律文件，大多是山东巡抚、藩台、臬台发布的政令，或户部等衙门咨准巡抚上报的法律文件，也有一些是关于山东事宜的皇帝上谕和朝廷通例。这些文件都具有通饬、通行一省的性质。其中最早的制定于乾隆四年（1739年）四月，最晚的为乾隆四十二年（1777年）六月二十二

① 《乾隆朝山东宪规》，清抄本，田涛先生收藏。齐钧整理的《乾隆朝山东宪规》，见《中国珍稀法律典籍续编》第7册，黑龙江人民出版社，2002，第1～136页。

日。成书时间大约是乾隆朝后期。该文献的编纂体例，既未严格分类，也未按时间顺序排列，而是把各个法律文件编在一起。由此推断，《乾隆朝山东宪规》并未经过官方的精心纂修，很可能是由幕友和其他文人辑录的。

学界已发表的研究清代省例的论文及著述中，列举的清代省例文献有《湖南省例成案》、《湖南省例》、《乾隆朝山东宪规》、《东省通饬》、《山东通饬章程》、《治浙成规》、《粤东省例新纂》、《广东省例》、《江苏省例》、《豫省成例》、《豫省拟定成规》、《直隶现行通饬章程》、《福建省例》、《四川通饬章程》等。在上述文献中，除官刻本外，也有一些是私家编辑刊印或者抄本，清代史籍中尚未查到朝廷有关省级政府颁布的法规被统一命名为“省例”的记载，也未见到有哪一种汇编性文献是被省级政府明确宣布该文献是经官方精心修订的全省综合性法规。另外，在清王朝辖属的 28 个省区中，现见的省例类汇编文献，涉及的省区是有限的，并不是清代所有的省区都进行过这类文献的编纂。清人辑录、刊印地方法规类文献的目的，主要是为了方便各级地方衙门和官吏查阅，供执法时使用。就法律效力而言，地方法规类汇编文献本身虽不是一省制定的综合法规，但收入该文献的每一法规、政令和其他规范性文献，则在官方发布后就具有其法律效力。基于上述理解，笔者认为，对于现存的清代地方性法规、政令汇编性文献，在界定其含义、性质、功能时，应持慎重和具体分析的态度，区分哪些文献属于官方首肯的省例汇编，哪些属于官刊政书，哪些属于私人编纂的公牍集；区分哪些文献属于省例汇编性质，哪些文献并不是严格意义上的省例。比如，《晋政辑要》、《西江政要》、《皖政辑要》等书中虽收有大量地方性法规，但该文献内容相当广泛，应属于政书性质。又如，《乾隆朝山东宪规》是由私家辑录而成，属于地方法律文献汇编性质，不是严格意义上的省例。

由于本文篇幅所限，加之我们对有关清代的一些地方法规、公牍汇编类文献还未深入研究，本部分仅对一些有代表性的省例和具有省例性质的文献作些初步介绍。

1.《湖南省例成案》

《湖南省例成案》，84 卷，辑者不详。全书 16 册，4202 叶，现藏日本东京大学东洋文化研究所。该书各册封面除刊有“湖南省例成案”书名外，书名右上方刊有“续增至嘉庆二十五年”9字，左下方刊有“本衙藏版”4字。书首有总目2卷。正文为82卷，其中户部卷一缺文，卷二前8叶每叶上方文字脱落。该书收入雍正四年（1726年）至乾隆三十八年（1773年）间有关湖南省的省例成案805件，以名例、吏、户、礼、兵、刑、工七律为序分门编辑。其中名例律2卷，收入例案21件；吏律5卷，收入例案65件；户律34卷，收入例案275件；礼律2卷，收入例案28件；兵律17卷，收入例案150件；刑律20卷，收入例案250件；工律2卷，收入例案16件。在上述省例成案中，除58件属于雍正朝例案外，其他均系乾隆朝例案。最早的为雍正四年正月初九日该省发布的《特敕弭盗之法各条》、[①]《严禁假命图诈借尸抢抄各案》,[②] 最晚的是乾隆三十八年（1773年）十一月二十七日该省制定的《详派南省各府、厅、州、县按季捐解条例工本银两》。[③] 为了使读者了解该书的基本内容，现将其内容结构列表述后。

表1 《湖南省例成案》内容构成一览表

部类·卷数·册次	卷次·叶数	门次及各门案例数	例案合计数	例案制定时间
总目 2卷 (95叶) 第1册	卷一（49叶） 卷二（46叶）			
名例 2卷 (106叶) 第1册	卷一（55叶） 卷二（51叶）	**五刑** 4件 职官有犯（1件） 流囚家属（1件） 常赦所不原（1件） 犯罪存留养亲（1件） 化外人有犯（3件） 流徒迁徙地方（10件）	21	雍正七年十一月二十二日至乾隆三十五年五月二十一日 雍正朝2件 乾隆朝19件

① 《湖南省例成案》刑律卷一九。

② 《湖南省例成案》刑律卷一。

③ 《湖南省例成案》户律卷二七。

续表

部类·卷数·册次	卷次·叶数	门次及各门案例数	例案合计数	例案制定时间
吏律	卷一（72叶）	**职制** 39件	65	雍正五年二月
5卷		官员袭荫（4件）		二十七日至乾
（276叶）		大臣专擅选官（13件）		隆三十八年十
第2册	卷二（53叶）	滥设官吏（10件）		一月十二日
	卷三（47叶）	信牌（2件）		
		贡举非其人（8件，1件缺文）		雍正朝3件
		举用有过官吏（1件）		乾隆朝62件
		擅离职役（1件）		
	卷四（46叶）	**公式** 26件		
		讲读律令（4件）		
		制书有违（1件）		
		弃毁制书印信（3件）		
		事应奏不奏（1件）		
	卷五（58叶）	官文书稽程（8件）		
		照刷文卷（3件）		
		同僚代判署文案（2件）		
		增减官文书（1件）		
		封掌印信（3件）		
户律	卷一（缺文）	**户役** 28件	275	雍正八年二月
34卷		脱漏户口（1件）		至乾隆三十八
（1685叶）		人户以籍为定（4件）		年十一月二十
第3~9册		赋役不均（1件）		七日
		丁夫差遣不平（1件）		
	卷二（37叶）	点差狱卒（1件）		雍正朝11件
		私役部民夫匠（1件）		乾隆朝264件
	卷三（67叶）	收养孤老（19件）		
	卷四（47叶）	**田宅** 34件		
		欺隐田粮（4件）		
		检踏灾伤田粮（5件）		
		功臣田土（1件）		
		盗卖田宅（1件）		
	卷五、卷六（90叶）	典买田宅（11件）		
	卷七、卷八（89叶）	荒芜田地（11件）		
		弃毁器物稼穑等（1件）		
	卷九（50叶）	**婚姻** 12件		
		男女婚姻（4件）		
		典雇妻女（2件）		
	卷十（38叶）	居丧嫁娶（3件）		
		娶亲属妻妾（1件）		
		出妻（1件）		
		嫁娶违律主婚媒人罪（1件）		

续表

部类·卷数·册次	卷次·叶数	门次及各门案例数	例案合计数	例案制定时间
户律	卷十一至卷十八（383叶）	**仓库** 175件 钱法（61件）		
	卷十九（33叶）	收粮违限（5件）		
	卷二十、卷二十一（111叶）	多收税粮斛面（19件）		
	卷二十二至卷二十五（235叶）	那移出纳（30件）		
	卷二十六（68叶，内有出纳官物有违47叶）	钱粮互相觉察（2件）		
	卷二十七（54叶）	出纳官物有违（23件）		
	卷二十八（67叶）	收支留难（12件） 起解金银足色（2件）		
	卷二十九至卷三十一（161叶）	转解官物（21件）		
	卷三十二（53叶）	**课程** 9件 盐法（5件） 人户亏兑课程（4件）		
	卷三十三（28叶）	**钱债** 6件 违禁取利（5件） 费用受寄财产（1件）		
	卷三十四（74叶）	**市廛** 11件 私充牙行埠头（6件） 把持行市（4件） 私造斛斗秤尺（1件）		
礼律 2卷 （125叶） 第9册	卷一（67叶）	**祭祀** 14件 祭享（3件） 致祭祀典神祇（3件） 禁止师巫邪术（8件）	28	雍正八年三月二十一日至乾隆三十八年闰三月十六日
	卷二（58叶）	**仪制** 14件 御赐衣物（3件） 朝见留难（1件） 见任官辄自立碑（3件） 禁止迎送（1件） 服舍违式（1件） 术士妄言祸福（1件） 匿父母夫丧（3件） 丧葬（1件）		雍正朝4件 乾隆朝24件

续表

部类·卷数·册次	卷次·叶数	门次及各门案例数	例案合计数	例案制定时间
兵律 17卷 (846叶) 第10~12册	卷一(49叶)	**宫卫** 4件 门禁锁钥(4件) **军政** 8件 不操练军士(1件) 私藏应禁军器(2件) 夜禁(5件)	150	雍正四年正月十五日至乾隆三十七年十二月初五日 雍正朝6件 乾隆朝144件
	卷二(42叶)	**关津** 80件 诈冒给路引(2件) 关津留难(8件)		
	卷三至卷九(332叶)	盘诘奸细(52件)		
	卷十至卷十二(162叶)	私出外境及违禁下海(18件)		
	卷十三(46叶)	**厩牧** 15件 牧养畜产不如法(3件) 验畜产不以实(3件) 宰杀马牛(9件)		
	卷十四、卷十五(93叶) 卷十六(59叶) 卷十七(63叶)	**邮驿** 43件 递送公文(19件) 铺舍损坏(10件) 私役铺兵(3件) 驿使稽程(2件) 多乘驿马(2件) 多支廪给(2件) 公事应行稽程(1件) 私役民夫抬轿(1件) 病故官家属还乡(3件)		
刑律 20卷 (944叶) 第13~16册	卷一(62叶,内有窃盗39叶)	**贼盗** 62件 谋反大逆(1件) 强盗(1件) 白昼抢夺(3件) 窃盗(25件)	250	雍正四年正月初九日至乾隆三十八年十一月十九日 雍正32件 乾隆218件
	卷二(43叶) 卷三(39叶) 卷四(30叶) 卷五(38叶) 卷六(49叶,内有恐吓取财28叶)	盗马牛畜产(4件) 恐吓取财(20件) 诈欺官私取财(1件) 略人略卖人(1件) 盗贼窝主(3件) 起除刺字(3件)		

续表

部类·卷数·册次	卷次·叶数	门次及各门案例数	例案合计数	例案制定时间
刑律	卷七（38 叶）	**人命** 8 件		
		谋杀人（1 件）		
		戏杀误杀过失杀伤人（1 件）		
		杀子孙及奴婢图赖人（1 件）		
		威逼人致死（5 件）		
		斗殴 4 件		
		斗殴（3 件）		
		殴大功以下尊长（1 件）		
	卷八（53 叶）	**诉讼** 41 件		
		越诉（1 件）		
		告状不受理（20 件）		
	卷九（36 叶）	诬告（8 件）		
	卷十（60 叶）	教唆词讼（11 件）		
		官吏词讼家人诉（1 件）		
		受赃 4 件		
		官吏受财（3 件）		
		在官求索借贷人财物（1 件）		
	卷十一（39 叶）	**诈伪** 5 件		
		对制上书诈不以实（1 件）		
		伪造印信时宪书等（3 件）		
		诈教诱人犯法（1 件）		
		犯奸 2 件		
		卖良为娼（2 件）		
		杂犯 25 件		
	卷十二至卷十三（101 叶）	拆毁申明亭（4 件）		
		赌博（8 件）		
		失火（13 件）		
	卷十四（36 叶）	**捕亡** 38 件		
		徒流人逃（4 件）		
		稽流囚徒（3 件）		
	卷十五（56 叶）	主守不觉失囚（16 件）		
		知情藏匿罪人（1 件）		
	卷十六（68 叶）	盗贼捕限（14 件）		
	卷十七（55 叶）	**断狱** 61 件		
		囚应禁而不禁（4 件）		
		故禁故勘平人（1 件）		
		淹禁（3 件）		
		凌虐罪囚（14 件）		
	卷十八（45 叶）	狱囚衣粮（10 件）		
		依告状鞫狱（1 件）		
		原告人事毕不放回（1 件）		
		官司出入人罪（4 件）		

续表

部类·卷数·册次	卷次·叶数	门次及各门案例数	例案合计数	例案制定时间
刑律	卷十九（53 叶，内有检验尸伤不以实 35 叶） 卷二十（43 叶）	有司决囚等第（1 件） 检验尸伤不以实（17 件） 断罪不当（3 件） 吏典代写招草（2 件）		
工律 2 卷 （125 叶） 第 16 册	卷一（59 叶，内有失时不修堤防 40 叶） 卷二（66 叶）	**营造** 4 件 冒破物料（3 件） 修理仓库（1 件） **河防** 12 件 失时不修堤防（12 件）	16	乾隆二年十月十日至乾隆三十二年六月六日

《湖南省例成案》虽然采用《大清律例》的编纂体例，其门次、目次名称也是沿用《大清律例》，但考察其内容，与《大清律例》有很大的区别：（1）收入该书的例案，除《名例律》、《刑律》两部分外，《吏律》、《户律》、《礼律》、《兵律》、《工律》部分所收诸例，均属于行政类例案，内容占全书篇幅的三分之二以上。（2）该书未收律文，所设条目只是选用了《大清律例》中的部分条名。该书纂辑的大量行政类例案，分类附在相关条目之后，其条目名称的借用性质十分明显。（3）该书《刑律》部分收录的例案，多是司法行政管理方面的法律文件，这也与《大清律例》有较大的不同。（4）从该书各条目所收例案的数量看，以《田宅》、《钱法》、《多收税粮斛面》、《那移出纳》、《转解官物》、《关津》、《厩牧》、《贼盗》、《诉讼》、《杂犯》为最多，反映了这些方面是当时湖南省地方立法的重点。

详查《湖南省例成案》全文，并没有收入嘉庆朝案例，与该书封面题“续增至嘉庆二十五年”不符，笔者推测很可能该书还有续编。在本书即将付印前半月，胡震先生告知，北京大学图书馆藏有《湖南省例》一书。经初步将两书核对，《湖南省例》确实是《湖南省例成案》补编后续刻。《湖南省例成案》所载例案基本都收入《湖南省例》，续刻时仍使用的是前书的原板，条目的排列顺序、文字内容、字体与《湖南省例成案》一致，只是改动了卷次。《湖南省例》136卷，收入雍正三年（1725年）至嘉庆五年（1800年）湖南省的省例、成案1440余件，其中名例律4卷，例案41件；吏律7卷，例案118件；户律50卷，例案435件；礼律4卷，例案51件；兵律40卷，例案435件；刑律25卷，例案333件；工律3卷，例案30件。书首有总目3卷。该书前有湖广总督吴达善等监刻官员名单，说明该书为官修本。《湖南省例成案》与《湖南省例》的性质和编纂体例是完全一致的，只是前者书名有"成案"二字，后者所载例案的件数较多、内容更为丰富而已。然《湖南省例》所载例案截至嘉庆五年，很可能其后还有续集的存在。

《湖南省例成案》、《湖南省例》是清代较早以"省例"称谓汇编的全省性法规文献。其所收法规的内容，以地方行政事务管理方面的法规为主体。两书采用以吏、户、礼、兵、刑、工分类编纂的体例，为道光年间编纂的《粤东省例新纂》所沿袭。

2.《治浙成规》

浙江省成规的编纂始于乾隆年间。在现知的该书乾隆、道光、清末等几种刊本中，以道光十七年（1837年）刻本收录成案较多、内容精良而备受世人关注。道光刻本《治浙成规》8卷，8册，无序。该书纂辑高宗乾隆二十一年（1756年）至宣宗道光十二年（1832年）近80年间浙江省制定的成规162件，其中乾隆朝成规90件，嘉庆52件，道光20件。分为藩政、臬政两类分别编纂。藩政4卷，收入成规82件，其中乾隆成规30件，嘉庆成规35件，道光成规17件，内有《省仓收放南米章程》、《开垦田地滋扰四款》、《申明署员食俸定例》、《各属积习应行整饬》、《盗署人员扣俸章程》、《举报老农酌定章程》、《派拨匠粮章程》、《佐杂回籍请给路费章程》、《兵童应试章程》、《酌给佐杂勘合路费章程》、《各属教杂请修衙署章程》、《就近派拨月粮》、《新沙民灶分管章程》等目；臬政4卷，收入成规80件，其中乾隆成规60件，嘉庆成规17件，道光成规3件，内有《查缉逆匪马朝柱等各犯规条》、《案犯报病章程》、《稽查渔匪各事宜》、《办现盐案章程》、《办理积匪章程》、《许参疏防章程》、《办案规则》、《闽浙办理洋面捕盗事宜各条章程》、《严肃吏治各条》、《缉捕章程》、《粮船归次防范水手滋事章程》、《海洋偷抢匪犯分别拟罪条议》、《浙省办理海口营务缉捕各条章程》等目。收入《藩政》、《臬政》之内的成规，以制定时间的先后为序排列。《藩政》中收入制定时间最早的文件是乾隆三十五年（1770年）五月通过的《浙江省仓收放南米章程》，最晚的是道光十二年（1832年）通过的《详同通缺出插委盐属如有本省差使调回署理》。《臬政》中收入制定时间最早的文件，是乾隆二十一年（1756年）六月通过的《店铺窃赃先行查起给主于犯属名下追还当本》，最晚的是道光四年（1824年）六月通过的《零星贩私再犯三犯分别治罪》。

阅读《治浙成规》一书可知：（1）该书所收成规，系按原文书全文辑录。这些文书的内容均为浙江省事务管理的法规、政令。文书的结构，一般都是由拟定文件机关、文件议题、制定成规的缘由和法律依据、成规草案、草案的批准等部分组成。就文书的形式而言，有详文、禀文、告示、章程、檄文等，其中绝大多数为藩、臬两司请示报告督抚的详文。（2）该书收录的162件文书中，《省仓粜余米小户改折色》、《耗粮分别支用归公煮赈》、《省乍二仓归公耗米按时价出粜》、《浙省办理海口营务缉捕各条章程》、《闽浙办理洋面捕盗事宜各条章程》5件是皇帝钦准的有关浙江事务管理的定例，《偷窃盐斤照贩私问拟仍刺字》1件是由盐驿道报请宪台拟定的，其他158件是浙江省藩、臬两司奉督抚指示或根据地方治理的实际需要拟定的，最后由督抚审核批准。也有少数成规是督抚咨请朝廷部院后颁布的，还有一些是以督抚名义发布的檄文。（3）道光刊本《治浙成规》一书所收成规中，有42件明确记载曾"刊入《治浙成规》"，下发各衙门遵行。这说明乾隆、嘉庆、道光年间，《治浙成规》是浙江省发布本省成规的一种官方文书形式。（4）浙江省藩、臬两司制定的成规，都有"如详通饬遵照"、"如详饬遵"、"一体饬遵"等一类督抚批示，浙江省是清代较早编纂该省制定的法规、政令的省区之一。《治浙成规》虽未以"省例"命名，但收入该书的每一成规与通常的成案不同，具有在全省通行的效力，实际上属于省例的性质。该书的编纂方式，体现了清代省例编纂起始阶段的特色。

3.《粤东省例新纂》

《粤东省例新纂》，清道光年间广东即补同知宁立悌、候补布政司经历陶复谦、候补从九品王锡章辑，4册，8卷。该书刊于清道光二十六年（1846年），书前有同年两广总督耆英、广东巡抚黄恩彤所作序。该书《凡例》就编书的动因及编纂原则作了这样的说明："粤东向无省例，一切外办事宜屡有更改。历年既久，卷帙繁多，未能悉照原案录叙。兹就现办章程，按吏、户、礼、兵、刑、工六科分门别类，纂辑成例，共得8卷。繁词概行节删，仍将详议年月、原委注明。其原议或有格碍难行，及与现办未符者，逐条加以按语，备资查考。"①

本书纂辑乾隆至宣宗道光二十五年（1845年）粤东（广东）省内各官司办事章程、案例及为因地制宜而变通部院定例或部院颁行各省通行事项的若干规定。全书共收文书198件，分为吏例、户例、礼例、兵例、刑例、工例六类编辑。其中：吏例1卷，内有赴任、委署、调补、功过、造送、考吏等门，收入文书23件；户例2卷，内有蠲恤、钱粮、田赋、仓谷、交代、役食、税羡、解饷、铜铅、廉俸、私盐、筹补、税饷等门，收入文书56件；礼例1卷，内有典礼、书院、宪书、例贡、文闱、武场等门，收入文书28件；兵例2卷，内有缉捕、黎徭、承袭、驿传、船政、操防等门，收入文书43件；刑例1卷，内有承缉、盗贼、到配、监狱、检验、秋审、审断、赃罚、赦免等门，收入文书37件；工例1卷，内有祠宇、营房、水利、救火、硝磺等门，收入文书11件。

该书所辑文书，大多为本省外办章程和经详明两院或经咨准通行的成例；也有一些是州、县议详文件，这类文件未经批准通行；还有一些是虽经通行而系一时一事、并非永为定例者，或者其事足为程式，方便日后稽查的事件。因此，本书虽名曰《粤东省例新纂》，实际上有一些法律文件并不是严格意义上的省例。

① （清）宁立悌等辑《粤东省例新纂》书首《凡例》，见《中国古代地方法律文献》丙编第10册，社会科学文献出版社，2012，影印本，第15页。

4.《江苏省例》

《江苏省例》，辑者不详，于清同治、光绪年间先后四次由江苏书局汇编刊印。清穆宗同治八年（1869 年）江苏书局刊印的《江苏省例》，是该书的首次汇编，其内容是纂辑清穆宗同治二年（1863 年）至七年（1868 年）间，两江总督、江苏巡抚及江苏藩司、臬司发布的有关江苏省吏治、民生、风俗方面的法规、政令。清德宗光绪元年（1875 年）由江苏书局刊印的《江苏省例续编》，是该书的第二次汇编，其内容是续辑清同治八年至光绪元年有关治理江苏的法规、政令。清光绪九年（1883 年），由江苏书局刊印的《江苏省例三编》，是该书的第三次汇编，其内容是续辑清光绪元年至八年（1882 年）的有关治理江苏的法规、政令。清光绪十七年（1891 年）由江苏书局刊印的《江苏省例四编》是该书的第四次汇编，其内容是续辑清光绪九年至十七年间有关治理江苏的法规、政令。

《江苏省例》卷首《凡例》曰："凡院司各衙门通饬新定章程以及裁除陋规等件，均关吏治民生。现以同治二年（1863 年）克复省城起，分年编辑，名曰《江苏省例》。俾各属遵守奉行，免致歧误。"由此可知，这是清朝平定太平天国起义后，江苏省对于适用全省通行的法规的汇编。其编纂方法仿效《治浙成规》，不分卷次，"按饬行月日先后为序"，以后的"通饬事件再行接续编刊"。该书按性质分为藩政、臬政两大类，"以钱粮、款项及升迁调补等事为藩政，其事关命盗、杂案、监狱、释传等件为臬政"。同治八年刊行的《江苏省例》初编，"原为外办事件遵引而设"，即其法律效力仅及于省属各州县，是各州县办事的规章，并"仿照条例，摘叙紧要以免冗繁而资考证"，对原始公文、案例做了文字的删节。但是，编纂《江苏省例续编》、《江苏省例三编》、《江苏省例四编》时，编者基于"如详通叙，裨读者因端竟委一目了然"[①] 的考虑，改变了原来的删繁就简的编纂方法，注重保持原文的面貌，不再对其删节。故这三编均按原来法律文件全文辑录，行文显得繁琐。两种编纂方法，各

① 《江苏省例续编》书首《凡例》，见《中国古代地方法律文献》丙编第 12 册，社会科学文献出版社，2012，影印本，第 201 页。

有利弊，前者文字精练，清晰明了，使人易于掌握；后者文字冗长，使人能够了解某项法律决定的来龙去脉。大概是编者感到采用后一种编辑方法更能忠实地反映法规的精神，因而做了改变。

5.《四川通饬章程》

清末钟庆熙辑，2卷，57篇。清光绪二十七年（1901年）四川谳局刊本。书前有光绪二十七年四川按察使夏时和成都知府阿麟序及辑者自序。书末附有《成都发审局匾对》、《成都官廨题壁记》和《成都发审局藏书目录》。夏时为该书所作《序》云："川省章程从无汇刻专集，调卷考索，每苦挂漏放失。法家私钞又多，珍为枕秘，论者不无缺憾。孙玉轩司马锵由都筮仕来川，购携《刑部通行章程》，始自道光十八年迄光绪二十四年，其间多有未经纂入刑例者。时出与谳局同事钟幼卿大合庆熙就事考证，获益滋多。特鸠同志醵金付梓，用公同好。复以钟大合钞藏省章五十二篇，编为二卷，继刑部通行续刻，便于观摩，以咨遵守。"①辑者钟庆熙《自序》云："乾、嘉以降，时势日艰，情伪日幻，于是大部有通行部章，川中各上宪有通饬省章，皆以达律例之未赅，准情法之持平，求合乎大中至正之归，诚哀矜苦心也。庆熙学殖浅薄，治懵然无所知。迨筮仕逐队谳局，遇疑难案牍，饬吏胥检阅档存通行通饬者，往往残缺遗漏，心窃憾焉。适孙玉仙司马由都来，示所购通行善本，与庆熙曩日钞存通饬若干条，互相讨论，以谳大小庶狱，颇少检查之劳。同人茹蔚亭刺史、叶仲屏明府谓宜合刊一帙，公诸寅好，遂醵资付手民，不数月而书成。"② 夏时《序》和钟庆熙《自序》，清晰地介绍了该书编纂的起因和过程。从两序可知：一是在《四川通饬章程》纂辑之前，四川省尚未有这类章程汇编问世；二是辑者是有感于历年通饬残缺遗漏，为方便官吏掌握川省所颁法规而编辑此书的；三是该书的编纂参考了《刑部通行章程》。

《四川通饬章程》辑四川各牧令发布的历年通饬章程57篇，其中：

---

① （清）钟庆熙辑《四川通饬章程》卷首夏时《序》，见《中国古代地方法律文献》丙编第15册，社会科学文献出版社，2012，影印本，第387～389页。

② （清）钟庆熙辑《四川通饬章程》卷首作者《自序》，见《中国古代地方法律文献》丙编第15册，社会科学文献出版社，2012，影印本，第398～399页。

同治七年（1868 年）1 篇，制定于光绪三年（1877 年）至光绪二十七年（1901 年）间且有具体日期者 46 篇，制定于光绪年间但未标明具体日期者 1 篇，未标明制定时间者 9 篇。在未标明制定时间的 9 篇中，正文中有“近年”、“发审局”、“四川谳局”者 3 篇，当系清末制定无疑。由此可知，收入该书的通饬章程，基本上是光绪年间四川省制定和发布的条规。

6.《福建省例》

《福建省例》是一部按照事项性质分目的公牍汇编。全书分为公式、仓库、钱粮、奏销、交代、税课、解支、俸禄、养廉、捐款、平粜、社仓、户口、田宅、劝垦、当税、恤赏、兵饷、科场、盐政、钱法、铁政、船政、海防、修造、邮政、刑政、捐输、差务、铨政、征收、缉匪、杂例等 33 类，收入例文 484 件，大部分文件是公牍原文及其摘录。这种编纂方式的优点是把有关每一例案如何形成的原始文件都原原本本地全部录出，能够使人们了解省例的形成情况，有关省例的拟定、批准、修改及其效力也在《福建省例》中得到充分反映。原书为台湾大学戴炎辉教授珍藏。“全书总共载了 484 件，年代早的是乾隆十七年（1752 年）、晚的是同治十一年（1872 年）。书前虽无序文、凡例和刊刻年月，但可推知这部‘省例’大约是在同治十二、十三年间编刻成书的。在此以前，可能已经汇刻过几次，这部书也许是最后的一个汇刻本。”①

从上述 6 个文献及现见的清代地方法规、章程汇编类文献看，无论是编纂的形式还是内容，各个文献之间都有很大的差别。

第一，这类文献没有一个统一的名称。尽管当今的研究者将其称为“省例”，但是由于省例并不是清廷规定的法定名称，在“省例”称谓之外，还有“宪规”、“成规”、“通饬”、“通饬章程”、“成例”、“成案”等各种称呼，颇不规范。

第二，编纂体例不同。这类文献内容的编排方式大致有 3 种，有的文献分为“藩政”和“臬政”两类编辑，有的采用六部分类法，即仿

① 见台湾银行经济研究室辑《福建省例》书首百吉撰《弁言》，《台湾文献丛书》第 199 种，台湾大通书局，1964，第 1 页。

照《大清律例》的门类，以吏、户、礼、兵、刑、工六部为序编排，有的按照所规范、调整的事项分为不同的类别，并无统一的体例形式。

第三，文字表述形式不同。有将所收录的文件加以概括使之抽象化为条例形态者，也有的仍然保留了文件的原生态，一字不加删减。

第四，编者或刊印者不同。这类文献的辑者既有官方衙门，也有官员和其他人员；其版本既有官刻本，也有书坊刻本和抄本。如《四川通饬章程》是四川谳局刻本，书前有臬司之《序》。谳局即发审局，是清朝中后期各省地方政府设立的专门负责审理案件的机构。《治浙成规》、《江苏省例》等的辑者不详。它们究竟属于官方作品，还是半官方作品，抑或是私人行为，需经审慎的研究后方能得出结论。

清代地方法规、政令汇编类文献彼此间存在的差别，反映了当时朝廷并没有对地方立法形式作出统一的规定。省例的出现是省级地方政府治理一省事务的客观需要，又是其积极主动加强地方法制建设的举措。这种做法没有妨害国家法制的统一，又利于朝廷法律、政令的实施，所以得到了中央政府的默许。由于省例的制定和编纂并不是在朝廷的统一部署下进行的，有些省制定或编纂省例的时间较早，有的省则较晚；有的省审批程序比较严格，有的省则相对差一些。省例汇编的情况更是参差不齐。如四川省在光绪二十七年（1901 年）前，官方并未编辑出版过省例类文献，该省较之福建省编纂省例的时间，至少晚了 120 年之久。清代各省地方法规的颁行，虽然从顺治朝起到清末从未间断，但从“省例”作为一省刊布、汇编地方法规、政令这个意义上讲，我们还不能说省例在其他各省份都普遍存在。

省例汇编类文献与以往地方法律文献的不同之处是，它们不再是某一地方长官在某地任职期间就这一地区或某一方面专门事务所发布的文书的合集；而是某一省区在较长的时间内有关各类事务管理的规范性文件的汇编。省例较之以往地方长官发布的法规、政令及批示等，编纂体例更加规范，内容更为系统，其收入的地方法规、政令也一般是经过了选编，更加具有因地制宜和法律效力相对稳定的特点。

需要指出的是，一些省区的地方长官为了确保自己主持制定的地方法规、政令具有稳定性和连续性，使之不仅在其任职期间得到实施，而且在其离任后也能继续保持其效力，明确要求把有关法规、政令刊入省例，反映了这些地方长官在健全和完善地方法制建设方面已有比较自觉的立法意识。这一点在《治浙成规》和《福建省例》中得到了充分表现。《治浙成规》中有不少布、按二司长官请求督抚把成规刊入《治浙成规》的词语。如乾隆三十五年（1770 年）四月初浙江布政司拟定的《浙江省仓收放南米章程》，在报请巡抚核示时就建议："伏维宪台核示遵行，倘蒙俯允，除通饬外，并请刊入《治浙成规》册内，俾得永远查照办理。"该年同月初五日，巡抚部院批示："仓收一项，向有黏同批回呈送本部院衙门备核之例，仍令照旧办理。余如详通饬，遵照实力奉行，并刊入《治浙成规》册内，永远遵守。"同年五月五日，总督批示："所议各条，均属妥协，仰即通饬遵照，并刊入《治浙成规》册内查照办理。"[①] 在该书中，还有很多对被督抚批准把省级衙门拟定的法规、政令列入《治浙成规》向全省各地颁发的记载，现列表于后：

表 2　浙江督抚批示成规刊入《治浙成规》一览表

类别	成规名称	督抚批示刊入《治浙成规》时间	该成规在《治浙成规》中的卷次
藩政	浙江省仓收放南米章程	乾隆三十五年五月	卷一
	武职兵丁廉饷不准摊扣	嘉庆元年正月十九日	卷二
	降革留任处分无碍销试案	嘉庆六年二月二十九日	卷二
	交代仓谷粞米照全米作收	嘉庆六年三月二十六日	卷二
	咨署人员扣俸章程	嘉庆六年九月初五日	卷二
	详派佐杂扣廉津贴饷差	嘉庆七年二月初五日	卷二
	给咨限期	嘉庆七年三月初七日	卷二
	商捐同安船只仍责成宁波府承修	嘉庆七年十二月初六日	卷三
	停止常山、开化二县清补人丁	嘉庆七年七月初三日	卷三
	孤贫铎户口粮会同教官城守营当堂散给	嘉庆七年三月三十日	卷三
	商渔各船照票分别核验造册	嘉庆七年七月十一日	卷三

① 以上均见《治浙成规》卷一《浙江省仓收放南米章程》，见《中国古代地方法律文献》丙编第 7 册，社会科学文献出版社，2012，影印本，第 201 ~ 219 页。

续表

类别	成规名称	督抚批示刊入《治浙成规》时间	该成规在《治浙成规》中的卷次
藩政	沿海商渔船只给照稽查	嘉庆八年五月十八日	卷三
	酌议外办省会城垣保固十五年为限	嘉庆八年九月十一日	卷三
	外结贼赃毋庸半价回赎	嘉庆九年五月二十九日	卷三
	试用官员禁用私刊木戳	嘉庆十一年四月十七日	卷三
	举报老农酌定章程	嘉庆十二年十二月二十九日	卷三
	派拨匠粮章程	嘉庆十三年三月初七日	卷三
	丞倅州县回籍停给路费	嘉庆十九年九月十一日	卷三
	失察小伙私盐州县外结记过	嘉庆十六年闰三月二十七日	卷三
	丞倅州县到任未及半年事故仍给路费	嘉庆十六年五月十二日	卷三
	教杂有俸无廉各员修署由县借给	嘉庆十七年三月初四日	卷三
	丞倅州县病故在到任半年内者，分别远近给发路费	嘉庆十九年九月十一日	卷四
	酌给佐杂勘合路费章程	嘉庆二十二年九月十三日	卷四
	金州营战船仍归佐杂管解	道光二年闰三月十日	卷四
	捐纳丞倅州县倘遇丁忧不给路费	道光二年五月初九日	卷四
	营厂交收驾厂船只章程	道光二年闰三月初十日	卷四
	各属教杂请修衙署章程	道光三年七月初八日	卷四
	盐属场所则例各书概行停发	道光五年七月初三日	卷四
	沿江沿海天涨沙涂各按民灶升科	道光五年七月二十九日	卷四
	积欠乍月耗米分别划清饬县补解	道光十年九月二十日	卷四
	就近派拨月粮	道光十一年十一月初七日	卷四
	同通缺出仍照原章用同通间委司首领插委盐属人员	道光十二年三月二十一日	卷四
臬政	军流遣犯在配妻氏病故毫无别情者概免报官	乾隆二十四年十一月初五日	卷六
	航船被失分别赔赃	乾隆二十六年七月十五日	卷六
	浙省仿照江南改定办理积匪章程	乾隆三十三年七月初九日	卷七
	窃盗再犯毋庸统计前犯之案，以现犯案数赃数分别遣徒	乾隆四十四年八月二十五日	卷七
	赦前犯事逃亡罪止杖徒者免其缉拿，如自行投到交保通详议结毋庸禁押	嘉庆五年四月初一日	卷八
	挑夫中途换担窃逃押令牙店及原保夫根寻逾限不获，先著全赔重大货物，著牙行添雇夫头跟随	嘉庆六年五月二十二日	卷八
	盗贼当赃不许典铺措留拖累事主	嘉庆二十二年六月十九日	卷八
	粮船归次防范水手滋事章程	道光元年十二月二十九日	卷八
	零星贩私再犯三犯分别治罪	道光四年六月二十五日	卷八

在《福建省例》一书中，也记载了大量布、按二司衙门和长官要求把其主持制定的法规、政令刊入《省例》的记载。据初步统计，该省在乾隆、嘉庆、道光年间，运用《省例》这一官方文书的形式发布了大量地方法规、政令和其他规范性文件。《福建省例》收入的484件文书中，标题中带有“省例”字样的4件，正文中明确记述“刊入省例遵行”、“刊入省例颁送”、“刊入省例在册”以及“著为省例”的文书为138件。占总数484件的29.3%（详见表3）。

表3 《福建省例》记载法规、政令刊入《省例》和文内有“省例”字样条目一览表

序号	类　别	条数	内有“省例”字样的条数	序号	类　别	条数	内有“省例”字样的条数
1	公式例	16	2	19	科场例	2	2
2	仓库例	25	3	20	盐政例	7	1
3	钱粮例	4	2	21	钱法例	3	1
4	奏销例	3	3	22	铁政例	2	1
5	交代例	23	11	23	船政例	36	9
6	税课例	6	1	24	海防例	9	2
7	解支例	4	1	25	修造例	2	1
8	俸禄例	11	7	26	邮政例	45	11
9	养廉例	21	12	27	刑政例上	63	0
10	捐款例	14	7	28	刑政例下	58	19
11	平粜例	4	0	29	捐输例	8	0
12	社仓例	4	0	30	差务例	5	3
13	户口例	13	1	31	铨政例	18	12
14	田宅例	9	0	32	征收例	17	5
15	劝垦例	3	1	33	缉匪例	4	3
16	当税例	5	1	34	杂　例	16	5
17	恤赏例	10	5		总　计	484	138
18	兵饷例	14	6				

现见的省例汇编性文献，虽然文献称谓、编纂体例、内容存在差别，但收入这些文献的法规、政令和其他规范性文件的拟定、批准、颁行程序大体是相同的。下面以《福建省例》作为分析的文本，对于省

例的拟定、批准、颁行程序等作进一步探讨。

第一，关于省例的制定程序。

省例制定的主体是省布政使司与提刑按察使司。根据清代省一级制定官文书草拟、审查、批准的流程方式，可以把省例的制定程序区分为三种类型。

第一种是自上而下的产生方式，即布、按二司把所奉到的督抚指示直接转化为省例。如“交代例”中一件题为《闽省州县凡遇接任交代，仓库钱粮前官如有侵亏，即行据实结报；倘任内正项无亏，后官不得复以杂项匀捐，多方抑勒》[①] 的文书，它是福建布政司于嘉庆三年（1798年）七月十五日奉到巡抚部院汪宪的札饬，该札在申明现任与去任官员结交仓库钱粮应遵循的规程的同时，明确要求把此札“刊入《省例》颁送，永远遵行。并饬各属将此札用本牌裱挂二堂，永远遵照办理，毋得藏匿，故违干咎”。对此，布政司表示遵照办理：“奉此，除移饬遵照，并刊入《省例》，永远遵行在案。”这是地方立法的方式之一。清代时，地方长官发布政令，往往以札、牌等通饬的形式自上而下颁行。福建巡抚在发布札饬时，明确指示把治理地方事务的规定“刊入《省例》”，反映了其具有比较自觉的立法意识。

第二种是自下而上的产生方式，即布使司、按察司等衙门的请示报告，经过督抚审核批准后成为省例。如“捐款例”中一则题为《闽省公捐资助照原定章程分别办理，从前所办与例未符之案，概不准其援照，一律查销》的文书就是如此。嘉庆二十四年（1819年）九月十六日，福建布政使司呈上请示报告，认为“闽省议立公捐资助一款”，原定省例的规定“缘历年既久，法弛弊生，迨后复借有办过准给成案，一任相沿给领，殊与省例不符”；建议“应请通饬各府州遵照，自嘉庆二十四年九月为始，悉照原定章程分别办理。其从前所办与例未符之案，概不准其援照，一律查销，仍刊入《省例》颁行，俾期永远遵循”。这

① 台湾银行经济研究室辑《福建省例》，见《台湾文献丛书》第199种，台湾大通书局，1964，第173～175页。

一请示报告得到总督的批准："奉批：仰候抚部院衙门批示饬遵，录报。缴。"在此之后，同月二十日，奉兼署巡抚部院董批："如详饬遵，仍刊入例册颁送。并候督部堂衙门批示。缴各等因。奉此，刊入《省例》通颁遵照。"[①]

第三种是上下结合的产生方式。省例的制定大多采用这种方式，其运转的一般程序是：先是布政使司提出请示报告，得到督抚的批示以后，根据督抚的要求，再由布政使司会同有关机构进行讨论，制定出相应规范，最后经督抚批准。如"交代例"中一件题为《严杜各属亏缺章程拟定规条》的文书[②]，是福建等处布政使司"为议立章程事"，把拟定的10条规定，向督抚禀呈，请示"是否可行，仰祈裁示，以便刊刷成帙，分颁各属奉为省例"，结果是得到了总督的同意："奉批：据禀所拟各规条切中州县亏挪弊端，仰即照议刊刷通行，分颁立案，俾各属咸知遵守。"但是，巡抚批示中对拟议的一些条款持不同看法，指出有的"与定例不符"，有的会产生"致滋弊窦"的不良后果，并对文件的修改提出了具体意见。之后，布政司再次向巡抚写了请示报告，对其提出的问题作出解释，建议："可否俯如原议，抑遵宪批更正，刊刻通颁，均祈大人察核示遵"。经巡抚批准后，这则文书才刊入《省例》。[③]这种上下结合的方式有时会几上几下，增多了讨论的环节，使得所制定的规范性文件凝聚了多人的智慧，凸显了政府的职能作用，减少了长官个人意旨的成分，使法规、政令更加符合当地的实际，因而更具有稳定性和连续性。

在《历代例考·大清律中的附例》[④] 中，论述了清律附例产生的三

---

① 台湾银行经济研究室辑《福建省例》，见《台湾文献丛书》第199种，台湾大通书局，1964，第367～368页。

② 台湾银行经济研究室辑《福建省例》，见《台湾文献丛书》第199种，台湾大通书局，1964，第183～189页。

③ 台湾银行经济研究室辑《福建省例》，见《台湾文献丛书》第199种，台湾大通书局，1964，第183～189页。

④ 见杨一凡、刘笃才著《历代例考》，收入杨一凡主编《中国法制史考证续编》第1册，社会科学文献出版社，2009，第326～352页。

种方式，即：一是皇帝的上谕直接转化为条例；二是奏准，即臣工的条奏经过皇帝批准成为条例；三是议准，即臣工条奏经过皇帝谕示，由相关机构合议定例，皇帝批准后成为条例。福建省在制定地方法规、政令的过程中，其批准程序恰好分别对应了中央条例这三种产生方式。由此似可推论说，省例的制定程序的规范化可能是地方效仿中央立法的结果。

第二，关于省例的批准程序。

省例的制定和发布，必须经一省最高长官的批准。在清代，不是所有的省份都是既设总督又设巡抚的。只设总督或者只设巡抚的省份，省例的生效由该省的总督或者巡抚批准。凡是既设巡抚又受总督管辖的省份，布政司和按察司面对的是总督和巡抚的双层领导，两司制定的规范性文件要分别请示总督和巡抚。福建省由闽浙总督管辖，故该省省例的制定要由总督、巡抚分头批示。在《福建省例》中收入的省例文书，其文本的行文方式是：先录总督的批示："奉批：如详通饬遵照，刊入《省例》。仍候抚部院批示。"后录巡按的批示："如详通饬遵照，刊入《省例》，并候督部堂批示"；结语："奉此，刊入《省例》通颁遵照。"

在制定省例的过程中，有时因督抚意见不同，在批准文件时会出现反复审议、修改的情况。《福建省例》中的记载表明，这一审议的环节一般都是比较认真和慎重的。如"铨政例"中一件题为《凡告病人员毋论州县丞倅以及教杂等官，文报到司五日内详咨开缺》[①] 的文书，是布政司于嘉庆十九年（1814 年）四月初四日起草的关于"妥议章程"的请示报告。总督批示同意刊入《省例》："据详已悉。仍候抚部院批示，刊入《省例》遵行，通颁呈送。此缴。"然巡抚的批示中指出了其中尚存在的问题："据详告病之员，以文报到司五日内，由司将患病缘由先行详咨开缺，是否专指佐杂等官？其州县以上告病，是否亦于五日内详请具题？并是否以该员文报到司之日为开缺日期？抑以司中详请题

① 台湾银行经济研究室辑《福建省例》，见《台湾文献丛书》第 199 种，台湾大通书局，1964，第 1134 ~1136 页。

咨之日为开缺日期？均未据议及。仰即查明详覆。”于是，布政司按照巡抚提出的意见，又再次集议、修订、上报，才终获批准。同月十八日奉总督部堂汪批：“仰候抚部院批示遵行录报。缴。”后又奉巡抚部院张批：“据详已悉。仍刊入《省例》遵行，并候督部堂批示。”类似这样经过反复审议才完成某一省例文书制作的情况，在《福建省例》一书中还有多处记载。

在《福建省例》辑录的官方文书中，标明刊入《省例》的文书，一般都录有总督、巡抚的批示，说明这些文书是经督、抚双重批准才生效的。但也有一些文书只有总督批示，而未见巡抚的批示，也有的文书未辑录督、抚的批示。据笔者分析，出现这种情况的原因，有些可能是由于原批示件阙失，也有些可能是在总督兼任巡抚或巡抚未在任的情况下出现的。还有一种是前面已经说到的情况，即在由上而下根据总督的明确要求将其通告和指示（札饬）刊入《省例》时，如果总督没有特别提出，则无须巡抚批准，布政司也不便再请示巡抚。除此之外，也有因为其他种种不明原因造成的批示缺省。看来，省例生效的条件是否必须督抚批示齐备，缺一不可，尚有待研究。

第三，省例的颁行程序：例册和汇编。

编印例册是颁行省例的一种方式。“例册”之名，宋代已有之。[①]清代的例册与宋代的用途不完全一致。从《福建省例》中节录的语句，可以帮助我们了解其性质与功能（见表4）。序号2“结语节录”栏中所谓“刊刷成帙”，表明例册是刊版印刷装订成册的。序号1、4、5“结语节录”栏中的印刷数量“一百五十本”、“二十本”、“十本”等，表明了例册是根据实际需要印制的。序号3、8、9“结语节录”栏中所说的“颁送”，颁是“通颁”，是对下级衙门发布；送是“呈送”，是送上级衙门“备查”。按照《福建省例·弁言》作者的推测：省例制定之后，“随时由藩台衙门刊刷若干份，发交各级机关，

① 南宋高宗绍兴三十二年，吏部侍郎凌景夏言：“今吏部七司宜置例册，凡经申请，或堂白，或取旨者，每一事已，命郎官以次拟定，而长贰书之于册，永以为例。”见清人顾炎武撰《日知录》卷八《铨选之害》。

以便当时或日后遵照办理”。[①] 省例发交各级机关时，通常采取的方法就是刊印例册（见序号6、7、8、9、10）。

表4 《福建省例》中有关例册部分条目摘抄

序号	细目	原书页码	篇　题	结　语　节　录
1	奏销例	151～155	议覆各营造报兵米奏册迟延限期章程	仰即移会藩司通移遵照，并抄详录批，札饬布经历刊入《省例》，印刷一百五十本，刻日送由该道转送本部院衙门，通颁各镇标协营遵照，以垂久远，毋迟。
2	交代例	183～189	严杜各属亏缺章程拟定规条	拟定十条，禀呈钧览，是否可行，仰祈裁示，以便刊刷成帙，分颁各属奉为省例，遇有初到人员陆续交给，庶几遵循可久，或于仓库不无裨益。为此肃禀，伏乞慈照，恭请勋祺等由。奉批：据禀所拟各规条切中州县亏挪弊端，仰即照议刊刷通行，分颁立案，俾各属咸知遵守。
3	交代例	193～196	嗣后该管府州凡遇所属厅县丞交代，应就近督令会同监盘上紧核算	详覆宪台察夺批示，以便移饬遵照，并刊入《省例》颁送等由。奉批：仰候抚部院批示移饬遵照，并刊入《省例》颁送。缴。又奉巡抚部院王批：如详移遵，并刊入《省例》颁送。并候督部堂批示。
4	交代例	201～206	各属交代盘收清楚，责令卸事之员取具后任官印结报文方准赴省	仰即查照前指，通饬遵办，仍刊入《省例》通颁，毋再仍前泄玩，致干特参。所有从前咨追无着银两，应如何分别银数，责成后任分年摊补，该司再行悉心查议，详覆察夺，另行汇册办理。并将现颁《省例》刊刷二十本呈送备查，俱勿迟延，切切。仍候督部堂批示，缴等因。奉此，业经通行遵照在案。
5	交代例	206～208	严饬各属革除小交代名目	除遵批先行通饬遵照外，理合具文详明，是否伏候宪台察核批示，以便刊例移行通饬遵照等由。奉批：仰候抚部院批示，移行通饬遵照。缴。又于七月二十七日，奉巡抚部院吴批：如详刊入《省例》，移行通饬遵照，仍照刷十本呈送备查，毋迟。并候督部堂批示，缴。

① 见台湾银行经济研究室辑《福建省例》书首百吉撰《弁言》，《台湾文献丛书》第199种，台湾大通书局，1964，第1页。

续表

序号	细目	原书页码	篇　题	结 语 节 录
6	俸禄例	277 ~ 279	参革卸事失守城池延误军务不准支食开复以前得项	……是否有当，理合查明具文详请，伏候宪台察核批示，以便另刊例册，通移饬遵，实为公便等由。奉批：如详办理，仰即另刊例册，通颁移饬遵照，仍呈送本部堂衙门备查。并候抚部院批示。缴。又于五月二十六日，奉巡抚部院瑞批：如详办理。仰即分别通移遵照。仍候督部堂批示。缴各等因。奉此，除通饬遵照办理外，相应刊入《省例》颁行。
7	俸禄例	291 ~ 302	武职食俸简明例册	查武职大小员弁支食俸薪、干廉等项，本有户部原定则例、同改议新例及续刊《省例》可循，然条款既属繁多，且有例所不载，必须兼引成案之处，各营备识未能通晓，以致办理每多歧错，殊非慎重度支之道。兹经由司按照户部原定则例并改议新例，同续刊《省例》以及办过成案，逐一摘开简明例册，呈奉两院宪核明，饬发刊刷通颁。
8	捐款例	367 ~ 368	闽省公捐资助照原定章程分别办理，从前所办与例未符之案概不准其援照，一律查销	其从前所办与例未符之案，概不准其援照，一律查销，仍刊入《省例》颁行，俾期永远遵循，庶足以昭公允，而杜冒滥。……又于九月二十日，奉兼署巡抚部院董批：如详饬遵，仍刊入例册颁送。并候督部堂衙门批示。缴各等因。奉此，刊入《省例》通颁遵照。
9	盐政例	576 ~ 577	各属报获私盐变价银两分别充赏	伏候宪台察核，批示只遵，以便通行各属，并移藩司刊入《省例》遵行，实为公便等由。奉批：如详通饬遵照，并移藩司刊入例册颁送。仍候督部堂衙门批示。缴。又奉兼署总督部堂刘批：如详通饬遵照办理，并移福藩司刊入《省例》，通颁呈送，毋延。仍候抚部院衙门批示。缴等因。奉此，除移行遵照，并刊入《省例》通行办理。
10	刑政例	1006 ~ 1007	各省有将关系生死出入大案审出实情着督抚核实题奏	将此通谕知之。钦此。钦遵抄出到部，相应抄录上谕，通行各省一体遵照可也等因到本部堂。准此，合就行知。备札到司，即便会同臬司移行钦遵，仍刊入例册通颁呈送毋违等因。奉此，除移行钦遵外，合就饬行，遵刊入《省例》，通颁遵照。

诚如《福建省例·弁言》所说："岁月久了，例案太多，又不得不按其性质加以分类，刊刻成书，以便检阅。"[①] 这就出现了省例汇编的形式。《福建省例》是官方还是私人汇编成书的，尚难考订。就现存的省例汇编性文献而论，虽然不一定都是由布、按二司精心修订编纂的，但若编者不具有一定的官场身份，就很难登堂入室，充分利用官僚衙门中的文件资源。这类文献的编者一般应是官场中人，其出身品级未必很高，或由于委任，或得到授权，从事此项编辑工作。其编纂的最终成果，就有可能得到地方长官的首肯，以"省例"之名印行。

省例汇编性文献，其功能除了便于官吏检阅外，还可以通过汇编，使那些原来非省例的规范性文献具有省例的效力。在《福建省例》全书中，属于"通饬"、"通详"性质类文书，三分之二以上的文书原文没有"刊入省例"等字样。这些"通饬"、"通详"，由于也是督抚的指示，或者经过督抚批准颁行的，在当时的法律效力和具有"刊入省例"字样的文件没有多少区别。省级政府制定的这类文书，如果没有被遴选进入《省例》的文本之中，就意味着它将被淘汰或者已经被淘汰。构成《省例》文本的各个文件，是经过汰选的程序从大量的公牍中挑选出来的。《福建省例》辑录的是乾隆十七年（1752 年）至同治十一年（1872 年）120 年间形成的诸例，就是从福建省这一时期制定的众多法律文件中，选择能够较长时期在全省通行的法规、政令汇编成书的。

① 见台湾银行经济研究室辑《福建省例》书首百吉撰《弁言》，《台湾文献丛书》第 199 种，台湾大通书局，1964，第 1 页。

科研成果序跋

《明初重典考》后记*

近几年来，中国法制史的研究空前活跃，一些学术成果相继问世。整理、研究我国的法律文化遗产，从中总结和汲取历史经验、教训，鉴往迎来，对于继续肃清封建主义的影响，进一步加强我国现代化法制建设，是一项不可忽视的重要工作。

如何以历史唯物主义为指导，把中国法制史的研究引向深入，进而创建这门学科的科学体系，这是当前法律史学界普遍关注的问题。我的看法是，要做到这一点，我们的研究工作不仅要始终坚持为当代中国法制建设服务的方向，而且在研究方法上，也要从传统的模式或框框中解放出来。这里，我想以下几点是值得注意的：一、要把各种形式的法律结合起来研究。中国历史上的法律形式较多，如汉有律、令、科、比，唐有律、令、格、式，宋于律、令、格、式外，又有编敕和制例，元注重条格，明、清两代则广泛适用例等。从法律实施的实际看，君主发布的敕、令的法律效力又常常在律文之上。所以，只有把律与其他形式的法律结合起来研究，把刑事、行政、经济、民事诸方面的法律结合起来研究，才能弄清各代的立法状况。二、在君主专制制度条件下，法律很难约束皇帝，官吏贪横为奸，法律的规定与实行之间往往有很大的差距，故只有将二者结合考察，方能搞清楚古代法制的真相。如果简单地以法律条文为依据撰写历史，势必会出现以伪充真的问题，铸成大错。三、历代法律的颁行，无不受当时社会经济条件和政局变化的制约，并

* 《明初重典考》，本人硕士论文，1981 年 5 月定稿，湖南人民出版社，1984。

深深受到文化、军事诸因素和统治集团法律思想的影响，为此，要揭示历史上法律的产生、本质、特点、作用及其发展变化的规律，就不能孤立地只去研究法律本身，而必须结合当时的政治、经济、军事、文化状况和法律思想加以探讨。四、我国古代法律文献极其丰富，由于历史的局限性等种种原因，不少记载未必完全可靠，对带有关键性、普遍性的重大问题，做一番鉴别、核实和辨异等考据工作，也是需要的。五、同研究任何一门历史科学一样，法制史的研究必须是在充分地、全面地占有史料的基础上，以科学的方法综合分析，做到实事求是，而不能仅凭个别言论和事实去下结论。基于上述想法，我在写作本书的过程中，在律与例、令，法律的规定与实行，洪武法制与朱元璋法律思想等结合考察方面作了一些尝试，希望能够揭示明初法制的本来面目和实质。当然，这仅是我写作论文中的愿望和努力方向，这种处置办法是否合适，也有待进一步商榷。

另外，还有两点需要加以说明。其一，朱元璋一生的政治活动是较为广泛的，他为强化专制中央集权统治所采取的措施是多方面的，重典治国只是其中的一个重要组成部分，所以，对于明初重典的评价，还不是对朱元璋一生历史功过的全面评价。如何看待朱元璋的历史地位，学术界已有不少专论，本书基于论题所限，恕不赘述。其二，为了使读者全面了解明初法制的情况，本书附录了《朱元璋的法律思想》一文和《洪武法制大事年表》。有关明初镇压平民反抗的事件，因为史料繁杂，不少记载又很笼统，因此，凡属明王朝动用战争镇压农民起义且具体诛杀数字记载不详的事件，一般没有列入年表。

在本书写作过程中，中国社会科学院法学研究所副研究员刘海年、吴建璠、韩延龙、高恒，中国政法大学张晋藩教授曾提出过不少宝贵意见，在写作本书附录《朱元璋的法律思想》一文时，曾参阅了同窗好友刘笃才同志的有关文章，这里一并表示感谢。

我研究中国法律史只有几年时间，这本小书仅是学习过程中的一个习作。由于水平所限，书中不妥和错误之处在所难免，恳切地希望得到同志们的批评、指正。

《明大诰研究》序*

明太祖朱元璋于洪武十八年（1385 年）至二十年（1387 年）间，为了劝民从善和惩治奸顽，先后发布了题名《御制大诰》的三书，即《御制大诰》（本书简称《初编》）、《御制大诰续编》（本书简称《续编》）、《御制大诰三编》（本书简称《三编》）。洪武二十年十二月，他又为诸管军衙门颁布了《大诰武臣》（本书简称《武臣》）。《武臣》与前三编诰文，在颁行之初，实为两书。洪武朝后期及之后几朝要求各级学校师生、民间百姓讲读的《大诰》，其内容是《初编》、《续编》、《三编》，《武臣》主要是供军官及其子弟诵习。一些明代史籍中记述的《御制大诰》，实是指《大诰》前三编而言。由于这两部书均系朱元璋亲自编纂或据本人口述记录而成，都以“大诰”冠其书名，颁行的宗旨和内容贯穿的基本精神又都是对臣民“明刑弼教”、“惩戒奸顽”，且前三编颁行之初，是分别以单刻本刊印，故在明代时，就有把《武臣》同前三编放在一起的刻本行世。近人所谓《大诰》者，有的是专指前三编，有的则把四编诰文视为一体。本书为了比较全面地阐明《大诰》的内容、特色、历史作用及朱元璋的政治法律思想，充分地揭示明初“重典之治”的本来面目，把《武臣》和前三编融贯起来加以考察。书中有关《大诰》的评述，也当指包括《武臣》在内的四编诰文而言。

四编《大诰》是研究明初法制和当时社会的政治、经济、军事状

* 杨一凡著《明大诰研究》，江苏人民出版社，1988。再版收入杨一凡主编《中国法制史考证》续编第 10 册，社会科学文献出版社，2009。《〈明大诰研究〉序》写于 1987 年 12 月。

况的珍贵文献。此书所述，在有关明代的官修史籍中很难找到。《明太祖实录》为尊者讳，对《大诰》的具体内容极少涉及。清初修《明史》时，《刑法志》的编者未见及《大诰》原文，故对它的条目总数的记述相殊甚远。不仅如此，即使在记述明一代法制的诸野史笔记中，也未有像《大诰》所载详细者。加之它是由明太祖直叙当世之事，儒臣们很少润色，故史料的可靠性较高。所以，研究明初社会及其法制，《大诰》是不可缺少的重要史料。

关于《大诰》的研究，在我国已有100年左右的历史。自清末到20世纪30年代，它就引起了一些著名学者和法学家的关注，并写有5篇文章，即：沈家本先生的《明〈大诰〉峻令考》、《〈大诰〉跋》和《书明〈大诰〉后》三文[①]，王国维先生的《书影明内府刊本〈大诰〉后》，[②] 邓嗣禹先生的《明〈大诰〉与明初之政治社会》。[③] 在此之后40余年中，许多学者在其著述中也曾涉及《大诰》，然未见有专门性的研究论文问世。直到最近10年间，学术界对它的研究又重新活跃起来，已先后有几篇论文发表，提出了许多好的见解。但是，总的说来，这些论文还是局限于某一侧面的研究，对于这一重要法律文献所反映和涉及的一系列有关明初法制的重大问题，尚未作系统地探讨和回答。笔者撰写这本书的愿望，意在抛砖引玉，以期推进《大诰》研究的进一步深入开展。同时，我也深切感到，认真剖析和总结朱元璋利用《大诰》推行“以威为治”的深刻历史教训，可以使我们从中受到有益的启示，在今天加强我国法治现代化建设的过程中，增强维护法律的尊严和坚持依法办事的自觉性。所以，研究《大诰》对我们也是有现实的借鉴作用的。

近几年来，随着我国学术研究的日益繁荣和发展，不少读者特别是研究中国法律史和明史的学者，都很重视对《大诰》的研究，但因此书传本较少，又藏于善本之室，利用起来极不方便。为此，法律史学界

---

① （清）沈家本撰《历代刑法考》第4册，中华书局，1985。

② 《王国维遗书》卷三。

③ 《燕京学报》1936年第20期。

的几位老前辈一再敦促，要我把四编《大诰》点校，附于本书后一并刊印。我点校功力尚浅，但盛情难却，只好从命而为之。

在本书出版之际，我想就如何全面评价朱元璋的问题加以说明。朱元璋作为明王朝的开国皇帝，他在领导农民起义推翻元朝的腐败统治，在中国的辽阔疆土上实现稳固的统一，奠定明代的一些基本政治法律制度及恢复发展社会经济等方面，都有不可磨灭的历史贡献，不愧是一位颇有作为的政治家。朱元璋一生的政治活动是很广泛的，就以强化中央集权统治而论，所采取的措施也是多方面的，推行《大诰》和实行重典政策只是其中的一个重要组成部分。所以，本书中对于《大诰》和明初重典的评价，还不是对朱元璋一生历史功过的全面评价。怎样看待朱元璋的历史地位，史家多有专论，本书因研究范围限制，恕不冗述。

在本书与读者见面之际，我要衷心地向那些给了我各种挚诚帮助的单位和同志表示谢意。在国内外现存的诸《大诰》版本中，以明洪武内府刻本为成书最早、错误最少的善本，承蒙清华大学图书馆大力协助，热情地把该馆珍藏的洪武内府刻本提供我作点校和研究的底本。南开大学法学研究所、北京大学法律系的慷慨资助，保证了复制资料工作的顺利进行。中共中央办公厅秘书局的宋国范同志花费了不少心血，同我一起对各种版本反复做了勘对，并参加了《明〈大诰〉人名索引》的编写工作。如果没有她的大力协助，书稿的写作是不可能如此快速完成的。中国社会科学院历史研究所的曲英杰同志，也在百忙中挤出时间参加了其中几种版本的校勘。我在点校《大诰》的过程中，得到了中国社会科学院法学研究所吴建璠、高恒两位先生的悉心指教，他们通阅了点校本全文，提出了不少好的意见。中国法律史学会名誉会长李光灿研究员，中国社会科学院法学研究所的刘海年、韩延龙先生，北京大学张国华、饶鑫贤教授，江苏人民出版社的胡凡同志，清华大学图书馆的蒋企英、王若昭同志，北京图书馆①的郑培珍同志，也从各方面给了我

① 北京图书馆，又简称北图，即今中国国家图书馆。本书中一些科研成果的序写于北京图书馆改名之前，收入本书时未予改动。

许多宝贵的支持和帮助。所有这些，都令我非常感动。谨志于此，以矢弗忘。

由于我水平有限，对《大诰》的研究难免有不妥之处；同时，明太祖朱元璋编纂的《大诰》，粗疏且不注意修辞，许多段落话不成句，文理不通，且有方言口语间杂其中，一些文字断句标点颇费推敲，点校中也会有不少失当的地方，敬祈读者批评指正。

《中国法制史考证》总序*

有文字可考的中国法制发展的历史，迄今至少已有四千余年之久。从先秦到明、清，历朝都建立了法制制度，并在不断完善法制的过程中，编纂和颁行了大量的法律和其他法律文献。中华法律文化遗产之丰富，为世界各国所少见。从甲骨、金文、简牍到历朝史籍、司法档案和各类民间规约、民事习惯资料，有关记载法律制度和法律思想的文字汗牛充栋，而二十四史中的《刑法志》则较为集中地记述了各代刑法沿革的概况。历代对法律的研究也不乏其人，在现存的数千种法律典籍、律学著作、判牍案例和许多政治家、思想家的著述中，就保留了极其丰富的前人研究法律和法律史的成果。

用近现代法学观点研究中国法律史始于清朝末年。从那时起百余年来，中国法律史的研究经历了两个重要的发展阶段。自清末到 20 世纪 70 年代末，是中国法律史学的创立和初步发展时期。沈家本首开用新的学术观点和方法研究法史之先河，其撰写的《历代刑法考》一直被后人视为有重要学术价值的代表作。继沈家本之后，经丁元普、程树德、戴炎辉、杨鸿烈、陈顾远、徐道邻和瞿同祖等一批学者的开拓研究，中国法律史学被我国学界普遍认同成为法学的一门基础学科。同一历史时期，日本学者在中国法律史研究领域也建树卓著，浅井虎夫、广池千九郎、东川德治、中田薰、泷川政次郎、仁井田陞、内藤乾吉、滋

* 杨一凡总主编《中国法制史考证》（甲、乙、丙编，15 册），中国社会科学出版社，2003。

贺秀三、岛田正郎等都在这方面做出了重要贡献。

自20世纪70年代末起，随着中国的改革开放，中国法律史研究出现了前所未有的繁荣，进入了它的新的发展时期。20多年来，中国学界在法史研究领域发表了近万篇论文，出版了数百部著作，各类教材也有上百种之多。无论是法律文献的整理，还是法律通史、断代史、专题史等的研究，都有优秀成果问世，法史研究的领域也得到多方位的拓展。然而，就像任何一门学科都有一个不断有所发现、有所创造、有所前进的完善过程一样，这一时期法史研究的有些领域特别是不少法律通史类的著述尚存有一些重大缺陷：一是把丰富内涵的中国法律史简单化，只注意了法的阶级性，而忽视了法的社会性和科学性，这就把具有多种功能法律的发展史无形中演化成阶级斗争工具史；二是忽视了历史上实际存在的多种法律形式，在许多方面用刑事律典编纂史替代了立法史；三是法律思想与法律制度、立法与司法割裂研究，未能较全面地反映中国法律发展史的概貌；四是法史研究未能充分地结合具体的历史条件和社会、经济、文化状况和法制变革的实践进行，以静态的法律史替代了动态的法律史。近20多年来的法史研究虽然存在这样那样的缺陷，但总体而论，其前进的步伐是巨大的，广大学者特别是老一辈学者为此做出了极其宝贵的贡献。因此我们认为，这一时期是中国法律史学空前发展、繁荣但仍存在重大缺陷的时期。

如何科学、全面地审视和阐述中国法律发展史，进而健全这门学科的科学体系，是近年来许多学者关注的问题，也是关系到法史研究能否沿着正确的道路不断向新的广度和深度进军的重大命题。从法史研究的现状看，确实有许多影响着学科发展的重大理论和学术问题需要解决。一是应当逐步确立这门学科的科学理论。严格地讲，长期以来我们一直没有重视和认真地进行过有关本学科理论的研究，对本学科不同于其他历史和法学学科的许多理论问题，还处于不完全明了的状态。法史研究之所以存在一些重大缺陷，就是与学科理论、研究思路和方法还没有彻底摆脱“以阶级斗争为纲”的“左”的指导思想的影响有关。实事求是是历史唯物主义的精髓，也是法史研究应遵循的基本治学原则。只有坚持实事求是的科学态度，确立科学的理论，才能为本学科的学术研究提供正确的指导思想。二是对于关系到法史研究的许多全局性学术问题应进行认真的探讨和作出科学的回答。譬如，对于如何认识中华法系及其特征和基本精神、法的起源及成文法的形成、中国法律沿革史的历史分期、古代的社会矛盾和法的功能、法律制度和法律思想发展的基本进程和规律、少数民族建立的王朝的法制特色、农民起义与中国古代法制的关系、律与其他法律形式的作用，等等，还不能说都已作出了比较全面的符合历史实际的阐述。只有对有关学科发展的基本的和重大的问题作出科学的回答，法史研究才能避免发生大的偏颇，避免形而上学，走向科学。三是到目前为止，我们对绝大多数法律文献还未来得及整理和研究，许多研究领域还未涉及或刚刚探索，法律文献学、律学、各类法文化学、各部门法史、司法制度、民族法史、地方法史、民间规约和民事习惯以及中外法史比较等领域的研究还十分薄弱。只有继续加强法律文献的整理和注重薄弱领域的研究，才能为法史研究开辟更为广阔的天地。我们高兴地看到，许多学者已经清醒地认识到法史研究方面存在的不足，并开始了有益的探索，学术研究的思维方式和方法正在发生重大变革。人们有充分的理由可以深信，今后数十年内，将是中国法律史研究进一步走向科学的极其重要的转折时期。确立正确的学科理论，实现研究方法的创新，大体完成对最重要的基本法律文献的整理和研究，全面开拓法史研究的广阔领域，建立起比较科学和完善的法史学科体系，是这一时期法史学者肩负的历史重任。

全面开拓和科学地阐述中国法律发展史并非易事，它既要求学者以执着求索的勇气，不囿传统模式进行学术创新，又要以严谨治学的态度和长期不懈努力的精神，下气力搞好本学科的基础研究，为学科体系的完善奠定可靠的基石。

基于上述认识，我所在的中国社会科学院法学所法制史研究室从20世纪80年代后期起，把珍稀法律文献整理、法史考证、学科科学体系创建确定为本室科研工作的三大基础工程，制定了科研工作规划，“中国法制史考证”是规划的重大课题之一。从1994年起，我们开始着手进行本课题的资料搜集和研究工作。1997 年 5 月，“中国法制史考证”被中国社会科学院确定为院精品战略项目，本项目课题组全力投入了法史考证的撰写和编辑工作，并约请海内外法学、历史学、考古学、社会学、民族学等学界在法史考证方面有重要学术突破的专家、教授参加本书的撰写。历时 6 年，几易其稿，《中国法制史考证》甲、乙、丙三编（15 卷本）终于完成，并将在近期面世。

我们之所以把“中国法制史考证”确定为法史基础研究的重点项目，主要是基于这样的认识：其一，由于多种原因，历代史籍中有关法制的记载疏漏、曲笔甚多，许多法律文献错讹严重，前人著述对中国法制的阐述又有许多不确之处，一些有争议的问题需要进一步探讨。史料是法史研究的基础，一些基本的法律文献和前人的研究成果，又往往被反复利用，如果对其中的错误和疏漏不加以厘正，势必以讹传讹，贻误读者，因此对带有关键性、普遍性的重要问题，依据翔实的史料做一番考证是很必要的。其二，详阅百年来的法史研究著述，以考证类成果的学术创见最为突出。然而，已发表的这类论文散见于数百种刊物，有些还是用不同文字出版，不少学者考证法史的创见又散见于其著作中，给人们了解和利用这些成果带来了困难，甚至在法史研究中出现了一些不应出现的问题：同一问题被重复研究，甚至后人研究的学术水准较前人大为逊色；或前人业已指明、订误而不应在后人著述中再出现的许多错误，在现今的不少著述中仍被引用。撰写和编辑《中国法制史考证》有益于后学者系统地掌握海内外学者考证法史的学术见解，并在此基础上向新的学术高峰攀登。其三，一些法史学者长期从事某一断代法律史、专题史的研究，取得了重要的学术收获，其中有些还未来得及进行系统的研究和整理，有些则因出版方面的原因延误了成果的出版。我们期望本课题的实施，能够推动这些学者继续深入研究，为开拓法史研究提供最新研究成果。总之，集百年法史考证成果之精华，推动法史深入研究，为当代和后世学者研究法制史提供基本资料，是我们编辑《中国法制史考证》的基本宗旨。

依照这一宗旨，我们要求收入本书的成果，其内容应全部属于作者的独立创见：或是对史籍记载错误和前人不确之论的厘正，或是对历史疑义和争论问题的考辨，或是对稀见法律史料的考释。根据所辑成果的内容和形式，我们把本书分为甲、乙、丙、丁四编编辑、出版。

甲编：《历代法制考》。本编是当代中国学者撰写的有关历朝法制考证的著作，分为《夏商周法制考》、《战国秦法制考》、《两汉魏晋南北朝法制考》、《隋唐法制考》、《宋辽金元法制考》、《明代法制考》、《清代法制考》7册编辑。

乙编：《法史考证重要论文选编》。收入近百年来中国学者考证法史的有创见的论文112篇，分为《律令考》、《刑制狱讼考》、《法制丛考》、《法律史料考释》4册编辑，需要说明的是，鉴于当代中国学者考证法史的许多学术成果已收入了甲编，本编实际上收入的是除甲编之外的法史考证成果。同时，鉴于有关近代法制考、民族法制考以及许多过世的学者、台湾地区和香港地区学者的研究成果在甲编中未得到反映，还有若干法律史料考释的成果在甲编中未能收录，故本编着重选编了甲编未曾收录的这几类论文。

丙编：《日本学者考证中国法制史重要成果选译》。收录日本学者考证中国法制史的重要论文50篇，分《通代先秦秦汉》卷、《魏晋南北朝隋唐》卷、《宋辽西夏元》卷、《明清》卷4册编辑。近百年来，日本学者在中国法律史研究领域发表了大量论文，出版了一大批有较高学术水准的专著，本编收入的仅是日本学者考证中国法制史的代表性论文。寺田浩明、冈野诚、籾山明、川村康等先生，承担了论文的选编工作。寺田浩明先生作为本编的主编，付出了辛勤的劳动，并编写了《近百年日本学者考证中国法制史重要论文著作目录》。

丁编：法史考证系列专著。近年来，我国有多位学者在他们所从事的领域内进行了扎实而有创造性的研究，提出了许多独特的见解。本编收录的是这些学者写的专题性考证成果，其内容是：历代例考，律注文献丛考，碑刻法律史料考，典权制度源流考，汉代律家与律章句考，隋代法制考，唐律与唐代法制考辨，唐式辑佚，金元法制丛考，秋审条款源流考，中国近代法律文献与史实考等。考虑到系列专著规模较大，且编审工作需要较长时间才能完成，故此编延迟出版。

《中国法制史考证》多卷本的问世，是参加本书撰写、编辑的全体学者和编者共同努力的结果。在本书编辑过程中，中国社会科学院为《考证》甲编的撰写提供了资助。中国社会科学出版社周兴泉先生等历时几年，精心进行本书的编审。这里，我向为本书出版做出贡献的海内外学者和支持本书出版的单位及有关人士表示衷心的感谢！

每一个学科在一定的历史时期内，都有相应地能够达到的学术高峰。《中国法制史考证》作为近百年来海内外学者考证中国法制史学术创见的汇集，我们期望这套丛书能够反映和代表百年法史考证的水平。但因本书规模较大，我们在对学术成果水平的认定和优秀论文的选编中，难免存在疏漏，敬请学界同仁和广大读者不吝指正，以便本书再版时补正。同时，我们认为，学海无涯，青出于蓝而胜于蓝，在今后若干年内，随着法史研究视野的开阔和研究方法的创新，必定会有更多的学者在包括法史考证在内的各个研究领域，创造出更多更好的学术成果。如果本书的出版能为学科的创新和法律史学的继续繁荣发挥它应有的作用，我们将感到欣慰。

《中国法制史考证续编》总序*

清末以来，经几代学者辛勤耕耘，中国法律史学已成为一门独立的学科，并在多个领域取得了重要的学术成就。但是，由于多数法律文献还没有进行整理和研究，不少领域有待开拓，一些关系到学科发展的全局性重大问题需要深入探讨，很多重要的史实和疑义有待考证，这门学科仍需要继续发展和完善。如何科学地认识中国法律发展史，全面和正确地揭示中国历史上法制的本来面目，仍是当代学者面临的重大课题和肩负的历史责任。

为了给这门学科的发展打下更为坚实的基础，从 1983 年起，我们制订了“珍稀法律文献整理与法史考证”科研规划，与学界同仁一道，完成了大量的稀见法律文献的整理，进行了一些法史专题的考证和研究。1988 年 3 月，我所在的中国社会科学院法学研究所法制史研究室，把珍稀法律文献整理、法史考证、学科科学体系创建确定为本室科研工作的三大基础工程，《中国法制史考证》是本室规划的重大课题之一。1994 年，我主持的《中国法制史考证》（28 卷本，分为甲、乙、丙、丁四编编辑）列为所重点项目，该课题开始付诸实施。1997 年 5 月，《中国法制史考证》被中国社会科学院确定为院精品战略项目。之后不久，该项目又被列为国家“十五”重点图书规划出版项目。经参加该项目的国内外学者的多年努力，《考证》前三编已于 2003 年 9 月由中国社会科学出版社出版。其中：甲编为《历代法制考》，是当代中国学者

---

* 杨一凡主编《中国法制史考证续编》（13 册），社会科学文献出版社，2009。

撰写的有关历代法制考证的著作，分为7册编辑；乙编为《法史考证重要论文选编》，收入近百年来中国学者考证法史的有创见的论文112篇，分为4册编辑；丙编为《日本学者考证中国法制史重要成果选译》，收入日本学者考证中国法制史的重要论文50篇，分为4册编辑。《考证》丁编是中国学者撰写的法史考证系列专著，这次出版时，因篇幅较大，更名为《中国法制史考证续编》。

《中国法制史考证续编》共13册，收入我国15名学者撰写的考证专著。这些成果是他们在长期研究的基础上，又历时多年的精心撰写和修改完成的。书中所述，均系作者的独立见解。现把各专著的内容和创见简述于后。

第1册：《历代例考》

杨一凡、刘笃才著。该成果对历史上各类例的起源、内容、演变及其在各代法律体系中的地位和功能作了系统考证。其创新之处是：(1) 对例的前身决事比和故事的形成、演变进行考证，揭示了例的渊源；(2) 对长期流传的所谓秦“廷行事”、清“成案”即判例的观点提出质疑，厘正了前人的不确之论； (3) 对学界存有争议的汉代的“比”、宋元的“断例”、清代的省例的性质作了考辨；(4) 对前人未曾研究的元代的分例和明代的榜例、则例等进行了探讨；(5) 对唐代至明清的条例、事例和元代的格例以及清代的则例、《大清律例》中的附例等进行了考证；(6) 突破“以刑为主”研究法史的传统模式，对各代刑例之外的行政、经济、民事、军政、学校管理等方面的诸例进行了比较全面的考述，阐明了例的体系； (7) 论证了历史上的律例关系理论。

第2册：《律注文献丛考》

张伯元著。律注是我国古代法律解释学、古代律学的重要组成部分。该著作以法律文献及其注疏为研究对象，从不同的侧面考证和阐述了我国古代律注文献的概况。该著作由22篇组成，分别就秦汉时期的律注文献、魏晋和唐代律注文献、明代律注文献、刑法类书目及清代律注文献、有关律令及法律用语等进行了扎实的考证。作品内容涉及面较广，有注文的考析，有佚注的辑考，有版本的考异，时出新见，多为前人所未发。

第3册：《碑刻法律史料考》

李雪梅著。在我国丰富的碑刻法律史料中，记载了历代许多地方长官颁发的禁令、告示以及民间乡约、族规、行规、宗教规约和讼案记事等。这些为正史所未载的珍贵史料，从多个方面反映了中国历史上的法律制度特别是地方实施法律的情况，是国家与社会、法律与民俗互动的真实写照。该著作是作者多年搜集、研究碑刻法律史料的成果，内容由上、中、下三篇组成。上篇是对碑刻法律史料的现状、分类及时代演进的概述，中篇分别对族规与乡约碑、告示碑、会馆与行规碑、教育与学规碑以及清代台湾碑刻法律史料的考述，下篇是先秦至明清古代碑刻法律史料的简目。

第4册：《典权制度源流考》

郭建著。该著作所言的“典权”，专指支付典价、占有他人的不动产而享有使用及收益的权利。作者运用丰富的资料，就古代社会中典权这一民事制度的起源及其发展史作了系统的考证。认为典权起源于北齐时期的“帖”，唐代将此类交易性质混同于动产质押，改称为“质”，作为“均田制”下被有条件允许的土地转移方式。由于唐代“典”、“质”字义可以互换，至盛唐以后的立法中一般将土地出质改称“典”。五代与北宋的法律规定了出典交易的详细程序，明确了出典人双方的权利、义务和出典人无限期的收赎权。元、明、清各代在沿袭宋代的典权制度的基础上，又有创新和发展。

第5册：《汉代律家与律章句考》

龙大轩著。汉史素称难治，汉律亦然。欲厘清汉律，必厘清汉代的律章句。该成果于前人言犹未及或意犹未尽处着力，考据汉代律家与律章句之要旨。作者综罗汉史资料，用心爬梳剔抉，考证了15名汉代律家的生平及著述；辑录汉律章句543条，其中钩沉2项，立新45项，补漏14项，纠错9项。作者就汉代律学提出了新的见解，对于两汉法律的细枝末节，也有所厘清，为恢复汉律的本来面目提供了丰富的史料。

第 6 册：《隋代法制考》

倪正茂著。隋代法制，乏人问津，古今著述，涉笔寥寥。究其原因，盖在史料奇缺，且隋祚短暂。然隋律为唐律之蓝本，创新颇多，其确立的十恶大罪、五刑之制等，为唐及以后各代所承袭，故隋代法制在中国法律史上具有承前启后的重要地位。该著作考证隋代律、令、格、式的渊源流变，剖析前人立论的成败得失、真伪谬当；对于隋代行政、刑事、民事、诉讼法律制度及司法实践亦作了细致的考察，比较客观和全面地展现了隋代法制的面貌。

第 7 册：《唐律与唐代法制考辨》

钱大群著。该著作就学界研究唐律及唐代法律制度研究中的一些重大争论及疑义，精心考证，发表了作者的独到见解。内容涉及唐代法律体系、唐律的性质定位、唐律的内容结构、刑罚与行政处罚、特权剖析、重要罪名与刑罚、制敕断罪与死刑覆奏、法律时效与词语分辨，以及著名典籍《龙筋凤髓判》的刑律适用，《唐六典》的性质与“行用”等一系列重要问题。作者数十年致力于唐律研究，本作品是其研究精华的结集，对于唐史及法史教学与研究有重要的参考价值。

第 8 册：《唐式辑佚》

霍存福著。唐式是唐代的基本法律形式之一，是以行政法为主体的非刑事性法律，只惜久已散佚。该著作从 26 种唐宋旧籍、7 种日本古籍及敦煌、吐鲁番出土文书辑佚唐式，在吸收国内外前贤成果的基础上，依唐式曾存在过的 35 个篇目，复原唐式旧文 207 条，占约 1000 条唐式的五分之一。该著作“论述篇（唐式研究）”，就唐式的发展史及研究史进行专题论述；“复原篇（唐式佚文复原及考证）”各条复原式文后分述引据资料、按语、参考，并尽可能考定复原式文年代和篇名。书中同时收集了唐格佚文，附于相关式文之下，便于读者理解格、式关系。该作品搜罗宏富，体例完整，考证精详，是第一部复原唐式的著作，也是迄今为止研究唐式最详尽的学术成果。

第 9 册：《金元法制丛考》

曾代伟著。该著作以金代和蒙元时期法制为考证对象，其中包括：

金代职官法制，民事法制中的身份制度、财产关系、婚姻、继承制度，刑法原则的变化和罪名，经济法制中的田制与田赋制度、“物力通检推排法”，币制、禁榷制度，狱讼官署与诉讼审判制度，元代基本法典《大元通制》之谜解读，蒙元刑制，窦娥冤狱与蒙元司法，蒙元义绝等。书中对许多问题有开创性的考辨，厘正了史籍记载的错误，具有正本清源的学术价值。

第 10 册：《明大诰研究》

杨一凡著。明太祖朱元璋亲自编纂的四编《大诰》，以用刑酷烈、禁令新奇、案例众多和版本珍贵著称于世。《明大诰研究》曾于1988年出版，本书系原作的修订本。笔者对《大诰》成书的动机、条目和诰文渊源、《大诰》是否具有法律效力、实施的真相、被废止之谜、《大诰》的版本以及围绕《大诰》研究的争论问题等进行了考证。书后附有明《大诰》点校本和《明〈大诰〉人名索引》。为了使读者全面了解明《大诰》颁行的背景，正确评价朱元璋在明初法制建设中的地位和作用，修订本附录了作者新作《明太祖与洪武法制》。

第 11 册：《秋审条款源流考》

宋北平著。该著作以清末修律时修订的《秋审条款》的条文为经线，以清代历朝代表性的秋审条款为纬线，按照源流变迁的先后，将其条文分别附列于官修的条款之下，然后逐条逐句地进行考证，阐述了每一条款的产生、发展、变化的历史过程。作者在精心比较、研究的基础上，就诸多历史悬疑问题提出了见解，并对与秋审相关的一些问题作了比较深入的探讨。该著作依据大量的史料，旁征博引，系统地揭示了清代秋审制度的形成和发展。

第 12 册：《中国近代法律文献与史实考》

张希坡著。该著作由上下两篇组成。上篇分为6个专题，对中国近代法律文献和史实需要澄清的问题进行了考证。下篇分为14个专题，对广州、武汉国民政府的法律制度进行了扎实、深入的考察。本作品是新中国成立后我国学者首次系统考证中国近代法律文献的专著，书中所述，无论是对法律、法律文献记载的错误的厘正，或是对新发现的法律资料的诠释，或是对一些重要问题的探讨，都是作者在长期研究的基础上形成的见解，是这一领域研究的力作。

第 13 册：《法制史料考释》

张国福、冯卓慧、王沛著。本册收入王沛著《琱生裘卫诸器铭文集释》、冯卓慧著《唐宋石刻法制资料考析》、张国福著《〈组织临时政府各省代表会纪事〉考证》三部考证著作。《琱生裘卫诸器铭文集释》就传世已久的琱生二簋和新出土的琱生尊铭文，集众多学者的考释意见，加以整理，写成按语，就诸家释读分歧提出新解。《唐宋石刻法制资料考析》由《唐〈御史台精舍碑碑铭〉评注》、《〈盟吐蕃碑〉识读》、《〈劝慎刑文〉及〈慎刑箴〉碑铭考译》等部分组成，就这些石刻中反映的唐宋法制及相关疑义进行了论证。《〈组织临时政府各省代表会纪事〉考证》系作者以刘星楠遗稿《辛亥各省代表会日志》为主要佐证资料，以当时经常登载会议消息的《民立报》、《申报》等作为参证资料，对吴景濂编《组织临时政府各省代表会纪事》每一天的纪事的内容作了详实考证，纠正了史籍记载的失误，对于辛亥革命与中华民国乃至近现代中国法制史的研究，颇有裨益。

在《中国法制史考证续编》出版之际，我向承担本书各专著撰写的作者表示衷心的感谢。多年来，他们以对社会、读者和历史负责的态度，广泛阅读资料，刻苦钻研，反复探讨，有些作品甚至几易其稿，力图使考证的结论符合历史的真实；其中有一半以上学者年事已高，仍不辞劳苦，潜心治学。所有这些，都令我感动。还有几册书稿，早在五、六年前就已定稿，因编入《考证续编》专著系列出版，直到今日才与读者见面。对此，我深表歉意。

本书的出版，得到了北京法律文化研究中心和社会科学文献出版社的大力支持。北京法律文化研究中心为本书的印制提供了资助。该中心的宋国范和吴小云女士、杨谦虚先生自始至终参加了本书的有关编务工作，并承担了各册书稿的校对。社会科学文献出版社的宋月华、魏小薇同志审阅了书稿，为保证本书的质量付出了辛勤的劳动。在此，我向为本书出版做出奉献的单位和个人表示诚挚的感谢。

我期望《中国法制史考证续编》的出版，能够为提升中国法律史学的研究水平发挥积极的作用。也热切希望广大读者，对本书中的错误和不妥之处多加指正。

中国法律史学的研究正处在一个重要的发展时期。近十多年来，法史学界在前人研究的基础上，围绕“如何科学地认识法律史”这一重大命题进行了大胆的探索，逐步走出了长期禁锢人们思想的认识上的误区，取得了前所未有的重大学术突破。在法史研究中，坚持实事求是的认识论，注重史料，注重对多种法律形式结合研究，注重对历史上立法、执法、司法情况的综合考察，注重创新，已成为广大学者的共识。我们有充分的理由深信，今后数十年内，在学界同仁尤其是中青年学者的共同努力下，实现中国法律史学走向科学的目标一定能够实现。

《历代例考》绪论（节选）*

在中国古代法律体系中，例作为重要的法律形式，曾经为许多朝代所采用。例的前身是秦汉的比和故事。魏晋至唐、五代时期，例从成为法律用语到被统治者确认为国家的一种法律形式，经历了漫长、曲折的演变过程。唐、五代以条例、格例、则例的形式，制定了一些行政、经济管理等方面的法规；宋、元两朝，例作为国家的补充法，名目繁多，其中“断例”的制定和适用影响尤深。明代注重制例、编例，于典、律之外，形成了以条例、则例、事例、榜例为内容的完整的例的体系，例的法律地位得到了新的提升。这一时期，刑例进一步完善，以例补律，以例辅律，律例并行；在刑例之外，又制定了吏、户、礼、兵、工诸例。清代在沿袭明制的基础上又多有新创，特别是在以则例为主体的行政例的制定方面成绩斐然。清王朝在“以《会典》为纲，则例为目”的法律框架下，制定和颁布了大量的单行行政法规，全面地完善了国家的行政法制。明清两代制例数量之多，为历代所不及，仅现存的这两代制定的单行条例、则例和例的汇编性文献就达上千种。在中华法制文明发展史上，例具有其他法律形式不可替代的独立存在的价值，在国家社会生活中发挥了极其重要的作用。

对于中国古代例的研究，国内外学界已发表了不少论文，提出了许

---

* 《历代例考》，杨一凡、刘笃才著。初版收入杨一凡主编的《中国法制史考证续编》第1册，社会科学文献出版社，2009。该书2012年列入中国社会科学院创新工程学术出版资助项目，由社会科学文献出版社再版。该书《绪论》部分是我与刘笃才先生合写，本文是《绪论》的节选。

多见解。我国较早研究例的学者是陈顾远先生。1947 年，他在《复旦学报》第 3 期发表了《汉之决事比及其源流》一文，又于 1951 年在《大陆杂志》第 2 卷发表了《条例之得名及其特质考》，对于例及其前身决事比的特质及例在历史上的流变进行了探讨。此两文虽然篇幅不大，但内容丰富，颇有见地。在此之后到 20 世纪 80 年代末的近 30 年间，我国学界几乎没有研究例的论文面世。为什么会出现这种现象？究其原因，除了新中国成立后曾在一段相当长的时间内不重视法治建设、不注重包括法律史学在内的法学研究外，就中国法律史这一学科的研究状况而论，多年流行的认为古代例的作用是“以例破律，以例坏律”的观点，以及不重视基本史料研究的浮躁学风，无疑是造成这一领域研究滞后的症结之一。20 世纪 80 年代末以来，例的研究重新受到学界关注，一些学者以实事求是的态度对古代的例进行探讨，发表了一些新的成果，认为例在历史上主要发挥的是积极作用的观点，也逐渐为学界所公认。在推动古代例的研究的进程中，学者发表了多篇具有学术价值的论文，如王侃的《宋例辨析》[①] 以及他和吕丽合写的《明清例辨析》[②]，对通行于高等法律院校教科书中的某些似是而非的观点提出商榷。郭东旭的《论宋代法律中“例”的发展》[③]、苏亦工的《律例关系考辨》[④]等论文，也对如何正确地认识古代的例等一些问题提出了重要见解。[⑤]

---

① 王侃：《宋例辨析》，《法学研究》1996 年第 2 期；《宋例辨析（续）》，《法学研究》1996 年第 6 期。又见杨一凡总主编、尤韶华卷主编《中国法制史考证》甲编第 5 册，中国社会科学出版社，2003，第 132 ~ 191 页。

② 王侃、吕丽：《明清例辨析》，《法学研究》1996 年第 2 期。又见杨一凡总主编、苏亦工卷主编《中国法制史考证》甲编第 7 册，中国社会科学出版社，2003，第 196 ~ 215 页。

③ 郭东旭：《论宋代法律中“例”的发展》，《史学月刊》1991 年第 3 期。

④ 苏亦工：《律例关系考辨》，收入《中国法制史考证》甲编第 7 册，中国社会科学出版社，2003，第 216 ~ 284 页。

⑤ 我国大陆学者发表的研究古代例的重要论文还有：杨一凡、曲英杰的《明代〈问刑条例〉的修订》（《中国法律史国际学术讨论会论文集》，陕西人民出版社，1990），吕丽的《汉魏晋“故事”辨析》（《法学研究》2002 年第 6 期），赵姗黎的《问刑条例考》（见杨一凡主编《中国法制史考证》甲编第 6 册，中国社会科学出版社，2003）等。

日本学者也很重视中国古代例的研究。有关研究论文翻译成中文的有：加藤雄三的《明代成化、弘治的律与例——依律照例发落考》，谷井俊仁的《督捕则例的出现——清初的官僚制与社会》，谷井阳子的《清代则例省例考》，中村茂夫的《比附的功能》，小口彦太的《清代中国刑事审判中成案的法源性》、①小林高四郎的《元代法制史上之“旧例”》②、荻原守的《清代蒙古审判事例》③等。还有一些日本学者研究例的论文未翻译成中文。④

应该指出，对于中国古代例的研究，至今仍是法史研究的薄弱环节，还存在许多问题。以往在古代例的研究方面存在的缺陷主要是：其一，对历代例的文献资料大多没有进行研究和涉及，有关各种例的名称、概念、性质、功能及相互之间的区别的阐述尚有不少失误，有些论文混淆了条例、则例与事例的区分，有的甚至把案例当做判例进行论述。其二，对明代以前例的表述望文生义的问题较为突出，实证研究不够，存疑较多，如秦汉的“廷行事”、唐代的“法例”、宋元的“断例”和清代“成案”的性质等，都需要予以考证和探讨；对例的渊源、演变及沿革关系，也有待深入研究。其三，局限于刑例的研究，忽视“刑例”之外的有关行政、经济、民事、军政、文化教育等方面的例的探讨，未能全面地揭示历史上例的体系。其四，对于历代的则例、事例、榜例及清代的省例等还基本没有进行研究，亟待加强。

如何评价例的作用，也是一个需要继续探讨的问题。传统观点对例

---

① 以上四文均见杨一凡总主编、寺田浩明卷主编《中国法制史考证》丙编第4册，中国社会科学出版社，2003。

② 〔日〕小林高四郎：《元代法制史上之“旧例”》，潘世宪译，《蒙古学资料与情报》1990年第4期。

③ 〔日〕荻原守：《清代蒙古审判事例》，哈剌古纳译，《蒙古学资料与情报》1991年第2期。

④ 没有翻译为中文的日本学者的论文还有：池田温的《唐代法例小考》（中国唐代学会·台湾编辑委员会编《第三届中国唐代文化学术研讨会论文集》，1997）、川村康的《宋代断例考》（东洋文化研究所纪要126，1995），陶安あんど的《律分例之间——明代赎法所见旧中国法一斑》（东洋文化研究所纪要138，1999），寺田浩明的《清代的省例》（滋贺秀三编《中国法制史——基本资料的研究》，东京大学出版会，1993）等。

的作用大多持否定的态度，把例作为律的对立面加以评述，好像例在历史上基本上扮演的是消极角色，没有多少积极因素可言。近年来，也有一些学者提出了相反的观点，肯定例在古代法制建设中的积极作用。由于例的种类和功能不同，各朝法制建设的状况不同，我们应当在总体上肯定例这一法律形式存在的必然性及其在古代法制建设中发挥过重要作用的同时，对于不同历史时期例的制定、实施的利弊进行具体的分析。

在中国古代法律文献中，例的含义至少有四个义项：一是作为法律的代称。晋人杜预说："法者，盖绳墨之断例，非穷理尽性之书也。"① 这里的断例就是法律的代称。二是名例的简称。《唐律疏议》以《名例》置于卷首。唐代以前各朝制定的一些律典中，也设有名例篇或法例，用以表述刑名的有关规定。《唐律疏议》云："名者，五刑之罪名；例者，五刑之体例。"② 又云："律虽无文，即须比例科断。"③ 这里所说的例，即指名例。三是具有法律效力的单个事例。《说文》云："例，比也。"④ 清人袁枚云："若夫例者，引彼物以肖此物，从甲事以配乙事也。"⑤ 因一时一事而立法，成为以后依此为则的事例、榜例、断例、罪例等，均属此义。四是具有独立法律地位的单行法规，如明清两代经统治者精心编纂或修订的条例、清代编纂的则例。例，列也，类也，它是对某一类事项列举条文进行规定。三、四两项是本书研究的对象。

历史上例的名称有条例、则例、格例、事例、榜例、断例等，与例的内涵、功能相同的法律形式还有决事比、故事等，可谓五花八门。为

① 《晋书》卷三四《杜预传》，中华书局，1982，第1026页。

② （唐）长孙无忌等撰，刘俊文点校《唐律疏议》卷一《名例》，中华书局，1983，第2页。

③ （唐）长孙无忌等撰，刘俊文点校《唐律疏议》卷一四《户婚》"奴娶良人为妻"条。另据杜佑《通典》卷一六七《刑五·杂议下》："（后魏）河东郡人李怜坐行毒药，按以死坐。其母诉称：'一身年老，更无周亲，例合上请。'检籍不谬。及怜母身亡，州断三年服终后乃行决。主簿李玚驳曰：'按《法例律》：诸犯罪，若祖父母、父母年七十以上，无成人子孙，旁无周亲者，具状上请。流者鞭笞，留养其亲，终则从流，不在原赦之例。'"

④ （汉）许慎撰、（清）段玉裁注《说文解字注》，上海古籍出版社，1984，第381页。

⑤ （清）袁枚撰《答金震方先生问律例书》，载《小仓山房文集》卷一五。

了使读者了解各类例的产生途径和存在形态，有必要提出一些分类标准。本书在表述中采用了下述分类标准：其一，以例的构成数量为分类标准。古代的例有些只是一件事例或一个案例，是以单数的形式出现的；有些则包括多个事例或案例，是以复数形式出现的，故从构成数量角度可把它们区分为单数或复数。其二，以例的内容表述形式为分类标准。古代的例有些是采取具体的阐述事例或案例的表述方式，有些则是以抽象的、概括的条文表述的，故从内容表述形式角度可把它们区分为具体与概括两类。其三，以例产生和形成的途径为分类标准。古代的例有些是通过立法程序制定的，有些则是由某一行政作为产生的，或是在司法审判过程中形成的，因而可以把它们的生成途径分为行政、司法、立法三个方面。基于以上所述，我们把历史上曾广泛行用的例的产生途径和存在形态列表于后（见下表）。

例的法律形式

类别 \ 例的法律形式		决事比	故事	事例	断例	条例	格例	则例	榜例
生成途径	司法	✓							
	行政		✓				✓		
	立法					✓		✓	
	生成途径不一			✓	✓				✓
构成数量	单数								
	复数					✓	✓	✓	
	单数为基本形态汇编本为复数	✓	✓	✓	✓				✓
内容表述形式	具体	✓							
	概括					✓	✓	✓	
	表述形式不一		✓	✓	✓				✓

长期以来，人们对历史上各种名称的例之间的区分尚不清晰，常常混淆乃至张冠李戴，为此，很有必要就决事比、故事、事例、断例、条

例、格例、则例、榜例、省例及成案的内涵作一简要阐述。[①]

在中国古代法律体系中，存在着多种法律形式，其中律、令、例是最基本的、为历朝广泛采用的法律形式。秦汉以降，律（包括律典）属于刑事法律，其内容是对有关违反国家和社会的基本制度的行为进行刑事处罚的规范。令是指君主颁布的诏、敕、诰、谕等各类特别法和各种单行令，以及编辑成法典的“令典”之令。皇帝诏令多是针对治理国家的实际需要随时发布的。由于令典、律典处于“常经”地位，多是经过较长时间才进行修订的，君主发布的许多诏令又因形势的发展而无法继续适用，要有效地保障国家机器的正常运转，必须针对世情的变化，不断完善行政、经济、刑事、民事、军事、文化教育诸方面的法律制度，也需要制定各种法律制度的实施细则。历朝之所以注重制例，是因为它是实施国家的基本法律制度不可缺少的、最有效的法律形式。一部中国立法史表明，随着时间的推移和社会的进步，例在国家社会生活中发挥的作用就愈突出。特别是明清两代，制定了大量的条例和则例等，不仅刑事法律需要通过以例补律、以例辅律的途径进行实施，国家社会生活的各个方面都需要以例规范。现存的中国古代法律法规中，有关例的文献占全部法律总数的一半以上，也可证明它在历史上法律中的地位是何等重要。可以说，不了解中国古代的例，就无法真正地懂得中国古代法制。要全面正确地阐述中国法律发展史，科学地揭示中国古代法制的面貌，必须注重历代例的研究。

① 《历代例考·绪论》原文此处以下部分，是简述决事比、故事、事例、断例、条例、格例、则例、榜例、省例及成案的内涵及其功能的历史演变。因收入本书的《中国古代法律形式和法律体系》一文对例的法律形式及功能演变已有详细论述，故删削。

《中国古代法律形式研究》后记*

30 多年来，中国法律史研究取得了前所未有的重大进展，在许多方面实现了可喜的学术突破。然而，我们应当清醒地认识到，要科学地阐述中国法律发展史，还有很多新的领域、更多的重大课题需要继续探索。以古代立法研究而言，时至今日，对于各代的立法形式及立法成果大多未进行探讨，以各种法律形式制定的行政、经济、军政、民事、文化教育诸方面的法律法规大多还未进行研究，关于古代地方立法形式及成果的探索也是刚刚开始，人们对于中国古代法律体系的认识仍若明若暗。古代立法研究之所以会出现诸多缺憾，从根本上讲，是与人们对古代的法律形式缺乏全面、清晰的认识有关。

中国古代法律形式具有体现和区分法律的产生方式、效力等级和法律地位的功能，历朝的法律、法规、法令都是运用一定的法律形式制定和颁布的。在中国古代法律体系中，存在着律、例、令等各种法律形式。历朝因所处的历史条件和法律的发达程度存在差异，法律形式及其称谓也有所变化。中国古代的法律形式随着法制文明的发展经历了逐步协调、规范的过程，以不同功能的法律形式表述的立法成果也随之由不成熟逐渐走向完善。因此，要比较全面地揭示古代法律体系和法制的面貌，必须注重法律形式的研究。有的学者说，准确地区分和把握古代法律形式是今人打开传统法律宝库之门的钥匙。这一看法是很有见地的。

---

* 杨一凡主编《中国古代法律形式研究》，收入论文 16 篇，社会科学文献出版社，2011。

为了深入探讨中国古代的各种法律形式，进一步揭示古代的法律体系和法制的面貌，2009 年 7 月，中国法律史学会会刊编辑委员会就编辑出版《中国古代法律形式研究》（论文集，《法律史论丛》第 11 辑）向学界征稿。征稿内容公布后，不少学者寄来了论文或论文写作大纲，我们从中选编了 16 篇有学术见解的论文收入本书出版。①

收入本书的论文，是各位作者在认真研读多种法律资料的基础上精心撰写、反复修改而成的。虽然有的论文提出的见解也可能需要进一步探讨，但作者们在写作中体现的严谨治学的精神值得赞许。

本书由杨一凡、王沛、徐燕斌编辑、审稿。

中国社会科学院法学研究所、冈松中日国际文化交流基金对本书的出版提供了资助，我们在此表示感谢。

推动法史研究走向科学，是当代中国法史学者肩负的历史责任。我们希望学界同仁和广大读者对本书中的不妥之处多多指正，也期待更多有创见的学术成果问世。

① 《中国古代法律形式》，72 万余字，收入下述 16 篇论文：武树臣的《甲骨文所见法律形式及其起源》；王沛的《〈尔雅·释诂〉与上古法律形式——结合金文资料的研究》；尤韶华的《〈尚书〉所见法律形式——〈周书·吕刑〉辨析》；张伯元的《汉“九章”质疑补》；梁健的《曹魏律章句考论——以如淳〈汉书〉注为基点》；李玉生的《唐代法律形式综论》；霍存福的《唐式佚文及其复原诸问题》；吕志兴的《宋代法律形式及其相互关系》；芮素平的《金代法律形式与法律体系论考》；胡兴东的《元代“例”考——以〈元典章〉为中心》；万明的《明令新探——以诏令为中心》；杨一凡的《明代榜例考》和《清代则例纂修要略》；李雪梅的《明清地方词讼禁令初议——以碑禁体系为中心》；关志国的《清代地方法律形式探析》；刘笃才的《中国古代民间规约简论》。

《中国珍稀法律典籍集成》乙编前言*

明王朝统治中国的近280年间，曾进行了一系列健全法制的工作，颁行了《大明令》、《大明律》、《大诰》和诸多的条例、榜文及其他法令，其数量之多，大大超过了明以前各代。在中国历史上，明代法律无论就其社会作用而言，还是就其史料价值而论，都应该说占有重要的地位。

世称唐律为中华古代法律的代表。明律在损益唐律的基础上，又多有创新和发展：《大明律》以六部分类，使古来律式为之一变；适应君主专制主义的强化和商品经济发展的需要，明代的经济、行政、军事和司法制度方面的立法，较之前代更为发达；实行律例合编、律例并用，使统治集团得以在保障律典长期稳定不变的前提下，更能灵活地适时立法，这期间虽然也产生了因事起例、因例生例、冗琐难行的弊端，但那些经统治集团精心删定、通行于全国的重要条例，多是发挥了以例补律、以例辅律的效用，因之为清代所沿袭；明代制定的许多法律，如以刑罚酷烈而著称于世的特种刑法《大诰》四编，通行于明中后期的刑事法规《问刑条例》，为健全民间里老诉讼而颁行的《教民榜文》，为完善监察制度而颁行的《宪纲事类》，为加强对宗室、藩王管理而颁行的《宗藩条例》，以及盐法、茶法和市廛、钱债、漕运、矿业、海外贸易等方面的许多立法，都展现出鲜明的时代特色。由于这些法律包含的

---

* 本文原载刘海年、杨一凡主编《中国珍稀法律典籍集成》（14册，整理标点本）乙编第1册，科学出版社，1994，第1～6页。

内容相当广泛，几乎涉及国家、社会生活的各个领域，故对研究中国法律史、政治制度史、经济史、军事史、文化史，都有很高的史料价值。

如果说挖掘、整理和出版中华珍稀法律典籍，是一件有益于民族和子孙后代的好事，那么，搜集、整理明代珍稀法律典籍，就显得更为迫切。从我国现存法律古籍的馆藏情况看，明代法律典籍既不像前代，特别是唐以前各朝那样，版本大多失传，也不像清代那样版本较为齐全、馆藏也较普遍。现见的明代法律典籍，除《大明律》等少数法律的版本较多外，很多重要的法律不是版本稀有，就是散见于海内外各地，一些版本已系孤本，有些已经失传。即使像《大明令》、《大诰》四编这些版本稍多的文献，国内也仅有几家图书馆收藏，读者利用起来甚不方便，有些研究者苦于本地无书，只好望而却步。所有这些，都使许多学界同仁深深感到，必须重视和加强稀见法律典籍的挖掘、整理工作。

整理、出版明代珍稀法律典籍，是我多年的愿望。80 年代初，在李光灿、刘海年先生的热情鼓励和支持下，我开始把这一想法付诸实施。从那时起至今 10 余年来，参加明代法律典籍搜集、整理的诸君付出了辛勤劳动，使工作不断取得进展。这期间，1981 年至 1985 年，曲英杰、宋国范君花费了巨大精力，和我完成了对国内图书馆藏明代法律史料基本情况的调查，并完成了《大明令》、洪武《大明律》等 6 种文献的点校。1985 年年初至 1987 年年中，曲英杰、王天增、田禾和我完成了《明实录》中法律史料的选辑。1987 年至 1989 年，承蒙海内外同仁的鼎力协助，进一步寻查了散存于美国、日本等国和我国大陆、台湾的明代法律稀见版本，并取得了一批珍贵版本的复制件。由于经费和版本使用方面的一些困难，在 1989 年年底前，整理稀见法律文献的进度比较迟缓。1990 年初，在科学出版社大力支持下，明代珍稀法律典籍的点校工作才得以全面展开。近两年来，参加《集成》乙编点校的诸位学者齐心协力，艰苦奋斗，保证了这 6 册文献定稿付印。多年的夙愿终于实现，令人欣慰。回顾往事，深感这些成果来之不易。这里，我向科学出版社和参加点校的各位同仁表示衷心感谢。没有他们的积极奉献，尚不知本编的问世还要拖延到何时。

收入《集成》乙编的25种珍贵典籍，均系明代有代表性的法律和法律文献，也都是研究明代法制必不可少的资料。出版时，依据文献的内容和成书时间，分别编为6册。

第1册，收录明建国初期的重要法律文献10种，它们均系明太祖朱元璋洪武年间颁行的法律或与洪武法制关系密切的典籍。洪武朝是明代法制的创立时期，不仅立法数量较多，其影响也为明代各朝不能比拟。然因年代相对久远，版本的失传也较明中后期各朝严重，存疑也较多。现经学界人士多年挖掘、搜集，当时制定的一些重要的法律，大多已见传本。本册收录的文献，大体反映了洪武法律的面貌。借助于这些资料，可以厘正史籍中记载洪武法制的一些不确之处，解开长期困惑人们的一些疑义。

第2册，收录自正统至万历180余年间颁布的单行条例13种。明代法制，律例并行，例具有很高的法律效力。因《大明律》于洪武三十年（1397年）颁行后直至明末，未再修改，而例却因事屡颁，故要弄清明代法制，特别是明中后期法制，应特别重视对例的研究。明代之例，除万历《问刑条例》等极少数条例外，大多传本少见。收入本册的条例，均系明代的代表性法规，其中《军政条例》、《宪纲事类》、《吏部条例》、《问刑条例》是通行于多朝、长期实行的法规，其他条例也是各朝因时局变化需要增设的各种新例，在当时曾发挥过一定的作用。这些文献版本稀见，故有必要把它们点校出版，以方便读者利用。

第3册，收录明人傅凤翔所辑《皇明诏令》一书。在中国古代，君主权力至高至尊，其发布的诏令具有最高法律效力。《皇明诏令》一书，辑录明太祖至明世宗10位皇帝发布的重要诏令507篇，内容多是明前、中期各朝的重大朝政和决策性问题。该书现有三种善本，其中两种存美国国会图书馆，一种存北京图书馆。由于此书所辑诏令数量多，文字也较完整，许多记述为他书所未及，且版本珍贵，故史料价值较高。

第4、5、6册，收录了明代著名法律文献《皇明条法事类纂》。此书辑明宪宗、孝宗两朝的法律文件1250余件，内容主要是六部、都察院等衙门向皇帝进呈的题本、奏本，陈述它们对重要朝政及制例、修例的意见，其中不少经皇帝同意而被称为“题准”或“奏准”，在当时被奉以为“例”，具有法律效力。该文献现只存一抄本，原件藏日本东京大学附属图书馆。这次收入《集成》时，据日本古典研究会昭和四十一年（1966 年）影印本标点。对于底本中的大量错讹、脱漏文字，我们做了鉴别、补正，并予标明。虽然旧抄本错、漏甚多，但因它所辑材料，全部取自明代档案，题本、奏本大多首尾齐备，又多为明代诸史所未载，故此书不仅是研究明代法律史，特别是研究成化、弘治法制的珍贵文献，而且其史料具有考史、证史、补史的价值。

点校稀见法律典籍，是一件很严肃的工作。在点校过程中，我们力求做到：尽可能比较齐全地收录现存的明代各种稀见法律，尽可能地采用最好的本子作为点校底本，并力求提高整理质量，尽量减少错误。然而，由于条件的限制，有些本应收录的法律，如有关经济和少数民族地区管理的法规，成化、弘治、嘉靖、万历诸朝颁行或增修的一些新例，因原书我国大陆不存，版本使用上的困难一时不好解决，只好暂缺，待以后编辑《集成》续集时再行补录。基于同样原因，有个别文献未能采用最好的本子点校。在点校过程中，从尽可能地保留古籍原貌、研究工作的需要以及典籍本身存在的一些特殊情况出发，对《皇明成化二十三年条例》、《皇明弘治六年条例》、《大明律直引》所附《问刑条例》和《比附律条》、《皇明条法事类纂》等错、脱、衍文字较多的文献，除把重要的改动出校外，一般的错字、漏字、衍文，均在正文中标出，不再逐一出校。所有这些，敬请读者见谅。另外，本编中相当一部分文献的点校，是在最近一年中完成的，时间仓促；加之本编中有 200 余万字典籍，是以抄本或抄本影印件为点校底本，原抄错讹比比皆是，许多文句不通，且多无他本可校，虽然我们尽了很大努力，由于水平所限，点校的错误之处肯定不少，希望广大读者多多指正。

《洪武法律典籍》点校说明[*]

明太祖朱元璋于洪武（1368～1398年）年间，率群臣立法定制，建树颇丰，为明一代法制奠定了基础。洪武法律以律、令、诰、条例、事例、榜例、制书等为基本法律形式，在历时31年间颁行的重要法律和具有法律效力的制书，有《大明令》、《大明律》、《诸司职掌》、《律令直解》、《律令宪纲》、《军法定律》、《御制大诰》、《御制大诰续编》、《御制大诰三编》、《大诰武臣》、《皇明祖训》、《律诰条例》等数十种，文字以数百万计。其中称著于中华史坛者，当推《大明律》和四编《大诰》；曾在明一代长期实行者，有《大明律》、《大明令》、《诸司职掌》、《洪武礼制》、《礼仪定式》、《皇明祖训》、《教民榜文》等近20种。经600余年沧桑，洪武间颁行的不少法律和法律文献，如洪武元年《大明律》、洪武七年《大明律》、《律令直解》、《律令宪纲》、《军法定律》等和许多条例，业已失传。尚令人欣慰的是，一些最基本的法律，仍有版本传世。鉴于文献浩瀚，我们以编辑刑事法律为主，选择具有代表性且版本比较稀见、或与洪武法制关系密切的重要典籍，收入《集成》乙编第一册。对于诸多的行政性法律，除《大明令》外，均未收录。

本册收录的典籍，以颁行时间先后为序排列。现将各文献的版本及需要说明的点校事宜陈述于后。

---

* 《中国珍稀法律典籍集成》乙编第1册（杨一凡、曲英杰、宋国范点校，科学出版社，1994）为明代洪武朝法律专集，该册题名《洪武法律典籍》，收入文献10种。

（一）《大明令》

《大明令》系明开国之初与《大明律》同时颁布、并行于世的重要法律。《明史·刑法志》云："明太祖平武昌，即议律、令。吴元年冬十月，命左丞相李善长为律、令总裁官。""十二月，书成，凡为令一百四十五条。"洪武元年（1368年）正月十八日，奉明太祖圣旨，颁行天下。《大明令》革新体例，以六部分目，其中《吏令》20条，《户令》24条，《礼令》17条，《兵令》11条，《刑令》71条，《工令》2条。此书对明朝的基本制度、各司职掌和司法原则等，作了较为全面的规定。在新朝初建、法律未暇详定的情况下，它实际上起到了临时治国总章程的作用。其确认的基本法律制度，后成定制，在明代长期实行。

现见的《大明令》较好的版本有，北京图书馆、清华大学图书馆、日本名古屋的蓬左文库和京都的阳明文库藏南直隶镇江府丹徒县官刊《皇明制书》14卷明嘉靖刻本；日本日比谷图书馆市村文库藏丹徒县官刊《皇明制书》14卷明万历四十一年（1613）补刻本；大连市图书馆、美国国会图书馆、日本东洋文库和尊经阁文库藏明万历七年（1579）保定巡抚张卤校刊《皇明制书》20卷本；日本内阁文库藏《皇明制书》不分卷明刻本。此外，北京大学图书馆藏《大明令》明刻本1卷，北京图书馆藏《大明令》明刻本1卷（收在《皇明制书》残卷7卷本中），北京大学图书馆、南京图书馆、浙江图书馆、上海图书馆、华东师范大学图书馆、日本东京大学东洋文化研究所大木文库等藏有该书清刊罗氏《陆庵丛书》本。日本内阁文库藏《皇明制书》明刻本（7卷本），东京大学东洋文化研究所藏大藏永绥本、文元三年抄本等。《皇明制书》嘉靖刻本系海内外现存的《大明令》最早刻本。

收入《中国珍稀法律典籍集成》的《大明令》点校本，以北图藏明嘉靖刊《皇明制书》14卷本为底本，以北图藏《皇明制书》7卷本、日本东洋文库藏《皇明制书》20卷本、北京大学图书馆藏《陆庵丛书》本为主校本。

（二）《大诰》四编

洪武十八年（1385 年）至二十年（1387 年）间，明太祖朱元璋亲自编纂并先后发布了名为《御制大诰》（简称《初篇》）、《御制大诰续编》（简称《续编》）、《御制大诰三编》（简称《三编》）的文告三篇。洪武二十年十二月，他又为诸管军衙门颁布了《大诰武臣》（简称《武臣》）。四编《大诰》共 236 个条目，其中《初编》74 条，《续编》87 条，《三编》43 条，《武臣》32 条。各编《大诰》诰文由案例、峻令和明太祖的“训诫”三个方面内容组成，即：一是掇洪武年间、特别是洪武十八年至二十年间的“官民过犯”案件之要，用以“警省愚顽”；二是设置了一些新的重刑法令，用以严密法网；三是在许多条目中，兼杂有明太祖对臣民的“训诫”，明确地表达了朱元璋的法律思想和治国主张。四编《大诰》作为一种具有教育作用和法律效力的特种刑法，同历代律典比较，有三个最鲜明的特色：一曰明刑弼教，二曰律外用刑，三曰重典治吏。明太祖在《大诰》中公开倡导法外用刑，诰文中所列刑罚，许多为《大明律》所未设。其用刑之酷烈，在中国法律史上实属少见。

《大诰》各编最初是以单刻本行世，俟后才有合刻本的出现。现见到的明代诸《大诰》版本，分编独立成书者有之，前《三编》为一书者有之，把《武臣》和前《三编》合刻成一书者亦有之。明代统治者对《大诰》态度的剧烈变化，也曾对它的刊行流传产生了重大的影响。洪武十八年至二十五年（1392 年）间，它作为务必“家传人诵”、“违《诰》者罪之”的圣书，其地位之显赫，传刻之广泛，可想而知。然《大诰》所列刑罚，多属律外用刑，酷滥无比，流弊无穷。故洪武二十六年（1393 年）后，朱元璋采用引诰入例的方法，屡减其刑罚，《大诰》峻令逐渐废止不用。自洪武三十年（1397 年）《大明律诰》成，《大诰》禁令条目为《律诰》所替代，《大诰》成为教育臣民的教材，仅“有《大诰》减等”在司法中沿袭使用。宣德朝以后，随着讲读《大诰》制度的废坏，这一圣书逐渐被束之高阁。与《大诰》的命运变幻相适应，此书的明刻本，绝大多数实为明初刊印。就明初的刻本而论，洪武十八年至二十年间所刻质量较佳，而成书时间越是靠后，版本的错误愈多。

现见的明《大诰》版本，存于我国大陆者约有数十种，其中堪称为善本者有：北京图书馆藏《初编》、《续编》、《三编》明洪武内府刻本各1卷，《续编》、《三编》明洪武二十年太原府刻本各1卷，《三编》明初刻本1卷，《武臣》明初刻本、《皇明制书》明刻本各1卷；故宫博物院图书馆（以下简称故宫）藏《初编》、《续编》、《三编》、《武臣》明洪武内府刻本各1卷，《续编》明初刻本1卷；清华大学图书馆藏《初编》、《续编》、《三编》、《武臣》明洪武内府刻本各1卷；东北师范大学图书馆藏《初编》、《续编》明刻本各1卷。存于日本的《大诰》版本有：尊经阁文库藏《初编》明天启刻本1卷；国立国会图书馆藏《初编》明刻本1卷；东京大学东洋文化研究所藏《初编》明刊《皇明制书》本1卷，《三编》抄本1卷。1967年（日本昭和四十二年），日本古典研究会影印的《皇明制书》中，收录的《初编》源于东洋文库藏《皇明制书》20卷本（以下简称东洋文库本），收录的《续编》、《三编》、《武臣》源于内阁文库藏《皇明制书》不分卷本（以下简称内阁文库本）。存于美国的《大诰》版本有：哈佛大学燕京图书馆藏《三编》明刻本1卷，美国国会图书馆曾藏《初编》、《续编》明刻本各1卷，后转至台湾有关图书馆收藏。1966年台湾学生书局出版的、由吴相湘先生主编的中国史学丛书，曾把上述曾存于美国的三书予以影印（以下简称《丛书》本）。在以上诸《大诰》版本中，洪武内府刻本是印行时间最早、错误最少的善本，脱页最多的是洪武二十年太原府刻本，文字脱、误、错较多的是丛书本，《皇明制书》本中的错误也不少。在三种洪武内府刻本中，清华大学图书馆藏本与北图、故宫藏本比较，文字更为清晰，没有缺页，脱落处极少，又无后人妄改之弊。

收入《中国珍稀法律集成》的四编《大诰》，以清华大学图书馆藏洪武内府刻本为底本，以北图、故宫藏洪武内府刻本为主校本，以《丛书》本、东洋文库本、内阁文库本和北图藏太原府刻本、《三编》明初刻本、《武臣》明初刻本、《武臣》、《皇明制书》明刻本为参校本。

（三）《律解辩疑》和《大明律直解》所载明律

《大明律》是明代的刑法典。它从草创到定型，历时 30 年。据史载，吴元年（1367 年）十二月，明律首次成书，凡为律 285 条，其中《吏律》18 条，《户律》63 条，《礼律》14 条，《兵律》32 条，《刑律》150 条，《工律》8 条。此律曾在洪武元年至六年间施行。洪武六年（1373 年）十一月，太祖诏刑部尚书刘惟谦详定《大明律》，次年二月书成，篇目一准于唐，为 12 篇。采用旧律 288 条，续律 128 条，旧令改律 36 条，因事制律 31 条，掇唐律以补遗 123 条，合 606 条，分为 30 卷。在此之后至洪武二十二年（1389 年）底期间，至少曾两次修律。洪武九年律、二十二年律便是这一时期修律的结晶。九年修律事，诸史记载极其简略、含混且相互矛盾。二十二年律，《明史 · 刑法志》记述稍详，其律分《名例律》、《吏律》、《户律》、《礼律》、《兵律》、《刑律》、《工律》7 篇，下设 30 门，共 30 卷，460 条。洪武末，又以二十二年律为蓝本精心修订，作为一代定法，于洪武三十年（1397 年）五月颁行天下。

现今我国大陆馆藏《大明律》版本数十种，皆系洪武三十年（1397 年）所颁。长期以来，因洪武前三十年间所颁几律无从得见，加之《明实录》和《明史 · 刑法志》诸书所记疏漏甚多，给后人留下了许多难解之谜。检现存明代法律典籍，其所载明律律文与洪武三十年律相异者，仅有《律解辩疑》和《大明律直解》两书。故特予收入《集成》，以供研究者参用。

《律解辩疑》，明初人何广撰。何广字公远，华亭人，后徙上海。洪武间以明经为江西令，永乐二年（1404 年）三月擢御史，五月由浙江道监察御史升为陕西按察副使。此书前有洪武丙寅（十九年）春正月望日松江何广自《序》，书末有洪武丙寅春二月四明卻敬《后序》。《后序》云："松江何公名儒，书通律意，由近臣任江西新口口口。未仕之暇，于我圣朝律内，潜心玩味，深究其理，参之于《疏议》，疑者而解之，惑者而口释之，为别集，名曰《律解辩疑》。”从两《序》所记成书时间推知，书中辑录的明律当系洪武十九年（1386 年）前所颁。此书现只存一刻本，原藏北平图书馆，后迁至台湾“中央”图书馆。今存《律解辩疑》一书是刻于洪武，还是刻于永乐或洪熙、宣德年间，学界尚有争论，但它系明初刻本应该说是可以肯定的。

《大明律直解》，朝鲜金祇等撰。书末有洪武乙亥（二十八年）二月尚友斋金祇题识，其文对撰写此书的缘由、过程作了如下记载：“此《大明律》书，科条轻重，各有攸当，诚执法者之准绳。圣上（指李朝太祖李成桂）思欲颁布中外，使仕进辈传相诵习，皆得以取法。然其使字不常，人人未易晓……政丞平壤伯赵浚，乃命检校中枢院高士褧与予，嘱其事，某等详究反复，逐字直解。于虖！予二人草创于前，三峰郑先生道传、工曹典书唐诚润色于后，岂非切嗟琢磨之谓也欤？功既告讫，付书籍院，以白州知事徐赞所造刻字印出，无虑百余本，而试颁行，庶不负钦恤之意也。”由此可见，《大明律直解》是奉朝廷旨意而撰，自李朝太祖四年（明太祖洪武二十八年，1395 年）起在朝鲜实施。该书李朝太祖四年刻本，现存朝鲜总督府图书馆，为 4 册、30 卷。日本昭和四十一年（1966 年），朝鲜总督府将此书重刊。重刊本以弘文馆本（时为京城大学图书馆收藏）为底本，以奎章阁本（时为京城帝国大学藏）、备边司本（朝鲜总督府藏）、内阁文库本（内阁文库藏）、濯足庵本（时为濯足庵文学博士金泽庄三郎氏珍藏）校勘。底本与各版本相异处，标于重刊本书眉。底本与朝鲜光武七年刊本《大明律讲解》、日本保享刊行的荻生观点校《明律》，及沈家本刊《明律集解附例》三书不同处，也于重刊本书眉标出。

《大明律直解》弘文馆本所载明律，有两条漏刻，即：《兵律》“宫卫”门下脱“悬带关防牌面”条，《刑律》“断狱”门下脱“吏典代写招草”条。以该书奎章阁本补之，共 460 条。补脱后的《大明律》，其卷数、条数、篇名等，与《明史·刑法志》所记洪武二十二年律完全一致。即：全书凡 30 卷，其中《名例》1 卷、47 条；《吏律》2 卷，曰职制 15 条，曰公式 18 条；《户律》7 卷，曰户役 15 条，曰田宅 11 条，曰婚姻18条，曰仓库24条，曰课程19条，曰钱债3条，曰市廛5条；《礼律》2卷，曰祭祀6条，曰仪制20条；《兵律》5卷，曰宫卫19条，曰军政20条，曰关津7条，曰厩牧11条，曰邮驿18条；《刑律》11卷，曰盗贼28条，曰人命20条，曰斗殴22条，曰骂詈8条，曰诉讼12条，曰受赃11条，曰诈伪12条，曰犯奸10条，曰杂犯11条，曰捕亡8条，曰断狱29条；《工律》2卷，曰营造9条，曰河防4条。李朝太祖（1392～1398年，即明洪武二十五年至三十一年间在位）在朝鲜推行《大明律》及金祇等于洪武二十八年撰写《大明律直解》之时，正值明王朝行用洪武二十二年律时期，因此，《大明律直解》所载律文，很可能是洪武二十二年颁行的《大明律》。

黄彰健先生在《〈律解辩疑〉、〈大明律直解〉及〈明律集解附例〉三书所载明律之比较研究》（《明清史研究丛稿》卷二）一文中，曾对这三律的异同作过对比和论证，比较的结果表明：其一，它们均系30卷，460条，篇目名称相同。其二，《律解辩疑》所载律文与洪武三十年律条目顺序一致，而《大明律直解》所载律中，“处决叛军”、“杀害军人”等一些条目的排列顺序与另二律相异。其三，《律解辩疑》所载律的一些律文包含的节数要较另二律为少，也就是说，其内容不如后者完善。其四，三律中律意相同、量刑标准一致，然个别文字相异者数百处，少数条目中也有将正文作注、注作正文的情况。其五，三律中律文互有较大损益或量刑标准轻重不一者，有“老小废疾收赎”、“飞报军情”、“谋反大逆”、“官吏受财”、“诈为制书”、“诈传诏旨”、“亲属相奸”等7条，其中《大明律直解》所载律与《律解辩疑》不同者4条，与洪武三十年律不同者7条。这说明，3书所载律非为同一时期制定。由于洪武末颁行三十年律后，历代相承未改，故《律解辩疑》和《大明律直解》所载律应是在此前行用的洪武律。

为使读者考察洪武律时便于相互比较，我们把《律解辩疑》和《大明律直解》两书所载明律收入《集成》时，注意尽量保持原书面貌，除了少数明显错字予以改正并在《校勘记》中说明外，其他均按原书文字照排，未加改动。《律解辩疑》所辑明律，属于摘引性质，律文中间多有删省，不少条目下律文一字未录。原书文字模糊，脱落处也多。我们利用北京图书馆拍摄的该书缩微片和台湾学者赠送的复制件，将其摘引的律文全部辑出。对于律文中的删略之处，一依原书体例，以（止）标明。原书中的残泐之字，以□标明，无法辨明字数者则标以▨。《大明律直解》所载明律，系完整律典。此书版本除前面提及者外，已知的尚有：日本蓬左文库藏朝鲜旧刊黑口10行本，台湾大学图书馆和日本大阪府立图书馆、京都大学图书馆、爱知学院大学图书馆等藏有日本昭和四十一年朝鲜总督府重刊本。这次我们以重刊本为底本，加以新式标点。重刊本对旧弘文馆本改动之处，依书眉所注在正文所改字下用小号字标明。另外，我们将该书所载明律与洪武三十年律做了校对，两者文字相异处达360余处，列《校对表》附于本册末尾，供读者参阅。校对时，我们以北京图书馆藏胡琼撰《大明律集解》明正德十六年（1521年）刻本（简称胡本）为主校本，以北京图书馆藏舒化校刊《大明律附例》明万历刻本（简称舒本）和中国社会科学院法学研究所藏沈家本刊《明律集解附例》本（简称沈本）为参校本。

（四）《教民榜文》

《教民榜文》，明太祖朱元璋钦定，于洪武三十年（1397年）四月颁行。其榜文共41条，对老人、里甲理断民讼和管理其他乡村事务的方方面面，如里老制度的组织设置、职责、人员选任和理讼的范围、原则、程序、刑罚及对违背榜文行为的惩处等，作了详尽的规定，堪称是我国历史上一部极有特色的民事和民事诉讼法规。

现见的《教民榜文》版本有：北京图书馆、清华大学图书馆、日本名古屋蓬左文库和京都的阳明文库藏《皇明制书》14卷明嘉靖刻本、北京图书馆藏《皇明制书》7卷明刻本，中国大连市图书馆、美国国会图书馆、日本东洋文库和尊经阁文库藏明万历七年（1579年）张卤校刊《皇明制书》20卷本，日本日比谷图书馆市村文库、东京大学东洋文化研究所藏镇江府丹徒县刊本明万历四十一年（1613年）补刻本，内阁文库藏《皇明制书》不分卷明刻本等。北图所藏两种《教民榜文》

版本，文字相异达70余处。其中《皇明制书》14卷本只有8处误刻，而《皇明制书》7卷本错讹甚多。故我们点校时，以北图藏《皇明制书》14卷本为底本，以北图藏《皇明制书》7卷本和日本东洋文库本、内阁文库本为主校本。

（五）附录

《大明律》和《大诰》峻令，是洪武朝最重要和最有影响的立法。为使读者了解当时法司审理案件过程中实施明律的要则，及“有《大诰》减等”的量刑标准，本册附录了《刑名启蒙例》和《律条直引》两种珍稀文献。

《刑名启蒙例》，1卷，明何广撰。此书原名《启蒙议头》。从书中所引一些律文不见于洪武三十年律推知，其成书应在洪武三十年以前。此文献的内容主要是，作者通过总结实际司法工作经验，阐述缉捕、审讯、断赃、量刑等所应遵循的要则。书中所记不少案例的量刑，贯彻了“有《大诰》减等”的精神。此书对于研究《大明律》的源流和明《大诰》在司法实践的运用情况，有重要的史料价值。现见的《刑名启蒙例》版本甚少，仅北京图书馆藏刑部街陈氏刻本《大明律》及我国法学古籍收藏家信吾是藏成化刻本《大明律》中，附刊了此书。信吾是斋藏本（简称信本）与北图藏陈氏刻本（简称陈本）比较，信本前面有序言，即《新录刑名启蒙议头序》，而陈本无此序。陈本中又明显地混入了其他一些内容，且陈本约刊于弘治时，也较信本稍晚。因此，我们以信吾是藏本为点校底本，参用北图藏陈氏刻本做了校勘。

《律条直引》。据明唐枢撰《法缀》等史籍所述，此书系明太祖朱元璋敕六部、都察院编，洪武三十年颁行。其内容是解读《大明律》律文和明确“有《大诰》减等”的量刑标准。现见的《律条直引》版本，有北京图书馆藏明中叶陈氏校刊《律条便览直引》重刊本（简称陈氏本），日本尊经阁文库藏《大明律直引》明嘉靖丙戌（五年）刊本（简称丙戌本）。《律条便览直引》首列《大明律》律文，次列《律条直引》，再列弘治《问刑条例》及弘治十三年（1500年）以后所颁条例，由此可判知，其刊行时间不晚于明嘉靖中期。丙戌本内容及排列顺序与陈氏本略同。两相比较，陈氏本《名例律》中“犯罪自首”、“同僚犯公罪”、“杀害军人”条后《直引》，体例略有相异；《礼律》中“失仪”、“奏对失序”及刑律中“保辜限期”、“赦前断罪不当”条后，二本均无《直引》；《户律》中“器用布绢不如法”条《直引》，二本略异；《兵律》中“隐匿孳生官畜产”和《刑律》“窃盗”条，陈氏本有《直引》，而丙戌本无；《刑律》中“盗马牛畜产”条《直引》，二本不同。由此似可推知《律条直引》编制之初，在体例等方面可能不尽一致，后来又曾做过整齐划一的修订工作。本书依陈氏本为点校底本，其明显有误者，参照丙戌本改正。

本册还附录了《大明令》、《御制大诰》、《御制大诰续编》、《御制大诰三编》、《大诰武臣》、《教民榜文》各文献主要版本《校对表》和《〈大明律直解〉所载明律与洪武三十年律对勘表》。编写《校对表》遵循了下述原则：凡同底本文字相异较多的版本，放于表中逐一列明。《校对表》按照异文必录的精神编写，但对于笔画微误，即增一笔、减一笔并不妨碍文义的文字，及同一错讹文字在书中反复出现者，因录之不胜其繁，不再列出。同一校勘，凡与底本相同的文字，在《校对表》中空格不写，以免增瞀乱。凡同底本无相异文字或只有几处异文以及残卷本，为节省行文篇幅，均未入表。

本册诸文献的点校和整理工作，是由杨一凡、曲英杰、宋国范通力合作完成的。具体分工是：杨一凡：《御制大诰》、《御制大诰续编》、《御制大诰三编》、《大诰武臣》；曲英杰：《〈律解辩疑〉所载律文》、《律条直引》；杨一凡、宋国范：《大明令》、《〈大明律直解〉所载明律》、《教民榜文》。书末所列 7 种文献《校对表》，由杨一凡编写。另外，田涛先生向我们提供了他点校的《刑名启蒙例》，在此仅致谢忱！由于我们的学识功力均有未逮，点校中必定存在诸多错误，敬祈读者指正。

《明代条例》点校说明[*]

本册收录明代累朝制定的重要条例和其他法律文献13种。它们的颁行或刊刻时间，均在宣德朝之后。就各典籍的内容而言，除《军政条例》、《宪纲事类》外，基本上属于明代中后期诸朝的定例。

明代的条例，与前代的“条例”、“事例”、“则例”、“格例”、“断例”等有类似之处，并在其基础上有所发展和归总。重视制例，律、例并用，于洪武时已开其端，而后各朝沿相编例，从未中断。就刑事条例、事例的制定而言，仁宗、宣宗、英宗、景帝四帝，即位时均颁诏，将前朝所定事例、条例革去，故这几朝颁行的定例已不多见。宪宗以后，新定的刑例辅律而行，故当时已有人将成化、弘治两朝的定例案牍全文抄录，或加以删节，按题奏时间先后编辑成书。本册收录的《皇明成化二十三年条例》、《皇明弘治六年条例》就系这一性质的文献。明代君臣经过长达100余年的立法实践，到弘治时，已形成一套相当成熟的律例关系理论，“依律以定例，定例以辅律”、“律例并行”，被确认为制定刑事条例的基本指导原则。此外，明中后期还颁行了不少经统治者精心修订的行政类单行条例。现存的明代重要条例有数十种，字数以数百万计。

明代中后期颁行的条例及定例汇编型文献，有些已经失传，然一些最重要的条例，仍有明刊本传世。我们从这期间制定的最有代表性的条

---

* 《中国珍稀法律典籍集成》乙编第2册（杨一凡、曲英杰、武树臣、徐万民、宋国范等点校，科学出版社，1994）系明代条例专集，该册题名为《明代条例》，收入文献13种。

例中，以版本稀见、有保存价值为取舍标准，把《军政条例》、《宪纲事类》、《皇明成化二十三年条例》、《皇明弘治六年条例》、《吏部条例》、《弘治问刑条例》、《大明律直引》所附《问刑条例》和《比附律条》、《大明律疏附例》所载《续例附考》及《新例》、《嘉靖新例》、嘉靖《重修问刑条例》、《宗藩条例》、《嘉隆新例》、《真犯死罪充军为民例》等13种典籍，逐一点校，以成书或刊出时间为序编排，予以收录。在上述条例中，《问刑条例》作为明代中后期最重要的刑事法律，在弘治、嘉靖、万历年间曾三次修订，且辅律而行达140年之久，在治国实践中发挥了突出的作用。其他条例，或作为某一方面的单行法规，或作为某一朝、某一时期的重要立法，也是研究明代法制不可缺少的珍贵资料。现见的明代中后期的诸条例，除了万历《重修问刑条例》版本较多外，其他文献版本均稀见。故收入本书的13种典籍，大体反映了明中后期的立法概貌。

现将收入本册的各文献版本及有关点校事宜分述于后。

（一）《军政条例》、《宪纲事类》和《吏部条例》

此三种文献，我们均以北京图书馆藏明嘉靖年间南直隶镇江府丹徒县官刊《皇明制书》为底本点校。

《军政条例》，其内容是有关清理军政，勾补、编发军役，根捕、起解逃军等方面的规定和禁例。书中所辑条例，分别系宣宗宣德四年（1429年）、英宗正统元年（1436年）至三年（1438年）定例。由于有关明代军政方面的立法多已散失，因而此书是考察当时军事特别是逃军问题的重要史料。

《宪纲事类》，明英宗正统四年（1439年）十月刊行。据该书首皇帝敕谕，《宪纲事类》系宣宗朱瞻基敕礼部同翰林儒臣所定，书成，宣宗驾崩，未及颁布。英宗继位后，复命礼部刊印，颁行天下。全书95条，其中“宪纲”34条、“宪体”15条，“出巡相见礼仪”4条，“巡历事例”36条，“刷卷条格”6条，内容均系风宪官的职守、行事规则、礼仪、纪纲禁例及对违背纪纲者如何处置的法律规定。

《吏部条例》，弘治十一年（1498 年）七月吏部奉敕编纂刊行。全书辑有关官吏违碍事例 97 条，其中：给由纸牌违碍事例 2 条，给由官吏违碍事例 40 条，丁忧起复官吏违碍事例 33 条，听选官吏并阴阳、医生人等给假等项违碍事例 16 条，听拨吏典违碍事例 3 条，除授给由官员违碍新例 3 条。这些事例，大多为先年旧例，因各级官吏常不遵守，故重新申明，并将有关现行事例，与其通类编纂，颁示天下大小衙门施行。

现见的这三种文献版本，除北京图书馆、清华大学图书馆藏《皇明制书》明嘉靖刊本外，日本名古屋的蓬左文库和京都的阳明文库藏有南直隶镇江府丹徒县官刊《皇明制书》明嘉靖刻本，其文字与北京图书馆藏本毫无差异，可断定它们为同一种版本。另外，日本日比谷图书馆市村文库、东京大学东洋文化研究所藏有此书丹徒县刊本明万历四十一年（1613 年）补刻本。我国大连市图书馆、美国国会图书馆和日本东洋文库、尊经阁文库所藏明万历七年（1579 年）张卤校刊《皇明制书》20 卷本，收有明代法律典籍 14 种，《宪纲事类》为其中一种，但该书未辑《军政条例》和《吏部条例》。此外，上海图书馆藏《宪纲事类》明嘉靖三十一年曾佩刻本，南京图书馆藏《宪纲事类》三卷明刻本。

（二）《皇明成化二十三年条例》和《皇明弘治六年条例》

本册收录的此两种条例，均载于《条例全文》一书。《条例全文》是成化、弘治年间条例题奏文本的汇编，按年月先后编排，记载了天顺八年（1464 年）至弘治七年（1494 年）共 31 年间大臣的题奏和经皇帝敕准的条例约 1200 余条，其中《皇明成化二十三年条例》为 34 条，《皇明弘治六年条例》为 29 条。

据《明史·艺文志》故事类存目记载，有“条例全文”30 卷。现见的该书手抄残本，不分卷，抄录者不详。北京图书馆存成化二十三年条例一册，宁波天一阁藏书楼存成化六、八、九、十、十三年条例和弘治二、六、七年条例，凡 8 册。台湾“中研院”史语所存成化七、十一、十三、十四、十六至十九、二十二年条例 9 册及另一部 2 册（内辑成化十四、十五年条例），并存有弘治元年至四年条例凡20册。台湾“中研院”史语所藏本是否系《条例全文》抄本，有待考证。然从天一阁藏本成化八年（1472年）条例封面赫然标明“条例全文”及有关抄本体例、字迹与其相同的情况看，《皇明成化二十三年条例》和《皇明弘治六年条例》应是《条例全文》的一部分。

就这两种文献中每一条例的编写体例而言，同《条例全文》各册诸条例也大体一致，基本上分为四个部分：（1）标题。概括题奏的主要内容和处理意见。（2）各部、院题奏。交代时间、题奏部门、题奏人和题本奏本内容。（3）引录与题奏相关的现行条例，用以比附，作为议拟的参考。（4）下达圣旨。《条例全文》系原始档案性质，史料可靠性较高，它提供了丰富的立例的背景材料，对《大明律》的律意多有说明和补充，对制定新例的缘由及旧例对相同或相近犯罪如何处置多有阐述，有助于我们把握律例合编体式的来龙去脉和深入研究律例关系、制例的动机及例的演变过程、作用、实施真相等，有重要的史料价值。由于《集成》篇幅所限及一时无法搜集全《条例全文》各册，我们只点校了《皇明成化二十三年条例》和《皇明弘治六年条例》，并将其收入本书。这两种文献，分别据北京图书馆、天一阁所藏抄本整理。原抄错讹甚多，整理时，据《皇明条法事类纂》、《明实录》等书，对错、衍、漏文字做了校正或补入，并分别用圆、方括号标明，以待考究。

（三）弘治《问刑条例》和嘉靖《重修问刑条例》

《问刑条例》是明代中后期最重要的刑事法律。它初颁于明孝宗弘治十三年（1500年），系由刑部尚书白昂奉敕主持删定，计279条，曾在弘治、正德、嘉靖三朝实行50年之久。嘉靖二十九年（1550年），刑部尚书顾应祥奉诏主持重修《问刑条例》，增至385条，并在嘉靖、隆庆和万历初实行30余年。万历十三年（1585年），刑部尚书舒化主持再次重修《问刑条例》，计382条，并以律为正文，把例附于各相关刑名之后，律例合刊，颁行于世，迄明末未改。三次修定的《问刑条例》，均贯彻了“革冗琐难行”，“情法适中”、“立例以辅律”、“必求经久可行”的指导思想，对《大明律》和前一《问刑条例》的过时条款予以修正，针对当时出现的社会问题，适时补充了许多新的规定。《问刑条例》的修订和颁行，突破了“祖宗成法不可更改”的格局，革除了明王朝开国百年来因事起例、轻重失宜的弊端，使刑事条例整齐划一，对维护明王朝的统治起了重要的作用。

弘治《问刑条例》颁行之初，只有单刻本，稍后有私人编纂的律例合刊本行世。现见的该条例单刻本，载于明镇江府丹徒县官刊《皇明制书》嘉靖刻本和万历四十一年（1613 年）补刻本中。据此书所载，《问刑条例》计 281 条，而《明孝宗实录》则记为 279 条。参阅各版本校勘，可知二者不同处系翻刻所误。即原为 279 条，其中有的条款翻刻时提行误加“一”字，而成 281 条。现见的弘治《问刑条例》律例合刊本，有北京图书馆藏《大明律疏附例》明隆庆二年（1568 年）河南府重刊本，其书所载《问刑条例》，各条散附于相关律条之后，排列顺序、条数与单刻本有异，然文句相同。另外，也有一些把弘治《问刑条例》同其后续定的条例混编在一起的律例合刊本，如：明胡琼撰《大明律集解》30 卷正德十六年（1521 年）刻本（此书系现存最早的明代律例合刊本，北京图书馆和日本尊经阁文库各收藏一部），《大明律直引》明嘉靖五年（1526 年）刊本（现藏尊经阁文库）等。本书收录的弘治《问刑条例》，据蓬左文库藏嘉靖间镇江府丹徒县官刊本《皇明制书》整理，例文编次亦依该书所载。

嘉靖《重修问刑条例》，初以单刻本行世，美国国会图书馆藏有该书嘉靖刊本。其后于嘉靖三十四年（1555 年），又有《续准问刑条例》9 条颁行，美国国会图书馆藏嘉靖三十五年（1556 年）序刊本《南京刑部志》中，载有这 9 条全文。嘉靖《重修问刑条例》颁行不久，即有律例合刊本问世。现见的该典籍律例合刊本有：北京图书馆藏隆庆元年（1567 年）陈省刊《大明律例》本，万历初年巡按山东监察御史王藻重刊《大明律例》30 卷本；台湾“中研院”史语所藏嘉靖三十三年（1554 年）江西布政使汪宗元、潘恩重刊《大明律例》30 卷本，台湾

“中央”图书馆藏明雷梦麟著《读律琐言》嘉靖四十二年（1563 年）歙县知县熊秉元重刊本；日本内阁文库藏《大明律例附解》明嘉靖池阳秋浦象山书舍重刊本，蓬左文库、东京大学东洋文化研究所分别藏《大明律例附解》明嘉靖二十三年（1544 年）邗江书院重刊本和刊江书院原版嘉靖重刊本等。在诸律例合刊本中，以例附律的编排顺序不尽一致，因《读律琐言》在编排上较为尊重单刻本的原来次序，故收入本书时，我们据之抄录整理，文中个别误字，参酌他本改正。在每一条例后标以原附律条名称，以备查阅。其例文后标有※符号者，为嘉靖三十四年（1555 年）《续准问刑条例》。

（四）《大明律直引》所附《问刑条例》和《比附律条》

《大明律直引》，不著撰人，凡 8 卷。日本尊经阁文库藏明嘉靖丙戌（五年）本。该书字体稚拙，舛错疏漏遍布全书，疑为民间书坊刊印。卷首有洪武三十年（1397 年）五月《御制大明律序》和刘惟谦《进大明律表》，但前者题名被误刻为《御制大明律直引序》。各卷卷首所记书名与该书封面书名不同，卷 1 至卷 7 为《大明律直引增注比附条例释义假如》，卷 8 为《明律直引为政规模节要比互假如论》。《大明律直引》的内容，卷 1 至卷 7 除载《大明律》外，还将《问刑条例》和相应注释附于有关律条之后。卷 8 载律歌、服制歌、检验尸式、真犯杂犯死罪刑名及《为政规模节要论》、《金科玉律》、《时估折钞则例》、《做工则例》等。其中，《大明律直引》所附《问刑条例》以史料稀见最值得注意。

与现见的明代《问刑条例》勘对，可知《大明律直引》所附条例，系弘治《问刑条例》和弘治十三年（1500 年）后续定的例、《比附律条》混编而成。其中：《名例律》附续定例 4 条，《吏律》附《比附律条》1 条，《户律》附续定例 5 条、《比附律条》2 条，《礼律》附《比附律条》1 条，《兵律》附续定例 4 条、《比附律条》1 条，《刑律》附续定例 19 条、《比附律条》36 条，《工律》附续定例 3 条。总共附续定例 35 条，附《比附律条》41 条。这 76 条法律，是研究明代《比附律条》和弘治《问刑条例》颁行后刑事法律制定情况的宝贵资料。收入本书时，我们以日本尊经阁文库所藏《大明律直引》明嘉靖丙戌本为底本整理点校。对属于《比附律条》者，在该条后用※符号标明。

（五）《大明律疏附例》所载《续例附考》及《新例》

《大明律疏附例》，凡 30 卷，8 册。不著撰人。编纂体例为首录律文，而于诸律条后附以《问刑条例》，再附以《续例附考》及《新例》。书末附有《新例补遗》。其所附《问刑条例》与单刻本弘治《问刑条例》例文文句相同。其所附《续例附考》，据辑者注云："凡正德年间事例，已悉停革。间有题行于弘治十八年以前，可以参酌遵行者，兹附载备考。"可知《续例》系弘治十三年颁行《问刑条例》以后至弘治十八年（1505 年）明孝宗死以前陆续制定的条例。此外，从吏律"官吏给由"条所附例下注有"正德五年九月吏部题准"看，亦有少数例为明武宗正德年间所定。其所附《新例》，均注明为嘉靖某年所定，最晚者制定于嘉靖二十二年（1543 年）四月。据此推测，《大明律疏附例》一书应写于明嘉靖二十二年后不久。又，此书末所附《新例补遗》的例，有嘉靖二十四年（1545 年）十月所定者，而此书原刊本系河南巡抚李邦珍于嘉靖二十九年（1550 年）中进士、初筮仕时即已购得，所以，增补《新例》和刊刻此书的时间当是嘉靖二十四年后不久。其书原刊本已不得见，今北京图书馆藏有该书明隆庆二年（1568 年）河南府重刊本，兹据之整理点校。

（六）《嘉靖新例》和《嘉隆新例》

《嘉靖新例》，1 卷，明嘉靖年间御史萧世延、按察使杨本仁、左参政范钦编，嘉靖二十七年（1548 年）梧州府知府翁世经刊。该书收入嘉靖元年（1522 年）至二十四年（1545 年）的定例凡 202 条，其中：《名例例》31 条，《吏例》37 条，《户例》34 条，《礼例》3 条，《兵例》23 条，《刑例》71 条，《工例》3 条。书后有嘉靖二十七年秋七月梧州府儒学训导丘云霄题跋，就编刊此书的缘起作了简要说明。《嘉靖新例》中的例，除绝大部分系六部“题准”、“议准”、“奏准”外，还编入皇帝“圣旨”原文23件，诏令10件。这些定例，多是嘉靖朝以应时变而制定的新例，也有一些系对旧例的修订或重申先例的法律效力。现见的此书版本有：天一阁藏《嘉靖新例》不分卷明抄本，日本东京大学东洋文化研究所藏明嘉靖二十七年梧州府知府翁世经刊本，我国南京图书馆藏翁世经原刊本《玄览堂丛书三集》影印本。此外，明嘉靖年间，巡抚四川右副都御史张时彻也编有《嘉靖新例》一卷，台湾“中研院”史语所藏有该书嘉靖二十五年（1546年）刊本，其体例与萧世延等所编本不同，非为一书。收入本书时，我们以南京图书馆藏本为点校底本。

《嘉隆新例》（附万历新例），6卷，4册，附于明张卤辑《嘉隆疏抄》后，明神宗万历年间刊。辑者张卤，明河南仪封人，字昭和，号浒东，嘉靖三十八年（1559年）进士，历官右佥都御史，保定巡抚，后出为南京太常卿，以忤张居正致仕。此书辑嘉靖朝、隆庆朝及万历元年（1573年）至六年（1578年）定例338条，依吏、户、礼、兵、刑、工六例分类逐年编排，其中：《吏例》71条，《户例》59条，《礼例》16条，《兵例》126条，《刑例》57条，《工例》9条。这些定例中，嘉靖朝定例166条，隆庆朝定例76条，万历朝定例96条。以该书所辑嘉靖朝的定例与《嘉靖新例》对校，可知二者重复甚多。《嘉隆新例》中的许多定例，为嘉靖、万历年间重修《问刑条例》时所采纳。因此，此书对于后人比较全面地了解嘉靖、隆庆、万历三朝例的制定及其沿革情况甚有用处。《嘉隆新例》明万历刊本，现藏台湾“中央”图书馆，北京图书馆藏有原书缩微件。收入本书时，据缩微件整理。

（七）《宗藩条例》

《宗藩条例》，2卷，系明嘉靖时礼部尚书李春芳主持纂修，于嘉靖四十四年（1565年）二月经世宗旨允颁行。其书卷首辑有题本5件：首录嘉靖四十四年二月初七日《礼部尚书李春芳等进〈宗藩条例〉表》及同年二月十三日世宗朱厚熜允准施行并赐名为《宗藩条例》的圣旨；

次录嘉靖四十一年（1562 年）十月二十四日《礼部尚书严讷等题本》，续录嘉靖四十二年（1563 年）十一月二十九日、嘉靖四十三年（1564 年）十二月初三日及四十四年正月十六日礼部尚书李春芳题本 3 件。此 5 件题本叙述了编纂《宗藩条例》的缘由和过程，大意是：先是巡按直隶监察御史林润上书，力陈宗藩积弊，指出："宗藩迩年以来，愈加蕃衍，岁征禄粮，不足以供禄米之半。将军、中尉而下，多不能以自存。乞要命诸大臣、科、道各献其猷，仍谕诸王示以势穷弊极，不得不通之意，令其各陈所见，然后斟酌定制，垂为亿万年不易之规。"林润的提议，得到世宗皇帝的支持。在此之后不久，周府南陵王陆条奏"立宗学以崇德教"等旨在加强宗藩管理七事。礼部奉旨征求各王府意见并会同六部等衙门，从历年皇帝钦准的有关宗藩事宜的定例中，选择可行者 67 件编为一书。世宗皇帝圣旨："是。事宜既经多官会议，都准行，书名与做《宗藩条例》。"

《宗藩条例》正文 67 条。其条名主要有：《修明宗范》、《宗支奏报》、《亲支袭封》、《追封亲王》、《亲王袭封》、《初封禄米》、《住支禄米》、《庶子争袭》、《另城请封》、《查革冒封》、《自备仪仗》、《改封世子》、《酌处庶粮》、《亲王削封》、《郡王革爵》、《管理府事》、《降发高墙》、《释放庶人》、《选择婚配》、《冒妾子女》、《藩僚考察》、《裁革冗职》、《仪宾守制》、《恩恤限制》、《停给工价》、《行礼次序》、《宗仪服饰》、《越关奏扰》、《私放钱债》等。这些条款均是洪武至嘉靖间亲王、郡王及有关朝臣的题奏，经皇帝钦准后确认的定例，其中亲王、郡王的题奏占绝大部分。就定例的形成时间而言，以嘉靖和弘治两朝为最多，最早的出自明太祖洪武二十八年（1395 年）颁行的《皇明祖训》，最晚的为嘉靖四十三年六月。

《宗藩条例》实施的时间并不长。隆庆初，李春芳受排挤辞归。万历初，一些朝臣认为该条例"集议之始，未暇精详"，[①] 要求重新修订。经神宗皇帝允准，礼部又纂修累朝事例。万历十年（1582 年）三月书

① 《明神宗实录》卷八四。

成，分为四十一条，附奏格册式于各条之后。通过修订，宗藩事宜“删订划一，名曰《宗藩要例》”[1]，颁行天下遵行。《宗藩要例》今已佚，其重要条款被收入《明会典》。《宗藩条例》自首次刊行后迄无再版，北京图书馆藏有该书嘉靖礼部刻本，原书除目录、李春芳进呈题本及严讷题本共11页已残外，其余文字完整齐备。此次点校以北京图书馆藏该书嘉靖礼部刻本为底本。原书目录、李春芳进呈题本及严讷题本残缺处，整理时依正文补辑了目录及个别文字，余下阙如，以□标出，无法判知残泐字数者标以□。

（八）《真犯死罪充军为民例》

《真犯死罪充军为民例》，系万历十三年（1585年）奏定，其后又于万历年间增补续题。现见的该书的较早版本有：日本内阁文库藏明郑汝璧纂注《大明律解附例》万历二十二年（1594年）刊本（简称郑本）；尊经阁文库藏明衷贞吉等纂注《大明律集解附例》万历二十四年（1596年）刊本（简称衷本）；我国北京图书馆藏万历丙申年（二十四年）都察院重修、辛丑年（二十九年）巡按直隶监察御史应朝卿校增本（简称应本）；台湾“中央”图书馆藏万历三十八年（1610年）浙江巡抚高举发刻《大明律集解附例》本（简称高本）。高本依据郑本，内容有所增损。黄彰健先生在《明代律例汇编》一书中，曾将高本所附此例点校收录。在诸版本中，以郑本成书为早；高本例的总数最多，计309条；应本系损益万历间所颁此例的基础上而成，更加定型化，实施的时间也较长，并为清代所沿袭。清顺治四年（1647年）所颁《清律集解附例》所附《真犯死罪充军为民例》，除改动少数文字外，基本上是应本的翻版。应本与高本相比较，新增9条，删并28条，总条目数为290条。这两种版本，内容大多相同，有10余条刑罚有所变动，文字相异则达数百余处。收入《集成》时，我们以应本为点校底本，

---

① （明）申时行等重修《明会典》卷五五《礼部十三·王国礼仪·封爵》，中华书局，1989，影印本，第346页。

以高本为主校本。对于应本中一些因文字过于简略、致使文义颇为费解之处，据高本在正文中补充，应用〔 〕号标明。凡高本与应本重要的相异之处，均出校。应本无《为民例》。高本《为民例》共22条，这些例有些在应本中被改为“极边口外”充军等例，有些则被删掉。为了方便读者进行比较研究，我们把高本的《为民例》附录于应本的条例之后。

参加本册点校工作的学者及其分工是：杨一凡：《军政条例》、《宪纲事类》、《吏部条例》、《真犯死罪充军为民例》；郑培珍：《皇明成化二十三年条例》；辛子牛、张伯元：《皇明弘治六年条例》；曲英杰：弘治《问刑条例》、嘉靖《重修问刑条例》、《嘉隆新例》后半部；宋国范、贲永中：《大明律直引》所附《问刑条例》和《比附律条》；宋北平：《大明律疏附例》所载《续例附考》及《新例》；武树臣：《嘉靖新例》；徐万民：《宗藩条例》；王若昭、宋国范：《嘉隆新例》前半部。姚荣涛参加了一些文献的校勘。全书由杨一凡、曲英杰复校编审。

《皇明诏令》点校说明*

《皇明诏令》，明人傅凤翔于嘉靖十八年（1539 年）任巡按浙江监察御史、福建按察司副使期间辑成刊行。斯后，浙江布政使司又于嘉靖二十七年（1548 年）校补重刊。此书收录自小明王韩林儿龙凤十二年（1366 年）至明嘉靖二十六年（1547 年）共 182 年间，明代十位皇帝的诏令 507 篇。其中：太祖 72 篇，成祖 73 篇，仁宗 15 篇，宣宗 71 篇，英宗 95 篇，景帝 20 篇，宪宗 62 篇，孝宗 24 篇，武宗 22 篇，世宗 53 篇。这些以皇帝名义发布、具有最高法律效力的诏敕和文告，内容涉及军国大政、律例刑名、职官职掌、户婚钱粮、赋役税收、钱法钞法、马政漕运、盐茶课程、祭祀礼仪、宗藩勋戚、科举学校、军务征讨、关津海禁、营造河防、外交事务、抚恤恩宥等各个方面，均系明代十朝有关重大朝政要事和法律、制度的决策性文献。

嘉靖时都察院右副都御史黄臣在其写的《〈皇明诏书〉后序》一文中，称赞该书“兹册肇于国初，以至近日，实备一代之全文”，“圣朝所立之法，力行罔遗”。黄臣的评价，固然有些言过其实，如傅氏所辑诏令，以“奉颂列祖列宗”、“书善不书恶”为选辑标准，专取“足为世师”的“温和之旨”，凡有损君主形象者就概未收录。然而，如果说明代十朝皇帝发布的最重要的决策性诏令，大多已被收入其书，则并非夸张。《皇明诏令》一书的历史贡献，是它为后世保存了如此众多的、

---

* 《皇明诏令》，（明）傅凤翔辑，杨一凡、田禾点校。本文收入《中国珍稀法律典籍集成》乙编第 3 册，科学出版社，1994。

首尾齐备的诏令全文。这些诏令许多为诸史所不载，即使像《明实录》这一详记明代典章制度的浩浩巨著，也有不少未曾列入；已记载的，也往往多有删节。因此，《皇明诏令》此书，无论是对于研究明代法律史，还是对于研究明代政治、经济、文化、军事、对外关系史，都有他书不可替代的史料价值。

现知的该书善本，有美国国会图书馆藏《皇明诏令》21 卷明嘉靖刻本、《皇明诏令》27 卷明嘉靖刻本和北京图书馆藏《皇明诏令》21 卷明嘉靖二十七年刻本。此外，中国人民大学图书馆藏有该书明嘉靖二十七年本依明 1941 年抄本。美国国会图书馆藏此书 21 卷本，目录所记诏令篇名，止于嘉靖十八年（1539 年），而卷内诏令实收录止嘉靖二十八年（1549 年），其原刻续刻，尚难分辨。美国国会图书馆藏此书 27 卷本所辑诏令篇数、内容与北京图书馆藏该书 21 卷本不仅一致，且文字也较模糊。从 27 卷本辑录的太祖一朝（前 3 卷）诏令较北京图书馆本多续有 17 篇这一点可知，其校补印行时间当在嘉靖二十七年之后。三书比较，北京图书馆藏《皇明诏令》21 卷本，成书时间相对要早，印刷得也较为清晰。故我们在点校时，以北京图书馆藏本为底本。

在点校过程中，由于条件的限制，美国国会图书馆收藏的两种版本一时难以利用，我们参阅《明实录》等文献所记明代诏敕对底本进行了校勘。为尽量保存古籍原貌，除对底本中错刊的人名、地名、年月、职官名、史实等和误刊、重页、错讹脱衍文字作了厘正，并出校说明外，其他均未改动。凡底本与《明实录》等书所记诏令史实互为出入且尚难考辨，或文义相同而文字相异较多者，则将异文出校，以供读者研究时参用。底本中诏敕发布年月错记或空缺的，凡有坚实理据可考证确定者，我们做了改正或补充，无坚实理据者，便依原样照排。

《皇明条法事类纂》点校说明*

旧抄本《皇明条法事类纂》，64册，50卷。50卷正文之末，附有各类有关制例的题本和大赦令一大宗，不分卷，亦无类编。此书明抄本藏日本东京大学附属图书馆。日本古典研究会于昭和四十一年（1966年）将其影印，影印本分订为上下两册。为叙述方便起见，我们把正文50卷简称为“正编”，附录部分简称为“附编”。

《正编》约占全书3/4以上篇幅，分8类175目，1276条，每条为一个事例，其中有条名无文者235条。除2条各含有2个题本外，各条均辑录1个题本，这样，“正编”实辑各类事例1043件。具体是：五刑类1卷，31条；名例类5卷，136条（含有条名无文者32条）；吏部类5卷，153条（含有条名无文者52条）；户部类9卷，254条（含有条名无文者33条）；礼部类2卷，62条（含有条名无文者15条）；兵部类9卷，222条（含有条名无文者60条）；刑部类17卷，381条（含有条名无文者43条）；工部类2类，37条。各类、目名称及编纂顺序，基本上同《大明律》，稍有不同的是，“五刑”属《大明律·名例律》的首篇，而《皇明条法事类纂》把“五刑”单列为一类，予以突出。另外，该书卷二设“王府条例”专卷，这与《大明律》条名相异。总体说来，“正编”的编纂方式，是以《大明律》的律名、刑名为序，把事例按内容类编，分别辑录在律条的相关刑名之后。

---

* 《皇明条法事类纂》，明抄本，杨一凡、齐钧等点校，收入《中国珍稀法律典籍集成》乙编第4、5、6册，科学出版社，1994。本文原载《集成》乙编第4册。

《附编》共辑各种事例216件，其中：吏部10件，户部32件，礼部25件，兵部67件，刑部42件，工部1件，都察院29件，通政司1件，圣谕1件，诏书5件，无部别者3件。大概是未系统整理的缘故，这部分编纂工作十分粗糙，书前“总目”和“附编”前也均未开列本编的条名目录。

在《皇明条法事类纂》实辑的1259件文书中，除个别者外，均属刑事事例性质，其中除有英宗正统朝、世宗嘉靖朝各1件外，均系明宪宗、孝宗两朝各部及都察院等衙门于天顺八年（1464年）至弘治七年（1494年）31年间事例。在这些事例中，天顺八年31件，成化年间891件，弘治年间328件，属于这两朝题本而未书年代者7件。进呈时间最早者为天顺八年四月十二日，最晚者为弘治七年十二月二十日。天顺虽系明英宗朱祁镇年号，因英宗死于天顺八年正月，故是年所进题奏，实是宪宗朝的。

在中国古代，一些朝代为使各级衙门和官员检阅法律方便，常把敕、令、律、例、格、式和其他法律规定随事分门别类纂为一书，称之“条法事类”。“条法”的名称出现较早，《后汉书》卷四六《陈宠传》中，就有“（陈）宠又钩校律令条法，溢于《甫刑》者除之”的记载。以“条法事类”形式编纂法律文件，在宋代时颇为盛行。如宋孝宗朝编有《淳熙条法事类》，宋宁宗朝编有《庆元条法事类》等。明承宋制，重视编例，凡六部、都察院等衙门及大臣进呈的题本，一经皇帝“圣旨”“是”、“准议”、“准拟”了的，便成了“题准”或“奏准”，当时被称为“例”。例辅律或其他常经之法而行，具有法律效力。《皇明条法事类纂》所辑题本，基本都属于“题准”、“奏准”的事例。因此，它是一部事例汇编性文献。

如果把《皇明条法事类纂》同现存的《皇明成化条例》、《皇明弘治条例》对勘，也会发现，它和后两种文献所辑条例大多一样。现见的成化、弘治两朝条例，共40册。其中，北京图书馆藏《成化二十三年条例》1册，宁波天一阁存成化六、八、九、十、十三年条例和弘治二、六、七年条例，凡8册。台湾“中研院”史语所存成化七、十一、

十三、十四、十六至十九、二十二年条例，共9册；另存一部2册，为成化十四、十五年条例各1册；还存有弘治元年至四年条例凡20册。台湾"中研院"史语所藏本，因条件限制，尚未来得及复制和详阅。我国大陆所藏两朝条例9册，经初步对勘，其所辑条例绝大多数被收入《皇明条法事类纂》中，读者如有兴趣的话，不妨将收入《集成》乙编第2册的《皇明成化二十三年条例》、《皇明弘治六年条例》与《皇明条法事类纂》中的这两年事例加以对校，便一目了然。对勘的结果表明，《皇明条法事类纂》所收事例，不仅与此两朝条例篇名大多一致，各篇内容也基本一样。不同的是，两朝条例是以题本、奏本的进呈时间为序编排，而《皇明条法事类纂》是以类编次。这3种文献的错讹甚多。相对而言，《皇明条法事类纂》较两朝条例错处要少些。我们推测，两朝条例成书在前，《皇明条法事类纂》成书在后，是在两朝条例的基础上做了初步整理而成，故它可以视为是两朝条例的分类汇编。

《皇明条法事类纂》的史料价值是：其一，它辑录的材料全部出自明代档案，其中绝大部分是内容完整的题本，并多为《明实录》、《明史》、《大明会典》及明代诸史籍所不载，部分有记载者也是行文简略，故它具有考史、证史、补史的作用。其二，本书不仅为研究成化、弘治两朝的法律制度、法律思想、制例的过程及法律实施状况，提供了大量生动、具体的资料，而且对于研究整个明代法律史也是不可缺少的宝贵文献。明代成化朝以前颁行的事例、条例多已失传，弘治朝以后的事例、条例，不少是沿袭成化、弘治两朝而来，且又多是采其条文，不书制例缘由。《皇明条法事类纂》所辑题本，在论及制定新例的依据时，往往是针对社会时弊，阐发律意，引用前朝敕、例，陈述制例的必要性，故它对于考察已散失的明前期事例，对于研究明代中后期例的产生、沿革变化及所体现的法律思想，对于研究律例关系及法律实施情况等，提供了丰富的史料。其三，该书的内容不仅涉及明律的各种刑名，而且涉及朝政和社会经济生活的各个领域，对于研究明代中叶社会史的诸方面及宫廷贵族生活、民间习俗、外交关系、少数民族事务等，都有重要的史料价值。

这部珍贵的文献也有其严重的缺陷，主要是：原抄本错、脱、衍文字极多，几乎达到了每页、乃至每段都有错字的地步。文义不通、难解的句子比比皆是，将此条文字错简于另条，或将内容无关的文字错入以及有文无目、有目无文、目录标题与正文标题文字相异等情况亦不少。所有这些，都给阅读者造成很多困难。另外，围绕着作者、御制序、题识的真伪产生的疑问，也影响了人们对这本书的价值的认识。

该文献成书于何时，诸史不载。从抄本笔迹不同这一点看，它是由多人抄写而成。是何原因要花费如此巨大的精力编抄此书？是为了刊刻传世、便于法司参用？还是出于商业或其他目的？为什么孝宗朝条例编至弘治十三年（1500 年），而本书收录到弘治七年（1494 年）？联系明孝宗于弘治十年（1497 年）三月敕阁臣纂修《大明会典》、于弘治十一年（1498 年）诏阁臣纂修《问刑条例》事，本书是否是为纂修这两部文献做的材料准备？以上疑义，有待进一步考证。不过，从《大明会典》、《问刑条例》中一些内容与《皇明条法事类纂》相同这一点推测，很可能它的成书同这两部文献的编纂有密切关系。

关于这部抄本的流传情况，明、清两代史籍也均未见著录。据日本学界发表的文章介绍，清同治、光绪年间（日本明治时期），日本人市井瓒次郎曾在我国见到此书。1911 年（明治四十四年）出版的浅井虎夫氏所著《中国法典编纂的沿革》，首次向世人披露，此书藏于日本。检抄本扉页的东京帝国大学附属图书馆入库图记，上书有“陆军士兵大佐竹中安太郎寄赠”字样。尽管我们尚不清楚：市井瓒次郎于何地、何人处见及此书，竹中安太郎又是何时何地、从何人手里、以何方式获得此书，但据前述不难推知该抄本流失于日本的来龙去脉，并可以认定，它被东京帝国大学附属图书馆收藏，乃是清朝末年的事。

对于这部文献的价值及抄本存在的一些问题，已故的日本著名法律史学者仁井田陞先生于 1939 年所撰《旧抄本〈皇明条法事类纂〉我见》[①]

---

① 〔日〕仁井田陞著《中国法制史研究》之《法与习俗·法与道德》，东京，1964。

和我国著名明史学者王毓铨先生所撰《〈皇明条法事类纂〉读后》① 两文，都提出很好的见解。两人在介绍抄本的基本情况，充分肯定它的史料价值的同时，分别就书前所列“御制序”、清人题识和抄本编者真伪等作了考辨，指出：（1）所谓“御制序”，系伪作，它实由《大明会典》的正德四年（1509 年）《御制〈大明会典〉序》和万历十五年（1587 年）《御制重修〈大明会典〉序》拼凑而成。（2）各种清人题识漏洞甚多，也不可信。（3）抄本“总目”之首旧题“监察御史臣戴金奉敕编次”，也有令人费解之处。戴金于明世宗嘉靖年间方任监察御史，他的编纂事业当与孝宗无关。如果说该书编者的真伪尚需进一步考证的话，那么，“奉效编次”之说，则显属虚构。（4）把该书“总目”书为“大明文渊阁抄写《永乐大典·条法事类纂总目》”及在“附编”塞进嘉靖六年（1527 年）户、刑二部的题本，于事理乖谬，很可能是好事者所为，不足为信。我们在标点《皇明条法事类纂》过程中，也曾围绕这些问题作过一些考察。我们赞同仁井田陞先生和王毓铨先生的上述观点，认为他们对这部文献总的评价也是中肯的，正如王毓铨先生在《〈皇明条法事类纂〉读后》一文中所说：“旧抄本《皇明条法事类纂》，虽然有那么多的缺陷和作伪之处，但却有很高的史料价值。它所收录的题本和题准以及《附编》之内的大赦令都是当时的文件，是具体的、可靠的，且多为它书所少见，所以也是极为宝贵的。”②

由于数百年来，旧抄本《皇明条法事类纂》未能公开流传，日本古典研究会影印此书之时，正值我国“文化大革命”爆发，故我国大陆学者在 20 世纪 70 年代末以前的很长时间里，未能见到此书。现在，国内已有几家图书馆藏有此书影印本，但远远满足不了研究者的需要。加之原抄本卷帙浩繁，错讹满纸，影印本字迹极小，利用起来颇为不便。为此，许多学者呼吁，希望能组织力量，把它整理出版。

---

① 王毓铨：《〈皇明条法事类纂〉读后》，《明史研究论丛》第 1 辑，江苏人民出版社，1982。

② 王毓铨：《〈皇明条法事类纂〉读后》，《明史研究论丛》第 1 辑，江苏人民出版社，1982。

两年前，《集成》编委会决定把这部史料价值高、疑难也多的文献付诸整理，这个决定，是经过反复考虑、下了很大决心才做出的。当时，我们和参加本书整理的几位同仁最大的担心是：在无他书可校的情况下，对整理的质量实在没有把握，如果搞得不好，反而会谬误流传，贻害读者。后经大家多次商议，感到整理后虽然仍难免有不少这样那样的错误和问题，但做些初步整理工作总比不整理好，起码可以使文句易于读通，为研究者提供基础资料。从“方便读者，提供资料”的思想出发，我们不揣冒昧，承担起了本书的整理工作。

在整理《皇明条法事类纂》的过程中，为了既保持古籍原貌，又便于读者阅读，并考虑到因无他本可校，在较短时间里做到严格点校尚有困难，因此，对此书的整理，实际上主要是做了标点工作，顺便对那些明显的错处和脱衍文字做了校补。整理时，我们遵循了下述原则：

1. 为使全书“总目”和各卷分目准确、整齐划一，依《大明律》等典籍为据，对原抄的错处，逐一校正，并出校说明。《附编》原抄无目录，为体例统一，据文内标题编写了目录，刊于该编卷首。

2. 各卷卷首和卷内正文前标题，凡卷首有目、卷内正文无题，或卷内正文有题、卷首无目者，相互参照，予以补齐。凡卷首和卷内正文前均无标题者，以“缺题”二字标明，凡卷首有目而卷内无文、又无标题者，则按卷首篇名及排列顺序，依次补录于卷内。在卷首和卷内标题上方，加排了阿拉伯数字序号，以备读者检索。

3. 凡将此条内容错简入彼条者，或同一条内文字前后颠倒、错简者，根据文义重新组合，并出校。将无关内容错入原抄者，用（ ）把衍文标明。凡脱简处，在校记中说明。

4. 鉴于抄本错、脱、衍文字极多，故除对人名、地名、年代及其他重大错处出校说明外，一般文字错讹不再出校。原抄中的错、衍字照排，在正文中用（ ）标明，把改正文字写于错字之后，用〔 〕标明。原抄中有漏字之处，则加以〔 〕，将漏字补入。对于一些我们无法辨认、读通且解决不了的疑难字句，用（?）标出，以待考究。

参加《皇明条法事类纂》整理工作的学者及分工是：“正编”1至

25卷（收入《集成》乙编第4册）：蒋达涛、杨一凡、杨育棠、宋国范；“正编”26至50卷（收入《集成》乙编第5册）：刘笃才（卷26至卷33）、李贵连（卷43至卷50）、杨一凡和宋北平（卷34至卷42）。收入《集成》乙编第6册的《附编》，由齐钧整理。杨一凡撰写了“正编”的《校勘记》和编写了附于书后的《〈皇明条法事类纂〉条目情况一览表》和《〈皇明条法事类纂〉所辑题本奏本进呈时间一览表》。郑伟章、田禾、李立男诸君，也参加了“正编”部分文献初稿的整理工作。

在本书即将出版之际，我们深感不安的是，文献整理中尚存在许多留给读者解决的问题。几月前，我们才发现，可以借助于天一阁、北京图书馆、台湾“中研院”史语所存皇明成化条例、皇明弘治条例校勘本书。然而，由于两朝条例绝大部分文献存于台湾，《集成》全书的印刷又迫在眉睫，在短期内完成两朝条例的复制及与本书的对校亦不可能。因此，只好把这部初步整理的成果付诸印刷，敬请读者见谅。

《中国珍稀法律典籍续编》序*

20世纪70年代末以来，随着我国法治现代化建设的日益发展和法学的繁荣，中国法律史研究出现了前所未有的进展。然而，像任何一门学科都有一个不断有所发现、有所创造、有所前进的成熟过程一样，这一时期法史研究的有些领域特别是法律通史类著述尚存一些重大缺陷：一是把内涵丰富的中国法律史简单化，只注意了法的阶级性，而忽视了法的社会性，这就把具有多种功能法律的发展史无形中演化成了阶级斗争工具史；二是忽视了历史上实际存在的多种法律形式，在许多方面用刑事律典编纂史替代了立法史；三是法律思想与法律制度、立法与司法割裂研究，未能较全面地反映中国法律发展史的概貌；四是对一些多代相承的基本法律制度和被封建王朝奉为立法、司法指导原则的法律思想在不同历史时期发生的变化，尚未通过深入剖析予以揭示，以静态的法律史替代了动态的法律史。

法史研究中之所以出现这些重大缺陷，原因固然是多方面的，但对于基本法律史料的挖掘、整理和研究不够，无疑是根本性的症结之一。譬如，在中国古代法律体系中，既有刑事法律，也有大量的行政、经济、民事、军事、文化等方面的立法。虽然各代法律的形式、内容和条例结构不尽相同，但刑事法律与非刑事法律有别的这一立法原则，却是古今一以贯之的。如果只是依据历代《刑法志》、几部律典等刑事法律

---

* 杨一凡、田涛主编《中国珍稀法律典籍续编》（10册，整理标点本），黑龙江人民出版社，2002，本文系我与田涛先生合写。

方面的文献，就很难对中国古代法律体系做出比较全面的阐述。又如，在君主专制制度下，法律很难约束皇帝，奸吏曲法坏法，法律的规定与实施之间往往有较大的距离，如果忽视对当时的历史背景材料、判牍案例及其他司法档案的研究，就很难正确地揭示法律实施的真相。再如，若不注重研究地方法律、乡规民约、家族法规、各类契约和民事习惯资料，就难以弄清中国古代民事法律的实施状况；若不注重律学文献的研究，就难以全面深入地阐述中国法律思想。史料是治史的基础。由于到目前为止，我们对绝大多数法律文献还未来得及整理和研究，许多研究领域还未涉及或刚刚探索，加之长期存在的忽视法律文献整理及学术研究中“以论代史”等问题尚未得到很好的解决，法史研究中出现前述重大缺陷就不足为奇了。

要科学地认识和阐述中国法律发展史，必须在确立科学的学科理论、变革研究思维方式、坚持“实事求是”的治学原则同时，强调对基本法律文献特别是稀见法律文献的挖掘、整理和研究。这不仅是法史研究的需要，也是一项抢救和流传祖国法律文化遗产的重要工作。

从 20 世纪 80 年代初起，我们就约请一些学界同仁进行稀见法律文献的搜集和整理工作。经过多年的努力，1994 年，刘海年、杨一凡主编的《中国珍稀法律典籍集成》（14 卷本，科学出版社，1994 年 8 月）出版。该书收录散失于中国大陆、台湾和日本、美国、俄罗斯、韩国等世界各地的中华法律典籍孤本、珍本近 60 种，内容包括甲骨文、金文、简牍法律文献，汉代屯戍遗简中的法律文献，吐鲁番出土法律文献，敦煌法律文书，西夏《天盛改旧新定律令》和多种明、清稀见法律典籍。在此之后不久，我们又着手进行《中国珍稀法律典籍续编》所辑文献的搜集，2000 年初，本项目各文献的整理工作全面展开。2001 年，本丛书被列为中国社会科学院重大课题 A 级项目，之后又被列为全国古籍整理规划重点项目、“十五”国家重点图书出版规划项目。经参加本书整理的各位学者的共同努力，历时三年，本丛书的整理工作得以完成。

收入本丛书的法律文献 57 种、乡规民约 700 余件，分为 10 册编辑。

第 1、2 册收入宋代法律文献 2 种，元代法律文献 1 种。《庆元条法事类》是宋代的一部综合性法律汇编，包括了刑事、民事、行政、经济等方面的立法，两宋典章制多赖其记载，得以保存。《吏部条法》是南宋颁行的一部行政类法律，内容是关于官吏任用和管理方面的规定。《通制条格》是元代法典《大元通制》的一部分，因《大元通制》已经散佚，此书是现见的比较集中地记载元代法律制度的珍贵文献。在现存的宋、元两代不多见的法律典籍中，除已整理、出版的《宋刑统》外，此 3 种均是具有代表性的法律，是研究这两代法制的必读之书。

第 3、4 册收入明代法律文献 12 种。其中《诸司职掌》是明代最重要的职制方面的立法，《洪武礼制》、《孝慈录》、《礼仪定式》、《稽古定制》、《节行事例》是礼仪类法律规范，《学校格式》是学校教育类立法，《军政条例类考》是明初至嘉靖 100 余年中重要的军政、军事条例的汇纂，《嘉靖事例》是嘉靖朝各类经济立法的汇编，《律解辩疑》是现见的明代最早的律注文献，《洪武永乐榜文》是现见的明代收录榜文最多的文献。这些法律典籍对于我们全面地认识明代的法律体系、法律制度以及法律思想有重要的史料价值。

第 5、6、7、8 册收入清代法律文献 16 种。其中有新发现的薛允升的遗稿，本次整理时定名为《唐明清三律汇编》。该书详尽地比较了唐、明、清三代法律的异同，参酌了宋、元两代的立法成果，实为传统法律学的经典之作。由于薛氏晚年仕途多舛，此书未能付梓，散落民间，历经百年终得化身千百，不能不说是学界的幸事。清入关后，曾于顺治元年颁布过榜文。顺治二年（1645 年）又颁布了《大清律附》，这部临时性的法规实际上是照搬明代法律仓促而成。因清廷于顺治三年（1646 年）奏定了一部《大清律》，故顺治二年《大清律附》流传不广。顺治三年律，有学者经过考证，认为颁行于顺治四年。此次将这三部顺治初期的法律辑在一起，目的是为研究清入关初期的立法提供比较系统的文献。

清代地方法规文献的纂修较为繁杂，其中一些文献被称作省例，如

《江苏省例》、《福建省例》等；有些则称为成规，如《治浙成规》等。此次将新发现的《山东宪规》与新疆等地的地方性法规汇集出版，对于研究清代地方立法将会有所裨益。清廷为加强对宗室贵族及宫廷内部的管理，曾制定了一套较为完整的宫廷内部法规。其中有《钦定宫中现行则例》、《钦定总管内务府现行则例·南苑》、《钦定八旗则例》、《钦定宗室觉罗律例》、《乾隆朝旗钞各部通行条例》和《钦定王宫处分则例》。我们将上述6种宫廷法规专门汇为一册，期望能为这一领域的研究提供必要的资料。

第9、10册收录的是稀见的少数民族法律文献，其中第9册收入中国古代、近代的少数民族法典、法规26种，这些文献中有相当一部分是关于少数民族氏族部落时期的行为规范的规定。第10册辑录了少数民族地方法规、习惯法、乡规民约等700余件。这两册收入的法律文献，或出自散存于各地的少数民族史籍、档案，或刻于石碑，或来源于地下发掘，或取之于社会调查材料，它们不仅是研究民族法制难得的珍贵资料，而且对于考察法的起源、习惯法到成文法的过渡，对于研究人类学、民族学、民俗学都有十分重要的意义。

收入本书的法律典籍，其法律形式或载体涉及律、敕、格、式、申明、条格、条例、则例、榜文、乡规民约、少数民族习惯法等多种。其内容不仅记述了宋、元、明、清四朝和少数民族的法律制度，而且涉及国家制度和社会生活的各个方面，对于研究中国的政治制度史、经济制度史、军事制度史、文化史等也有重要的价值。

《明代法律文献》整理说明[*]

《中国珍稀法律典籍续编》第3、4册收入明代法律典籍12种。除《军政条例类考》、《嘉靖事例》、《洪武永乐榜文》中的永乐榜文、《节行事例》中有关永乐、宣德、成化、弘治、正德等朝颁行的事例外，其他均系洪武朝的法律和律注文献。

就这些文献的法律形式和内容而言，《诸司职掌》系职制类立法；《洪武礼制》、《孝慈录》、《礼仪定式》、《稽古定制》、《节行事例》系礼制、礼仪类立法；《学校格式》系学规类立法；《洪武永乐榜文》是明太祖朱元璋、明成祖朱棣颁行的榜例，《皇明祖训》系明太祖"家法"；《律解辩疑》是对洪武十八、十九年行用的《大明律》的笺释，系律注文献；《军政条例类考》是明初至嘉靖年间军政、军事条例的汇纂，《嘉靖事例》是明嘉靖朝颁行的经济类事例的汇编。

现把各法律文献的作者、制定或颁行时间、内容概要、版本、史料价值以及整理时使用的底本分述于后：

（一）《诸司职掌》

明太祖朱元璋敕定，洪武二十六年（1393年）三月内府刊印。该文献以职官制度为纲，下分10门，分别详细地规定了吏、户、礼、兵、刑、工六部及都察院、通政司、大理寺、五军都督府的官制及其职掌。

* 《中国珍稀法律典籍续编》第3、4册（杨一凡、吴艳红、田禾等点校，黑龙江人民出版社，2002）系明代法律典籍专集，题名《明代法律文献》，收入文献12种。

吏部尚书、侍郎职掌天下官吏选授、勋封、考课之政令，其属有选、司封、司勋、考功四司；户部尚书、侍郎职掌天下户口、田粮之政令，其属有民、度支、金、仓四司；礼部尚书、侍郎职掌天下礼仪、祭祀、宴享、贡举之政令，其属有仪、祠、膳、主客四司；兵部尚书、侍郎职掌天下军卫、武官选授之政令，其属有司马、职方、驾、库四司；刑部尚书、侍郎职掌天下刑名及徒隶、勾覆、关禁之政令，其属有宪、比、司门、都官四司；工部尚书、侍郎职掌天下百工、山泽之政令，其属有营、虞、水、屯四司；都察院左右都御史、副都御史职掌纠劾百司、辩明冤枉，其属有12道监察御史；通政司职掌出纳帝命、通达下情、关防诸司出入公文奏报、臣民实封建言、陈情申诉及军情等事，无属部；大理寺官职掌审录天下刑名，其属有左右寺官；五军都督府断事官职掌问断五军所辖都司卫所军官、军人刑名，其属有左、右、中、前、后五司官。《诸司职掌》是明初最重要的行政方面的立法，为明代的职官制度奠定了基础。

现见的《诸司职掌》较好的版本有：中国国家图书馆、清华大学图书馆、日本名古屋的蓬左文库和京都的阳明文库藏南直隶镇江府丹徒县官刊《皇明制书》14卷明嘉靖刻本；日本日比谷图书馆市村文库、东京大学东洋文化研究所藏丹徒县官刊《皇明制书》14卷明万历四十一年（1613年）补刻本；我国大连市图书馆、美国国会图书馆、日本东洋文库和尊经阁文库藏明万历七年（1579年）保定巡抚张卤校刊《皇明制书》20卷本。另外，中国国家图书馆、台湾“中研院”史语所傅斯年图书馆、台湾师范大学图书馆等藏有《诸司职掌》10卷本，该书前有清光绪二十九年（1903年）沈家本序。1942年上海中央图书馆据明太祖洪武年间刊本影印，集在该馆所刊《玄览堂丛书》第43至50册。这次整理时，以中国国家图书馆藏南直隶镇江府丹徒县官刊《皇明制书》14卷明嘉靖刻本为底本，以日本东洋文库藏明万历七年保定巡抚张卤校刊《皇明制书》20卷本（简称东洋文库本）为主校本。

（二）《洪武礼制》、《孝慈录》、《礼仪定式》、《稽古定制》、《节行事例》

明廷效法前代各朝，以儒家礼教为治国之本，特别重视礼制、礼仪方面的立法。收入本书的这 5 种文献，均是礼制、礼仪类立法。除《节行事例》成书较晚外，其他均是洪武年间由朝廷明令颁布。《洪武礼制》颁行年代不详，但据《明史》记载，系洪武年间颁行无疑。[①] 该书是关于文武百官每逢天寿圣节、正旦、冬至的进贺礼仪，朝臣奉诏出使礼仪、祭祀礼仪，百官的服色、勋阶和吏员资格，奏启本格式、行移体式、署押体式以及官吏俸禄方面的法律规定。《孝慈录》颁行于洪武七年（1374 年）十一月一日。据《明史》卷九七《艺文二》："宋濂等考定丧服古制为是书。"书前有明太祖御制《序》。该书是关于丧服制度的法律规定。《礼仪定式》颁行于洪武二十年（1387 年）十一月，系礼部尚书李原名等同六部、都察院、通政司、翰林院、大理寺等官奉敕详定，内容是关于百官朝参、筵宴礼仪、出使礼仪、官员拜礼、官员公坐、司属见上司官、公聚序座、官员相遇回避等第、在京官员常行仪从以及官员伞盖、冠带、服色、房舍等的规定。正德二年（1507 年）二月，明武宗朱厚照敕礼部将包括《礼仪定式》在内的累朝榜例申明晓谕，令臣民一体遵守。[②] 由此可见，此法律曾在明代被奉为定法长期实行。《稽古定制》颁行于洪武二十九年（1396 年）十一月，翰林院奉敕编纂，是参照唐、宋旧制对官民房舍、坟茔碑碣等的法律规定。《节行事例》辑录了洪武年间颁行的开读遣使、奉使王国、奉使诸司、奉使蕃国等出使礼仪，以及在京在外官员资格俸给、吏员资格、新官到任仪注、官吏更姓给由、丁忧起复、释奠礼仪、乡饮酒礼等事例规定，其中也包含了永乐、宣德、成化、弘治、正德等朝有关礼仪方面的规定。该

① 《明史》卷四七《礼一》：明太祖"在位三十余年，所著书可考见者，曰《孝慈录》，曰《洪武礼制》……"。中华书局，1974，第 1224 页。

② 见《礼仪定式》书首礼部题本。《中国珍稀法律典籍续编》第 3 册，黑龙江人民出版社，2002，第 376 页。

书刊行于何时，有待详考。然详阅此书，内记有正德十六年（1521 年）二月户部题奏《优免则例》，而《皇明制书》镇江府丹徒县嘉靖刻本中收录有《节行事例》，由此可以推知它成书于正德或嘉靖年间。

现见的《洪武礼制》、《孝慈录》、《礼仪定式》、《稽古定制》4 种文献较好的版本有：中国国家图书馆、清华大学图书馆、日本名古屋的蓬左文库和京都的阳明文库藏南直隶镇江府丹徒县官刊《皇明制书》14 卷明嘉靖刻本；日本日比谷图书馆市村文库、东京大学东洋文化研究所藏丹徒县官刊《皇明制书》14 卷明万历四十一年（1613 年）补刻本；大连市图书馆、美国国会图书馆、日本东洋文库和尊经阁文库藏明万历七年（1579 年）保定巡抚张卤校刊《皇明制书》20 卷本。日本内阁文库藏《皇明制书》不分卷明刊本（简称内阁文库本），中国国家图书馆藏《皇明制书》7 卷明刻本。此外，天一阁藏有《洪武礼制》明刻本、《礼仪定式》明嘉靖二十四年徽藩刻本。收入本书时，以中国国家图书馆藏南直隶镇江府丹徒县官刊《皇明制书》14 卷明嘉靖刻本为底本，以日本东洋文库藏明万历七年保定巡抚张卤校刊《皇明制书》20 卷本为主校本。

在我所见的几种《皇明制书》明刊本中，丹徒县官刊《皇明制书》14 卷明嘉靖刻本，张卤校刊《皇明制书》20 卷明万历七年刻本中辑有《节行事例》。收入本书时，以中国国家图书馆藏《皇明制书》14 卷丹徒县嘉靖刻本为底本，以日本东洋文库藏明万历张卤校刊《皇明制书》20 卷本为主校本。

（三）《学校格式》

该文献编纂了洪武初年、十五年（1382 年）、十六年（1383 年）、二十年（1387 年）颁行的关于国子监和府州县学学规。这些学规曾于明英宗朱祁镇正统九年（1444 年）三月、明宪宗朱见深成化元年（1465 年）三月、明孝宗朱祐樘弘治元年（1488 年）三月、明武宗朱厚照正德元年（1506 年）三月、明世宗朱厚熜嘉靖元年（1522 年）三月和十二年（1533 年）三月、明穆宗朱载垕隆庆元年（1567 年）八月重申颁行。在我所见的几种《皇明制书》明刊本中，保定巡抚张卤校刊《皇明制书》20 卷本中辑有《学校格式》。这次整理时，以日本东洋文库藏该书万历七年（1579 年）刻本为底本。

（四）《皇明祖训》

此文献是明太祖朱元璋为朱氏天下长治久安、传之万世，给子孙制定的“家法”。《皇明祖训》是在《祖训录》的多次修订的基础上形成的。据《明太祖实录》：洪武二年四月乙亥“诏中书编《祖训录》，定封建诸王国邑及官属之制”。[①] 洪武六年（1373 年）五月书成，名《祖训录》。[②] 此后 20 余年中，朱元璋曾多次修订《祖训录》，洪武二十八年（1395 年）闰九月庚寅“重定《祖训录》，名为《皇明祖训》，其目仍旧，而更其《箴戒章》为《祖训首章》”。[③] 其目为 13 篇，曰《祖训首章》、《持守》、《严祭祀》、《谨出入》、《慎国政》、《礼仪》、《法律》、《内令》、《内官》、《职制》、《兵卫》、《营缮》、《供用》。在《祖训》中，明太祖总结了自己的治国经验，提出了子孙、宗室和后代必须严守的各种制度及其他行为规范。《祖训》被后嗣君主奉为“祖宗成法”，在明代通行。

现见的《皇明祖训》较好的版本有：中国国家图书馆藏明洪武礼部刻本，故宫博物院图书馆、台湾“中研院”史语所藏有该书明刊本，日本内阁文库藏《皇明制书》不分卷明刊本。中国国家图书馆藏本是刊刻时间较早的版本。这次整理时，以中国国家图书馆藏《皇明祖训》洪武礼部刻本为底本，以故宫博物院图书馆藏本为主校本。

---

① 《明太祖实录》卷四一。

② 《明太祖实录》卷八二。

③ 《明太祖实录》卷二四二。关于《皇明祖训》的定本和颁行时间，学界尚有不同看法。张德信在《〈祖训录〉与〈皇明祖训〉比较研究》（《文史》第 45 辑，中华书局，1998）一文中，认为“《皇明祖训》颁行，不是一般论者所说洪武二十八年（1395 年）闰九月的定本，而应该是洪武二十八年（1395 年）十月的定本，或者洪武二十九年（1396 年）十二月的定本”。

（五）洪武永乐榜文

原载明人曹栋撰《南京刑部志》嘉靖刊本。其卷三为“揭榜示以昭大法”，共收入榜文69榜，均系嘉靖朝南京刑部仍悬挂使用的洪武、永乐两朝榜文。本书中的《洪武永乐榜文》题名，是整理者所加。在这些榜文中，有50榜是建文四年（1402年）十一月刑部根据明成祖朱棣圣旨申明的，内有明太祖朱元璋洪武年间发布的45榜，朱棣执政后发布的5榜，另19榜是在此之后由南京刑部陆续悬挂的永乐榜文。在这69榜中，最早的一榜发布于洪武十九年（1386年）四月，最晚的一榜发布于永乐十六年（1418年）五月。以申明这些榜文的官署分类：刑部25榜，都察院14榜，前军督都府1榜，吏部1榜，户部4榜，礼部8榜，兵部8榜，工部8榜。从有无明确的刑罚规定分类：有具体量刑标准者59榜，无具体量刑标准者10榜。从法律适用的对象分类：用于治官、治民者各一半左右。如把这些榜文中的洪武榜文与当时行用的《大明律》比较，可知许多规定属于新的刑事立法，且刑罚大多较《大明律》相近条款量刑为重。这是朱元璋于洪武后期仍未彻底放弃“以威为治”的又一例证。收入本书时，以美国国会图书馆藏《南京刑部志》4卷明嘉靖刊本为底本，并参阅了黄彰健先生撰《明洪武永乐朝的榜文峻令》[①] 一文后附录的洪武、永乐榜文及研究成果。

（六）《律解辩疑》

明初人何广撰。何广字公远，华亭人，后徙上海。洪武年间以明经为江西令，永乐二年（1404年）三月擢御史，五月由浙江道监察御史升为陕西按察副使。此书前有洪武丙寅（十九年）春正月望日松江何广自《序》，书末有洪武丙寅春二月四明郤敬《后序》。《后序》云：“松江何公名儒，书通律意，由近臣任江西新口口口。未仕之暇，于我

① 黄彰健著《明清史研究丛稿》卷二《明洪武永乐朝的榜文峻令》，台湾商务印书馆，1977，第237～263页。

圣朝律内，潜心玩味，深究其理，参之于《疏议》，疑者而解之，惑者而口释之，为别集，名曰《律解辩疑》。”从两《序》所记成书时间看，书中辑录的《大明律》当系洪武十九年前所颁。黄彰健在《〈律解辩疑〉、〈大明律直解〉及〈明律集解附例〉三书所载明律之比较研究》[①]一文中，曾对这三律的异同做过对比和考证，指出了该书与洪武二十二年律（即《大明律直解》所载《大明律》）、三十年律的差异，认为《律解辩疑》所载《大明律》系洪武十八九年行用的《大明律》。我也曾对洪武年间所颁的明律进行过考证，认为黄氏的这一推断是有道理的。[②]《律解辩疑》是现见的明代较早的律注文献，著者对洪武年间颁行的《大明律》进行了讲解和笺释，是一部研究洪武明律及明代律学的宝贵文献。

关于《律解辩疑》的刻本，据我多年寻访，只见到此书一种明刻本。此刻本原藏于北平图书馆，后曾被美国国会图书馆收藏，再之后又迁至台湾“中央”图书馆。张伟仁主编的《中国法制史书目》一书在介绍该书版本时说：“洪武年间刊印，刊印者及刊印年分不详。”[③]黄彰健认为今见该书版本系“明永乐以后印本”。[④]中国国家图书馆所藏《律解辩疑》缩微胶卷，系北京图书馆（即今中国国家图书馆）据该刻本拍摄。缩微胶卷中该书封面上写：“《律解辩疑》不分卷，何广（明）撰，明洪武间刻印。”据中国国家图书馆善本室专家介绍，封面所书文字是从美国国会图书馆拍摄该书时有关人员写的，至于是出于美国国会图书馆人员之手，还是出于中国国家图书馆人员之手，尚难确定。现见该书刻本的文字有多处残缺，还有相当多的文字模糊不清，难以辨认。我和吴艳红副教授曾把台湾“中央”图书馆所藏明刻本与中国国家图书馆微缩胶卷逐字、逐句进行了对校，其内容、字体、排印格式及残缺

---

① 黄彰健著《明清史研究丛稿》卷二《〈律解辩疑〉、〈大明律直解〉及〈明律直解附例〉三书所载明律之比较研究》，台湾商务印书馆，1977，第 208～236 页。

② 杨一凡著《洪武法律典籍考证》，法律出版社，1992，第 7 页。

③ 张伟仁主编《中国法制史书目》，台湾“中研院”史语所专刊之 67，1976，第 14 页。

④ 黄彰健著《明代律例汇编》附《明代律例刊本钞本知见书目》，台湾商务印书馆，1979，第 115 页。

文字等毫无二致。另外，上海社会科学院图书馆藏有《律解辩疑》抄本，此抄本是据刻本抄录而来，抄录的格式、每叶的行数、每行的字数和上下两字均一致，脱漏文字处与刻本也几乎一样，只是抄本脱漏的文字稍多一些，这很可能是抄者因对刻本的有些字辨认不清，故未贸然照抄而致。对于这部书的作者、版本及现见《律解辩疑》是否洪武年间所刻，因史籍有不同记载，学界尚有不同看法，[①] 应继续予以探讨。关于现见《律解辩疑》刊刻于何时，检该书卷首"照刷文卷罚俸例"后有一篇类似"序"的文字，内有"太祖高皇帝龙飞淮甸，肇造区夏"13 字，可知该书非洪武时所刻。至于何广撰《律解辩疑》事，不仅该书前有何广自《序》和邵敬《后序》可证，且明代其他史书也有记载。《明史》卷九七《艺文二》："何广《律解辨疑》三十卷。"明刻本《本朝京省人物考》："何广，上海人……尝著《律解辩疑》。"《律解辩疑》作者当系何广无疑。

（七）《军政条例类考》

明嘉靖侍御史霍冀辑。霍冀，曾于嘉靖年间任巡按浙江监察御史、佥都御史，隆庆元年（1567 年）十月升为兵部尚书，著有《九边图说》一卷。中国国家图书馆藏有该书明嘉靖三十一年（1552 年）刻本。据该书《序》云：霍公"奉命清理两浙军政，深惟宪度，究观典章，博采群情时事，凡所施为建白，悉中机宜，参酌成书，厘为六卷，名曰《军政事例》云。于是方伯西潭汪君，副宪罗江陈君，请刻以布，用式有政。""嘉靖壬子（三十一年）秋七月既望，浙江按察司副使奉敕提

---

① 日本学者大庭脩在《江户时代中国典籍流播日本之研究》（杭州大学出版社，1998）第 3 章中写到：保永六年（1709 年）德川吉宗订购明律书籍的书单中有《律解辩疑》一目。大庭脩认为："《律解辩疑》当为杨简所著。"明人范邦甸《天一阁书目》卷二云："《律解辩疑》一卷，明魏铭撰。"因明代史籍中书名相同而作者和内容不同者不乏其例，又未见到上述记载《律解辩疑》的刊本或钞本，且何广撰《律解辩疑》30 卷，而魏铭撰《律解辩疑》为 1 卷，尚无法断定何广《律解辩疑》与其他两书之关系。又，何勤华著《中国法学史》（法律出版社，2000）称，他"在东京大学法学部图书室曾见过《律解辩疑》完整的钞本"。因本书出版在即，未来得及复制参校。

督学校武进薛应旂谨序。”《军政条例类考》辑录了明代自宣德四年（1429年）至嘉靖三十一年（1552年）一百余年间，累朝颁布的军政条例169条，其中《军卫条例》53条，《逃军条例》26条，《清审条例》65条，《解发条例》25条，并辑录了朝臣有关清理军务的题本、奏本24件。这些题本、奏本均是经皇帝圣旨“准拟”了的，在当时被奉为“例”，具有法律效力。该书对明代的军卫制度、逃军的解补、军伍的清理、军丁的解发等各类军政事宜进行了详尽的规定。

（八）《嘉靖事例》

《嘉靖事例》，不分卷，明人范钦等辑。中国国家图书馆藏有该书明抄本。范钦，明浙江宁波府鄞县人，字尧卿，一字安卿，号东明。嘉靖十一年（1532年）进士。曾任随州知州、工部员外郎、袁州府知府、都察院右副都御史等职，累官兵部右侍郎。范钦为明代著名藏书家，喜购书，筑天一阁藏之。有《天一阁集》19卷，《嘉靖事例》是其所编书之一。该书辑录明嘉靖八年（1529年）至十九年（1540年）间，朝臣所上题奏经皇帝敕准颁行的事例83件。其中嘉靖八年21件，九年23件，十年8件，十四年10件，十五年8件，十六年4件，十八年2件，十九年4件，题奏时间不明确者3件。这些事例的内容是有关屯田、征田、国公田土、寺田、屯种、田粮、田租、赈田、盐法、茶法、钱法、酒醋、马羊、鱼课、草料、瓜果蔬菜、菜户、积谷造册、桑园、采矿、边储、边饷、禄米、香钱、军粮及内府收纳、米俸、仓粮除耗、赈济灾民、议处荒政、商税、内府丝料、官引、违例支俸等方面的法律规定。由于明王朝各地的自然条件和经济发展的状况千差万别，朝廷对于社会经济的管理及相关矛盾的法律调节，主要是通过适时制定各类事例、则例进行的。与社会经济生活的多样性和管理制度经常调整的实际相适应，经济立法也呈现出多变的特点。在这种情况下，不仅朝廷制定的通行全国的单行经济法规甚少，而且把同一朝的各类经济立法汇编在一起的法律文献也是凤毛麟角。《嘉靖事例》是现存的不多见的同一朝经济管理类事例的汇编。

现见的明代法律及法律汇编性文献达上百种之多，在刘海年先生和我主编的《中国珍稀法律典籍集成》（14卷）中，收入了明代法律典籍25种，主要有：《大明令》、《御制大诰》、《御制大诰续编》、《御制大诰三编》、《大诰武臣》、《大明律直解》所载明律、《教民榜文》、《刑名启蒙例》、《律条直引》、《军政条例》、《宪纲事类》、《皇明成化二十三年条例》、《皇明弘治六年条例》、《吏部条例》、弘治《问刑条例》、《大明律直引》所附《问刑条例》和《比附律条》、《大明律疏附例》所载《续例附考》及《新例》、《嘉靖新例》、嘉靖《重修问刑条例》、《宗藩条例》、《嘉隆新例》、《真犯死罪充军为民例》、《皇明诏令》、《皇明条法事类纂》等。《中国珍稀法律典籍续编》是《集成》的姊妹篇。按照教学和研究急需收录了12种明代法律文献。这些法律文献对于研究明代法制史及政治、经济、军事制度有较高的学术价值。

其一，洪武朝是明代立法的奠基时期，对明代法制产生了重大的影响。现见的洪武朝的主要法律，在《集成》中收入10余种，除《大明令》、《教民榜文》外，基本上是刑事方面的立法。《续编》收入《洪武礼制》等4种礼制、礼仪类法律，《诸司职掌》等行政类立法。这样，现见的洪武朝的代表性法律经整理后，基本上被这两书收录，比较完整地反映了洪武朝立法的全貌。

其二，《诸司职掌》是明代最有代表性的行政立法。《大明会典》所依据的材料就是以《诸司职掌》为主，参照《皇明祖训》、《大诰》、《大明令》、《洪武礼制》、《礼仪定式》、《稽古定制》、《孝慈录》、《教民榜文》、《大明律》、《宪纲》等12种法律、法规和百司之法律籍册编成，并附以历年有关事例。然《大明会典》除将《大明律》全文照收、《诸司职掌》按内容分类散编于各卷外，其他法律多是辑其重要条文散编于书中，并非原法律文献全文照录。编纂《大明会典》的目的是为了记载明代的典章制度，方便官吏检阅。许多著述把《大明会典》说成是行政法典，似欠妥当。研究法律制度应依当时颁行的法律为据，《大明会典》只是第二手的参阅资料。从研究法律制度的角度看，《诸司职掌》是研究明代行政立法和典章制度首先应研究的重要文献。

其三，《军政条例类考》、《嘉靖事例》是研究明代军事、经济法律制度的珍贵文献。明代较之前代法制的一个重大发展，是经济、军事方面的立法更加完备。现见的明代经济、军事类法律甚多，但大多是某一领域的单行法。《军政条例》汇纂了明初至嘉靖一百多年中重要的军政制度方面的立法，其内容涉及军事立法的方方面面。《嘉靖事例》虽为一朝的经济类法律汇纂，但涉及的领域十分广泛，因而这两部文献在明代的军政、经济立法中，颇有代表性。

其四，明代律学比较发达，仅现见的私家释律文献就有数十部。明代律学及律例关系理论，是中国法律文化特别是法律思想的重要组成部分。长期以来，学界对这方面的研究比较薄弱，亟待加强。《律解辩疑》是现存的明代较早的律注文献，它不仅保存了洪武十八九年行用的明律，而且对于研究明律的修订、变化以及明代律学有特别重要的价值。

其五，《集成》和《续编》收录的30多种明代法律文献，为我们全面了解明代的法律体系提供了丰富的资料。在以往的法史研究中，存在着注重刑事法律，忽视行政、经济、军事、民事等法律的缺陷，有些著述甚至以刑事立法史替代立法史，未能全面地反映中国古代法律制度的全貌。在明代法律史研究中也存在着类似的问题。这30多种法律文献的整理、出版，将有助于我们比较全面地了解明代的法律体系和法律制度，也有助于我们开阔视野，注重对各种形式的法律研究，推动法史研究进一步走向科学。

各文献的点校和整理工作，是由杨一凡、苏圣儒、田禾、吴艳红完成的。具体分工是：第3册由杨一凡点校。收入第4册的各文献的分工是，杨一凡和吴艳红：《律解辩疑》；苏圣儒：《军政条例类考》；田禾：《嘉靖事例》。第3册书末附《诸司职掌》校对表由杨一凡编写。

本书第3册中收录的《洪武礼制》、《诸司职掌》、《孝慈录》、《礼仪定式》、《稽古定制》、《学校格式》、《节行事例》7种法律文献，其先后排列顺序以中国国家图书馆藏《皇明制书》14卷明嘉靖刻本为准，中国国家图书馆所藏《皇明制书》14卷中没有的文献，参照日本东洋文库本《皇明制书》的文献目次为序排列。

《皇明制书》整理说明（节选）*

《皇明制书》是明朝代表性法制文献的汇纂。该书收入《大明令》、《御制大诰》、《御制大诰续编》、《御制大诰三编》、《大诰武臣》、《洪武礼制》、《诸司职掌》、《孝慈录》、《礼仪定式》、《教民榜文》、《稽古定制》、《资世通训》、《学校格式》、《皇明祖训》、《大明律》、《大明官制》、《宪纲事类》、《吏部条例》、《军政条例》、弘治《问刑条例》、《节行事例》等21种。除《资世通训》属于祖训类性质的政书外，其余均系明代的代表性法律或记述国家基本制度的文献。这些文献不仅是研究明代法制史的珍贵资料，对于研究明代政治制度史、经济史、军事史、文化史也有重要的史料价值。

长期以来，许多学者通常是通过研读《大明会典》等史籍了解明代法制。《大明会典》以六部官制为纲，以事则为目，分述明朝开国至万历十三年（1585年）200余年间各行政机构的建置沿革及所掌职事。该书记述的明代行政类法律和典章制度较为完备，人们重视《大明会典》是有其道理的。然而，《皇明制书》有《大明会典》无法取代的价值。《会典》依据的资料，以洪武二十六年（1393年）编定的《诸司职掌》为主，参以《皇明祖训》、《大诰》、《大明令》、《大明集礼》、《洪武礼制》、《礼仪定式》、《稽古定制》、《孝慈录》、《教民榜文》、《大明律》、《军法定律》、《宪纲事类》等12种法律、法规和百司之法

---

* 《皇明制书》（4册，点校本），杨一凡整理，社会科学文献出版社，2013。该书书首收入我写的《〈皇明制书〉及所载法制文献的版本》一文，本文是其开头部分。

律籍册编成，附以历年有关事例。其中《大明律》被全文收录，《诸司职掌》虽被正德《会典》"旧文皆全录"，但分编于各条目之中。至于其他文献则是摘选，分类归于相关的职掌之下。与《大明会典》相比较，《皇明制书》的内容不及《大明会典》宽泛，但却都是明代最基本的法律的辑录。要了解这些法律的原貌，《皇明制书》是必读之书。要弄懂《大明会典》的内容和依据的基本资料，也需研读《皇明制书》。

现见的《皇明制书》版本，主要有嘉靖年间（1522～1566年）南直隶镇江府丹徒县官刊《皇明制书》14卷本（简称14卷本），及该书万历四十一年（1613年）镇江府知府康应乾补刻本（简称14卷补刻本）；明万历七年（1579年）钦差巡抚保定等府地方兼提督紫荆等关都察院右副都御史张卤校勘、大明府刊刻《皇明制书》20卷本（简称20卷本），以及《皇明制书》不分卷明刻本（简称不分卷本）。1967年（日本昭和四十二年），日本古典研究会把《皇明制书》影印，书后附有山根幸夫先生撰写的《皇明制书题解》和日本藏《皇明制书》14卷本、20卷本、不分卷本文献校对表。影印本的问世，对于《皇明制书》的流传和促进对它的研究，发挥了良好的作用。然而，此书出版时，正值中国"文化大革命"开始，十年动乱期间，书籍进口业务遂被搁置，所以中国学者长期未曾得见。据我所知，现今全国只有一两家图书馆藏有此影印本。

关于《皇明制书》的成书缘由和过程，山根幸夫先生在《皇明制书题解》一文中曾有详细的阐述。张卤撰《皇明制书》序及康应乾《补刊制书小引》中，记述了当时该制书刊本残缺和地方官吏皆不知这些法律的状况，说他们刊刻《皇明制书》的目的，是为了祖宗成法"是训是彝，家传人诵"，"圣子、神孙、百官、万民世世守之无替"。

《皇明制书》14卷本、20卷本、不分卷本收入的文献及现见的藏馆情况是：

（一）14卷本：收录《大明令》、《洪武礼制》、《诸司职掌》、《孝慈录》、《礼仪定式》、《教民榜文》、《稽古定制》、《宪纲事类》、《吏部条例》、《军政条例》、《问刑条例》、《节行事例》等12种。中国国家图书馆、清华大学图书馆、日本名古屋蓬左文库和京都的阳明文库藏有该书明嘉靖刻本。日本日比谷图书馆市村文库、东京大学东洋文化研究所藏有该书明万历四十一年（1613年）补刻本。在现见的《皇明制书》诸版本中，14卷本刊刻年代相对较早，且《吏部条例》、《军政条例》、弘治《问刑条例》3种文献，其他版本未予收录。

（二）20卷本：收录《大明令》、《御制大诰》、《诸司职掌》、《洪武礼制》、《礼仪定式》、《教民榜文》、《资世通训》、《学校格式》、《孝慈录》、《大明律》、《宪纲事类》、《稽古定制》、《大明官制》、《节行事例》等14种。中国大连市图书馆、美国国会图书馆、日本东洋文库和尊经阁文库藏有明万历七年刻本。与《皇明制书》14卷本、不分卷本比较，该书收录的文献种类最多，其中《资世通训》、《学校格式》、《大明律》、《大明官制》为其他版本未收录。

（三）不分卷本。该书的编者和刊刻年代不详，但系明刻本无疑。内收有《皇明祖训》、《孝慈录》、《大明令》、《御制大诰》、《御制大诰续编》、《御制大诰三编》、《大诰武臣》、《洪武礼制》、《稽古定制》、《礼仪定式》、《教民榜文》等11种。日本内阁文库藏有该书明刻本。与《皇明制书》14卷本、20卷本相比较，不分卷本辑录而他本未辑录的文献是《皇明祖训》、《御制大诰续编》、《御制大诰三编》和《大诰武臣》。

本次整理和点校《皇明制书》时，以中国国家图书馆藏《皇明制书》14卷本为底本。14卷本收录了12种文献，另有9种为《皇明制书》其他版本所辑录。对于14卷本未辑录的9种文献，按照下述编辑原则补入：一是尽量不改变14卷本原来文献的排列顺序；二是参照20卷本文献目录的排列顺序，补入时，先以20卷本的有关文献补辑；20卷本中未收入的，参照该文献的成书时间用不分卷本补齐。具体补编的情况是：（一）鉴于四编《大诰》是明朝重要的代表性法律文献，20卷本和不分卷本均把它排列在《大明令》之后，本次整理时在《大明令》之后补入了《大诰》四编。因20卷本仅辑录了《御制大诰》（《初编》），故《续编》、《三编》、《武臣》用不分卷本补齐。（二）《资世通训》、《学校格式》、《大明律》、《皇明祖训》、《大明官制》等5种文献，前4者为洪武年间制定或颁行，现存的《大明官制》一书，虽然刊刻、补增于嘉靖、万历年间，但在明初已有成书。整理时把这5种文献补编在14卷本中有关洪武法律文献之后、即在洪武二十九年（1396年）颁行的《稽古定制》后补入这些文献。在这5种文献中，《资世通训》、《学校格式》、《大明律》、《大明官制》按20卷本的排列顺序补入。20卷本中未收录的《皇明祖训》，用不分卷本补入。因《皇明祖训》颁行于洪武二十八年（1395年），故补编在洪武三十年（1397年）颁行的《大明律》之前。

点校时使用的各文献的工作底本是：

《皇明制书》点校工作底本一览表

14卷本	20卷本	不分卷本
《大明令》、《洪武礼制》、《诸司职掌》、《孝慈录》、《礼仪定式》、《教民榜文》、《稽古定制》、《宪纲事类》、《吏部条例》、《军政条例》、《问刑条例》、《节行事例》	《御制大诰》、《资世通训》、《学校格式》、《大明律》、《大明官制》	《御制大诰续编》、《御制大诰三编》、《大诰武臣》、《皇明祖训》

在点校中，凡是某一文献为《皇明制书》两种或两种以上的版本收录者，使用其他版本对底本做了校勘。此外，对于每一文献，尽可能地用现见的该文献的其他版本进行校勘。

本书目录是以《皇明制书》14卷本书首总目为基础增补而成，其中《大明令》、《洪武礼制》、《孝慈录》、《礼仪定式》、《教民榜文》、《稽古定制》、《吏部条例》、《军政条例》、《问刑条例》、《节行事例》10种文献按原目录编入；原书总目中《诸司职掌》、《宪纲事类》目录简要，这次整理时，前者目录是以正文标题为准重新整理，后者目录是据正文前目录编入。14卷本未收入的文献，《御制大诰》、《御制大诰续编》、《御制大诰三编》、《大诰武臣》、《大明律》、《皇明祖训》的其他版本正文前有目录，这次编目时移入本书目录，其他文献的目录是整理者根据正文标题整理后编入。

《中国监察制度文献辑要》序*

中国古代的监察制度曾实行两千余年之久。经历代统治者的不断运作，建立了以御史台为主体、从中央到地方自上而下的严密监察体系。古代监察制度萌芽于先秦，形成于秦汉，中经三国两晋南北朝时期的发展，到唐代时臻于成熟。宋代以降，监察制度进一步健全。明清两代随着皇权的强化，监察制度空前完善。它作为古代国家的制衡器，具有修明政治、严肃法纪、整饬吏治、纠劾官邪、矫平冤狱、荐举贤良等功能，在“彰善瘅恶，激浊扬清”和保障国家机器的正常运转方面发挥了重大作用。

宋代以前的监察制度由御史监察和言官谏诤两大系统组成。自宋代始到明清，言官系统逐渐萎缩，监督百官成为监察机构的主要职责。古代监察制度在其发展和完善的过程中形成了一系列特色，如独立监察、自成体系、垂直监察；多途径、全方位的监察机制；监察官作为皇帝之耳目，秩卑权重，上匡失策，下纠官邪，行政、立法、司法、财政、军政等无所不纠。历代为保障监察活动规范化、制度化，采用律、令、条例、则例、事例、格例、制书、条规等多种法律形式，颁行了大量的监察法律法令。这些法律法令对中央和地方监察机构的设置、职掌、监察官的行事规则、监察的方式方法等都作了详尽的规定，是当时监察活动必须遵循的法律规范。

---

* 《中国监察制度文献辑要》（6册，影印本），杨一凡编，收入先秦至明清监察制度文献和有关法律18种，红旗出版社，2007。

虽然元朝以前各代制定的监察法及记载监察制度的典籍不少已经失传，但从《大唐六典》、《通典》、《唐会要》、《册府元龟》、《太平御览》、《玉海》、《宋会要辑稿》以及其他各类史籍中，我们仍能对先秦至唐宋时期的监察制度有大体的了解。本书收入的清人黄叔璥辑《南台旧闻》，系作者从200余种明代及其以前的历代史籍中选辑而成，是一部系统地介绍中国监察制度的重要文献。现存记述元、明、清监察制度的文献甚多，仅单行监察法律法规、独立成书的各类台宪文献和列专卷记载监察制度的史籍就达上百种。如本书收入的明英宗正统四年（1439年）十月刊行的《宪纲事类》、清高宗乾隆八年（1743年）十二月成书的《钦定台规》，就是当时通行全国的单行法律；本书收入的两种明代《都察院条例》，分别选自明刊本《条例备考》、《增修条例备考》，而《出巡事宜》、《留台总约》等4种，则出于明刊本《南京都察院志》。此外，在历代诏令、奏议、官修史书、历史档案、地方志、判牍案牍及各种野史笔记中，有关监察制度的资料也极其丰富。这里需要指出的是，历史上许多出任御史职务的官员曾撰写著述，或把任职期间的监察文书和经办的案件编入本人文集。也有一些监察官的后代、门生，把其父、祖从事监察活动的文稿、事迹刊印传世。这类文献是记录当时监察活动实施情况的实证资料。在中华传统文化遗产中，有关记述监察制度的文献数量之多，为世界各国所少见。

现代行政监察制度与古代监察制度有着密切的传承关系，虽然二者的监察范围、功能等方面还存在诸多不同，但古代制定的许多成功的法律措施和实施监察制度的经验教训，如独立监察、多渠道和全方位的监察机制、注重品德和凭实绩选任考核监察官的制度、反腐倡廉制度、谏诤制度、巡察制度、监察系统内部的互察制度，事前、事中、事后相结合的监察方式等，对于当代法治建设仍有重要的借鉴意义，值得我们继续深入研究。

近百年来，我国学界不少学者对古代监察制度进行过探讨，发表了200余篇论文，出版了10多部专著。这些成果为我们勾画出中国监察制度发展史的基本框架，其中一些著述提出了许多有益的见解。但总体而言，这一领域的研究还有待继续深入，人们对许多古代监察法律法规还未进行探讨，对大量专门记述历史上监察活动的各类文献还未涉及。今年7月，红旗出版社为推动中国监察制度的研究，把《中国监察制度文献辑要》列为图书出版选题，该社的芮素平编辑邀我承担这一任务。按照与出版社商定的计划，确定把我搜集到的一些文献分别编为《中国监察制度文献辑要》和《中国监察制度文献续编》[①] 两书出版。

《中国监察制度文献辑要》收入中国古代先秦至明清监察制度方面的重要文献18种。按照文献的内容，以通代、唐、宋、元、明、清为序编辑。其中通代2种，唐、宋各1种，元代4种，明代7种，清代3种。《中国监察制度文献续编》除收入10余种台规和典章制度类文献外，还将有选择地收入一些专门记述监察活动运作情况的著述。

本书以促进中国监察制度研究、保存稀见法律文献为编纂宗旨，并在编辑过程中采取了下述选编原则：一是以搜集历史上代表性的监察法及典章制度类文献为主。对于古人撰写或编纂的御史奏疏、御史箴、御史人物传记、宪台和宪司记事、判牍案牍类文献，因其数量较多，且本书篇幅有限，故除选择几种有代表性的文献收入《续编》外，其他此类文献未予收录。二是以收入版本稀见的文献为主。对于清嘉庆以后成书的文献，除特别重要者外均未收入。三是仅收入篇幅较大且内容比较系统的文献，对于原书未列专卷编纂监察制度的文献没有收入。另外，还有一些版本稀见且有重要史料价值的台宪文献，散存于海内外各地，因复制资料方面的困难，未能如愿收入。

敬请读者对本书选编中的不妥之处，多加指正。如果本书的出版能够为完善我国现行监察制度和促进廉政建设有些参考价值，能够为推动中国监察制度的研究发挥一些作用的话，我当深感欣慰。

① 《中国监察制度文献续编》于2008年已完成编辑，因经费不足尚未出版。

《中国古代地方法律文献》前言*

在中国古代法律体系中，律、令、例等多种法律形式并存，行政、刑事、民事、经济、军事、文化教育等方面法律并存，朝廷立法与地方立法并存，共同组成完整的法律体系。地方立法作为国家法律体系的有机组成部分，发挥着补充和辅助朝廷立法实施的功能。各级地方政府和长官实施法律的状况，在相当程度上反映了当时国家法制建设的水平。因此，要科学地认识中国法律发展史，正确地揭示中国古代法制的面貌，必须重视地方法律文献的研究。

历代地方政府和长官在施政、行法的实践中，形成了极其丰富的法律文献资料，其内容涉及立法、司法、执法等各个方面。虽因年代久远，文献严重流失，但从古人文集、地方志、历史档案、出土文物及各类史籍中，仍可搜集到大量的地方法律文献。地方法律文献是中华法文化宝库的瑰宝，是研究古代地方法律史的珍贵资料。鉴于对古代地方法律的研究至今仍是法史研究的薄弱环节，也鉴于了解地方立法状况，是开拓地方法律史研究首先必须解决的问题，近年来，我们着重进行了地方立法文献的挖掘和搜集。我们编辑、影印《中国古代地方法律文献》丛书的目的，就是希望为学界提供更多的有关古代地方立法及与此相关

---

* 《中国古代地方法律文献》（甲、乙、丙编，影印本，40 册），杨一凡、刘笃才编。其中甲编 10 册，收入秦、汉、唐、宋、元、明地方法律文献 65 种，世界图书出版公司 2006 年 12 月出版；乙编 15 册，收入清顺治至乾隆年间各级地方官府或长官颁布的地方法律法规 51 种，世界图书出版公司 2009 年 1 月出版；丙编 15 册，收入清代中后期代表性省例和地方法律文献 22 种，社会科学文献出版社 2012 年 4 月出版。本文系我与刘笃才先生合写。

的资料，促进这方面研究的深入开展。

从现存的史料看，有关中国古代地方立法的大体情况是：其一，历代执政者从国家幅员辽阔、各地的自然环境和风俗习惯及经济发展状况存在较大差异的实际出发，允许地方政府根据国家授权，或通过一定的批准程序，按施政需要颁布政令，制定地方法规。在中国历史上，地方立法活动从未中断。其二，自秦汉以来，历代都重视强化君主集权制度，强调法的统一性，因而地方立法都是围绕实施朝廷制定的法律制度进行的，并须恪守不得与朝廷立法相抵触的原则。较之朝廷立法而言，地方立法处于从属和补充的地位。其三，有关规范地方政务和社会经济秩序的基本法律制度，都是由国家制定法确定的。各级地方政府制定的法规尽管数量较多，但内容主要限于地方行政事务和民间事务的管理。其四，就现见地方法律的形式和立法的数量而言，明代以前的法律形式比较简单，有关法规的记载较少。现见的地方法律，大多是明代中叶之后制定的。从明代中后期到清末，随着社会变革和经济的发展，地方立法也愈益发达。

地方立法在中国古代出现较早，并经历了漫长的发展过程。《睡虎地秦墓竹简》中的《语书》，是南郡太守腾给县道啬夫的告谕文书。这说明由地方长官发布政令的做法，至迟在战国时期就已存在。汉代时，条教、书、记等是地方法令、政令的重要载体和发布形式。这一时期，太守专郡，综理庶绩，权力甚重，根据地方施政需要颁布条教、书、记等是其职权之一。唐代时，地方立法水平较前代有了较大的提高。敦煌出土的《沙州敦煌县行用水细则》（亦称《唐沙州敦煌地区灌溉用水章程》），就是在民间习惯和前代地方法规基础上形成的地方性水利规范，可以说是唐代中央法规《水部式》在敦煌地区的实施细则。唐宋元时期，各级地方官府和长官除以条教、约束等形式颁布地方法规、政令外，发布榜文也是地方长官施政经常采用的形式。本书甲编收录的《晦庵集》所载朱熹榜文、《勉斋先生黄文肃公文集》所载黄榦榜文、《紫山大全集》所载胡祇遹榜文等，就是这类文献的代表。

明代地方立法出现了繁荣的局面，法律形式更加多样化，立法数量也远远超过前朝。特别是明代中后期，地方立法活动空前活跃。当时，除各级地方长官发布了大量的政令和制定了不少地方法规外，朝廷派出巡按各地的官员也针对地方的时弊，以条约、告示、檄文、禁令等形式，颁布政令和地方性法规。从现存的明人文集中，可以看到许多这方面的材料。如嘉靖至万历年间，海瑞在其任官的 18 年中，就曾制定了《督抚条约》、《禁约》等地方法规。万历年间，吕坤在山西任提刑按察使及巡抚时，也颁布了《粜谷条约》、《乡甲事宜》、《提刑事宜》等地方法规。《全陕政要》、《宝坻政书》、《惠安政书》等专门的地方政书的编纂，反映了明中后期包括地方立法在内的地方法制建设有了很大进展。这类文献多是由地方官员或文人编写，编者的初衷是将其掌握的该地方的政务资料和制定的法规，提供给时人或后人参阅。从中可以看到，该地的政务已进一步制度化，地方法规的编纂也更加规范。明人编纂政书的做法为清代所仿效。清代编纂政书者不乏其人，出现了《晋政辑要》等一批重大成果。

清代地方立法较之明代有了新的重大进展。这一时期，地方政府和长官颁布了大量的各种地方法规，其内容之广泛，几乎涉及行政、经济和社会生活管理的各个方面。在清代地方立法成果中，“省例”的纂辑、刊印标志着我国历史上的地方法制建设已进入比较成熟的阶段。鉴于由长官个人发布的条约、告示、檄文、禁令等存在“人去政亡”的弊端，缺乏长久的约束力，清代出现了“省例”这一新的地方法规、政令的发布和汇编形式。省例是省级政府以各种法律形式制定的用以规范地方事务的法规、政令和具有法律效力的规范性文件的统称，其含义既是指用以刊发地方法规、政令的法律文书或这类文书的汇编，也是指刊入这些文书或汇编中的每一种法规、政令。省例汇编类文献，其内容以地方行政法规为主体，兼含少量朝廷颁布的地区性特别法；其编纂体例有的以制定衙门的不同分为“藩例”和“臬例”，有的是以吏、户、礼、兵、刑、工六部分类编排，也有的按照所规范、调整的事项分类编辑。被称为省例的各种形式的地方法规、政令或具有法律效力的规范性文件，适用于当时省级政府管辖的地域，在本省范围内具有普遍的、相对稳定的法律约束力。现见的代表性的省例汇编类文献有《湖南省例成案》、《江苏省例》、《福建省例》等。

地方立法在清末达到高潮。面对西方列强的入侵、社会动荡和国家政局的变化，各地出于救亡图强、维护基层政权和社会治安的需要，积极推进法制变革，制定了一系列专门性的单行地方法规。如旨在推进地方政治改革的谘议局章程、试办地方自治章程，加强财政、税务管理的厘金章程、清赋章程和各种税则，健全司法制度和提高办案水平的地方审判厅章程、监狱管理章程、清理狱讼章程，加强社会治安管理的各类城市管理章程、警务章程，以规范地方教育为内容的各种学堂章程，以社会救济为内容的赈捐章程、义仓章程等。清末的地方立法与清前期中期比较，具有立法数量多、专门性法规多、内容更加近代化的特点。

中国古代的地方立法，是伴随着社会的进步和法制变革的进程不断发展完善的。不同历史时期地方法规的内容和编纂水平，包括地方立法在内的地方法制建设的状况如何，从一个侧面反映了当时国家法制和社会文明的发达程度。进行地方法律文献的搜集、整理和研究，无论是对于开拓法律史学的研究，还是挖掘中华法文化的优良传统，古为今用，都是件有意义的工作。其一，古代地方立法在国家法律体系中占有重要的地位，只有把朝廷立法与地方立法结合研究，才能揭示中国古代法律的全貌。其二，古代的地方立法，大多是为了推动朝廷立法的实施，或针对地方执法中存在的比较严重的社会问题制定的。研究这类文献，有助于深入了解影响地方法制状况的诸种因素及其互动关系。其三，古代地方法规以规范地方行政、民间事务为主要内容。开拓这一领域的研究，将会极大地改变我们在地方法律史尤其是民事管理法律制度方面研究的落后状态，正确地解释民事法律制度、民刑关系研究中长期存在的若干疑义。其四，在地方法律文献中，记载了许多古代加强地方法制建设的成功经验。历史上长期实行的乡里治理法律制度、民事调解制度、法律宣教和劝善制度、乡约制度、以自治自律为特色的民间规约及地方基层政权建设的法律措施等，对于我国当代地方法治建设有重要的借鉴价值。

对于研究地方法律文献的重要性，在法史学界可以说是人所共知。但因这类文献散存于浩如烟海的各类古籍之中，搜集资料非一年半载可以完成，故长期未能进行。2001年下半年，《中国古代地方法律文献》甲编即明代及明以前各代地方法律文献的选编，被列为中国社会科学院重大课题“中国稀见法律文献的整理与研究”的分支项目。从那时起，我们着手进行地方法律文献的普查和复制工作。2006年5月，《中国古代地方法制研究》被列为国家社会科学基金重点项目。为了切实保证这一项目的写作质量，并向读者提供更为丰富的中国古代地方法律资料，我们又用一年多时间，着重进行了清代地方法律文献的搜集和复制。几年来，我们先后查阅了包括地方志、古人文集在内的几万部古籍，复制了近千种文献，从中选出130余种文献，分为甲、乙、丙三编编辑出版。其中甲编10册，收入先秦至明代的地方法规及相关文献；乙编15册，收入清顺治至乾隆年间的地方法规和记载地方法规较多的有关政书；丙编15册，收入清乾隆至光绪年间代表性的省例、著名地方法规和法制文献。本书甲编、乙编已分别于2006年、2009年由世界图书出版公司出版。

由于现存的明代以前地方法律文献已不多见，而清代的地方法律文献又极其浩瀚，为了使读者比较充分地了解不同历史时期地方法律文献的情况，本书按照下述原则进行选编：（1）对于明代及其以前各代的法律文献，除收入地方法令、法规外，与地方立法密切相关的一些文献，也尽量予以收入。（2）对于清顺治至乾隆年间的地方法律文献，除收入代表性的地方法规外，一些稀见的地方法规也酌情收入。（3）对于清乾隆朝以后的地方法律文献，因本书篇幅所限，着重收入代表性的省例、著名的地方法规和法制文献。（4）对于记载地方法规较多的政书，只选择最有代表性者予以收入。为保持文献的原貌，本书收入的几部政书，均全文影印。（5）对于诸如《湖南省例成案》这类卷帙浩繁的文献，采取选刊的方式予以收入。（6）本书以收入地方法令、法规为主，地方司法文献未予收入。

《古代榜文告示汇存》序言*

中国古代在信息传播技术不够发达的情况下，榜文、告示成为官府向民众公布政令、法令和上情下达的重要载体。历史上告示的称谓有布告、榜文、文告、公告等多种，不同历史时期的称谓也有变化。明代前期及以前各代，“榜文”、“告示”、“布告”等名称混相使用。明代中叶以后，为了体现“上下有别”并区分其适用地域的范围，皇帝和中央机构其及长官的布告通常称榜文，地方各级政府和长官的布告则称为告示。榜文、告示都是官府针对时弊或某种具体事项，向百姓或特定的社会群体公开发布的文书，二者虽叫法相异，实际是同一性质的官方布告。

榜文、告示是兼有法律和晓谕、教化功能的官方文书。就其内容和功能而言，大体可分为两类：一是以晓示、劝谕、教化为宗旨。内容或是晓谕某一事项，或是指陈时弊，申明纲常礼教和治国之道，意在使百姓周知，趋善避恶。二是重申国家法律和公布地方官府制定的政令、法令，要求臣民一体遵守。后一类榜文、告示具有法律的规范性和强制性，其作为有法律效力的文书，是国家法律体系的有机组成部分，也是古代法律的载体之一。

制定和发布榜文、告示在中国有悠久的历史。我国古代一直有重视发布政令、法律的传统。西周的“悬法象魏”之制，就是朝廷宣示法

* 《古代榜文告示汇存》（10册，影印本），杨一凡、王旭编，收入宋、元、明、清60余名各级地方长官和朝廷派出巡按各地的官员发布的榜文、告示1700余件。社会科学文献出版社，2006。本文系我和王旭副教授合写。

律和对民众进行法制教育的一种方式。春秋末期郑国执政子产“铸刑书”、晋国赵鞅和荀寅“铸刑鼎”，则是诸侯国公布法律的举措。历代为把法律和政令贯彻到基层，使臣民知法守法，都很重视法律和政令的公布。自秦汉到唐代，运用榜文、告示公布政令、法令成为官府经常采用的方式。史籍中有关这类的记载甚多。查阅两汉、唐宋诏令及会典类文献就可看到，“格文榜示”、“版榜写录此条”之类的用语频频出现，一些诏令后也有“布告中外，令使知悉”的要求。宋元时期，地方官府和长官运用榜文、告示公布政令、法令的做法已很盛行，本书收录的朱熹、黄榦、真德秀、马光祖、黄震、胡祇遹榜文和王恽告示等就是这类文书。明清时期，不仅君主和朝廷六部发布榜文，各级地方长官和巡按各地的朝廷命官也把发布告示作为治理地方的重要措置。在地方志、历史档案、明人和清人文集中，特别是在一些主持过省、府、州、县政务的官员的文集中，就保存了大量的告示和告示汇集类文献。

因时代久远，明代以前发布的榜文、告示大多失传，完整存世的这类文献已不多见。现知的明清两代的榜文、告示，明中叶至清末各级地方政府颁布的告示数量相当可观，而皇帝和朝廷六部发布的榜文，除明太祖朱元璋颁布的《教民榜文》、《南京刑部志》所载明太祖、明成祖在洪武永乐年间颁布的榜文以及《军政备例》所辑榜例外，则比较零散且存于各种史籍、档案中。鉴于由朝廷发布的几部代表性榜文已分别收入《中国珍稀法律典籍集成》、《中国珍稀法律典籍续编》等书出版，也鉴于历代发布的告谕、教化类榜文，内容大多雷同，本书主要收入宋、元、明、清四代有关地方长官发布的、具有法律效力的榜文、告示。

各级地方政府和长官用以公布法令、法规的榜文、告示，不是官员随意可以发布的，它的制定和公布有一定的审核、批准程序。其程序以制定权限的不同分为以下几种情况：一种是下级针对某种事项拟定榜文、告示文本，经呈报上级批准后，以下级长官名义发布。另一种是由上级针对某种事项制作榜文、告示文本发给下级，以上级长官名义发布，或授权以下级长官名义发布。还有一些属于劝农、观风、丧葬、育婴、禁赌、防盗、风俗等方面的榜文、告示，均因有规可循，各级地方政府可依照朝廷授权或上级的有关政令、法令的精神制定发布。榜文、告示通常是张贴或悬挂在道路四通八达或人口密集之处，以便及时让更多的百姓知晓。另外，有一些榜文、告示是专门针对诸如吏胥、兵丁和书生等特定群体发布的，这类榜文、告示通常是在被告知的对象所在地公告或张贴的。还有一些榜文、告示是刻于石碑之上，要求人们永久铭记和恪守。

具有法律效力的榜文、告示，以规范民间事务管理、地方行政事务管理等方面的法令、法规为主，其内容涉及吏治、安民、钱粮、学政、约束兵丁、盐禁、救荒、庶务、关防、狱政、词讼、乡约、保甲、风俗等社会生活的各个方面。榜文、告示所及事项，既有诸如防火、防盗、息讼、禁赌、禁杀牛、禁吏胥勒索等普遍性问题，也有因地域、人文环境、习俗各异和天灾、战乱出现的特殊性问题，如遇凶年赈济灾民，社会动荡时期强化团练，禁止某地的陋习，在某一特定地域兴修水利和其他工程，推广适合于本地生长的农作物及种植方法等。这些榜文、告示生动具体地记录了地方政府实施法律、法规和乡里治理的情况，也记载了当时的法制环境和各种社会问题。

与其他官文书、法律、法规比较，榜文、告示具有以下特色：其一，文字比较简洁，往往带有书写人员的语言风格。榜文、告示大多篇幅较小，围绕陈述事项条分缕析，申明法之所禁。出于不同官员之手的榜文、告示，文风各异，讲究修辞者有之，朴实无华者有之，用口语写成者亦有之，但语言一般都较为精练、通俗，易于为基层民众所理解。其二，内容针对性强。所通告的事项通常单一、具体。这些事项是当地亟待解决的突出社会问题，或者是国家法律未曾涉及的具体问题。榜文、告示通篇围绕要解决的问题阐明是非、利害，并有相应的处置措施。其三，规范性较差，适用时效较短。榜文、告示一般是应急而发，通常是在短时期内发挥作用，一旦问题得以解决或官员离任，其效力往往不能持久。

在中国古代的地方法制建设中，榜文、告示具有其他法律、法令和官方文书不可替代的作用。历代制定的法律种类甚多，条目冗杂，平民知之甚少。榜文、告示寓申明法令与道德教化于一体，内容是百姓关心的民间事务。官府以榜文、告示的形式公布和宣传法律，针对具体事宜具体指导，在实施法律方面具有直接、快捷的特点。在古代地方官府官吏有限、信息传播不便的条件下，榜文、告示不仅是公布法律法令和进行法制教育的重要途径，而且是加强官民沟通、提高办事效率的有效方式。在中国古代法律体系中，律、例、令等各种法律形式并存，朝廷立法与地方立法并存。地方立法作为朝廷立法的补充，在国家法律体系中占有重要地位。以官府或地方长官名义发布的法令、法规，大多是运用榜文、告示的形式公布于众的。朝廷制定的一些有关治理地方的单行法律及实施法律的措施，也常是运用榜文、告示的形式向民众进行宣教的。因此，要全面、正确地认识和阐述中国古代法制，必须注重对榜文、告示的研究。

由于历史上发布的榜文、告示散存于各类古籍之中，利用起来十分困难，学界长期以来很少有人对其进行探讨。为推动这一领域的研究，杨一凡自20世纪80年代初起，陆续进行了榜文、告示的搜集工作，经多年努力，复制了一批这方面的珍贵资料。但因诸事缠身，有许多古籍未来得及查阅，选编工作迟迟未能进行。2005年夏，在内蒙古大学法学院任教的王旭到北京研修。两人通力合作，历时一年有余，又查阅了数千部古籍，大体弄清了古代榜文、告示的现状，并在此基础上完成了本书的选编。

从已知的古代榜文、告示现存状况出发，我们确定了本书的选编原则，即：以收入宋、元、明、清四代地方长官发布的具有法律效力的榜文、告示为主，以收录版本稀见和有代表性的告示为主。因本书系影印出版，一些篇幅较小的榜文、告示未予收录。又考虑到清代后期发布的告示数量巨大，对于清嘉庆朝以后的告示，仅选择了一些有代表性的收入。对于许多告谕、教化类告示和已整理出版的榜文，未予收入。这样，本书汇集的榜文、告示当有不少遗漏，敬请读者见谅。

中国古代地方法律文献的研究是一个新的课题。我们期待有更多的学者进行这一领域文献的整理和研究，有更多更好的成果问世。

《中国律学文献》序*

在中国古代法律体系中，律作为主要的法律形式之一，被赋予“常经”的地位。从秦汉至明清，历朝都进行了大量的制律、修律活动。围绕律和律典的制定、诠释、实施及如何处理律与其他法律形式的关系等，形成了以博大精深的中华文化为基础、注重实用、与古代社会法律制度发展进程相适应的律学。历代研究和释律者不乏其人，成果汗牛充栋。云梦睡虎地秦墓竹简中的《法律答问》，对秦律的一些条文、术语和律意做了明确解析，是现见我国较早的、比较完整的法律解释学作品。两汉魏晋时期，名家释律，代有人出，如西汉的杜周、杜延年父子，东汉的叔孙宣、郭令卿、马融、郑玄，西晋的杜预、张斐等，都以注律而闻名于世。经这一历史时期律学家的推动，律学逐渐以独立的倾向，初步从经学中分离出来。到唐代时，律学进入了它的成熟阶段，自成体系，内容已相当完善。传世律学经典《唐律疏议》，吸收和体现了唐和前代制律与律学研究的精华，被后世奉为楷模。宋代以降，律学进一步发展，仅明清两代的律注文献及律学著作就达数百种。这两朝学者不断开拓了律学研究的领域，在应用律学、比较律学、律学史、古律辑佚和考证诸方面，取得了令人瞩目的成就，把古代律学向前推进了一大步。在晚清众多律学家中，沈家本先生出类拔萃，堪称律学巨擘，对传统律学向现代法学的转型做出了重要贡献。中国古代律学不仅专门著述

---

* 《中国律学文献》（4 辑，19 册，影印本），杨一凡编，收入先秦至明清律学文献 44 种，黑龙江人民出版社、社会科学文献出版社于2004 年、2005 年、2006 年、2007 年分辑出版。

甚多，在历代判牍案例、许多政治家和法律思想家的文集、朝臣的奏疏以及其他史籍中，有关律学的论述也很丰富。一部中国律学史表明，古代律学是与中华法律文明发展史相互交融一道前进的，它对于完善历史上的法制发挥了重大作用。长期流行的认为唐以后律学“停滞”、“衰败”的观点，缺乏充分的理据，似有失偏颇。律学是中华法律文化的有机组成部分，其中的精华对于现代法学和法治建设仍有汲取和借鉴的价值，很有必要对它的成就、经验进行认真的研究和总结。

20 世纪 80 年代以来，中国法律史学出现了前所未有的繁荣，但律学研究却显得十分薄弱。在已出版的法史著述中，甚少涉及古代律学，有关研究论文也不多见，这显然是法律史学研究的一大缺陷。受律学“衰败说”的影响，对律学文献的搜集、整理和研究未引起足够的重视，无疑是造成这种缺陷的重要原因。史料是研究的基础，只有在大量的阅读、比较分析和考证史料基础上，才能对古代律学的内涵、发展状况、历史作用、精华与糟粕做出恰如其分的阐述。影印出版这套丛书的目的，就是尽微薄之力，为学界提供一些律学文献资料，以促进律学研究的发展。

令人感到欣慰的是，已有一些学者很关注古代律学的探讨，一些律学文献整理成果，如《唐律疏议》、《律解辩疑》、《读律琐言》、《大清律辑注》、《读律佩觿》、《大清律例通考》等的校勘本或标点本也相继问世，对促进律学研究发挥了积极的作用。这次编辑《中国律学文献》时，凡已出版的此类文献，不再收入。

中国古代律学文献浩瀚，因搜集和复制工作量浩大，加之费用昂贵，只能选择我们能够搜集或复制到的、有代表性的文献收入。根据目前我已搜集到的资料，把其中有研究价值的文献编为 4 辑出版。收入本书第 1 辑的文献共 9 种，即：《刑统赋解》、《粗解刑统赋》、《别本刑统赋解》、《刑统赋疏》、《律条疏议》、《大明律讲解》、《法家裒集》、《法缀》、《新纂四六合律判语》。收入《中国律学文献》第 2、3、4 辑的文献，均系有代表性的或有特色的各类律学著述，这 3 辑将于 2005 年、2006 年、2007 年分辑出版。需要说明的是，由于复制资料方面的困难，一些重要的文献未能如愿编入。收入本书的《律条疏议》等文献的原件，因时代久远，文字比较模糊，或有残缺之处，使影印质量受到影响，敬请读者理解。

中国法律史学研究正在不断深入。推动这门学科进一步走向科学，走向繁荣，是法史学者肩负的历史责任。现知的中国古代法律文献有数千种，到目前为止，我们对绝大多数法律文献尚未来得及进行整理和研究。为此，必须重视法律古籍的搜集、整理和出版工作，这不仅是学术研究的需要，也是抢救、保存、流传祖国法律文化遗产的需要。影印是流传法律古籍常用的方式。我期望有更多的法律古籍整理成果和影印本问世，为推动中国法律史学进一步走向科学和繁荣提供更多的资料。

在本书所辑文献的搜集、复制过程中，得到了辽宁大学法学院刘笃才教授的鼎力相助。谨志于此，以矢弗忘。

《历代珍稀司法文献》前言*

中国古代在长期的诉讼、审判活动中，逐步建立了一套相当完善的司法制度，并形成了极其丰富的司法文献。古代司法文献就其内容而言，主要分两种类型，一是规范、指导狱讼活动和总结司法经验方面的文献，我们称其为司法指南性文献；二是诉讼、审判过程中形成的诉状、判牍和古人编纂的案例集。本书收入的是前一类文献。

从先秦到明清，历代为了维护司法公平，防止和减少冤案，发布了不少有关理讼断狱的法律法令。也有一些官员和文人，基于提高办案水准和为始入仕者或后人提供折狱借鉴，编纂了各种司法指南文献。因年代久远，明以前各代编纂的单独成书的这类文献存世者已寥寥无几，明代和清前期的版本也不多见，且散藏在海内外各地，给人们研究中国古代司法制度造成了很大的困难。

多年来，司法研究一直是法史研究的薄弱环节。以往论述古代司法的著述，多是依据立法方面的资料静态地描述古代司法制度，而对司法运作和实证资料考察不够。为了给司法研究提供实证资料，我们曾整理出版了《历代判例判牍》（12 册）。为了进一步开拓古代司法制度史的研究，给学界提供有关古代司法指导原则、办案要略和司法运作方面的资料，我们选编和整理了《历代珍稀司法文献》丛书。

《历代珍稀司法文献》收入唐、宋、元、明、清代表性的司法指南

---

* 《历代珍稀司法文献》（15 册，整理标点本），杨一凡主编，收入历代司法指南性文献 73 种，社会科学文献出版社，2012。

性文献72种，其中唐代1种，宋代3种，元代6种，明代21种，清代41种。按文献的基本内容分类编排，辑为15册出版。

第1、2、3册收入唐至清代办案要略和操作规则类文献31种。主要有唐人徐坚撰《初学记》，宋人撰《作邑自箴》、《州县提纲》，元人撰《牧民忠告》、《吏学指南》、《词状新式》、《告状新式》、《公私必用》，明人撰《详听断之法》、《谨详谳之议》、《慎狱篇》、《听讼篇》、《治体》、《刑属》、《讯谳》、《刑部事宜》、《风宪约》、《狱政》、《词讼》、《治谱》、《刑类》、《牧民政要》、《新刊招拟假如行移体式》，清人撰《福惠全书》所载刑名、《合例判庆云集》、《幕学举要》、《刑名一得》、《堂规》、《刺字会钞》、《刑钱必览》、《律法须知》等。这些文献的内容概括起来有三个方面，一是作者依据儒家经典阐发的司法理论，主要是听讼断狱的指导思想；二是刑事、民事案件审判的方法，即听讼、断狱、覆审和法律文书行移等各个环节应遵循的程式和应注意的问题，审判中如何正确适用法律定罪量刑的事宜；三是与司法相关的各类法律知识。

第4至第8册收入明、清两代的3部著名的折狱经典。现存的明清两代折狱指南类文献中，内容比较齐全、社会影响较大的，当推明人编纂的《大明律例注释招拟折狱指南》、《律例临民宝镜》和清人编纂的《新编文武金镜律例指南》。《大明律例注释招拟折狱指南》辑录了大明律例原文，每条律例后附有内容问答，阐述律例的含义、定罪量刑的标准和方法，依据相关律例拟定的告示、判语等，并设专卷列举了各种司法文书的范本。《律例临民宝镜》辑录了大明律例及官员临民的各类规范，从法律规定、律例的注释到折狱须知、文移体式等一应俱全，特别是该书记载了大量的审语、参语、断语、议语、判语、告示，很方便官员在司法活动中参照操作。《新编文武金镜律例指南》以总括清代文武官员施政须知、律例指南为基本内容，该书的特色是弥补了前人编纂律例指南“重文略武”的缺陷，详述了武官任职须知；参酌时宜，较全面地疏释了康熙朝前期所定律例；其收入的明末、清初人士有关完善司法制度的题奏章疏、公移文告、审参著作以及编者的评论，创见颇多，且不少为当时各类指南类刑政书所未收。这三部文献是在总结前代和当代司法活动经验的基础上编纂的，内容庞杂，与审理案件相关的事项无所不包，堪称当时的司法百科全书。

第9、10册收入古代司法检验文献12种。司法检验最早可以溯源至先秦。至南宋，宋慈荟萃以往诸书，增以己见而成《洗冤集录》。该书是世界上现存最早的法医学著作，此后历代的司法检验著作，或是对其疏释，或是对其补充，均无出其右者。为便于读者明了宋以后各代司法检验的发展变化，整理者采取汇校的方法，以元刻本《宋提刑洗冤集录》为底本，把明刻本《无冤录》、《慎刑录》和清刻本《洗冤集说》、《律例馆校正洗冤录》、《补注洗冤录集证》、《洗冤录详义》等文献中有关内容附注于相应条文之下，把这些文献在《宋提刑洗冤集录》以外新增加的内容另行选编整理，分别收入本书。这些文献的内容涉及法学、医学、生物学、生理学等学科，是研究中国古代法医学史、司法检验史、刑事证据制度史的珍贵史料。

第11、12册收入讼师秘笈8种。这些文献中蕴含的法律知识、诉讼技巧以及法律观念，是中国古代司法制度史的重要组成部分，也是当时法律与社会大众之间一种较为密切的接触形式。由于历代对讼师活动明令禁止，这类文献流传下来的甚少。它能够长期在民间社会秘密流传，在一定程度上反映了基层民众对于法律知识的需求。本册收入的明清讼师秘笈，不仅有《法家透胆寒》、《惊天雷》和《萧曹遗笔》等传世珍本，还收录了新近发现的几种讼师秘笈抄本。这些文献包含着众多实用法律知识、司法文书样式、各色法律用语，以及户婚田土、抢劫窃盗等大量的民刑事案例，语言活泼，逻辑性强，别具匠心，对于研究古代讼师活动以及民间与官府之间的法律知识互动有重要的史料价值。

第13、14、15册收入清代秋审条款文献18种。主要有：阮葵生的《秋谳志略》，王有孚的《秋审指掌》，黄奭的《秋审直省附录》、《秋审实缓》与《秋审章程》，抄本《谨拟秋审实缓比较条款》和《秋审实缓比较条款》，谢诚钧的《秋审实缓比较条款》，林恩绶的《秋审实缓比较条款》、《续增秋审条款》，京都本《秋审实缓比较条款》，悔不读书斋刊刻的《秋审比较条款》，许仲望的《秋谳志》，刚毅的《秋谳辑要》，沈家本的《秋审条款附案》，清法部奏进的《秋审条款按语》，吉同钧的《秋审条款讲义》及清刑部秋审处留存的《秋审条款档》。清代对于死刑囚犯除决不待时者外，监禁到秋天，再经过地方、中央司法机构层层审核，分别做出情实、缓决、可矜可疑的认定，于霜降前请旨定夺。秋审是清代复审死刑囚犯的制度。为了让读者能够充分了解秋审条款演变的历史，本次选编时，根据秋审条款发展的不同阶段，从各朝选择一两种代表性文献收入，以文献形成的时间先后为序排列。这三册收入的文献，虽刊刻或抄录于清代，但大多已版本稀见，是整理者从现存的大量的秋审文献中精心选编而来。

注重司法指南性文献的整理与研究，对于实事求是地阐述中国古代的司法制度、推动法律史学研究走向科学具有重要意义。

如何正确认识和评价中国古代的司法制度和司法传统，学界存在着"精华大于糟粕"、"糟粕大于精华"两种不同的观点。长期以来，由于司法指南性文献大多未来得及整理和研究，人们对古代司法如何运作的认识若明若暗，因而未能比较全面地阐述中国古代司法制度。一些著述以西方现代司法理念为坐标，把中国古代司法制度作为"民主"、"法治"的对立物加以批判，不加分析地套用"君主独揽司法权"、"司法行政合一"、"一任刑罚"等成说，把古代司法制度描绘得漆黑一团，似乎没有什么积极因素可言。古代司法研究中出现的各种偏颇之论和疑义，大多与人们对于指导和规范诉讼、审判的各类文献了解不多有关。要把中国古代司法制度研究推向深入，必须注重司法指南性文献的整理和研究。

任何一种社会的法律制度，都是立法、司法、执法相结合的整体。历史上凡是注重法制建设的王朝，几乎都是奉行立法、司法、执法并重的方针，注重采取各种法律和行政的措施，规范和指导司法审判。研究历史上的法律制度，不能只注重立法，而忽视执法和司法。在中国古代，由于普遍存在对于文字和典籍的虔诚膜拜，其立法的发达程度，较之同时代的世界其他国家，堪称首屈一指。然而，在中央高度集权的体制下，人治大于法治，官吏贪赃枉法弊端层出不穷，法律的制定与实施之间存在很大的差距。国家政治是否清明、司法是否公正，并不完全决定于法律制定的多少和好坏，在很大程度上还取决于法律实施的状况。从一定意义上讲，后者比前者更重要。

古代司法指南性文献，不仅记述了狱讼的指导思想、办案的原则，还充分展示了诉讼、审判各个环节：案件当事人的呈状告诉和不服上控，州县官的受理、勘验、传唤、审理，初审的拟判、呈详及上属官员的批驳、审转，省级官长的覆审、题奏，中央司法机构的议罪、覆核，死刑案件的会审和请旨等，以及各个环节的操作规则。古代诉讼、审判活动中实行的复杂的运作规则和多重的法律监督防范机制，对于防止和减少官员曲法枉法起了很好的作用。把古代各个历史时期的立法、判牍案例与司法指南性文献结合研究，对于我们比较客观地认识和评价当时的司法制度当大有裨益。

古代司法指南性文献，汇集了历代听讼、断狱的成功做法和经验，体现了民本主义、慎刑恤刑、注重司法官员个人修养、注重司法程式、注重调解、便民诉讼、追求司法正义、追求和谐等精神，闪烁着古人智慧的光芒，对于我们今天完善当代司法制度，也有一定的借鉴价值。

鉴于现存清代司法文献较多而其他各代这类文献较少、且内容往往重复的情况，为了尽量把古代司法文献的精华收入本书，我们采取了下述选编原则：其一，明代和明以前的文献除内容重复较多者外，凡是原来独立成书的著名文献，尽量予以收入；也有一些曾经在历史上发生过重要影响的文献，被收入古人文集或其他史籍中，本次采取选编的原则予以收录。其二，对于清代的司法指南性文献，在进行内容和版本比较的基础上，选择有特色且版本价值较高者收入。

本书的整理工作从 2003 年开始进行，历时 8 年完成。参加整理的各位学者在标点文献的基础上，曾多次校勘，为提高本书的整理品质付出了辛勤的劳动。在本书整理过程中，得到了中国社会科学院、北京法律文化研究中心和社会科学文献出版社的大力支持。中华书局刘德麟、柳宪先生审阅了其中 11 册书稿，提出了许多宝贵意见。北京法律文化研究中心的宋国范、吴小云、杨谦虚先生自始至终参加了本书的有关编务工作，并承担了资料复制和部分书稿的校对工作。已故的王健琦先生参加了本书第6册、第8册的审校，他极其认真的治学态度，令我感动不已。社会科学文献出版社的魏小薇先生审阅了部分书稿。全书由杨一凡、关志国统稿、定稿。在此，我向所有为本书的出版做出奉献的单位和个人，表示衷心的感谢。

中国法律史学研究正处在一个重要的转折和发展时期。随着近20多年来法律文献整理和研究成果大量出版，法史研究新领域的不断开拓，重新认识和阐述中国法律史已逐渐成为学界的共识，成为当代法史学者肩负的历史重任。我期望本书的出版，能够为创新法律史学发挥积极的作用。

《新编文武金镜律例指南》整理说明*

《新编文武金镜律例指南》16 卷，清康熙年间凌铭麟撰。凌铭麟，浙江杭州人，字天石，生平不详。据书首卢琦《文武金镜序》，凌铭麟是位疾浮燥、“天禀静嘿，不肯自炫猎声誉”的饱学之士。他精通律例，“诸子百史、诗赋歌词，无不纵心游目，得其要会”。又据书首《文武金镜自序》，作者鉴于诸家所辑刑政书“往往有未尽释然者”，且对于文武职官制度的阐述“耑于文而略于武”，故“手录《幕府金镜》，堪为武职仕谱，又博采古今宦牍之可法者，总汇成编，为文武通用之资”。

该书以综括文武官员施政须知、律例指南为基本内容。卷一至卷四为文武仪注、品级、称呼、州县官和武官新任要览、文武官员任内要览、名公奏议、文移范本等。卷五至卷十是对清圣祖康熙十三年（1674年）重订律例定本的分条疏解。卷十一至卷十六选录了供文武官员参用的循吏呈详、旌奖看语、清人李渔所作《详刑末议》和《慎狱刍言》、谳狱审语、典则文告等，并加以点评。

在中国古代，为使文武百官精通法律，掌握任官要领，“指南”类刑政书的编纂代有新作。清代以前，这类刑政书中较为著称者，有宋人撰《州县提纲》，元人徐元瑞撰《吏学指南》，明人佚名撰《锲御制新颁大明律例注释招拟折狱指南》、苏茂相撰《律例临民宝镜》等。凌铭

* 《新编文武金镜律例指南》，（清）凌铭麟撰，杨一凡整理，收入杨一凡主编《历代珍稀司法文献》第 8 册，社会科学文献出版社，2012。

麟撰《新编文武金镜律例指南》，在借鉴和吸收前人撰指南类刑政书体例、内容的基础上，又有新的发展，表现在：一是在记述文官任职须知的同时，按照文武并重的原则，详述武官任职须知，弥补了前人此类政书中“重文略武”的缺陷。二是对清康熙朝前期所定律例的疏释，不仅诠释本文，且参酌时宜，“或发明言中微旨，或别阐言外余情，或辩析可疑之端，或假设问难之义，总于本律各有洗发。又博考诸法家言，苟可信从，间为援证”。其中不乏作者创见，足以启迪后贤。三是该书“明公奏议”、“古今文移”、“循吏呈详”、“古今审语”、“典则文告”等门类下选辑的200余则有关法制的论述及各种文书，大多为清顺治、康熙年间人士所作，不少为清代前期指南类刑政书所未收。该书中也收录了一些明末人的著述，如戚继光撰《将臣宝鉴》、《宝鉴条目》和陈子龙（字卧子）、李清（字映碧）等的著述，但均是可供清人参用者。因此，该书对于今人了解和研究清代前期的吏学和司法制度，有重要的史料价值。

现见的该书版本，有中国科学院图书馆、台湾“中央研究院”历史语言研究所傅斯年图书馆藏清康熙二十七年刻本。本次整理时，以中国科学院图书馆藏本为底本。

原书书首列有《总目》，仅记各卷内容选自何书或系《律例指南》中何种门类及其条数，各卷前列有本卷目次，详记正文中的篇目名称。此书很可能是私家书坊所刻，将其《总目》、各卷目次与正文标题互校，脱、衍、错讹之处比比皆是。为使读者阅读方便，整理者在校勘各卷目次和正文标题的基础上，编写了新的全书《总目》。

在本书即将付梓之际，我十分怀念已故好友王健琦先生。近六七年来，我因科研工作任务较重，《新编文武金镜律例指南》的整理只能断断续续进行。2005年完成本书整理初稿后，抽不出较长一段时间静心审校。健琦兄退休后，于2006年秋至2007年夏到北京法律文化研究中心工作，我们朝夕相处约有10个月。在此期间，他主动承担了本册一校清样的审校，并审校了《律例临民宝镜》一书的部分书稿。他为人真诚，做事一丝不苟。他不仅花费了很多精力校改清样，还参阅多书指出了原文献中的不少错误之处。健琦兄于 2009 年春因病逝世，参加《历代珍稀司法文献》审校是他生前做的最后一件工作。我和他相处的时间虽不算很长，但他对工作极其认真负责的精神，令我和同事们都很感动。我在这里特意写下这段文字，以表达对老友的感激和怀念之情。

《历代判例判牍》前言*

近年来，对中国古代判例判牍的研究愈来愈引起学术界的关注，一些学者还就建立中国当代判例制度的议题开展了讨论。古代判例判牍是历史上诉讼、审判活动的真实记录，是反映司法制度实施状况的实证资料。注重实证研究，注重立法、司法与判例判牍结合研究，必将把法史研究提高到一个新的水平。我们整理出版这部《历代判例判牍》丛书的目的，就是力图为学界提供更多的历史资料，促进这方面的研究继续深入。

在中国古代法律体系中，存在着功能各异的多种法律形式，各代法律形式的称谓不尽相同。在审判活动中形成的各类司法文书，名称也十分繁杂。今人所说的判例、判牍，实际上是按照历史上审判活动中产生的文献和文书的性质、功能进行的归纳分类。“判例”一词作为法律用语和法律文献的名称是清末才出现的。中国古代的多数王朝对司法例在审判活动中的运用采取严厉限制的态度，秦、汉、元等少数对司法例运用持比较宽松态度的王朝，用以表述这类文书或法律形式的称谓也不一样。判牍在古代又称为谳牍，有“详”、“拟”、“呈”、“判”、“批”、“驳”等多种形式。鉴于已发表的一些著述存在着把案例、判牍误作为判例研究的问题，因此，研究中国古代判例判牍，首先应就判例、判牍、案例的内涵予以明确的界定。

---

* 杨一凡、徐立志主编《历代判例判牍》（13 册，整理标点本），中国社会科学出版社，2005。本文系我和徐立志先生合写。

中国古代的司法审判实行的是援引成文法的制度。为了弥补成文法的不足，对于法无明文规定的案件采取比附断案的办法，选择一些有代表性的典型案例，通过一定的程序，赋予其一定的法律效力，允许官员在审判活动中比附使用。这类案例就是我们所说的判例。可见，判例虽是案例中的一部分，但它不是普通的案例。判例与一般案例的不同之处在于前者具有法律效力，可以在审判中比附使用，而后者则不具有法律效力，不能在审判中比附使用。人们通常所说的判牍，则是指在审判活动中形成的司法文书或案牍，包括案件的判决书、下级官员或机构呈送上级官员或机构的办案报告，上级官员或机构核准、驳正、责令重审案件的批复，等等，在审判过程中，它们推动案件按照规定的程序一步步走向终结；而对于已经终结的案件来说，这些判牍的作用不过是存档备考而已。

比附断案在我国有悠久的历史。西周时就有在审判中“上下比罪”的做法。《礼记·王制》云：“疑狱汜与众共之，众疑赦之，必察小大之比以成之。”东汉郑玄注谓：“已行故事曰比。”秦汉及以后各代，在注重依据成文法审理案件的同时，对法无明文规定的案件，往往允许官员比附裁判。汉朝的司法判例称“决事比”、“辞讼比”。东汉郑众注《周礼·大司寇》“凡庶民之狱讼以邦成弊之”句云：“邦成，谓若今时决事比也。弊之，断其狱讼也。”唐人贾公彦疏云：“先郑（即郑众）云邦成谓若今时决事比也者，此八者皆是旧法成事品式。若今律，其有断事，皆依旧事断之；其无条，取比类以决之，故云决事比也。”此句中的“若今时决事比”，意思是《周礼》所谓“邦成”与郑众生活的东汉的决事比相似。由于援引成案在适用上更灵活，因而在汉代常为官吏所采用。据史载，汉武帝时，仅死罪决事比就达到13472条。据《新唐书·艺文志》：汉代有《廷尉决事》20卷。

自两晋至唐宋，由于缺乏实证资料，判例在司法实践中的地位和作用尚难论定。元代的判例见之于《通制条格》和《元典章》。明代时，除明初颁行的《大诰》中收录了不少明太祖亲自审案的判例外，司法例只有被朝廷确认为“定例”，才允许在审判中使用。清代保存下来的判例较多，为了各级官员能够正确裁决各种案情纷杂的案件，朝廷通过特定程序，把大量的成案上升为“定例”或确认为“通行”，允许官员在法无明文规定的情况下，比附“定例”和“通行”成案裁判案件。本书收录的《刑部各司判例》、《刑事判例》以及《驳案新编》中被确定为定例的成案，均属于判例性质。由于元代以前的判例基本失传，因此上述判例是我们研究古代判例制度的珍贵材料。

与判例相比较，现存的判牍，无论内容、种类和数量都要丰富得多。古人历来重视判牍的写作和编纂。从现存文献看，唐宋时期的判牍已不多见，只有少量存世。唐代的《龙筋凤髓判》、宋代的《名公书判清明集》等是其著名代表作。明代判牍的编纂较为发达，虽然大多失传，现在保存完整的判牍集尚有 10 余种。清人编纂的判牍数量之多为历代之冠，已知的判牍类文献达数百种。

现见的古代判牍，按其存在形态大体可以分为四种。

第一种是审判活动中形成的原始材料，主要为官方司法档案。例如本书收录的明代《四川地方司法档案》。明代以前的司法档案保存至今的甚少，然而由于特殊机缘，古代的一些原始司法记录在出土的简牍中时有发现。例如张家山汉墓出土的《奏谳书》，就是汉代处理疑难案件的记录。

第二种是担负审判工作的官员对其本人撰写的判牍所做的整理。撰者大多是政绩突出的地方官吏，为了彰扬自己的治绩，或者显示自己的文采，当然更多的也许是出于总结经验以利后人的目的，或把自己所作判牍收入个人文集，或编辑专门的判牍集。后者如明代张肯堂所撰《䜳辞》、祁彪佳所撰《按吴亲审檄稿》、《莆阳谳牍》，清代李之芳所撰《棘听草》、孙鼎烈所撰《四西斋决事》等。上述文献构成了本书的主体。

第三种是时人或者后人编选的他人制作者的判牍。编纂者或是判牍作者的子弟、门生、故吏，或是后来的法律专家，或者是在专门司法机构任职的官员以及其他人士，有的甚至以官府的名义出现。他们认为某人或者某些人制作的判牍较有价值，足可垂范后世，便把这类判牍整理成书。如《名公书判清明集》，就是由宋人辑录、在元代又经多次增修的一部反映宋代诉讼审判情况的判牍分类汇编。

以上三种都是实际审判活动中形成的判牍。第四种与之不同，是模拟实判创作出来的作品，不是真正的司法文书。如收入本书的《龙筋凤髓判》以及《文明判集残卷》，就是为了适应唐代实行的试判制度而为应试官员提供的拟判集。收入本书的《新纂四六谳语》、《新纂四六合律判语》等则是为提高司法官员司法文书写作水平而创作的范文样本。

与判例判牍密切相关的是案例。历史上凡是有关案件的记载都属于案例的范畴，其范围比判例、判牍广泛得多。就其与判例的关系说，所有的判例都是案例，但案例的绝大部分不是判例；就其与判牍的关系说，在审判过程中形成的判牍固然是案例的存在形式，但是在这之外还存在着其他形式记载的案例，它们存在于各种历史典籍中，甚至存在于文学作品中。案例和判例判牍有密切联系，我们在研究判例判牍时应该给予足够的注意。

要科学地认识和阐述中国法制史，必须注重对基本法律史料的搜集、整理和研究，坚持运用“论从史出”、“史论结合”的研究方法。史料是研究的基础，只有在考察大量史料的基础上，才可能得出科学的结论。注重对基本法律史料的搜集、整理和研究，是不断开拓法史研究的必要前提。中国古代判例判牍是中华法律文化遗产的重要组成部分，现存的数千万字判例判牍资料，为我们正确认识古代法律制度特别是司法审判制度，提供了重要的实证资料。对古代判例判牍的挖掘、整理和研究，为法律史研究打开了一个新天地。

其一，挖掘、整理和研究中国古代的判例判牍，有助于正确认识古代判例的性质、功能和法律地位，准确地阐述中国古代的判例制度。

以往关于中国古代判例和判例制度的研究，由于缺乏实证资料，往往局限于表层的、泛泛的阐述，在对历代判例的认识方面存在着许多误区。有的著述把一些朝代的法律形式乃至一般性案例误认为判例，还有一些著述在把中国古代判例与英美法系的判例进行比较时，认为二者基本类似而没有对其差别做科学的分析。研究判例实证资料，有助于了解古代判例的实际面貌，厘正前人研究中的失误，科学地认识和阐述中国古代的判例制度。譬如，传统观点历来把元代的“断例”说成是“判例”，但如把《元典章》和《通制条格》中的判例和断例进行比较，就可看出元代的断例属于条例的范畴，并非判例。又如，一些著述把清代的“成案”都说成为判例，并认为“成案”在司法审判活动中被大量比附使用。若广泛阅读清代判例判牍资料，就不难看出，只有通过特定程序上升为定例的“成案”或按程序被允准“通行”的“成案”，才能作为判例使用，大量的一般性“成案”，并不是判例。至于秦代的“廷行事”、晋代的“故事”、唐代的“法例”是否属于判例，也不能望文生义，需要通过研究实证材料才能得出正确的结论。

在英美法系国家中，实行的是以判例法为主的法律制度，某一判决所依据的法律原则不仅适用于该案，而且作为一种先例适用于以后该法院或下级法院所管辖的案件。中华法系中的判例，其法律地位、功能、适用范围等与英美法系的判例是不同的。研究中国古代判例，有助于我们全面认识中国古代的法律体系，也有利于将中国的传统法律与英美法进行科学比较。

科学地阐述中国法制发展史，必须对中国古代法律体系有全面的认识。在中国古代的法律体系中，律、令、例等多种法律形式并存，国家大经大法、常法和权制之法并存，刑事、民事、行政、经济、军事、文化教育等方面法律并存，朝廷立法与地方立法并存，它们共同组成了一个完整的法律体系。研究古代判例判牍，对于科学地认识中国古代法律体系和法制的全貌有重要意义。

其二，挖掘、整理和研究中国古代的判例判牍，有助于我们全面正确地认识中国古代审判制度的实施状况，科学地阐述和评价中国古代的司法制度。

中国是古代文明发展较早的国家，很早就出现了较为完善的诉讼、审判制度。在诉讼制度方面，各代法律对诉讼的管辖、时效、起诉与传唤、证据等都有详细的规定。在审判制度方面，法律对和息、辨告、审讯、复审、会审、法官责任、申诉、直诉及裁判的形式、依据等也有系统规定。研读判例判牍，可以对古代诉讼、审判活动的各个方面及有关制度的实施状况有更真实的了解。过去一些著述往往用“皇帝独揽司法权”、“民刑不分”、“刑讯逼供”、“司法行政合一”等描绘中国古代的司法审判制度。查阅现存的数以千万字的判例判牍资料，可知这些评价性结论仍存在偏颇或不全面之处。在不同历史时期和不同的朝代，因君主是否贤明、吏治是否清明以及朝廷的政治局面是否正常，法律的实施情况千差万别，应结合当时的历史实际对其司法状况做出恰如其分的评价。诚然，历史上也存在暴君和奸吏滥用刑罚、草菅人命、冤狱层出的问题。但是，在国家机器正常运转的情况下，君主审核的案件，主要是死刑案件或案情特别重大的案件，其目的是为了防止量刑轻重失宜，错杀无辜。不能把君主行使的这种案件复核权斥之为“君主专制”、“皇帝独揽司法权”，不加分析地加以否定。古代在司法审判活动中，并非是民事、刑事案件不分，不讲证据，随意刑讯。大量的判例判牍证明，对于单纯的民事案件，民间诉讼中有关户婚、田土等民事案件，只要当事人没有触及刑律的行为，一般不使用刑讯，民事案件中受到笞、杖刑的，多是当事人或证人等存在着干名犯义、诬告、欺诈等触及刑律的行为。古代审判活动虽然存在注重口供的弊端，但也很重视证据的运用，对于刑讯的使用，很多朝代法律都有严格的限制。人们通常把“司法与行政合一”概括为古代法制的特征，这主要是指地方实行的行政长官兼理审判的制度，但查阅明清时期的判牍，可知县官只有对刑事案件判处笞、杖刑的权力，对徒罪以上案件，则只能拟出审判意见，供上级官府复审。至于流罪以上案件，判决权在中央司法机构，死刑案件还需经中央司法机构复审乃至皇帝核准。也就是说，至少在明清时期，对于案情较重的案件最终是由专门的司法机构审判的，不能笼统地把古代的审判活动都说成是“司法与行政合一”。因此，在研究包括审判制度在内的古代司法制度时，只有结合判例判牍，对各个历史时期审判活动的实际进行具体研究，把处于非常时期的司法状况与正常时期的审判活动区分开来，才能比较准确地阐述当时司法审判制度的真貌。

其三，古代判例判牍的挖掘、整理和研究，有助于我们全面了解各个时期法制实施的社会环境，汲取古代司法审判和法制建设的成功经验。

古代判例判牍中保存的案件材料，反映了当时发生的各类纠纷，涉及社会生活的各个方面，是纷杂的社会经济活动和社会生活的表现。这些案件因发生的时代、地区、背景不同，情节千态万状。阅读分析这些材料，使我们能够充分了解当时的政治、行政、军事、民事、经济、文化教育制度，社会和经济发展状况，民俗和民事习惯，社会各阶层人们的相互关系以及文化观念乃至心理状况。这些要素的总和构成了当时法制运作的社会环境。只有全面认识古代社会，把法律制度放在当时的社会环境中考察，才能得出实事求是的结论。例如古代审判中实行的多重法律监督制度，虽然存在着案件审判时间过长的弊端，但在当时历史条件下有其必要性及合理性。再如，明清两代实行重审制度，凡县级审判有失误者，由上级审判机关或长官交由另一县的县官审判。这种制度在今天看来也许不当，但在当时条件下，对于防止官吏枉法起了很好的作用。在古代审判活动中，古人创造了极其丰富的司法经验，其中许多做法由于适应了当时的社会条件，对于促进经济和社会的发展起了积极作用。一些判牍体现的民本主义、抑强扶弱、慎刑恤刑、注重调解、便民诉讼、追求和谐等精神，闪烁着古代人智慧的光芒，对于今人也不无启迪。

古代判例判牍的挖掘、整理和研究，是一项艰巨的工程。由于明代和明代以前的判例判牍流失严重，存留甚少，需要到浩如烟海的文献中进行资料的搜寻；而清代以来的判例判牍又卷帙浩繁，去取之间需要严格的鉴别选择，这都增加了整理工作的难度。我们确定的编辑原则是：对于明代和明代以前的判例判牍，尽可能地收录；对于清代以来的判例判牍，则选录其有代表性的有特色的文献。由于这是集体完成的工程，参加者各有不同的眼光，见仁见智，选择未必完全恰当。个别文献除判牍外还掺杂了其他公牍，为保持文献的完整性，未予删除。案例本来不属于本书的收录范围，考虑到它和判例判牍有密切联系，以及明代以前判例判牍的缺失，我们收录了金文和历史典籍中所载的唐代以前部分案例，以及古人依据明以前实际案情编写的《疑狱集》、《折狱龟鉴》、《棠阴比事》等代表性作品。《听讼汇案》、《不用刑审判书》虽然是晚期的案例书籍，由于其具有一定特色且相当篇幅记载的是清以前的案件，也酌予编入。全书共收入文献 53 种，其中古代判例判牍 43 种，与研究清以前判例判牍有关的著名案例集 10 种。

本书的整理工作从 2000 年秋开始实施，经参加整理的各位学者历时 5 年的努力，得以完成。在本书整理过程中，得到了中国社会科学院、中国社会科学院法学研究所、北京法律文化研究中心和中国社会科学出版社的大力支持。北京法律文化研究中心为本书的印制提供了资助。北京法律文化研究中心学术委员会主任刘笃才教授花费了大量精力，审阅了大部分书稿，提出了许多宝贵意见；该中心宋国范教授和吴小云、杨爱玉女士自始至终参加了本书的有关编务工作，并承担了资料复制和部分书稿的校对。中国社会科学出版社编审周兴泉先生通阅了全书书稿。在此，我们向为本书出版做出奉献的单位和个人表示衷心的感谢。

《刑案汇览全编》整理说明*

在清人编纂的诸多刑案集中，《刑案汇览》以收录案例众多、内容精良而备受世人关注。清代后期刊印的《刑案汇览》，包括《刑案汇览》（下文简称《前编》）60卷、《续增刑案汇览》（下文简称《续增》）16卷、《新增刑案汇览》（下文简称《新增》）16卷、《刑案汇览续编》（下文简称《续编》）32卷。这四种《汇览》共计124卷，约近500万字。

《刑案汇览》四种收录的案件的起止时间，自清高宗乾隆元年（1736年）至德宗光绪十一年（1885年）。其中《前编》收入乾隆元年至宣宗道光十四年（1834年）的刑案5640余件，《续增》收入道光十三年（1833年）至十八年（1838年）刑案1670余件，《新增》收入道光二十二年（1842年）至光绪十一年刑案291件，《续编》收入道光十八年至穆宗同治十年（1871年）刑案1696件。四种《汇览》共收入案件9200余件。

关于《刑案汇览》四种各书的编者及成书时间，史籍记载和今人的著述、工具书所记不一，有必要加以澄清。阅读各书卷首序并考察其版本，可知《前编》的编者是祝庆祺、鲍书芸，《续增》的编者是祝庆祺，《新增》的编者是潘文舫等人。祝庆祺，浙江绍兴人，道光初任刑

---

* 《刑案汇览全编》（15册，整理标点本），杨一凡、徐立志主持的中国社会科学院重大课题“中国稀见法律文献的整理与研究”分支项目之一，中国社会科学院法学所法制史研究室多位学者参加了本书的整理，全书由尤韶华统稿，杨一凡主持审定，法律出版社，2007。此文系我和尤韶华先生合写。

部云南司胥吏，道光五年（1825 年）至十二年（1832 年）任闽浙总督孙尔准之幕友。鲍书芸，安徽歙县人，道光三年（1823 年）前曾任清刑部官吏。据道光十四年九月鲍书芸《刑案汇览序》："岁癸未（道光三年），余奉职西曹，见历年成案顴若画一，而文牍浩如渊海，每思分门别类，裒集一书，以便检阅。自维研究未精，未遑从事。洎居母忧归扬州，晤会稽祝君松庵，读所录例案一编，窃幸与鄙见同也。爰馆之家属成全帙，而君虚怀雅抱，与余商榷是非，悉心对勘，昕夕忘疲。编次未竟，会祝君应闽督孙文靖公幕府之聘。壬辰（道光十二年）复至扬州，重加研究，阅三寒暑而始蒇事，得书六十卷……既成，谋付剞劂，名曰《刑案汇览》。"由此可知，《前编》由祝庆祺、鲍书芸前后历时十余载，于道光十二年编成，道光十四年刊印。又据道光二十年鲍书芸《〈续增刑案汇览〉序》："《续增刑案汇览》十六卷，祝君松庵甲午（道光十四年）以后需次都门所重辑也。""松庵之搜罗裒集，专事独成……剞劂工竣，爰书此以为之序。"这说明《续增》是由祝庆祺独立编纂，于道光二十年（1840 年）刊刻成书。一些著述把《续增》的编者说成是祝庆祺、鲍书芸合编，似为不妥。

《新增》与《续编》的编者均称其书是为续《刑案汇览》而作，成书的时间也相近。两书的内容和版本不同之处，一是清光绪年间及其后刊印的几种《刑案汇览》，把《前编》与《新增》、《续增》合刊为一书，而《续编》始终是单独成书。二是《续编》的内容远比《续增》丰富，其卷数为《新增》的两倍，篇幅则相当于《新增》的四倍。

前人著述据光绪十二年何维楷《〈新增刑案汇览〉序》，大多认为潘文舫、徐谏荃是《新增》的编者。何维楷该《序》曰："熙州潘君文舫从事于此，遇祝书以后成案之引断精确者，辄登之记载，积久而多，复邀其同志谏荃徐君博搜精择，商订编辑，一仿前书体裁，裒成此帙。"此《序》末署名为"曲阳何维楷"。这里需要指出的是，按古时礼仪，自序称己名，而为他人作序则称以字或号，以示尊重，不可直呼其名，故"文舫"应是潘氏的字或号。至于"谏荃徐君"，有的学者认为，按何氏《序》的行文方式及当时惯例，"谏荃"应为地名。也有的学者认为，“谏荃”应是“徐君”的字号。因《新增》两位编者其名有待考证，本书仍沿用前人之说。

综合《续编》同治十年（1871 年）吴潮序，光绪十年（1884 年）督楚使者卞宝第序、湖北按察使黄彭年叙以及庞钟璐、蓝佩青、彭祖贤、蒯德标、谭钧培、李方豫、黄仁黼、陆佑勤等人所写序，可知《续编》的编者是吴潮、何锡俨、李方豫、蓝佩青、薛允升 5 人，并可知编纂过程及成书时间。此书系刑部员外郎吴潮、工部员外郎李方豫、客游京都的何锡俨、刑部主事薛允升收集选编谳牍，于同治十年形成《续编》初选稿若干卷，光绪二年（1876 年）纂成 32 卷初稿，后由何锡俨随身携带，在出任湖北安陆知县期间继续审定。何锡俨仅完成 12 卷，于光绪五年病故。继由湖北归州知县（今湖北秭归）蓝佩青历时五年之久，对何锡俨原本重加删辑，于光绪十年（1884 年）夏秋详定成书，光绪十三年（1887 年）集资刊印。

收入《刑案汇览》四种的案件，均系清乾隆至光绪年间经中央司法机关处理的刑案。这些案件的资料来源主要是：（1）刑部律例馆所存说帖；（2）刑部各司所存成案；（3）刑部颁至各省的“通行”及传至部内各司的“遵行”；（4）编者在刑部时自录的刑案；（5）有关刑律的奏议、咨覆及片；（6）邸钞例无专条之案；（7）坊本《所见集》所载例无专条尚可比附之案、《平反节要》所载之案；（8）坊本《驳案汇钞》和《驳案新编》、《驳案续编》所载案件等。在这些案件中，以地方呈报中央的案件为主，也有一些处理相关问题的奏折和诏书。呈报中央的案件基本上属于需由中央司法机构审核的重罪案件，或需请示的比附案件和疑难案件。中央对地方上报的案件，则有批准照复、驳回重拟、要求重审、补充案情等。此外，还有不少刑部自审案件。《刑案汇览》四种在体例上虽略有差异，但所辑的案件，均按照《大清律例》的编纂顺序，即以《名例律》、《吏律》、《户律》、《礼律》、《兵律》、《刑律》、《工律》为序，分目编排，意使阅读者一目了然地掌握这些案件的罪名和性质。

律文不变而案情万变，《刑案汇览》所收案件，反映的正是万变的案情如何适用法律的情况。比如，对于已经发生而例无治罪专条的案件如何处理，对某一疑难案件的性质如何认定等，可从书中得出相关的答案或受到启发。由于此书对于当时的司法审判有现实的参阅价值，故问世后在道光年间就颇受赞赏。庞钟璐所作《〈刑案汇览续编〉序》云："道光年间歙县鲍君季涵有《刑案汇览》之刻，凡列圣宽恤之典、臣工奏议之文以及驳案、说帖，无不备录，遇有疑狱可资参证。"陆佑勤为《续编》所写《后序》说："鲍氏有《刑案汇览》之编，参观互证，疑轻疑重，各无遁情。名法之家，人置一函，视为枕秘。"

《刑案汇览》四种所辑案件大多选自司法档案，是清代中后期司法审判的真实记录，也是我们研究清代法律制度特别是司法制度的珍贵实证资料，它对于今人了解当时发生的各类纷杂的案情和清代的司法原则、诉讼程序、案件审理的实际等，都甚有助益。许多清代法制史研究中的疑义或存有争论的问题，也可以通过阅读这些案牍得以澄清。该书所收刑案，其内容涉及社会生活的各个方面，对于研究清史也有重要的史料价值。

现见的四种《汇览》的版本主要有：《前编》清道光十四年刻本，道光二十年棠樾慎思堂刻本，道光二十四年金谷园重刻本，道光二十九年刻本，咸丰二年棠樾文渊堂刻本，光绪八年广东省城西湖街藏珍阁刻本；《续增》道光二十年棠樾慎思堂刻本，道光二十九年味尘轩刻本；《新增》光绪十二年皖省聚文堂刻本，光绪十六年紫英山房刻本。《前编》、《续增》、《新增》光绪十四年上海图书集成局仿袖珍版印本，光绪十九年上海鸿文书局石印本，1968 年台北成文出版社据光绪十四年上海图书集成局仿袖珍版影印本。《续编》的版本相对较少，主要有光绪十三年退思轩刻本，光绪二十六年蓉城李保和刻本，1970 年台北文海出版社据光绪二十六年李保和刻本影印本。本次标点时，我们以中国社会科学院法学所图书馆藏《前编》、《续增》、《新增》清光绪十四年上海图书集成局本、《续编》清光绪十三年退思轩刻本为底本，以其他版本为参校本。

《刑案汇览》四种的标点整理工作，始于 1999 年 5 月。2001 年 7

月，该课题被列为中国社会科学院重大课题“中国稀见法律文献的整理与研究”的分支项目之一。经法学所法制史研究室各位学者的共同努力，2002年6月定稿。本书《前编》整理标点的分工是：吴建璠：卷一至卷五；韩延龙：卷六至卷十；高恒：卷一一至卷一五；俞鹿年：卷一六至卷二一；苏亦工：卷二二至卷二五；徐立志：卷二六至卷三十；齐钧：卷三一至卷三五；高旭晨：卷三六至卷四十；赵九燕：卷四十至卷四二；杨一凡：卷四三至卷五十；尤韶华：卷五一至卷六十。上述学者也都参加了《续增》、《新增》、《续编》的整理。全书由尤韶华统稿，杨一凡主持了本书的审定。

在本书整理和出版过程中，得到法律出版社及法学学术出版分社的大力支持。责任编辑董彦斌、陈时恩、卞学祺审阅了书稿。本书是清末已刻《刑案汇览》四种的全文标点本，文字的审校由出版社负责。清末沈家本先生辑有《刑案汇览三编》，系稿本，现存中国国家图书馆。清人还辑有《刑案汇览》多种，但仅见书目，其书是否存世，尚待查考。法律出版社从本书收录了已刻的四种《汇览》和全文标点的意义上，确定书名为《刑案汇览全编》。为方便广大读者阅读到《刑案汇览》四种的全文，法律出版社斥巨资出版本书。对此，我们表示衷心的感谢。

本书整理中，难免存在这样那样的缺陷和错误，敬请读者不吝指正。

《古代判牍案例新编》前言*

中国古代司法文献极其丰富，就其内容而言，大体可分为两种类型：一类是规范、指导狱讼活动和总结办案经验的司法指南性文献，另一类是判牍案例文献。本书以判牍案例文献为选编对象。

判牍在中国古代又称为谳牍，是指在审判活动中形成的司法文书，包括案件的判决书、下级官员或机构呈送上级官员或机构的办案报告，上级官员或机构核准、驳正、责令重审案件的批复，等等，有“审”、“详”、“参”、“批”、“驳”、“判”等多种形式。案例的内涵比较宽泛，行政、司法、医学、教学诸方面的典型实例都属于案例的范畴。本书所说的“案例”是指司法案例，所收书目也仅限于以古代司法案例为主体的文献。司法案例与判牍密切相关，又不尽相同。判牍中那些记述有完整案情和狱讼裁决的案件本身就是案例，但并非所有的判牍都是案例，比如审判活动中那些未反映完整案情的一些行移公文、议语、批语和尚未定案有待核查、复议的案件，就不能称其为案例。现存的中国古代司法案例文献，除以判牍为载体的案例外，很多是当世官吏、文人或是后人参阅判牍、史籍记载、知情人口述撰写的案例或案件集。判牍、司法案例是研究中国古代司法制度不可缺少的资料。

在中国古代君主集权制度的历史条件下，人治重于法治，法律的制定和实施之间往往有较大的距离。多年法史研究的经验表明，要比较全

---

* 《古代判牍案例新编》（20册，影印本），杨一凡编，收入历代判牍、案例文献29种，社会科学文献出版社，2012。

面地阐述中国古代司法制度及其实施情况，必须坚持把司法制度、司法指南性文献、判牍案例三者结合研究。为了向读者提供更多的古代司法资料，近十多年来，我和有关学者主持整理、编辑了司法指南性文献丛书《历代珍稀司法文献》（15 册，整理标点本，社会科学文献出版社 2012 年 1 月出版）、《古代折狱要览》（20 册，影印本，定由社会科学文献出版社出版）和判牍案例类文献丛书《历代判例判牍》（12 册，整理标点本，中国社会科学出版社 2005 年 12 月出版）、《刑案汇览全编》（15 册，整理标点本，法律出版社 2007 年 12 月出版）等。《古代判牍案例新编》是我主持的“法律史学创新工程”的子课题之一，它是《历代判例判牍》的姊妹篇。

现存的司法判牍案例古籍有数百种，其中百分之九十以上是记述清代狱讼的文献。因时代久远，明代和明以前各代的判牍已不多见，案例汇编文献亦甚少。长期以来，受各种条件的限制，很多学者主要是利用已出版的清代案例资料研究古代诉讼活动。这种情况近些年有所改变，但在清代司法制度研究领域，仍然存在偏重案例而忽略判牍特别是对古人文集中的判牍资料利用不够的问题。为了给学界更多地提供一些古代司法审判方面的资料，我从本人藏书和已复制的资料中，选择有关明清判牍及记述历代案例的文献，汇编为此书影印出版。

因本书篇幅所限，也考虑到清人编纂的大量判牍案例文献，读者可以在有关图书馆查阅利用，本书采取了下述编纂原则：对于记述明代和明以前各代审判活动的判牍案例的文献，尽量予以收入；对于清代判牍案例文献，着重收入清人文集中的清初至嘉庆朝的判牍，并适当收入一些有代表性的清代判牍案例集。凡是在《历代判例判牍》、《刑案汇览全编》中收录的文献，本书不再收入。

《古代判牍案例新编》20 册，收入文献 29 种，大体按照通代、宋、明、清的顺序编排。同一朝代文献，按照作者出生年代先后编排。为保证分册均匀，个别文献作者生卒相近者适当调配。

本书收入的文献，仅是现存古代判牍案例资料的很小一部分，但这些文献大多版本珍贵，其中有元刻本 1 种，明刻本和明抄本 6 种，清康熙至嘉庆刻本 15 种，清抄本 2 种。就多数文献的内容来说也颇有特色。比如，《仁狱类编》、《折狱龟鉴补》是明清人编纂的先秦至清代的折狱典型案例的汇集，载有案例 1700 余件，其中绝大多数是明代及明以前各代的案例，记述了历史上先贤慎刑恤刑、公正执法的故事，反映了他们理讼断狱的聪明睿智及丰富经验，有助于弥补清以前司法研究资料的不足。本书收入的宋、明、清三代的判牍，如《勉斋先生黄文肃公文集·判语》、《王恭毅公驳稿》、《谳狱稿》、《湖湘谳略》、《覆瓮集》、《题咨驳案》、《徐雨峰中丞勘语》、《资治新书·判语》、《资治新书二集·判语》、《理信存稿·审语》、《牧爱堂编·详文》、《牧爱堂编·参语》、《未信编二集·谳语》、《赵恭毅公自治官书类集·谳断》、《凭山阁增辑留青新集·谳语》、《同安纪略·判语》、《天台治略·谳语》、《讲求共济录·批词》等，基本上是出于以清直著称的司法官员或精通法律的人士之手。这些文献有些是原始判牍的汇编，有些是当时担负审判工作的官员对其本人撰写的判牍所做的整理，也有一些是时人或者后人选编的他人制作的判牍，其文书形式多样，有朝臣题奏、司法官员撰写的详文、审语、谳语、批语、参语、驳语、判语等，生动地记载了当时发生的各类纠纷、犯罪活动和司法审判的情况，对于今人了解古代司法制度、审判程序、司法文书种类及行移程式等甚有助益。再如，本书收入的《成案备考》、《粤东成案初编·控讦》、《历代通行成案》三种清代成案文献，分别记述的是“皆未通行”的成案、刑部准咨地方长官上报的成案和朝廷允准在全国通行比附援用的成案。这三种文献既是判牍的汇编，也是典型的案例集，对于今人研究清代成案的性质、功能有重要的参考价值。此外，本书还收入了《陕西汉中府有关捕解资料》、《诏狱惨言》、《陕西秋审榜示》等有关记载捕解、狱情实例和案件榜示方面的资料。由于收入本书的文献多是有代表性和特色的判牍案例古籍，故对于研究中国古代司法制度有重要的史料价值。

近 30 年来特别是近 10 多年来，我国学界在中国司法制度研究方面取得了重大进展。很多学者不囿于传统成说，认真求索，发表了不少有见解的成果，令人欣喜。多年法史研究的经验表明，只有坚持实事求是的认识论，坚持注重史料、史论结合、论从史出的研究方法，把司法制度、司法指南性文献、判牍案例结合研究，才能比较客观地揭示古代狱讼活动的实际情况，才能在中国古代司法制度研究领域不断有所发现，有所前进。

附　录

利用新材料，发展新思维，重述中国法律史*

近年来，法律文献的搜集和整理取得了重大进展，已出版的古籍整理成果中收入历代法律文献500余种，字数达6000余万，尚未整理或影印出版的法律古籍还有数亿字之多。丰富的法律文献遗产向人们展现了古代法制的本来面貌，也证明许多长期被学界公认的结论不能成立。

第一，在中国古代，典、律、例、令等多种法律形式并存，行政、经济、刑事、民事、军政、文化教育等多种法律并存，共同组成完整的法律体系，其中行政类法律占立法总数的70%以上，所谓“以刑为主”、“民刑不分”的观点缺乏坚实的依据。

第二，不同的法律形式有着不同的功能，古代法律的编纂体例也是各种各样。除少数法律汇编文献外，还存在各种单行条例、则例、条约及其他法规法令。以清代而论，仅单行行政类则例即有近千种。魏晋以降，律只是诸多法律中的一种，属于刑事法范畴。以“诸法合体”表述中国古代法律的特征是欠妥当的。

第三，中国古代的经济立法比较发达。历代以令、则例、条约等形式颁布的经济法规、法令不胜枚举，在各地自然条件千差万别和经济发展状况复杂多变的条件下，这些法规法令有效地调节着各种生产关系，

* 2011年8月13～14日，《法学研究》编辑部与中南财经政法大学在武汉联合举办了“中国法学研究之转型——法律学术与法治实践”研讨会，这是我提交给会议的发言大纲，载《法学研究》2011年第6期。

保障着国家经济的正常运转，所谓中国古代经济立法不发达的结论有待商榷。

第四，令是中国古代三大基本法律形式之一，其称谓在不断变化。明代令的形式多样，“事例”实际上也发挥着令的功能。清代的“上谕”是令的别称，其数量万数之多，所谓“明清无令说”是站不住脚的。

第五，以往的许多重要结论，需要重新审视其是否正确。比如，所谓秦“廷行事”、唐代的“法例”、宋元的“断例”、清代的“成案”都是判例的观点，就是望文生义得出的不实论断。

第六，我们至今对中国古代许多重要的法律领域缺乏认识。对于历代“令典”、魏晋南北朝时期的“故事”、元代的“分例”、明代的“榜例”、明清的“事例”等还基本没有涉及，对于古代法律体系、地方法制、民间规约及律学等方面的探索还刚刚开始。

法律文献是研究法史的基础。为什么轻视史料、以论代史的现象长期得不到纠正？这说明我们的思维方法还存在问题，值得检讨。

忽视古代法制的历史实际，没有认真研读基本的法律文献，简单地以西方现代法治理念为坐标，生搬硬套地描述中国古代法制，是形而上学思维方法的具体表现。在这种思维方法指导下，中国古代法律文化被视为民主、法治、人权的对立物，把历史的研究变成了以今批古。这种思维方法忽视了中国在清代以前的相当长的历史时期内，曾经是世界上法制文明发达的国家之一，忽视了现代法治文明是在古代、近代法制文明的基础上发展起来的。一些著述不顾中国古代立法、司法的历史实际，套用现代西方的法律理念、分类、内容去杜撰中国法律史，提出各色各样的错误命题。这里仅举几例：

第一，中国古代并无现代部门法的分类，也无“民法”这一概念，但是在地方法律、民间规约和各类史籍、历史档案、地方志、碑刻、民事判决文书中，仍保留了相当丰富的民事规范资料。一些著述因为中国古代没有编纂过民法典，就断言中国古代法律“民刑不分”或民事规范处在“原始状态”。

第二，中国古代的地方法律体系，是由朝廷颁布的地方特别法、地方法律、民间规约和习惯构成的。一些著述对现存的丰富的地方法律、民间规约资料视而不见，简单地套用西方“习惯法”的概念替代地方法律体系，但是却没有向读者列举出古代汉族地区有哪些“习惯法”。这种无限扩大“习惯法”内涵的做法，造成了认识上的误区，影响了对中国古代地方法制的研究。

第三，中国古代律学以诠释刑律为基本内容，技术性和实用性是其基本特征。然而，有些著述套用西方法学的概念，把中国律学解释为古代法学，并与西方现代法学比较研究，得出了所谓“唐以后律学衰败”的结论。而事实是，律学在唐代以后进一步繁荣，明、清两代不断开拓了律学的研究领域，在应用律学、比较律学、律学史、古律辑佚和考证诸方面，取得了重大成就。现存的数百种律学文献，除《唐律疏议》等极少数文献外，都是宋、元、明、清人撰写的。“唐以后律学衰败”说与历史实际大相径庭。

第四，中国古代并不存在现代西方判例制度意义上的判例，“判例”一词是清末才出现的。古代中国崇拜成文法，把一切法律规范都纳入成文法。有些朝代在司法审判中，规定案情在法无明文适用的情况下，经一定的立法程序和皇帝批准，把案例确认为定例，允许司法机构在审判中援引使用，这些定例是成文法的有机组成部分。“判例”一词不是中国古代法律的法定用语。今人法史著述中所说的中国古代“判例”，是对古代司法审判中可援引作为判决依据的这类案例的现代表述，与现代西方判例制度的内涵大不相同。一些著述套用西方判例的概念，说中国也存在同西方一样的判例制度，在学界造成了有害的误导。

第五，所谓“司法行政合一”是中国古代法制基本特征的观点，也是不加分析地套用西方现代法治概念的产物。中国古代的司法制度，从地方到中央有多重审级，民事、刑事案件的诉讼程序也不尽一样。民事纠纷主要是通过基层理讼组织调解处理的，少数不服调解的案件，方由州（指县级州）县受理。明清两代特别重大的民事上诉案件，则是由通政司受理。至于刑事案件，州县官只有判决笞、杖刑这类轻微案件的权力，徒以上案件由府以上司法机构审理，流以上案件由中央司法机构审理，死刑的判决还需由皇帝钦准。很清楚，除州县兼理司法外，府以上机构都有专职司法官员负责审理案件，并不都是“司法行政合一”。历史上州、县人户较少，经济收入有限，州县官员人数也很少，不可能设立诸如现在这样的立法、司法、执法部门，当时采取州县官兼理司法的做法是与社会实际相适应的。现在一些研究中国古代司法制度的著述，参照西方“三权分立”的理论，把中国古代司法制度概括为“司法行政合一”，进而给予负面评价是不合适的。我们应当实事求是地对古代司法制度的精华与糟粕给予恰当的分析和阐发。

又如，“皇帝独揽司法权”也被描述成中国古代司法制度的基本特征，却没有思索一下，全国那么多案件，皇帝独揽得过来吗？君主行使死刑复核权，就如现在最高人民法院行使这类权力一样，目的是防止滥杀无辜，不能不加分析地把这种做法作为专制制度进行批判。当然，古代有些朝代在政治生活不正常的情况下，确实出现过君主独揽司法大权、滥杀朝臣和平民的现象，这种情况只是在特定的历史时期发生过，我们不能采取以特殊替代一般的形而上学方法，笼统地把其表述为中国几千年司法制度的基本特征。

形而上学思维方法之所以久盛不衰与急功近利的浮躁学风有关，我国学术界现行的考评制度和学术评价体系，带有强烈的功利主义色彩。在这种学术机制下，一些学者没有时间或舍不得花时间研读文献，又急于发表作品，最便捷省力的办法就是从西方法律著述中搬用一些可能自己也未弄清楚的名词、理念，或沿用前人的成说，匆忙写书和发表文章，这样，错误百出就在所难免。

中国法律史学正处在一个重要的转折和发展时期。推动法律史学走向科学，是当代中国法史学者肩负的历史任务。要实现这一目标，当前须认真做好以下几项工作：

第一，要弄清和把握法史研究的 A、B、C，即从法律形式及其表述的内容入手去揭示古代法制的面貌。历史上各代的基本法律形式、法律体系是什么？有哪些重要立法成果？这是中国法律史研究者须把握的

A、B、C。关于这个问题，还不能说已经得到很好解决。以清代为例。清代的法律体系是怎样组成的?《清会典》属于什么性质的文献？如何认识典、则关系？清律是《会典》的一部分，与《会典》是何关系？人言“清以例治天下”，怎样认识例在清代法律体系中的地位？条例、则例、事例之间的功能有何区别，各有哪些代表性立法成果？省例、成案是何性质？等等，如果这些基本问题弄不清楚，就很难全面、正确地阐述清代法律制度。其他各代也都存在类似问题。

第二，运用辑佚和考证的方法，揭示明代以前法制的基本面貌。明以前各代的法律文献大多失传，给研究工作带来了很大困难。然而，从现存的各种史籍、出土文物、碑刻资料和历史档案中辑佚散见的法律资料，通过精心考证，仍可大体弄清这一时期法制的概况。要组织力量搞好明以前各代法律资料的辑佚和考证，为断代法史和法律通史研究提供基础成果。

第三，注重出土文物中法律资料的挖掘和研究，这是揭示古代法律起源、形成以及先秦、秦汉法制面貌的重要工作。秦汉及其以前法史研究能否取得重要突破，能不能对长期令人不解的许多法史疑义做出科学解释，关键取决于对出土文物中法律资料研究的深度。我国学者如华东政法大学张伯元、王沛、王捷等，在金文和战国简研究方面取得了一些重要突破，厘正了一些前人在律的起源、战国法制和汉“九章”研究方面的失误。因法史学界懂甲骨文、金文等古文字的学者甚少，研究汉简的学者也不多，这一领域研究难度甚大，需要各方面予以支持。

第四，注重司法指南性文献与判牍、案例等实证资料的结合研究。司法研究是法史研究的薄弱环节，有关中国古代司法制度的认识误区较多，其中之一即是对古代司法运作程序、操作规则等方面的指南性文献研究不够。为此，我主持整理了《历代珍稀司法文献》（15卷本）、《古代折狱要览》（20卷本），这两书收入司法指南性文献100余种，期望能够为推动中国古代司法制度研究发挥一些作用。

第五，推进法史教材的改革。目前国内使用的许多法史教材内容陈旧，已不适合教学需要。许多高等院校都有各自编写的法史教材，但内容大同小异。由于受法史研究现状的限制，想很快编出一本结构体系合理、比较全面阐述中国法律发展史的教材是有困难的，但先编出一本消除重大错误观点的教材还是可行的。建议由有关高等院校牵头，集中断代法史和法律通史研究方面学术功底深厚的学者，通力合作，尽快编出一部水准较高的简明的中国法律史，以应急需。

主要科研成果简介*

1. *《明初重典考》*（专著）　湖南人民出版社，1984年4月

这是一部对明太祖朱元璋“重典治国”的若干重要疑义进行考证和揭示明初法制真相的专著。该书的学术价值是：（1）考证了洪武年间的几次颁律，揭示了洪武三十年律的真貌。（2）把唐、宋、元代法律与现存《大明律》460条逐一比较研究，考察了明初重典政策对制律的影响。（3）突破了前人研究明代立法“以律文定论”的传统，将律、诰、例、令、榜文等各种形式的法律结合研究，较为全面地阐述了明初立法状况。（4）运用从数种史籍中搜集到的大量案例，考证了明初律令实施的真相，理清了当时行法的基本线索，认为在朱元璋屡变法令和大搞律外用刑的情况下，涉及维护国家政权和基本制度的41条真犯死犯罪律令仍得到了较好的实施。（5）针对“明初重典治官不治民”的传统观点，通过考证朱元璋的律外用刑，对这一结论进行了驳正，指出明初重典既以打击贪官污吏为重点，同时也是针对一切“不从朕教”的“奸顽”，即危害统治秩序和反抗朝廷的平民的。（6）论证了朱元璋采用的经济上“让步”、政治上高压的两手治国策略以及二者的关系，认为把朱元璋对待平民的态度仅仅说成是“让步政策”的观点是有片面性的。（7）长期以来，一些史家以《实录》记载的明太祖“轻刑”言论为据，认为其法律主张“偏于轻刑”。书中考证了纂修《太祖实

* 本，《简介》原载当代中国法学名家编委会编《当代中国法学名家》第4册（人民法院出版社，2005年7月版）第2217～2224页。后补充近几年出版成果简介，刊载于中国法学网。

录》史臣在记述明太祖用刑方面的不实之处，结合历史背景剖析了朱元璋“轻刑”言论的真实用意，指出了前人研究中的偏颇，较为全面地阐明了朱元璋的法律思想。（8）论述了明初重典的形成、发展阶段及对后世的影响，对当时实行的“常经之律”与“权宜之法”并用的双轨法制这一历史现象作了深入分析。（9）在研究方法上突破旧的传统模式，按照综合考察的思路进行探讨和写作，这种多方位、诸因素结合的研究方法，取得了很好的效果。本书的重要章节即第3、5、6部分被收入《中国人文社会科学博士硕士文库·法学卷》[①]。

2.《**中国的法律与道德**》（与刘笃才合著）　黑龙江人民出版社，1987年10月

此书把法学、伦理学、历史学三门学科结合研究，运用比较丰富的材料，系统地揭示了我国不同历史时期法律与道德的相互关系，提出了许多有益的见解。

全书分为5章。第1章：揭示了法律与道德的起源，并对原始公社向阶级社会过渡时期部分道德规范渐进为法律规范的问题作了探讨。第2章至第5章：分别就中国古代、近代、现代社会中法律与道德的具体关系作了考察。每章的内容，既阐述了各个历史时期有关法律与道德关系的理论，又用更多的文字揭示了道德与立法、司法活动的相互作用和运动规律。

该书的特色是：通过贯穿古今的研究，清理出在法律与道德关系问题上认识演变的基本线索；打破学科界限，突破从理论到理论的抽象写法，坚持论从史出，注重从理论和实践相结合上说明问题；用大量的篇幅对当代社会中法律与道德的相互关系、发展趋势进行了较为深入的探讨。《法学研究动态》1987年第18期发表许文峰的长篇书评，介绍了本书的学术价值。

3.《**明大诰研究**》（专著）　江苏人民出版社，1988年12月初版；社会科学文献出版社，2009年再版

该书前半部分收录了作者的研究成果，在后半部分中附有四编《大

---

① 《中国人文社会科学博士硕士文库·法学卷》，浙江教育出版社，1999年12月。

诰》原文、国内外现存主要《大诰》版本《校对表》和《〈明大诰〉人名索引》。

《明大诰研究》的学术价值是：（1）对海内外现存的10余种《大诰》版本做了扎实的比较研究，指明了各版本的优劣之处；对刊行时间最早、错误最少的洪武内府刻本进行了整理和校勘，并标明了其他一些重要版本的脱、讹、衍、倒文字，为这一珍贵法律古籍的流传提供了方便。（2）考察了《大诰》成书的真实动机，指出《明实录》诸书所记《大诰》前三编的颁行时间均为不确。（3）厘正了《明史·刑法志》“《大诰》其目十条”说之误。认为《刑法志》记载失误的原因，系修史者把《应合抄札·大诰》罪名与《大诰》二者混淆所致。（4）考证了诰文渊源，纠正了有关案例记载上的错误。（5）肯定了《大诰》的法律效力。《大诰》有无法律效力？它的峻令在当时是否真正实行过？不少学者曾长期持否定意见。作者通过对《大诰》峻令的规范性、明太祖发布的敕令、当时以《大诰》治罪的大量案例以及洪武后期引诰入例、以诰附律等综合考察，认为《大诰》峻令具有法律效力。（6）运用稀见法律文献洪武十八年、十九年行用的明律、二十二年律与《大诰》比较研究，较为科学地论证了《大诰》峻令的严酷性和随意性。（7）对尚未引起学术界充分关注的“明刑弼教”学说作了较为深入的论证。（8）揭示了《大诰》实施的真相和被废止之谜。（9）对洪武朝以后讲读《大诰》、《律诰》的实施与废止、史书中有关“有《大诰》减等”记载等进行了考察，认为宣德朝以后，随着讲读《大诰》制度的废坏，《大诰》逐渐被束之高阁。明代中后期，除“有《大诰》减等”制度曾实行外，《大诰》在司法审判中未曾行用。书中还对《大诰》实施的社会效果、《大诰》与明初社会等一系列问题进行了探讨，提出了新的见解。

该书1989年被评为江苏省新中国成立四十年来出版的最优秀的学术著作之一，获“精品奖”；1994年获全国优秀法律图书一等奖。

4.《洪武法律典籍考证》（专著）　法律出版社，1992年8月

此书是新中国成立以来我国出版的第一部系统考证一朝法律文献及

其版本的专著。作者运用从海内外搜集到的多种稀见史料，对明初法律文献研究中的若干重要疑义进行考证，辨伪释疑，提出了新的见解。该书较之《明初重典考》、《明大诰研究》两书而言，在对洪武《大明律》、《大明令》以及明初诸条例的研究方面，取得了新的重要进展。譬如，对海内外现见的洪武律令、条例的版本进行了比较研究，指出了各版本的优劣和失错之处；对《大明令》作了较为深入的考察，厘正了明代诸史籍记载该令颁行时间、编纂体例方面的错误；考证了洪武年间多次修律及其沿革关系，补正了《明史·刑法志》的疏漏；把现存《大明律》与稀见的洪武明律版本参照研究，揭示了长期以来被史家认为失传的洪武十八九年行用的明律和二十二年律的真貌；指出明代以六曹分目这一重大体例的变革，始于洪武元年，传统的结论尚欠妥当；考察了《大明律》与《大明律诰》的关系，进一步揭示了明初律典实施的状况；就学界尚未引起注意的榜文这一重要法律形式进行了探讨；研究了明初律典与条例、峻令的关系，揭示了“常经”之律与“权宜”之法在明初治国实践中的地位和作用。

该书使用的史料大多为他书所未见，全书的四分之一篇幅是各种综合性图表和资料分析图表。书中列有《大明令》、《教民榜文》现存主要版本《校对表》和《大明律直解》所辑律文与洪武三十年律《校对表》。《中国法学研究年鉴》把本书列为1992年度出版的优秀法学著作，专文予以介绍，给予较高评价。

5. ***《中国法律思想通史·明代卷》***（与饶鑫贤、段秋关等合著）山西人民出版社，1998年6月

本书是国家“七五”规划重点项目《中国法律思想通史》第8卷。作者运用翔实的史料，比较系统地阐发了明代法律思想的产生、发展、内容、特色以及对当时法制和社会的影响。全书共7章，前5章分别论述了明代各个时期统治集团的立法思想、经济立法思想、严法治吏思想、司法活动中反映的法律思想、维护法制反对司法专横的思想。第6章论述了明代理学对法律思想的渗透与影响。第7章论述了明代重要法律人物刘基、方孝孺、丘浚、唐枢、史可法等人的法律思想。

本书的学术建树和特色：一是首次系统地进行了明代法律思想史的研究；二是在法律思想史研究方面实现了体例的创新。以往的法律思想史著作，均是按人头排列、研究，该书从明代法制和法律思想发展的实际出发，从重要法律的制定、经济法律制度、治吏、司法等方面分专题论述法律思想的形成、发展以及在治国实践中发挥的作用，比较科学地揭示了法律思想发展的基本线索和本来面目，也实现了编写体例的创新；三是坚持把法律思想与法律制度、社会变革、司法实践结合探索，比较深入地揭示了法律思想的产生和发展规律，也清晰地阐明了有关法律和法律制度产生的深刻的思想根源；四是对以前的法律思想史著述很少论及的“重典治国”思想、“明刑弼教”思想、律例关系理论进行了比较系统的探讨，提出了许多新的见解。

6.**《中国法制史考证》**（主编） 中国社会科学出版社，2003 年 9 月

《中国法制史考证》是中国社会科学院精品战略重点项目，“十五”国家重点图书出版规划项目。全书 15 册，738 万余字，分为甲、乙、丙三编编辑。中国社会科学院法学所法制史研究室全体学者和法学、历史学、考古学界的多位学者参加了本书的撰写。日本学者 41 人参加了丙编的撰写。本书各编的内容是：

甲编：《历代法制考》。本编是当代中国学者撰写的有关历朝法制考证的著作，分为《夏商周法制考》、《战国秦法制考》、《两汉魏晋南北朝法制考》、《隋唐法制考》、《宋辽金元法制考》、《明代法制考》、《清代法制考》7 册编辑。

乙编：《法史考证重要论文选编》。收入近百年来中国学者考证法史的有创见的论文 105 篇，分为《律令考》、《刑制狱讼考》、《法制丛考》、《法律史料考释》4 册编辑，本编书后附《法史考证重要论文著作目录》。

丙编：《日本学者考证中国法制史重要成果选译》。收录日本学者考证中国法制史的重要论文 50 篇，分《通代・先秦・秦・汉》卷、《魏晋南北朝・隋唐》卷、《宋・西夏・辽・元》卷、《明・清》卷 4 册

编辑。本编后附《日本学者考证中国法制史重要论文著作目录》。

杨一凡作为《中国法制史考证》项目主持人，历时6年，为保证本书的学术质量做了大量工作。他除了负责全书编写大纲的撰写和主持全书统稿外，与尤韶华等承担了《明代法制考》（甲编第6册）的撰写，主持了《隋唐法制考》（甲编第4册）的撰写；与刘笃才编辑了《法史考证重要论文选编》（4册）。《考证》乙编后附录的《法史考证重要论文著作目录》，是他在多年搜集、阅读了近百年来海内外学界发表的法史论文的基础上编写的。

《中国法制史考证》是近百年来海内外学者（包括历史学、考古学、法学等各学界）考证中国法制史学术精华的汇集。本书的内容全部属于作者的独立创见：或是对史籍记载错误和前人不确之论的厘正；或是对历史疑义和争议问题的考辨；或是对稀见法律史料及其版本的考释，因而本书是近百年来海内外学者研究中国法制史的代表性学术成果。

该书2007年获第六届中国社会科学院优秀科研成果一等奖。

7. **《中国法制史考证续编》**（主编）　社会科学文献出版社，2009年8月

全书13册，435万字。《中国法制史考证续编》是“十五”国家重点图书出版规划和中国社科院重点项目《中国法制史考证》的续集，收入当代中国学者撰写的法史考证著作15种，分为13册出版。第1册：《历代例考》；第2册：《律注文献丛考》；第3册：《碑刻法律史料考》；第4册：《典权制度源流考》；第5册：《汉代律家与律章句考》；第6册：《隋代法制考》；第7册：《唐律与唐代法制考辨》；第8册：《唐式辑佚》；第9册：《金元法制丛考》；第10册：《明大诰研究》；第11册：《秋审条款源流考》；第12册：《中国近代法律文献与史实考》；第13册：《法制史料考释》。其中《明大诰研究》是杨一凡对旧作的修订，《历代例考》是杨一凡与刘笃才合著。《考证续编》自1997年起实施，历时10多年完成。各考证专著是作者在长期研究的基础上，又精心撰写和多次修改而成。各书所述，均是作者的独立见解。该书是新中

国成立60年来法史考证的又一重大成果。

8.《*历代例考*》（与刘笃才合著） 社会科学文献出版社，2009年8月初版，2012年11月再版

在中国古代法律体系中，例是最基本最重要的法律形式之一，自成系统，多代相承，各有损益，称谓、种类和功能多变，内容纷杂，给今人了解古代法制带来了不少困惑。鉴于前人在论述古代例的问题上多有失错，为了比较正确地阐述中国古代法律发展史，全面揭示古代法制面貌，该书就例的研究中的疑义及前人未曾或较少涉及的领域进行了考证。

全书46万余字，分为6个部分，就历史上各类例的起源、内容、演变及其在各代法律体系中的地位和功能作了系统考证。其创新之处是：（1）考证了例的前身决事比和故事的形成和演变；（2）厘正了前人在秦"廷行事"、清"成案"研究中的不确之论；（3）对汉代的"比"、宋元的"断例"、清代的省例的性质作了考辨；（4）对前人未曾研究的元代的分例和明代的榜例、则例等进行了探讨；（5）对唐代至明清的条例、事例和元代的格例以及清代的则例、《大清律例》中的附例等进行了考证；（6）对各代刑例之外的行政、经济、民事、军政、学校管理等方面的诸例进行了比较全面的考述；（7）对海内外现存的数百种古代例的文献的版本等进行了介绍；（8）论证了历史上的律例关系理论。该书2012年获中国社会科学院法学所优秀科研成果一等奖。

9.《*新编中国法制史*》（主编） 社会科学文献出版社，2005年10月

本书是供法律硕士专业学位研究生学习中国法制史课程使用的教科书。全书分为9章，前3章就如何科学地认识中国法制史、中国古代法制发展的基本进程、中国古代传统法律的形式进行了论述，第4~8章分别介绍了中国古代行政法律制度、刑事法律制度、经济法律制度、民事法律制度和司法制度，第9章阐述了中国近代的法制变革。在编写这本教材的过程中，按照下述两条要求进行了努力：一是力求比较全面地、准确地阐述中国法制史的全貌、发展进程及演变规律，科学地区分

传统法制的精华与糟粕，揭示和展现中华传统法制和法律文化的优秀成分；二是采取法制通史与部门法史相结合的编写方式，力图为学习法学各分支学科的法律硕士提供较为丰富的法制史知识。为此，本书不仅进行了编写体例的革新，而且在内容方面吸收了近年来编者和学界研究法史的新的成果，在突破“以刑为主”的旧的传统模式、实事求是地阐述中国法律发展史方面取得了新的突破。

10.《**中国古代法律形式研究**》（主编，论文集） 社会科学文献出版社，2011 年 10 月

以往的法史研究，因对刑律之外各种法律形式及其立法成果研究不够，未能比较全面地阐述中国法律发展史。为了揭示古代的法律形式和法律体系，并为撰写《中国古代法律辑考》（多卷本）提供阶段性研究成果，主编者组织学者撰写了这本论文集。本书收入论文 16 篇，每篇平均 4.5 万字左右，是各位作者花费半年乃至一年以上时间写成的，有较高的学术水平。主要有：《甲骨文所见法律形式及其起源》、《〈尔雅·释古〉与上古法律形式》、《〈尚书〉所见法律形式》、《“九章律”质疑补》、《曹魏律章句考论》、《唐代法律形式综论》、《唐式佚文及其复原诸问题》、《宋代法律形式及其相互关系》、《金代法律形式与法律体系论考》、《元代“例”考》、《明令新探》、《明代地方词讼禁令初议》、《清代地方法律形式探析》、《中国古代民间规约简论》。书中收有杨一凡写的《明代榜例考》、《清代则例纂修要略》两文，书末有他写的《后记》。

11.《**中华人民共和国法制史**》（与陈寒枫主编） 黑龙江人民出版社，1996 年 11 月第 1 版，1998 年 10 月修订再版

这是我国学者撰写的第一部当代中国法制史专著，也是一部正确阐述和总结我国社会主义法制建设发展道路和历史经验的著作。该书坚持实事求是的科学态度，把新中国法制建设的进程划分为“社会主义法制的初创”、“社会主义法制的稳步发展”、“法制建设的曲折发展”、“‘文化大革命’对法制的破坏”、“改革开放新时期的法制”等五个发展阶段，分别对各个时期法制建设的社会背景、指导思想、重大立法、

司法和执法状况、法制建设的经验教训等作了比较全面的论述。同时采用总体史和部门法史相结合的结构方式，分章对我国的宪法史、行政法史、刑法史、民法和经济法史、劳动法史、教育和文化法史、科技法史、军事法史、民族法史、地方法史、涉外法史、诉讼法史和司法制度等作了系统、详细的阐述。书后附新中国法制建设大事年表。阅读此书，既能使读者准确地掌握新中国法制建设的发展线索和全貌，又能够通过丰富的史料对我国的立法、司法、重大法律事件和法律实施情况有一个充分的了解。

该书初版 1998 年获第十一届中国图书奖。该书修订本 1999 年获中央宣传部精神文明建设“五个一”工程第七届优秀图书奖、第四届国家图书奖提名奖，2000 年获中国社会科学院追加优秀科研成果奖。

12. **《中华人民共和国法制史》**（修订本）（与陈寒枫、张群主编）社会科学文献出版社，2009 年 12 月

该书是 1998 年版《中华人民共和国法制史》的修订本。在本次修订中，用较大的篇幅增写了 1998 年至 2009 年我国法治发展的内容。同时，鉴于许多重要的法律制度，如民商法律制度、知识产权法律制度、经济法律制度、社会保障法律制度、文化法律制度、科技法律制度、军事法律制度等，在近 10 年间都有重大的发展和变化，有些部门法实际上是在近期才真正健全起来的，为了比较全面和客观地向读者介绍新中国法制建设和法治发展的进程及立法成果，新增写了知识产权法律制度、社会保障法律制度两章，并对其他一些章节进行了重写。1998 年版《中华人民共和国法制史》中，民事、经济法律制度是作为一章合写的，根据近年来我国法学界形成的共识和这些领域的立法及法治发展实际，新修订本把民商法律制度、经济法律制度分别列为专章阐述。新修订本被国家新闻总署列为国际文化交流项目，将译为外文出版。

13. **《中国珍稀法律典籍集成》**（14 册，整理标点本，与刘海年主编） 科学出版社，1994 年 8 月

全书 14 册，900 余万字，是中国社会科学院重点项目。收录散失于中国和日本、美国、俄罗斯、韩国等海内外各地稀见的中国法律古籍

文献近60种，其中5册系对文物、历史档案中法律资料的挖掘整理、注释性成果，8册系古籍校勘成果，1册系对西夏天盛律令的译著成果。

全书分甲、乙、丙三编。甲编5册，所辑文献主要有：甲骨、金文、简牍法律文献，汉代屯戍遗简法律文献，吐鲁番出土法律文献，敦煌文书法律文献，西夏法典。乙编6册，收录《大明律直解》所载律文（洪武二十二年律）、《律条直引》、《军政条例》、《宪纲事类》、《吏部条例》、弘治《问刑条例》、《嘉靖新例》、嘉靖《重修问刑条例》、《宗藩条例》、《嘉隆新例》、《皇明诏令》、《皇明条法事类纂》等稀见的明代法律典籍25种。丙编3册，收录殿本《钦定大清律例》和乾隆年间修订的4种《续纂条例》、盛京满文档案中的律令、《蒙古律例》、《西宁青海番夷成例》、《钦定回疆则例》及沈家本未刊稿（7种）、《刑部现行则例》等。

本书的挖掘、整理、校勘工作，历时10余载。中国社会科学院法学所徐立志、齐钧等和法学界、历史学界、考古学界的20多名教授、专家参加了点校。杨一凡除与刘海年负责全书统稿外，他本人独立承担了11种文献的整理，还同田禾完成了50余万字的《皇明诏令》的点校，同齐钧、刘笃才、李贵连等完成了字数为190余万字的《皇明条法事类纂》的整理。在整理中，杨一凡写了几万字的校勘记、版本校勘表和点校说明，厘正了古籍中的几万处错误。

《中国珍稀法律典籍集成》的学术价值是：(1)《集成》所辑文献，史料稀见，均系首次整理、校勘，其中属于孤本性质的700余万字，珍本性质的200余万字，其中有近400余万字的文献为我国大陆所不藏，它的出版将在许多方面填补我国的馆藏空白；(2)《集成》所辑文献，有近300万字系从甲骨、金文、简牍、历史档案中辑录、整理而来，有数十万字是由少数民族文字翻译而来。作者在整理中写了大量的注释文字和校勘记、版本校勘表及点校说明，这些均是整理者多年研究的成果。因此，本书不仅具有很高的史料价值，而且有很高的学术价值；(3)《集成》所辑文献，均系各代具有代表性的基本法律资料，很多内容是关于行政、经济、军事、文化、对外关系方面的立法，故此书对于研究中国政治制度史、经济史、军事史、文化史等，也有较高的史料价值。

该书1996年获第二届中国社会科学院优秀科研成果荣誉奖。

14.《**中国珍稀法律典籍续编**》（10册，整理标点本，与田涛主编）黑龙江人民出版社，2002年11月

本书是全国古籍整理重点项目、“十五”国家重点图书出版规划项目、中国社会科学院A类重大项目“中国稀见法律文献的整理与研究”中三大法律古籍整理工程之一。中国社会科学院法学研究所、历史所、民族所和有关高等院校的10多位学者参加了此书的整理。杨一凡除负责其中6册的定稿外，独立承担了本书第3册（《明代法律文献》上）收录的9种法律古籍的点校，并同吴艳红完成了本书第4册（《明代法律文献》下）收录的《律解辩疑》的点校。

该书收录散失于我国大陆、台湾省和海内外各地稀见的中国法律典籍57种，少数民族地方法规、乡规民约、司法文书700余件，约500余万字，分为10册编辑。（1）第1、2册收入宋代法律文献2种，元代法律文献1种。《庆元条法事类》是宋代的一部综合性法律汇编，包括了刑事、民事、行政、经济等方面的立法，两宋典章制度多赖其记载，得以保存。《吏部条法》是南宋颁行的一部行政类法律，内容是关于官吏任用和管理方面的规定。《通制条格》是元代法典《大元通制》的一部分，因《大元通制》已经散佚，此书是现见的记载元代法律制度的重要文献。（2）第3、4册收入明代法律文献12种。其中：《诸司职掌》是明代最重要的职制方面的立法，《洪武礼制》、《孝慈录》、《礼仪定式》、《稽古定制》、《节行事例》是礼仪类法律规范，《学校格式》是学校教育类立法，《军政条例类考》是明初至嘉靖一百余年中重要的军政、军事条例的汇纂，《嘉靖事例》是嘉靖朝各类经济立法的汇编；《律解辩疑》是现见的明代最早的律注文献，《洪武永乐榜文》是现见的明代记载榜文最多的文献。（3）第5、6、7、8册收入清代法律文献16种。其中有：顺治元年榜文、《大清律附》、《乾隆朝山东宪规》、《科场条例》、《刺字条款》、《赦典章程》、《唐明清三律汇编》，以及

《八旗则例》、《旗抄各部通行条例》、《钦定宫中现行则例》、《钦定王宫处分则例》、《钦定宗室觉罗律例》等宫廷内部法规，这些文献对于研究清入关初期的立法、清代地方法规，宫廷法规以及清代律学，提供了宝贵的资料。（4）第9、10册收录的是稀见的少数民族法律文献。其中第9册收入中国古代、近代的少数民族法典、法规26种，这些文献中有相当一部分是关于少数民族氏族部落时期的行为规范的规定；第10册辑录了少数民族地方法规、乡规民约、司法文书。《续编》所辑文献，史料稀见，属于孤本性质的29种，珍本的28种，其中有许多文献为我国大陆所不藏，它的出版在许多方面填补了我国的馆藏空白。

该书2004年获第五届中国社会科学院优秀科研成果二等奖。

15. **《中国监察制度文献辑要》**（6册，影印本）　红旗出版社，2007年12月

该书收入记载秦汉至明清监察制度的文献和有关法律18种，以通代、唐、宋、元、明、清为序编辑。其中：通代部分有《南台旧闻》、《宪台典故条例》2种，唐宋两代《御史台》文献各1种，元代部分有《台纲》等5种，明代部分有《宪纲事类》、《都察院职掌》、《都察院条例》、《都察院巡方总约》、《出巡事宜》、《留台总约》6种，清代部分有乾隆《钦定台规》、《都察院则例》、《都察院宪纲事例》3种。该书是一部系统的古代宪台文献汇编，所辑文献有孤本4种，有3种为我国大陆所不存。

16. **《中国古代地方法律文献》甲编**（10册，影印本，与刘笃才合编）　世界图书出版公司，2006年12月

在中国古代法律体系中，地方立法作为国家法律体系的有机组成部分，发挥着补充和辅助国家法律实施的功能。各级地方政府和长官实施法律的状况，在相当程度上反映了当时国家法制建设的水平。因此，开拓地方法律文献的整理与研究，对于正确地阐述中国古代法律史有重要的意义。

该书收入秦、汉、唐、宋、元、明地方法律文献65种，主要有：《语书》、《汉简中的地方法制资料》、《两汉地方法制资料辑佚》、《唐

沙州敦煌县行用水细则》、《青州赈济文告》、《社仓规约三种》、《福州五戒等三种》、《知县戒约》、《〈晦庵集〉所载地方法制资料》、《〈止斋集〉所载地方法制资料》、《劝谕约束》、《劝谕等文》、《谕俗榜文等六篇》、《劝农文》、《榜文五则》、《〈黄氏日抄〉所载地方法制资料》、《养济院规式》、《贡士规约记》、《革昏田弊榜文》、《善俗要义》、《温州府约束词讼榜文》、《广西学政》、《巡抚事宜》、《督抚事宜》、《公移告谕五种》、《巡按陕西告示条约》、《督学四川条约》、《全陕政要》、《莅任条约》、《分巡事宜》、《学政条约》、《总宪事宜》、《藩司事宜》、《禁约》、《出巡事宜》、《作县事宜等二种》、《余干县造册事宜》、《禁革诈假关牌需索告示》、《浙江学政》、《延绥兵政》、《晓谕齐民等三种》、《告示八则》、《拟丈田则例》、《督抚条约》、《续行条约册式》、《教约》、《〈郭襄靖公遗集〉所载地方法制资料》、《〈敬所王先生文集〉所载地方法制资料》、《学政录》、《宝坻政书》、《惠安政书》、《民务》、《狱政》、《风宪约》、《督抚约》、《〈方初菴先生集〉所载地方法制资料》、《陕西学政》、《两浙学政》、《黔南军政》、《黔南学政》、《约法十事札》、《南枢巡军条约》、《抚郧公牍》、《按吴檄稿》等。书后附《文献作者简介》。

17.《中国古代地方法律文献》乙编（15册，影印本，与刘笃才合编）　世界图书出版公司，2009年1月版

该书收入清顺治至乾隆年间各级地方官府或长官颁布的地方法律法规51种。主要有：《到任条约通示》、《宾兴事宜》、《禁令百则》、《兴利除弊条约》、《严禁漕弊各款》、《弭盗安民条约》、《抚粤文告》、《督院条约》、《监琼条约》、《守琼条约》、《治安文献》、《抚浙条约》、《抚吴条约》、《总制闽浙文檄》、《江抚示谕》、《〈赵恭毅公自治官书类集〉所辑地方法制资料》、《〈赵恭毅公剩稿〉所载告示》、《禁谕二十八篇》、《条约十种》、《课士条约》、《莅蒙平政录》、《癸巳江南典试告示》、《〈连阳八排风土记〉所载告示》、《〈陈清端公文集〉所载地方法制资料》、《〈云阳政略〉所载告示》、《规约》、《抚豫宣化录》、《刑名章程十则》、《〈未信编二集〉所载告示》、《示禁各州县征收漕粮条

约》、《学政条约》、《条约多士》、《广念祖社条约》、《条谕州县》、《条谕乡民》、《健余先生抚豫条教》、《箴士要规》、《檄示》、《西江视臬纪事》、《〈史复斋文集〉所载地方法制资料》、《邑令告示条约》、《成规拾遗》、《办理详案章程》、《失火规条》、《办灾办赈规条》、《〈切问斋集〉所载地方法制资料》、《晋政辑要》、《乾隆朝山东宪规》等。书后附《文献作者简介》。

18. **《中国古代地方法律文献》丙编**（15 册，影印本，与刘笃才合编） 社会科学文献出版社，2012 年 4 月版

该书是中国社会科学院创新工程学术出版资助项目，收入《州县须知》、《增删佐杂须知》、《〈湖南省例成案〉选刊》、《宋州从政录》、《庸吏庸言》、《思恩府新编保甲事宜》、《治浙成规》、《保甲书辑要》、《粤东省例新纂》、《从公录》、《从公续录》、《从公三录》、《江苏省例初编》、《江苏省例续编》、《江苏省例三编》、《江苏省例四编》、《东省通饬》、《山东交代章程》、《知府须知》、《告示集》、《四川通饬章程》等清代中后期代表性省例和地方法律文献 22 种。书后附《文献作者简介》。

省例是清代省级政府制定的用以规范地方事务的法规、政令和具有法律效力的规范性文件的统称。本书以 70% 以上的篇幅收入了有代表性的清代省例，对于研究清代法律制度和中国古代地方法制有重要的史料价值。本书所收文献中，有相当数量的民事法规，是研究清代民事法律制度的宝贵资料。

19. **《古代榜文告示汇存》**（10 册，影印本，与王旭编） 社会科学文献出版社，2006 年 12 月

该书收入宋、元、明、清 60 余名各级地方长官和朝廷派出巡按各地的官员发布的榜文、告示 1700 余件。主要有：宋代的朱熹、黄榦、真德秀、马光祖、黄震榜文；元代的胡祗遹、王恽榜文告示；明代的尹昌隆、黄福榜文，明代的文林、汪循、海瑞、徐学谟、支大纶、江东之、方扬、郭子章、吴仁度、刘时俊、庄起元、左懋第、堵胤锡告示；清顺治至乾隆间的蔡士英、李渔、于成龙、黎士弘、魏际瑞、李之芳、洪若皋、刘泽霖、杨捷、赵吉士、彭鹏、吴碘、郑端、陈朝君、张我

观、赵申乔、吕履恒、张伯行、田文镜、朱奇政、戴兆佳、李绂、陈枚、雅尔图、钱载、张修府、陆锡熊告示；清嘉庆至光绪间的纪大奎、龚景瀚、左辅、张五纬、王凤生、刘衡、陶澍、姚莹、李彦章、李璋煜、戴肇辰告示。还收入明刻本《重刻律条告示活套》和清末抄本《告示集》，书后附《文献作者简介》。本书所收文献版本稀见，其中三分之二以上是清乾隆以前的善本。古代榜文、告示是兼有法律和教化等多重功能的官方文书。就其内容和功能而言，大体可分为告谕、教化类和公布政令、法令、法规类两种。该书收入的文献除少数外，均属公布法令、法规类即具有法律效力的榜文告示。这类榜文告示以规范民间事务管理、地方行政事务管理等方面的法令、法规为主，其内容涉及吏治、安民、钱粮、学政、约束兵丁、盐禁、救荒、庶务、关防、狱政、词讼、乡约、保甲、风俗等社会生活的各个方面。

20. *《古代乡约及乡治法律文献十种》*（3 册，影印本）　黑龙江人民出版社，2005 年 12 月

该书收入的主要文献是：《吕氏乡约乡仪》、《教民榜文》、《十家牌法》、《乡甲约》、《上谕合律乡约全书》、《保甲》、《保甲书》、《现行乡约》、《乡守辑要合钞》、《保甲章程》。本书所辑文献中，有代表性的古代乡约文献 3 种，治理乡村的地方法律文献 7 种。其中《吕氏乡约乡仪》是宋代著名的乡约；《上谕合律乡约全书》是清雍正朝敕令各地结合宣讲圣谕广训和钦定律条，向全国推行乡约制度的文献。《现行乡约》是清代后期各地重要乡约的汇编；《教民榜文》是明太祖朱元璋颁行的一部有关民间诉讼及事务管理的重要法律，曾在明一代通行；《乡守辑要合钞》是唐、宋、明、清诸朝基层政权实行团练、维护社会治安的法律措施的文献汇编，《十家牌法》、《乡甲约》、《保甲》、《保甲章程》是明清有关里甲、保甲制度的地方法律及相关文献。

21. *《中国律学文献》*（4 辑，19 册，影印本）　黑龙江人民出版社、社会科学文献出版社于 2004 年、2005 年、2006 年、2007 年分辑出版

在中国古代法律体系中，律作为主要的法律形式，被赋予“常经”

的地位。历朝围绕律和律典的制定、诠释、实施及如何处理律与其他形式的法律的关系等，形成了以注重实用为特色的律学。但在已出版的中国法律史著述中，很少涉及古代律学，这是法史研究的一大缺陷。作者编辑出版此书的目的，就是为学界提供一些律学资料，以促进律学研究的发展。

《中国律学文献》已出版前4辑，收入先秦至明清律学文献44种，其中先秦至隋代4种，唐代1种，宋代5种，元代3种，明代13种，清代18种，内容涉及律学理论、应用律学、比较律学、律学史、古律辑佚和考证诸方面。所收文献大多为古籍善本或稀见文献，有10余种是不可多见的孤本、抄本、稿本。第1辑收入文献9种：《刑统赋解》、《粗解刑统赋》、《别本刑统赋解》、《刑统赋疏》、《律条疏议》、《大明律讲解》、《法缀》、《法家裒集》、《新纂四六合律判语》。第2辑收入文献8种：《唐写本开元律疏名例卷附案证》、《刑书释名》、《刑法叙略》、《律音义》、《唐律释文》、《大明律释义》、《定律令之制》、《王仪部先生笺释》。第3辑收入文献15种：《大明律直引》、《刑狱》、《重修〈问刑条例〉题稿》、《合例判庆云集》、《律例图说正编》、《刑名一得》、《律服考古录》、《祥刑经解》、《一得偶谈》、《续刑法叙略》、《折狱卮言》、《琴堂必读》、《刑名》、《读律心得》、《蜀僚问答》。第4辑收入文献12种：《汉律辑证》、《汉律考》、《刑法奏议》、《论刑法》、《读律琐言》、《刑曹》、《问拟》、《大清律例择要浅说》、《读律要略》、《圣谕十六条附律易解》、《律法须知》、《大清律例略记》。

22. ***《历代判例判牍》***（12册，整理标点本，与徐立志主编） 613万字，中国社会科学出版社，2005年12月

本书是中国社会科学院A类重大项目“中国稀见法律文献的整理与研究”三大法律古籍整理工程之一。中国社会科学院法学研究所法制史研究室、历史所和有关高等院校的10多位学者参加了此书的整理。杨一凡除负责全书审稿外，还承担了其中5种法律文献的整理。

该书收录我国先秦至明清的代表性判例判牍近50余种，主要有：金文中案例六则、张家山汉简所载《奏谳书》、文明判集牍残卷、安西

判集残卷、开元判集残卷、《龙筋凤髓判》、《疑狱集》、《折狱龟鉴》、《棠阴比事》、《棠阴比事原编》、《棠阴比事续编》、《名公书判清明集》、《元典章》户部所载民事判例、《通制条格》所载判例、明《大诰》所载判例、《四川地方司法档案》、《云间谳略》、明人文集所载判牍、《重刻释音参审批驳四语活套》、《新纂四六谳语》、《新纂四六合律判语》、《新镌官板律例临民宝镜》所载审语、《辔辞》、《按吴亲审檄稿》、《折狱新语》、《莆阳谳牍》、《刑部驳案汇钞》、《刑部判例》、《刑部各司判例》、《各省刑部案》、《驳案新编》、《江苏成案》、《风行录》、《风行录续集》、《比较案件》、《棘听草》、《求刍集》、《守禾日记》、《未能信录》、《判语录存》、《槐卿政绩》、《诸暨谕民纪要》、《四西斋决事》、《樊山批判》、《三邑制略》、《历任判牍汇记》、《听讼汇案》、《不用刑审判书》等。在上述文献中，80%以上属于珍本或孤本文献。

本书是新中国成立以来出版的第一部历代判例判牍汇集。鉴于古代司法研究一直是法史研究的薄弱领域，长期以来因缺乏审判活动的史料，一些著述对古代法律实施状况存在不少认识上的误区，本书的出版，对于正确地认识古代的司法制度、审判程序、刑事和民事案件的审理等提供了宝贵的一手资料。该书 2009 年获中国社会科学院法学所科研成果一等奖，2011 年获第七届中国社会科学院优秀科研成果一等奖。

23. 《*历代珍稀司法文献*》（15 册，整理标点本，主编）　社会科学文献出版社，2012 年 1 月

该书是中国社会科学院文库项目。全书 15 册，收入历代司法指南性文献 72 种。其中第 1、2、3 册收入有关历朝司法制度、司法原则、办案方略类文献 31 种，第 4、5、6、7 册收入明代折狱经典《大明律例注释招拟折狱指南》、《律例临民宝镜》，第 8 册收入清代折狱经典《新编文武金镜律例指南》，第 9、10 册收入法医检验文献 12 种，第 11、12 册收入讼师秘本 8 种，第 13、14、15 册收入秋审条款 18 种。这些文献大多版本珍贵，对于研究中国古代司法审判制度有重要的史料价值。

本书收入的文献主要是：《初学记》、《作邑自箴》、《牧民忠告》、《吏学指南》、《词状新式》、《告状新式》、《公私必用》、《详听断之

法》、《谨详谳之议》、《慎狱篇》、《听讼篇》、《治体》、《刑属》、《讯谳》、《风宪约》、《词讼》、《治谱》、《刑类》、《牧民政要》、《行移体式》、《刑部事宜》、《幕学举要》、《刑名一得》、《堂规》、《刺字会钞》、《刑钱必览》、《律法须知》、《大明律例注释招拟折狱指南》、《律例临民宝镜》、《新编文武金镜律例指南》、《宋提刑洗冤集录》、《无冤录》、《慎刑录》、《洗冤集说》、《律例馆校正洗冤录》、《圣朝颁降新例》、《补注洗冤录集证》、《重刊洗冤录汇集补辑》、《续增洗冤录辨正参考》、《洗冤录解》、《洗冤录详义》、《洗冤录摭遗》、《珥笔肯綮》、《新刻法家透胆寒》、《萧曹遗笔》、《新刻法笔惊天雷》、《新刻法家萧曹雪案鸣冤律》、《江西万载讼师秘本三种》、《秋谳志略》、《秋审指掌》、《秋审直省附录》、《谨拟秋审比较实缓条款》、《秋审实缓》、《秋审章程》、《秋审实缓比较条款》(道光本)、《秋审实缓比较条款》(谢本)、《秋审实缓比较条款》(蜀本)、《秋审实缓比较条款》(京都本)、《秋审实缓比较条款》(书斋本)、《秋谳辑要》、《秋谳志》、《续增秋审条款》、《秋审条款附案》、《秋审条款按语》、《秋审条款讲议》、《秋审条款档》等。

24. *《古代判牍案例新编》*(20册,影印本)　社会科学文献出版社,2012年7月

本书是中国社会科学院创新工程学术出版资助项目,收入历代判牍、案例文献29种,分为20册编辑。这是编者继《历代判例判牍》之后,编辑的又一部大型判牍案例文献,所收文献除个别者外,均是首次出版。其中有元刻本1种,明刻本和明抄本6种,清康熙至嘉庆朝刻本15种,清抄本2种。《仁狱类编》、《折狱龟鉴补》是明清人编纂的先秦至清代的折狱典型案例的汇集,载有案例1700余件,其中绝大多数是明代及明以前各代的案例,记述了历史上先贤慎刑恤刑、公正执法的故事,反映了他们理讼断狱的聪明睿智及丰富经验,有助于弥补清以前司法研究资料的不足。本书收入的宋、明、清三代的判牍,如《勉斋先生黄文肃公文集·判语》、《王恭毅公驳稿》、《谳狱稿》、《湖湘谳略》、《覆瓿集》、《题咨驳案》、《徐雨峰中丞勘语》、《资治新书·判语》、

《资治新书二集·判语》、《理信存稿·审语》、《牧爱堂编·详文》、《牧爱堂编·参语》、《未信编二集·谳语》、《赵恭毅公自治官书类集·谳断》、《凭山阁增辑留青新集·谳语》、《同安纪略·判语》、《天台治略·谳语》、《讲求共济录·批词》等，基本上是出于以清直著称的司法官员或精通法律的人士之手。这些文献有些是原始判牍的汇编，有些是当时担负审判工作的官员对其本人撰写的判牍所做的整理，也有一些是时人或者后人选编的他人制作的判牍，其文书形式多样，有朝臣题奏和司法官员撰写的详文、审语、谳语、批语、参语、驳语、判语等，生动地记载了当时发生的各类纠纷、犯罪活动和司法审判的情况，对于今人了解古代司法制度、审判程序、司法文书种类及行移程式等甚有助益。再如，本书收入的《成案备考》、《粤东成案初编·控讦》、《历代通行成案》三种清代成案文献，分别记述的是“皆未通行”的成案、刑部准咨地方长官上报的成案和朝廷允准在全国通行比附援用的成案。这三种文献既是判牍的汇编，也是典型的案例集，对于今人研究清代成案的性质、功能有重要的参考价值。此外，本书还收入了《陕西汉中府有关捕解资料》、《诏狱惨言》、《陕西秋审榜示》等有关记载捕解、狱情实例和案件榜示方面的资料。由于收入本书的文献多是有代表性和特色的判牍案例古籍，故对于研究中国古代司法制度有重要的史料价值。

图书在版编目（CIP）数据

重新认识中国法律史/杨一凡著. —北京：社会科学文献出版社，2013.4
ISBN 978-7-5097-4383-6

Ⅰ.①重… Ⅱ.①杨… Ⅲ.①法制史-研究-中国
Ⅳ.①D929

中国版本图书馆 CIP 数据核字（2013）第 045186 号

重新认识中国法律史

著　　者 / 杨一凡

出 版 人 / 谢寿光
出 版 者 / 社会科学文献出版社
地　　址 / 北京市西城区北三环中路甲 29 号院 3 号楼华龙大厦
邮政编码 / 100029

责任部门 / 人文分社（010）59367215
电子信箱 / renwen@ssap.cn
项目统筹 / 宋月华
经　　销 / 社会科学文献出版社市场营销中心（010）59367081　59367089
读者服务 / 读者服务中心（010）59367028
责任编辑 / 孙以年　张　剑
责任校对 / 李晨光
责任印制 / 岳　阳

印　　装 / 北京季蜂印刷有限公司
开　　本 / 787mm×1092mm　1/16
印　　张 / 34
版　　次 / 2013 年 4 月第 1 版
字　　数 / 468 千字
印　　次 / 2013 年 4 月第 1 次印刷
书　　号 / ISBN 978-7-5097-4383-6
定　　价 / 148.00 元